Angela Moré

Psyche zwischen Chaos und Kosmos

Das Anliegen der Buchreihe BIBLIOTHEK DER PSYCHOANALYSE besteht darin, ein Forum der Auseinandersetzung zu schaffen, das der Psychoanalyse als Grundlagenwissenschaft, als Human- und Kulturwissenschaft und als klinische Theorie und Praxis neue Impulse verleiht. Die verschiedenen Strömungen innerhalb der Psychoanalyse sollen zu Wort kommen, und der kritische Dialog mit den Nachbarwissenschaften soll intensiviert werden. Bislang haben sich folgende Themenschwerpunkte herauskristallisiert:

Die Wiederentdeckung lange vergriffener Klassiker der Psychoanalyse – wie beispielsweise der Werke von Otto Fenichel, Karl Abraham, W. R. D. Fairbairn und Otto Rank – soll die gemeinsamen Wurzeln der von Zersplitterung bedrohten psychoanalytischen Bewegung stärken. Einen weiteren Baustein psychoanalytischer Identität bildet die Beschäftigung mit dem Werk und der Person Sigmund Freuds und den Diskussionen und Konflikten in der Frühgeschichte der psychoanalytischen Bewegung.

Im Zuge ihrer Etablierung als medizinisch-psychologisches Heilverfahren hat die Psychoanalyse ihre geisteswissenschaftlichen, kulturanalytischen und politischen Ansätze vernachlässigt. Indem der Dialog mit den Nachbarwissenschaften wiederaufgenommen wird, soll das kultur- und gesellschaftskritische Erbe der Psychoanalyse wiederbelebt und weiterentwickelt werden.

Stärker als früher steht die Psychoanalyse in Konkurrenz zu benachbarten Psychotherapieverfahren und der biologischen Psychiatrie. Als das anspruchsvollste unter den psychotherapeutischen Verfahren sollte sich die Psychoanalyse der Überprüfung ihrer Verfahrensweisen und ihrer Therapie-Erfolge durch die empirischen Wissenschaften stellen, aber auch eigene Kriterien und Konzepte zur Erfolgskontrolle entwickeln. In diesen Zusammenhang gehört auch die Wiederaufnahme der Diskussion über den besonderen wissenschaftstheoretischen Status der Psychoanalyse.

Hundert Jahre nach ihrer Schöpfung durch Sigmund Freud sieht sich die Psychoanalyse vor neue Herausforderungen gestellt, die sie nur bewältigen kann, wenn sie sich auf ihr kritisches Potential besinnt.

BIBLIOTHEK DER PSYCHOANALYSE

HERAUSGEGEBEN VON HANS-JÜRGEN WIRTH

Angela Moré

Psyche zwischen Chaos und Kosmos

Die psychoanalytische Theorie Janine Chasseguet-Smirgels.
Eine kritische Rekonstruktion

Psychosozial-Verlag

Psyche zwischen Chaos und Kosmos : die psychoanalytische Theorie Janine Chasseguet-Smirgels ; eine kritische Rekonstruktion/ Angela Moré. - Gießen : Psychosozial-Verlag, 2001 (Bibliothek der Psychoanalyse)
ISBN 978-3-89806-060-8

Bibliografische Information der Deutschen Nationalbibliothek
Die Deutsche Nationalbibliothek verzeichnet diese Publikation in der Deutschen Nationalbibliografie; detaillierte bibliografische Daten sind im Internet über <http://dnb.d-nb.de> abrufbar.

E-Mail: info@psychosozial-verlag.de
www.psychosozial-verlag.de

Umschlagabbildung: Detlef Heider – Kopf (1974)
Umschlaggestaltung: Atelier Warminski, Büdingen
Satz: sos-layout.de, Mainz
Printed in Germany
ISBN 978-3-89806-060-8

Inhaltsverzeichnis

Vorwort

Das vorliegende Buch ist das Ergebnis einer langjährigen Auseinandersetzung mit dem Werk Chasseguet-Smirgels, welche im Sommersemester 1990 mit einem Seminar zu *Zwei Bäume im Garten* begann. Erst der Überblick über das gesamte Werk und der Einbezug der frühen Schriften hat mir jedoch ermöglicht, die Grundlinien im Denken dieser international bekannten Psychoanalytikerin zu erfassen und als roten Faden, der alle ihre Veröffentlichungen mehr oder weniger geradlinig durchzieht, sichtbar zu machen. Der vorliegende Text ist, von einigen wenigen Ergänzungen abgesehen, identisch mit meiner Habilitationsschrift, die von der Fakultät für Geistes- und Sozialwissenschaften der Universität Hannover im Mai 2000 angenommen wurde und die den Titel *Psyche zwischen Chaos und Kosmos. Eine historisch-kritische Analyse der Schriften Janine Chasseguet-Smirgels* trägt.

An erster Stelle möchte ich Prof. Dr. Regina Becker-Schmidt danken, die mich zu der Auseinandersetzung mit Chasseguet-Smirgel ermutigte und mir darin vertrauensvoll großen Entfaltungsspielraum ließ. Dies galt schon für meine Dissertation, die sich auf das Konzept der Mutterimago im Werk Chasseguet-Smirgels bezog.

Die Idee, diese entwicklungspsychologisch orientierte Arbeit für eine Veröffentlichung zu ergänzen, verdanke ich auch den Anregungen von Prof. Dr. Christa Rohde-Dachser, die für die Dissertation das Zweitgutachten übernommen hatte. In der weiteren Auseinandersetzung mit Chasseguet-Smirgel wurde mir zunehmend deutlich, dass die Einbeziehung ihres Gesamtwerks nicht nur unumgänglich für ein Verständnis der komplexen Argumentationsstruktur und ihrer offenen wie verdeckten Begründungszusammenhänge ist, sondern zugleich eine Lücke in der psychoanalytischen und feministischen Rezeption schließen würde.

Auch in diesem Habilitationsvorhaben hatte ich die fördernde Unterstützung durch Regina Becker-Schmidt. Auch Prof. Dr. Franz Wellendorf (Hannover) und Prof. Dr. Wolfgang Mertens (München), die ebenfalls als Gutachter mitwirkten, sei hier nochmals gedankt.

Regelmäßige Unterstützung und Hilfe sowie viele Tassen Tee erhielt ich bei den MitarbeiterInnen der Fachbereichsbibliothek Sozialwissenschaften und insbesondere durch deren Leiterin Ragnhild Rabius. Letztere war mir nicht nur bei der Übersetzung des Artikels von Eggert Nielsen aus dem Schwedischen behilflich, sondern hat auch Teile der Arbeit Korrektur gelesen und mich bei Literatursuche und -beschaffung unterstützt. Ferner war mir Robert Montau bei der Literaturrecherche behilflich und hat ebenso wie Dr. Othmar Fett Teile des Manuskripts durchgesehen. Während und nach seiner Tätigkeit als wissenschaftliche Hilfskraft war mir zudem Mihri Özdogan ein aufgeschlossener und interessierter Gesprächspartner. Die Passagen zu Judentum und Christentum hat Dr. Edith Franke vom Seminar für Religionswissenschaft der Universität Hannover gelesen und mir wichtige Hinweise und Sicherheit bei meinen Interpretationen auf diesem mir neuen Terrain gegeben. Das im WS 1999/2000 mit ihr gemeinsam veranstaltete Seminar zum »Gesetz des Vaters« aus religionswissenschaftlicher und psychoanalytischer Sicht gehört zu den inspirierendsten der vergangenen Jahre. Petra Jost-Tietzen hat mir einige Zeitungsartikel zum Thema zukommen lassen. Ihr und Fritz Jost verdanke ich ebenso freundschaftliche Unterstützung und Ermutigung wie Ruth Kuntz-Brunner, die schon seit vielen Jahren meine Arbeit begleitet und gefördert hat.

Auch all den hier nicht namentlich Genannten möchte ich für die immer wieder erfahrene freundschaftliche Ermunterung und kollegiale Unterstützung danken. Ferner all den Studierenden am Psychologischen Institut der Universität Hannover, die teils über Jahre mit Neugier, Anregung und Kritik und nicht zuletzt mit vielen interessanten Examensarbeiten meine Arbeit begleitet und bereichert haben.

Dr. Hans-Jürgen Wirth vom Psychosozial-Verlag bewies nicht nur von Anfang an entgegenkommendes Interesse, sondern auch jahrelange Geduld mit dem früh angekündigten Projekt. Auch ihm sei an dieser Stelle für die gute und wohlwollende verlegerische Betreuung gedankt.

Gewidmet ist dieses Buch meinem Analytiker Dr. Jörg Engeland, mit dessen Hilfe ich ein nicht nur theoretisches Verständnis entwickeln konnte für das, was Psychoanalyse ist und sein kann.

Hannover, Juni 2001

Angela Moré

Abkürzungsverzeichnis

CP	Contrepoint (Revue trimestrielle, Paris)
DPV	Deutsche Psychoanalytische Vereinigung
FAZ	Frankfurter Allgemeine Zeitung
HAZ	Hannoversche Allgemeine Zeitung
HR	Hessischer Rundfunk
IPV	Internationale Psychoanalytische Vereinigung (engl. IPA)
JAPA	Journal of the American Psychoanalytic Association
NJB	Neue Jerusalemer Bibel
NZZ	Neue Zürcher Zeitung
RFP	Revue Française de Psychanalyse (Organ der SPP)
SPP	Société Psychanalytique de Paris
WBG	Wissenschaftliche Buchgesellschaft, Darmstadt
ZPTP	Zeitschrift für psychoanalytische Theorie und Praxis

Einleitung

Seit der Veröffentlichung von *Psychoanalyse der weiblichen Sexualität* in der ersten Hälfte der siebziger Jahre ist der Name Janine Chasseguet-Smirgels deutschsprachigen Leserinnen und Lesern bekannt, die sich für ein Verständnis der weiblichen psychosexuellen Entwicklung aus psychoanalytischer Perspektive interessierten. Die Übersetzung dieses von Chasseguet-Smirgel herausgegebenen Sammelbandes ins Deutsche und Englische fiel mit feministischen Diskussionen zeitlich zusammen, die das Verständnis von Weiblichkeit in den Arbeiten Sigmund Freuds hinterfragten und die bereits in den dreißiger Jahren darum geführte Diskussion neu belebten. Seitdem sind zahlreiche weitere Schriften und Aufsätze Chasseguet-Smirgels in deutscher und englischer wie auch anderen Sprachen erschienen, darunter auch die Aufsatzsammlung *Zwei Bäume im Garten,* in welcher sie ihre Theorie über die archaische Matrix des Ödipuskomplexes vorstellt.

Janine Chasseguet-Smirgel, die als praktizierende Analytikerin und Lehranalytikerin der Société Psychanalytique in Paris tätig ist, integriert in ihrer Theorie die Ansätze Melanie Kleins, Ferenczis und ihres Mannes Béla Grunberger. Sie versteht sich dabei zugleich als Vertreterin der Freudschen Psychoanalyse.

Einen sehr hohen Stellenwert hat in ihrem Werk von den ersten Jahren an die Auseinandersetzung mit der Perversion und ihren Ursachen. Eine zweite Fragestellung, die ihr Werk durchdringt, gilt psychischen Vorgängen in Gruppen, Nationen und ganzen Kulturen und bezieht sich vor allem auf die Frage, wie Kunstwerke, politische Ideen, Religionen und andere kulturelle und gesellschaftliche Phänomene in ihrer Entstehung und Bedeutung psychoanalytisch interpretiert werden können.

Dieses Interesse Chasseguet-Smirgels ist schon an ihrem Studium der Politikwissenschaften und der Literatur vor Beginn ihrer analytischen Ausbildung zu erkennen. Abgeschlossen wurden diese Studien durch eine Promotion in Literatur- und Gesellschaftswissenschaften im Fach Psychologie an der Pariser Sorbonne.

Das Renommee der 1930 in Paris geborenen Autorin zeigt sich neben der Vielzahl von Übersetzungen ihrer Schriften in den von ihr wahrgenommenen nationalen und internationalen repräsentativen Funktionen und Gastprofessuren. So war sie zunächst von 1975–77 Präsidentin der Société Psychanalytique de Paris, der sie seit 1964 als Mitglied angehört, und teilweise gleichzeitig von 1975–79 Vizepräsidentin der International Psychoanalytic Association (IPA). Sie nahm von 1982 bis 83 die Freud Memorial Professorship am London Univerity College wahr und wurde ein Jahr später Ballard Lecturer an der Columbia University. Seit 1992 ist sie Professorin für Klinische Psychologie und Psychopathologie an der Charles-de-Gaulle-Universität in Lille.

Die psychoanalytischen Schriften Janine Chasseguet-Smirgels stellen einen thematisch komplex verschränkten theoretischen Ansatz mit weitreichendem Erklärungsanspruch dar. Stets hat sie großen Wert auf die Feststellung gelegt, daß ihre Aussagen auf den Schriften und Erkenntnissen Sigmund Freuds basieren. Dies gilt insbesondere für ihre Interpretation der Bedeutung der Triebe und deren Entwicklung, für den psychischen Apparat und seinen Aufbau, für die Entstehung von Neurosen und Perversionen. Auch in ihrem Verständnis von psychischer Reifung als dem Aufgeben des Lustprinzips zugunsten des Realitätsprinzips beruft sie sich auf Freud. Nur in der Sublimierung darf das Lustprinzip als kreatives Potential erhalten bleiben. Jenseits der Sublimierung entfaltet es jedoch ein anarchisch-destruktives Potential, das die psychischen Strukturen bedrohe beziehungsweise ihre Entwicklung verhindere. In der dualistischen Ausrichtung ihres Entwicklungsmodells stützt sich Chasseguet-Smirgel auf die späte Triebkonzeption Freuds, auf dessen Gegenüberstellung von Lebens- und Todestrieb. Diese wird von ihr in der Gleichsetzung von Lebenstrieb und Realitätsprinzip gegenüber der Entsprechung von Lustprinzip und Todestrieb sehr eigenwillig interpretiert. Hierbei kann sie sich jedoch auf eine Aussage Freuds in *Jenseits des Lustprinzips* (1920g) berufen, in welcher er über eine Verbindung zwischen Lustprinzip und Todestrieb spekuliert.[1]

---

1 Freud spricht zunächst von den Lebenstrieben als den inneren Unruhestiftern, die unausgesetzt Spannungen erzeugten, während ihre Erledigung als Lust empfunden werde. Diesen Abbau von Spannung im Vergleich zu der stillen Arbeit der Todestriebe führt zu der entsprechenden Überlegung: »Das Lustprinzip scheint geradezu im Dienste der Todestriebe zu stehen« In der Fortführung dieser Gedanken betont Freud jedoch, daß das Lustprinzip durch seine Wachsamkeit gegen innere und äußere Reize, die die Lebensaufgaben erschwerten, auch die Lebenstriebe unterstützt. Daß es sich hier um das Vortasten in unerforschtes Neuland handelt, steht außer Zweifel. Dennoch und trotz der zahlreichen Aussagen Freuds über den Zusammenhang von Lustprinzip und Lebensprinzip greift Chasseguet-Smirgel diesen einen Satz heraus, als wäre er unhinterfragbar. Jedoch hat Freud eingedenk des spekulativen Charakters dieser Überlegungen eben diesen die Ermahnung nachgefügt, daß Wissenschaft nicht den Glauben ersetze, sondern ein ständiger Prozeß der Neu- und Umbildung sei (Freud 1920g, GW 69).

Die Arbeiten Chasseguet-Smirgels umfassen die Entwicklung der weiblichen Sexualität und Identität, die psychosexuelle Entwicklung von Jungen und Mädchen zu Männern und Frauen und die metatheoretisch bedeutsamen Fragen zum Narzißmus und zur psychischen Strukturbildung, bei welcher dem Ich-Ideal aus ihrer Sicht eine herausragende Rolle zukommt. Darüber hinaus befaßt sich Chasseguet-Smirgel immer wieder mit kulturellen, sozialpsychologischen und politischen Entwicklungen und unterzieht sie einer psychoanalytischen Interpretation. Zahlreiche Beiträge hat sie dem Verständnis der künstlerischen Kreativität, der Entstehung politischer Massenbewegungen wie des deutschen Nationalsozialismus, den psychodynamischen Aspekten von ökologischen und sozialutopischen Vorstellungen sowie den kulturellen Elementen in der Entstehung und Verbreitung der Perversionen gewidmet.

Durch diese Multidimensionalität des breit angelegten Werkes zieht sich jedoch ein roter Faden, wie Chasseguet-Smirgel im Vorwort zu *Zwei Bäume im Garten* (1988a) betont. Dieser rote Faden ist mit einer Reihe axiomatischer Annahmen verbunden, die zu einem komplexen Gefüge von Erklärungen verwoben werden. Zu diesen Annahmen zählt z.B. die eines pränatalen Vollkommenheitsgefühls des Kindes, das durch die Geburt traumatisch zerstört werde und es zwinge, die Welt und ihre Objekte anzuerkennen. Diese Anerkennung könne nur durch die Ablösung vom mütterlichen Objekt erfolgen, mit dem die pränatale Situation außerhalb des Mutterleibes aufrechterhalten werde. Erst die Introjektion des Vaterobjektes führe das Denken und die Realität ein, denn der Penis des Vaters bezeichne die Differenz zum Primärobjekt und damit auch die Grenze, die den regressiven Weg zurück zu diesem blockiere. Die unbewußten Bilder der Mutter und des Vaters (die Imagines) werden mit zahlreichen Zuschreibungen ausgestattet, die zu komplexen bipolaren Konfigurationen führen. Ein entscheidendes Charakteristikum dieser Entgegensetzung der Elternbilder ist die Gleichsetzung des Mütterlichen mit Undifferenziertheit, Irrationalität, Regression und Perversion, die Chasseguet-Smirgel später gleichsetzen wird mit dem, was sie als archaische Matrix des Ödipuskomplexes bezeichnet. Ihr gegenüber steht die Vaterwelt als die Welt des Denkens, der Differenzierung und Reifung.

Die Entwicklung eines weit verzweigten Systems antagonistischer Zuordnungen ist ein Grundzug in der Theorie Chasseguet-Smirgels, und es scheint nichts zu geben, daß sich diesen bipolaren Zuordnungen entziehen könnte. Daraus ergibt sich ein System der zwei Welten. Innerhalb jeder dieser Welten, meint sie, könne jedes einzelne Element alle anderen vertreten. Diese unterstellte Entsprechung ist häufig nicht ohne weiteres nachvollziehbar, wenn sie z.B. behauptet: »Leben, Fötus, Denken, Realitätsprinzip und Genitalität stehen im selben Verhältnis zueinander wie Tod, Leiche, Nicht-Denken, Analität und Lustprinzip« (CS 1988a, 102). Es gelingt Chasseguet-Smirgel jedoch immer, Begründungen für die Zugehörigkeit der Dinge zur einen oder anderen Welt zu finden. Nach ihrer Auffassung ergeben sich die Entsprechungen aus den Strukturprinzipien des Unbewußten und unterliegen damit unveränderlichen, universellen Ordnungsprinzipien des psychischen und des nach ihrer Auffassung daraus erwachsenden gesellschaftlichen Daseins. So spricht sie in ihrem ersten mit Grunberger gemeinsam verfaßten Buch davon, es sei ihr gemeinsames Anliegen, in der Gegenüberstellung von Judentum und Christentum, liberaler Demokratie und Faschismus etc. antinomische Paare zu beschreiben, die einer »strukturalen Gleichung« des Unbewußten folgten.[1]

Dies anhand von Schwerpunkten in der Theorie Chasseguet-Smirgels darzustellen, ist für mich mit der Absicht verbunden, die enge theoretische Verflechtung der verschiedenen thematischen Bezüge aufzulösen und dadurch die Argumentationsgänge und die ihnen zugrunde gelegten theoretischen Annahmen transparenter zu machen. Dabei können auch die Verbindungen zu anderen Theorien, erklärte wie ungeklärte Voraussetzungen, aber auch Widersprüche und ideologische Bestandteile der Theorie besser sichtbar gemacht werden.

---

1 1969a, Vorspann; vgl. auch Kap. I/5.3

I. Das psychoanalytische Universum Janine Chasseguet-Smirgels

1 Die weibliche Psychosexualität

1.1 Das Wissen um die sexuelle Wahrheit und die weiblichen Schuldgefühle

1974 erschien unter dem Titel ›Psychoanalyse der weiblichen Sexualität‹ die deutschsprachige Übersetzung einer Reihe von Beiträgen, die Janine Chasseguet-Smirgel 1964 bei Payot in Paris herausgegeben hatte. Beteiligt waren hieran die in Frankreich damals schon bekannten Psychoanalytikerinnen und Psychoanalytiker Catherine Luquet-Parat, Maria Torok, Joyce McDougall, Christian David und Béla Grunberger.[1] Dieses Buch, das Chasseguet-Smirgels Einleitung zufolge die Absicht hatte, die in den dreißiger Jahren teilweise heftig geführte Debatte um Freuds Auffassungen über die weibliche Sexualität wieder aufzugreifen und einer neuen, aus der damaligen Sackgasse herausführenden Interpretation zuzuführen, fand große Beachtung nicht nur in der psychoanalytischen Fachwelt, sondern auch in der neu belebten westlichen Frauenbewegung. Die in der Vorbemerkung enthaltene Aufforderung, »bestimmte Lehrmeinungen über die Weiblichkeit einmal im Lichte dessen, was wir von den unbewußten Phantasien über die Weiblichkeit selbst wissen, zu überarbeiten« (1974a, 9), fand in jener Phase großes Interesse, in der sich eine feministische Position gegenüber gesellschaftlichen Geschlechterrollenstereotypen, Weiblichkeitsklischees und den damit gerechtfertigten realen Benachteiligungen von Frauen formierte. Der kritische Anspruch des Buches – auch und gerade gegenüber Freud – ein Verständnis des Weiblichen aus den Erfahrungen von Frauen zu entwickeln, anstatt es auf dem Umweg über die der Männlichkeit zu bestimmen (ebd., 10), formulierte nicht nur einen anderen methodischen Zugang, sondern zugleich ein Anliegen der westeuropäischen und nordamerikanischen feministischen Ideologiekritik.

---

1 In der vierten Fußnote zur Einleitung verweist Chasseguet-Smirgel auf einen in Vorbereitung befindlichen zweiten Band über die weibliche Sexualität, der jedoch nie erschienen ist.

Auf den folgenden gut fünfzig Seiten faßt Chasseguet-Smirgel zunächst Freuds Beiträge und die damit bei ihm verbundene Entwicklung seiner Vorstellungen zur weiblichen Sexualität zusammen. Sodann erfolgt eine Gegenüberstellung der Freud verwandten Auffassungen bei Lampl-de Groot, Helene Deutsch, Ruth Mack Brunswick und Marie Bonaparte auf der einen Seite und der »Oppositionellen« auf der anderen Seite. Zu letzteren zählen Josine Müller, Karen Horney, Melanie Klein und, als einziger männlicher Mitstreiter in der gesamten Auseinandersetzung (sieht man von Freud ab), Ernest Jones. Was aber diese Debatte, die ab der Mitte der zwanziger Jahre lebhaft geführt wurde, in einer Sackgasse habe enden lassen, sind Chasseguet-Smirgel zufolge nicht nur die Interessen eines inzwischen etablierten psychoanalytischen Berufsstandes, der das »Bürgerrecht« erworben habe (ebd., 9). Vielmehr ergab sich dieses Scheitern nach ihrer Auffassung primär aus dem Wesen des Weiblichen und der weiblichen Sexualität. Handelt es sich dabei doch um ein Thema, »das insbesondere Angstgefühle und Angstvorstellungen weckt; das gilt sowohl für den Theoretiker, der sein Konzept entwickelt, als auch für den, dem es zugedacht ist« (ebd., 9).

Wem aber ist es zugedacht? Die unscharfe Formulierung Chasseguet-Smirgels läßt hier aufhorchen. Geht es um praktizierende AnalytikerInnen? Um Patienten, die damit konfrontiert werden? Oder nur um weibliche Patienten? Oder generell um Frauen?

In ihrem eigenen umfangreichen Beitrag über *Die weiblichen Schuldgefühle* macht sie deutlich, daß es sich für sie bei diesen Angstgefühlen und -vorstellungen um einen Aspekt der condition humaine handelt. Denn nach ihrer Auffassung sind die Vorstellungen über Weiblichkeit und weibliche Sexualität für alle Menschen mit unbewußten archaischen Bildern von der frühen Mutter verknüpft.

Die Aufnahme dieses Beitrags von Chasseguet-Smirgel, über den sie in der Vorbemerkung schreibt: »Ich selbst werde versuchen, die Beziehung des Mädchens zum Vater zu beschreiben und einige Aspekte herauszustellen, die spezifisch weibliche Schuldgefühle hervorrufen«, war bei Frauen und Analytikerinnen überwiegend sehr positiv. Denn Chasseguet-Smirgel verneint entschieden und mit gut nachvollziehbaren Gründen die seit Freud verbreitete Auffassung, das Mädchen (und auch der Knabe) bemerkten die Existenz der Vagina erst in der Pubertät. Daß es sich bei dieser psychoanalytischen Auffassung um eine Abwehrkonstruktion handelt, wird von Chasseguet-Smirgel mit einem angeborenen unbewußten Wissen begründet. Die Abwehr innerhalb der Psychoanalyse ist jedoch eine sekundäre.

Für primär hält sie einen in allen Kindern vorhandene Wunsch, sich von der archaischen Mutter zu befreien, indem das Kind versucht, sich von ihr zu unterscheiden. Dies gelte für Kinder beiderlei Geschlechts in gleicher Weise. Die diesem universellen Zweck dienende Verleugnung der Vagina und einer eigenständigen weiblichen Sexualität sei von der Psychoanalyse als solche bisher nicht entdeckt, sondern weiter fortgesetzt und fortgeschrieben worden, indem sie die kindliche Verleugnungsstrategie für bare Müntze nahm und damit auch in ihren Kreisen eine Verdrängung aufrechterhalten konnte, deren Aufhebung grundsätzlich eine Bedrohung darstelle. Die Angst vor dem Weiblichen, vor der allmächtig erscheinenden Mutterimago und ihrer als archaisch-einverleibend imaginierten Sexualität ist Chasseguet-Smirgel zufolge ein menschliches Erbe der frühen Kindheit.

Im Folgenden thematisiert Chasseguet-Smirgel jene spezifischen weiblichen Konflikte und ihre Folgen, die sich für die Tochter aus dem Objektwechsel von der Mutter zum Vater ergeben. Dabei geht es für sie darum, »bestimmte Aspekte der weiblichen Ödipussitutation aufzudecken, die keine Entsprechung beim Manne haben und die Quelle von spezifischen *Schuldgefühlen* sind« (ebd., 137). Und da sie die Folge des Objektwechsels sind, den Chasseguet-Smirgel für unabdingbar hält, erscheinen diese weiblichen Schuldgefühle zugleich als universeller Bestandteil der weiblichen Psychosexualität. Diese Schuldgefühle beziehen sich nach Chasseguet-Smirgel nicht auf die Mutter als das angegriffene, sondern als aufgegebenes Objekt und haben also nichts mit den von Melanie Klein beschriebenen depressiven Momenten der Wiedergutmachung des Kindes zu tun. Vielmehr werden sie nun gegenüber dem Vater als dem neuen Objekt wirksam in Verbindung mit den auf seinen Penis gerichteten weiblichen Einverleibungswünschen – und bergen damit ein Konfliktmaterial, das sich in fast allen Frauenanalysen nachweisen lasse (vgl. ebd., 145). Der Objektwechsel von der Mutter zum Vater vollzieht sich in zwei Schritten: zunächst der Spaltung und dann der Projektion. Das erste Objekt, die Mutter, werde infolge unvermeidlicher Versagungen gespalten in ein gutes und ein böses Objekt. Diese Spaltung hält Chasseguet-Smirgel für eine Voraussetzung psychischer Entwicklung, die daher strukturell in der Psyche verankert sei. Nur so läßt sich ihre unverkennbar teleologische Begründung verstehen, diese Spaltung sei »unerläßlich, damit der Objektwechsel überhaupt in Gang kommt, *da außer ihr kein Motiv für dessen Vollzug vorhanden ist*« (ebd., 138; Hervorh. A.M.). Hier sind es also weder primäre weibliche Wünsche, sich den Inhalt des Mutterleibes anzueignen, wie bei Melanie Klein, noch primär männliche Wünsche des Mädchens wie der von Freud angenommene Penisneid, die den Ödipuskomplex einleiten. Vielmehr geht Chasseguet-Smirgel davon aus, daß Jungen wie Mädchen diese Spaltung vollziehen und die guten Anteile des Primärobjekts auf den Vater projizieren, um dem Verschlingen durch diese verführerisch-gute Mutter, die damit zugleich bedrohlich ist, zu entkommen. Die Wurzel des Ödipuskomplexes liegt für Chasseguet-Smirgel somit nicht im Triebhaft-Sexuellen, sondern im Narzißmus und seinen regressiven Verschmelzungstendenzen. Vor diesen schütze das Kind sich unbewußt durch das Aufgeben des Mutterobjekts und die Flucht zum Vater. Und dieser Vorgang des Objektwechsels erscheint ihr als ein intrapsychisch verankerter Mechanismus, den bio-psychologischen Reifungsschritten des Laufen- und Sprechenlernens vergleichbar. Der Vater muß nun, um gegen das verführerisch bleibende erste Objekt ein wirksamer Schutz zu sein, idealisiert werden. Darum würden schlechte Erfahrungen mit ihm vom Kind auf die »böse« Mutterimago projiziert. Die Spaltung verläuft somit nunmehr zwischen zwei Objekten: der entwerteten und als Bedrohung empfundenen Mutter(imago) und dem idealisierten, vollständig guten Vater(bild). Den Grund für eine Aufrechterhaltung dieser Spaltung über den Ödipuskomplex hinaus sieht Chasseguet-Smirgel in den realen Eltern begründet, die die archaischen Ängste durch ihre Unzulänglichkeiten reaktivierten. Für Chasseguet-Smirgel liegt hierin die Erklärung für die universelle Entwertung der Frau. Daß damit die Unzulänglichkeit der Eltern, die für Chasseguet-Smirgel in der Dominanz der Mütter und in der Schwäche oder Überstrenge der Väter liegt, nicht nur zu einem universellen, sondern in allen Kulturen vorherrschenden Phänomen erklärt wird, ist eine Konsequenz, die Chasseguet-Smirgel erwähnt, ohne dadurch in Zweifel über diese Annahme zu geraten. Der von ihr postulierte letzte Reifungsschritt der Entwicklung, die Integration von Mutter- und Vaterimago, könne von den meisten Menschen nicht vollzogen werden und die Spaltung erfahre daher keine zeitliche Begrenzung und Neutralisierung (vgl. ebd., 139). Immerhin: Wenn gute Erfahrungen der Tochter mit der Mutter vorausgegangen sind und ein »normales Maß an Versagungen« gegeben ist (also eine »hinreichend gute Mutter« im Sinne Winnicotts), dann könne bei gleichzeitig fördernden Eigenschaften des Vaters »das Mädchen, das auch *konfliktfreie Identifizierungen mit der Mutter realisiert hat*, mit den Versagungen fertig werden« (ebd.; Hervorh. A.M.). Zweifel an diesen eher akzidentellen Bedingungen der Mutter-Tochter-Beziehung deuten sich jedoch schon in Chasseguet-Smirgels Hinweis auf die Vorstellung Béla Grunbergers an, wonach die

Gleichgeschlechtlichkeit von Mutter und Tochter eine *intrinsische* Beeinträchtigung dieser Beziehung bedeutet – denn das wahre Objekt der Tochter sei der Vater (ebd., 139f; Hervorh. A.M.). Diese Auffassung wird nur verständlich, wenn die damit einhergehende Voraussetzung bekannt ist: die Annahme eines angeborenen unbewußten Wissens über die »sexuelle Wahrheit«, die eine angeborene Heterosexualität impliziert (vgl. hierzu Kap. I/2.1).

Der zentrale, die ödipale Beziehung zum Vater belastende Konflikt des Mädchens ist nun die Verdrängung, Gegenbesetzung und Reaktionsbildung gegenüber jenen Triebkomponenten, die einer Idealisierung des Vaters entgegenstehen. Dies sind für Chasseguet-Smirgel die sadistisch-analen Triebe. Als bedrohlich würden diese Triebkomponenten vom Mädchen darum empfunden, weil sie bei ihrer Entmischung destruktive Konsequenzen haben. In Verbindung mit dem Eros seien sie jedoch erst die Garanten für dessen Realisierung, indem sie für die aktiven, bemächtigenden Anteile der Sexualität stehen, wie Chasseguet-Smirgel mit Berufung auf Freud betont. Liegt also des Rätsels Lösung für die angebliche weibliche Passivität in der nicht-integrierten analsadistischen Triebkomponente im weiblichen Entwicklungsprozeß? Chasseguet-Smirgel erklärt, daß ihr an der Diskussion um Aktivität und Passivität, wie sie lange und mit vielen Mißverständnissen in der Psychoanalyse geführt wurde, nicht viel liege. Wichtig ist ihr, daß das Mädchen (unbewußt, aber aktiv) ein Interesse an der Aufrechterhaltung der Spaltung zwischen der negativierten Mutterimago und der idealisierten Vaterimago habe und daher zugleich ein Interesse an der sie ermöglichenden Triebentmischung. Da diese mit der Objektspaltung gekoppelt ist, erlaube dies nicht, die destruktiven analen Komponenten gegenüber dem idealisierten Vater zuzulassen. Und das gilt umso mehr, wenn das erste Objekt aufgrund der meist »schlecht dosierten Versagungen durch die Mutter« (ebd., 139) vollständig und unwiederbringlich als gutes Objekt verloren ging. Hier ist unschwer zu erkennen, daß es sich dabei um eine »Unzulänglichkeit« der realen Mutter handelt, durch welche nun der Vater als zweites Objekt wie eine letzte Rettung erscheinen muß. Handelt es sich aber nun um den realen Vater oder die Vaterimago, die hier zum Retter wird? Auch wenn Chasseguet-Smirgel immer wieder betont, es gehe ihr um die unbewußten Imagines, sind hier die Unterschiede zu den realen Elternfiguren längst verwischt (vgl. dazu auch Rohde-Dachser 1991).

Der nach Auffassung von Chasseguet-Smirgel »fundamentale weibliche Wunsch« [sic!], sich den Penis des Vaters einzuverleiben, führe angesichts der darin enthaltenen sadistisch-analen sexuellen Komponente zu einem Überich- Konflikt der Frau. Dies veranschaulicht sie an der Fallbeschreibung einer etwa vierzigjährigen Augenärztin, der die Identifikation mit einer unempathisch rauhen und gegenüber dem gutmütigen Vater beherrschenden Mutter nicht gelungen sei (vgl. CS 1974a, 145ff). Die von der Patientin artikulierten Ängste und Phantasien werden von Chasseguet-Smirgel interpretiert als unbewußte Befürchtung der Patientin, sie werde am Vater dieselbe Kastration vornehmen, wie die Mutter sie an ihm verübt habe. Als eine typische Lösung solcher Überich-Konflikte sieht Chasseguet-Smirgel die Abspaltung der sadistisch-analen Triebanteile. Dies habe dann eine Spaltung des männlichen Liebesobjektes zur Folge, bei der solche Töchter einen schwachen (= impotenten) Ehemann nach dem Vorbild des Vaters wählten, den sie idealisieren. Daneben bedienten sie sich eines sadistisch-sexuell benutzten Liebhabers, dem sie entsprechende Eigenschaften zuschrieben und abverlangten. Hier ist nicht nur die von Freud beim Mann häufig festgestellte Spaltung der Frau in Mutter und Hure spiegelbildlich verkehrt den Frauen zugeschrieben, die ihre anal-sadistischen Triebanteile nicht integriert haben. Es scheint sogar, als sei die beim Mann auftretende Spaltung des Frauenbildes eine Hervorbringung, die von solchen Frauen veranlaßt und gewünscht wird.

Anstelle dieser Spaltung, die noch eine partielle Triebbefriedigung zulasse, könnten auch psychogene sexuelle Störungen, insbesondere Frigidität, Vaginismus oder Dyspareunie, sowie eine klitorisbezogene weibliche Sexualität treten, deren Abwehranteil sich in der Betonung homosexueller Strebungen manifestiere. Sie alle sind »Ausdruck einer Gegenbesetzung des sadistisch-analen Bemächtigungstriebes« (ebd., 150). Hinter all diesen Abwehrformen aber verberge sich ein gemeinsames Phantasma: die Ablehnung der Identifikation mit der destruktiven Mutter(imago). Diese werde unbewußt als destruktive Vagina, phallisch-zerstörender Anus und als verschlingender Uterus phantasiert.[2] Um aber in die Ödipus-

2 Nach Auffassung Chasseguet-Smirgels verbergen sich unter der genitalen Ebene dieser Phobien strukturelle Ich-Störungen früheren Ursprungs, »da die Schuldgefühle in der Beziehung zu dem idealisierten Vater häufig aus vielfachen, schwerwiegenden und sehr frühen Konflikten mit dem ersten Objekt resultieren« (ebd., 149). Auch wenn diese Interpretation mit Erkenntnissen über die Überdeterminiertheit sexueller Störungen übereinstimmt, führt Chasseguet-Smirgel letztlich alle strukturellen wie sexuellen Störungen sowohl bei Frauen wie Männern auf Unzulänglichkeiten der (frühen) Mutter zurück. Damit wird die von ihr angenommene kindliche Strategie der Spaltung, in der alle negativen Erfahrungen der »bösen« Mutterimago zugeschrieben werden, zur universellen Ätiologie.

situation hineinzukommen, müsse sich das Mädchen mit der Mutter als kastrierender identifizieren, denn der elterliche Koitus sei im Unbewußten des Kindes als Kastration des Vaters repräsentiert. Das Aneignen, Verschlingen, Einverleiben ist wegen seiner aggressiv-destruktiven Komponente für Chasseguet-Smirgel, die hier den Auffassungen Grunbergers folgt, immer von analer Qualität. Damit ist die Kastration letztlich immer eine Sache der Mutterimago.

Dieser Identifikation mit der kastrierenden Mutter versuche das Mädchen dadurch zu entgehen, daß es sich mit dem von der Mutter einverleibten Objekt, dem Penis des Vaters, identifiziere. Dieser Vorstellungshintergrund komme in den bei Frauen häufigen Phobien, den Phantasien, ins Leere oder ins Wasser zu fallen[3], in Klaustrophobien, bei Schwindelanfällen und der Angst, zu stürzen, zum Ausdruck. All diese Phänomene führt sie auf eine spezifische Abwehr der eigenen Bemächtigungswünsche zurück: die Inversion von Form und Inhalt. In dieser kehre sich die ursprünglich gegen den Vater und seinen Penis gerichtete Aggression gegen das Subjekt selbst. Ist innerhalb der psychoanalytischen Theorie und Klinik eine Umkehrung der Aggression gegen das eigene Selbst kein Novum, so ist es die Auffassung Chasseguet-Smirgels, daß es sich dabei nicht wirklich um eine Umkehrung der Aggressionsrichtung handele, sondern um eine Identifikation des Subjekts mit dem angegriffenen Objekt. Und dieses Objekt der Identifikation ist nicht der Vater, sondern sein Repräsentant, der Penis. Aus der neurotischen Abwehr der sexuellen Impulse, bedingt durch die Angst, bei der Bemächtigung des väterlichen Penis diesen und damit den Vater als Objekt zu beschädigen und zu verlieren, wird Chasseguet-Smirgel zufolge eine masochistische Unterwerfung. Die weiteren Ausführungen Chasseguet-Smirgels machen jedoch deutlich, daß dieses Objekt des töchterlichen Begehrens, der väterliche Penis, längst nicht mehr existiert. Es ist nicht der intakte, unbeschädigte Penis des Vaters, den die Tochter zerstören könnte. Vielmehr ist er bereits zerstört durch die anal-phallische Mutter, die sich seiner bemächtigt, ihn fäkalisiert und zerstückelt hat. Und daraus erklärt sich für Chasseguet-Smirgel die masochistische Unterwerfung der Tochter unter den Vater. Sie habe sich mit diesem von der Mutter bemächtigten und zerstückelten Phallus-Penis identifiziert, weshalb sie sich nun dem Vater anbiete mit der Aufforderung: mach mit mir was Du willst, behandle mich wie ein Stück Kot oder deinen analen

3 Dabei beruft sich Chasseguet-Smirgel auf den Gleichklang von la mère (die Mutter) und la mer (das Meer) in der französischen Sprache.

Phallus. Sinn dieser masochistischen Unterwerfung, aus der Chasseguet- Smirgel alle Erscheinungsweisen weiblicher Passivität ableitet, sei die »Inversion von Form und Inhalt«, die der Abwehr der weiblichen Schuldgefühle diene (vgl. ebd., 148f u. 171ff).

Dabei fällt jedoch der krasse Gegensatz zwischen der Spezifik der entworfenen Szenerie und der Allgemeinheit des zu erklärenden Phänomens, der weiblichen Passivität, auf. Denn das von Chasseguet-Smirgel entworfene Szenario des weiblichen Masochismus bedeutet, wenn man sich die Zusammenhänge übersetzt, daß eine phallisch-kastrierende Mutter einen anal-sadistischen Vater hervorbringt, der geneigt ist, seine Tochter wie einen »analen Phallus« zu gebrauchen (was auch sexuellen Mißbrauch implizieren kann). Und die Tochter willigt in diese Form der Beziehung nicht nur ein, sondern fordert den Vater ihrerseits masochistisch dazu auf, um ihren Schuldgefühlen zu entgehen, sie könne den Vater eventuell ebenso verstümmeln, wie die Mutter es tat. Im Hintergrund dieser wohl kaum generalisierbaren Vater-Tochter-Beziehung steht für Chasseguet-Smirgel ein unwiderruflich gescheiterter Mutter-Tochter-Konflikt, dessen Ursache im anal-sadistischen Charakter der realen Mutter liegt, die – mangels eigener Unterwerfungsfähigkeit unter den Mann [sic!][4] – das Bild der archaischen Mutterimago nicht zu neutralisieren imstande sei.

Eine zusätzliche Steigerung erfahren diese weiblichen Schuldgefühle nach Chasseguet-Smirgels Auffassung durch die für beide Geschlechter typischen Schuldgefühle, die sich aus der Ablösung von der Mutter ergaben, verbunden mit einer Übertragung ihrer guten Anteile auf den idealisierten Vater, der zugleich zum Erben dieser der guten Mutter geltenden Schuldgefühle wird.

Diese Hemmungen der weiblichen Bemächtigungswünsche übertragen sich Chasseguet-Smirgel zufolge generell auf die Durchsetzung von Selbstverwirklichungswünschen bei Frauen, da diese Wünsche unbewußt mit phallischen Aktivitäten gleichgesetzt würden und damit den Wunsch repräsentierten, sich den väter-

4 Was einerseits als masochistische Störung der Töchter erscheint, aus deren Genese Chasseguet-Smirgel allgemein die weibliche Passivität zu erklären versucht, erscheint andererseits als das Resultat einer »Störung« der Mütter, die offenbar nicht passiv genug waren. Nach diesem Erklärungsansatz, dessen Fragwürdigkeit hier, wie ich hoffe, offensichtlich wird, müßten sich die Frauengenerationen zumindest in einer regelhaften Folge von phallischen Müttern und passiven Töchtern abwechseln.

lichen Phallus anzueignen. Die Vermeidung der Konkurrenz gegenüber Männern habe für Frauen die unbewußte Bedeutung, den Vater nicht zu kastrieren, um ihn dadurch als Objekt nicht ebenfalls zu verlieren und zu zerstören.

Der Objektwechsel hat Chasseguet-Smirgel zufolge strukturierende Bedeutung und ist daher für die psychosexuelle Entwicklung unerläßlich. Zugleich aber bedeute er für das Mädchen den (traumatisierenden) Verlust des ersten Objektes, der Chasseguet-Smirgel ebenso wie der daraus erklärte weibliche Masochismus als universelles Phänomen erscheint. Zum einen formuliert sie damit – entgegen ihrer erklärten Absicht einer Revision der Freudschen Annahmen über die Weiblichkeit – eine neue Begründung für Freuds Theorem des weiblichen Masochismus. Andererseits verschwimmt in ihren Beschreibungen dieser weibliche Masochismus mit dem klinischen Bild des (sexuellen) Masochismus.[5]

Da die Realisierung intellektueller und kreativer Fähigkeiten für beide Geschlechter unbewußt einem Phallus-Erwerb entspreche, ist die Hemmung dieser Fähigkeiten bei Frauen für Chasseguet-Smirgel Folge der mit diesem Erwerb verbundenen Schuldgefühle. Sie äußerten sich zum Beispiel in den bei Frauen häufigen Kopfschmerzen, wenn sie sich den Phallus in Form des Denkens angeeignet hätten, oder auch als Brechreiz in der Schwangerschaft, wenn sie jene unbewußt auf das Behalten des (väterlichen) Penis zurückführten, den sie nun mittels einer »fäkalen Metamorphose« in ein Kind verwandelten.

Diesen angenommenen Zusammenhang zwischen weiblichen Schuldgefühlen und der Hemmung der Erfindungsgabe bei Frauen thematisiert Chasseguet-Smirgel auch in einem kleinen Exkurs über Kreativität (in 1974a, 154ff), in welchem sie die phallische Komponente derselben aus dem narzißtischen Anspruch auf Vollkommenheit ableitet. Das unbewußte Symbol der Vollkommenheit, Integrität und Macht sei aber, wie sie mit Grunberger annimmt, der Phallus. Und diese symbolische Bedeutung desselben erklärt sich nach ihrer Auffassung aus der Möglichkeit der Abgrenzung gegen die allmächtige Mutter, die sich aus dem Erwerb beziehungsweise Besitz eines Penis ergebe. Für Chasseguet-Smirgel ist dies auch der wahre Grund für den weiblichen Kastrationskomplex und Penisneid, deren Existenz Freud richtig erkannt habe, ohne ihre wirklichen Ursachen zu verstehen.

5 Daß die weibliche Passivität nicht nur hinsichtlich der Sexualität ein männlicher Mythos ist, der die Realität des Geschlechterverhältnisses verschleiert, zeigt sich darin, daß in vielen Kulturen die Unterordnung der Frauen einhergeht mit einem weit größeren Anteil derselben an (auch physisch schweren) Arbeiten.

Daß auch Schwangerschaft, Geburt, Nährfähigkeit gegenüber dem Kind oder selbst der weibliche Orgasmus von ihr als Phallus-Besitz interpretiert werden, läßt sich allerdings schwerlich als Differenz zur Mutter interpretieren. Hier macht Chasseguet-Smirgel geltend, es handle sich um eine erfolgreiche Aneignung des väterlichen Penis, der nun im Innern in ein Kind, in Milch, in Lust verwandelt werden könne.[6] Auch in anderen Punkten wirft diese Auffassung Fragen und Probleme auf. Denn wenn die ursprüngliche Erfahrung von Vollkommenheit die primärnarzißtische des Fötus im Mutterleib ist, dann fragt sich, warum das Empfinden von Vollkommenheit sich nun aus der Unterscheidung des Kindes von der Mutter, die im Penis-Besitz repräsentiert sei, ergeben sollte. Diese Vollkommenheit wäre dann ihrerseits das Resultat der Abwehr und des Widerstandes gegen die Sehnsucht nach einer früheren Form der Vollkommenheit, die dieser sekundär entstandenen entgegengesetzt ist. Der Gegensatz ergäbe sich aus den Attributen von Verschmolzenheit/Getrenntheit, Penis der Mutter sein/den Penis des Vaters haben (der Chasseguet-Smirgel zufolge immer der Mutter gehört), passiv der Metamorphose im Mutterleib unterzogen sein/sie in sich selbst aktiv vollziehen usw.

Die weibliche Lösung für die Erfüllung des Vollkommenheitswunsches sieht Chasseguet-Smirgel denn auch in der von ihr angenommenen weiblichen Disposition zur Mutterschaft. »Im Unbewußten scheint mir der weibliche Sexualwunsch nach dem Eindringen des Penis untrennbar von seiner biologischen Bestimmung, der Befruchtung, oder, mit den Worten von E. Jones, den Penis zu behalten, um ein Kind aus ihm zu machen« (ebd., 187). Als komplementären männlichen Wunsch nennt sie an gleicher Stelle, nicht nur mit einem Teil, sondern mit dem ganzen Körper in den Mutterleib eindringen zu wollen. Die Zielrichtung der männ-

---

6 Diese von Grunberger übernommene Gleichsetzung jeder Vollkommenheit mit dem Phallus ist letztlich nicht belegbar, sondern entspricht einer willkürlichen Setzung mit metaphysischer Begründung, wie vor allem Berna-Simons (1983) und Wahl (1985) in ihrer Kritik an Grunberger deutlich machen. Diese Vorstellung von Vollkommenheit geht für ihn soweit, daß er selbst den weiblichen Orgasmus oder die Phantasie von einer Kugel als Inbegriff der Vollkommenheit mit der Imagination ›einen Phallus haben‹ gleichsetzt. Es scheint berechtigt, hier einen Einfluß Lacans anzunehmen, in dessen Theorie der Phallus-Symbolik bereits in den fünfziger Jahren eine zentrale Bedeutung zukam – mit dem scheinbaren Unterschied, diesen als Kompensation eines Mangels zu begreifen. Da dieser Mangel jedoch auch für Lacan der Verlust der pränatalen Allmacht ist, kommen beide Theorien letztlich zum selben Resultat. Der im Kern nicht unberechtigte Vorwurf Chasseguet-Smirgels gegenüber Lacan, seine Theorie sei phallozentrisch (vgl. 1985/88, 110), verliert angesichts der Dominanz des Phallischen in der Theorie Grunbergers seine Glaubwürdigkeit.

lichen und weiblichen Wünsche scheint ihr dabei entgegengesetzt. Der männliche Wunsch sei ein primärnarzißtischer und stelle somit ein regressives Bestreben dar, während dem weiblichen Wunsch das Warten inhärent sei, repräsentiert in der Schwangerschaft. Warten aber ist für sie verbunden mit Reife. Komplementär seien der weibliche und der männliche Wunsch in der Vorstellung, aus dem Teil ein Ganzes zu machen (in der Schwangerschaft) beziehungsweise das Teil durch den ganzen Körper zu ersetzen (bei der Rückkehr in den Mutterleib).

Daß das Mädchen trotz unbewußter Kenntnis seiner Vagina und seiner Fortpflanzungsfunktionen einen Penisneid erlebe, erklärt Chasseguet-Smirgel aus der frühen Beziehung zur Mutter, die aufgrund der Hilflosigkeit und Abhängigkeit von deren allmächtigen Fähigkeiten zutiefst narzißtisch kränkend sei. Dies gilt nach ihrer Vorstellung für beide Geschlechter. Selbst die bestversorgende Mutter könne, wie Chasseguet-Smirgel betont, nicht verhindern, daß das Kind infolge seiner Neid- und Kränkungsgefühle ihr gegenüber eine Feindseligkeit entwickelt, die es auf die Mutter projiziert, wodurch eine von der guten abgespaltene böse Mutterimago entstehe. Die tatsächlich gute Mutter kann also dem feindseligen Bild ein beschützendes, gutes entgegensetzen, jenes aber nicht verhindern. Je frustrierender indessen die reale Mutterbeziehung sei, desto überdimensionierter werde im Kind das Bild einer archaisch-destruktiven, vergewaltigenden und kastrierenden Mutter.

Während es dem Knaben aber möglich sei, sich durch den Besitz eines Organs, das die Mutter nicht hat, an ihr zu rächen und ihr *seine* Überlegenheit zu demonstrieren, fehle dem Mädchen dieses unterscheidende Organ, um es der Mutter (im doppelten Wortsinn) »zu zeigen«. Dies ist Chasseguet-Smirgels Erklärung des Penisneides beim Mädchen. Aus der Möglichkeit des Knaben, mithilfe des Penisbesitzes seinen beschädigten Narzißmus zu reparieren, leitet sich für Chasseguet-Smirgel (bzw. Grunberger) die unbewußte symbolische Gleichsetzung von Penis und Vollkommenheit für *beide* Geschlechter ab. Im Unterschied zu Grunberger verbindet Chasseguet-Smirgel jedoch die Vollkommenheit mit dem (väterlichen) Penis, während der Phallus für sie vor allem mit analen Eigenschaften in Verbindung gebracht wird, also der von der Mutter angeeignete und transformierte Penis ist. Infolge ihrer engen Anlehnung an Grunbergers Theorie ist ihr Sprachgebrauch aber nicht immer eindeutig. Da der Penis diese narzißtische Reparationsfunktion hat, steht er auch in ihren Überlegungen zugleich für einen Mangel: die traumatische narzißtische Kränkung durch die Geburt und durch die Allmacht der Mutter, die jeweils den Verlust der ursprünglichen Vollkommenheit bedeuten.[7] Da *jede* narzißtische Kränkung als Kastration empfunden und *jede* narzißtische Befriedigung unbewußt mit dem Erwerb eines Penis gleichgesetzt werde, gelte letzteres auch für den Orgasmus der Frau als dem Erleben von Vollkommenheit.[8] Denn mit diesem zeigt die Tochter der Mutter, daß sie »ihn« nun hat, womit sie die Mutter zugleich kastriere. Entspechend sei der Penis mit allen positiven Attributen ausgestattet, die seine Idealisierung als Inbegriff des Vollkommenen gestatten. Die frühe Spaltung in gute Vaterimago und verfolgende böse Mutterimago kann nicht überwunden und durch Integration neutralisiert werden, wenn eine im Unbewußten fest verankerte symbolische Gleichsetzung des Penis mit Vollkommenheit angenommen wird, die alles Gute diesem zuschreibt und die Mutter in der unbewußten Wahrnehmung als kastrierte zurückläßt. Daß diese als eine Verfolgend-Destruktive und Neidische im Unbewußten aktiv bleiben muß, ist angesichts dieser massiven Projektion eigener Neidgefühle auf die omnipotent versorgende Mutter nicht erstaunlich.

Aber hier wird bereits auch deutlich, warum es in Chasseguet-Smirgels Erklärungsmodell nicht zu der von ihr geforderten Lösung einer Integration der Elternbilder kommen kann. Sie scheitert schon konzeptionell. Dies zeigen auch ihre weiteren Ausführungen zu den Neidgefühlen gegenüber der Mutter, die zu einer projektiven Aufladung der Mutterimago durch die ihr zugeschriebenen Rachegelüste führen, welche ihr destruktives Potential gewaltig erhöhen. In dem Maße, wie das Kind die böse Mutterimago unbewußt mit Destruktivität ausstatte, schreibe es ihr das Symbol der Macht zu: den Phallus. Da sich diese Abwendung von der Ur-Mutter und die projektive Ausbildung einer destruktiven verfolgenden Mutter-

7 Daß die Idee des Penis bzw. Phallus als Symbol der Vollkommenheit auf Lacan zurückgeht, wurde bereits erwähnt. Von Lacan, den beide Autoren als Dissidenten verwerfen, haben Chasseguet-Smirgel und Grunberger eine Reihe weiterer Ideen übernommen, so die spezifische Relation von Ichideal und Überich, die Vorstellung vom Vater als dem grenzziehenden Gesetzgeber (»Nom-du-Père = Non-du-Père«), den Gedanken der vorgeburtlichen Vollkommenheit und den der Kluft zwischen sexuellem Begehren und sexueller Reife, den Chasseguet-Smirgel als Neotenie bezeichnet. Auch in anderen Fragestellungen folgen die Arbeiten Chasseguet-Smirgels denjenigen des frühen Lacan, wenn sie der Reihe nach seine Auseinandersetzungen mit Schreber, mit der psychoanalytischen Ethik oder der Rückkehr zu Freud wieder aufgreift.

8 An anderer Stelle bemerkt Chasseguet-Smirgel, die Aufforderung an Patientinnen in der Analyse, auf ihren Penisneid zu verzichten, führe daher häufig zu Depressionen, weil dies der Aufforderung entspreche, »die Hoffnung auf eine Fülle des Seins preiszugeben« (1987a, 200).

imago in der analsadistischen Phase des Kindes vollziehe, sei auch der Phallus, mit dem sie ausgestattet wird, ein analer mit destruktiven Eigenschaften.

Sich den Penis des Vaters einzuverleiben, habe für die Frau daher noch eine zweite Bedeutung: nicht nur, ihn zu behalten, um daraus ein Kind zu machen, sondern auch, ihn sich zur Herstellung der eigenen narzißtischen Vollkommenheit einzuverleiben. Wenn aber jede narzißtische Vervollkommnung unbewußt mit dem Gewinn eines Penis verbunden wird, der die Mutter kastriert und somit ihre Überlegenheit bricht, kommen zu den Schuldgefühlen gegenüber dem Vater auch die gegenüber der Mutter hinzu. Und jede Realisierung von Fähigkeiten ihr gegenüber werde zum narzißtischen Triumph (»um es ihr zu zeigen«). Mit der kastrierenden Entmachtung der Mutter(imago) bekomme der von der Tochter erworbene Penis seinerseits phallische, also anal-destruktive Qualitäten. Dadurch scheint Chasseguet-Smirgel die Identifikation der Tochter mit den guten Anteilen der omnipotenten Urmutter erschwert.

Dagegen behauptet sie für die männliche Entwicklung die Tendenz, die als kränkend empfundene Mutter-Kind-Relation umzukehren. Und dies umso mehr, je mehr der Knabe von der Mutter zur Befriedigung ihrer narzißtischen Bedürfnisse manipuliert, als ihr »fäkales Partialobjekt« behandelt worden sei. Je weniger er aufgrund solcher Erfahrungen Vertrauen in den narzißtischen Wert des eigenen Penis erworben habe, desto mehr mache er sich den destruktiv-analen mächtigen Phallus der omnipotenten Mutter zueigen. Für Chasseguet-Smirgels Vorstellungen von der Entstehung der Perversionen spielen diese Verschränkungen eine entscheidende Rolle (vgl. hierzu Kap. I/4). Da beide Geschlechter zur psychischen Reifung den Penis des Vaters introjizieren müssen, dies jedoch nur können, wenn sie sich zuvor die bemächtigenden Qualitäten des analen Phallus der Mutter angeeignet haben, seien Jungen wie Mädchen in diesem Zwischenstadium gefährdet, sich mit diesem analen Phallus zu identifizieren. Denn die Verschmelzung mit der anal-phallischen Mutter und ihren destruktiven Seiten neutralisiere die Gefahr, selbst ihr Opfer zu werden, und sei zugleich ein Schritt auf dem Weg zurück zur regressiven Verschmelzung. Hier lauert darum nach Chasseguet-Smirgels Vorstellung die Gefahr, zur Perversion verführt zu werden – besonders für den Knaben, der eher als das Mädchen für den sog. »kurzen Weg« anfällig sei.

Die Kastration der Mutter umfasse zwei Phasen: Zunächst beraubt das Mädchen die Mutter ihres analen Phallus, um sich seiner aggressiven Bemächtigungsqualitäten zu bedienen und setzt diese anschließend ein, um der Mutter den väterlichen Penis zu rauben. Es seien die daraus erwachsenen Schuldgefühle, die nun, übertragen auf den Vater, das Mädchen hinderten, auch ihn anzugreifen. Der ödipale Wunsch des Mädchens, den Penis des Vaters zu introjizieren, scheitere an diesem zur Aporie gewordenen Konflikt.

Diese Erklärung birgt in sich einige Widersprüche. Denn die Aneignung des väterlichen Penis bedeute für die Tochter, die Mutter um diesen Besitz zu bringen. Demnach konfundieren im Unbewußten mütterliches und väterliches Objekt in einer Weise, die nichts mehr erkennen läßt von der Fähigkeit der Grenzziehung, die mit dem väterlichen Penis verbunden sei und eines der Hauptmotive für seine Aneignung darstellen soll. Ferner leitet Chasseguet-Smirgel die Sorge um das zweite Objekt und dessen Unversehrtheit aus dem Verlust des ersten Objektes ab, daß diesen Angriff im Unbewußten der Tochter folglich nicht überlebt hat. Im folgenden führt sie jedoch aus, daß dem Mädchen dieses erste Objekt als ein Verfolgendes in paranoider Verstrickung erhalten bleibt. Denn: »die gefürchtete Kastration ist Sache der Mutter, da sie es ist, der das Mädchen entkommen will, *wenn es sich einen Penis gibt und sich zugleich dem Vater zuwendet*« (ebd., 164; Hervorh. i. Orig.). Das Aufgeben des ersten Objekts scheint schon darum nicht möglich, weil es weiterhin die Funktion erfüllen muß, alle »bösen« Aspekte in sich zu vereinen, während der Vater in seiner Reinheit von diesen zwar eine Grenze zu dieser Mutterimago zieht, da die gute Welt die böse absolut auszuschließen hat. Dies macht ihn aber selbst zu einem Opfer der verschlingenden Mutterimago, was die Grenze zwischen beiden wiederum aufhebt, wenn er oder sein Penis durch sie zerstückelt und fäkalisiert wird. Eine entsprechend analsadistisch gefärbte Urszenen-Phantasie, in der die Mutter den Penis des Vaters gefangen halte, bildet nach Chasseguet- Smirgel auch die Einleitung des Ödipuskomplexes für das Mädchen, mit dessen Beginn es auf den Vater als den Dritten aufmerksam werde. Wie aber es dem Mädchen gelingen soll, diesen väterlichen Penis als Grenze zur Mutter zu erleben und den Vater damit als rettendes Objekt vor jener, der doch seinerseits in ihr gefangen ist, läßt sich auch aus der Widerspruchstoleranz der Primärprozesse nur schwerlich begründen, die sie, selbst die Widersprüche bemerkend, hier anführt.[9]

Von verlorenem ersten Objekt zu sprechen, kann sich also nur auf die gute Mutterimago beziehen. Diese hat aber als Objekt kaum je existiert, denn sie war die Erweiterung und Fortsetzung des intra-uterinen narzißtischen Zustandes des Kindes. Dessen traumatischer Verlust und die narzißtische Kränkung der Hilflosigkeit ließen die zum Objekt werdende Mutter(imago) sehr schnell zu einer beneideten und gehaßten werden, ein Vorgang, der Chasseguet-Smirgel zufolge als ein strukturierender in der psychischen Entwicklung angelegt ist. Die Schuldgefühle gegenüber dem Vater werden also aus einem primären Objektverlust abgeleitet, obgleich andere Aussagen die Existenz dieses ersten guten Objektes infrage stellen. Diese Widersprüche ergeben sich nicht zuletzt daraus, daß die Objekte bei Chasseguet-Smirgel nur als Träger strukturierender Funktionen verstanden werden, eine libidinöse Objektbesetzung, in der neben den narzißtischen Bedürfnissen auch andere Triebanteile zum Tragen kommen, jedoch weitgehend ausgeblendet bleibt. Dies ist nur folgerichtig, da Chasseguet-Smirgel in den Trieben vor allem Instrumente oder Vehikel sieht, mit welchen das Ich seine regressiven oder sublimierten narzißtischen Ziele zu erreichen suche. Am deutlichsten zeigt sich der Widerspruch in der Aussage, daß sich das Mädchen ebenso wie der Knabe die Imago der phallischen Mutter bewahre, um die destruktiven Impulse bei ihr unterzubringen, obwohl ihm (dem Mädchen; A.M.) »*voll bewußt* [ist], daß der Vater der einzige reale Besitzer des Penis ist« (ebd., 164; Hervorh. A.M.).

---

9 In einem frühen Text Chasseguet-Smirgels zu Strindberg (1965/70) nimmt sie dagegen noch an, daß jede Erfahrung von Kastration, angefangen bei der Geburt, das verlorene Objekt durch diesen Verlust umgrenze. Das erste verlorene ›Objekt‹, das sich auf diese Weise zeige, schien ihr damals der Narzißmus des Kindes zu sein, der mit der Geburt seine Allmacht und Grenzenlosigkeit verliere, damit aber eine Kontur gewinne. Vorstellbar werde der Narzißmus erst, wenn er nicht mehr existiert. Daß diese frühe Interpretation offenbar mit Unsicherheiten verbunden war, kommt nicht nur darin zum Ausdruck, daß sie diese Annahme in einer Anmerkung diskutiert, der sprachlich schwer zu folgen ist: »Man muß parallel dazu auf die Entsprechung, die zwischen der narzißtischen Verletzung und der Kastration besteht, hinweisen...: Da die Vorstellung und das Symbol die Existenz der Konturen voraussetzt, wie es im Begriff der »narzißtischen Kränkung« angelegt ist, der sich auf eine Ganzheit bezieht, der ein Teil fehlt und somit auf die Kastration verweist« (in 1988c, Anm. 6, 156). Parallel zu dieser ersten Annahme formuliert sie eine zweite, in der sie auf die begrifflichen Begrenzungen verweist, die jeder Symbolisierung zugrunde liegen. Diese entwickelten sich aber in der analen Phase. Mit diesen Überlegungen orientiert sich Chasseguet-Smirgel zu jener Zeit noch an der Argumentation von Fain und Marty (1959) über die strukturierende Funktion der homosexuellen Besetzungen, die ihre psychischen Wurzeln in der analen Phase haben. Man kann in ihrer Theorieentwicklung somit eine zeitliche Verschiebung der Integration der Grenze feststellen: vom frühesten Lebensstadium der Geburt (primärer Narzißmus) über die anale Phase hin zur Introjektion des väterlichen Penis.

Nach Chasseguet-Smirgels Auffassung haben Frauen, die den Penis als bedrohlich erleben, die befruchtende und spendende Funktion des väterlichen Penis nicht verinnerlichen können, weil sie in Wahrheit in einer paranoid-homosexuellen Position gegenüber der verfolgenden Mutterimago verblieben seien. Denn hinter der destruktiven Wahrnehmung des väterlichen Penis verberge sich stets der mütterliche anale Phallus. Der Vater ist dann nicht Retter vor der Mutter, sondern in der Rolle des Muttterersatzes, ein Objektwechsel habe nicht stattgefunden. Folglich fürchteten diese Mädchen sich nur scheinbar vor dem großen, es verletzenden Penis des Vaters. Tatsächlich handele es sich um Ängste, sich von der verfolgenden und eindringenden Mutter nicht abgrenzen zu können, die die Autonomie des Mädchens bedrohe. Dem liegt nach ihrer Auffassung eine passiv-homosexuelle Position der Tochter zugrunde, die sich häufig in der Wahl eines sadistischen Ehemannes manifestiere, der mit der phallisch verfolgenden Mutter identifiziert werde. Der sadistische männliche Partner in seiner Funktion als Doublette der verfolgenden Mutter(imago) ermögliche eine unbewußte homosexuelle Beziehung mit jener. Immerhin aber habe der Wunsch, der Mutter zu entkommen, im Objektwechsel die Oberhand behalten. Das heißt für Chasseguet-Smirgel, der perversen Lösung vor der psychotischen Regression den Vorzug zu geben.

Die Unterwerfung der Frau unter den Mann erklärt Chasseguet-Smirgel aus dem Wunsch nach Wiedergutmachung am Vater. Sich ihm als Penis anzubieten habe den Sinn der Wiederherstellung des beschädigten väterlichen Objekts. Diese Phantasie finde sich insbesondere bei Frauen, deren Eltern eine Konstellation aufwiesen, in der die Mutter als streng und kastrierend, der Vater dagegen als liebevoll, aber schwach erlebt worden sei, eine Art der Elternbeziehung, die eine genuin pathogene Struktur und Wirkung aufweise. Die Identifikation mit einem manipulierbaren Objekt entbehre der narzißtischen Komponenten, die die Identifikation mit einem autonomen Phallus habe, wobei diese Identifikation der »Phallus-Frau« sich Chasseguet-Smirgel zufolge aus einem pathologischen sekundären Narzißmus ergibt (ebd., 173). Die Unterwerfung unter den Vater (Mann) als dessen manipulierbarer Penis (173) oder als seine Kotsäule (183), die er beliebig manipulieren könne, gibt dem Vater etwas, worüber er Macht ausüben kann, das aber selbst nichts von dieser Macht an sich habe [sic!]. Dies ist für Chasseguet-Smirgel der Inbegriff von »femininem Masochismus« (vgl. ebd., 183). Dabei zeigt sich deutlich der Versuch Chasseguet-Smirgels, das Bild des väterlichen Penis nicht durch anal-phallische Qualitäten zu kontaminieren, obgleich es sich bei ihren Ausführungen um die Beschreibung einer sado-masochistischen Konstellation handelt, in der die Tochter vom Vater eine manipulative Verwendung ihres Körpers erwartet. Und Manipulation ist ein analsadistischer Triebimpuls.

Das Motiv der Tochter sieht Chasseguet-Smirgel nicht in einem sexuellen Wunsch, sondern in einem narzißtischen Bedürfnis der Selbsterhaltung. Denn das unbewußte Tauschangebot an den Vater laute: Gib mir deinen autonomen, mich narzißtisch vervollständigenden – weil von der Mutter unterscheidenden – Phallus und ich gebe dir dafür als Ersatzpenis meinen dir willig ergebenen Körper. Aber die weiter oben benannte Absicht, das beschädigte Vaterobjekt wieder herstellen zu wollen, bedeutet, daß der Vater von der Mutter beschädigt ist. Wie also kann sein Penis autonom sein? Und wie kann der Vater über manipulative Eigenschaften verfügen, ohne den analen Phallus schon zu haben, zu dem die Tochter erst werden soll/will? Die Bereitschaft von Frauen, sich vom Mann abhängig zu machen, sich ihm unter- und nachzuordnen und auf eigene kreative und intellektuelle Leistungen zu verzichten, führt Chasseguet-Smirgel auf diese spezifisch weibliche Konfliktkonstellation zurück. Entsprechendes gilt ihr aber auch für die Bereitschaft von Töchtern, in einer dienenden und pflegenden Abhängigkeit von den Eltern zu verbleiben. Im Es zeige sich dieser Konflikt als Furcht vor der Triebmischung, d.h. vor der Integration der sadistisch-analen Aggressivität in die Sexualität. Aufgrund der erwähnten Schuldgefühle gegenüber dem Vater komme es aber auch zu einem Überich-Konflikt dergestalt, daß sich die Frau eigene Intentionen und Überzeugungen untersage und als einzigen Überich-Inhalt das Gebot bestehe, keine eigenen Gesetze bzw. keine fremden Götter neben diesem einen zu haben.[10] Die Frau verpflichte sich selbst aus diesen Gründen zu Unterordnung, Gehorsam und Hörigkeit (vgl. ebd., 184).

10 Damit entspricht ihre Beschreibung des Überichs der masochistischen Frau weitgehend ihrer späteren Beschreibung eines ödipalen Überichs, das sie in den religiösen Merkmalen des Judentums (Monotheismus, Gehorsam gegenüber den Gesetzen des Vaters) in besonderer Weise repräsentiert sieht (vgl. Kap. I/5).

Nicht patriarchale gesellschaftliche Strukturen und deren (auch intrapsychische) Folgen, sondern vor allem die nicht erfolgte Integration der Aggression in die weibliche Psychosexualität sieht Chasseguet-Smirgel als die Ursache für die gesellschaftliche Unterordnung der Frau an. Die »freiwillige« Unterwerfung der Frau unter den Mann sei das Resultat eines in dieser Weise gelösten Konflikts der Tochter mit der Mutter.

Die wohlwollende Aufnahme dieses Beitrages in der feministischen Diskussion verdankte sich der Betonung einer eigenständigen und von Anfang an existierenden weiblichen Sexualität. Hierin setzt Chasseguet-Smirgel sich deutlich von der Position Freuds ab. Positiv wurde aber auch die Aufforderung interpretiert, im Verlauf ihrer psychischen Entwicklung müßten Frauen ihre Analität integrieren und damit alle ihr zugehörigen Aspekten der Aggressivität und der Bereitschaft zu Durchsetzung und Bemächtigung, um sich sowohl sexuell wie in ihrer Autonomie verwirklichen zu können. In dieser Hinsicht wirkte Chasseguet-Smirgels Beitrag wie ein Appell an Frauen, sich ihrer Schuldgefühle zu entledigen und die Identifikation mit den männlichen Werten zu wagen, um so für sich Autonomie, Kreativität, Durchsetzung und Gleichberechtigung zu erlangen.

Dabei wurden jene Aussagen, die sich auf angeborene unbewußte Inhalte beziehen, auf die damit verbundenen Annahmen über angeborene Heterosexualität und Inhärenz der Mutterschaft übersehen. Dasselbe gilt für die genuine Tendenz zum mother-blaming in Verbindung mit der Idealisierung des Vaters. Dieses Übersehen könnte sich erklären aus der explizierten Absicht Chasseguet-Smirgels, die unbewußten Strukturen aufdecken zu wollen, die zu diesen Zuständen führten, deren Allgemeinheit unterstellt und als ursächlich für die tatsächlich bestehende gesellschaftliche Benachteiligung von Frauen interpretiert wird.

Es wurde aber vor allem ein Aspekt in keinem mir bekannten Beitrag zur Theorie Chasseguet-Smirgels bisher erwähnt, der in diesem Text über die weiblichen Schuldgefühle besonderes Gewicht hat. Denn die Vater-Tochter-Beziehung, die sie beschreibt, entspricht nicht der allgemeinen Erfahrung von weiblicher Unterwerfung und Schuldkonflikten. Was sich unausgesprochen durch diesen Text zieht und wohl darum zu einer Art Denklähmung führt, ist die Beschreibung einer Vater-Tochter-Beziehung, die eher die Merkmale eines realen als eines phantasierten Inzests trägt. Tatsächlich entsprechen diese Beschreibungen der Vater-Tochter-Beziehung, der Relationen zwischen Mutter und Tochter sowie Mutter und Vater, für die Chasseguet-Smirgel Allgemeingültigkeit unterstellt, den Interpretationen der Inzestfamilie und ihrer Dynamik, wie sie Hirsch (1999) zufolge in der Literatur der fünfziger Jahre zu finden ist. Danach kam der Mutter eine Schlüsselrolle in der Inzestfamilie zu, »da sie durch ihre emotionale Zurückweisung Vater und Tochter gegenüber die Hauptverantwortung für das Inzestgeschehen trage« (ebd., 26). Die von Chasseguet-Smirgel vorgestellte, scheinbar nur intrapsychisch bei der Tochter zu findende Dynamik läßt sich auch lesen als die Beschreibung eines Vaters, der sich für seine Zurückweisung bei der Mutter und die damit beschädigte männliche Identität (zerstückelter Penis) eine Kompensation durch die Tochter schafft, die ihn in seiner Männlichkeit wieder herstellen muß. Der Verarbeitungsprozeß der Tochter, von Chasseguet-Smirgel als freiwilliges masochistisches Unterwerfungsangebot beschrieben, entspricht einer Situation, in der sich die Tochter von der Mutter im Stich gelassen oder zurückgewiesen fühlt. Ihr Ausweg besteht in der Annahme des inzestuösen Schicksals als notwendig und als gute Tat gegenüber beiden Eltern, für die sie sich opfert. Dahinter steht die Angst, beide Objekte zu verlieren, wobei die Beziehung zur Mutter schon weitgehend als verloren gilt und mit feindseligen Besetzungen durchdrungen ist.[11]

Auch in den letzten Zeilen ihrer Auseinandersetzung mit den weiblichen Schuldgefühlen klingt die inzestuöse Thematik – bisher unbemerkt – an, wenn Chasseguet-Smirgel sich auf die biblische Schöpfungsgeschichte des Menschen, die Erschaffung Evas, bezieht. Indem Eva mythologisch aus der Rippe Adams erschaffen werde, seine Rippe sei, habe sie sich für die Ablösung von der Mutter und für ihre Zugehörigkeit zum Mann entschieden: *»für ihn geschaffen zu sein – nicht als Selbstzweck –, ein Teil von ihm zu sein – Adams Rippe«* (1974a, 186f; Hervorh. im Orig.). Nur selten wird, wie z.B. bei Vollmer (vgl. Vollmer 1874, 314, Stichwort »Lilith»), darauf reflektiert, daß sich in der Bestimmung der aus Adams Rippe erzeugten Frau zu seiner Gattin eine inzestuöse Beziehung verbirgt. Mit Nachdruck aber vertritt Chasseguet-Smirgel die Auffassung, der wahre Inzest sei nur mit der Mutter möglich, während der Vater-Tochter-Inzest keine schwerwiegenden Folgen für die Tochter habe. Dies begründet sie in einem anderen Zusammenhang

11 Auffallend ist an diesem Punkt auch die frappante Übereinstimmung zwischen Chasseguet-Smirgels intrapsychischem (Normal)Modell der in Schuldgefühle verstrickten Tochter und dem bei Hirsch aufgezeigten psychodynamischen Schema der in einen Inzest mit dem Vater verstrickten Tochter (vgl. Hirsch 1999, 82).

(vgl. 1988a, Kap. 4) damit, daß sich das Mädchen nicht im väterlichen Körper verliere, denn »der Penis repräsentiert in gewisser Weise eine Sperre, die vor der Symbiose bewahrt, vor der Auflösung der Grenzen zwischen Ich und Nicht-Ich und vor dem Tod« (ebd., 77).[12]

---

12 An anderer Stelle (1988a, Kap. 3) wird deutlich, daß sich für Chasseguet-Smirgel mit der Vorstellung des Vaters als ausgeschlossenem Dritten aber auch Rache- und Verfolgungsphantasien bei diesem verbinden, die sie hier in eine quasi-mythische Interpretation des Sexualmords an Passolini kleidet, wenn sie aus der Vereinnahmung und Idealisierung Pier Paolos durch die christliche Mutter den Schluß zieht, diese Mutter habe Jahwe, den Vater, vergessen, der »in die Realität zurückkehren wird, um ihn mit seinem Stachel tödlich zu durchbohren« (ebd., 67). Bezogen auf die »Gefügigen Töchter« stellt sie fest, ihnen fehle die Angst vor Männern. »Die Gefahr, die von ihnen ausgeht, wird nicht nur verleugnet (...), sondern auch unbewußt gesucht« (ebd., 63). In der Allgemeinheit ihrer Formulierung deutet diese Aussage auf eine Einstellung hin, die der Absolutheit, mit der die Vaterimago von destruktiven Aspekten freigehalten werden muß, eher den Charakter einer Abwehr verleiht. Gegenüber der von ihr mit strukturellen Notwendigkeiten begründeten Spaltung und Verschiebung, die von der bedrohlichen Mutter zum rettenden Väter führt, entsteht hier der Eindruck, daß es um die Bedrohlichkeit des Vaterbildes geht, die vollständig verleugnet werden muß durch Verschiebung all seiner gefährlichen und durchbohrenden Aspekte auf die Mutter, bei der sie erträglicher untergebracht sind, da ihr der durchbohrende Stachel fehlt.

1.2 Mutterkonflikt und Realitätszerstörung

Im September 1974 hielt Janine Chasseguet-Smirgel in London einen Vortrag, in welchem sie zur aktuellen Frauenbewegung und deren Forderung nach Gleichheit der Geschlechter Stellung nahm (vgl. 1975b). Die Anerkennung der Unterschiede der Geschlechter – und damit implizit der Generationen –, so lautete ihre These, ist der strukturierende Kern jeder Realität. Und daher müsse, zumindest unbewußt, diese Realität auch beiden Geschlechtern von Anfang an bekannt sein. Vorstellungen vom sexuellen phallischen Monismus, von der Virilität der Klitoris oder die viel vagere von der Weiblichkeit und der weiblichen Sexualität als eines unbegreiflichen »dark continent« seien männliche Abwehrreaktionen. Das Ziel derselben wie auch aller phallokratischen männlichen Gebärden sieht sie in der Leugnung der Konflikte mit der allmächtigen frühen Mutterimago. Denn die Hilflosigkeit des kleinen Kindes lasse es seine Abhängigkeit von der Mutter als beschämende Ohnmacht erfahren. Etwas später erlebe das nach Unabhängigkeit von der Mutter strebende Kind sich in häufigen Konflikten mit dieser und dadurch zwangsläufig immer als von ihr enttäuscht. Durch eventuell nachfolgende Geschwister verstärkten sich diese Konflikte des Kindes, das sich nun verraten fühle und sich dafür an der Mutter zu rächen wünsche. Der Knabe aber hat die Möglichkeit des Triumpfes durch den Besitz des Penis, den die Mutter nicht hat. Dieses Muster der Entwertung setzt sich nach Chasseguet-Smirgels Auffassung in männlichen Verhaltensweisen gegenüber dem weiblichen Geschlecht fort. Auch der Mann müsse immer wieder die Frau »kastrieren« und als Kastrierte verhöhnen, wie er es schon als Knabe gegenüber der Mutter tat.

Nach ihrer Auffassung setzt sich eine falsche Vorstellung in der Frauenbewegung und in der Diskussion über die Geschlechter durch, wenn die Beseitigung der Geschlechterdifferenzen gefordert werde. Dabei bezieht sie sich zunächst auf gesellschaftliche Differenzen, macht aber bald ihre Auffassung deutlich, soziale und soziokulturelle Faktoren seien meist die Projektionen intrapsychischer Konflikte. Die soziale Stellung der Frau in der Gesellschaft und der »Phallokratismus« seien zu verstehen als »Ausweg unseres Konfliktes mit der Mutter unserer frühen Kindheit« (ebd., 809). Homosexualität, Transsexualität und radikalfeministische Positionen scheinen ihr gleichermaßen mit der Gefahr verbunden, die Geschlechtergrenzen aufzuheben, die für Chasseguet-Smirgel in einem kausalen Zusammenhang mit der Anerkennung der Generationengrenzen stehen. Diese Grenzen anzutasten, sei ein »Mord an der Realität«, eine Aussage, deren Bedeutung sich erst erschließt, wenn man weiß, daß die Grenze bei ihr mit der Konstituierung von Unterschied, also Realität verbunden ist. Die psychisch relevante erste Grenzziehung erfolge aber durch den Vater und das ihn von der Mutter unterscheidende Organ, den Penis.[13] Nach Chasseguet-Smirgels Überzeugung werden durch die Aufhebung der Grenzen die ödipalen Überich-Strukturen zerstört und damit eine erschreckende Triebentmischung eingeleitet, die in gefährlicher Weise zerstörerische Triebimpulse freisetze, vergleichbar der Perversität und Destruktivität des nationalsozialistischen Regimes, eine Auffassung, die insbesondere in ihren Arbeiten über die Perversionen zum Tragen kommt. Denn die zu erwartenden Folgen dieser Diffundierung seien Inzest, Chaos, Perversion, Sadismus sowie grenzenlose Gewalt und Zerstörung. Dies bedeute eine Herrschaft der Primärprozesse. Ihre Position, die sie der Women's Lib Movement entgegen hält, lautet: »bei beiden Geschlechtern zu einer glücklichen Integration weiblicher und männlicher Züge« zu gelangen (ebd., 812)[14], eine Forderung, die nach den Voraussetzungen ihrer Theorie als kaum einlösbar erscheint.

Als solche durch Identifikation zu integrierenden Züge nennt sie die ihr basal erscheinenden Bestimmungen des Weiblichen zur Mutterschaft und des Männlichen zur Zeugung.[15] Soziokulturelle Varianten der Geschlechterverhältnisse, die diese Grundbeziehung überlagern, interpretiert sie als externalisierte Schauplätze unbewußter Konflikte. Für Geschlechtsrollenzuweisungen gilt dies nach ihrer Vorstellung nicht minder. Dabei ist aber ihre Begründung für das Scheitern solcher doppelter Identifikationen in diesem Vortrag eine soziokulturelle, wenn sie darauf verweist, daß sich Männer bisher privilegierten Zugang zu weiblichen Bereichen verschafft, den Frauen aber ein Eindringen in ihre Domänen verwehrt hätten.

---

13 Dies ist eine Auffassung, in der Chasseguet-Smirgel die ihr wohlbekannte unbewußte Gleichung von Brust und Penis, die diese Grenzziehung infrage stellt, außer acht läßt. Nach ihrer Auffassung weiß das Kind unbewußt, daß nur der Penis befruchten kann. Zu diesem von ihr angenommenen unbewußten sexuellen Wissen gehöre von Anfang an auch die Vagina. Es findet sich in ihrer Theorie jedoch keine Begründung dafür, warum der biologische Anteil der Frau an der Befruchtung aus diesem unbewußten sexuellen Wissen ausgenommen ist. So stellt sich die Frage, warum dieses unbewußte sexuelle Wissen, falls es ein solches gibt, gerade dem biologisch-medizinischen Wissen des späten 18. und frühen 19. Jahrhunderts entsprechen sollte.

14 Vgl. hierzu insbes. auch CS 1988a, 34ff bzw. Kap. I/2.2 in diesem Buch.

15 Dargestellt findet sich diese Auffassung über den Ursprung, Inhalt und die unbewußte Wirkung des angeborenen unbewußten Wissens von den Geschlechtsunterschieden und ihrer biologischen Funktion in ihrer Theorie der archaischen Matrix des Ödipuskomplexes (vgl. Kap. I/2)

2 Von der »Theorie des sexuellen phallischen Monismus« zur »archaischen Matrix des Ödipuskomplexes«

2.1 Freuds Verleugnung des angeborenen sexuellen Wissens

Hereditäre Seiten eines unbewußten sexuellen Wissens[1] sind nach Chasseguet-Smirgels Vorstellung der Kern der *archaischen Matrix des Ödipuskomplexes.* Denn nicht im Ödipuskomplex selbst besteht das archaische Erbe, sondern in jenen ihn notwendig hervorbringenden männlichen und weiblichen »Instinkten«, die – wie Chasseguet-Smirgel in Übereinstimmung mit Béla Grunberger annimmt – mit der sexuellen »Frühreife«[2] des Menschen im Widerspruch stehen. Es ist dieser Widerspruch, der zwangsläufig jene Konflikte erzeuge, die wir als Ödipuskomplex bezeichnen. Oder aber der kleine Junge versucht eine andere als die klassisch-ödipale Lösung zu finden – was für Chasseguet-Smirgel immer eine »perverse« Lösung beinhaltet. Ihre Ideen zur Herkunft, den Inhalten und den strukturellen wie psychodynamischen Funktionen dieser archaischen Matrix[3] sind der Gegenstand des folgenden Kapitels.

Ihre Auseinandersetzungen mit Freuds Vorstellungen über die weibliche psychosexuelle Entwicklung und die unbewußten Vorstellungen von Weiblichkeit, die sie in *Die weiblichen Schuldgefühle* begonnen hatte, greift Chasseguet-Smirgel in ihrem 1975 entstandenen Beitrag über *Freud und die Weiblichkeit* wieder auf (in CS 1988a). Hier thematisiert sie insbesondere die männliche Abwehr der Weiblichkeit – auch in der Psychoanalyse. Ihre Auffassung von der angeborenen unbewußten Kenntnis der »sexuellen Wahrheit« unterstützt sie nun durch eine Revision

---

1 In späteren Texten hat Chasseguet-Smirgel die Vorstellung eines phylogenetischen Erbes zunehmend durch die Annahme strukturell gegebener Entwicklungsvoraussetzungen und -notwendigkeiten ersetzt (vgl. insbes. in CS 1988b).

2 Der Begriff der »Frühreife« (frz. précocité) bezieht sich im üblichen Sprachgebrauch auf eine vorzeitige organische Reifung und ist hier daher mißverständlich. Mit Frühreife meint Chasseguet-Smirgel das von ihr (und Grunberger) schon ab der Geburt angenommene unbewußte sexuelle Wissen, dem ein unbewußtes sexuelles Begehren entspreche. Dieses sexuell-triebhafte Verlangen stoße aufgrund der organisch-psychischen Unreife an die Grenzen seiner Realisierbarkeit, wodurch sich jene Konflikthaftigkeit ausbilde, die für den Ödipuskomplex und dessen archaische Matrix bestimmend sei.

3 Erstmals ist der Begriff einer infantilen Matrix in ihrer mit Paul Racamier verfaßten Revision des Falles Schreber (1966a, 5) zu finden. Er hat dort jedoch noch nicht jene spätere Bedeutung eines aus der ›condition humaine‹ konstituierten unbewußten Vektorfeldes von Trieb- und Entwicklungskräften, sondern wird im Sinne eines der späteren Entwicklung zugrunde liegenden Erlebens gebraucht.

und Neuinterpretation von Freuds Analyse des kleinen Hans. Sehr wohl, so legt sie in einer Reinterpretation des von Freud übermittelten Analysematerials dar, habe dieser fünfjährige Knabe gewußt, was der dicke Bauch der Mutter, das Blut, die Arzttasche und ihr Geschlechtsorgan mit der Geburt eines neuen Geschwisters zu tun habe. Für die unehrlichen Auskünfte der Erwachsenen, mit welchen sie ihn für klein und »dumm« hielten, habe der Knabe sich mit absurden und »dummen« Interpretationen seinerseits gerächt. Dabei habe er jedoch durchblicken lassen, daß er »es halt doch glaube«: daß auch er, wie die Mutter, eines Tages Babies bekommen könne. Nach Chasseguet-Smirgels Interpretation geht diese widersprüchliche Haltung auf eine Verleugnung des zumindest unbewußt bekannten sexuellen Wissens zurück mit dem Resultat einer Ichspaltung (vgl. ebd., 11).

Unbewußt sei ihm bekannt, daß die Mutter eine Vagina und einen Uterus habe, durch welche der Vater die Mutter mit seinem Penis befruchte. Als Anhaltspunkte hierfür interpretiert sie die vagen und diffus anmutenden Phantasien des kleinen Hans, die sich mit einer deutlich aggressiven Komponente um ein dunkles Etwas rankten, in das er einbrechen, das er zerschlagen und öffnen wolle und das, wie die ihn und den Vater abführenden Schutzmänner in seinen Träumen belegen, mit etwas Verbotenem zu tun haben müßten. Daß hinter seiner Phantasie, Pferde zu schlagen, sich der Wunsch offenbart, die Mama zu schlagen, deutet Chasseguet-Smirgel als Verschiebung und Verleugnung der sexuellen Impulse: »für einen kleinen Knaben«, so ihre Schlußfolgerung, »ist das in der Tat leichter, als mit einer erwachsenen Frau den genitalen Koitus zu vollziehen« (ebd., 19).

Freuds These vom sexuellen phallischen Monismus beider Geschlechter bis zur Pubertät realisiere folglich nicht den Abwehrcharakter, den kindliche Sexualtheorien gegenüber der verleugneten, aber unbewußt bekannten sexuellen Wahrheit hätten. Vielmehr reproduziere sich in der Fortschreibung der kindlichen Sexualphantasien diese Abwehrhaltung. Und auch Freud hätte der Verführung, die in der Vorstellung der Theorie des sexuellen phallischen Monismus für das Kind liegt, somit noch nicht ganz entsagt. In der Deutung des positiven wie des negativen Ödipuskomplexes, die Freud anhand des Kleinen Hans bzw. des Wolfsmannes vornimmt, habe er die kindlichen Verleugnungen der realen Geschlechterdifferenzen und die an ihre Stelle tretenden Sexualphantasien als Ausdruck einer wirklichen Unwissenheit fehlinterpretiert und ihren Abwehrcharakter verkannt. Was der Knabe abzuwehren habe, sei nicht seine Kastrationsangst, vielmehr sei seine Vorstellung von der Kastriertheit der Frau schon eine Abwehrphantasie, die der narzißtisch viel kränkenderen Einsicht gelte, daß er das große Genitale der Mutter, das der Form nach ein Komplement zu seinem eigenen darstelle, nicht ausfüllen könne. Da mit der Anerkennung der Geschlechterdifferenz nach Chasseguet-Smirgel notwendig auch die der Generationendifferenz einhergeht, suche der Knabe die Geschlechterdifferenz zu leugnen, um sich die Illusion zu erhalten. Die kastrierte, um ihren Penis gebrachte Frau sei ein Konstrukt des Knaben, um diese Geschlecherdifferenz und zugleich seine Unzulänglichkeit zu leugnen. Die verbreiteten Vorstellungen von der Frau als einem Mängelwesen sind nach ihrer Auffassung das Produkt männlicher Abwehrphantasien. Auch das lange Festhalten an Freuds Auffassungen über die weibliche Sexualität sieht sie in diesem Motiv begründet.

Die Paradoxie von Freuds Vorstellungen über die Weiblichkeit offenbart sich nach Chasseguet-Smirgel insbesondere in folgenden Aspekten: der Wunsch nach Penetration durch den Vater und nach einem Kind von diesem sei in Freuds Interpretationen viel mehr der primäre Wunsch des Knaben als der des Mädchens.[4] Als Wunsch des Knaben bleibe aber, wie sich in den Phantasien des »Wolfsmannes« zeige, die Mutter kastriert und damit der Knabe als äquivalenter Partner des Vaters vorgestellt. Seine gegen die sexuelle Wahrheit gerichteten defensiven Sexualphantasien machten aus der Urszene eine Kastration der Mutter und verschöben die Penetration auf den Anus. Den Kinderwunsch hingegen löse er mithilfe der Kloakentheorie. Als primär weiblicher, aber ebenfalls verleugneter Wunsch hingegen impliziert das »angeborene sexuelle Wissen«, wie Chasseguet-Smirgel meint, für das Mädchen eine ihm inhärente, das heißt angeborene Disposition zur Mutterschaft (vgl. CS 1988a, 34ff).

Die Frau als psychosexuelles Mängelwesen stehe nun aber im Gegensatz zu den Merkmalen der unbewußten Mutterimago, deren Kennzeichen omnipotente Fähigkeiten und Allmacht – im Guten wie im Bösen – seien. Ging es bis dahin um das Bild der Weiblichkeit als einem primär männlichen Konstrukt zur Abwehr narzißtischer Kränkungen, so kommt Chasseguet-Smirgel mit der Begründung für die Verleugnung der Mutter und ihrer Fähigkeiten beim Mädchen auf ihre oben dargestellte These über die Notwendigkeit der Abgrenzung zur Autonomie-

4 »Wenn man diese Thesen bis zur letzten Konsequenz weitertreibt, kann man dann nicht sagen, daß in Freuds Theorie der Vater mehr das Objekt des Knaben als des Mädchens ist?« (CS 1988a, 13; vgl. dazu auch ihre Ausführungen in der Vorrede in CS 1989a, 37)

gewinnung und die narzißtische Enttäuschung des Mädchens von der Mutter zurück.

Die durch die Theorie des sexuellen phallischen Monismus abgewehrte, »allen Menschen gemeinsame narzißtische Wunde« sei Folge jener Frühreife des Menschen, die ihn völlig von seiner Mutter abhängig mache (ebd., 16). Diese mit Grunberger geteilte Auffassung sieht Chasseguet-Smirgel in Freuds Aussagen zur frühen Hilflosigkeit des Säuglings bestätigt. Freud war jedoch nicht davon ausgegangen, daß der Säugling im Normalfall seine Hilflosigkeit erlebt, sondern hatte Anlaß, bereits bei diesem existierende Möglichkeiten der Abwehr einer traumatischen Konfrontation mit seiner eigenen Realität anzunehmen. Der primäre Narzißmus, die Symbiose mit der Mutter oder die halluzinatorische Wunscherfüllung sind die bekannten Produkte jener frühkindlichen Abwehr, die nach Freud normalerweise das Erleben des Säuglings bestimmen.

Für Grunberger hingegen, an dessen Theorie Chasseguet-Smirgel sich weitgehend orientiert[5], endet der primäre Narzißmus mit der Geburt und beginnt das »doppelte Trauma der menschlichen Frühreife«, das die Unfähigkeit zur Befriedigung der überwältigenden Triebwünsche wie die damit verbundenen narzißtischen Kränkungen der Abhängigkeit von äußerer Hilfe und Bestätigung in sich vereinige (vgl. z.B. Grunberger 1982). Nach Chasseguet-Smirgel verschränken sich diese beiden Aspekte dadurch, daß die Unerfüllbarkeit der Triebwünsche die narzißtische Kränkung durch die frühe Mutter trotz wachsender Autonomie des Kindes stets wach halte. Mit der Erfahrung dieser unerfüllbaren Triebwünsche »als Drama« werde die allmächtige Mutterimago negativ-aggressiv aufgeladen. Die zeitliche Kluft zwischen auftretendem Triebwunsch und seiner tatsächlichen biologischen [sic!] Erfüllbarkeit sei Ursache dieser inneren Dramatik. Indem das

5 Die zentrale Stellung von Grunbergers Theorie für Chasseguet-Smirgel hat auch einen biographischen Hintergrund. War er doch der Lehranalytiker der mit 25 Jahren ihre Ausbildung beginnenden Kandidatin (vgl. Raymond u.a. 1997, 457; Roudinesco 1986, 520; in einem Interview von 1988 gibt sie sogar 1953 als Beginn ihrer Analyse an, also mit 23 Jahren) und ist seit gut vier Jahrzehnten ihr Ehepartner. Der Vorwurf Kaminers (1999, 103), seine Theorie sei nur unzureichend rezipiert worden, trifft daher auch nur bedingt zu. Denn in großen Teilen wurde sie in Deutschland und international rezipiert – allerdings unter dem Namen seiner Frau Janine Chasseguet-Smirgel. Dies gilt bereits für ihre 1964 entstandene Arbeit über die weiblichen Schuldgefühle und zahlreiche andere Arbeiten. Nahezu in Reinform ist Grunbergers Theorie jedoch in »Das Ichideal« (1987) vertreten. Allerdings weicht Chasseguet-Smirgel in ihrer Terminologie von der Grunbergers teilweise ab, wodurch der enge Zusammenhang der beiden Ansätze nicht auf den ersten Blick erkennbar ist.

Kind das väterliche Verbot und die Kastrationsdrohung *erfindet*, verlagere es die innere Not nach außen. Denn die Vorstellung von der Existenz eines Verbotes sei für das Kind weniger beschämend als die seiner eigenen Unzulänglichkeit. Obwohl aber das Kind dieses Verbot dem Vater zuschreibt, gehe die Kastration in seiner unbewußten Vorstellung von der Mutter aus.

Für den Knaben habe die Leugnung der Geschlechter- und Generationendifferenzen Vorteile sowohl im positiven wie im negativen Ödipuskomplex: beiden Elternteilen könne er sich als adäquater Ersatzpartner anbieten. Die polymorph-perverse Sexualität, die Freud zufolge für das präödipale Stadium des Kindes normal im Sinne einer triebadäquaten Ausgestaltung ist, ist Chasseguet-Smirgel zufolge Ausdruck der (normalen) Verleugnungen und Abwehrleistungen des Kindes. Diese aber erscheinen ihr als Teil einer perversen Verlockung (des Knaben), die »prägenitalen Wünsche und Befriedigungen als ebenso gültig und sogar noch gültiger anzusehen als die (einzig dem Vater zugänglichen) genitalen Wünsche und Befriedigungen« (CS 1988a, 19). Diesen Selbstbetrug hält Chasseguet-Smirgel, wie sie schon hier andeutet und an anderer Stelle ausführt, für die Grundlage aller Perversionen.

Der Wunsch, mit der archaischen Urmutter zu brechen, bestünde beim Mädchen ebenso wie beim Jungen. Von beiden würden daher ihre Fähigkeiten auf den Vater und seinen Penis übertragen, hingegen den mütterlichen Organen und Fähigkeiten die Besetzungen entzogen. Dies kommt nach Chasseguet-Smirgel immer einer Kastration gleich. Eine real gute oder schlechte Beziehung zur Mutter hat für sie nur korrigierenden Einfluß darauf, inwieweit eine spätere positive Wiederbesetzung der mütterlichen Fähigkeiten und ihrer Integration in die Identität des Sohnes oder der Tochter möglich ist. Eine Verachtung der Frau habe immer ihr quantitatives Äquivalent im Neid auf ihre Fähigkeiten und sei immer eine Gegenbesetzung dieses Neides. Auf kultureller Ebene drückt sich diese Verleugnung des Mütterlich-Begehrten und Bewunderten für Chasseguet-Smirgel im Übergang zum Vaterrecht aus.

2.2 Die mütterliche Identifikation als Wesenskern der Psychoanalyse

Hatte Chasseguet-Smirgel bisher betont, wie sehr beide Geschlechter sich von der Mutter abzugrenzen wünschen, um narzißtische Kränkungen der Kleinheit und Hilflosigkeit durch die omnipotente frühe Mutter zu kompensieren und sich ihr gegenüber Autonomie zu verschaffen, so wird in ihrem Beitrag über *Die Weiblichkeit des Psychoanalytikers* (1983a) die gegenteilige Seite sichtbar: das durch die Grenze Abgewehrte. Es bestehe in dem Wunsch, in jenes Behältnis zurückzukehren, von dessen Existenz das Kind unbewußt weiß und mit welchem das Weibliche, also die Mutter wie das Mädchen, unbewußt identifiziert werde. Hier nun erscheint im Kontrast zu Chasseguet-Smirgels bisherigen Aussagen die geschlechtliche Gleichheit von Mutter und Tochter nicht mehr als Nachteil. Im Gegenteil wird sie nun zur Grundlage einer Identifikation, in der das Mädchen seinen Wunsch, in den Mutterleib zurückzukehren, kompensieren könne durch das unbewußte Wissen, selbst jenes Behältnis zu haben bzw. zu sein. Daß dem Mädchen diese Kompensation gelingt, liege in einem weiteren ihm unbewußt verfügbaren Aspekt seiner Weiblichkeit: der Fähigkeit des Wartens. Da auch Schwangerschaft, in der sich Wachstum und Reifung vollziehen, warten bedeute, sei dem Mädchen dieses Warten bereits inhärent. Und indem es diesem Aspekt seiner Weiblichkeit in Identifikation mit der Mutter entspreche, erfüllten sich mit dem Aufschub der unmittelbaren Befriedigung Reifung und Wachstum. Für die psychosexuelle Entwicklung des Mädchens bedeute dies: in der Identifikation mit der Mutter kann es sich als Bewahrerin des väterlichen Penis imaginieren, aus dem es ein Kind mache. Zugleich kann es sich durch Identifikation mit dem Kind den archaischen Wunsch nach Rückkehr in den Mutterleib erfüllen. Jener zweite Wunsch beinhalte zwar die bislang gefürchtete Phantasie des Verschmelzens mit der Mutter und des damit verbundenen Selbstverlusts. Aber in der gleichzeitigen Identifikation mit der Mutter sei das Mädchen auch die, die den Penis in sich enthält. Da jener aber die Grenze ist und das Objekt bedeutet, würden mit der Gewißheit, den Penis in sich zu tragen, die Verschmelzungs- und Verlustängste gebändigt. In der Vorstellung von der Schwangerschaft könne sich das Mädchen antizipierend (und die Schwangere tatsächlich) imaginär seinen doppelten Inzestwunsch erfüllen. Aus dem der Weiblichkeit inhärenten Warten leitet Chasseguet-Smirgel die weiblichen Eigenschaften der Geduld, der stabileren Objektbeziehungen und, daraus folgend, der stärkeren Neigung zur Monogamie ab.

Dagegen, so Chasseguet-Smirgels Annahme, sei der Knabe bzw. Mann, dem das Warten auf die Erfüllung schwerer falle, dazu geneigt, die ihn begrenzenden Aspekte der Identifikation mit dem Vater zu umgehen und sich um die Bedingungen des Ödipuskomplexes herumzumogeln. Er neige stattdessen zu (Selbst-) Betrug und der Vortäuschung von Fähigkeiten, die er noch nicht besitze. Er tue so, als ob seine sexuellen Fähigkeiten denen des Vaters entsprächen, als ob sein analer Phallus dem befruchtenden Penis des Vaters gleichwertig oder überlegen sei. Für Chasseguet-Smirgel erklärt sich hieraus das häufigere Auftreten von Perversionen und Kriminalität bei Männern.[6]

Es ist nach Chasseguet-Smirgels Vorstellung nicht der Penis als Instrument, mit dessen Hilfe die Rückkehr in den Mutterleib angestrebt wird. Im Gegenteil: Er ist das »Andere«, die Grenze, er repräsentiert das Objekt. Die Rückkehr vollziehe sich vielmehr über die Identifikation mit dem Fötus[7], der den Mutterleib als grenzenloses, objektfreies Universum erlebe. Dieses intrauterine Erleben ist für Chasseguet-Smirgel (und Grunberger) Ursprung und Modell des primären Narzißmus. Aus dem regressiven Wunsch, in den Mutterleib zurückzugelangen, stammten alle »diffusen«, d.h. Grenzen beseitigenden Wünsche: einzubrechen, etwas aufzureißen, zu zerschlagen, aufzuschneiden und zu zerlegen etc. Sie fänden sich vor allem beim Knaben und Mann, der nicht über einen solchen Innenraum verfügt, mittels dessen er diese Identifikation mit dem Mütterlichen wieder herstellen könnte. Die von Melanie Klein beschriebenen Wünsche, den Mutterleib zu leeren, entstammten somit nicht einem Interesse an diesen Objekten, sondern dem entge-

---

6 Zur Theorie der Perversion bei Chasseguet-Smirgel vgl. Kapitel I/4.

7 Dabei fällt auf, daß Chasseguet-Smirgel nur bei der Tochter von einer unbewußten Entsprechung von Fötus und Penis des Vaters ausgeht, die einen Selbstverlust in der Verschmelzung verhindere. Wobei die Angst vor Selbstverlust, bleibt man in diesem Begründungskontext, ihrerseits die Introjektion des Penis schon voraussetzt, denn erst sie macht die Erfahrung der Getrenntheit vom Objekt möglich, die die notwendige Voraussetzung für eine solche Angst ist. Bezogen auf die männliche psychosexuelle Entwicklung geht Chasseguet-Smirgel hingegen nicht von einer Phantasie aus, in der der Fötus aus dem Penis des Vaters gemacht und damit selbst schon Objekt ist, das eine Grenze zur Mutter habe. Wie ihre Ausführungen zur männlichen Perversion auch hier zeigen, nimmt sie offenbar eine solche Angst vor Selbstverlust beim Perversen nicht an, der nach ihrer Darstellung mit allen Mitteln die regressive Aufhebung der Unterschiede anstrebt. An anderer Stelle hebt sie jedoch den psychotischen Charakter der Verschmelzung hervor, gegen den die Perversion einen Schutz darstelle, da sie mit der Leugnung der Geschlechterdifferenz die Realisierung des Verschmelzungswunsches unmöglich mache. Hier deuten sich bereits einige Widersprüche an.

gengesetzten Wunsch nach ihrer Zerstörung. Und auch die Mutter ist nicht das zu zerstörende Objekt, denn sie hat in dieser Primärphantasie noch keinen Objektstatus, ist noch nicht durch den väterlichen Penis vom Kind getrennt. Es gehe vielmehr, wie Chasseguet-Smirgel betont, um die Zerstörung der Welt des Vaters, der die Realität und somit die Trennung repräsentiere. Was einzig das Kind davon abhalte, diesen Vernichtungs- und Zerstörungsimpulsen zu folgen, sei die Angst, selbst vernichtet zu werden. Diese Angst entstehe zum einen durch die ebenfalls von Melanie Klein erkannte Projektion dieser destruktiven Wünsche auf die Mutter, die dadurch zur archaischen Verfolgerin werde, andererseits infolge der unbewußt imaginierten Verschmelzung. Letztere komme, den Impulsen des Todestriebs folgend, einer Selbstvernichtung in der Regression gleich.

Somit steht nach Chasseguet-Smirgel der Vater mit seinem Penis im Unbewußten für die Realität, für das Leben und die Existenz als Objekt in einer Welt von Objekten. Dies mache ihn zum Repräsentanten des Lebenstriebes und zum Retter vor dem Todestrieb, der in dieser Konzeption ein Element der Mutterimago ist.

Aus dem aufgegebenen Wunsch nach Verschmelzung mit der Mutter gehe jedoch der Wunsch nach Identifikation mit ihr hervor und motiviere zur Aneignung ihrer Fähigkeiten. Auch der Knabe könne und müsse sich zum Zweck seiner narzißtischen Vervollkommnung mit diesen Fähigkeiten des Hegens und Wachsenlassens identifizieren. Die Berufswahl des Analytikers sei bei vielen Männern von einem solchen Identifikationswunsch getragen. Denn der analytische Prozeß sei, wie sie mit Grunberger annimmt, einer Schwangerschaft vergleichbar, in welchem AnalytikerIn und PatientIn ein gemeinsames Paar bilden, das gemeinsam ein neues »Kind« erzeuge und wachsen lasse und dabei viel Geduld aufwenden müsse, ehe dieses Kind in Gestalt des analysierten Patienten allein lebensfähig sei. Während der analytische Rahmen vom »väterlichen Gesetz« bestimmt werde und damit, wie sie an anderer Stelle sagt, die Inzestschranke repräsentiere[8], gleiche die innere Beziehung einer Projektion des Mutterleibs, in der die unbewußte Kommunikation die Nabelschnur ersetze.[9]

Die bei beiden Geschlechtern für notwendig erachtete Identifikation mit der Mutter bleibt jedoch eingeschränkt auf das nach Chasseguet-Smirgel »Wesentlichste« der Mutter: die Mütterlichkeit, wie aus ihrer Aussage: »Die Mutterschaft

8 Vgl. CS 1988a, 78.

ist der weiblichen Psychosexualität wesensgleich, ob sie nun auf die Geburt eines Kindes hinausläuft oder nicht« (1988a, 28) deutlich wird. Identifikation mit der Mutter meint also nicht die Identifikation mit den Eigenschaften einer bestimmten Person, die für das Kind das Primärobjekt ist, sondern meint die Identifikation mit einer universellen weiblichen Eigenschaft – jenseits aller spezifischen Objekterfahrungen.

Und sie verbindet dies mit einer weiteren grundlegenden Annahme: das wahre inzestuöse Objekt sei für *beide* Geschlechter die Mutter, denn der Inzest habe als eigentliches Ziel nicht die *sexuelle,* sondern die *intra-uterine* Wiedervereinigung. Der Koitus ist dabei nur die männliche Form, sich diesem Wunsch anzunähern und die aus diesem Wunsch herrührenden (primär männlichen) Phantasien des Öffnens, Eindringens, Aufreißens umzusetzen. Es scheint, als habe für Chasseguet-Smirgel das Sexuelle in seiner Triebfunktion der gemeinsam geteilten Erfahrung von Lust keine Bedeutung, sondern diene nur als Mittel zur Erreichung zweier von ihr eigentlich unabhängiger Wünsche: dem Wunsch nach Fortpflanzung und dem Wunsch nach Wiedervereinigung mit der Mutter. Die höchste Form von Lust innerhalb der menschlichen Erfahrung sei die der primärnarzißtischen All-Einheit mit sich und der Welt gewesen. Entsprechend besteht für Chasseguet-Smirgel eine Einheit von Narzißmus, Primärprozeß und Lustprinzip. Die Lust im Koitus verdankt sich danach der großen Annäherung an den intra-uterin erlebten Zustand von Grenzenlosigkeit und Verschmelzung. Der Zeugungswunsch und der Wunsch zur Mutterschaft seien zwar als primäres Wissen von Geburt an existent

9 Dieser Vergleich der analytischen Situation mit einer Schwangerschaft wird von vielen PsychoanalytikerInnen geteilt. In der Regel aber wird das Erleben eines psychischen Wachstums der PatientInnen mit dem des Kindes im Uterus oder in einer behüteten Mutter-Säugling-Beziehung verglichen. Besonders plastisch beschreibt das Bions Modell des Container-Contained. Chasseguet-Smirgel nimmt mit Grunberger an, daß die analytische Beziehung zunächst von den narzißtischen Verschmelzungswünschen der PatientInnen getragen sei, die allmählich zur Integration der Triebe, also des analen mütterlichen Phallus und mit dessen Hilfe des väterlichen Penis hingeführt werden müßten. Das therapeutische Bündnisse entspreche dagegen einer imaginären Wiederholung der Urszene, da PatientIn und AnalytikerIn die psychische Zeugung jenes neuen Kindes vereinbaren. Es fragt sich nicht nur, ob bei dieser Vorstellung vom therapeutischen Bündnis nicht bereits jene Integration der Elternimagines vorausgesetzt wird, die nach ihrer eigenen Auffassung erst das Ergebnis einer reifen psychischen Strukturierung sein kann. Vielmehr ist hier von zwei verschiedenen Paaren die Rede: dem zeugenden und dem Mutter-Kind-Paar. Diese in der Reflexion über das therapeutische Bündnis nicht getrennt zu halten, sondern ineinander übergehen zu lassen, entspricht meines Erachtens einer unbewußten Realisierung der inzestuösen Phantasie auf der Metaebene.

und in beiden Geschlechtern somit schon angelegt. Aber die eigentliche Triebkraft hinter der sexuellen Vereinigung und der Schwangerschaft sieht sie in der damit verbundenen Möglichkeit, dadurch die imaginäre Wiedervereinigung mit der Mutter zu erreichen. Sei für den Mann dieses imaginäre Moment der Rückkehr in den Mutterleib mit dem Koitus verbunden sei[10], liege für die Frau die Erfüllung dieses Wunsches in der gleichzeitigen Identifikation mit dem Fötus und der Mutter.

Dieser regressive Wunsch nach Rückkehr in den Mutterleib bildet den Kern der archaischen Matrix des Ödipuskomplexes. Der Ödipuskomplex sei Erbe wie auch Ausdruck dieser archaischen Matrix. Innerhalb dieser Matrix gebe es für den Knaben nur die eine Intention: den Vater und mit ihm alle Hindernisse auf dem Weg zum und in den Körper der Mutter zu beseitigen. Neu ist am Ödipuskomplex gegenüber der archaischen Matrix nach dieser Auffassung die jetzt einsetzende Fähigkeit des Knaben, den Vater als Realität anzuerkennen, sich mit ihm und seiner Wirklichkeit zu identifizieren und somit auf die gegenwärtige bzw. vollständige Erfüllung seiner Wünsche zu verzichten. In diesem zukunftsorientierenden Moment, an welchem das Ichideal einen besonderen Anteil habe, liege die strukturierende Funktion des Ödipuskomplexes. Sonst aber ist nach Chasseguet-Smirgel am Ödipuskomplex (des Knaben) nichts Neues zu finden, jedenfalls nicht in Hinblick auf seine primären sexuellen Wünsche. Immerhin gebe der Knabe infolge des erreichten Ödipus seine prägenitalen Phantasien und seine Pseudogenitalität auf, deren Funktion in der Verleugnung und Nivellierung der Generationen- und Geschlechterdifferenzen bestand.

Mit dem angeborenen Wissen um die sexuelle Wahrheit existiere das Wissen um die Differenz der Geschlechter im Unbewußten des Kindes von Anfang an. Das Wissen um die Urszene schließe den unbewußten Wunsch des männlichen Kindes ein, ein Kind zu zeugen, sowie den entsprechenden Wunsch des Mädchens, ein Kind zu empfangen und zu gebären. Durch Integration von gleich- und gegengeschlechtlichen Identifikationen könnten die Disposition zur Mutterschaft und zur Er-Zeugung (von Realität) zu universell geteilten Fähigkeiten werden.

10 Hierbei bezieht sich Chasseguet-Smirgel auf Ferenczis Genitaltheorie von 1924, wobei sie in ihren Überlegungen wie in der Rezeption Ferenczis wiederum Grunbergers Auffassungen folgt (vgl. Grunberger 1982a, Kap. 1).

An dieser Stelle offenbart Chasseguet-Smirgel jedoch den quasi utopischen Charakter ihres psychoanalytischen Entwicklungsmodells, wenn sie mit Bedauern feststellt, die gleich- und gegengeschlechtlichen Identifikationen würden nur von wenigen Individuen bis zur Integration derselben gebracht. Bei AnalytikerInnen, die zu dieser Minderheit zählten, bildeten sie jedoch motivierende Anteile in der Berufswahl. Gleichzeitig betont Chasseguet-Smirgel jedoch, daß »Weiblichkeit und Männlichkeit niemals in Reinform [erscheinen], beide Komponenten bedürfen einander, um sich äußern zu können» (ebd., 42).[11] Diese Notwendigkeit der Verbindung von weiblichen und männlichen Anteilen versteht Chasseguet-Smirgel nicht nur als eine intrapsychische Entwicklung der Integration, sondern ihre Auffassung von der stets existierenden Mischform des Weiblichen und Männlichen bezieht sich auch auf ihre Überzeugung von einer angeborenen Heterosexualität (vgl. ebd., 35). In ihrer Begründung dieser Annahme verweist sie auf ein im Menschen fortbestehendes animalisch-instinktives Wissen, das den Kern des Unbewußten bilde (ebd., 37). Realisiert es sich nicht in Form der gegengeschlechtlichen Anziehung und Verbindung, dann ist dies für sie immer das Resultat der Entwicklungshemmung oder -störung eines normalen Prozesses. Diese Störungen ergäben sich durch die Konflikte in der langwährenden sexuellen Latenz des Kindes, die für dieses eine Zeit der Not darstelle. Allerdings: Latenz ist für Chasseguet-Smirgel (und Grunberger) nicht nur die Phase zwischen der Beendigung des Ödipuskomplexes und dem Beginn der Pubertät. Vielmehr beginnt sie nach ihrer Vorstellung von der menschlichen Frühreife (Neotenie) mit der Geburt und werde durch kulturelle Zwänge noch über die Zeit, in der die Geschlechtsreife erreicht sei, hinaus ausgedehnt bis zum Ende der Pubertät.

In einer der frühen Auffassung Freuds über die weibliche Hysterie verwandten Weise spricht sie davon, daß beim Mädchen bzw. der jungen Frau das lange Warten auf die Erfüllbarkeit der schon lange gehegten Wünsche zur »Genitalisierung des Prägenitalen« und damit zur weiblichen Hysterie führe. »Der weibliche Körper, Behältnis des Fötus, ist bekanntlich weit diffuser und globaler erotisiert als der männliche Körper, denn die Frau ist *ganz und gar von der Mutterschaft ›beses-*

---

11 Eine Äußerung, die sehr an Otto Weiningers Ausführungen über die komplementären Mischungsverhältnisse des Weiblichen und des Männlichen erinnert, die auch bei ihm als universelle und abstrakt-allgemeine Kategorien mit klar umrissenen Wesensmerkmalen beschrieben werden (vgl. ders. 1903). Auf Übereinstimmungen zwischen Weiningers Geschlechterphilosophie und der Theorie Chasseguet-Smirgels hat auch Döpp (1987) hingewiesen.

sen‹, was bei ihr wahrscheinlich den Sprung vom Psychischen zum Somatischen sowie die Fähigkeit begünstigt, die libidinöse Energie in Teile ihres Körpers zu ›konvertieren‹, die a priori keine erogenen Zonen sind« (ebd., 36; Hervorh. A.M.). Auch wenn hier von einem erotisierten Körper, von Genitalisierung und der Verteilung libidinöser Energien die Rede ist – die Erfüllung des Wunsches nach Mutterschaft liegt nach Chasseguet-Smirgels Auffassung nicht in einer sexuellen, sondern in einer narzißtischen Verschmelzung. Die Genitalisierung hat hier die Funktion, die Erfüllung des Fusionswunsches zu beschleunigen, ist selbst aber nur das Medium.

Aufgrund der fehlenden Inhärenz des Wartens beim Mann neige dieser mehr zur Realitätsverleugnung, die durch die Angst des Mannes vor dem mit Tod assoziierten Weiblichen noch verstärkt werde. Mit Ferenczi kommt sie zu der Auffassung, die Todesphantasie sei mit einem universellen Wunsch nach Rückkehr zum Ort unserer Herkunft verbunden und folge damit einer regressiven Sehnsucht, die ihren Ursprung im Todestrieb habe. Eine Bestätigung dieser Verbindung von Weiblichkeit und Todestrieb liegt für Chasseguet-Smirgel in der häufigen Fehlleistung, die im Französischen durch Verwechslung oder Versprechen bei der Verwendung der ähnlich klingenden Begriffe Mutter, Meer und Tod auftreten (la mère, la mer, la mort).[12] Als Bestätigung hierfür betrachtet Chasseguet-Smirgel das zeitliche Zusammenfallen [sic!] der Entstehung von Freuds Schriften über die Weiblichkeit und seiner metatheoretischen Einführung des Todestriebs (ebd.,40f).[13]

12 Entsprechende Fehlleistungen aufgrund der Klangähnlichkeit wären dann im Französischen auch bei la mort (Tod) und l'amour (Liebe) zu erwarten. Die populäre Bezeichnung des Orgasmus als »kleiner Tod« signalisiert jedoch eine bewußtseinsfähige Assoziierung von Eros mit Tod, die Chasseguet-Smirgels These vom schwarzen Eros, dessen Verbindung zum Todestrieb verleugnet werde, entgegen steht.

13 In ihrer zwölften Anmerkung zur Vorrede in *Anatomie der menschlichen Perversion* führt sie als mit der Einführung des Todestriebs gleichzeitig auftretende Ereignisse den Ausbruch von Freuds Krankheit, den Tod seiner Tochter Sophie und seines Enkels sowie die Schriften zur Weiblichkeit an (vgl. CS 1989a, 328). Bei genauerer Betrachtung der Chronologie dieser Ereignisse kann man sich des Eindrucks einer Willkürlichkeit dieser Behauptung nicht entziehen. Freud führt den Begriff des Todestriebs in *Jenseits des Lustprinzips* 1920, im Todesjahr seiner Tochter Sophie ein. 1923, das Todesjahr seines Lieblingsenkels Heinele, ist auch das Jahr, in welchem seine Krebserkrankung zum Ausbruch kommt. 1925 erscheint *Einige psychische Folgen des anatomischen Geschlechtsunterschieds.* Sechs bzw. acht Jahre danach veröffentlicht Freud *Über die weibliche Sexualität* (1931) und die 33. Vorlesung in der Neuen Folge über *Die Weiblichkeit* (1933). Das heißt, die erste der drei zentralen Schriften Freuds zur Weiblichkeit erscheint fünf Jahre nach Einführung des Todestrieb-Begriffs, die beiden späteren erst elf bzw. dreizehn Jahre danach.

Die Verleugnung der Vagina entspreche somit auch dem männlichen Wunsch, jenes Organ zu verleugnen, durch welches man(n) sich dem Ort des Todes, der Selbstauslöschung, nähern könne. Auch die Verleugnung der genitalen Fähigkeiten des Vaters sei neben der Abwehr der Neid- und Unterlegenheitsgefühle des Knaben aus diesem Wunsch begründet, die Möglichkeit der Rückkehr zu jenem Ort der Herkunft zu leugnen.

Diese Annahmen Chasseguet-Smirgels ließen erwarten, daß die regressiven Wünsche (des Knaben) schon durch die Existenz dieser Todesangst gebändigt würden. Sie geht jedoch von einer anderen Entwicklungen bei der Bewältigung dieses Ambivalenzkonflikts aus, wenn sie vorschlägt, die »perverse Lösung« als gleichzeitige Kastration beider Eltern zu begreifen, in welcher der Knabe seine prägenitalen Fähigkeiten als den genitalen des Vaters vergleichbar oder überlegen ansehe. Seine Leugnung des mütterlichen Genitals gehe mit dem Versuch, es sich auf sadistische Weise erst zu eröffnen, einher. Dies bedeute auch, daß er seine Unfähigkeit zum genitalen Vollzug verbergen und ihn phantasmatisch gleichzeitig schon vorwegnehmen wolle.[14]

Die ödipale Position einzunehmen bedeute dagegen für den Knaben, seine eigene Kastration zu akzeptieren, also die Notwendigkeit des genitalen Verzichts auf die Mutter in Verbindung mit der Anerkennung der Vorrechte des Vaters. Für Chasseguet-Smirgel ist der Erwerb des reifen Phallus an die Voraussetzung gebunden, daß das Mädchen und der Knabe ihre prägentialen Wünsche aufgeben, ihre »Kastration« (= die Trennung von Ich und Ichideal) also akzeptieren. Wie schon erwähnt, liegt für Chasseguet-Smirgel die reife Persönlichkeit in der psychischen Integration männlicher und weiblicher genitaler Fähigkeiten begründet. Die wesentlichsten Eigenschaften, an die sie dabei denkt, sind ihr das weibliche Warten-Können und das männliche Gebieten-Können. Selbst wenn Chasseguet-Smirgel bei jeder reifen Persönlichkeit die Integration dieser beiden Eigenschaften voraus-

---

14 Chasseguet-Smirgel verweist hier auch auf Stollers Theorie der primären Feminität des Mannes, die eine weitere Quelle für die Angst des Mannes vor der Weiblichkeit darstelle. Sie sei eine Angst um seine sexuelle Identität. »Das männliche Kind ist ursprünglich in der »Weibchenhaftigkeit« der Mutter versunken. Diese primäre Symbiose muß sich auflösen, damit sich die männliche Identität durch die Trennung von der mütterlichen Identität entwickeln kann.« (CS 1988a, 41)
In ihrem nur ein Jahr später entstandenen Beitrag *Ein »besonderer« Fall. Zur Übertragungsliebe beim Mann* distanziert sie sich von diesem Aspekt in Stollers Theorie. Zwar sei sie seinem Beitrag zur Entwicklung der männlichen Identität verpflichtet, übernehme »jedoch nicht die »ethologische« Theorie von der Prägung des Kindes durch die mütterliche ›Weibchenhaftigkeit‹« (ebd., 73, FN 2).

setzt, erscheinen diese Charakterisierungen von (abstrakt) Weiblichem und Männlichem nicht nur extrem reduktionistisch. Es fragt sich auch, warum es gerade jeweils diese Eigenschaften sind, die ihr bei den vielen Aspekte, die »Weiblichkeit« und »Männlichkeit«[15] ausmachen, als die einzig bedeutsamen erscheinen.

15 Für Chasseguet-Smirgel sind soziokulturelle Bestimmungen von Weiblichkeit und Männlichkeit nur die Projektionen intrapsychischer Konflikte. Dagegen hat sich in der psychoanalytisch orientierten Sozial- und Kulturwissenschaft und der feministischen Diskussion der sog. Postmoderne weitgehend die Auffassung durchgesetzt, daß Weiblichkeit und Männlichkeit kulturelle Konzepte seien, die sich aus biologischen Differenzen und deren Morphologie ableiten. Die psychischen Repräsentanzen von Geschlechtlichkeit sind danach verdichtete Komplexe, in welchen das stets auch interaktiv beeinflußte Körpererleben, kulturelle Muster und Zuschreibungen sowie deren psychische Verarbeitung eng miteinander verwoben sind.

2.3 Die in der archaischen Matrix verfangene Präödipalität

Ihre Untersuchungen zur *Anatomie der menschlichen Perversion* (1989a) leitet Chasseguet-Smirgel mit einer Vorrede ein, in welcher sie eine »Kritische Untersuchung des phallischen sexuellen Monismus« ankündigt (ebd.,Kap. 1). Diese Theorie Freuds, nach der es für das Kind nur ein Geschlecht gebe, das männliche, bedarf nach Chasseguet-Smirgels Auffassung einer Revision. Denn die darin angenommene Tendenz des Kindes, allen Menschen – auch den Frauen – einen Penis zuzuschreiben, passe schlecht zu dem Wunsch des Kindes, die Frau zu kastrieren (vgl. ebd., 39).

Abgesehen davon, daß Chasseguet-Smirgels Widerspruchstoleranz gegenüber den Texten Freuds geringer zu sein scheint als bei ihren eigenen Annahmen über die oben dargestellten Verleugnungsstrategien des Knaben, ist schon diese Eingangshypothese sehr widersprüchlich. Denn zum einen unterstellt sie Freud, daß auch dieser wie sie von einem *Wunsch* des Kindes ausgehe, die Frau (Mutter) zu kastrieren. In Wahrheit ist aber die Entdeckung der »Kastration« des weiblichen Geschlechts nach Freud für das Kind ein traumatischer Schock, der beim Knaben die Kastrationsangst weckt und den Ödipuskomplex einleitet, während das Mädchen infolge seines Kastrationskomplexes nun erst den Penisneid und Haß auf die Mutter entwickle. Zudem aber ist ihre Aussage, der Wunsch nach Kastration passe nicht zur Ausstattung der Frau mit einem Penis, mit einem logischen Lapsus verbunden. Denn nur, wenn die Frau einen Penis hat, kann sie um diesen gebracht, also kastriert werden. Dahinter aber verbirgt sich eine Lesart Freuds durch die Brille der Theorie Grunbergers. Denn einen Penis zuschreiben heißt für Chasseguet-Smirgel: die Frau mit Vollkommenheit ausstatten. Ihr denselben wieder zu nehmen dagegen: sie ihrer Omnipotenz zu berauben. Dies ist in der Tat ein Widerspruch – allerdings nicht in Freuds Theorie, da er nicht dieses Verständnis von der Bedeutung der Peniszuschreibung sowie der Kastration teilt.

In diesem neun Jahre nach *Freud und die Weiblichkeit* (1975a) entstandenen Text unterzieht Chasseguet-Smirgel die beiden Krankengeschichten Freuds, den Kleinen Hans und den Wolfsmann, erneut einer gründlichen Revision, die sich von ihrer früheren Interpretation deutlich unterscheidet. Hatte sie damals die Theorie des phallischen sexuellen Monismus als eine von Freud nicht erkannte und darum noch geteilte Abwehrstrategie des Kindes gegen die Erkenntnis seiner Kleinheit und Hilflosigkeit interpretiert, so erscheint ihr diese Theorie nun als Ausdruck der

»perversen Lösung«.[16] Denn bei dieser ist das Ziel der Negierung des Geschlechter- und Generationenunterschieds nicht mehr die Abwehr der narzißtischen Kränkung, sondern der Zerstörung der vom Vater repräsentierten Realität, die aus Unterschieden bestehe. Diese Interpretation der archaischen Matrix des Ödipuskomplexes als einer perversen Konstruktion, die an die Stelle der Abwehr durch die »Theorie des phallischen sexuellen Monismus«[17] tritt, ist nun weitgehend auf die psychosexuelle Entwicklung des Knaben eingeschränkt. (Für Mädchen nimmt Chasseguet-Smirgel im Fall einer »perversen Entwicklung«, welche sie insbesondere mit einer ausgeprägten homosexuellen Bindung an die Mutter gleichsetzt, eine Übertragbarkeit dieser Erklärung an).

Die perverse Realitätsverleugnung des Knaben bestehe nicht primär darin, daß der Knabe der Mutter einen Penis zuschreibt, sondern in der Negierung ihres weiblichen Genitales, der Vagina. Auch nach dieser späteren Interpretation stelle er sich die Mutter als Kastrierte vor und könne sich damit für seine narzißtischen Kränkungen der Kleinheit und Ohnmacht entschädigen. Daß die Leugnung der Vagina zugleich die Verleugnung des Vaters bedeutet, heißt auch so viel wie: es gibt nichts, worin jener dem Knaben überlegen sein könnte. Der in der Theorie Chasseguet-Smirgels allein für Zeugung stehende Vater wird damit funktionslos.

---

16 Vgl. *Freud und die Weiblichkeit,* 1975, 4–13 in: CS 1988a. In dieser Vorrede fehlt jeglicher Hinweis Chasseguet-Smirgels auf diese frühere Auseinandersetzung mit demselben Gegenstand, obgleich sie längere Passagen aus ihrer früheren Darstellung übernimmt. Entsprechend erwähnt sie auch nicht ihre damals anders gewichtete Interpretation dieser Theorie als einer infantilen Abwehrkonstruktion beider Geschlechter gegen regressive Wünsche. Auch im Literaturverzeichnis von *Anatomie* ist dieser Text nicht aufgeführt. Als nicht ganz zufällig erscheint vor diesem Sachverhalt ihr Zitat einer Fußnote Freuds aus dem Jahr 1924, in der er auf die Revision seiner Überlegungen hinweist mit den Worten: »Diese Darstellung habe ich später ... selbst dahin verändert, daß ich ...« (vgl. CS 1989a, 26f).
Da der Perversionstheorie Chasseguet-Smirgels ein eigenes Kapitel gewidmet ist (vgl. Kap. I/4), werde ich hier nur auf die Entwicklung der Theorie von der archaischen Matrix des Ödipuskomplexes eingehen..

17 In allen früheren Texten hatte Chasseguet-Smirgel von der Theorie des sexuellen phallischen Monismus gesprochen. Die Veränderung der Begriffsreihenfolge von »sexuell« und »phallisch« wurde von ihr nie begründet. In Verbindung mit der inhaltlichen Verschiebung der Interpretation dieser Theorie von einer kindlichen Abwehr zu einer perversen Strategie scheint die Betonung des Phallischen an erster Stelle einer Unterstreichung dieser Deutung zu entsprechen. Denn das Phallische bringt Chasseguet-Smirgel – hierin von Grunberger abweichend – nicht so sehr mit Vollkommenheit als vielmehr mit dem analen Phallus der Mutter in Verbindung, der für sie ein Kernelement der Perversion darstellt.

Allerdings hat die Leugnung der Vagina auch zur Folge, daß sich der Knabe nun gewaltsame Vorstellungen mache, wie er in den ersehnten Innenraum zurück gelangen könne. Diese destruktiven Selbstanteile, die er auf die Mutter projiziere, erzeugten das Bild einer ihn nun anal verfolgenden Mutter, die ihn statt mit der Vagina mit dem zermalmenden Anus zu verschlingen und in ihrem Innern zu Kot zu amalgamieren drohe – so wie er die Objekte in ihrem Leib habe zerstören wollen, um sich darin den leeren Raum seiner pränatalen Zeit der Glückseligkeit wieder zu erobern. Aufgrund dieser angenommenen universell männlichen Projektionen muß nach Chasseguet-Smirgel die Mutter stets als diejenige erscheinen, von der die Kastration ausgehe, sie wird dadurch zur bedrohlich verfolgenden Mutterimago in einer paranoiden Beziehungskonstellation zwischen Mutter und (häufiger) männlichem Kind.

Der von Grunberger übernommenen Annahme der Neotenie als dem auslösenden Faktor dieser Dynamik bleibt Chasseguet-Smirgel auch in dieser veränderten Interpretation des phallischen sexuellen Monismus treu (vgl. ebd., 48). Deutlicher noch als bisher vertritt sie hier dessen Auffassung, daß es einen zeitlichen Abstand gebe »zwischen dem Auftreten der ödipalen Wünsche beim Kind und der Fähigkeit, sie zu befriedigen …« (ebd.). Und allein aus dieser Kluft zwischen einem angeblich von Beginn des Lebens an existierenden inzestuös-sexuellen Wunsch und der physiologischen Unmöglichkeit, ihn zu befriedigen, ergebe sich die menschlich spezifische Form einer Entwicklung, die »aus dem Instinkt den Trieb und aus der Sexualität die Psychosexualität« mache (ebd., 51).

Was aber diesem inzestuös-sexuellen Trieb bei Chasseguet-Smirgel (wie bei Grunberger) seine spezifische Charakteristik verleiht, ist ihre Auffassung, daß das Triebziel in der Wiederherstellung der Urverschmelzung mit der Mutter bestehe, daß es sich also primär um ein narzißtisches Ziel handelt. Aufgrund dieser Annahmen kommt Chasseguet-Smirgel zu der Schlußfolgerung, das wahre inzestuöse Objekt sei für beide Geschlechter die Mutter. Allerdings ist die Mutter hier kein Objekt im klassisch psychoanalytischen Verständnis, sondern ist ein vom primärnarzißtischen Selbst nicht zu unterscheidender Bestandteil in einem objektlosen Zustand.

Aussagen Freuds werden, wie ihre weiteren Ausführungen zeigen (s. ebd., 51), diesem eigenen Triebkonzept angepaßt, wobei sich dafür offenbar eher sehr frühe

Texte Freuds eignen.[18] Aus diesem Grund macht sie ihm auch wiederholt den Vorwurf, er habe frühe Einsichten unter dem äußeren Druck seiner scientific community oder aus Mangel an Mut wieder verworfen.[19]

Der anale Phallus der Mutter(imago), die diese so bedrohlich macht, sei das projektiv-paranoide Produkt abgewehrter Reizzustände, in welchen das schwache Ich des Säuglings überschwemmt werde von Erregungszuständen. Diese als traumatisch erlebten Reizüberflutungen würden vom Säugling seinem primären Objekt, der Mutter, zugeschrieben und sie werde von ihm darum als zerstörerisch in ihn Eindringende erfahren. Die sexuelle Metaphorik des analen Phallus aber führt Chasseguet-Smirgel zurück auf die immer auch »libidinöse Miterregung«, die jedem Zustand traumatischer Reizüberflutung eigen sei, »und zwar so sehr, daß der projizierte Fremdkörper sofort sexualisiert wird« (ebd., 42).[20] Diese »traumatischen Erfahrungen« sind nach ihrer Auffassung aber nichts anderes als alltägliche Frustrationen des Kindes. Die sexuelle Aufladung derselben ergebe sich aus den unbewußten sexuellen Wunschvorstellungen und Reizüberflutungen, die die Folge der Neotenie seien. Somit handelt es sich bei diesen traumatischen Erlebnissen um universelle Erfahrungen, die alle Kinder teilen. Unausgesprochen, aber doch als Schlußfolgerung sich aufdrängend bleibt der Eindruck, daß dieses Trauma mehr eines des Knaben sei. Nicht nur ist beständig von den Penetrationswünschen desselben die Rede, von den Erektionen des Knaben und seinen dunklen gewaltsamen Ahnungen. Die »perverse Lösung«, die Chasseguet-Smirgel hier the-

---

18 In diesem Fall handelt es sich um den *Entwurf einer Psychologie* von 1895 (1950c). Daß Freud hier unter den durch die Außenwelt herbeigeführten Veränderungen auch die »Nähe des Sexualobjektes« nennt, kann nur in bezug auf seinen Begriff von Sexualität, der ein weiter gefaßter und nicht auf narzißtische Verschmelzung verkürzter ist, sinnvoll interpretiert werden (vgl. Freud 1950c, 410).

19 Das Verhältnis Chasseguet-Smirgels zu Freud erweist sich trotz ihrer wiederholten Berufung auf ihn und die Betonung ihres Selbstverständnisses als Freudianerin als äußerst ambivalent. So gibt ihr, wie bereits erwähnt, auch die Theorie des sexuellen phallischen Monismus weitere Gelegenheit, Freud Widersprüche und Abwehr nachzuweisen. Daß es Abwehraspekte in Freuds Theorie – insbes. zur Weiblichkeit – gibt, steht nicht in Frage, und mehrere AutorInnen sind ihr nachgegangen (vgl. May 1979; Schlesier 1981; Rohde-Dachser 1991). Die Umgangsweise Chasseguet-Smirgels mit Freud bewegt sich zwischen Kritik und vereinnahmender Umdeutung.

20 Eine andere Erklärung der Genese des analen Phallus findet sich in der Strindberg-Studie (1965/70). Hier schlägt sie vor, die durch die Sauberkeitserziehung evozierte Vorstellung von einer anal eindringenden Mutter bilde das Gerüst der anal-phallischen Mutter. Nicht so sehr das Spucken, wie Freud meinte, sondern die anale Ausscheidung stelle das Modell der Projektion vor. Das Projizierte kehre aber nicht nur auf demselben Wege in das Ich zurück, auf dem es nach außen gelangte, sondern auch »in derselben Form: der des fäkalen Penis, das heißt des mütterlichen Phallus« (ebd., 156).

matisiert, ist für sie im Wesentlichen eine männliche Lösung, denn sie besteht, wie sie an anderer Stelle ausführte (vgl. 1988a, 46), im Komprimieren der Zeit, das durch die Leugnung der Generationen- und Geschlechterdifferenzen erreicht werde. Das Mädchen hingegen sei durch die Inhärenz des Wartens in seiner Psychosexualität besser vor dieser Reizüberflutung geschützt. Obgleich Chasseguet-Smirgel die phallisch-destruktiven Qualitäten der Mutterimago aus der paranoiden Umkehrung der aggressiven Penetrationsphantasien des Knaben erklärt, überträgt sie diese ohne weiteres auf die Genese des analen Phallus in der Mutterimago des Mädchens. Jedoch nicht nur die Theorie des phallischen sexuellen Monismus als eine »perverse Lösung« ist für Chasseguet-Smirgel ein normaler und universeller Bestandteil der psychosexuellen Entwicklung des Knaben. Auch die Verführung durch die Mutter wird von ihr nunmehr als universeller Bestandteil des kindlichen Erlebens interpretiert. Es ist die Assoziierung der inneren, das Kind überflutenden Reize mit der Vorstellung von der in den Körper eindringenden Mutter, die vom Kind sowohl als destruktiver Angriff als auch – wegen der sexuellen Miterregungen – als Verführung erlebt werde. Auf die mütterliche Herkunft dieser Erfahrungen führt Chasseguet-Smirgel das gleichzeitig Anziehende und Bedrohliche passiver Unterwerfungen zurück. Auch wenn diese sich – wie beim Wolfsmann – auf den Vater zu beziehen scheinen, sei im Hintergrund immer das Bild der archaischen Mutterimago erkennbar.

Kastrationsängste sind für sie also nicht das Resultat des Anblicks des weiblichen Genitales, sondern Erben jener frühen traumatischen und frustranen Erregungszustände, die als phallisch-destruktives Eindringen der Mutter erlebt worden seien. Die von Freud angenommene Vorstellung des Kindes, daß der Vater der Kastrierende sei und durch diese Drohung die Inzestschranke errichte, sei das Resultat einer Verschiebung der Kastrationsphantasien, die sich ursprünglich auf die archaische Mutterimago bezogen. Durch die Verschiebung auf den nicht verfolgenden und eindringenden Vater erführen sie bereits eine Abmilderung. Die angeblich vom Vater errichtete Inzestschranke sei eine Erfindung des Kindes, die ihm mehrere Vorteile brächte. Ebenso wie die Inzestschranke sei auch die Theorie des phallischen sexuellen Monismus ein Teil der kindlichen Sexualphantasien.[21]

---

21 Nach dem Sinn, welchen die Erfindung der Inzestschranke *neben* der Vorstellung von einem phallischen sexuellen Monismus in ihrer Theorie haben kann, wäre ebenso zu fragen wie nach dem von ihr monierten Sinn der Ausstattung aller Menschen mit einem Penis angesichts des Kastrationswunsches gegenüber der Mutter (vgl. die anfangs zitierte Kritik Chasseguet-Smirgels an Freud).

Sie hätten die gemeinsame Funktion, jenen »Fels der Realität«, die Geschlechter- und Generationengrenze und die damit verbundenen Kränkungen des kindlichen Narzißmus zu verleugnen. Es handelt sich für Chasseguet-Smirgel dabei um den Kern aller »perversen Lösungen«. Sie sind die Abweichung von einer Normalität, die sich aus dem angeborenen sexuellen Wissen und dem in diesem bereits angelegten Schema der Entwicklung ergebe. Die Erfüllung dieses Schemas sei der reife Ödipuskomplex, der die Anerkennung der Geschlechter- und Generationenunterschiede beinhalte, die Akzeptanz des Kastriertseins im Sinne der Unvollkommenheit als Voraussetzung der Introjektion des väterlichen Penis, mit welchem das Gesetz und die Grenze verinnerlicht würden.

Das Besondere an dieser Vorrede ist die Deutlichkeit, mit der Chasseguet-Smirgel hier ihre Vorstellungen über dieses angeborene unbewußte Schema, aus welchem sich alle psychische Strukturierung und Differenzierung ergebe, zum Ausdruck bringt.[22] Ausgangspunkt dieser Überlegungen sind Freuds Aussagen über ein hereditäres Schema, das der Entfaltung des Ödipuskomplexes zugrundeliege und welches man als phylogenetische »Niederschläge der menschlichen Kulturgeschichte« begreifen könne. Anhand der Analyse des Wolfsmannes kommt er zu dem Schluß, daß individuelle lebensgeschichtliche Eindrücke diesen Ablauf störend beeinflussen, nicht aber wirklich außer Kraft setzen könnten. »Wo die Erlebnisse sich dem hereditären Schema nicht fügen, kommt es zu einer Umarbeitung derselben in der Phantasie, ...« (Freud 1918b; zit. n. CS 1989a, 44). Chasseguet-Smirgel schlägt nun vor, »das Problem der Phylogenese beiseite [zu] lassen, aber die Existenz des »Schemas« und der »Unterbringung« zu akzeptieren« (ebd., 45). Was dann als Ursache des unbewußten Schemas bleibt, ist die uns bereits bekannte Annahme über die Existenz eines angeborenen, aber unbewußten sexuellen Wissens, das eine Kenntnis der Geschlechtsunterschiede und der genitalen Sexualität einschließe (vgl. ebd., 43). Greift Chasseguet-Smirgel Freuds Spekulation über die mögliche Bedeutung eines instinktiven Kerns im Unbewußten zunächst hypothetisch auf, wie die Formulierungen im Konjunktiv verdeutlichen, so wird daraus

22 Nur in *Die archaische Matrix des Ödipuskomplexes* von 1984 (in 1988a, Kap. 5) sowie im Vorwort zu Peter Zagermanns *Eros und Thanatos* (CS 1988b) führt sie ihre Vorstellungen über den strukturellen Gegensatz von archaischer Matrix des Ödipuskomplexes und reifem Ödipuskomplex nochmals deutlich aus. Dieses Theorem ist andererseits eng mit ihren Annahmen über die gegensätzlichen Entwicklungstendenzen des Ichideals verbunden.

nach wenigen Schritten eine dezidierte Feststellung, in der sie über das »angeborene«, animalische Wissen des Menschen« als eine faktische Gegebenheit spricht (vgl. ebd., 50). Dessen Unbewußtheit – also auch die Unkenntnis der Vagina beim Kind – ist nun das Resultat der Verleugnungen, die sich aus den traumatischen Folgen der kindlichen Neotenie ergäben.

In der Kluft zwischen angeborenen inzestuös-sexuellen Wünschen und ihrer Unerfüllbarkeit müsse sich dieses angeborene Schema der menschlichen Entwicklung entfalten, das die Bewältigung dieser Triebspannungen und die Integration durch psychische Differenzierung erlaube. Innerhalb dieser Entfaltung bilde das frühkindliche sexuelle Phantasieleben nur die normale polymorph-perverse Überbrückung zwischen diesen Wünschen und der Unmöglichkeit ihrer Realisierung aufgrund der psychophysischen Unreife des Kindes. Die Theorie des sexuellen phallischen Monismus, so schließt sie jetzt und dabei die früheren Interpretationen integrierend, ist »eine Bestätigung der männlichen Abwehrmechanismen im allgemeinen und der des Perversen im besonderen« (ebd.). Die Entwicklung der menschlichen Triebe und der Psychosexualität erscheint ihr somit als die Folge dieser Kluft, die auch eine Kluft zwischen Phylo- und Ontogenese darstelle. Auf der ontogenetischen Seite mache sich dieselbe bemerkbar in den oben angeführten traumatisch-dramatischen Spannungserlebnissen des Kindes, was notwendig impliziert, daß die Intensität des Befriedigungsverlangens überwältigend ist. Denn die Metapher von dem sich entrollenden Band eines angeborenen sexuellen Potentials (vgl. ebd., 51) bedeutet für Chasseguet-Smirgel nicht, daß sich diese Triebwünsche des Kindes allmählich den kindlichen Entwicklungsstadien anpassen. Sondern die von ihr (und Grunberger) zugrundegelegte Annahme ist die eines »reifen«, das heißt in der Intensität des Verlangens dem Erwachsenen vergleichbaren genitalen Strebens, dem jedoch eine physiologische wie psychische Unreife entgegenstehe.[23] Die Existenz des unbewußten Schemas führe dazu, daß sich alle Eindrücke, Konflikte und primitiven Vorstellungen in einer bestimmten Weise orga-

23 Dies hat Chasseguet-Smirgel viel später (1989/92) nochmals explizit formuliert: »Der Säugling wird in einem unreifen Zustand geboren. Das sexuelle Begehren des männlichen [sic!] Kindes nach der Frau, die es geboren hat, tritt lange vor der physiologischen Fähigkeit auf, sie zu befriedigen und ihr ein Kind zu machen ... Noch bevor er verboten wurde, ist der Inzest also eine Unmöglichkeit« (ebd., 66). Diese Auffassung stimmt mit Freuds Vorstellungen über die kindliche Sexualität nur scheinbar überein, da hier von einem genitalen sexuellen Begehren schon beim Neugeborenen und Kleinkind die Rede ist.

nisieren müßten, wie sie in der etwas dunkel formulierten folgenden Passage erklärt: »Man kann annehmen, daß die Notwendigkeit, die Eindrücke »unterzubringen«, um sie nach dem Schema »auszurichten«, absolut fundamental ist. Man erkennt, daß sie es dem Subjekt ermöglichen muß, aus der Verwirrung und dem Chaos aufzutauchen« (ebd., 45). Entsprechend schlicht bzw. eindimensional strukturieren sich danach die ontogenetischen Entwicklungsmöglichkeiten für Chasseguet-Smirgel. Sie behauptet nun die Existenz einer durch das Schema vorgegebenen und von allen kulturellen und lebensgeschichtlichen Einflüssen unabhängigen »Normalität« oder psychischen Reife, die diesem unbewußten Schema entspreche. Wo dieses nicht erfüllt werde, versinke das Individuum im Chaos des imaginären mütterlichen Schoßes.

Dieses männliche ödipale Drama, nach Chasseguet-Smirgel verursacht durch die Unerfüllbarkeit des inzestuösen ›sexuellen‹ Verlangens des Knaben (das für sie in Wahrheit doch immer ein Verlangen nach der vollständigen Rückkehr in den Mutterschoß bleibt)[24], treibe diesen in seiner Entwicklung »ungebändigt immer vorwärts«. Dieser ihn vorandrängenden Dynamik versuche er aber zu entkommen, »der Rivalität, den Konflikten, dem schmerzhaften ödipalen Mißerfolg auszuweichen«, also die perverse Lösung zu suchen. Unvermittelt folgt diesen Überlegungen die Feststellung, es handle sich dabei um eine Tendenz, »die *wir alle* mehr oder weniger in uns tragen« (ebd., 51; Hervorh. A.M.) Auffällig ist in diesen Ausführungen Chasseguet-Smirgels nicht nur die Prädominanz der männlichen psychosexuellen Entwicklung, sondern die damit einhergehende Tendenz, Elemente oder Resultate derselben umstandslos auf die weibliche Psychosexualität zu übertragen. Einen Unterschied macht sie allerdings zwischen den Geschlechtern. Denn die Verhaftung in der Präödipalität scheint ihr beim Knaben das Resultat einer (unbewußt-aktiven) Entwicklungsverweigerung, beim Mädchen dagegen die Folge unbewußter Schuldgefühle. Dabei schließt sie Perversionen in der weiblichen Entwicklung keineswegs aus.

Verschwunden ist in der 1984 entstandenen Vorrede (in 1989a, 1. Kap.) jene Begründung der Theorie des phallischen sexuellen Monismus, die Chasseguet-Smirgel in *Freud und die Weiblichkeit* (1975a) als so bedeutsam für die Abwendung

---

24 Nicht nur sprachlich tendiert Chasseguet-Smirgel dazu, die Differenzen zwischen Freud und Grunberger synkretistisch zu verwischen.

beider Geschlechter von der Mutter schien: die Unterscheidung von der Mutter durch den Besitz eines Penis. Hatten zwar beide Geschlechter ein unbewußtes Wissen (auch) von der Vagina, so verleugneten sie dieses, um den Weg zurück zu vergessen und die Mutter zugleich als kastrierte zu verhöhnen, die keinen Penis habe. War der Knabe dabei in vollem narzißtischen Triumph gegen die Mutter, »es ihr zu zeigen«, wurde er vom Mädchen um diese Fähigkeit der Abgrenzung zumindest beneidet. Aber auch die Hinwendung zum Vater schien ihr dort noch erstrebenswert für das Kind, denn die Introjektion seines Penis versprach, jenes Objekt in sich zu tragen, mit welchem der verfolgenden archaischen Mutter gegenüber eine Grenze gezogen werden könne (1988a, Kap. 1).

Innerhalb der zwischen diesen beiden Texten liegenden neun Jahre kann man eine Wende bei Chasseguet-Smirgel feststellen, in der der Abgrenzungsgedanke hinter dem der perversen Verlockung fast völlig verschwindet. Von der Bedrohlichkeit der archaischen Mutter ist nicht mehr genug geblieben, um damit vor der narzißtischen Regression, »die wir alle mehr oder weniger in uns tragen«, wirksam abzuschrecken.[25] Der Vater erscheint nun weit weniger als der Retter, zu dem das Kind sich flüchtet. Vielmehr muß jetzt zumindest der Knabe mehr oder weniger zu ihm hingedrängt werden. Es hat jedoch keiner neun Jahre für diese Verschiebung der Interpretation bedurft. In *Das Ichideal*, zuerst 1975 in französisch erschienen, existieren beide Erklärungen in einer Spannung nebeneinander, die man als die Dialektik der zwei Wege bezeichnen könnte. Es fragt sich eher, aus welchen Gründen Chasseguet-Smirgel mal die eine und mal die andere der beiden Möglichkeiten in den Vordergrund stellt. Die Konzeption der Vorrede zur *Anatomie der menschlichen Perversion* ist zweifellos auch ein Resultat des Gegenstandes, in den sie einzuführen beabsichtigt: die Perversion.[26] Letztere aber ist nach ihrer Auffassung die Lösung, die der Knabe bevorzuge, wenn er nicht von der Mutter weg und zum Vater hin gedrängt werde, was für Chasseguet-Smirgel Aufgabe der Mut-

25 Dies führt sie in *Die archaischen Matrix des Ödipuskomplexes* (in 1988a) auf die fehlende Strukturiertheit des Perversen zurück, der weder über ein Überich, noch eine sexuelle Identität verfüge und darum »den heiligen Schrecken vor der Rückkehr zum Identischen [= zum Inzest; A.M.] nicht kennt« (ebd., 110).

26 Ganz verschwunden ist dieser ältere Ansatz jedoch nicht. So erwähnt Chasseguet-Smirgel in einer Anmerkung zur Vorrede (1989a, 328, Anm. 12), daß es noch andere Motive für die Leugnung der Vagina geben könne. Neben dem narzißtischen Motiv des Knaben, seine Unzulänglichkeit zu verbergen, sei es bedeutsam, das Körperinnere der Mutter als unserem Ursprungsort und den Weg dorthin zu verleugnen.

ter ist, die sie mit wohldosierten Frustrationen zu leisten habe. Dagegen hatte Chasseguet-Smirgel sich in *Freud und die Weiblichkeit* mit der weiblichen Psychosexualität befaßt, die ihr weit mehr durch die Abwendung von der Mutter und die freiwillige Hinwendung zum Vater bestimmt scheint. Diese Zuordnungen erfolgen nicht mit Ausschließlichkeit, aber doch mit einer starken Betonung der jeweiligen Vorrangigkeit einer männlichen Neigung zur Perversion und einer weiblichen Fixierung in Schuldgefühlen. Wo Chasseguet-Smirgel jedoch die Perversion bei einer Frau konstatiert, finden sich dieselben Erklärungen, die ihr für den »kurzen Weg« des Knaben gültig scheinen (vgl. dazu Kap. I/4). Männliche Schuldgefühle sind dagegen kein Thema in ihrer Theorie.

Zum zentralen theoretischen Gegenstand wird die archaische Matrix des Ödipuskomplexes schließlich in einem 1984 entstandenen Aufsatz, der in der Sammlung *Zwei Bäume im Garten* (1988a, Kap. 5) erschien.[27] Die Bedeutung, die Chasseguet-Smirgel diesem Text gibt, wird deutlich in ihrem Vorwort zu diesem Buch, in welchem sie ihn als das Kernstück desselben bezeichnet (ebd., XVI). Was Chasseguet-Smirgel als *archaische Matrix des Ödipuskomplexes* bezeichnet, ist die gesamte präödipale Phase, in welcher jene Frühform einer ödipalen [sic!] Wunschkonstellation vorherrsche, die durch den Wunsch nach Rückkehr in den Mutterschoß bestimmt sei. Diese von ihr mit einem inzestuösen Verlangen gleichgesetzte regressive Phantasie werde erst beendet mit dem Erreichen des reifen Ödipus. Letzterer ersetzt jedoch nicht, wie man hier erwarten könnte, daß präödipale narzißtische Ziel durch ein ödipales Triebziel. Der reife Ödipus ist bei ihr vielmehr charakterisiert als die Überwindung aller Wünsche des Knaben nach der Mutter durch die Verinnerlichung einer Grenze, die mit der Introjektion des väterlichen Penis erworben wird. Jenes sexuelle Begehren nach dem gegen- oder gleichgeschlechtlichen Elternteil, das für Freud den Höhepunkt des Ödipuskomplexes darstellt, findet sich bei Chasseguet-Smirgel nur innerhalb der archaischen Matrix, also in der

27 Vier Jahre nach der Entstehung dieses Textes veröffentlichte Chasseguet-Smirgel im Psychoanalytic Quarterly *From the Archaic Matrix of the Oedipus Complex to the Fully Developed Oedipus Complex* (1988e). Beide Texte sind weitgehend identisch, weshalb ich sie hier gemeinsam darstelle. In diese englische Version bezieht Chasseguet-Smirgel allerdings neben den Vignetten von Romain und Alexander auch das Material ihres Patienten Norbert mit ein, das sie in *Zwei Bäume im Garten* unter dem Gesichtspunkt der »Übertragungsliebe beim Mann« ausführlicher dargestellt hatte (vgl. 1988a, Kap. 4). Ferner geht sie hier, wie der Titel ankündigt, auf dynamische Entwicklungsaspekte und -konflikte ein, die den Übergang von der archaischen Matrix zur Bewältigung des »voll entwikkelten Ödipuskomplexes« betreffen.

polymorph-perversen Zeit und ist von dem Wunsch nach Rückkehr in den Mutterleib getragen sowie, dieser Entwicklungsphase entsprechend, eine (polymorph-) perverse Lösung. Die Anlehnung an Melanie Kleins Theorie der Frühstadien des Ödipuskomplexes findet dagegen ihre Begrenzung darin, daß für Klein die Herstellung des ganzen Objekts zu einer Reifung des psychischen Apparats und einer Integration der libidinösen und destruktiven Triebanteile führt. Bei Chasseguet-Smirgel bleibt das Objekt auch im Ödipuskomplex libidinös bedeutungslos, es ist weiterhin nur narzißtisch relevant. Die starken Haßgefühle, die narzißtischen Kränkungen entstammen, ließen statt eines libidinösen in der Phantasie des Kindes bald ein verfolgend-destruktives Primärobjekt entstehen, dem sich die Konstruktion des Vaters als zweites, gutes Objekt verdankt. Allerdings scheint in den späteren Texten Chasseguet-Smirgels, wie erwähnt, für den Knaben die regressive Verführung oft verlockender als die durch den Vater gewährte Sicherheit.

All diese Aspekte, die Chasseguet-Smirgels Verständnis des ödipalen Verlangens in seinem Oszillieren zwischen Reifung und Perversion kennzeichnen und das sich für Freud bereits in der von ihm als präödipal bezeichneten Phase abspielt, werden mit dem Begriff der archaischen Matrix umfaßt. Vorherrschend ist in ihrem Verständnis des ödipalen Verlangens die Sehnsucht nach Rückkehr an den Ort unserer Herkunft. Und das eigentliche Motiv dieses Verlangens ist ein narzißtisches: der Wunsch, der narzißtischen Kränkung zu entkommen und die primärnarzißtische Vollkommenheit wieder herzustellen. Die genitale Triebspannung gilt ihr, weil sie im unbewußten Trieberleben voll präsent, biologisch aber noch nicht erfüllbar sei, als Grund des Erlebens von Hilflosigkeit und traumaticher Reizüberflutung. Und dieses traumatisierende genital-sexuelle Begehren wolle das Kind mit der Rückkehr in den Mutterleib loswerden.

Genau besehen ist somit der Ödipuskomplex, wie ihn Chasseguet-Smirgel mit Grunberger interpretiert, innerhalb der archaischen Matrix ein Ödipuskomplex ohne Objekt (denn die Mutter wird darin niemals zum libidinösen Objekt, sie ist nur der Ort der Verschmelzung). Wenn aber im sog. ›reifen Ödipus‹ der Vater als Objekt existiert, so ist er kein libidinöses Objekt und der Ödipuskomplex in diesem Stadium frei von sexuellem Begehren, denn dieses komme, wenn mit dem väterlichen Penis die Grenze introjiziert ist, nur noch in sublimierter Form zur Geltung.

Man gewinnt den Eindruck, daß Chasseguet-Smirgel mit Hilfe der Theorie Melanie Kleins versucht, Freud und Grunberger zu integrieren, ein Versuch, dessen

Resultat nicht überzeugt.[28] Die Funktion, die sie der archaischen Matrix verleiht, ist die der Weichenstellung für eine normale bzw. neurotische oder aber perverse Entwicklung.

In Abgrenzung zu Melanie Kleins *Frühstadien des Ödipuskomplexes* (1985) entwickelt Chasseguet-Smirgel die Auffassung, daß das kleine Kind in der Zeit des Übergangs von der oralen zur analen Phase seine Aggressionen nicht darum auf den Mutterleib richte, weil es sich der darin vermuteten und neidvoll gewünschten Objekte (Kinder, Exkremente, den Penis des Vaters) bemächtigen wolle. Sondern es greife den Mutterleib an, um diesen zu leeren, die darin enthaltenen Objekte zu vernichten und sich so freien Zugang zu dem Ort seiner Herkunft zu verschaffen – zu jenem Paradies, in dem es vor seiner Vertreibung aus diesem die vollkommene narzißtische Glückseligkeit erfahren habe.[29] Die im Mutterleib vermuteten Objekte würden erlebt als Hindernisse auf dem Weg zurück in die narzißtische Urverschmelzung, in der es keine Objekte und keine Außenwelt gab. Der Vater und seine Objekte seien für das Kind Repräsentanten der Realität. Der Penis des Vaters, der den ausschließlichen und privilegierten Zugang zum Mutterschoß hat[30], ist das erste Objekt. Und in *dieser* Objekt-Funktion sei der väterliche Penis zugleich die Grenze, die sich zwischen den Wunsch des Kindes nach Rückkehr in den Mutterleib und seine Verwirklichung schiebe. Der Vater stehe folglich für das Realitätsprinzip, so wie die Akzeptanz desselben für die Anerkennung des Lebens und seiner Entwicklungsgesetze stehe. Zu letzteren gehört für Chasseguet-Smirgel die Notwendigkeit, Differenzen anzuerkennen. Die differentia major aber ist der gleichzeitige, weil sich wechselseitig begründende und bestätigende Unterschied der Geschlechter und Generationen. Erkannt werde diese Differenz mit der Anerkennung des väterlichen Penis und seiner überlegenen genitalen Funktionsfähigkeit. Dies zu realisieren heißt nach Chasseguet-Smirgel, die Notwendigkeit der Entwicklung und des Wartenmüssens für sich zu respektieren und damit auch die Unumgänglichkeit des Aufschubs der Wunscherfüllungen. Die unvermeidbaren Frustrationen sind dabei notwendig für die psychische Entwicklung und Reifung.

---

28 Allerdings entspricht ihre Rezeption Kleins weitgehend der bei Grunberger.

29 Dies ist ein zentraler Gedanke im Werk Grunbergers, auf welchen sie in diesem Zusammenhang immer wieder verweist. »Béla Grunberger (...) vertritt die Hypothese einer unmittelbaren, aus dem Zusammenbruch des pränatalen paradiesischen Glückszustands entstandenen Aggressivität« (CS 1988a, 92).

30 Ein Aspekt des unbewußten sexuellen Wissens des Kindes.

Aber sie verweisen Chasseguet-Smirgel zufolge nicht auf die Mutter als erstes Objekt (Freud) oder auf die mütterlichen Partialobjekte (Klein), sondern auf den Penis als das »Objekt der Objekte«. Und somit seien die Frustrationen wie die durch sie bewirkten strukturbildenden Wahrnehmungen von Wirklichkeit eine Vorbildung bzw. ein Urbild des Vaters.[31]

Der Wunsch nach Rückkehr in den Mutterleib dagegen entspreche dem Lustprinzip, das den regressiven Ansprüchen des Todestriebes folge. Die archaische Matrix des Ödipuskomplexes beinhaltet für Chasseguet-Smirgel jenes Lustprinzip, stellt die genitale Ordnung in Frage und schließt dabei den Vater und seine Repräsentanten durch Verleugnung dieser Wahrheiten und damit aller auf Realität verweisenden Differenzen aus. Das Mittel, dessen sich das Kind dafür bedient, entlehne es der analen Phase. Wie im Verdauungsprozeß würden alle Objekte inkorporiert – anstelle ihrer Introjektion – und nach dem Modell des Kloakenbauchs zu einer undifferenzierten Kotmasse amalgamiert. Dabei kämen die unbewußten symbolischen Gleichsetzungen und Analogerfahrungen, auf die schon Freud verwies, dem Kind zuhilfe: die Kotstange symbolisiert sowohl den Penis des Vaters wie auch den analen Phallus der Mutter, deren Kinder und die Brust. Aber die im Rektum sich bewegende Kotstange symbolisiere auch die Urszene selbst. Und dieses primärprozeßhafte Denken folge dem Lustprinzip, woraus sich für Chasseguet-Smirgel die Gleichung Primärprozeß = Lustprinzip = Todestrieb ergibt. Das logische Denken hingegen, gekennzeichnet durch Begriffe und Kategorien, Gesetzmäßigkeiten der Kausalität und begrenzende Bedingungen von Zeit und Raum, ist nach ihrer Auffassung eine Repräsentanz der realen Welt des Vaters. Denn, wie Grunberger festgestellt hat, sei die erste Kausalität, die sich dem Kind als Gesetzmäßigkeit erschließt, die kausale Notwendigkeit eines Vaters für die Erzeugung des Kindes. Aber erst der voll entwickelte Ödipuskomplex erlaube es dem Subjekt, Kategorien auszubilden und Eindrücke zu klassifizieren. Und erst jetzt ist es damit dem Sog

31 Vgl. CS 1988e, 515. Diese Aussage ist darum bemerkenswert, weil sie der Vorstellung Chasseguet-Smirgels, der Vater werde idealisiert, indem das Kind alle negativen Aspekte des Vaters auf die Mutter projiziere, zu widersprechen scheint. Diesen Widerspruch löst Chasseguet-Smirgel jedoch auf, da das Kind die negativen Aspekte in die Mutter, d.h. in ihren Bauch projiziere, in dem sich der väterliche Penis befinde. Dies erzeugt jedoch einen neuen Widerspruch, denn der Penis im Bauch ist der von der Mutter gefangene und festgehaltene und folglich mehr ihr Objekt als das ihr Grenzen setzende Objekt. Zum andern bekommt nach Chasseguet-Smirgel die Mutterimago gerade durch die aggressive Haltung des Kindes gegen diese Objekte im Mutterleib ihren archaisch-verfolgenden Charakter.

in das archaische Chaos der Verschmelzungen entkommen und fähig zur Individuation »in jenem Prozeß, der zur Humanisierung führt« (vgl. CS 1988e, 510).

In der archaischen Matrix tendiert Chasseguet-Smirgel zufolge das Kind dazu, diese Zusammenhänge zu leugnen. Sein Ziel aber sei die Entleerung des Mutterleibes und damit die Herstellung einer völlig glatten Welt ohne Hindernisse, um sich in deren grenzenlosen Weiten wieder dem freien Fließen der primärnarzißtischen Glückseligkeit anheimzugeben und jene absolute Kommunikation wieder herzustellen, wie sie zwischen dem Fötus und der Mutter über die Nabelschnur bestanden habe.[32] Diese Versuchung durch die archaische Matrix, die Chasseguet-Smirgel als ›perverse Lösung‹ charakterisiert hatte, bestehe für beide Geschlechter. Diese Interpretation folgt der Rezeption von Ferenczis Genitaltheorie bei Grunberger und ihrer Integration in dessen eigene Theorie. Danach ist jeder Inzestwunsch primär ein Wunsch nach Rückkehr in den Mutterleib; den wahren Kern der Kastrationsangst bildet die Trennungsangst. Denn sie sei eine Angst um den Verlust jenes Körperteils, der die Rückkehr in den Mutterleib erlaubt – womit sich die Gültigkeit dieser Aussage auf den Knaben/Mann beschränkt. Dessen ungeachtet spricht Chasseguet-Smirgel vom Wunsch nach Rückkehr in den Mutterleib als einem angeboren menschlichen Merkmal, das sich aus dem Todestrieb herleite.[33] Interessanterweise macht Chasseguet-Smirgel an keiner Stelle den naheliegenden Vorschlag, den Penisneid des Mädchens (auch) als Wunsch zu interpretieren, in den

32 Die Entleerung des Mutterleibs dient dem Ziel der Verschmelzung mit der Mutter, und dementsprechend stellen diese beiden Teilziele als psychischer Vorgang eine Einheit dar. Es ist somit folgerichtig, daß die in ihm ablaufenden Vorgänge bei Chasseguet-Smirgel als gleichartig strukturiert vorgestellt werden. Umso erstaunlicher ist, daß der Entleerungsversuch mittels Amalgamierung offenbar scheitert. Denn während die imaginäre Verschmelzung von Mutter und Kind in einer objektlosen Einheit einen leeren Raum konstituiere, in dem die Triebenergie nach dem Lustprinzip frei fließen könne, entsteht aus der Amalgamierung des Vaters und der Objekte ein objektloses Etwas, das als (imaginäre) manipulierbare Kotmasse der analsadistischen Triebe nie wirklich verschwindet, sondern in diffuser Weise erhalten bleibt (vgl. die Interpretation des »Fischtraums« in CS 1988a, 99ff).
Auf die etymologische Wurzel von »Chaos« als dem leeren Raum, die für das Verständnis ihrer Interpretation nicht unwesentlich ist, hat sie verschiedentlich hingewiesen.

33 Der als Grundprinzip des Lebens auftretende Antagonismus von Lebens- und Todestrieb komme beim Menschen im besonderen Maße zum Tragen durch den Antagonismus von menschlicher Frühgeburt und Frühreife. Die mit diesem Antagonismus verbundene zeitliche Differenz ist nach ihrer Auffassung der Grund für die regressive Versuchung der archaischen Matrix, aber auch die Voraussetzung für die Differenzierungs- und Strukturierungsprozesse in der menschlichen Psyche und sei darum eine besondere menschliche Chance. Dies ist der Hintergrund ihrer Aussage, das ödipale Schema sei vielleicht nicht erblich, aber in diesem Sinne auf jeden Fall angeboren (vgl. CS 1988e, 509).

Besitz jenes Organs zu gelangen, mit dem die Rückkehr unmittelbar möglich wäre. Stattdessen betont sie den Wunsch des Mädchens, den väterlichen Penis im Bauch in ein Kind zu verwandeln und sich auf diese Weise, also qua Identifikation mit der Mutter und dem Fötus, die Rückkehr zu ermöglichen. Da das Mädchen also statt dem direkten Weg eher den indirekten des Wartens zur Verfügung habe, sei es vor dem perversen Kurz-Schluß besser geschützt.

Der für die perverse Lösung anfälligere Knabe vollzieht die Leugnung des Vaters und seiner Realität auf analem Wege, indem er alle Objekte und Gegensätze, die eigenen anal-phallischen und die väterlich-genitalen Fähigkeiten, die Geschlechter- und Generationenunterschiede im großen »Fonduetopf« der Verdauung verschmelze.[34] Manifest werden Chasseguet-Smirgel zufolge diese universell vorhandenen latenten Perversionsneigungen dann, wenn die Mutter die Illusionen des Knaben durch verführerische Bestätigungen verstärkt. Da Chasseguet-Smirgel die Verführungen der Mutter aus perversen Tendenzen derselben begründet, geht der männlichen Perversion (des Sohnes) immer eine weibliche Perversion (der Mutter) voraus. Reale Gestalt nehme diese Verführung dann an, wenn Mutter und Sohn sich im gemeinsamen Ausschluß des Vaters verbünden. Die Beziehung zwischen beiden erhalte dadurch einen inzestuösen und perversen Charakter, pervers schon durch die Komponente der (analen) Aggressivität gegen den ausgegrenzten Vater.

Die archaische Matrix zielt in Chasseguet-Smirgels Verständnis auf den Inzest und damit auf die Perversion. Inzest meint, wie gesagt, jedoch nicht, die Mutter als Sexualobjekt zu begehren, sondern die Wiederherstellung der primärnarzißtischen Urverschmelzung, die die Existenz von Objekten und der aus ihnen begründeten Realität noch nicht kennt. Das inzestuöse Ziel besteht darin, die Objekte, denen das Kind begegnet und durch welche es sich als getrenntes Subjekt begreifen müßte, zu zerstören.[35] Folglich versteht Chasseguet-Smirgel unter Inzest die Rückkehr des Kindes in einen megalomanen Zustand der »All-Ein«-Exi-

34 Dies bestätigt sich für Chasseguet-Smirgel im Traum ihres Patienten Romain, der von einem »fondue bourguignonne« träumte (vgl. CS 1988a, 101).

35 Die in der 68er Bewegung verbreitete Parole »unter dem Pflaster liegt der Strand« beschreibt sie als einen Versuch, die väterliche Welt aus den Angeln zu heben und, dem Lustprinzip folgend, die Verschmelzung mit der weichen Mutter Erde, dem Strand, anzustreben und damit das (revolutionäre) Chaos der archaischen Matrix zu verwirklichen (vgl. CS 1988e, 516). Bei dieser Interpretation hat sie allerdings nicht der Tatsache Rechnung getragen, daß die aus denselben Pflastersteinen gebauten Barrikaden Grenzlinien markieren.

stenz und verfolgt demnach ein autoerotisches Ziel: die Rückwendung aller Libido auf ein mit dem Universum verschmolzenes subjekt- und objektloses Selbst.[36]

Thema der archaischen Matrix ist folglich immer die Bewahrung einer Illusion: der illusionären Annahme, daß die Wiederverschmelzung mit der Mutter möglich sei, und zwar (notwendigerweise) sofort. Von dieser archaischen Matrix ist, so die Hypothese Chasseguet-Smirgels, das Unbewußte des Kindes bis zum Erreichen und Bewältigen des »reifen Ödipus« (eine von Chasseguet-Smirgel bevorzugte Ausdrucksweise) beherrscht.

Nur in der Spanne des Wartens, welche die Realität der Zeit ausmache[37], könne sich das Denken und Phantasieren als schöpferische Kreation vollziehen. Die archaische Matrix ist der Pol der Versuchung, dessen Verneinung die Differenzierung der Ichstrukturen in ein am Vater orientiertes Über-Ich und Ich-Ideal ermögliche und damit die Befreiung des Ichs vom Es. Erst dadurch gewinnt für sie das so entstandene Subjekt die Fähigkeit und Freiheit zur Sublimierung.

Mit diesem Verlauf ist nach Chasseguet-Smirgels Konzeption der entscheidende Schritt zum entwickelten Ödipuskomplex hin vollzogen. Denn letzterer weist die Differenzierung der Ich-Strukturen bereits auf, stellt die Geschlechter- und Generationengrenzen nicht mehr ernsthaft in Frage[38] und könne daher auch nur noch neurotische Konsequenzen haben. Das ödipale Subjekt gerate nicht mehr in Versuchung, die väterlich-genitale Dimension wegzuschieben, sondern wünsche sie sich durch Identifikation anzueignen. Somit steht die archaische Matrix des Ödipuskomplexes in einer doppelten Beziehung zum reifen Ödipuskomplex: zeitlich geht sie ihm voraus und liegt ihm somit psychogenetisch zugrunde; in der Zielrichtung wirkt sie ihm diametral entgegen und versucht, den reifen Ödipus zu verhindern oder rückgängig zu machen, weshalb Chasseguet-Smirgel auch von einem Kampf des Lustprinzips gegen das Realitätsprinzip spricht (ebd., 99).

---

36 Diese Vorstellung geht wesentlich auf Grunberger zurück, aber bezieht sich (bei Grunberger ausdrücklich) auch auf Freuds Begriff des primären Narzißmus. Laplanche/Pontalis haben auf die Schwierigkeiten der Definition dieses Begriffs, auf die topische und inhaltliche Bedeutungsverschiebung bei Freud sowie auf die Probleme bei der Verwendung dieser spekulativen Kategorie bereits hingewiesen (vgl. Laplanche/Pontalis (1973) sowie Grunberger (1982), der sich im 2. Kap. seinerseits mit den Schwierigkeiten des Narzißmus-Begriffs bei Freud auseinandersetzt).

37 Zeiterfahrung, so Chasseguet-Smirgel, entstehe aus der Spanne zwischen dem Wunsch und seiner Erfüllung; vgl. 1988a, 98.

38 Dennoch bleibt die Gefahr, die ödipale Struktur wieder aufzugeben und der perversen Verführung anheimzufallen, aus Chasseguet-Smirgels Sicht lebenslang weiter bestehen

Von der Theorie des sexuellen phallischen Monismus als einem Instrument der Abwehr gegen die perverse Versuchung ist in dem Beitrag über *Die archaische Matrix des Ödipuskomplexes* nicht mehr die Rede.

Präödipalität als Entwicklungszeit und die sog. perverse Lösung als Entwicklungstendenz fallen in der archaischen Matrix zusammen. Die weiteren Überlegungen Chasseguet-Smirgels zum Zusammenhang derselben mit der Perversion, die einen großen Teil dieses Textes ausmachen, werde ich im 4. Kapitel über die Theorie der Perversion bei Chasseguet-Smirgel vorstellen und diskutieren.

3 Psychische Strukturierung und Analität

In der Zeit zwischen 1975 und 1985 entstand eine Sammlung von Aufsätzen, die in der deutschen Übersetzung 1988 unter dem Titel *Zwei Bäume im Garten* erschien. Nach ihrer eigenen Darstellung verfolgt Chasseguet-Smirgel hier die Frage nach der psychischen Bedeutung der Vater- und Mutterbilder, die sich wie ein »unbewußter roter Faden« durch diese Beiträge zieht (vgl. ebd., XI).

Der deutschsprachige Titel des Buches spielt auf Thomas Manns Rede für Pan-Europa an, die er 1930 hielt und mit »Die Bäume im Garten« überschrieb (Mann 1930, 861ff). Diese Rede, in der Thomas Mann für Völkerverständigung und ein einiges Europa plädiert, leitet er ein mit einem »östlichen Mythus«, der »von zwei Bäumen im Garten der Welt« weiß und deren kosmische Bedeutung den ewigen Dualismus in der Geistesgeschichte (und politischen Geschichte) der Völker mythisch symbolisiere.

»Der eine«, so berichtet Mann, »ist der Ölbaum: mit dem Saft seiner Früchte salbt man die Könige, auf daß sie leben. Er ist der Lebensbaum, der Sonne heilig; das Sonnenprinzip, das männliche, geistige, klare, ist mit seinem Wesen verbunden … Der andere ist der Feigenbaum mit Früchten voll süßer Granatkerne, und wer davon ißt, stirbt«.[1]

Ihrem Buch vorangestellt gibt Chasseguet-Smirgel neben diesen Auszügen noch einige weitere aus Manns Text wieder, in welchen die Metaphorik der beiden Paradiesbäume als Umschreibung der Geschlechter(merkmale) zum Ausdruck kommt: »Die Welt des Tages, der Sonne, ist geistige Welt, ist männlich und zeugerisch« (ebd.). Ihre Attribute sind Bewußtheit, Freiheit, Wille, sittliche Norm und Zielsetzung und widerstreben damit jenem anderen Prinzip, das das »Natürlich-Fatale» verkörpert, jene Welt »tragender, hegender und innig-sinnlicher Mütterlichkeit.« Dies sei »Nicht die Welt des Seins und der Wahrheit [sic!][2], sondern des Wachsens in der Schoßwärme des Unbewußten« (CS, 1988a, V).

Diese Beschreibungen charakterisieren für Chasseguet-Smirgel nicht nur das Männliche und das Weibliche als Prinzipien, sondern sind für sie zugleich identisch mit den universell-unbewußten Vater- und Mutterbildern – mythisch reprä-

---

1 Thomas Mann: Die Bäume im Garten. Rede für Pan-Europa, 1930. In: ders.: Ges. Werke, Bd. 11: Reden und Aufsätze. Zit. n. CS 1988a, V.

2 Thomas Mann spricht an dieser Stelle von Wachheit (vgl. ders., 1930, 863).

sentiert in den biblischen Ureltern der Menschheit, Adam und Eva. Daß es sich dabei um universelle unbewußte Vorstellungen handele, leitet sie aus der Existenz jener universellen menschlichen Grundbedingungen und Erfahrungen ab, die sie mit dem Begriff der Neotenie bezeichnet (s. o.).[3]

Der von Thomas Mann vorgestellte Mythos scheint somit Zeugnis abzulegen von der Universalität jener unbewußten Vorstellungen, die sich für Chasseguet-Smirgel mit dem Weiblichen und dem Männlichen verbinden. Allerdings verbergen sich in oder hinter den mit Klammern markierten Zitatauslassungen auch jene assoziativen Verknüpfungen, die nicht den Konnotationen entsprechen, mit welchen für Chasseguet-Smirgel die Vater- und Mutterbilder verbunden sind. Denn über den Feigenbaum berichtet Thomas Mann auch, er sei »der Todesbaum, dessen Wesensbegriff zugleich hinüberspielt in die Begriffe des Erkennens, der Differenzierung, der Sexualität« und als Mondbaum habe er auch eine schillernde Beziehung unter anderem zur Fruchtbarkeit und zur sinnlichen Tiefe. Für Chasseguet-Smirgel verlaufen die Grenzlinien zwischen dem Väterlichen und dem Mütterlichen dagegen so, daß die für sie posititven Konnotationen des Denkens und der Fruchtbarkeit nur väterliche Aspekte sein können, die negativen bzw. destruktiven Gesichtspunkte aber ausschließlich der Mutter zugeschrieben sein müssen. Dies folgt für Chasseguet-Smirgel aus der Notwendigkeit des Kindes, die omnipotente Mutter zu entmachten. Da die Welt des Mütterlichen für sie nicht die der Wahrheit sein kann, sondern nur die der Allmachtsphantasien, die mit Täuschung, Leugnung und Perversion einhergehen, bleiben zum Beispiel jene Aussagen Thomas Manns unerwähnt, in welchen er von der Demut und Hingebung in der Sphäre des Mütterlichen spricht. Am wenigsten aber kann Chasseguet-Smirgel einverstanden sein mit der von Thomas Mann hergestellten Verbindung der männlichen Sphäre mit der griechischen Antike und dem Christentum[4], über die Thomas Mann weiter ausführt: »Es ist wohl kein Zweifel, daß unser Erdteil und alles, was sein Gepräge trägt, die westliche Welt, seit den Tagen der zeusverehrenden Griechen und wiederum seit Aufgang des Christentums vorwiegend und

---

3 Auch in der Annahme von universellen unbewußten Imagines wird Lacans theoretischer Einfluß auf Grunbergers Theorie, an der sich Chasseguet-Smirgel überwiegend orientiert, ersichtlich. Die Annahme angeborener unbewußter Imagines verrät aber auch eine Verwandtschaft mit dem Denken C.G. Jungs, das sich beim frühen Lacan findet, der Jung im Jahre 1954 besucht hatte (vgl. Roudinesco 1999, 397).

4 Die Gründe hierfür werden in Kap. I/5 ausführlich dargelegt.

wesentlich mit seinem Glauben, seiner Lebensreligiosität dem Sonnenprinzip, der Welt der Heiligkeit des Willens, der Freiheit, des Urteils und der Tat angehangen hat; …« (T. Mann 1930, 863).

»Sexuality and Mind«, der für die amerikanische Erstausgabe gewählte Titel von *»Zwei Bäume im Garten«*, verdeutlicht jedoch am klarsten, was Chasseguet-Smirgel für die wichtigste Polarität zwischen den Geschlechtern hält: die weibliche Sexualität und den männliche Geist.[5]

Die Gehalte und Funktionen der Mutter- und Vaterimagines in Chasseguet-Smirgels Theorie deutlich zu machen, wird erschwert durch den Umstand, daß diese in ihrem Werk sehr verstreut sind. In *Zwei Bäume im Garten* hat sie eine Reihe von Beiträgen zu dieser Frage zusammengefaßt, die jedoch nicht alle gleichermaßen bedeutsam sind für das Verständnis ihrer Vorstellungen *»Zur psychischen Bedeutung der Vater- und Mutterbilder«*, wie der Untertitel des Buches programmatisch lautet. Die entwicklungspsychologischen Aspekte der Entstehung und Funktionen dieser Imagines finden sich insbesondere in den Beiträgen über *Gefügige Töchter* (Kap. 3) und der Untersuchung *Zur Übertragungsliebe beim Mann* (Kap. 4). Ihre strukturierende Wirkung verdanken diese Imagines nach Chasseguet-Smirgel jener archaischen Matrix des Ödipuskomplexes, deren Konzeption sie im selben Band vorstellt. Gemeinsam ist diesen beiden Beiträgen neben ihrer inhaltlichen Orientierung auch das Entstehungsjahr 1984. Neu ist die theoretische Einbindung der Elternimagines in die archaische Matrix, die auf der Grundlage universell gültiger biologisch-psychosozialer Voraussetzungen ihre Entwicklungsdynamik gesetzmäßig entfalte. Von entscheidender Bedeutung für die kindliche Entwicklung wird für sie erneut die Spannung zwischen dem nach ihrer Auffassung angeborenen Wunsch nach Rückkehr in den Mutterleib und der gleichzeitigen Angst vor dieser Rückkehr, die die Vernichtung des Subjekts bedeute.

Die unbewußten Imagines von Mutter und Vater mit ihren Merkmalen und ihrer strukturierenden Funktion erweisen sich jedoch als ein sehr früher Bestandteil der Theorie Chasseguet-Smirgels. Schon in ihrer 1965 vorgestellten Arbeit *Über August Strindberg* finden sich die zentralsten Überlegungen hierzu in einer später kaum veränderten Weise (in CS 1988c). Eine deutliche Formulierung ihrer Annahmen über funktionale Gesetzmäßigkeiten der psychischen Entwicklung, die

5 Sexuality and Mind. The Role of the Father and the Mother in the Psyche. New York, N.Y. Univ. Press, 1986.

deren strukturalistischen Hintergrund offensichtlich werden lassen, findet sich jedoch erst sehr spät, in dem 1988 entstandenen Vorwort zu Peter Zagermanns *Eros und Thanato*.[6] Wenn Zagermann beabsichtigt, eine »Objektbeziehungstheorie der Triebe« zu entwickeln, so ließe sich Chasseguet-Smirgels Vorhaben analog als eine »Objektbeziehungstheorie (der archaischen Matrix) des Ödipuskomplexes« interpretieren.

Denn primär geht es ihr, wie sie im Vorwort zu den *Zwei Bäumen* andeutet, um die Bedeutung des Vaters als demjenigen, der das Kind von der Mutter trennt. Und dieser Trennungsvorgang in Verbindung mit dem ersten Objektwechsel ist nach ihrer Auffassung für die psychische Strukturbildung und für die Ich-Entwicklung elementar. Scheitert dieses Unterfangen, weil die Introjektion des väterlichen Penis und damit die Anerkennung seiner Werte mißlingt, dann bleibe die archaische Matrix erhalten. Die individuellen Folgen sind die der schweren strukturellen Ich-Defizite in Verbindung mit perversen Manifestationen beim Mann, masochistischen Selbstzerstörungstendenzen bei der Frau.

Das Verharren in der archaischen Matrix ist für Chasseguet-Smirgel aber auch die Ursache von kulturellen Bewegungen, welche das Individuum, den Geist, die Ratio und Vernunft negierten und sich mit der archaisch-chtonischen Mutterimago in destruktiver Absicht verbünden. Statt die gefürchtete Mutterimago zu verlassen und sich dem Vater und seiner begrenzenden Macht zuzuwenden, gäben in der Regression die Subjekte ihre Individualität auf, um in die Masse als dem kulturellen Äquivalent der archaisch-chtonischen Mutterimago einzutauchen und sich in dieser zu verlieren. Alle Idealisierungen der Natur, der Erde und des Bäuerlichen, der Reinheit als Inbegriff der von Objekten gereinigten Welt des Mutterleibs gehen dieser Auffassung zufolge auf diesen archaischen Verschmelzungswunsch zurück; und mit ihnen der Wunsch, als Individuum, das sich als getrennt und abgegrenzt erlebt, in einer homogenen Masse zu verschwinden. Der deutsche Nationalsozialismus ist für Chasseguet-Smirgel ebenso auf diese unbewußten Motive zurückführbar wie die ideologischen Rechtfertigungen des stalinistischen oder chinesischen Kommunismus. Diese diktatorischen Bewegungen mit ihrer Negierung der Individualität seien, obwohl an ihrer Spitze stets Männer und männerbündische Gruppierungen stehen, Ausdruck des Fehlens einer Vaterfigur. Denn nur die Imago

6 Dieses Vorwort Chasseguet-Smirgels wird im Folgenden mit CS 1988b angegeben.

des Vaters mit seinem die Mutter begrenzenden Penis sei imstande, dem Chtonisch-Mütterlichen das geistig-normative Prinzip entgegenzuhalten.

Auslöser dieser Überlegungen waren für Chasseguet-Smirgel »die Ereignisse vom Mai 1968 in Frankreich, gefolgt von der Entfaltung der Frauenbewegung in der ganzen Welt sowie einem Aufblühen verschiedener Ideologien« (1988a, XII). Zu diesen Ideologien gehörte auch der *Anti-Ödipus* von Deleuze und Guattari, auf welchen Chasseguet-Smirgel und Grunberger mit einer Tagung antworteten, die der Kritik dieser politischen Theorie des »Schizo« diente (vgl. CS 1978a). Auch der zweiten Herausforderung, der »ewigen Wiederkehr« Wilhelm Reichs widmete Chasseguet-Smirgel gemeinsam mit Grunberger ein Buch, in welchem sie die nach ihrer Vorstellung von Reichs Theorie ausgehende Gefahr für die Psychoanalyse aufzuzeigen beabsichtigten (CS 1979a). Alle diese Ideen verbindet nach ihrer Auffassung ein gemeinsames Element: die als Utopie salonfähig gemachte Illusion, die ihre Attraktivität aus der unbewußten Anknüpfung an die frühesten archaischen Wünsche beziehe, d.h. aus der Möglichkeit zur Rückkehr in den Mutterleib durch Negierung aller Gesetze und mittels der Verschmelzung. Und dies entweder sofort – in der Diktatur und Perversion – oder aber zu einem imaginären späteren Zeitpunkt – in sozialistischen und religiösen Vorstellungen vom Paradies oder Nirvana. Chasseguet-Smirgel aber möchte in den in *Zwei Bäume im Garten* versammelten Beiträgen »demonstrieren, daß die Utopie trotz ihrer idyllischen Fassade zu Fanatismus und Gewalt führt und in den ihr zugrundeliegenden Wunsch mündet, einen Zustand von tabula rasa zu erreichen« (1988a, XVII).

Erstmals in *Freud und die Weiblichkeit* habe sie zum Ausdruck gebracht, daß für sie der Kampf zwischen Mutter- und Vaterrecht einen notwendigen kulturellen Schritt bedeutet, notwendig zur »Unterordnung des materiellen Prinzips unter das geistige Prinzip, der Unterordnung des chtonischen Rechts der souveränen mütterlichen Kräfte unter das himmlische Recht des Olymps. Auch der psychoanalytischen Theorie bleibt dieser Kampf zwischen Mutterrecht und Vaterrecht nicht erspart:...« (ebd., 26). Das Patriarchat ist für Chasseguet-Smirgel somit ein kulturell notwendiger Schritt und eine Errungenschaft, mit der die Macht der Erynnien bezwungen werde, welche sich in der »Mummenschanz«-Männlichkeit von schwarzer Uniform, Reitpeitsche und Stiefeln verkleide und mit phallischen Symbolen schmücke, die in Wahrheit Embleme der gefährlich-destruktiven Mutterimago seien (vgl. 1988b, XVII). Ihre Beschreibungen der Entwicklung dieser Mutterimago weichen hier jedoch von früheren Darstellungen in einigen Nuancen ab.

So geht sie hier nun davon aus, daß diese Mutterimago nach der Spaltung immer eine gedoppelte bleibe – mit sowohl idealisierten wie bedrohlichen und entwerteten Anteilen, während in früheren Beschreibungen kaum etwas von der guten Mutterimago übrig blieb, was die Frage nach der Möglichkeit einer Identifikation mit der Mutter aufkommen ließ. Zum andern beachtet sie hier stärker den Zusammenhang zwischen den psychosexuellen Entwicklungsstadien des Kindes und dem Übergang von omnipotent-guter zu anal-verfolgender Mutterimago. Erst, so betont sie nun, in der analen Phase komme es zur Separierung und dem Wunsch, diesem ersten Objekt zu entkommen und dadurch Autonomie zu gewinnen. Dieser Ablösungsprozeß trägt die Merkmale der analen Phase, die für Chasseguet-Smirgel in der Idealisierung und/oder Entwertung des Objekts bestehen. Die Spaltung der Mutterimago in gute und böse sei von diesen analen Merkmalen gekennzeichnet.[7] Die Idealisierung in ihrer Funktion der Gegenbesetzung der mütterlichen Destruktivität[8] führe dazu, daß die Mutter jetzt das vergöttlichte und verherrlichte Ideal sei, dem nicht nur der kleine Junge, sondern im negativen Ödipuskomplex auch das kleine Mädchen mit seinen prägenitalen Fähigkeiten imponieren wolle. Oder sie sei die anal-sadistisch verfolgende und verschlingende, grauenerregende Gorgo. Letzterer gelte es zu entkommen zu einem rettenden Objekt, das die Macht habe, dieser verfolgenden Mutterimago eine Grenze zu ziehen, also die »tödlichen« Inzestwünsche[9] des Kindes zu verhindern. Hier wird die oben bereits angesprochene dialektische Spannung zwischen Regression und Progression, Verführung und Abwehr, die sich in der archaischen Matrix abspiele, wieder erkennbar. Die verfolgende Mutterimago ist nach Chasseguet-Smirgel die Voraussetzung für eine progressive Entwicklung, die mit dem Objektwechsel beginne. Die *gute* Mutterimago aber halte das Kind durch ihre Verführungen in der Verschmelzung fest.

7 Auch in diesem Punkt weicht Chasseguet-Smirgel von dem von Melanie Klein adaptierten Modell der Objektspaltung und der Idealisierung als Abwehrmechanismus ab, denn für Klein entwickelten sich diese im Versuch des Kleinkindes, seine oral-aggressiven Triebregungen zu bewältigen.

8 Diese Auffassung übernimmt Chasseguet-Smirgel von Melanie Klein, welche die Spaltung als das Resultat der Idealisierung der guten Brust und der projektiven Aufladung der bösen Brust mit destruktiven Merkmalen beschreibt (vgl. Laplanche/Pontalis 1973, 219).

9 In seiner Darstellung von Chasseguet-Smirgels Theorie zum Ichideal hatte Zagermann 1985 kritisiert, sie lasse »das elementare Grauen vor einer solchen erneuten, das Bewußtsein auslöschenden Verschmelzung mit der Mutter, mit der primären Matrix« außer acht (Zagermann 1985, 9; Hervorh. A.M.). Auch sein Hinweis auf eine zu unkonturierte Beschreibung des Vaters in seiner Triangulierungsfunktion wurde von ihr in den Ausführungen zur archaischen Matrix aufgegriffen.

Daß dem Mädchen eher der Objektwechsel gelinge, liegt für Chasseguet-Smirgel auch daran, daß es durch die gleichgeschlechtliche Mutter weniger besetzt, also eher frustriert werde. Der Knabe hingegen sei viel eher Objekt der mütterlichen Verführung, wenn sie ihn dem Vater vorziehe.

Dabei ist der Objektwechsel nach Chasseguet-Smirgels Auffassung nicht mit neuen Qualitäten dieses zweiten Objekts verbunden. Vielmehr findet nach ihrer Auffassung lediglich eine projektive Verschiebung der Aspekte der guten Mutterimago auf die des Vaters statt.[10] Darum ist es nun diese Vaterimago, die als nährend, beschützend, behütend erscheint. Dagegen werde die Mutterimago nun zu einer ausschließlich verfolgenden und destruktiven, zum Sammelbecken aller negativen und ängstigenden Erfahrungen des Kindes. Dabei finde eine umgekehrte projektive Verschiebung der negativen Erfahrungen mit dem Vater auf die verfolgende Mutterimago statt mit dem für das Kind unerläßlichen Vorteil, das zweite Objekt durch solche negativen Eindrücke nicht zu trüben. Denn der Vater dürfe in seiner Schutzfunktion gegen die verfolgende Mutter keine bedrohlichen Eigenschaften haben. Diese Projektionen vollziehe das Kind folglich im Interesse der Grenzziehung zwischen sich und seinem Primärobjekt. Jede Unvollkommenheit der Vaterimago verweist nach Chasseguet-Smirgel bereits auf eine Störung, die die vollständige Idealisierung des Vaters verhindere und damit die Gefahr in sich berge, daß das Kind den Verlockungen der archaisch-allmächtigen Mutterimago verhaftet bleibe, was immer eine pathologische Entwicklungshemmung zur Folge habe. Erst nach Vollendung des Ödipuskomplexes sei – im Idealfall [sic!] – eine

---

10 Während Chasseguet-Smirgel in frühen Texten, wie z.B. der Strindberg-Studie von 1965, noch von einer »triangulären Situation« spricht, verwendet sie in ihren späteren Texten den Begriff der Triangulierung nicht mehr. Vielmehr betont sie, daß das Kind einen Objektwechsel vollziehe, der nach ihrer Vorstellung nicht mit einer Erweiterung der Objektbeziehungen verbunden ist, sondern eine Ersetzung der guten Mutterimago durch die Vaterimago bedeutet, die alle guten mütterlichen Eigenschaften erbt, ohne die Verschmelzung zu ermöglichen.

In der psychoanalytischen Vaterforschung (Abelin; Rotmann u. a.), in der die Auffassung vom Vater als dem Retter vor einer verschlingenden Mutterimago geteilt wird, hat sich die Bezeichnung dieser Phase als »frühe Triangulierung« durchgesetzt (vgl. die Darstellung bei Rohde-Dachser, 1991, 190ff). Bereits die psychische Vorstufe hierzu, die Spaltung der Mutterimago, wird von einigen AutorInnen als erste Triangulierung bezeichnet.

Zu Veränderungen ihrer theoretischen Konzeptionen, die mit der Veränderung ihrer Terminologie einhergingen, hat Chasseguet-Smirgel so gut wie nie Aussagen gemacht.

Integration der Elternimagines und damit eine gewisse Relativierung der Idealisierungen des Vaterbildes möglich.[11]

3.1 Gefügige Töchter: auf der Suche nach Jack-the-Ripper

Schon in Chasseguet-Smirgels Überlegungen zu den weiblichen Schuldgefühlen war sichtbar geworden, daß eine Auflösung der frühen gespaltenen und polarisierten Elternimagines durch innere Konflikte verhindert wird, wenn diese immanenten Konflikte noch durch ungünstige äußere Konstellationen verstärkt werden. Anstelle der für die psychische Reifung charakteristischen Reintegration auf höherer, postödipaler Ebene tritt dann nach ihrer Vorstellung eher eine Vermengung des »nur guten« Vaterbildes mit der »nur bösen« Mutterimago. Denn die Idealisierung als Entwicklungsaspekt der analen Phase verdanke sich in seinem tiefsten Urgrund ebenfalls einem Aspekt der allmächtigen Mutterimago: der Verherrlichung ihres analen Phallus, Inbegriff der alles beherrschenden und zerstörenden Omnipotenz. Die Idealisierung des väterlichen Penis leitet sich auch hier von der intrapsychischen Bedeutung der Mutterimago ab und kann daher auch leicht wieder ihrer imaginären Erbschaft, der guten mütterlichen Eigenschaften, verlustig gehen. Darum begreift Chasseguet-Smirgel die Aufrechterhaltung von Idealisierungen über die ödipale Phase hinaus, die sich nicht auf die Verinnerlichung des väterlichen Gesetzes als verinnerlichtem Ich-Ideal beschränken, als Ausdruck der Perversion.

---

11 In einem 1985 gegebenen Interview (CS 1985/88) sind die Trennlinien für Chasseguet-Smirgel noch nicht so rigide gezogen, was die Vorstellung einer späteren Integration erleichterte. Dies ermöglichte ihr die Aussage: »Da ist nicht nur Rebellion gegen ihre (der Mutter; A.M.) Allmacht, sondern da ist auch Liebe. Und hier liegt einer der tragischen Aspekte des Ödipuskomplexes: der Vater und die Mutter sind beide gleichzeitig positiv und negativ besetzt. Es ist nicht so, daß eine Seite den Retter und die andere die Rolle der Hexe spielt wie in Poe's Erzählung »The Pit and the Pendulum« (ebd., 112). Die sich ständig verändernde Falle, aus der dort der Held errettet werde, gleiche zwar irgendwie dem mütterlichen Körper, aber das sei nicht der Ödipus. »Es ist eine Vision einer archaischen, gefährlichen Beziehung zur primitiven Mutter« (ebd., 113). So plausibel diese Gegenüberstellung erscheint, entspricht sie nicht den sonstigen Ausführungen Chasseguet-Smirgels. Denn jene hier von ihr als bizarr und abwegig dargestellte Beziehung zu einer archaischen Mutterimago ist das, was weitgehend ihre eigene Darstellung derselben nicht nur charakterisiert, sondern sogar den Stellenwert einer strukturellen Notwendigkeit hat. Systematische Vergleiche der Texte Chasseguet-Smirgels offenbaren immer wieder solche Widersprüche in ihren Ausführungen.

Wenn sich die Tochter dem Vater bzw. Ehemann bis zur völligen Manipulierbarkeit unterwerfe, um seinen Penis zu erlangen, so trage dieses Vaterbild, wie sie nun betont, die Merkmale der analsadistischen, verfolgenden Mutterimago in sich und werde von den zerstörerischen Zügen derselben überlagert (vgl. dazu die Ausführungen in Kap. I/1 und I/4). Dies zeigt sich für Chasseguet-Smirgel auch in den Fallgeschichten von Frauen, die sich auf Beziehungen zu Männern einlassen, welche deutlich pervers-sadistische und mörderische Neigungen zeigen. Das gemeinsame unbewußte Motiv dieser Frauen liege darin, jene Situation der Säuglingszeit wiederzuerleben, in welcher sie in einer völlig passiven Beziehung zur Mutter sich von dieser beliebig manipulieren ließen, um innerhalb einer sehr fragilen und bedrohten Liebesbeziehung zur Mutter die Bindung zu dieser zu retten. Nach Chasseguet-Smirgels Auffassung sind die Vergewaltiger und Frauenmörder im Unbewußten ihrer Opfer Erben der destruktiven anal-sadistischen Mutterimago. Aber deren imaginäre Grausamkeit rührt, wie schon diese kurze Begründung zeigt, nicht nur aus unbewußten Phantasien, sondern birgt einen nicht geringen Anteil an realen mütterlichen Unzulänglichkeiten in sich. Die (angebliche) Bereitschaft zur völligen passiven Unterwerfung und Manipulierbarkeit wird hier nicht mehr aus Schuldgefühlen der Tochter gegenüber dem Vater und seinem Penis begründet, sondern verdanke sich der unbewußten Fixierung an eine frühe Mutterbeziehung. In dieser sei die strukturell notwendige böse Mutterimago durch verstärkende reale Erfahrungen so übermächtig geworden, daß sie nur von einer Vaterimago abgelöst werden konnte, die dieselben sadistischen Züge trägt, also im Banne dieser Mutterimago blieb, weil sie von dieser anal angeeignet und destruiert worden sei. Chasseguet-Smirgel nimmt somit an, daß die Mutter, wenn sie das Kind be- herrscht und manipuliert, für dieses im Besitz des väterlichen Penis bleibe, statt ihn an die Vaterimago abzutreten, so daß es für das Kind keine Möglichkeit geben könne, sich der väterlichen Imago zuzuwenden, um dadurch von der beherrschenden Mutter(imago) loszukommen. Daraus leitet sie die Hypothese ab, »daß eine solche psychische Struktur bei Frauen existiert, die Sexualverbrechen zum Opfer fallen, da der Mord für sie das einzige Mittel ist, den väterlichen Penis symbolisch zu integrieren« (1988a, XVI). Diese psychische Struktur sei auch die Ursache bestimmter Denkstörungen.

Diese Zusammenhänge verfolgt sie vor allem in ihrem Beitrag über *Gefügige Töchter* (1984c), der den Wechsel von der These der Unterwerfung unter den Vater zu der These, es handele sich um eine Unterwerfung unter die Mutter, vollzieht.

Ein Objektwechsel zum Vater habe bei diesen Töchtern nie stattgefunden. Die drei als Fallgeschichten vorgestellten Frauen waren entweder von Anfang an oder zu einem bestimmten Zeitpunkt der Mutter unerwünscht. Infolge der erfahrenen Ablehnung oder Nichtverfügbarkeit der Mütter in der frühen Kindheit hätten die Töchter die Bindung und Liebe des Primärobjektes als so fragil und unzuverlässig erlebt, daß sie sich vollkommen diesen Müttern unterwarfen, um jenen lebensnotwendigen Rest an Zuwendung, der ihnen blieb, nicht zu gefährden. In ihren unbewußten Übertragungen auf libidinöse Objekte wiederholten sie diese extreme Unterwerfung, die Chasseguet-Smirgel als eine primäre Passivität bezeichnet und die sie mit der – nach ihrer Theorie normalen – Situation des Säuglings vergleicht, der seiner Mutter vollkommen ausgeliefert sei und von ihr manipuliert werde. Dabei entspreche dieses passive Sich-Überlassen der Vorstellung, die das Kind von der Manipulation des Kots im (mütterlichen) Körper habe. Und entsprechend der Gleichsetzung von Kot mit Totem identifizierten diese willfährigen Töchter sich mit einer Leiche.[12] »Diese analen Vorstellungen sind wahrscheinlich überdeterminiert, aber von der Phantasie beherrscht, ›genau wie eine Leiche‹ vollständig manipuliert zu werden« (1988a, 52). Diese Frauen seien, wie Chasseguet- Smirgel aus den Männerbeziehungen ihrer Patientinnen zu belegen versucht, prädestiniert, sich einem Jack the Ripper in die Arme zu werfen.

Besonders in den hier vorgestellten Vignetten fällt jedoch die Vermischung einer von ihr für normal gehaltenen Passivität, Ausgeliefertheit und Hilflosigkeit mit Bedingungen auf, die auf schwere Störungen der frühen Mutter-Kind-Beziehung hinweisen. Hier erweist sich die von Grunberger übernommene Interpretation der frühkindlichen Situation als einer traumatischen als ein Hemmnis, dieses unterstellte ›Normaltrauma‹ von gravierenden frühkindlichen Traumatisierung zu differenzieren – mit entsprechenden Folgen für ihr Verständnis der Pathogenese. Wir haben es hier mit einer jener zahlreichen Amalgamierungen zu tun, die sich in den theoretischen Ausführungen Chasseguet-Smirgels finden und die merkwürdig kontrastieren zu ihrer eigenen Einschätzung der Vermischung als einem Indiz der Perversion.

12 In ihren frühen Studien zum Fall Schreber hat Chasseguet-Smirgel dessen Unterwerfung unter den Vater ebenfalls als eine Haltung beschrieben, in der er sich zu etwas Totem, zu Kot oder einer Leiche mache (vgl. Kap. I/4.3).

Die Abweichung von einer normalen Entwicklung sieht Chasseguet-Smirgel bei den drei vorgestellten Frauen folglich lediglich darin, daß diese in der primären Passivität fixiert geblieben seien und darum nicht die Chance gehabt hätten, sich vom Primärobjekt Mutter ab- und dem Vater als neuem Objekt zuzuwenden. Daß die Entwicklungsstörung zumindest auch durch diese das Kind ablehnenden Mütter verursacht wurden, die ihre Töchter unter der Voraussetzung duldeten, daß sie ihnen nicht zur Last fielen, ist ohne weiteres nachvollziehbar.[13] Mit diesen früh an das Kind gestellten Erwartungen dringe im Erleben des Kindes die Mutter in es ein und kontrolliere und beherrsche es innerlich in dem Maße, wie sie vom Kind tatsächlich eine frühe Körper- und Affektbeherrschung verlange. Da bei zwei dieser drei Patientinnen der Vater von den Müttern abgelehnt wurde, habe er der Tochter nicht als Objekt zur Verfügung gestanden. In allen drei Fällen durften die Töchter nicht den Penis des Vaters introjizieren und sich dadurch von der Mutter abgrenzen. An die mit Vernichtung drohende Mutter ausweglos gekettet, blieb ihnen nur die Lösung, die von diesem Objekt ausgehende Gefahr zu verleugnen. Dies zeigt sich für Chasseguet-Smirgel darin, daß sie unfähig seien, für ihr eigenes Leben oder das ihrer Kinder gefahrvolle Situationen und Objekte als solche zu erkennen. Daß sie sich teilweise wiederholt in solche Situationen und Beziehungen begaben oder von sanften Verletzungen träumten, Hinweise auf ernste Erkrankungen oder Schmerzen ignorierten, verweise jedoch auf jene tiefere Bedeutung, daß diese Frauen unbewußt versuchten, durch (Wieder-)Verschmelzung mit dem bösen Mutterobjekt an den anders nicht erreichbaren, jedoch begehrten väterlichen Penis zu gelangen, der in diesen Müttern gefangengehalten werde. Denn nur durch dessen Aneignung sei es den Töchtern endlich möglich, sich vom mütterlichen Objekt zu trennen und zu unterscheiden.

Chasseguet-Smirgel zufolge besteht die Lösung also in einem Versuch der Autonomiegewinnung durch Selbstvernichtung. Paradox ist aber weniger diese Verbindung von Selbstzerstörung und Unabhängigkeitsstreben, sondern die gleichzeitige Annahme, daß diese Frauen aus Angst vor Zerstörung durch die Mutter bisher auf Unabhängigkeit von ihr verzichtet hätten.

---

13 Rohde-Dachser (1991) hat darauf hingewiesen, daß auch in der Psychoanalyse die soziale Situation der Mutter bisher weitgehend unterbelichtet blieb und sie dadurch zur allein Schuldigen bzw. zum Sündenbock erklärte. Dies gilt insbesondere auch für Chasseguet-Smirgel, die von einer Vorrangigkeit des Intrapsychischen gegenüber der äußeren Realität überzeugt ist und daher nicht in der Lage, den Einfluß realer Gegebenheiten auf psychische Konflikte angemessen zu berücksichtigen.

Bei der Unterwerfung unter die Mutter handele es sich, wie Chasseguet-Smirgel hervorhebt, nicht um eine masochistische Haltung im Sinne einer Erotisierung des Schmerzes. Vielmehr sei durch Verleugnung des bösen Objekts auch die gute, vor Gefahren warnende Mutter [sic!] nicht verinnerlicht worden. Diese tödliche Passivität bleibe im Verborgenen, tief verdrängt und unbewußt. Denn tatsächlich zeigten diese Frauen den Hang zu einer manifesten Überaktivität. Und hinter dieser verberge sich wiederum eine starke latente Homosexualität, deren unbewußtes Motiv in der Absicht liege, der Mutter den unzulänglichen oder abwesenden Vater bzw. Sohn zu ersetzen. In der Bereitschaft zu dieser Ersatzposition kommt jedoch etwas anderes als nur passive Unterwerfung unter die mütterlichen Wünsche zum Ausdruck. In ihnen erkennt Chasseguet-Smirgel nun den Versuch der Tochter, sich auf diesem Umweg doch mit dem Vater und seinen genitalen Fähigkeiten zu identifizieren. Und dennoch sind diese Frauen in Chasseguet-Smirgels Sicht zugleich der anale Phallus der Mutter oder deren manipulierbares Anhängsel. Und eben darin seien diese Töchter ihren Vätern gleich(gestellt), also mit ihnen identifiziert.[14]

Nach ihren Selbstbeschreibungen waren diese Frauen »Frühentwickler«, die in der großen Angst vor dem Verlust des Primärobjekts sich schon als Kleinkinder dessen Forderungen unterwarfen und schnell sauber wurden, aber auch sehr bald fähig, andere Erwartungen ihrer Mütter zu befriedigen und sie durch Duldsamkeit und Gefügigkeit zu entlasten. Sie machten sich »federleicht« und unbemerkbar gegenüber einem Objekt, das auf ihre Existenz ablehnend und gereizt reagierte. Nach Auffassung von Chasseguet-Smirgel geht diese Art von Frühstörung, in welcher schmerzhafte Gefühle nicht geäußert werden dürfen, »mit einer entsprechend verzerrten Entwicklung der *psychischen Mechanismen* und des *Realitätssinns* einher... Insbesondere wird der schlechte Charakter des Objekts *verleugnet* und das Objekt selbst *idealisiert*« (1988a, 57; Hervorh. i. Orig.).

14 Während Chasseguet-Smirgel für die Unterwerfung unter die Mutter die Angst vor dem Verlust des Primärobjektes annimmt, resultierte für sie die Unterwerfung unter den Mann aus dem Erleben des vollständigen Verlustes dieses ersten Objektes (vgl. CS 1964d). Dieser durch die Abwendung des Kindes vom ersten Objekt erlittene Verlust verhindere die Integration der eigenen sadistisch-analen Aneignungsimpulse mit der Folge, daß sich die Tochter zum analen Phallus des Vaters oder Ehemannes mache (vgl. Kap. I/1.2), während sie im Fall des gefürchteten Verlusts zum analen Phallus der Mutter werde.

Die Fähigkeit, zwischen gut und böse zu unterscheiden, könne sich unter diesen Voraussetzungen nicht entwickeln. Das Messer von Jack the Ripper werde dann zum Repräsentanten des analen Phallus der Mutter, der in die Tochter eindringt und durch diese tödliche Verschmelzung und ›Umarmung‹ den väterlichen Penis freigibt. Das Sexualverbrechen sei, wie Chasseguet-Smirgel in diesem Zusammenhang bemerkt, grundsätzlich mit der Weiblichkeit verbunden, sowohl der des Mannes wie derjenigen der Frau. Denn im Gegensatz zu den gefügigen Töchtern habe sich der männliche Sexualverbrecher nicht der anal-phallischen Mutter unterworfen, sondern sich mit ihr und ihrer Macht identifiziert. Ihren destruktiven Phallus, der die Lücke füllen soll, die der fehlende väterliche Penis in seinem Ich hinterlasse, führe er als Messer bei sich und penetriere damit im Sinne seiner Pseudogenitalität den Körper der Frau. Und auch er suche dort zwei entgegengesetzte Wünsche gleichzeitig zu befriedigen: den gefangengehaltenen Penis des Vaters zu finden, der ihm für seine männliche Identität fehle, und die Rückkehr in den Mutterleib zu realisieren, indem er gewaltsam in diesen einbreche und alle darin befindlichen Objekte, die sein unbegrenztes Universum des Lustprinzips störten, zerstöre und beseitige. Denn jenes Objekt der Objekte, der väterliche Penis, den er suche und für die Strukturierung seines Ichs benötige, sei zugleich das gehaßteste Objekt, mit dessen Vernichtung die aller Objekte und damit der störenden Realität möglich werde.

Der Versuch der Tochter, das zweite Objekt doch zu introjizieren, indem sie es sich nicht gewaltsam von der Mutter raubt, sondern durch ein gewalttätiges Muttersubstitut einverleiben läßt, führt somit zu eben jenem Resultat, daß Chasseguet-Smirgel bisher als das der regressiven Verschmelzung beschrieb: zur Zerstörung des Subjekts. In diesem Fall hätte die Introjektion des väterlichen Penis nicht die Grenzziehung zur Mutter zur Folge, sondern die Amalgamierung zu einer Kotmasse oder Leiche. Der Widerspruch löst sich für Chasseguet-Smirgel jedoch dadurch auf, daß jener Messer-Penis in Wahrheit den analen Phallus der Mutter repräsentiere. Der von ihr in Besitz genommene väterliche Penis ist aber fäkalisiert und kann nicht mehr schützen, sondern nur vernichten.

Eine solche Konstruktion unbewußter Symbolik läßt sich freilich nicht beweisen, noch widerlegen, da sich diese Deutungen aus Manifestationen herleiten, welchen eine »wenn … dann«-Kausalität zugrunde gelegt ist. Gilt das Ergebnis als »reif«, dann ist der väterliche Penis introjiziert; tritt ein destruktives oder pathologisches Phänomen in Erscheinung, dann war der mütterliche anale Phallus im

Spiel, ein Postulat, das sich bei Chasseguet-Smirgel in Gestalt der Frage artikuliert, »ob sich hinter dem Bild des obszönen Mords nicht – sowohl beim Mann wie bei der Frau – das idealisierte Bild der Mutter abzeichnet« (ebd., 66).

Die primäre Passivität der *gefügigen Töchter* bringt Chasseguet-Smirgel in Verbindung mit einem diffusen, amorphen Körperbild dieser Frauen, da ihnen in Folge ihrer symbiotischen Verschmolzenheit und der fehlenden Abgrenzung zum Objekt die Wahrnehmung eigener Körpergrenzen fehle. Als typisch für diese Körperbilder erscheint ihr deren Zweidimensionalität. Als Beispiele nennt sie Assoziationen von einem leeren Blatt Papier oder von der Oberfläche des Meeres (la mer/la mère).[15] Die fehlende Introjektion des strukturbildenden und objektivierenden Objekts Penis hinterlasse eine Lücke in beiden Varianten des Ödipuskomplexes, weshalb diese Frauen auch die manifest homosexuelle Position verfehlt hätten, die ihnen die einzige Möglichkeit geboten hätte, diesen Müttern zu entkommen. Denn auch die homosexuelle Position wäre für Chasseguet-Smirgel letztlich noch eine Möglichkeit, an den Penis des Vaters in der Mutter heranzukommen – warum er dann weniger fäkalisiert und destruktiv sein sollte, bleibt ungeklärt. Stattdessen gestalte sich bei diesen zum Sexualmord »prädestinierten« [sic!] Frauen (vgl. ebd., 47) die Objektsuche als eine Art acting out, das sie immer wieder in die Nähe des gefährlichen Objektes bringe, dessen vernichtende Bedrohlichkeit sie verleugneten. Stattdessen idealisierten sie die phallische Mutter als die Trägerin des väterlichen Penis, der in ihr jedoch fäkalisiert und damit zur tödlichen Waffe geworden sei. Um die Liebe dieser in Wahrheit vernichtenden Mutter zu erhalten und zugleich den väterlichen Penis, bleibe nur die tödliche Umarmung.

Jede nicht auf die gute Vaterimago bezogene Idealisierung dient nach Auffassung Chasseguet-Smirgels der Verklärung des Analen und der Verleugnung seiner destruktiven, die Strukturen, das Denken, die Objekte vernichtenden Eigenschaften. Und sie diene zugleich der Verleugnung der Tatsache, daß der ausgeschlossene Dritte, der Vater und sein Penis, fehle und darum das Vorhandensein der erzeugenden Fähigkeiten nur vorgetäuscht werden könne. Dies ist die von Chasseguet-Smirgel angenommene Grundvoraussetzung der Perversion (vgl. dazu Kap. I/4).

---

15 Zumindest beim Meer dient der imaginäre Blick auf eine glatte Oberfläche auch der Abwehr vor der darunter liegenden Tiefe. Plausibel ist die Argumentation aber schon darum nicht, weil der grenzen- und strukturlose Raum weder Raum noch Fläche ist. Ihm fehlt nicht nur die dritte, sondern jede Dimension.

3.2 Die vor dem analen Phallus zurückschreckenden Söhne

Der Frage, welche Folgen sich aus einer unvollständigen Introjektion des väterlichen Penis beim Mann ergeben, geht Chasseguet-Smirgel in einem weiteren Beitrag nach, in der sie diese Thematik anhand männlicher Übertragungsliebe untersucht (1984b). Es handelt sich bei diesen Fällen nicht um schwere Strukturdefizite, wie sie nach Chasseguet-Smirgel bei der Perversion bestehen, sondern um neurotische Konstellationen, welche sie auf unsichere und unvollständig-konflikthafte Identifikationen mit dem Vater zurückführt. Der in dieser Untersuchung als Norbert bezeichnete Patient[16] empfindet zwar Respekt und Verehrung für den Vater. Er konnte aber aufgrund des »verführerischen Verhaltens der Mutter« und der furchteinflößenden Strenge des Vaters sich nicht gänzlich mit diesem identifizieren und daher den reifen Ödipuskomplex nicht erreichen. Eine ›orale Vergewaltigung‹ durch den Vater, der den Knaben zwang, eine ihm verhaßte Speise zu essen, habe die vollständige Introjektion seines Penis verhindert. Stattdessen habe der väterliche Penis Eigenschaften des mütterlichen analen Phallus behalten, der nun in Konkurrenzsituationen mit dem Vater die Kastrationsängste wiederbelebe, was zum Scheitern in Prüfungssituationen und zu hypochondrischen Ängsten führe. Gleichzeitig verlocke ihn die verführerische Haltung der Mutter, sich mit ihr in ein Reich der Glückseligkeit, Grenzenlosigkeit, Bodenlosigkeit zu flüchten: den Inzest als Rückkehr in den Mutterleib zu vollziehen gemäß der archaischen Matrix. Aufgrund der analen Anteile des väterlichen Penis bleibe aber die Kastrationsdrohung mit der Vorstellung vom Koitus verbunden, sei also die Identifikation mit dem Vater und seinem Penis nicht möglich. Denn die ›Rückkehr‹ in den Mutterschoß sei für Norbert noch verbunden mit dem Schreckensbild der todbringenden, die tödliche Kastration herauf beschwörenden primären Verschmelzung,

---

16 Dasselbe Fallmaterial hat Chasseguet-Smirgel auch in ihrem vier Jahre später veröffentlichten Artikel *From the Archaic Matrix of the Oedipus Complex to the Fully Developed Oedipus Complex* verwandt (vgl. CS 1988e, 522f). Wie ein Vergleich der biographischen Daten zeigt, ist auch der in *Kreativität und Perversion* (Kap. 10, 154ff) als Norbert bezeichnete Patient sehr wahrscheinlich mit dem hier als »besonderer Fall« vorgestellten Patienten identisch, obgleich die Beschreibungen der sozialen Stellung des Vaters voneinander abweichend sind. Dieses in *Kreativität und Perversion* vorgestellte Material interpretiert sie erneut in ihrer Analyse über *Idealisierung, Sublimierung* (= Kap. 4 in 1989a). Unter anderem demonstriert sie gerade an dieser Fallgeschichte die Bedeutung der analytischen Konstruktion als »das fehlende Teil des chinesischen Puzzles« (CS 1986a, 160). Ihre selektive Präsentation und Interpretation dieser Fallgeschichte macht allerdings diese zu einem Puzzle.

bei der in diesem Fall die abschreckende Seite offensichtlich die verführerische überwiege – für Chasseguet-Smirgel das Indiz einer neurotischen Struktur.

Verallgemeinernd zieht sie hieraus den Schluß, für den Mann bleibe, wenn ihm die Introjektion des väterlichen Penis nicht vollständig gelungen sei, der Koitus mit der Angst verbunden, seine Identität durch primäre Verschmelzung zu verlieren, in der auch das Signum seiner Männlichkeit, der Penis, eingeschmolzen werde (vgl. ebd., 77). Die Ursache hierfür liegt nach ihrer Auffassung in einer Vermischung von Urszenen- und Urexistenzphantasie, deren Zustandekommen sie sich wie folgt erklärt:

»Ist die ständige gegenseitige Befriedigung der Eltern in der Imago der vereinigten Eltern nicht auf allen Ebenen, einschließlich der genitalen, eine Wiederholung der Phantasie und vielleicht sogar der biologischen und seelischen Spur der ständigen und totalen Befriedigung des Fötus im Innern des mütterlichen Körpers? Verlorenes Paradies und drohender Ich-Verlust, ewige Befriedigung und Tod, Faszination und Schrecken?« (vgl. ebd., 78). Zugleich erscheinen in diesem Gegensatz auch die Facetten der gespaltenen Mutterimago.[17]

Auf dem Hintergrund ihrer Annahme, daß der Kern der inzestuösen Phantasie der Wunsch nach Rückkehr in den Mutterleib sei, hat der Ödipuskomplex für sie die Bedeutung eines sekundären Inzestwunsches, der diesen primären Inzestwunsch nur überlagert. Andererseits ist das Wissen um die Urszene als ein nach ihrer Auffassung angeborenes Wissen auch von Anfang an verfügbar und gibt das Modell dafür ab, wie die Wiedervereinigung im Sinne einer regressiven fötalen Verschmelzung mit der Mutter herstellbar sei.[18] Und nur aus dieser Verbindung von genitaler Vereinigung und primärer Verschmelzung erkläre sich »das Entsetzen vor der verhängnisvollen Anziehungskraft des Inzests« (ebd., 78), die unlösbar mit der gespaltenen Mutterimago verbunden ist. Zur Abwehr dieses Verhäng-

---

17 An anderer Stelle nimmt sie jedoch an, daß auch Geschwisterrivalitäten und damit verbundene Tötungsphantasien gegenüber den jüngeren Brüdern eine entscheidende Bedeutung für die Abwehr der Männlichkeit bei diesem Patienten und für die reaktive Verarbeitung der Konflikte in einer Depression hätten (vgl. CS 1989a, 107ff).

18 In ihrer fast zwei Jahrzehnte älteren Studie zu August Strindberg von 1965 war Chasseguet-Smirgel noch mit Melanie Klein davon ausgegangen, daß in der Urszene das Bild der vereinigten Eltern diese für das Kind ununterscheidbar mache und eben darum die Vernichtungsphantasien mobilisiere. Denn dem Kind erschienen die Eltern dabei zugleich als gegen es Verbündete, die es als das Dritte ausschlössen. Diese Vorstellung konnte nach ihrer damaligen Auffassung die Entstehung früher paranoider Vorstellungen erklären (vgl. CS 1988c, 157, FN 11).

nisses mobilisierten Männer ihre Analität, die sie vor der Verschmelzung mit der Mutter schütze und stattdessen in eine Pseudomännlichkeit treibe.[19]

Über die Durcharbeitung der homosexuellen Wünsche gelingt es nach Chasseguet-Smirgels Auffassung, die Identifikation mit dem Vater und seiner Genitalität herzustellen und dadurch den reifen Ödipuskomplex einzuleiten. Kennzeichnend für diesen sei, daß das mütterliche Objekt nun nicht mehr todbringend, aber zugleich auch nicht mehr so bedeutsam ist. Nun könne die Mutter als Objekt aufgegeben und – dem väterlichen Gebot entsprechend – durch ein adäquates anderes Objekt ersetzt werden.

Die Introjektion des Penis ist, wie sie auch in dieser Fallgeschichte zu verdeutlichen sucht, der strukturbildende psychische Vorgang, der das Verlassen der archaischen mütterlichen Welt des Chaos ermögliche durch die Einführung der väterlichen Welt der Realität, in der Raum, Zeit, Kausalität und damit Gesetz und Ordnung herrschen.

Diese Vorstellungen über die Imagines von Mutter und Vater als Repräsentanten eines antagonistischen psychischen Geschehens und der psychischen Strukturentwicklung und Reifung werden von ihr nochmals expliziert und zugespitzt in ihrem 1988 verfaßten Vorwort zu Peter Zagermanns *Eros und Thanatos*.[20]

3.3 Das tödliche Lustprinzip – oder vom »schwarzen« zum gebändigten Eros

Zagermann stellt eine Interpretation des von Freud entworfenen Triebantagonismus' zwischen *Eros und Thanatos* vor, welcher sich Chasseguet-Smirgel in ihrem Vorwort zu diesem 1988 erschienenen Buch weitgehend anschließt. Danach sei dieser Antagonismus nicht aus biologischen Existenzvoraussetzungen zu erklären,

19 Diese Interpretation der Analität als eine Form männlicher Abwehr gegen die inzestuöse Versuchung steht in einem merkwürdigen Gegensatz zu Chasseguet-Smirgels Auffassung über die Bedeutung der Analität in der Perversion. Denn im Gegensatz zu der hier gegebenen Erklärung ist in der Perversion die Mobilisierung der Analität das Resultat der Identifikation des Knaben mit dem analen Phallus der Mutter, der ihm die Illusion verschaffe, er habe schon die väterlichen Fähigkeiten erworben, sei ein Vater gleichwertiger Sexualpartner der Mutter und könne so scheinbar die inzestuöse Wiedervereinigung mit der Mutter vollziehen. Zugleich beschwichtige die Identifikation mit dem machtvollen analen Phallus der Mutter seine Ängste vor den destruktiven Folgen dieses Inzests, wobei die verführerischen Bestätigungen durch die Mutter ihm für die Entwicklung seiner Illusionen hilfreich seien (s.a. Kap. I/4).

20 CS 1988b.

sondern aus den widersprüchlichen Bedingungen der psychischen Existenz des Menschen. Für Chasseguet-Smirgel handelt es sich dabei um die von ihr immer wieder in den Vordergrund gestellten Bedingungen der menschlichen Frühgeburt und Neotenie und ihrer Folgen. Laut Zagermann versucht der Säugling diese Bedürfnisspannung zu verringern durch die Herstellung einer unmittelbaren Identität von Subjekt und Objekt. Diese Identität hebe aber auch das Ich, die psychische Individualität und Existenz auf und bedeute somit den psychischen Tod des Subjekts. Der Kampf zwischen Eros und Thanatos sei ein Kampf zwischen jenen vom Objekt trennenden Tendenzen, die die Autonomie, die Erhaltung des Ich und damit das psychische Überleben garantierten und den Tendenzen der Verschmelzung mit dem Objekt, die die absolute Versorgung und Aufhebung von Bedürfnisspannungen bedeuteten um den Preis des Selbstverlusts auf der anderen Seite.

Hatte sich Chasseguet-Smirgel zeitweise auf Freuds Überlegung in *Jenseits des Lustprinzips* berufen, der Eros diene dem Todestrieb, so ist sie jetzt mit Zagermann der Auffassung, nicht der Eros suche die Verschmelzung, sondern Thanatos – und diese Verschmelzung ist der Verlust des Ichs, der Untergang im undefinierbaren Chaos, der psychische Tod. Eros hingegen stehe für das Lebensprinzip und die Realität, somit also für Trennung und Separierung. Eros sei eins mit dem Warten und der Nicht-Erfüllung [sic!], denn nur sie sicherten das psychische Überleben. Denn alles, was zur Errichtung einer Grenze beiträgt und damit die Verlockungen einer tödlichen Verschmelzung verhindere, diene dem Überleben des Ichs. Dies gelte ebenso für die bedrohliche Mutterimago wie für die Vorstellung von einem kastrierenden [sic!] und dadurch vor der Verschmelzung rettenden Vater. Beide Imagines hält Chasseguet-Smirgel für Erfindungen des Unbewußten, in diesem angelegt zu dem Zweck, das Subjekt von der tödlichen Verschmelzung zu schützen. Daher seien diese Imagines Bestandteile des Lebenstriebs bzw. ein Ausdruck desselben – und dies gelte selbst für die Kastrationsdrohung. »So wie alles, was die Existenz des Ich, des psychischen Lebens fördert, auf die Seite des Lebens gehört, wird die Kastrationsdrohung, die die Fusion verhindert, zu einem Ausdruck des Eros« (ebd.,XIV). Eros ist nach dieser Konzeption die verhinderte Vereinigung, Thanatos die vollzogene.

Das Verdienst Zagermanns sei es, zu zeigen, wie »die Vaterimago aus der Aufhebung der Spaltung des Primärobjektes entsteht« (ebd.). Aufhebung der Spaltung heißt, um daran zu erinnern, für Chasseguet-Smirgel nicht Reintegration des Primärobjekts, sondern Einführung des Vaters als zweites Objekt, der die Aspekte der guten Mutterimago erbt. In diesem Vorwort beschreibt sie nochmals, wie alle Aspekte der guten Mutterimago auf das Bild des Vaters übertragen und umgekehrt alle negativen Aspekte des Vaters der Mutterimago zugeschrieben würden, betont aber mehr noch als bisher, daß dieser Vorgang sich im Unbewußten gänzlich von selbst vollziehe. Daher rührt nach ihrer Auffassung, daß der Vater als gebend und spendend erscheine, die Kastrationdrohung aber als von der Mutter ausgehend. Selbst die vom Vater tatsächlich ausgehenden Bedrohungen und durch ihn erlittenen Frustrationen würden im Unbewußten als Bedrohungen durch den in der Mutter gefangen gehaltenen und fäkalisierten Phallus-Penis des Vaters gedeutet.[21]

Neu und darum erwähnenswert ist in diesem Vorwort ihre explizite Bezugnahme auf den strukturalistischen Ansatz, mit dem sie diese Vorgänge als Ordnungsprinzipien in der Ökonomie des Unbewußten interpretiert, d.h. als Gesetzmäßigkeiten, welche psychische Strukturierungen und damit die Welt der Realitäten und Gesetze erst hervorbringen. Die verfolgende Mutterimago ist nach dieser Vorstellung ein notwendiger unbewußter Schutz- und Abwehrmechanismus gegen die selbstvernichtenden Mächte des Thanatos. Aber erst in Verbindung mit der Imago des Vaters ergäben sich die notwendigen strukturbildenden Konsequenzen: »Die verschlingende Imago der Mutter und die kastrierende Imago des Vaters haben demnach dieselbe Funktion: das Ich vor seiner Auflösung zu schützen, die sich aus der fusionären Versuchung ergibt« (ebd.,XIV).[22]

Die imaginären Gestalten des menschlichen Unbewußten sind für Chasseguet-Smirgel überlebensnotwendige psychische Gestaltungen: Voraussetzungen der psychischen Strukturierung, die die Individuierung und damit das psychische Überleben gestatteten. Es bedürfe folglich keiner hereditären Momente mehr, kei-

---

21 Freud war hingegen davon ausgegangen, daß die Kastrationsdrohung immer notwendig dem Vater zugeschrieben werde. Chasseguet-Smirgel erwähnt dies hier im Zusammenhang mit der Funktion der Vaterimago als ordnungsstiftender Gesetzeskraft (vgl. ebd., XVIIIf). Tatsächlich bewegen sich ihre eigenen Interpretationen zwischen diesen beiden Polen. Die Widersprüche glättet sie dadurch, daß die Androhung der Kastration für sie Teil des väterlichen Gesetzes und der Durchsetzung des Realitätsprinzips ist, die Verfolgung (dieses Ziels) durch die anale Destruktivität jedoch immer das Werk der Mutterimago.

22 Schon in *Freud oder Reich* (1979a) gemeinsam mit Grunberger sowie in ihrer Einleitung zur *Anatomie der menschlichen Perversion* (1989a) betont sie, es sei Freuds Anliegen gewesen, » . . . die allgemeinen Gesetze freizulegen, die die Psyche beherrschen.« Er habe universale unbewußte Strukturen und Inhalte vorausgesetzt, »die das Funktionieren der menschlichen Psyche als einer bestimmten Anzahl unveränderlicher Gesetze gehorchend und alle anderen Faktoren transzendierend erscheinen lassen« (1998a, 19).

nes geschichtlichen Verständnisses jenseits der Erfahrungen des Subjekts. Denn nicht aus der phylogenetischen Geschichte, aus der historischen Realität des Königs Ödipus und anderer Mythen erkläre sich die Existenz dieser – nach ihrer Vorstellung – universellen Bilder, sondern aus ihrer für den individuellen Reifungsprozeß unabdingbaren strukturbildenden Funktion. »Die Existenz solcher Schemata, d.h. von differenzierten elterlichen Imagines, ist eins mit der Konstituierung des psychischen Apparates« (ebd.,XIX).[23]

Chasseguet-Smirgel ist der Überzeugung, daß das Fehlen einer derartigen Vaterimago katastrophale Folgen haben müsse. Die Kritik am Vater, der Angriff auf das Patriarchat und seine »autoritären Strukturen« bedeute stets eine Rebellion gegen die Vernunft und ein Zurücksinken in verlockende Verschmelzungsphantasien mit der Urmutter. Dieses Versinken in Unvernunft und Chaos ist nach ihrer Auffassung zwingend verbunden mit dem Auftreten der schrecklichsten Grausamkeiten nicht nur in individuellen, sondern auch kollektiven und massenpsychologischen Zusammenhängen. Mit ihren sich hier anschließenden Ausführungen zu politischen Phänomenen der Revolte, des Nazismus und Kommunismus greift sie Argumente über deren psychische Ursachen wieder auf, die sie seit der Mairevolte 1968 immer wieder vorgebracht und behauptet hat. Diese sind Gegenstand des Kapitels I/5 dieses Buches.

In ihrer Bezugnahme auf den Strukturalismus und in der Annahme einer unbewußten Ökonomie entwickelt Chasseguet-Smirgel ihre Bemühungen um die theoretische Fundierung der Annahme unbewußter psychischer Gesetzmäßigkeiten einen Schritt weiter. Die von ihr zugrunde gelegten Elternimagines sind dagegen nicht neu, vielmehr in unveränderter Form schon Mitte der sechziger Jahre entwickelt. Es scheint ein wenig, als geschehe es versuchsweise, daß Chasseguet-Smirgel sie zuerst auf Einzelfälle wie Schreber[24] oder Strindberg (1965/70) anwendet. In der Strindberg-Studie spricht Chasseguet-Smirgel jedoch noch nicht von funktionalen Gesetzmäßigkeiten der psychischen Strukturierung. Auch geht

23 Mit der strukturalistischen Theorie von Lévi-Strauss war Chasseguet-Smirgel zur Zeit der Entstehung dieses Vorworts zu Zagermann (1988b) bereits gut vertraut, wie aus der Anmerkung 1 zu *Letztes Jahr in Marienbad* (1962/67) hervorgeht, in welcher sie 1971 retrospektiv bemerkte: »Der Leser wird feststellen müssen, daß die Autorin damals noch nicht über hinreichende Informationen über den Strukturalismus von Lévi-Strauss verfügte« (vgl. CS 1988c, 80 bzw. in CS 1971, 49).

24 Zu ihren Interpretationen des Schreber-Falls s. Kap. I/4.3).

sie hier noch vom Kleinschen Konzept der vereinigten Elternimago aus. Beiden, Schreber wie Strindberg, war es nach ihrer damaligen Auffassung nicht gelungen, die vereinigten Eltern zu differenzieren, was in beiden Fällen entscheidend zur Paranoia beigetragen habe. Die Merkmale der Mutter- und Vaterimago sind zu jenem Zeitpunkt aber bereits ausformuliert. Dies gilt entsprechend für die mit den Imagines verbundenen komplementären bzw. dichotomen Zuschreibungen. Das Ichideal hat für Chasseguet-Smirgel bereits die Funktion, durch Identifikation mit der Vaterimago der zukunftsorientierte Träger des Narzißmus zu sein. Für beide Geschlechter bestehe daher, wie sie bereits hier annimmt, die Notwendigkeit, sich den väterlichen Penis einzuverleiben (vgl.1965/70, 142).

Allein die archaische Matrix des Ödipuskomplexes tritt hier noch nicht deutlich in Erscheinung. Denn es hätte für Chasseguet-Smirgel sonst nahe gelegen, Strindbergs Phantasien, von der Mutter ausgesaugt, seines Kerns, seines Herzens beraubt zu werden, als projektiv-paranoide Abwehr seiner eigenen Wünsche zu interpretieren, den Mutterleib von den in ihm enthaltenen Objekten befreien zu wollen, um wieder in ihn einzudringen und eintauchen zu können. An dieser Stelle spricht sie noch nicht von einem solchen Wunsch. Es gibt jedoch ansatzweise Überlegungen, die erste Gedanken in Richtung auf die archaische Matrix vorwegnehmen. Sie finden sich in einer langen Anmerkung am Ende des Textes (vgl. Anm. 6, 155f).

Die Zugänglichkeit des von Chasseguet-Smirgel interpretierten Materials, der Autobiographie wie der Romane Strindbergs, machen aber auch eher als die Vignetten erkennbar, wie sehr die im Unbewußten vorausgesetzten Imagines und ihre strukturierenden Funktionen in Chasseguet-Smirgels Interpretationen sie dazu zwingen, dem Material Gewalt anzutun, indem ihr offenbar nichts anderes übrig bleibt, als alle Beschreibungen von Personen, Beziehungen oder Phantasien auf diese vorausgesetzten Imagines zu reduzieren. Hier sollen einige wenige Beispiele genügen, dies zu belegen. So zitiert Chasseguet-Smirgel einen kurzen Auszug aus dem *Plädoyer eines Irren:* »Sie war letzten Endes aber nichts weiter als eine kokette Frau, eine Männerverschlingerin, eine keusche Polygame«, den sie folgendermaßen deutet: »Die Frau, die den Mann seiner inneren Substanz, seiner Eingeweide entleert, ist mit einem Phallus versehen, der zerstört, wo er eindringt« (CS 1965/70, 123f). Eine andere Passage Strindbergs, in der der Tod in Fieberphantasien personifiziert erscheint, mit welchen der Kranke in einer Art Todestanz ringt, deutet Chasseguet-Smirgel ebenfalls als »die bildhafte Vision einer phallischen und vereinnahmenden Mutter, die im tödlichen Koitus in ihn eindringt« (vgl. ebd., 124).

In *Der Scheiterhaufen* entwirft Strindberg eine Szene, in welcher das knarrende Geräusch des Schaukelstuhls, in welchem der Vater sich hin und her bewegt, die darunter leidende Mutter sagen läßt: »Und dieser Stuhl macht mich verrückt! Es war mir immer als seien es zwei Hackmesser, wenn er daß… und er hackte mein Herz.« Chasseguet-Smirgel zufolge repräsentiert der Schaukelstuhl den Penis des Vaters, mit welchem er die Mutter ›kastriert‹, indem er sie um den Verstand bringt (vgl. ebd., 130).[25]

25 Auf die Strindberg-Studie von 1965 komme ich im Zusammenhang mit Chasseguet-Smirgels Verständnis der Beziehung zwischen Homosexualität und Paranoia zurück (vgl. Kap. I/4.1)

4 Der primäre Narzißmus am Scheideweg: das Ichideal, die Kreativität und die Perversion

> *„Oh, versenke mein leeres Leben im Ozean, stürze es in die tiefste Fülle. Laß mich nur ein einziges Mal diese verlorene, süße Berührung des allumfasenden Alls verspüren."*
> aus: Rabindranath Tagore: Jenseits der Verzweiflung

Die Frage nach den psychischen Bedingungen sowohl der Kreativität wie der Perversionen haben Chasseguet-Smirgel in einem besonderen Maße beschäftigt. Tatsächlich ist der größte Teil ihrer Studien diesen Zusammenhängen gewidmet – und dies sind teilweise auch gleichzeitig ihre frühesten Veröffentlichungen. Sie betreffen die analen Bestandteile des Körperbildes[1], die schöpferischen Akte als Versuche der Wiederherstellung (1963)[2] oder das Verhältnis von Psychoanalyse und Kunst, z. B. in ihrer Interpretation des Films »Letztes Jahr in Marienbad«[3]. Aber auch ihre Beschäftigung mit phobischen und paranoiden Phänomenen aus klinischer Sicht fällt in diese Zeit.[4] Bereits 1965 hat sie sich mit der Imago der phallischen Mutter auseinandergesetzt.[5] In ihrem umfangreichen Text von 1965 über August Strindberg schließt Chasseguet-Smirgel ihre Überlegungen zur Homosexualität, die bei Strindberg paranoid abgewehrt werde, direkt an ihre Ausführungen über den Charakter seiner Elternimagines an. In deren negativen Verzerrungen, die sich durch seine traumatischen Kindheitserfahrungen ergaben, liegen nach ihrer Vorstellung die Gründe seiner Misogynie, seines Verfolgungs- und seines Größenwahns.

---

1 1959/62. Die Überlegungen zu diesem Beitrag wurden von Chasseguet-Smirgel erstmals auf einer Tagung der SPP in Paris im Jahr 1959 vorgetragen, deren Thema Die Bedeutung des analen Stadiums in der Formierung des Körperbildes war.

2 In: CS 1988c, 88–104.

3 Ebenfalls in CS 1988c, 50–81.

4 CS 1962/66.

5 CS (unveröff. Manuskr. 1965) *L'imago de la mère phallique.* Vgl. in: CS 1989a, 338.

Dieser Text über August Strindberg nimmt nicht nur alle späteren theoretischen Ausführungen zu den Inhalten und Funktionen der Elternimagines und zur psychischen Disposition der Perversion vorweg. Er enthält auch die wichtigsten Gedanken zum psychischen Stellenwert des Ichideals und den Bedingungen und Konsequenzen seiner Entwicklung – zehn Jahre, bevor sie dieselben in ihrer Monographie über *Das Ichideal*[6] ausformulierte und die Bedeutung derselben in ihrer Theorie erkennbar wurde.

Während aber die zur selben Zeit (1964) entstandenen Untersuchungen über die weibliche Sexualität breit rezipiert wurden und Anfang bzw. Mitte der siebziger Jahre in englisch- und deutschsprachigen Übersetzungen erschienen, wurden diese frühen Beiträge zu Kreativität, Kunst, Paranoia und Perversionen fast nur innerhalb der psychoanalytischen Fachwelt zur Kenntnis genommen. Die 1971 bei Payot veröffentlichte Sammlung *Pour une psychanalyse de l'art et de la créativité* erschien in der deutschen Übersetzung erst 1988.[7] Diese Sammlung dokumentiert jedoch nur einen Teil der in den sechziger Jahren entstandenen Aufsätze. Den theoretischen Rahmen für ihr Verständnis der *Kreativität und Perversion*[8] bildete das Konzept des Ichideals, wie es von Chasseguet-Smirgel 1975 erstmals umfassend vorgestellt wurde. Daß eine Übersetzung ihrer frühen Untersuchungen zu kreativen Prozessen und perversen Entwicklungen erst nach der deutschen Veröffentlichung von *Das Ichideal* erschien, hat somit eine immanente Folgerichtigkeit. Kreativität *oder* Perversion: Das sind nach ihrer Interpretation die beiden Manifestationen der möglichen Schicksale des Ichideals, bedingt durch die Entwicklungsrichtung, die das Kind demselben zu geben vermöge – nach vorn oder zurückgewandt. »Vorn« – das ist der Vater mit seinen schöpferischen Möglichkeiten. »Zurück« – dies ist die Mutterimago der archaischen Matrix, die zur Verschmelzung verlockt unter Verzicht auf alle Subjektivation und alle Grenzen des Raums, der Zeit, der Generationen und Geschlechter. Dies ist nach Chasseguet-Smirgel das Reich des Thanatos, in dem das Subjekt sich zugleich selig verliert und wahnhaft vernichtet.

---

6 *L'Ideal du moi.* 1975; dt. 1987a.

7 1988c. In dieser deutschen Übersetzung wurde die Sammlung um ein Kapitel über *Schöpfertum und Rahmen* aus dem Jahr 1986 ergänzt.

8 Vgl. hierzu den gleichlautenden Titel ihrer 1986 bei Nexus erschienenen Sammlung von Vorlesungstexten aus ihrer Zeit am Freud-Lehrstuhl in London in den Jahren 1982/83.

Die Darstellung dieses umfangreichen Theorieteils im Gesamtwerk Chasseguet-Smirgels ist verbunden mit dem Rückgriff auf jene frühesten Texte, die lange vor denjenigen entstanden, welche die archaische Matrix und die strukturierende Funktion der Elternimagines beschreiben. Dadurch ergibt sich notwendigerweise ein Oszillieren zwischen frühen und späteren Texten, das stellenweise irritieren mag. Es hat jedoch den Vorteil, die Genese bestimmter Vorstellungen und die unveränderte Wiederkehr anderer Ideen, aber auch die stillschweigende Veränderung von Interpretationen vor Augen zu führen. Sie ist zugleich eine Möglichkeit, die fast hermetische Geschlossenheit dieser Theorie immer wieder zu durchbrechen und die Dichte der wechselseitig miteinander verwobenen Elemente zumindest vorübergehend aufzulösen und dadurch transparenter zu machen.

4.1 Homosexualität, Paranoia und Misogynie

»Wir denken, daß eine notwendige Verbindung zwischen den aggressiven Projektionen des Subjekts, seiner Fixierung auf den Narzißmus, der das noch ununterschiedene Ich besetzt, und einer unzureichenden Sublimierung des homosexuellen Triebes besteht« (1965/70, 135). Mit diesem verdichteten Statement leitet Chasseguet-Smirgel den zweiten Teil ihrer Strindberg-Studie ein, in der sie am Beispiel dieses Autors das Verhältnis zwischen Homosexualität, Paranoia und Mysogynie untersucht. Bevor sie die Entwicklung August Strindbergs aus seinen schriftlichen Zeugnissen rekonstruiert, umreißt sie den Entwicklungsablauf, der die homosexuelle Orientierung bedinge, in einer knapp gehaltenen Skizzierung. Entscheidend für die homosexuelle Fixierung erscheint ihr hier ein Scheitern sowohl der ersten wie auch der zweiten Triangulierung.[9] Beiden gemeinsam sei der Versuch, den verloren gegangenen primären Narzißmus durch das Finden eines idealisierbaren Objektes, auf das der eigene Narzismus projiziert werden kann, wieder herzustellen. Während aber das Scheitern der ersten Triangulierung, die Trennung von guter und böser Brust, die Notwendigkeit umso dringlicher mache, ein »Penis-Objekt« zu finden, führe das Scheitern der zweiten Triangulierung in

9 Der Begriff der Triangulierung wird von Chasseguet-Smirgel nur in einigen frühen Texten wie der Strindberg-Studie verwendet (vgl. Kap. I/3, FN 9).

die Katastrophe. Wenn aber nicht nur die frühe Mutter-Beziehung massiv gestört ist, sondern – wie bei Strindberg – auch der Vater ein nicht idealisierbares Objekt, dann bekämen beide Eltern verfolgend-aggressive Züge, die das Resultat eines vielschichtig-komplexen Projektionsgeschehens sind. Auslöser der Projektionen beim Kind sei sein Ausschluß aus der Urszene. Ein weiterer Grund der reaktiven Aggressivität entstehe aus dem Mangel an narzißtischer Zufuhr, der die gestörte frühe Mutter-Kind-Beziehung charakterisiere. Hinzu komme verstärkend ein rivalisierender Haß auf die Mutter, wenn nun der Knabe sich dem Vater als Objekt zuwende. Die Mutter erscheine dann als diejenige, die den Zugang zum Vater versperrt. Diese Beziehung zum Vater sei zunächst eine latent homosexuelle, die durch Idealisierung enterotisiert werde. Denn der Knabe trenne dabei die zärtlichen von den sexuellen Strömungen, wodurch die letzteren dann wieder auf die Mutter gerichtet werden könnten. Gelinge die Idealisierung des Vaters nicht, dann bleibe die erotische Fixierung bestehen – und mit ihr eine aggressive Färbung. Denn die Sexualität ist mit der Aggressivität nach Chasseguet-Smirgel notwendig verbunden.[10] Während die Idealisierung des Vaters und seines Penis zur Sublimierung der Homosexualität führe, bleibe die homosexuelle Komponente bei einer mißglückten Idealisierung erhalten. Die daraus entstehende Beziehung von Homosexualität und Paranoia erklärt sich für Chasseguet-Smirgel folgendermaßen: »Die mit der anhaltenden Erotisierung verknüpfte Projektion der Aggressivität auf das Objekt aber wird gleichzeitig Fluchttendenzen im Subjekt hervorrufen» (ebd., 139). Entsprechend habe diese Paranoia zwangsläufig die Gestalt einer analen Verfolgung, wobei Chasseguet-Smirgel zwischen manifester und latenter Homosexualität nicht unterscheidet, obgleich eine paranoide Einstellung nur im Falle projektiv abgewehrter und folgliche unbewußter Triebwünsche, also nur bei latenter

10 Freud hat das Lustprinzip dem Realitätsprinzip entgegengestellt. In seiner letzten Ausformulierung des Triebkonzeptes, in welchem er die Existenz eines Aggressions- oder Destruktionstriebes als selbständiger Kraft endgültig anerkennt, steht für ihn der Eros als Lebensprinzip bekanntlich dem Destruktions- oder Todestrieb entgegen (vgl. 1930a, VI). Während Freud nun die verschiedensten Formen menschlicher Äußerungen aus Mischungsverhältnissen dieser beiden Triebkräfte ableitet, von welchen er annimmt, daß sie »selten – vielleicht niemals – voneinander isoliert auftreten« (ebd., 247), finden wir bei Chasseguet-Smirgel auch dies wieder zu einer Dichotomie ausformuliert, in welcher sie den Eros dem väterlichen Prinzip der Fruchtbarkeit und Zeugung zuweist, während Thanatos sich in dem Wunsch nach Verschmelzung mit der Mutter offenbare, der nicht nur zur Zerstörung des Selbst und des Objekts führe, sondern alle Welt in einem apokalyptischen Strudel mit sich zu reißen wünsche, um die väterliche Welt der Realität auszulöschen und an ihre Stelle die Illusion zu setzen (vgl. 1988b).

Homosexualität, zu erwarten ist. Die Paranoia verhindere aber auch eine klare sexuelle Identität, deren Fehlen Chasseguet-Smirgel bei allen Formen der *Homosexualität* annimmt (ebd., 157, Anm. 11). Eine Differenzierung der Geschlechter sei dem Kind dabei ebenso unmöglich wie die Definition seiner eigenen geschlechtlichen Identität. Der Penis könne darum nicht zum Phallus werden in dem Sinne, den Grunberger dieser Unterscheidung zugeschrieben habe.[11] Die analen Bemächtigungswünsche, die in homosexuell modifizierter Form den Wunsch nach Introjektion des väterlichen Penis verkörperten, kehrten als Verfolgungsaspekte der Vaterimago zurück und drängten den Knaben in die Flucht. Theoretisch liegt die Auflösung der Verknüpfung von Homosexualität und Paranoia für Chasseguet-Smirgel in der Integration der homosexuellen Anteile beim Mann. Dies setze jedoch die Integration der analen Bemächtigungstriebe voraus, ein Schritt, den der Paranoide nicht vollziehe. Eine Erklärung der manifesten Homosexualität ergebe sich aus der Identifikation des Knaben mit der Mutter, die nach Chasseguet-Smirgel Ursache der Verwirrung der geschlechtlichen Identität ist. Denn dem manifest Homosexuellen ist es offenbar gelungen, die anale Komponente zu integrieren und sich auf diese Weise den väterlichen Penis anzueignen, aber aus ihrer Sicht als introjizierten analen Phallus statt als integrierten zeugenden Penis.

Dem an beiden Triangulierungsversuchen gescheiterten Knaben bleibe als letztem Objekt für die Verwendung seiner narzißtischen Besetzungen nur das eigene Selbst. Er sei genötigt, anstelle des fehlenden introjizierten Penis des Vaters einen aus dem Nichts [sic!] erschaffenen eigenen autonomen Phallus zu setzen: »eine Schöpfung ex Nihilo, die so an der Magie teilhat. Dieser Phallus[12] sichert dem Subjekt zugleich die Unverwundbarkeit und die Macht über den anderen» (ebd., 143). Jener magische Traum von der narzißtischen Allmacht könne aber niemals wirklich in Erfüllung gehen, denn dem autonom erschaffenen Phallus fehlten alle Qualitäten einer authentischen Schöpfung, über die sein väterliches Vorbild verfüge.

11 An dieser Stelle äußert sich Chasseguet-Smirgel nicht zu den Inhalten dieser Unterscheidung. Sie erläutert sie dagegen in *Die weiblichen Schuldgefühle* (1964): »In ihrem [sic!] Aufsatz Über das Phallische hat B. Grunberger nachgewiesen, daß der Phallus das Symbol der narzißtischen Vollkommenheit ist« (ebd., 155). Grunbergers Theorem vom Phallus als dem Symbol der Vollkommenheit geht auf Lacan zurück.

12 Im Orig.: Dieses Phallus …

Er bleibe eine leere Hülle, ein Pseudophallus, der für das Falsche schlechthin steht.[13] Denn: »Schöpfung bedeutet Aufbau des Körpers und des Ichs, mit *Materialien*, die das Subjekt sich introjektiv einverleibt. Der Phallus des Vaters bildet für beide Geschlechter das bevorzugte Objekt, dessen Einverleibung notwendig für den Aufbau des *körperlichen* [sic!] und psychischen Ichs ist« (ebd., 142; Hervorh. A.M.).[14]

Nach Auffassung von Chasseguet-Smirgel ist Strindbergs Beziehung zu seinem Vater gekennzeichnet von dem Wunsch, dessen Bild positiv zu erhalten, ihn anerkennen und seinen Penis introjizieren zu können. Diesen Wunsch sieht sie ausgedrückt in Vorstellungen einer passiven Unterwerfung unter den Vater, die eine latente Homosexualität verrieten: in der Strategie, den analen Phallus des Vaters zu akzeptieren, um den Penis zu erwerben, der die Lücken im Ich ausfüllt. Dies werde allerdings von zwei Konflikten begleitet. Zum einen dem weniger problematischen einer femininen Passivität, die den Verlust des eigenen Penis, also die Kastration verlange. Denn: »Das Bedürfnis, den Penis zu investieren, ist um so dringender, als der Versuch einer Triangulierung mit der guten und der schlechten Brust gescheitert ist« (ebd., 155, Anm. 5). Dabei muß man sich fragen, wie es einem Jungen, dessen Erfahrungen mit dem ersten Objekt sehr enttäuschend waren, gelingen kann, die weibliche Identifikation zu bewerkstelligen, die nach Chasseguet-Smirgels Auffassung schon in der normalen Entwicklung mit großen Schwierigkeiten verbunden ist. Sie sieht das Problem jedoch eher darin, daß die homosexuelle Annäherung an den Vater zur Folge habe, daß mit der Erotisierung von dessen Penis auch die Aggressivität auf denselben projiziert werde. Dadurch wird neben dem ersten mütterlichen nun auch das zweite Objekt, der Vater und sein Penis, zu einem destruktiven Verfolger.

---

13 Diese Beschreibung verwendet Chasseguet-Smirgel ebenso für den Fetisch, der immer ein falscher Phallus sei (vgl. 1989a, Kap. 8).

14 Ungewöhnlich ist hier die konkretistische Gleichsetzung der Introjektion des väterlichen Phallus mit der oralen Einverleibung von »Materialien«, die dem körperlichen Aufbau dienten. Dieser kannibalistische Anklang wird kaum abgemildert durch den Hinweis im zweiten Satz, daß der Phallus dem Aufbau des »körperlichen Ich« diene. Aus psychoanalytischer Sicht scheint es selbstverständlich, daß es hier um die psychische Entwicklung und Integration einer körperlichen Selbstrepräsentanz (bzw. des Körperbildes) geht. Es fällt jedoch immer wieder auf, daß sich bei Chasseguet-Smirgel die Grenzen zwischen imaginären und realen Vorgängen verwischen.

Ganz aussichtslos aber werde die Situation, wenn der Vater sich – wie bei Strindberg – ebenfalls als zutiefst unbefriedigendes Objekt erweise. Dann müsse der Versuch, den Vater und seinen Penis zu idealisieren, scheitern und damit auch die zweite und letzte Möglichkeit, eine trianguläre Situation herzustellen. Bei Strindberg sei durch das Scheitern seiner Triangulierungsversuche und den Bruch mit dem Vater sein Ichideal in ihn selbst zurückgefallen und habe jenes »Wachsfigurenkabinett von Ungeheuern« hervorgebracht, das seine Romane wie seine paranoiden Wahnvorstellungen durchziehe. Seine latente Homosexualität ist für Chasseguet-Smirgel Ausdruck dieser ›Inversion‹ des Ichideals.

Während beim Perversen nach ihrer Auffassung der Objektwechsel verhindert wird, wenn die Mutter zu verführerisch ist und der Vater gleichzeitig unattraktiv oder aber als übermächtig und bedrohlich erscheint, bleibe der Paranoide objektlos und auf sich zurückgeworfen. Der falsche Penis erweist sich Chasseguet-Smirgel zufolge letztlich dennoch als analer Phallus der Mutter, da diese am Ursprung der homosexuellen Fixierung stehe, die sich in der Zeit der Abgrenzungskonflikte in der analen Phase einstelle (ebd., 138).[15] Ganz aus dem Nichts (ex nihilo) ist jener falsche Penis somit nicht entstanden, den Chasseguet-Smirgel dem Paranoiden verleiht – es sei denn, die Mutter wäre jenes Nichts.

Es seien diese analen Qualitäten, die die häufige Erwähnung abstoßender Orte, Gerüche und Charaktere im Werk Strindbergs erklärten: die Friedhöfe, Aborte, die dunklen, schmutzigen Gestalten, die wertlosen, in ihrem falschen Glanz enttarnten Gegenstände, die Allgegenwart von Lug und Trug, die von bitterem Sarkasmus und Hohn begleitet werden. Solche literarischen Gegenstände interpretiert Chasseguet-Smirgel als unbewußte Reflexe der analen Strukturlosigkeit und Pseudo-Individualität Strindbergs. Und sie bezeichnet das nicht mit dem zeugenden Penis des Vaters geschaffene Werk als eine »als-ob-Produktion«, die dem vorgetäuschten Besitz eines Penis entspreche, der in Wahrheit jedoch nur ein analer Phallus sei. Die aus der Analität gespeiste destruktive Aggressivität verleihe dem weiterhin um seine Fähigkeiten beneideten und darum begehrten *echten* väterlichen Penis nun seine verfolgend-kastrierende Komponente und gebe damit den paranoiden Phantasien immer neue Nahrung.

---

15 Im Literaturverzeichnis zu *Anatomie* führt Chasseguet-Smirgel ein nicht veröffentlichtes Manuskript über die Imago der phallischen Mutter an, das ebenfalls 1965 entstand (*L'imago de la mère phallique*; vgl. CS 1989a, 338). Zentrale Überlegungen zur phallischen Mutterimago dürften vor allem in dieser gleichzeitig entstandenen Strindberg-Studie zu finden sein.

Das Resultat dieser falschen Produktion des Phallischen sind die »inauthentischen Werkschöpfungen« (ebd.,148) – ein Verdikt, mit welchem Chasseguet-Smirgel das gesamte literarische Werk Strindbergs belegt.[16]

Führte Chasseguet-Smirgel die Unterwerfung der Tochter unter den Vater auf die Schuldgefühle der Tochter zurück, so erklärt sie hier denselben Vorgang beim Sohn zum Kern der Perversion. Ihre Beschreibung der Paranoia schwankt zwischen der Annahme einer massiven Abwehr des väterlichen Penis, die zu einer Ersatzschöpfung ex nihilo führe und einer Beschreibung, die das Vorbild des väterlichen Penis in der als-ob-Beziehung festhält. Letzlich erscheint ihr aber immer und ausnahmslos in allen Entwicklungsverläufen das Subjekt von dem Wunsch beherrscht, doch auf irgend einem Umweg an den Penis des Vaters zu gelangen, da nur dieser die vorhandenen Lücken im Ich schließen könne. Denn diese Lükken im Ich sind verursacht durch den Verlust der pränatalen Vollkommenheit und könnten daher nur durch ein Objekt geschlossen werden, das für Vollkommenheit stehe.[17]

In ihrer Zusammenfassung der Charakteristika der Homosexualität, wie sie auch für Strindberg Geltung hätten, nennt sie als ersten Gesichtspunkt den Versuch, eine trianguläre Situation herzustellen und die positive Besetzung auf ein zweites Objekt, den Vater und seinen Penis, zu übertragen (vgl. ebd., 138). Das furchterregende Bild der Mutter, hier noch bedingt vor allem durch eine gestörte Beziehung der Mutter zum Kind, der Haß auf sie und die sekundäre Verstärkung desselben im umgekehrten Ödipuskomplex – dies alles sind Merkmale, die in der

16 Das Authentische ist für Chasseguet-Smirgel der Gegenbegriff zum Falschen. Diese Polarität und ihre psychischen Komponenten greift Chasseguet-Smirgel in mehreren Beiträgen von *Kunst und schöpferische Persönlichkeit* wieder auf. *Der Platz des Sterns* von Patrick Modiano hingegen dient ihr als exemplarisches Beispiel einer authentischen, ›reifen‹ Schöpfung. Diese Dichotomie von ›falsch‹ und »authentisch« ist durch dieselben Attribute gekennzeichnet wie die Oppositionen von präödipal und ödipal, von pervers und reif. Sie ist Bestandteil des für Chasseguet-Smirgel kennzeichnenden Versuchs, eindeutige Kriterien für Grenzen und die (Aus)Scheidung der bösen Welt aus der guten zu finden.

17 In dieser Studie von 1965 übergeht Chasseguet-Smirgel die Unterscheidung von Penis und Phallus, obgleich nach ihrer Darstellung nur der Penis mit projizierter Aggression verbunden werden kann und dadurch die Qualität der Vollkommenheit verliert. In *Die weiblichen Schuldgefühle* (1964d) hatte sie sich noch an Grunbergers Unterscheidung von Penis und Phallus gehalten. In späteren Arbeiten unterscheidet sie dagegen ausschließlich zwischen befruchtendem Penis des Vaters, der das Kennzeichen des reifen Ödipus ist, und analem Phallus der Mutter bzw. dem durch die Mutter analisierten Penis des Vaters, der dadurch ebenfalls zum analen Phallus wird und die beide der archaischen Matrix zugehören.

archaischen Matrix ubiquitär werden. Zwar können sie auch dort noch eine sekundäre Verstärkung erfahren durch besonders schwerwiegende Frustrationen. Dann wird die Möglichkeit, überhaupt noch ein »gutes« Objekt zu finden, bereits sehr erschwert sein, da letzteres der unbewußte Erbe der frühesten positiven Erfahrungen zu sein hätte, die das Kind mit der noch nicht zum Objekt gewordenen guten Mutter gemacht hatte. Wo solche Erfahrungen fehlen, legt Chasseguet-Smirgels späteres Erklärungsmodell die Schlußfolgerung nahe, daß ein »gutes« zweites Objekt nicht vorgestellt werden kann, da es nichts an positiven Erfahrungen zu vererben gibt – es sei denn jene des intra-uterinen Daseins, die Grunberger zufolge die einzig wirklichen Erfahrungen von Glückseligkeit bedeuten. Die Frauenfeindlichkeit des Paranoiden erklärt sich für Chasseguet-Smirgel jedoch nicht primär aus den Enttäuschungen an der Mutter, sondern aus der Konkurrenz ihr gegenüber in der Beziehung zum Vater, also aus der homosexuellen Position. Wo diese abgewehrt wird und latent bleibt, werde auch die aus ihr resultierende Eifersucht projektiv abgewehrt und auf andere Männer übertragen. Strindbergs krankhafte Eifersucht in seinen verschiedenen daran gescheiterten Ehen ist für Chasseguet-Smirgel die Folge seiner abgewehrten homosexuellen Wünsche an den Vater und der damit verbundenen Eifersucht auf die Mutter.

4.2 Die »wahre« Schöpfung und »das Falsche«

Die Auffassung, daß es eine kreative Schöpfung gebe, der die perverse Produktion des Falschen gegenüberstehe, hat Chasseguet-Smirgel schon vor dem Erscheinen von *Kreativität und Perversion* 1984 beschäftigt. Die Frage nach den Bedingungen dieser beiden Erscheinungsweisen des künstlerischen und ästhetischen Schaffens liegt auch allen Beiträgen von *Kunst und schöpferische Persönlichkeit*[18] zugrunde, auf die sich die folgenden Ausführungen beziehen. Alle Beiträge in diesem Buch kreisen um das für Chasseguet-Smirgel damals zentrale Thema der schöpferischen Tätigkeit und ihrer Motive bzw. die psychischen Funktionen und unbewuß-

18 Paris, 1971. Dt. 1988. Neben theoretischen Überlegungen über die gesellschaftliche und psychische Bedeutung (in der Einleitung bzw. in Kap. 3) der schöpferischen Akte beziehen sich die meisten Beiträge auf Autoren oder Regisseure und ihre Werke. Die Strindberg-Studie ist das 4. Kapitel dieser Sammlung. Entstanden sind alle Beiträge in den sechziger Jahren mit Ausnahme der 1971 verfaßten Einleitung und dem in der deutschen Ausgabe hinzugefügten letzten Kapitel über *Schöpfertum und Rahmen*.

ten Dynamiken, die mit der Herstellungen des (Nicht-)Authentischen verbunden sind.

In ihrem frühesten Beitrag[19] wendet sie sich dem damals sehr aktuellen Film *Letztes Jahr in Marienbad* von Alain Resnais zu, dem ein Drehbuch von Alain Robbe-Grillet zugrunde lag. Abgesehen von ihrem persönlichen Gefallen gerade an diesem Film (vgl. 1988c, 86) das sie motivierte, ihn als Beispiel auszuwählen, gibt es für Chasseguet-Smirgel keine besonderen Kriterien oder Begrenzungen, die irgend einen Film, ein Kunstwerk oder Artefakt besonders geeignet oder ungeeignet machten für die Anwendung der psychoanalytischen Interpretationsmethode. Denn alle menschlichen Schöpfungen und Äußerungsformen sind für sie primär bewußte oder unbewußte Manifestationen der menschlichen Psyche. Und die Psychoanalyse habe darum nicht nur die Erlaubnis, sondern geradezu die Verpflichtung, sich für diese ebenso zu interessieren wie für die menschlichen Störungen und Leiden. Wer das menschliche Unbewußte erforschen wolle, müsse sich jeder seiner Ausdrucksformen annehmen. Allerdings sei das Medium Film, wie sie in ihrer späteren *Unterhaltung über das Kino*[20] äußert, dafür in besonderem Maße geeignet, da es infolge seiner Bildhaftigkeit dem unbewußten Primärprozeß und dessen wichtigster Erscheinungsform, dem Traum, in besonderer Weise nahe komme. In ihm ließen sich mehr als in anderen Kunstformen die psychischen Mechanismen des primärprozeßhaften Denkens – Verschiebung, Verdichtung, Verkehrung ins Gegenteil und die Nivellierung von Zeit und Raum mit den daraus erwachsenden phantastischen Möglichkeiten der Irrealität und Täuschung – darstellen und beobachten. Gleichzeitig ist nach ihrer Auffassung jedes Schauspiel, an dem die ZuschauerInnen als Dritte teilhaben können, ein voyeuristischer Akt und als solcher verbunden mit einem elementaren, verdrängten Wunsch der frühen Kindheit: der Beobachtung der elterlichen Urszene. Und auf dieses unbewußte Verlangen scheint ihr das Kino mit der unbewußten Realisierung der Rahmenbedingungen

19 *Letztes Jahr in Marienbad. Für eine psychoanalytische Forschungsmethode im Bereich der Kunst.* In einer längeren Anmerkung (vgl. 1988c, 80, Anm. 1) teilt Chasseguet-Smirgel mit, daß dieser Beitrag direkt nach Vorführung des Films in den Pariser Kinos entstand, also 1961 (vgl. Gregor/ Patalas (1965, 271). 1962 war er Gegenstand eines Vortrags, aus dem Teile in einer Sammlung mit dem Titel *Unterhaltungen über das Kino* 1967 bei Ed. Mouton veröffentlicht wurden.

20 *Unterhaltung über das Kino* (1969) in: CS 1988c, 82–87) Die Art der Fragen wie auch die Schlußbemerkung »Gedanken, zusammengestellt am ...« legt die Vermutung nahe, daß es sich um ein fiktives Interview bzw. um eine Art Selbstgespräch handelt.

für diesen Akt zu antworten. Die Zuschauer werden in Dunkelheit gehüllt und schauen wie hinter einen Vorhang auf die erhellte Leinwand, sind (wie) Eindringlinge im verdunkelten elterlichen Schlafzimmer und würden durch das Eintauchen in das Bild selbst zu Teilnehmenden an den cinematographischen Ereignissen, die Chasseguet-Smirgel zufolge unabhängig vom Inhalt Repräsentanten dieser Urszene sind.

Anhand von Resnais' Film diskutiert sie eingehender ihre theoretischen Überlegungen zur Möglichkeit der psychoanalytischen Interpretation von Kunstwerken. Es ist ihre Absicht, zu zeigen, daß eine Deutung im psychoanalytischen Sinne ohne Kenntnis der biographischen Lebensumstände des Regisseurs oder des Autors (hier: Alain Robbe-Grillet) möglich ist, indem die Interpretation sich ausschließlich auf die Analyse der Objektbeziehungen der Protagonisten sowie der symbolischen, stilistischen und interaktiven Ausdrucksweisen bezieht. Möglich scheint dies unter der Voraussetzung der Existenz unbewußter symbolischer Bedeutungen, die universell gültig sind. Von der biographischen Methode, wie Marie Bonaparte sie in ihrer Auseinandersetzung mit Edgar Allan Poe verwandte, grenzt sich Chasseguet-Smirgel in ihrem Verständnis der psychoanalytischen Deutung von Kunstwerken entschieden ab.

Denn das Kunstwerk könne in seinem unbewußten Gehalt immanent erschlossen werden aufgrund »eine(r) gewisse(n) Gleichförmigkeit unbewußter Inhalte« (1988c, 59). Daher liegt es für Chasseguet-Smirgel nahe, bestimmte Elemente im Werk Edgar Allan Poes mit ihren Ausführungen über persekutorische anale Introjektion in Verbindung zu bringen, die auf »authentische(n) klinische(n) Fällen« (ebd., 57) beruhen.

Dabei, so läßt sich feststellen, kehrt Chasseguet-Smirgel das Prinzip der biographischen Methode gewissermaßen um: nicht das Lebensschicksal des Autors oder Regisseurs erklärt die Charaktere und Verhaltensweisen seiner Protagonisten, sondern deren Schicksale beschreiben in der Summe die ihres Autors.[21]

---

21 Die männliche Sprachform hat hier volle Berechtigung, da Chasseguet-Smirgel in keiner ihrer Untersuchungen auf Künstlerinnen und deren Kreationen eingeht. Dies hat meines Erachtens nichts mit zufälligen geschmacklichen Vorlieben zu tun, wie es die Unterhaltungen über das Kino in bezug auf Resnais' Film nahelegen. Vielmehr hängt dies mit theoretischen Grundannahmen und dem Interesse, diese vorzustellen, zusammen: der Annahme einer notwendigen inneren Verknüpfung von (vorwiegend männlicher) Perversion und inauthentischer Schöpfung.

Dies zeigt sich wiederum mit besonderer Deutlichkeit in ihrer drei Jahre nach *Letztes Jahr in Marienbad* entstandenen Strindberg-Studie. Mehrere Figuren im Werk Strindbergs hält Chasseguet-Smirgel für Doppelgänger des Autors – so den Oberst in der *Gespenstersonate* oder den Fremden in *Die Brandstätte* – und interpretiert aus den literarischen Fiktionen ihres ›Erlebens‹ unmittelbar die unbewußten psychischen Ängste und Konflikte August Strindbergs. Das Biographische ist damit nicht aus dem Text verschwunden, aber es ist nicht (mehr) Signifikat, wie in der biographischen Methode, sondern Signifikant. Die Dichte einer kausalen Bezogenheit aber bleibt bestehen. Bei ihrer Deutung von Texten und Passagen dienen Chasseguet-Smirgel autobiographische Aussagen oder biographisches Wissen darum regelmäßig als Bestätigungen der psychoanalytischen Interpretation, die sich, wie die Strindberg-Studie am deutlichsten zeigt, jedoch nicht auf die Charaktere der Protagonisten beschränkt, sondern eben zur Psychoanalyse des Autors wird.[22] Bei Strindberg wie bei Poe und anderen Kunstinterpretationen scheint es, daß Chasseguet-Smirgel sie nicht als Werke mit einer gewissen Selbständigkeit wahrnimmt, in welche autobiographische Elemente mit einfließen. Eine Trennung von Biographie und Kunstwerk besteht demnach für Chasseguet-Smirgel nur auf der bewußten Erscheinungsebene, nicht jedoch im Unbewußten. Eine Berechtigung für die Ausweitung der psychoanalytischen Interpretationsmethode scheint für sie darin zu liegen, daß der künstlerische Text unmittelbar das im analytischen Setting zu deutende Traum-Material zu ersetzen vermöge. Darüber hinaus ist es aber nicht mehr nötig, im Sinne der biographischen Methode Marie Bonapartes das Werk biographisch zu entschlüsseln, also eine Beziehung zwischen Biographie und Werk interpretierend herzustellen. Vielmehr behandelt Chasseguet-Smirgel das Werk so, als handle es sich dabei um eine vom Künstler nicht als solche deklarierte Autobiographie.

Der Film *Letztes Jahr in Marienbad* ist Chasseguet-Smirgel zufolge als ein Text zu verstehen, der die labyrinthisch begrenzte und zugleich grenzenlose Welt eines Helden beschreibt, für den die Kategorien von Raum und Zeit, von Chronologie und Kausalität, von Grenze, Maß und Bestimmtheit keine Gültigkeit haben. X, einer der beiden rivalisierenden Protagonisten, lebe in einer narzißtischen Ver-

---

22 Dies gilt ebenso für Patrick Modiano, dessen Roman *La place de l'Etoile* von Chasseguet-Smirgel gedeutet wird als Prozeß der Integration des väterlichen Penis, der ihm erlaube, die Vielfalt analer Bedrohungen zu strukturieren und zu bewältigen (s.u.).

schmelzung mit der Welt und in der Grenzenlosigkeit seiner Omnipotenzgefühle, jedoch ohne die Möglichkeit, zwischen Vergangenheit und Gegenwart, Realität und Traum, innen und außen zu unterscheiden. Denn er habe sich nicht mit dem Vater und seinem Penis identifizieren können und damit fehle ihm jene unabdingbare Voraussetzung, um die damit verbundenen väterlichen Attribute zu erwerben. Die Lücke im Ich, der fehlende väterliche Penis, werde kompensiert durch die Überladenheit mit barocken Zutaten. Die barocke Atmosphäre sei aber zugleich ein Versuch, die mangelhafte Objektbesetzung durch Schnörkel und Zierat zu vervollständigen. Denn es gehe hier um das Scheitern von »Objektbeziehungen«, die mangels Integration der sadistischen Komponente nicht realisiert werden konnten. Wo Schuldgefühle die Aneignung des väterlichen Penis verhinderten, könne es nicht zur Auflösung der verschmolzenen All-Einheit mit der Mutter kommen, die sich in kosmisch-grenzenlosem Selbsterleben vermittle.[23] Ohne diese Aneignung könne X jedoch das begehrte Objekt ebensowenig erlangen wie die Vollständigkeit seines Selbst. Die barocke Ornamentik, die die labyrinthische (Innen)Welt von X ausschmückt, verrate bereits die Ersatzfunktion des Nicht-Authentischen, der falschen Welt des Glanzes, die nach Chasseguet-Smirgels Vorstellung das perverse Universum erfüllt. Die falschen Objekte, die das wahre Objekt, den Penis des Vaters, im Ich ersetzen und sein Fehlen trügerisch verbergen sollen, verraten sich durch ihre Künstlichkeit. In M, dem Rivalen und Gegenspieler von X, werde auch die Gegenposition zum narzißtisch-verschmolzenen Ich ersichtlich und mit ihr die tatsächliche Funktion des Sadismus, denn erst dieser gestatte »eine objektgerichtete Handlung, das Ergreifen und Beherrschen des Objekts« (ebd.,73). Dies manifestiere sich in der Tatsache, daß M immer gewinnt: »Das heißt,« so Chasseguet-Smirgel, »seine Macht ist authentisch ...« (ebd., 64), sie verdanke sich keiner Taschenspielerkunst.

Auffallend an dieser Darstellung ist nicht nur, *daß* Chasseguet-Smirgel sich hier auf die Objektbeziehungstheorie bezieht, sondern noch mehr, *wie* sie dies tut. Sie verweist auf »eine bedeutende psychoanalytische Strömung«, die dazu neige, »das den unbewußten Inhalten, dem Es und dem historischen Material geltende Inter-

23 In ihrem zwei Jahre später erschienenen Beitrag über *Die weiblichen Schuldgefühle* (1964) thematisiert Chasseguet-Smirgel diese Schuldgefühle als verbreitetes – um nicht zu sagen universelles – Merkmal der weiblichen psychosexuellen Entwicklung (s. Kap. I/1.2). In *Ein besonderer Fall* (1984b) hat sie diese Schuldgefühle beim Mann dann als Ursache einer neurotischen Hemmung beschrieben.

esse zugunsten der Erforschung des Ichs und der Objektbeziehungen des Subjekts zu verlagern« (ebd., 60). Sie betont im unmittelbaren Anschluß daran, daß es nicht darum gehe, ganz auf die unbewußten Inhalte und die subjektive Geschichte zu verzichten, sondern diese in eine Untersuchung der Objektbeziehung zu integrieren – und fährt fort: »Ich präzisiere im folgenden den Begriff »Objektbeziehung«: Es handelt sich um den spezifischen, globalen Charakter der Neigung, die ein Subjekt für eines seiner Objekte (Liebes- oder Haßobjekte) entfaltet« (ebd., 61). Mit dieser Definition von Objektbeziehung stellt sie sich nicht näher bezeichneten Entwicklungen und dem von ihnen »verkürzten Sinn entgegen, den *man manchmal* diesem psychoanalytischen Konzept gibt« (ebd.; Hervorh. A.M.) Es scheint sich dabei um jene gemeinten Verkürzungen zu handeln, wenn sie unmittelbar anschließend weiter ausführt: »Entweder bezeichnet *man* damit einen Reifegrad (orale, anale oder genitale Objektbeziehung) … oder die Beziehungsart eines Subjekts auf dem Hintergrund eines nosologischen Systems (hysterische, psychotische, allergische Objektbeziehung). In der Psychoanalyse ebenso wie in der Psychiatrie spricht *man* auch von hysterischen, psychotischen etc. Strukturen.« Es handele sich dabei aber immer nur um die Anordnung von Elementen und damit um eine Struktur, die in sich statisch sei, während die Objektbeziehung nach ihrer Auffassung dynamisch ist, da sie »die Entfaltung dieser selben Elemente in Beziehung zum Objekt umfaßt« (ebd.).[24] Des Pudels Kern zeigt sich erst im folgenden Abschnitt, wo Chasseguet-Smirgel die Perspektive eröffnet, »den Rahmen der unspezifischen Instinktinhalte« zu verlassen, »um uns mit den individualisierten Beziehungen zu befassen, die man als persönlichen »Lebensstil« beschreiben kann« (ebd.). Die Verbindung zur Interpretation von Kunstwerken besteht darin, daß auch dort Stile und Formen zu finden sind. Ihre Analyse gibt nach ihrer Auffassung die nötige Auskunft über die »Elemente« (Psychosexualität, Nosologie, Struktur) der kunstschaffenden Subjekte, eine Untersuchung, die nach ihrer Auffassung auf dem Begriff der Objektbeziehung basiert (vgl. ebd.) – und zugleich davon befreien würde, sich unmittelbar mit den »unspezifischen Instinktinhalten« befassen zu müssen!

Ihre Betonung des Umstandes, daß die Struktur statisch, die Objektbeziehung aber dynamisch sei, deutet bereits auf ihre Vorstellung von einer Entwicklungs-

---

24 Ihre Ideen hierzu verdankt sie wiederum Lacans viertem Seminar von 1956/57 über Objektbeziehungen, die er in Auseinandersetzung mit Marcel Mauss und Lévi Mauss auf ihre Strukturen hin untersuchte und die für ihn stets durch den Mangel charakterisiert waren.

gesetzmäßigkeit, welche für die psychische Reifung funktional und darum quasi »angeboren« sei. Diese Idee, deren früher Formulierung wir hier begegnen, bezeichnet Chasseguet-Smirgel später als die archaischen Matrix des Ödipuskomplexes. Die Art der Objektbeziehungen und die Art ihrer Veränderung ist für Chasseguet-Smirgel fester Bestandteil dieses Entwicklungsprogramms. Dies ist es, was den dynamischen Charakter der Objektbeziehungen innerhalb einer statischen Struktur ausmacht und die unbewußten Inhalte, die Objektimagines, bestimmt. Aus der Begrenztheit und Bestimmtheit der Ding-Objekte im Kunstwerk ist für Chasseguet-Smirgel unmittelbar die Reife der schöpferischen Persönlichkeit ablesbar, die sich bedingt aus der Fähigkeit der Abgrenzung zu den libidinösen Objekten. Jede Darstellung von unscharfen, verschmolzenen Objekten ohne klare Konturen hingegen verrät ihr einen mehr oder weniger großen Grad der Verschmolzenheit mit dem Primärobjekt Mutter, das nicht zum abgegrenzten Objekt geworden sei.

Aus dieser Auffassung ergeben sich einige Paradoxien:
a: Der Begriff der Objektbeziehung wird ausgedehnt auf die Beziehung zu Sachobjekten, die nach Chasseguet-Smirgel die libidinösen Objekte repräsentieren – und beinhaltet damit eine Verschmelzung von psychischen Objekten und Sachen. Und diese ›Symbiose‹ spiegelt sich in der – ihrem Anspruch auf Präzision keineswegs entsprechenden – Definition der Objektbeziehung wider, von der sie sagt, es handele sich dabei um den »spezifischen« – und gleichzeitig – »globalen Charakter der Neigung, die ein Subjekt für eines seiner Objekte entfaltet. (ebd., 61).

b: Aus der in dieser Weise begründeten Identität von Form und Inhalt zieht sie den – in der Strindberg-Studie dann umgesetzten – Schluß, die Untersuchung des Stils der Objektbeziehungen glücke eher durch eine Analyse des Kunstwerks, »dem subjektiven und unmittelbaren Ausdruck des Unbewußten, als auf dem Weg über vermittelte und objektive biographische Daten« (ebd., 62). Bekanntlich war es Lacan, der diesen Wunschgedanken der Surrealisten, das Kunstwerk zur unmittelbaren Äußerungsform des Unbewußten zu machen, aufgriff und als einen elementaren Anspruch in seine psychoanalytische Theorie integrierte. So fragt sich hier, ob die Abgrenzungsversuche und Unklarheiten dieser Überlegungen Chasseguet-Smirgels auch daher rühren, daß sie sich auf mehrere psychoanalytische Entwicklungen bezieht, bei welchen sie sich in Gefahr wähnte, mit Freuds triebtheoretischem Ansatz in Konflikt zu geraten. Nichts ist ihr, wie ich an späteren Ausführungen zeigen werde, bedrohlicher und verpönter als Dissidententum (vgl. I/4.5).

c: Schließlich aber lag dem von den Surrealisten gehegten und von Lacan theoretisch unterstützten Wunsch, in der Kunst das Unbewußte ganz unmittelbar und unverschleiert zum Ausdruck bringen zu können, eine Auffassung des Unbewußten zugrunde, die sich an Freuds Vorstellung desselben als einem überwiegend primärprozeßhaften Geschehen anlehnte. Für Chasseguet-Smirgel aber drückt sich in der Dominanz primärproßhafter Phantasien die Pathologie einer nicht-strukturierten, nicht abgegrenzten, sondern in der primärprozeßhaften Verschmelzung verfangenen Pseudo-Subjektivität aus. Denn: das Authentische ist für sie das Abgegrenzte und Selbständige, das frei ist von Vermischungen. Es wird definiert durch Grenzen, durch diese bestimmt gegen das Nicht-Identische, und ist begrifflich bezeichnet. Im Primärprozeß, dem diese Merkmale fehlen, kann es nach Chasseguet-Smirgels Auffassung kein Authentisches geben, sondern nur diffus-verschwommene Verschmolzenheit und Amalgamierung; daß der Primärprozeß auch Quelle schöpferischer Phantasien ist, räumt sie erst viel später ein.

Der Surrealismus als Kunststil fällt somit für sie insgesamt unter das Verdikt der Perversion, d.h., die Entidentifikation oder Verleugnung der Werte des Vaters, die sich besonders deutlich für sie ausdrückt in Dalís zerfließenden Uhren als Sinnbild der Negierung aller Dimensionen von Raum und Zeit. In Chasseguet-Smirgels Auffassung über den Kunststil als Ausdruck psychischer Strukturentwicklungen steht der Rekurs auf die Objektbeziehungstheorie für die Forderung nach der Repräsentation abgegrenzter Dingobjekte, die in ihrer Gestaltung die libidinösen Objekte repräsentieren.

Die ausführlichere Interpretation der Überlegungen Chasseguet-Smirgels zum Verhältnis von Objektbeziehung und Kunstwerk schien mir an dieser Stelle und in der Nähe zum Quellentext sinnvoll, weil sie die Voraussetzungen ihres Umgangs mit dem Werk Strindbergs ebenso nachträglich erläutert wie auch ihre übrigen literarischen und künstlerischen Interpretationen erklärt.

Die Folgen einer nicht gelungenen oder unvollendeten Integration der analsadistischen Selbstanteile greift Chasseguet-Smirgel in den zeitlich sich anschließenden *Überlegungen zum Konzept der »Wiederherstellung«*[25] erneut auf. Hier betrachtet sie sie nun mehr als ein psychodynamisches Merkmal in der schöpferischen Persönlichkeit. Mit ihrem kreativen Tun versuche jene den Akt der

25 *Überlegungen zum Konzept der »Wiederherstellung« und die Hierarchie der schöpferischen Akte* (1963/65) in: 1988c, 88–104.

narzißtischen Vervollständigung nachzuholen. Angesichts der negativen oder gar katastrophalen Konsequenzen, die Chasseguet-Smirgel bei fehlender Integration des analen Sadismus und – als Folge davon – des väterlichen Penis annimmt, erstaunt es zunächst, daß sie eben diesen Mangel für den gemeinsamen strukturellen Kern schöpferischer Persönlichkeiten hält. Nach ihrer Auffassung liegt der gemeinsame psychogenetische Faktor in einer frühen Störung der Mutter-Kind-Beziehung, in welcher die Mutter den Säugling wie ein fäkalisches Teilobjekt ihrer selbst kontrolliert und manipuliert habe, statt ihm narzißtische Befriedigung durch versorgend-gewährende Zuwendung zu geben. Diese Kinder mußten aufgrund der frühen traumatischen Übererregungen zu einer Zeit bereits Kontrolle und Beherrschung erlernen, die aufgrund ihrer Frühreife [i. S. von früher Unreife] nur unvollständig habe gelingen können. Der so massiv von außen kontrollierte Säugling versuche zwar seinerseits, das Objekt zu kontrollieren, wage es aber nicht, hierfür seinen analen Penis einzusetzen. Daher könne er sich nicht mittels der (analsadistischen) Introjektion seines Objektes bemächtigen. Stattdessen versuche er sich selbst mit Hilfe seiner kreativen Schöpfungsakte zu erschaffen oder zu vervollkommnen. Dies geschieht nach Chasseguet-Smirgel dadurch, daß der Künstler im schöpferischen Akt die Aneignung des väterlichen Penis nachholt. Er müsse darum in diesem Akt seine Schuldgefühle, das Objekt zu beschädigen, überwinden.

Damit gelangt Chasseguet-Smirgel zu einer anderen Auffassung über die Bedeutung schöpferischer Akte als Melanie Klein. Diese war davon ausgegangen, daß dieselben der Wiedergutmachung am Objekt dienten, das in der depressiven Phase als ganzes Objekt erkannt werden könne und damit als eines, daß durch die eigenen Haßgefühle beschädigt wurde. Nach Auffassung von Chasseguet-Smirgel sind stattdessen zwei entgegengesetzte Intentionen möglich: entweder die Wiederherstellung des Objekts oder die des Selbst. Während die psychoanalytische Diskussion überwiegend betont, daß Selbst- und Objektintegration als psychische Entwicklungsvorgänge parallel erfolgen, polarisiert sich nach Auffassung von Chasseguet-Smirgel dieser psychodynamische Vorgang als ein unbewußtes »Entweder – Oder«. Diese unbewußte Vorstellung impliziert für sie, daß es nur *ein* vollständiges Wesen geben könne, das den Phallus besitzt: *entweder* das Selbst *oder* aber das Objekt. Sich selbst vervollständigen bedeute daher mit unvermeidlicher Notwendigkeit, das Objekt zu beschädigen, während die Wiederherstellung des Objektes bedeute, die eigene Kastration zu akzeptieren.

Dem (aus ihrer Sicht) ›Perversen‹ wirft Chasseguet-Smirgel vor, sich nicht durch Introjektion des väterlichen Penis, sondern autonom erzeugen und damit an die Stelle des Vaters setzen zu wollen. Nicht in der Intention der Selbstschöpfung liegt demnach die Differenz zwischen Selbstvervollkommnung und Pseudoselbst, zwischen authentischer und Authentizität vortäuschender Schöpfung. Vielmehr muß die Differenz, die Chasseguet-Smirgel unterstellt, in der *Art* der Selbstschöpfung gesucht werden: in den Mitteln, derer das Subjekt sich bedient. Während die falsche Schöpfung für sie dadurch gekennzeichnet ist, daß sie den Vater verleugne und daher eine Schöpfung ex nihilo sei, besteht der wahrhaft schöpferische Akt für sie darin, daß das Subjekt den Vater zum Vorbild nehme und gerade aus dieser Identifikation mit ihm den Wunsch entwickele, sich seinen Penis in der psychischen Introjektion anzueignen. Dafür müsse dieses Subjekt – und das gilt nach ihrer Auffassung sowohl für das männliche wie für das weibliche – die Furcht vor der Beschädigung des geliebten und verehrten oder begehrten Objektes überwinden. Zunächst, so ihre Annahme, geschehe dies in Form einer sublimierten Triebentladung, der eine Integration der analen Triebanteile folge. Der ästhetische Wert einer künstlerischen Schöpfung sei bestimmt durch diese psychodynamische Funktion in der Triebökonomie des Künstlers. Ihre Absicht, »eine Analyse der unbewußten Inhalte [des Kunstwerks; A.M.] in eine solche des Stils und der Form zu integrieren« (1988c, 61), findet in diesen Annahmen ihre methodische Voraussetzung.[26] Vergessen scheint dabei Freuds erhellende Einsicht, daß jede Identifikation auch einen Versuch beinhaltet, das Objekt derselben überflüssig zu machen, indem das Subjekt an dessen Stelle tritt. Die implizit mit dieser Ersetzung des Objekts verbundene unbewußte Tötungsphantasie geht weit über die bloße Beschädigung (Kastration) desselben hinaus.[27]

---

26 Später (1987a) vertritt Chasseguet-Smirgel die Auffassung, das Beispiel Strindberg zeige, »daß eine nicht vollzogene väterliche Identifizierung den Zugang zum Sublimierungsprozeß nicht verschließen kann …« (ebd., 125). Dafür bedürfe es jedoch bestimmter Umstände, die ein leicht störbares Gleichgewicht implizierten. In Strindbergs Fall seien dies seine verschiedenen Ehen gewesen, die ihn gegen seine Homosexualität geschützt und ihm doch eine indirekte Befriedigung seiner homosexuellen Wünsche durch Identifikation mit der Partnerin erlaubt hätten – eine Befriedigungsform übrigens, die als sehr weit verbreitete und m.E. normale Form der Bewältigung homosexueller Triebanteile angesehen werden kann.

27 Auf diesen wichtigen Zusammenhang bei Freud hat v.a. Becker-Schmidt mehrfach hingewiesen (vgl. z.B. 1995, 227).

Das verbindende Element dieser beiden Anfang der sechziger Jahre entstandenen Aufsätze liegt in der Frage nach dem Schicksal und der psychischen Funktion der sadistisch-analen Triebanteile und ihrer Integration beziehungsweise den Folgen, die das Mißlingen dieser Integration aufgrund von Schuldgefühlen hat. Ihr Unterschied besteht in den verschiedenen Lösungsstrategien, die sie aufzeigen: in der ›erfolgreichen‹ Konfliktlösung, die für Chasseguet-Smirgel im kreativ-schöpferischen Handeln liegt, einerseits gegenüber der ›pathologischen‹ Verarbeitung auf der anderen Seite. Letztere beinhaltet für sie wiederum zwei verschiedene Möglichkeiten: entweder eine neurotisch-fixierte Abwehr und Gegenbesetzung der analen Aneignung mit der Konsequenz der Unterwerfung – die von den Töchtern bevorzugte Lösung[28] – oder aber die passiv-regressive Verschmelzung mit der mütterlichen Welt und die perverse Produktion von »falschen Kreationen« – dies sei die bevorzugte männliche Variante (vgl. hierzu auch Kap. I/4.5). Im kreativen Akt werden demnach mittels der Sublimierung die in der analen Phase versäumten Integrationen nachgeholt, die dann auch die ödipale Konfliktlösung, die Aneignung qua Identifikation ermöglichten. Dabei bleibt der Begriff der Sublimierung für Chasseguet-Smirgel ein unfaßbar-schillernder, der sich dem psychoanalytischen Verstehen entziehe. Was daran jedoch erfaßt werden könne, sei die Desexualisierung der Triebe.

Die Indienststellung der Sublimation für die nachträgliche Integration und psychische Strukturierung des Subjekts ist nach Chasseguet-Smirgel Folge jenes gemeinsamen frühkindlichen Schicksals, das die schöpferischen Persönlichkeiten teilten und welches ihr Körpererleben bis zur Depersonalisation verzerre: die Notwendigkeit, schon früh die Kontrolle über das schlechte Objekt zu erlangen.

In *Zur »aktiven Technik« Ferenczis*[29] von 1967 wird diese Schlußfolgerung bestärkt. Das intuitive Verständnis für die so schwer faßbare Sublimierungstätigkeit begründet Chasseguet-Smirgel hier nun damit, daß die psychoanalytische Tätigkeit dem künstlerisch-kreativen Schaffen nahe verwandt sei, ihr eigentlich – in

28 Vgl. *Die weiblichen Schuldgefühle* (1964) in: 1974a.

29 *Zur »aktiven Technik« Ferenczis. Beitrag zur Erforschung des Sublimierungsprozesses in der Arbeit des Analytikers* (1967) in: 1988c, 159–170. In seinem 1973 verfaßten Beitrag *Von der »aktiven Technik« zur »Sprachverwirrung«. Zu Ferenczis Abweichung* erwähnt Grunberger seine Mitarbeit an diesem Beitrag (wie auch an weiteren) Chasseguet-Smirgels. Vgl. in ders. 1988b/1, 94.

der Kreativität des intuitiven Verstehens und der Deutung – sogar entspreche.[30] Im Schritt hin zur aktiven Technik, die eine Veränderung des psychoanalytischen Settings bedeute, sieht Chasseguet-Smirgel einen kreativen Beitrag Sandor Ferenczis, dessen Werk sie als »eines der fesselndsten, das die Psychoanalyse inspiriert hat« (1988c, 160) bezeichnet. Ihr Interesse gilt hier vor allem jedoch jener Motivation, »die zur Verwendung der ›manisch-depressiven‹ Mechanismen« (ebd.) führe. Diesen Mechanismus bringt sie in Verbindung mit der Bewältigung eines Defektes, der zunächst auf der Ebene der Objektbeziehungen zu liegen scheint und dort auf Wiederherstellung dränge, im Kern aber ein narzißtischer sei: die Kastration.

»Ganz allgemein scheinen die großen menschlichen Bemühungen im Bereich der ästhetischen Schöpfung und wissenschaftlichen Entdeckungen von dem Wunsch getragen zu sein, das Peinliche, Schwierige, Häßliche, Schlechte, Unharmonische, Schadhafte zu überwinden, die Mängel auszufüllen, die Wunden zu vernarben, die Öffnungen zu schließen, die Risse zu schweißen. Diese Prozesse sind aus psychoanalytischer Sicht als Suche nach Vollkommenheit durch Beherrschung der schlechten Objekte und Auslöschen der Kastration zu begreifen.« (ebd.,161)

Die Mängel zu beheben, die Lücken zu schließen, die Kastration aufzuheben: dies sei das Ziel jeder Kreation (der echten, aber auch der falschen, wie sich später zeigen wird). Wo dies schöpferisch gelinge, träten Gefühle von Befriedigung, Freude und Spannung auf, die sich bis zu Allmachtsgefühlen steigern könnten. Sie hätten manische Qualität und entsprängen der Begeisterung darüber, die schlechten Objekte handhaben und beherrschen zu können.

In der ›aktiven Technik‹ Ferenczis manifestierten sich diese schlechten Objekte in den während der Analyse auftretenden passagèren Symptomen der PatientInnen, die er nun, anstatt sie als Störungen zu bekämpfen, in den analytischen Prozeß

---

30 Daß der analytisch-therapeutische Prozeß sehr viel an Phantasie, Gestaltung, Einfühlung, Humor und spielerischen Elementen beinhalten kann, steht außer Frage. Wenn dabei mitgedacht wird, daß diese Kreation eine sehr intensiv interaktive ist, an der zwei oder mehr Menschen beteiligt sind, so würde dies der Tatsache Rechnung tragen, daß lebendige, d.h. wachstums- und entfaltungsfördernde zwischenmenschliche Beziehungen sehr wesentlich wechselseitig kreative Vorgänge sind. Wird die Kreativität des analytischen Prozesses jedoch – analog dem Schaffensprozeß des Künstlers – als ein einseitig kreativer Akt des Therapeuten bzw. der Therapeutin begriffen, so erweckt dies den Anschein, als beanspruche sie für sich, den Heilungprozeß und damit den »neuen Menschen«, den der Patient darstellt, aus sich heraus kreiert zu haben. Dies käme einer prometheischen Allmachtsphantasie gleich.

einbezogen habe. Daß Ferenczi dabei die Kontrolle des (frühen) Objektes nun in einer vollständigen Kontrolle der Symptome reaktiviert und damit den manipulativen Eingriff in die Übertragungen übersehen habe, schreibt sie einerseits seinem mangelnden Vertrauen in die Fähigkeit, die schlechten Objekte zu beherrschen, zu, andererseits dem manischen ›Mechanismus‹, der zur Ausblendung der Realität und der Nichtakzeptanz von Barrieren führe: »Die Grenzen von Realitäts- und Lustprinzip werden so leicht übertreten« (ebd.,167).

Spätere Empfehlungen von Güte und Menschlichkeit im therapeutischen Prozeß führt Chasseguet-Smirgel auf Schuldgefühle zurück, die Ferenczi im nachhinein aufgrund seiner aktiven Technik und ihrer Einwirkungen auf den Patienten empfunden habe. Er ergreife nun die Partei des Patienten gegen den Analytiker und damit stellvertretend die des Kindes gegen die Eltern. Er habe damit den antidepressiven Mechanismus, das heißt den der Wiederherstellung des beschädigten Objektes, in Gang gesetzt. Aber die Wiederherstellung des Objektes, die für Melanie Klein aus der depressiven Phase resultierte und die Integration der libidinösen und aggressiven Strebungen sowie des Über-Ichs begründete, dient nach Auffassung Chasseguet-Smirgels insgeheim stets der narzißtischen Selbstreparation. Damit ist allerdings die frühere Auffassung, daß es für das Subjekt nur ein unbewußtes Entweder-Oder geben könne, nach welchem der Penis entweder nur das Selbst oder das Objekt vervollständigen könne, relativiert. Die Wiederherstellung des Objektes steht hier nicht mehr in völligem Widerspruch und in Konkurrenz zu der des Selbst, sondern wird zu einem Mittel für diesen Zweck. Daraus erklärt sich das damit verbundene manische Gefühl der Beherrschung. Denn das wiederhergestellte und damit »gute Objekt« ist zugleich ein unter Kontrolle gebrachtes und nun beherrschbares »schlechtes Objekt«. Dies erklärt auch, wie man sich mit Chasseguet-Smirgel die narzißtische Selbsterschaffung des Künstlers mittels seines Objektes vorzustellen hat.

Dem Neurotiker scheint dagegen diese Beherrschung nicht zu gelingen und noch weniger dem Perversen: das »böse Objekt« werde entweder neurotisch ausgegrenzt und abgewehrt oder aber durch Identifikation mit diesem versöhnlich gestimmt, wodurch es jedoch immer bedrohlich bleibe und die Herrschaft über das Selbst behalte. Was der Perverse vorzutäuschen versucht, ist Chasseguet-Smirgel zufolge die Vervollkommnung des Selbst, die ihm in Wahrheit nicht gelungen sei.

Objektbeziehungen sind für Chasseguet-Smirgel, soviel läßt sich aus diesen Texten erschließen, nicht Konfliktbeziehungen im klassich psychoanalytischen Verständnis, sondern geprägt von einem Ringen, in welchem es einen Sieger und einen Verlierer gibt im Kampf um die Vollständigkeit. Denn sie bedeutet hier den Kampf um Ressourcen, die nach dieser Theorie im Unbewußten als nur knapp oder einmalig vorhanden geglaubte Güter repräsentiert sind: das ödipale Objekt, der väterliche Penis[31], die narzißtische Vollkommenheit, das begrenzte Quantum Libido.[32]

Diese die Theorie Chasseguet-Smirgels beherrschende Vorstellung eines Mangels an libidinösen und narzißtischen Ressourcen, der für sie ähnlich wie bei Freud nicht nur als unbewußtes Phantasma, sondern als tatsächliche quantitative Begrenzung existiert, macht verständlich, warum diese Theorie ihrerseits von einer unbewußten Dominanz der »schlechten Objekte« geprägt ist. In Konsequenz der Notwendigkeit, physio-psychisch bedingten Mangel zu verwalten, dreht sich die psychische Ökonomie des Unbewußten vorrangig um Aneignungs- und Schuldkonflikte und verdankt ihre Dynamik und Stabilität der Bewältigung und Kompensation von Mangelerfahrungen.

Eine andere Erscheinungsform des Mangels bilden Chasseguet-Smirgel zufolge Prüfungsträume[33] ab: sie thematisierten die Reifungslücken im Ich, die sich durch die fehlenden Integrationen ergäben. Selbst wenn es dem Ich gelungen sei, über diese Lücken hinwegzutäuschen, würden sie vom Über-Ich nicht toleriert, sondern als Makel, als Zeichen der Unvollständigkeit und als Riß im Ichideal empfunden. Im Unbewußten werden diese Reifungslücken Chasseguet-Smirgel zufolge einer Kastration gleichgesetzt und in Träumen symbolisiert durch das Nichtbestehen einer – tatsächlich längst bestandenen – Prüfung. Dabei erscheint

---

31 Grunberger geht davon aus, daß es eine solche Phantasie von der Einmaligkeit des Penis gebe, beschreibt diese jedoch als ein typisches Phänomen der analen Phase: »In diesem Stadium wird der Penis als ein einziger aufgefaßt, und »wenn du ihn nicht hast, dann habe ich ihn«» (Grunberger, 1964, 611).

32 In dieser Vorstellung eines begrenzten Libidoquantums bezieht sich Chasseguet-Smirgel auch auf die Vorstellung Ferenczis, die konstante Abgabe geringer Mengen (libidinöser) Energie zerstöre die genitalen Fähigkeiten, eine Annahme, die bei Chasseguet-Smirgel unwidersprochen bleibt (vgl. ebd.,166).

33 *Einige klinische Anmerkungen über Prüfungsträume* (1967) in 1988c, 171–176.

die Entsprechung von Reifungslücke und Kastration nach diesem Ansatz folgerichtig: sind es doch die nicht integrierten Aspekte des Väterlichen: der Penis und das durch seine Begrenzungen geschaffene »Gesetz des Vaters«, welche diese Reifungslücken verursachen. Die Verwandtschaft der Prüfungsträume mit Angstträumen erklärt sie damit, daß das Scheitern dieser Integrationen durch Ängste verursacht sei: die Angst, mit der Introjektion des väterlichen Teilobjekts Penis das väterliche Objekt zu zerstören. Der Verlust dieses Objekts beschwöre für das Subjekt aber eine noch größere Gefahr herauf: der vernichtenden mütterlichen Imago ausgeliefert zu sein. Denn zur Introjektion des väterlichen Penis sei es notwendig, die eigenen sadistisch-analen Triebkomponenten zu introjizieren, was nach Chasseguet-Smirgel eine Annäherung an diese bedrohliche Mutterimago voraussetzt. Die nicht- bestandenen ›Reifeprüfungen‹ haben somit stets denselben Gegenstand zum Anlaß: eine gescheiterte oder unvollendete ödipale Entwicklung. Eine weitere Barriere für die Integration des väterlichen Penis sei in der männlichen ödipalen Entwicklung die Aktivierung der passiven homosexuellen Triebimpulse, die zur Angstquelle und Ursache paranoider Abwehr würden. Die in Strindbergs *Traumspiel* dargestellte Demaskierung eines Offiziers als Versager, der sich im Traum wieder in die Schulzeit zurückversetzt sieht, belegt Chasseguet-Smirgel zufolge die Beschämungen über die Lücken im eigenen Ich, die aufgrund einer paranoid-aggressiven Abwehrhaltung auf den Vater projiziert würden.

Die Wiederherstellung des Selbst und des Objektes ist das Thema auch des folgenden Textes über *Die Nachtigall des Kaisers von China*[34], der sich auf das gleichnamige Märchen Hans Christian Andersens bezieht. Der Untertitel dieses Beitrags *Psychoanalytischer Versuch über das »Falsche«* deutet die Verbindung zu der Thematik an, die hier erneut im Zentrum steht: die für Chasseguet-Smirgel bestehende Evidenz einer Parallelität von Subjektentwicklung und kreativer Schöpfung. Anhand des Märchenstoffes sowie klinischen Materials von Paranoikern versucht sie, verbindliche Kriterien für die Unterscheidung von »wahrer« und »falscher« Kreativität zu entwickeln. Das Falsche, die nicht-authentische Schöpfung, ist im Märchen Hans-Christian Andersens überzeugend als die künstliche und unbeseelte Imitation des Lebendigen vorgestellt: der Apparat und die Maschine sind der Inbegriff aller Künstlichkeit und Unechtheit.[35] Die Frage, die Chasseguet-Smirgel hier

34 *Die Nachtigall des Kaisers von China. Psychoanalytischer Versuch über das »Falsche«* (1968/69) in 1988c, 177–210.

stellt, ist die nach der Faszination, die das »Falsche« auszulösen und mit der es das Echte, Wahrhaftige zu verdrängen vermag.[36] Voraussetzung für deren Klärung ist allerdings die Definition des »Wahren« und des »Falschen«. Über das Wahre sagt sie, es gehe »in dem Lebendigen auf – in dem Sinne, in dem es immer durch seine natürlichen Ursachen erzeugt wird, die seinem Wesen entsprechen und die es seinerseits nach eben denselben Gesetzen erzeugt« (CS 1988c, 179).

»Das Falsche hingegen liegt außerhalb aller natürlichen Kontiniuität, obgleich es versucht, sich als organisches Glied einer Kette aufzudrängen, ganz als ob es dem Prinzip der *Filiation* folge« (ebd.).

Natürlichkeit und Lebendigkeit bedeuten somit für Chasseguet-Smirgel Zeugung und Abstammung: Filiation – und beschränken sich bei ihr zugleich darauf. Kreative Schöpfung wird nicht nur mit dem natürlichen Schöpfungsprozeß, der biologischen Zeugung, verglichen, nicht nur als deren Symbolisierung verstanden und analogisiert. Vielmehr unterstellt Chasseguet-Smirgel eine Äquivalenz der künstlerischen Schöpfung und der organischen (Er-)Zeugung. Dabei ist nun sie es, die, ohne es zu bemerken, das Prinzip des als-ob favorisiert: »ganz als ob es dem Prinzip der Filiation folge«. Der Filiation folgen heißt für sie auf künstlerischer Ebene: den Traditionen folgen, sich mit den Vor-Vätern identifizieren und sich entsprechend gemäßigt aus der Überlieferung heraus an die Innovation wagen. Selbst in der Kunst erscheinen ihr Revolutionen bedenklich. Die echte Kunst zeichne sich dadurch aus, daß sie nicht nur das Selbst, sondern auch das Objekt, den Vater, vervollständige, indem sie mit der Aneignung des väterlichen Penis auch ausdrücke, daß es diesen und seine Qualitäten gibt. Die Differenz zwischen ›wahrer‹ und ›falscher‹ Schöpfung bzw. ihre eindeutige Unterscheidbarkeit

---

35 Bei ihren Untersuchungen zur Sublimierung im schöpferischen Prozeß (im 5. Kapitel von *Das Ichideal*) greift Chasseguet-Smirgel viele der hier bereits dargestellten Überlegungen erneut auf. Dort betont sie jedoch, daß die Herstellung eines funktionierenden Apparates einem schöpferischen Prozeß sehr wohl gleichkomme im Gegensatz zur reinen Bewunderung der Funktionen des Apparates (vgl. 1987a, 255, Anm. 66). Dabei kommt ihr jedoch nicht der Gedanke, daß ein Motiv der Bewunderung die Identifikation mit dem Schöpfer des Apparates und seiner Fähigkeit, eine funktionierende Maschine oder eine zwitschernde Nachtigall zu erschaffen, sein könnte – so, wie die Technik der Komposition in der Musik oder Malerei den Kunstinteressierten fasziniert.

36 Scheint nach der obigen Formulierung dieses Interesse mehr von Neugierde getragen, so macht ihre 1970 diesem Beitrag hinzugefügte Anmerkung 1 deutlich, mit welch starken negativen Emotionen dieses Anliegen verbunden ist. So prangert sie »die Anerkennung, die zu allen Zeiten den falschen Werten gezollt wurde«, an und verrät: »Meine Absicht gilt hier vor allem dem Versuch, die Schmeichler des Falschen im allgemeinen zu analysieren« (ebd., 208).

erscheinen Chasseguet-Smirgel so sicher, daß sie diese gar im Sinne differentialdiagnostischer Kriterien zu handhaben wagt. In ihren Deutungen des Strindbergschen Werkes, die zugleich als Deutungen seiner Paranoia fungieren, zeigt sich dies ebenso wie in ihrer Interpretation von Patrick Modianos Roman *Der Platz des Sterns* (s.u.). Da sie von diesen Grundüberzeugungen ausgeht, darf es nicht verwundern, daß Chasseguet-Smirgel hier ihre Auseinandersetzung mit Strindberg wieder aufgreift mit dem unverblümten »*Vorsatz* ..., das *Scheitern* des literarischen Werks Strindbergs zu untersuchen« (1988c, 187; Hervorh. A.M.). Genauer besehen handelt es sich jedoch nicht um eine Fortsetzung der früheren Untersuchungen zu Strindberg. Vielmehr greift sie in großem Umfang Teile ihrer früheren Arbeit hier wieder auf, um die darin schon enthaltenen Schlußfolgerungen im Kontext ihrer systematisierten und generalisierten Theorie zur (Nicht-)Authentizität der künstlerischen Schöpfung zu bestätigen.[37]

Neu daran ist ihr Versuch, diese Interpretationen in einen engeren Zusammenhang mit ihrer Auffassung zur Authentizität bzw. Nicht-Authentizität zu bringen. Damit wird die bisher an der Symbolik des Strindbergschen Werkes und dessen biographischen Hintergründen orientierte Deutung durch eine strukturalistische Interpretation abgelöst.

Die mit dieser Absicht verbundenen Bemühungen um eine Definition des Wahren und des Falschen durchziehen den gesamten Beitrag. Sie vermitteln allerdings den Eindruck eines aus Bruchstücken zusammengesetzten Puzzles, in das immer neue Facetten integriert werden, deren Interpretationen mühsam in Einklang mit den bereits gegebenen gebracht werden müssen. Faßt man die genannten Merkmale des »Falschen« zusammen, so ergeben sie folgende Reihung: unbeseelt, unlebendig, anorganisch, diskontinuierlich, ohne natürliche Ursachen, außerhalb der Reihe, keine Filiation oder Kontinuität, nur versuchte Vortäuschung derselben.

---

37 Die in *Die Nachtigall des Kaisers von China* (in 1988c) auf den Seiten 185–194 wiedergegebenen Aussagen zu Strindberg entsprechen den Darstellungen im Kapitel zu Strindbergs Homosexualität auf den Seiten 147–153 (vgl. ebd.), sie wurden allerdings in der Reihenfolge verändert. Eine Textkonkordanz ergibt eine weitgehende Übereinstimmung der Darstellungen auf den Seiten 150–153/185–190 und 147–148/190–194. Die Verdoppelung des Seitenumfangs in der späteren Darstellung ist, ohne daß neues Material hinzu käme, bedingt durch die größere Ausführlichkeit, mit der die Strindbergschen Textpassagen und ihre ursprünglichen Deutungen in den Kontext einbezogen werden.

Das Werk Strindbergs sei durchzogen von den Enthüllungen des Falschen und Verlogenen und der Lust an der Demaskierung.[38] Ihre Gleichsetzung des Autors sowohl mit dem als Betrüger enttarnten Oberst wie mit dem die Aufdeckung vollziehenden Fremden ist für Chasseguet-Smirgel Beleg dafür, wie sehr Strindberg seine eigene Falschheit und Unreife erkannt und angeklagt habe – um sie dann aber doch wieder auf den Vater (und dessen Penis) zu verschieben und sich in paranoider Abwehr als Opfer des Betrugs zu empfinden. Auf dieselben Muster des Falschen verweist Chasseguet-Smirgel in dem Film *Letztes Jahr in Marienbad.* Hier sei es erkennbar an einer barocken Monumentalität, die ergänzt wurde durch »vorgetäuschte Kapitelle, falsche Türen, falsche Säulen, trügerische Perspektiven, falsche Ausgänge und ornamentale Ausschweifungen« (1988c, 180). Sie würden hergestellt durch Tricks, durch trügerische Manipulation und Täuschungen, das heißt hier: durch Betrug der Sinne.[39]

Voraussetzung für die Fähigkeit, Wahres zu erschaffen, ist für Chasseguet-Smirgel die Bewältigung des Ödipuskomplexes als der entscheidenden Reifungshürde. Das heißt, der Knabe muß den Konflikt der Rivalität mit dem Vater auf sich nehmen und die damit verbundenen Kastrationsängste ertragen, um sie dann in der Identifikation mit dem Vater und seinem Gesetz (seinem Penis) zu bewältigen. Notwendige Bedingung dieser Identifikation ist die Integration der sadistisch-analen Triebimpulse, um die Introjektion des väterlichen Penis anal vollziehen zu können. Dabei dürften die homosexuellen Tendenzen nicht resexualisiert werden, da sie sonst zu einem Triebkonflikt zwischen passiv-sexueller und aktiv-analer Introjektion des väterlichen Penis führten.

Auch die mit der analen Bemächtigung einhergehenden Schuldgefühle, das väterliche Objekt durch diese Aneignung seines Penis zu schädigen, müßten vom

38 Im Gegensatz zur Ablehnung dieser Seite bei Strindberg reagiert Chasseguet-Smirgel auf dasselbe Phänomen der Demaskierung im Werk Molières positiv. Hier ist die Entlarvung der Betrüger, Heuchler, Hochstapler etc. für sie Ausdruck eines Kampfes gegen das Falsche und frei von jener paranoiden Entlarvungssucht, die sie bei Strindberg als Indiz seiner Perversion wertet (vgl. 1987a, 118f). Die Willkürlichkeit, mit der Chasseguet-Smirgel ihre eigenen Interpretationen verwendet, wird an diesem Beispiel offensichtlich.

39 Akzeptierte man diese Interpretation Chasseguet-Smirgels, ergäbe sich die Frage, wie ihre Entlarvung Strindbergs als einem Täuscher zu interpretieren wäre. Ich meinerseits müßte mich fragen, welche paranoid-perversen Motive meine Aufdeckung von Widersprüchen im Werk Chasseguet-Smirgels begleiten. Kurzum: diese Interpretation wendete sich sowohl gegen Chasseguet-Smirgels eigene Kritik wie gegen jede Form kritisch-aufdeckender Analyse und erweist sich damit als fragwürdig.

Knaben toleriert und bewältigt werden. Die ›Filiation‹ besteht also in der Übernahme der zeugerischen Fähigkeiten des Vaters durch den Sohn und die Anerkennung des damit verbundenen Gesetzes (des väterlichen Vorrechts auf die Mutter). Dadurch entstehe eine natürliche Kontinuität (der Generationen), die für Chasseguet-Smirgel das Wesen des Lebendigen ausmacht. Als Lohn für den Verzicht auf die Mutter und die Unterwerfung unter das väterliche Gesetz erscheint in *diesem* Generationenvertrag der Erwerb der zeugenden Fähigkeiten des väterlichen Penis und – damit – die Reifung des Selbst, die, da sie dem eigenen Ichideal entspreche, einen narzißtischen Gewinn darstelle.

Wie schon in den *Überlegungen zur Wiederherstellung* deutlich wurde, hält Chasseguet-Smirgel es für das gemeinsame Schicksal von Künstlern, diese Integration des väterlichen Penis nicht vollständig realisiert zu haben. Ihnen gelinge jedoch das Nachholen dieses Integrationsprozesses durch die Sublimation, die sie hier als entsexualisierte Triebentladung der homosexuell-passiven Anteile und eine damit verbundene anal aktive Aneignung des väterlichen Penis im schöpferischen Akt definiert. Daß das Mißlingen dieser Integrationsvorgänge das Falsche hervorbringe, ergibt sich hieraus als Umkehrschluß. Jedoch ist der Entstehungsmechanismus des Falschen und sein psychischer Stellenwert in der ›Pathogenese des Unbeseelten‹ damit noch nicht geklärt.

Den Kern für die Entstehung des »Falschen« sieht Chasseguet-Smirgel in einer paranoiden Objektbeziehung, die bedingt sei durch den homosexuellen Konflikt. Sie stützt sich dabei auf die Argumentation Freuds, der die Resexualisierung homosexueller Triebregungen als auslösenden Faktor der Paranoia annimmt. Nach Auffassung Chasseguet-Smirgels liegt die Ursache dieser Resexualisierung im Scheitern *beider* Triangulierungsstufen.[40] Der Paranoiker erlebe stattdessen

40 Chasseguet-Smirgel ist in ihrer Argumentation nicht konsequent, wenn sie vom Scheitern der zweiten Triangulierung (= Verschiebung der guten Mutteraspekte auf die Vaterimago) spricht. Denn dann ist nach ihren Ausführungen immer auch die erste Triangulierung (die Spaltung des ersten ›Objekts‹ in ein gutes und böses) mißglückt. Da Chasseguet-Smirgel mit Freud davon ausgeht, die erste Objektbeziehung sei von Haß geprägt, heißt dies, daß ein gutes Objekt nicht entstehen konnte und eine Triangulierung somit nicht erfolgt ist. Es kommt zu einer Dyade von Kind und bösem vereinigtem Elternobjekt, in welchem das Dritte – die gute Mutter bzw. der Vater als ihr imaginärer Erbe – von der bösen Mutterimago verschlungen wurde. Es bleibt dann nach ihren Ausführungen bei einer diffusen Beziehung zu einer tendenziell verschlingenden und verfolgenden, nicht wirklich objekthaften Mutterimago.

den väterlichen Penis zugleich als erotisches *und* aggressives Objekt. Dies mache es ihm unmöglich, sein Ichideal auf den Penis des Vaters zu projizieren. Die erforderliche Unterscheidung zwischen Penis und Phallus – im Sinne Grunbergers[41] – komme dann nicht zustande. Statt sein Ichideal auf den Penis des Vaters zu projizieren, habe *»der zukünftige Paranoiker«* keinen anderen Ausweg, als sein eigenes Ich zu besetzen. »Er wird sein eigenes Ich als Ichideal errichten – Keim seiner späteren Megalomanie. Sein Narzißmus wird von diesem Moment an pathologisch« (1988c, 183).

Folglich wird Chasseguet-Smirgel zufolge zwangsläufig zum Paranoiker, wer beim Versuch, seine Objekte zum Träger des Ichideals zu machen, an der Schlechtheit dieser Objekte scheitert. Die Selbstheilungsversuche bestünden bei späteren Paranoikern darin, anstelle der schlechten realen Objekte ein göttliches idealisiertes Objekt zu setzen »und so vom Verfolgungsdelir zu einem mystischen Delir überzugehen und sich darin mit ihrer homosexuellen Triebregung zu versöhnen« (ebd.). Die Schöpfung eines autonomen Phallus verleihe diesem magische Qualitäten, da sie außerhalb des Realitätsprinzips erfolge. Denn der Erwerb eines Penis ist nach der Vorstellung von Chasseguet-Smirgel, die hier wieder weitgehend Grunberger folgt, gescheitert.

Über dieses Scheitern und den daraus resultierenden Mangel versuche der Paranoiker hinwegzutäuschen, indem er anderen Sand in die Augen streue, megaloman seine Werke anpreise und diese immer mehr vergrößere. Demzufolge sei dieser Penis nicht in der Lage, die genitalen Funktionen zu übernehmen, sondern bleibe ein infantiler, unfruchtbarer Penis, der ebenso wie alle Werke ihres Trägers keinen wirklichen Wert habe. Der magische Phallus, den der Paranoiker sich Chasseguet-Smirgel zufolge erschafft, diene ihm zur Verleugnung des wertlosen

41 Daß Chasseguet-Smirgel die Begriffe »Penis« und »Phallus« nicht im Sinne Grunbergers verwendet, zeigt sich schon bei seinem Vorschlag, »... von »Penis« [zu] sprechen, wenn wir den triebhaften Faktor meinen, und von »Phallus«, sobald wir den narzißtischen Faktor ins Auge fassen« (Grunberger 1964, 609). Mehr noch, wenn er die sadoanale Bedrohlichkeit des Penis betont, die der analen Triebdimension entstamme, während der Phallus unbewußt bei beiden Geschlechtern für Vollständigkeit oder (gleichzeitig) für Kastration (i.S. von Beschädigung, Verstümmelung, Mangel) stehe. In seiner narzißtischen Bedeutung sei »der Phallus der Repräsentant der Allmacht, der Größe und jenes Unerreichbaren ...«, der menschlichen Vollkommenheit (ebd., 613). Während Grunberger von der psychisch erforderlichen Introjektion des väterlichen Phallus ausgeht, betont Chasseguet-Smirgel die Bedeutung des väterlichen Penis als dem notwendigen Introjekt. Dessen Merkmal ist für sie nicht unbegrenzte Allmacht, sondern liegt in der strukturierenden Funktion, die mütterliche Allmacht zu begrenzen, die durch deren analen Phallus symbolisiert werde.

Charakters seines darunter verborgenen eigenen Penis, der ein analer sei – oder aber ein »hohles Gefäß«, eine »hohle Rinde«; diese beiden Assoziationen scheinen sich für Chasseguet-Smirgel nicht gegenseitig auszuschließen, denn das Anale kommt für sie dem Wertlosen und damit Inhaltsleeren gleich. Und es gibt nach ihrer Auffassung nur ein Mittel, das (wertlose) Exkrement in einen Wert zu verwandeln: die Sublimierung, zu welcher aber der Paranoiker nicht in der Lage sei (vgl. ebd., 191ff).[42]

Die Motivationen der von ihr als »Paranoiker« Klassifizierten erscheinen ihr als gegensätzliche. Zum einen seien sie bemüht, durch Dekoration, Ornamentik und künstliche Verzierungen über den analen Charakter ihres Penis hinwegzutäuschen. Andererseits veranlasse sie ihre paranoide Verfolgungsangst, den analen und somit wertlosen Charakter ihres Penis zu enthüllen, um die gefürchtete Kastration zu verhindern – denn etwas Wertloses werde man ihnen schon nicht nehmen. Der schlechte Charakter der Objekte des Paranoikers zeige sich in deren Intoleranz gegenüber dem anal-introjektiven Angriff (des Knaben) und ihrem Beharren auf der Rache durch Kastration. Die Aggression, die mit der analen Introjektion verknüpft ist, werde demnach auf den Penis des Vaters projiziert und darum von diesem nun die anal-homosexuelle Durchdringung gefürchtet. In dieser Phase ihrer Theorieentwicklung geht Chasseguet-Smirgel somit noch nicht davon aus, daß die Kastration letztlich und ausschließlich dem analen Phallus der Mutter(imago) zugeschrieben werde. Die analen Qualitäten des magischen Phallus des Paranoikers erklärt Chasseguet-Smirgel hier allein aus der Vorbildfunktion der Fäces, während sie später die Auffassung entwickelt, daß es die mütterlichen Einflüsse während der Reinlichkeitserziehung des Kindes seien, die als primäre Quelle der unbewußten Phantasie eines mütterlichen analen Phallus anzusehen sind (vgl. CS 1986a, 72).

Die ex nihilo-Schöpfungen des Paranoikers seien nicht nur aus dem Nichts geschaffen, sondern auch Repräsentanzen des Nichts, die der Wertlosigkeit des Analen, der fehlenden Filiation und der Phantasie der Erzeugung des Kindes aus Fäces entsprächen.[43] Aufgrund dieser Nichtigkeit des Analen und der aus ihm

---

42 Eine fast gleichlautende Formulierung verwendet Chasseguet-Smirgel im Strindberg-Aufsatz, wo sie ebenfalls den Penis mit einer »hohlen Rinde« vergleicht (vgl. 1988c, 149). Daß es sich dabei zugleich um die Assoziation eines Hohlkörpers handelt, der zuerst mit der Vagina in Verbindung gebracht wird, thematisiert sie nicht.

resultierenden Schöpfungen verkehre sich die Vorbildfunktion des Analen für den Penis in eine Imitation des echten Penis durch die ›analen‹ Schöpfungen. Damit können für Chasseguet-Smirgel die Produkte des Paranoikers nur durch Falschheit gekennzeichnet sein. »Wir können also sagen, daß »das Falsche« sich als Phallus ausgibt, das heißt als Penis, der dazu dient, die narzißtische Vollkommenheit zu sichern, dem es an keiner dieser scheinbaren Qualitäten mangelt, aber der in Wirklichkeit, in allen Fällen, nur ein analer Penis ist.« (ebd., 207) Grundlage dieser Transformationen und Rückübersetzungen sei die im Unbewußten existierende Gleichung von Penis und Fäces, eine Gleichung, die allerdings in der von Chasseguet-Smirgel vorgenommenen Polarisierung ihrer Alles-oder- Nichts-Bewertungen zu einer Ungleichung par excellence wird.

Die Konfliktsituation, in der mit der Introjektion des väterlichen Penis nicht nur aggressive Projektionen mit paranoider Wirkung sowie Schuldgefühle hervorgerufen werden, sondern auch passiv-homosexuelle Wünsche, scheint zunächst eine typisch männliche zu sein. Umso überraschender ist es, wenn Chasseguet-Smirgel für die Illustration der Probleme, die die Nicht-Assimilation des Phallus des homosexuellen Objektes hervorruft, sich auf das Material einer Patientin stützt, bei welcher die aktive und phallische Homosexualität zwanghaft abgewehrt werde (vgl. ebd., 196f). Hier dient das Traummaterial der Patientin dazu, die paranoide Angst vor dem eindringenden analen Phallus der *Mutter* zu belegen, durch welche die Introjektion des väterlichen Penis verhindert werde. In den allgemeinen, jedoch am männlichen Ödipuskomplex orientierten Erklärungen der Homosexua-

---

43 Schon Kleinkinder von etwa zwei Jahren haben in der Regel den Zusammenhang zwischen der Nahrungsaufnahme und den Ausscheidungen erfaßt. Vorbild aller magischen und alchimistischen Vorstellungen ist die ›Alchimie‹ des Körpers. Entsprechend hat kein Alchimist je versucht, aus nichts Gold zu gewinnen, sondern immer aus anderen materiellen Substanzen. Der Alchimie liegt eine Äquivalenzvorstellung zugrunde, nach der die Verwandlung von wertvoller lebenserhaltender und wohlschmeckender Nahrung (= Gold) in Kot auch umkehrbar sein müßte.

Auch in der traditionellen Verwendung des Kots als Pflanzendünger blieb er außerhalb des Körpers in einen zyklischen Prozeß der Nahrungsgewinnung und -verwertung stets eingebunden und hatte daher bis zum Beginn einer industrialisierten Agrarproduktion keineswegs den Stellenwert eines wertlosen Abfallprodukts. Magie bezieht sich in allen Kulturen auf diese geheimnisvollen Kräfte innerhalb und außerhalb der Körper, die diese Transformationen ohne willentliches Zutun des Menschen zu bewirken vermögen. Freud war sich stets auch in Bezug auf die Ächtung der Ausscheidungsvorgänge und der damit verbundenen Reaktionsbildungen des kulturellen Hintergrunds derselben bewußt.

lität wurde die Identifikation des analen Phallus mit dem Mütterlichen nur vage angedeutet. In dieser Beschreibung der weiblichen Homosexualität wird nun deutlich, daß Chasseguet-Smirgel dieselbe in vollständiger Analogie zur männlichen Homosexualität interpretiert und dabei der weiblichen Homosexualität keine eigenständige unbewußte Motivierung und psychosexuelle Bedeutung einräumt. Auch in *Die weiblichen Schuldgefühle* (1964) interpretierte sie das Mutterbild der Tochter als ein durch phallisch-anale Qualitäten bestimmtes. Hier wird jedoch deutlich, daß sie auch in der weiblichen *Homosexualität* das Objekt nur als ein anal Penetrierendes denken kann.

Die unterstellte universelle Faszination des Falschen und der trügerischen Illusion erklärt Chasseguet-Smirgel aus der Ersparnis, die sie im psychischen Haushalt erschaffe: der durch sie bewahrten Illusion, daß die eigenen Introjektionskonflikte umgangen werden könnten. Der Preis dieser Konfliktvermeidung sei die Inkaufnahme der Substanzlosigkeit des Falschen. Während darum im inauthentischen Werk ein Metaphernmißbrauch erfolge, um den Mangel an echter Affektivität durch überladene Schwülstigkeit zu übertünchen, bezögen Echtheit und Tiefe ihre Kraft aus dem »*freien Aufquellen* der Primärprozesse« [sic!] (1988c, 203; Hervorh. A.M.). Nun stehen die Primärprozesse für die Quelle echter Emotionen und der Weg zu ihnen qua Regression kann offenbar heil überstanden werden, wenn sie der Sublimation dienen, also entsexualisiert sind. Diese Aussagen Chasseguet-Smirgels bleiben in ihrem gesamten Werk einmalig und theoretisch isoliert. Stehen sie doch in deutlichem Widerspruch zu ihrer sonstigen Gleichsetzung der Primärprozesse mit Strukturlosigkeit, Amalgamierung und dem Psychotischen.

Die Interpretation von Patrick Modianos Roman *Der Platz des Sterns*[44] ist der letzte Beitrag in der 1971 erschienenen Originalausgabe von *Kunst und schöpferische Persönlichkeit*[45]. Jedoch nicht nur die zeitliche Nähe, sondern auch die Thematik

44 Frz. *La Place de l'Étoile, Paris,* 1968.

45 Über das Entstehungsjahr dieses Aufsatzes macht Chasseguet-Smirgel keine Angaben. Verschiedene Indizien sprechen jedoch dafür, daß er im selben Jahr wie das unter Pseudonym veröffentlichte *L'univers contestationnaire,* also 1969, entstanden sein muß. Denn Chasseguet-Smirgel äußert in der Einleitung des Buches, daß alle Beiträge im Laufe der sechziger Jahre geschrieben wurden (vgl. 1988c, 45). Ein weiterer Roman Modianos *La Ronde de Nuit* von 1969 wird in den Anmerkungen und Literaturangaben aber bereits erwähnt.

– die jüdische Identität als einem Prototyp der Authentizität[46] – rückt ihn inhaltlich in unmittelbare Nähe zu den Arbeiten von ›André Stéphane‹. Aus diesem Grund erfolgt eine Interpretation dieses Beitrags im Anschluß an jene unter Pseudonym veröffentlichten Texte sowie im Zusammenhang mit Chasseguet-Smirgels Arbeiten zur Psychoanalyse des Nationalsozialismus, mit welchen diese Interpretation in direkter Beziehung steht (s. Kap. I/5.3).

Die vermutlich 1970 verfaßte[47] Einleitung zu der unter dem Titel *Pour une Psychanalyse de l'Art et de la Créativité* erschienenen Textsammlung greift einige für Chasseguet-Smirgel zentrale Gedankengänge der zwischen 1962 und 1969 entstandenen Beiträge nochmals auf. Sie ist aber in erster Linie auch eine Begründung für die Beschäftigung einer Psychoanalytikerin mit Fragen außerhalb des therapeutischen Rahmens der Psychoanalyse. Die von Chasseguet-Smirgel hier ausführlich gerechtfertigte Möglichkeit und Notwendigkeit dieser Auseinandersetzung ist einerseits zu verstehen als Antwort auf Einwände, die gegen die Anwendung der Psychoanalyse auf die Interpretation von gesellschaftlichen und kulturellen Phänomenen und Ereignissen von verschiedenen Kritikern (auch innerhalb der Psychoanalyse) vorgetragen wurden. Dagegen beruft sie sich insbesondere auf Freuds eigene Beiträge zur Literatur- und Kunstdeutung sowie auf dessen Aussagen zur Beziehung zwischen Individual- und Massenpsychologie und zum Verhältnis des unbewußten Seelenlebens zu den Schöpfungen der Kultur (im weitesten Sinne).

Andererseits verdichten sich hier Chasseguet-Smirgels eigene Vorstellungen über die hier wirksamen Zusammenhänge und Mechanismen. Ihre Diskussion betrifft nicht nur den intrapsychischen Entwicklungsprozeß des Individuums, der sich nach zwei Seiten hin polarisiert: der Möglichkeit, das Ichideal »nach vorn« zu orientieren und somit ein reifes, erwachsenes und eventuell kreatives Mitglied der Gesellschaft zu werden oder aber den Weg abzukürzen und dadurch in die Perversion abzugleiten. Hier erörtert Chasseguet-Smirgel aus ihrer Sicht die kulturelle Bedeutung und gesellschaftliche Funktion der Psychoanalyse. Dabei verweist sie auf den Beitrag, den die Psychoanalyse nach ihrer Auffassung seit Freud zum gesellschaftlichen Prozeß der Aufklärung geleistet habe und noch leiste.

---

46 Der Untertitel dieses Beitrags lautet *Für eine psychoanalytische Definition der »Authentizität«*.

47 Vgl. zu dieser Jahresangabe die Anmerkung 1 der Stindberg-Studie in CS 1988c, 155.

Andererseits gibt sie in dieser Einleitung eine zusammenfassende und teilweise späteren Texten vorgreifende Beschreibung der psychischen Entwicklungsschritte, die für die Transformation primitiver Primärtriebe in hochwertige kulturelle Leistungen notwendig seien: die Vorwärts-Orientierung des Ichideals, die Sublimierung und die Integration der anal-aggressiven Triebanteile. Hatten die einzelnen Beiträge in *Kunst und schöpferische Persönlichkeit* sich mit der Interpretation einzelner Werke und den vermuteten psychodynamischen Konflikten ihrer Autoren (einschließlich der psychoanalytischen Technik Ferenczis) beschäftigt, so erfolgt in dieser Einleitung eine erste theoretische Verallgemeinerung, bevor diese endgültig in *Das Ichideal* geleistet wird – um dann in nachfolgenden Untersuchungen wieder in Fallgeschichten und Werkinterpretationen spezifiziert zu werden.[48]

Obgleich im Zentrum dieser Einleitung die Frage steht, in welchem Umfang die psychoanalytische Interpretation von kulturellen Phänomenen möglich sei, verbirgt sich in den Ausführungen hierzu eine Unterscheidung zwischen der normalen Entwicklung des Ichideals und ihrer Modifizierung durch den Prozeß der Sublimierung (vgl. ebd., 24). Während der durch das Ichideal bestimmte Entwicklungsprozeß auf Verdrängung und Gegenbesetzung beruhe, bedeute die Sublimierung eine Verwandlung sowohl der Triebnatur wie des Triebzieles. Diese in den *Überlegungen zum Konzept der »Wiederherstellung«* erstmals erörterten Fragen werden hier auf die Interpretation von kulturellen Entwicklungen übertragen, wobei Chasseguet-Smirgels Annahme dahin geht, daß letztere umso schwerer psychoanalytisch gedeutet werden könnten, je mehr die Sublimierung daran beteiligt sei.[49] Dem Vorgang der Sublimierung, das heißt für sie: der Veränderung des (Primär-)Triebes, der doch von der »Permanenz und Unzerstörbarkeit der Instinkte« (ebd., 20) bestimmt sei, haftet für Chasseguet-Smirgel somit etwas Zauberhaftes und Geheimnisvoll-Magisches an. Und nur dies allein könne sich dem analytischen Deutungsprozeß entziehen, ihm Grenzen setzen. Denn: »Mit der Entdekkung der Primärtriebe, die Gegenstand einer Sublimierung waren, hat man noch nicht den Abgrund überbrückt, der sich zwischen diesen Trieben und ihrem Ausdruck auf künstlerischer Ebene auftut. Hier kann die *Reduktion*, die die psychoanalytische Deutung vornimmt, dem Phänomen nicht gerecht werden« (ebd., 28f; Hervorh. A.M.).

48 Vgl. in CS 1986a und CS 1989a.

49 Diese Überlegungen hat Chasseguet-Smirgel im 5. Kapitel von *Das Ichideal* noch vertieft.

Und doch scheint der Abgrund für Chasseguet-Smirgel nicht so sehr einer zu sein, der sich vor dem Verstehen auftut. Denn die Literatur sei neben dem Traum der zweite Königsweg zum Unbewußten und ebenso faszinierend wie dieser, weil er »unmittelbaren Zugang zu den dunklen Zonen der Psyche eröffnet« (ebd., 30). Das Unverständliche und Abgründige im Sublimierungsvorgang ist für Chasseguet-Smirgel nicht so sehr jenes von ihr mystifizierte Dunkel im Psychischen, sondern die ihr immens groß erscheinende Differenz zwischen Ursache und Wirkung, zwischen der motivierenden Triebspannung und dem künstlerischen Produkt. »Was uns an den künstlerischen Anstrengungen des Menschen bewegt, scheint mir gerade der in Anbetracht des schließlichen Resultats *lächerliche Aspekt des ursprünglichen Triebs* – als dem Rohmaterial des Prozesses – zu sein« (ebd., 29; Hervorh. A. M.). Die sich unmittelbar daran anschließende Bemerkung, daß es sich hier nicht um die Äquivalente einer Gleichung handele, macht deutlich, wie stark der Akzent bei Chasseguet-Smirgel auf der differenten Bewertung dieser beiden Pole liegt – und liegen muß. Denn das ihr unbegreifliche magische Rätsel ist, wie aus den primitiven menschlichen Trieben so kulturell wertvolle Produkte entstehen können, wie die Kunstwerke sie für uns darstellen. Oder, um es einem bekannten Zaubermärchen entsprechend zu formulieren: wie es dem schöpferischen Menschen möglich sei, *tatsächlich* aus Stroh Gold zu machen. Die Hochwertigkeit des Kunstwerks liegt für sie darin, daß es sich bei diesem um ein entsexualisiertes Triebobjekt handelt. Die Transformation des minderwertigen Triebes in ein hochwertiges Produkt geistig-seelischen Genusses flößt ihr dabei eine Art alchimistischen Schauder ein.[50] Dabei besteht für sie offenbar eine Entsprechung zwischen der Unerklärlichkeit dieses Vorgangs und dem Abstand zwischen triebhafter Ursache und sublimierungsbedingtem Resultat. Dabei ist die Größe dieses Abstands allein bestimmt durch ihre eigenen Bewertungen dieser beiden Aspekte.

Wie die Interpretationen zu Strindberg zeigten, scheint Chasseguet-Smirgel eine psychoanalytische Interpretation der sogenannten »falschen« Schöpfungen dagegen ohne weiteres möglich. Dies läßt sich nur verstehen, wenn man aus dieser Tatsache den Schluß zieht, daß sie bei letzteren vom Erhalt eines Konstanzprinzips ausgeht. Das heißt, hier kann nach ihrer Auffassung keine magische

---

50 Von ästhetischem Genuß zu sprechen, wäre hier unanagebracht, denn die Ästhetik steht für Chasseguet-Smirgel im Verdacht, ein Hilfsmittel des Perversen zu sein, um die anale Herkunft seiner »falschen« Produkte zu verkleiden (vgl. dazu Kap. I/4.5).

Lücke entstehen, keine Wertdifferenz zwischen Ausgangsmaterial und Endprodukt: die »falschen«, dem Fetischismus und der Perversion entsprungenen ›Kunststückchen‹ verbleiben auf der »Müllhalde der kindlichen Sexualität« (vgl. ebd., 42).[51] Die Deutbarkeit der pseudoschöpferischen Produkte verdankt sich demnach der Erhaltung der Wertäquivalente: der Kot, aus dem der Perverse mittels seines magisch-allmächtigen analen Phallus Gold zu machen versuche, bleibe, was er war und komme unter der glänzenden Lackschicht wieder zum Vorschein. Nach Chasseguet-Smirgels Auffassung handelt es sich hier um bloße Pseudoschöpfungen, denen kein zu entschlüsselndes Geheimnis innewohne, das sich der psychoanalytischen Deutung zu entziehen vermöge.

Ein solches magisches Ungleichgewicht beinhaltet für sie jedoch der analytische Deutungsprozeß, denn er sei dem künstlerisch-schöpferischen Vorgang vergleichbar. Diese psychoanalytische Kreativität beruhe im Eindringen in ein Phantasiereich und im Erschaffen eines neuen Verständnisses von bis dahin unbegriffenen Zusammenhängen. Da die deutende psychoanalytische Kreativität für Chasseguet-Smirgel jedoch an der Sublimierung ihre eigene Grenze findet, kann sie sich notgedrungen nur darauf beschränken, den *normalen* menschlichen Tätigkeiten sowie dem primitiven Vorgang der perversen Pseudoschöpfung und anderen unbe-

---

51 C.G. Jung hatte, wie Chasseguet-Smirgel am Anfang dieser Einleitung bemerkt, die Primärtriebe als »Abfalleimer der kindlichen Sexualität« bezeichnet (vgl. ebd., 16). Daß sie sich hier desselben Bildes bedient, wenn auch in Anführungsstrichen, ist, wie der Kontext deutlich macht, nicht nur eine bloße Ironie. Zum einen beabsichtigt ihre Argumentation, zu zeigen, daß aus dem Abfalleimer durchaus Gutes erwachsen könne, vorausgesetzt sein Inhalt werde sublimierend entleert. Zum andern aber ist es aufschlußreich, genauer zu beachten, was nach ihrer Auffassung offenbar an Jungs Aussage kritikwürdig ist. Dies ist nicht, wie es scheint, das Bild vom Abfalleimer, sondern das, worauf Jung es anwendet. Denn seine Vorstellung von der Existenz einer universalen Idee ziele auf »bereits Sublimiertes und räumt dem Narzißmus den Vorrang ein – auf Kosten der Primärtriebe, des ›Abfalleimers der kindlichen Sexualität‹, ... « (ebd., 16; Hervorh. im Orig.) Wenn es jedoch der Narzißmus ist, der nach ihrer Auffassung »den Zugang zur Erkenntnis, zur Wahrheit und Wirklichkeit behindert« (ebd., 44), dann kann sich Sublimierung nur vollziehen, indem der Narzißmus im Ichideal gebunden wird. Denn er ist es, der die Einsicht in die Nichtigkeit und Primitivität der Quellen verhindere, aus welchen Geist und Kreativität schöpfen. Solange diese Wahrheit und Erkenntnis aber wegen ihrer narzißtisch kränkenden Tendenz abgewehrt werde, müsse ihre primärtriebhafte Primitivität erhalten bleiben. Erst in der Desexualisierung dieser Triebe ist aber für Chasseguet-Smirgel jenes Primitive abgeschüttelt und wirkliche Sublimierung erreicht. Das heißt, um in jenem Bild der »Müllhalde« oder des »Abfalleimers« zu bleiben: Es ist für Chasseguet-Smirgel der Narzißmus, der uns daran hindert, die Primitivität der Primärtriebe zu sehen und sie in Sublimierung zu transformieren: zu jener Blüte, die auf dem Misthaufen wächst.

wußten Vorgängen einen individuellen oder gesellschaftlichen Wertgewinn mittels ihres Verstehens zu verleihen.

Die Konsequenz dieser Aussage Chasseguet-Smirgels ist eine doppelte: zum einen heißt dies, daß auch der psychoanalytische Prozeß des Verstehens und Deutens, der auf Einsicht, Intuition und Phantasie beruht, dem interpretierenden Verstehen zumindest teilweise entzogen wäre. Zum zweiten ist damit gesagt, daß die Psychoanalyse zu dem unbewußten dynamischen Geschehen, das an die Stelle der gewöhnlichen Entwicklung des Ichideals die Sublimierung treten läßt, nichts sagen könne und somit auch die psychische Differenz zwischen normaler Ich-Entwicklung und der des kreativ schaffenden Menschen im Dunkeln bleiben müsse. Diese Aussage ist nicht nur darum bemerkenswert, weil Chasseguet-Smirgel in späteren Texten sich von dieser Auffassung löst, sondern auch, weil sie im Beitrag zum Konzept der »Wiederherstellung« bereits eine Interpretation der Sublimierung unter psychodynamischem Aspekt formuliert hatte.

Die wahren Antipoden sind für Chasseguet-Smirgel, wie am Ende dieser Einleitung deutlich wird, nicht der Narzißmus und das Ichideal, sondern der Narzißmus und die Sublimierung. Denn das Ziel, um das es Chasseguet-Smirgel tatsächlich geht, ist die Negation des Narzißmus. Denn dieser ist, folgt man ihren Ausführungen zwischen den Zeilen, das eigentlich bedrohliche Fundament der menschlichen Existenz – und er ist zugleich das ursprüngliche Movens der Triebe, derer er sich letztlich nur bedient, um sein Ziel zu erreichen: die Rückeroberung des pränatalen narzißtischen Alls der Allmacht in einer objekt- und grenzenlosen Welt. Das Ichideal ist, bildlich gesprochen, für sie nur der Domteur dieses psychischen Urtiers. Die Sublimierung aber erscheint ihr als Auflösung des Narzißmus, und zwar durch ihn hindurch, durch alle Stufen der Regression bis zum »freien Aufquellen der Primärprozesse« – ein Vorgang der vollständigen Integration aller narzißtischen Sehnsüchte also, aber *entsexualisiert*. Die wirkliche Aufhebung des Narzißmus erfolge darum nicht im Ichideal, sondern in der Kunst, die mit ihrem unmittelbaren Zugang zum Unbewußten sich »mehr als jede andere menschliche Offenbarung den tiefsten Wahrheiten« nähere (ebd., 44). Denn der Narzißmus ist für Chasseguet-Smirgel vor allem das Kränkbare am Menschen. Und zur Vermeidung dieser Kränkung suche er die Wahrheit zu verleugnen – auch die, daß hinter den kostbarsten Kulturerscheinungen die primitiven menschlichen Triebe stehen (vgl. ebd., 40). »Diese ›Entzauberung‹ … ist dem Narzißmus unerträglich, der so wieder einmal der Erkenntnis im Wege steht« (ebd.).

In ihrem Aufsatz über *Schöpfertum und Rahmen* von 1986, den Chasseguet-Smirgel dem Buch in der deutschen Ausgabe beifügt[52], beschreibt sie den künstlerischen Schöpfungsprozeß als einen Versuch, psychisch nicht integrierte Anteile, die immer aus der archaischen Matrix stammten, zu bearbeiten. Voraussetzung für diese Bearbeitungsmöglichkeit ohne Gefährdung der psychischen Strukturen sei die Existenz eines Rahmens. Im Schöpfungsprozeß des Malers sei dies der Bildrahmen, der die zweidimensionale Fläche der Leinwand umrandet und begrenzt. Diese leere Fläche symbolisiere die Mutter, der grenzziehende Rahmen dagegen den Vater und sein Gesetz, beide zusammen aber die Urszene. Die Existenz des Rahmens verhindere, daß sich der Künstler in der leeren Fläche verliert, gewissermaßen mit ihr verschmilzt in einer psychotischen Vermischung. Mit der Bearbeitung der Leinwand projiziere der Künstler seine Phantasien auf den mütterlichen Körper. Es handele sich dabei um eine projektive Identifizierung mit dem mütterlichen Körper oder, wie Chasseguet-Smirgel anhand des Traums einer Patientin konstatiert, mit den Eltern in der Urszene.[53]

Daher bedürfe es eines Rahmens, der die Grenzziehung zwischen innen und außen ermögliche und verhindere, daß die Gestalten auf den Buchseiten oder der Leinwand lebendig und verfolgend würden. Dieser Rahmen und die mit ihm verbundene Tradition und Konvention verdanke sich der Verinnerlichung des Vaterbildes, steht also für die dritte Dimension. Arnold Modell, auf den die Überlegungen über die strukturierende Funktion der Tradition und der Konvention in der Kunstschöpfung zurückgehen, habe aber nicht gesehen, daß dieselben mit dem Vaterbild verbunden sind: mit der Anerkennung der Beziehung zwischen Vater und Mutter aus jener Tradition, die den Vater als Zeugenden begreife, der den konven-

---

52 *Pour une Psychanalyse de l'Art et de la Créativité*, dt. Kunst und schöpferische Persönlichkeit. Anwendung der Psychoanalyse auf den aussertherapeutischen Bereich, 1988c.

53 Obgleich Chasseguet-Smirgel ihre hier entwickelten Thesen strukturell auf die männliche Psychosexualität bezieht, wendet sie sie auch auf Künstlerinnen an. Den schöpferischen Prozeß interpretiert Chasseguet-Smirgel als Gegenbewegung zur Regression, also als Fähigkeit, der Versuchung, den Mutterleib zu entleeren, zu widerstehen. Die Bemalung der Leinwand stelle dagegen ein Füllen des mütterlichen Leibes mit symbolisierten Objekten dar und bedeute demnach, daß eine Identifizierung mit dem Vater und seinem zeugenden Penis – hier in Gestalt des Pinsels – erfolgt ist. Sublimierung übersteigt für Chasseguet-Smirgel selbst noch den Vorgang der ödipalen Reifung, indem sie auf die direkte Befriedigung der (reifen) Triebe in Form der Zeugung zugunsten der Symbolisierung derselben verzichte.

tionellen Regeln gemäß die Mutter besitze [sic!] und das Kind von ihr trenne. Während Chasseguet-Smirgel im Vorwort zur deutschen Ausgabe von der Integration der beiden Elterngestalten im Denken spricht, die sie als Voraussetzung des Schöpferischen begreift, erscheint in *Schöpfertum und Rahmen* diese Integration eher unvollständig, weshalb der schöpferischen Tätigkeit ein spielerisch-ungebundenes Tun nicht möglich sei. Eher trage sie zwanghafte Momente des Nicht-anders-Könnens, die quälend seien und der Notwendigkeit folgen, »unvollständig vollzogene projektive Identifizierungen unterzubringen« (ebd., 269). Ein starrer Rahmen spreche für eine bedeutsame Stellung des Vaters, während der Inhalt Chasseguet-Smirgel zufolge immer die intra-uterine Beziehung verkörpert. Hier kommt auch der bereits angesprochene Vergleich zwischen Kunstwerk und Psychoanalyse erneut zum Tragen: auch bei letzterer repräsentierten die Rahmenbedingungen den Vater, die Inhalte die symbiotische Mutterbeziehung. Wo kein Rahmen gegeben sei, gleite der künstlerische Prozeß ins Psychotische ab oder stelle das »fabrizierte« Produkt des perversen Künstlers dar – Voraussetzungen, die Chasseguet-Smirgel für *body* und *land art* generell unterstellt.

Letztlich bestehen für Chasseguet-Smirgel zwischen wahnhaften Zuständen und Kunstwerken trotz ›augenfälliger‹ Unterschiede zahlreiche Ähnlichkeiten und Verbindungen. Das kreative Schaffen entspringt nach ihrer Auffassung einem defizitären psychischen Zustand, der sich als Not-Wendigkeit der Strukturierung und Reintegration äußere oder aber als Scheitern an diesem Versuch, der dann in der Vortäuschung seines Gelingens enden müsse. Daß das künstlerische Schaffen auch der Sublimierung von Trieben und Wunschvorstellungen *und* zugleich der narzißtischen Befriedigung der Selbst-Realisierung und -entäußerung in der Phantasietätigkeit dienen könnte und darum einem inneren Drang folgt, der das Spielerische nicht ausschließen muß, scheint für Chasseguet-Smirgel nicht denkbar. Für sie ist menschliche Existenz nur vorstellbar als Permanenz des regressiven Wunsches nach Rückkehr in den Mutterleib, der durch die trennende Funktion des Vaterbildes abgewehrt werden muß. Der universalisierten Annahme einer perversen Neigung zur regressiven Verschmelzung in uns allen entspricht eine Vermeidung und Abwehr des als Gefahr für die psychische Strukturierung und Gesundheit interpretierten Mutterbildes durch das schützende Bollwerk der Vaterimago. Dieser Zwang zur Eingrenzung, Umrahmung und Beschränkung von allem, was mit dem Mütterlichen gleichgesetzt wird – wie vor allem der Körper oder die

Natur[54] – gibt der psychischen Aufgabe der Integration beider Elternbilder einen zwanghaft abwehrenden Charakter, in dem die paranoid verfolgende Mutter durch das begrenzende Vaterbild in Schach gehalten werden muß. Diese Universalisierung der paranoiden Furcht vor der Regression wie der perversen Verlockung zu derselben erscheint mir in dieser Weise nicht tragfähig für ein Verständnis psychischer Strukturbildungsprozesse, die Triangulierungen, Identifikationen und Integrationen voraussetzen. Gleiches gilt für eine psychoanalytische Theorie der Perversion und Psychosen. Sind jene doch keineswegs Realisierungen des Lustprinzips durch Abwehr des Väterlichen, sondern erweisen sich oft als keineswegs lustvolle Rituale der Selbstbestrafung, als qualvolle Versuche der Reintegration abgespaltener Selbst- und Objektaspekte und der Bewahrung eines in der Fragmentierung mühsam überlebensfähigen psychischen Selbst. Dies wird zum Beispiel deutlich in den psychotischen Wahnvorstellungen des Präsidenten Schreber, der sich nicht von der Mutter-, sondern der Vaterimago in vielfältigen wahnhaften Formen verfolgt fühlte und mit der er eine ambivalente, von Haß und Sehnsucht gezeichnete zerstörerische Verschmelzung suchte. Für Chasseguet-Smirgel löst sich dieser Widerspruch jedoch darin auf, daß der Vater Schrebers mit der archaisch-verfolgenden Mutterimago identifiziert gewesen sei.

4.3 Aus den Anfängen: Schrebers Paranoia und das anale Körpergefühl

Die beiden frühesten Arbeiten Chasseguet-Smirgels ebenso wie die beiden 1966 entstandenen Beiträge zum Fall Schreber sind der Theorie und Klinik der Psychosen gewidmet. Die bei ihr auch in allen späteren Werken stets sehr zentral bleibende Bedeutung der Psychosen(theorie) scheint sowohl eng verknüpft mit ihrer klinischen Tätigkeit am Hospital St. Anne in den ersten Jahren ihrer analytischen Tätigkeit (vgl. 1974a, 151). Sie scheint aber auch darauf zurückführbar, daß seit

---

54 Nicht zufällig sind es body art und land art, die Chasseguet-Smirgel als besonders zur Entgrenzung und ›inzestuösen Fusionierung‹ neigend erwähnt. Als fürchte sie, daß die physisch doch eindeutig begrenzte Körperoberfläche grundsätzlich von einem desintegrierten und fragmentierten Körperbild mit sich auflösenden Grenzen begleitet sei. Letztere sind allerdings klinische Indizien schwerer struktureller Störungen oder (prä)psychotischer Zustände. Solche tendenziell allen Körper- oder Landschaftskünstlern zu unterstellen, geht – jenseits der Diffamierung – mit paranoiden Zügen einher: mit der Angst, daß solche bei Chasseguet-Smirgel mit Zerfließen und Entgrenzung assoziierte Kunst auch die Grenzen in der Gesellschaft auflösen und diese damit zur ›Regression‹ verführen könne, d.h. zu einer neuen Form von Nazismus mit all seinen destruktiven Erscheinungsformen.

den späten fünfziger Jahren die psychoanalytische Diskussion in Frankreich sich sehr intensiv der Nosologie der Psychosen zuwandte. So hatte Lacan sein drittes Séminaire, das zwischen November 1955 und Juli 1956 stattfand, den Psychosen gewidmet und sich in diesen Vorlesungen kontinuierlich auf den Fall Schreber bezogen, den er seiner strukturalistischen Symboltheorie des Unbewußten interpretativ einverleibte (vgl. Lacan 1997).

1958 fand in Brüssel ein psychoanalytischer Kongreß[55] zum Thema des Wahns und der Psychosen statt. Eingeleitet wurde dieser Kongreß durch einen Beitrag zur *psychoanalytischen Theorie des Wahns* von Sacha Nacht und Paul Racamier (Nacht; Racamier 1958), dem die ebenfalls umfangreichen Ausführungen Müllers *über analytische Therapien der Psychosen* folgten (Müller 1958). Dieser Kongreß war offenbar auch eine Reaktion auf Lacans Psychosentheorie: auf seine provokative Behauptung in der Einleitung zum 3. Seminar, es gebe bei der Psychose nichts zu verstehen und zu heilen. Nicht zuletzt zeigt sich dies auch in den Überlegungen von Nacht und Racamier zum Fall Schreber und zu Freuds Interpretation der Teufelsbesessenheit des Malers Haitzmann[56], die sie in einem Annex zu ihrem Hauptreferat darlegen und in welchen sie Lacans Interpretationen zum Fall Schreber entgegentreten.

Unter den Interventionen zu diesem Beitrag von Nacht und Racamier findet sich auch eine von Chasseguet-Smirgel (1958), mit welcher sie erstmals in das Rampenlicht der psychoanalytischen Öffentlichkeit trat.[57]

Eine zweite Intervention Chasseguet-Smirgels findet sich 1959 zu dem Beitrag über die masochistische Bewegung in der weiblichen Entwicklung von Catherine Luquet (1959). Eine solche Bewegung begründete Luquet aus der Notwendigkeit in der weiblichen Entwicklung, die Rezeptivität und Passivität der weiblichen Geschlechtsorgane psychisch zu integrieren. Sie betont jedoch, daß die damit verbundenen masochistischen Phantasien eine transitorische Phase im Verlauf des weiblichen Ödipuskomplexes bilden, ein Durchgangsstadium, das im weiteren psychosexuellen Entwicklungsverlauf überwunden werden müsse. Dabei, so führte Luquet schon damals aus, hätten die Objektbeziehungen einen entscheidenden

55 XXe Congrès des Psychanalystes de Langues romanes, Brüssel 1958.

56 Nacht und Racamier verwenden die Schreibweise Haizmann.

57 Auf diese Intervention gehe ich in Zusammenhang mit ihren Veröffentlichungen zu Schreber aus dem Jahr 1966 ein.

Einfluß auf die Gestaltung der Triebschicksale und somit auch auf den Verlauf dieser masochistischen Regungen und ihrer Bewältigung. Ferner sei die Erlangung der weiblichen Passivität und Rezeptivität als ein aktives Ziel zu bewerten, welches das weibliche Kind in der ödipalen Entwicklung unbewußt verfolge.

Grunberger (1959) stellte in der ersten Intervention zu diesem Beitrag die Existenz einer solchen Übergangsphase in Frage und hielt ihr die Auffassung entgegen, daß jede masochistische Tendenz aus der Projektion eigener sadistischer Impulse, den Vater zu kastrieren, herrühre, verbunden mit der Absicht des Subjekts, sich von Schuldgefühlen zu entlasten.

An diesen Einwand Grunbergers lehnt sich Chasseguet-Smirgels Intervention an. Auch nach ihrer Auffassung handelt es sich bei der »masochistischen Bewegung« um eine Kaschierung sadistischer Bemächtigungsimpulse gegenüber dem Penis des Vaters, die vor allem den Zweck der Entlastung von Schuldgefühlen habe. Als Effekt zeige sich die Aufspaltung der aggressiven und sexuellen Impulse, die sich nun auf zwei Objekte verteilten: auf den Vater als dem libidinös besetzten und begehrten Objekt sowie auf die Mutter als dem aggressiv abgewehrten schlechten Objekt, dem die Kastrationswünsche des Mädchens gegenüber dem Vater projektiv zugeschoben würden.

In ihrer Erwiderung auf diese Intervention betonte Luquet (1959, 350f), daß es ihr um die Beschreibung einer Entwicklungsbewegung mit Übergangscharakter gehe, bei der die aktiven von den aggressiven Triebimpulsen vorübergehend getrennt würden, während die von Chasseguet-Smirgel angenommene Aufhebung einer Triebentmischung von aggressiven und libidinösen Impulsen, die der Integration der weiblichen Rezeptivität dienen sollen, als ein Endresultat der Entwicklung erscheine, um das es sich hier jedoch nicht handeln könne. Damit nimmt sie ein zentrales Problem in der Theorie Chasseguet-Smirgels vorweg, das diese selbst in ihrer späteren Feststellung signalisiert, eine normale psychosexuelle Entwicklung, in der das Männliche und das Weibliche integriert und die Triebentmischungen und Objektspaltungen überwunden wären, gelinge faktisch nur selten.

Trotz dieser Kontroverse erschien eine kürzere und auf das Fallmaterial verzichtende Fassung von Luquets Ausführungen in dem von Chasseguet-Smirgel herausgegebenen Sammelband zur *Psychoanalyse der weiblichen Sexualität* (Luquet-Parat 1974).

Die Argumente Chasseguet-Smirgels in dieser Intervention nehmen einige ihrer späteren Überlegungen zu den weiblichen Schuldgefühlen (1964d) bereits vorweg.

Die erste eigenständige Veröffentlichung Chasseguet-Smirgels ist eine Arbeit über *Die Analität und die analen Komponenten des Körpergefühls*, die 1959 entstand und 1962 in der Revue Canadienne de Psychiatrie abgedruckt wurde. Auch eine zweite Arbeit von 1962, die vier Jahre später erschien, widmet sie der Analität, hier jedoch auf *Ein gemeinsames Phantasma bei der Phobie und der Paranoia* bezogen (1962/66). 1966 veröffentlichte Chasseguet-Smirgel zudem zwei weitere Aufsätze, beide zum Fall Schreber, von welchen einer gemeinsam mit Paul Racamier entstand. Diese Arbeiten wurden nie ins Deutsche oder Englische übersetzt. Thematisch scheinen sie durch ihre Konzentration auf klinische Fragen außerhalb der in *Kunst und schöpferische Persönlichkeit* zusammengestellten Beiträge zu liegen. Jedoch macht die erste Fußnote zu *L'analité et les composantes anales du vécu corporel* (1959/62) deutlich, daß Chasseguet-Smirgel sich bei ihrem Vortrag desselben Gegenstandes 1959 auf Texte Samuel Becketts gestützt hatte. Diesen literarischen Bezug hat sie in ihrer schriftlichen Überarbeitung allerdings aufgegeben und durch klinische Vignetten ersetzt. Alle vier Beiträge zentrieren sich indessen um einen gemeinsamen inhaltlichen Fokus: die Bedeutung der Analität und der Homosexualität – insbesondere in der gestörten Entwicklung der Objektbeziehungen und der Psychosexualität.

In ihrer frühesten Arbeit über die *Analität und die analen Bestandteile des Körpergefühls* befaßt sich Chasseguet-Smirgel bereits mit jener Frage, die einen zentralen Stellenwert in ihrem gesamten Werk einnimmt: der Frage nach dem Gelingen oder Mißlingen der Integration der Analität bzw. des analen Penis und der daraus sich ergebenden Folgen für eine normale oder pathologische Entwicklung des Ichs. Dabei richtet sie ihr Interesse vor allem auf »die Frage der Störungen des Körpergefühls im Verlauf der Depersonalisation« (16, FN 2). Angelehnt ist ihr Begriff des Körpergefühls an Federns Begriff des Körper-Ich(Gefühls), das jener auch als körperliches Gefühl vom Ich beschreibt.[58] Im Erwerb der Sphinkterbeherrschung liege für das Kind die Möglichkeit der Aneignung und Kontrolle wie auch die passive Variante, sich Manipulationen auszuliefern. Die Beeinflussung der

58 »Das körperliche Ichgefühl ist ein Gesamtgefühl aller motorischen und sensorischen Erinnerungen, die den eigenen Körper betreffen; es ist aber nicht mit diesen Erinnerungen identisch; es enthält vielmehr das einheitliche Gefühl von der Libidobesetzung der sensorischen und motorischen Apparate ... Das körperliche Gefühl vom Ich könnte als Teil des seelischen Ichs aufgefaßt werden, das nur zur leichteren Darstellung gesondert bezeichnet wird. Dem widerspricht aber die Beobachtung von Zuständen, in denen sich die beiden Ichgefühle deutlich voneinander sondern.« (Federn 1926, 30f)

Sphinktermuskulatur werde aber nicht nur zum Modell der Handlungsaktivität und der Beherrschung im allgemeinen. Vielmehr erlaube die Unterscheidung zwischen Zurückhaltung und Ausscheidung auch die Ausbildung von strukturierenden Vorstellungen von innen und außen, Behälter und Inhalt, jetzt und später. Der Erwerb der Raum-Zeit-Dimension, die Begrenztheit und die Quantifizierung gehen danach ebenso aus der analen Funktion hervor wie Vorstellungen von Tun, Fabrizieren, Produzieren und Kreieren. Für Inbesitznahme, Kontrolle und Dominanz bilde die anale Beherrschung den Prototyp. Dabei unterscheidet Chasseguet-Smirgel zwischen zwei verschiedenen Modi: der Beherrschung des Objektes, die der Triebbefriedigung diene und der Beherrschung des Triebes, die eine Abwehrfunktion habe. Ihr Interesse gilt der Fähigkeit der Objektbeherrschung, die sich aus der sphinkteriellen Beherrschung der Exkremente herleite, einschließlich der Inbesitznahme und Beherrschung des eigenen Körpers als Objekt.

Ein gestörtes Körpergefühl zeige sich in der Verschwommenheit der Körpergrenzen, ihrer Inkonsistenz und Zerbrechlichkeit, im Gefühl der Unkoordiniertheit und Zusammenhanglosigkeit, das bis zu Depersonalisierung gehen könne. Auch eine Störung des Zeitempfindens sei regelmäßig festzustellen. Ihre Ursache haben diese Störungen für Chasseguet-Smirgel in der Nichtintegration der Analität in das Körperbild. In der Interpretation des zerstückelten Körperselbstbildes ihres Patienten Sammy, der neben psychosomatischen Erscheinungen zu Unfällen neigt, zeigt sich für sie die Selbstbestrafung für schuldhaft erlebte Zerstörungen seiner Objekte, die sie letztlich zurückführt auf sein Phantasma eines analen Penis, mit dem er seine Objekte zu beherrschen versucht habe. Darum regrediere das Subjekt angesichts der Mobilisierung seiner Objektbeherrschungstriebe. Die Niederlage der Analität manifestiere sich im Körpergefühl, welches seine Präzision, seine Kohäsion, seine Solidität und Einheit verliere zugunsten von Zerfall, Unordnung und Verschwommenheit. »Die Inbesitznahme des eigenen Körpers gestaltet sich also in gewisser Weise nach dem Modell der Sphinkter-Beherrschung, d. h. der Inbesitznahme und Manipulation der Exkremente. Diese Besitzergreifung wird unmöglich, wenn die Analität nicht integriert ist (CS 1959/62, 19).«[59]

Mit der Konfliktualisierung der Analität geht ihre Gleichsetzung mit Kastration und Destruktion einher, die die Fäkalisierung des Objekts zur Folge habe. Zu den Reaktionsbildungen und Kompensationsleistungen gehöre die Errettung, die äs-

59 Alle Übersetzungen aus den nur in französischer Sprache vorliegenden Texten sind von mir; A.M.

thetische Verwandlung und die Konservierung der Analität im Kult. Als Ursache der Konfliktualisierung derselben nimmt Chasseguet-Smirgel eine zu frühe Trennung vom »Nicht-Ich« oder aber zu starke und somit gleichfalls traumatisierende Frustrationen an. Dadurch komme es zu einer vorzeitigen und damit unreifen Mobilisierung der Analität in einer Zeit, in der das Ich des Kindes noch in einem verschwommenen Rohzustand existiere. Denn das Kind sei zu früh zu einer Abgrenzung vom Objekt, seiner Beherrschung und Manipulation gezwungen, die sich in unreifen Formen wie magischem Denken als einer Form der Pseudobeherrschung manifestierten. Als entscheidend für diese Entwicklung sieht Chasseguet-Smirgel die Haltung der Mütter, die bei Patienten mit Störungen des Körpergefühls eben durch diese Störungen repräsentiert seien. Diese Mütter seien teilweise zwanghaft und übten eine mentale und motorische Kontrolle über ihre Kinder aus, die verrät, daß diese für sie primär Objekte der Beherrschung darstellen. Hierin liegt nach ihrer Auffassung im wesentlichen das anale Trauma. Ihre Argumentation geht nun dahin, für die Integration eines einheitlich-kohäsiven Körpergefühls von der Notwendigkeit eines Penis mit phallischer Bedeutung auszugehen. Die anale Introjektion eines Phallus habe die Funktion, sich die Eigenschaften des Objektes anzueignen. Dabei gehe die anale Introjektion mit dem Wunsch der Beherrschung des Objektes einher und nehme den Penis als privilegiertes, weil begrenztes Objekt dieser Aneignung und Manipulation. Die fließend-diffuse Form der Introjektion, die die Oralität kennzeichnete, werde nun abgelöst durch einen Modus, der Begrenzung, Selbst-Objekt-Trennung, die raum-zeitlichen Kategorien und die erstrebten Eigenschaften des Objektes, seine Macht und Größe, miteinander verbinde. Bei Subjekten mit gestörtem, zur Depersonalisierung tendierendem Körpergefühl sei jedoch ein starkes Verlangen nach Verschmelzung mit einem ihnen ähnlichen Menschen gegeben, nach einem Doppelgänger, – wie das homosexuelle acting-out ihrer Patientin Anne[60] belege –, in welchem diese PatientInnen die frühzeitig unterbrochene Beziehung zum ersten Objekt nacherleben wollten. Obwohl dieser Verschmelzungswunsch der analen Reifung diametral entgegenstehe, plädiert sie darum für eine zeitweise Zulassung solcher Phantasien im analytischen Prozeß, um die Patienten ohne Wiederholung der traumatischen

60 Dieselbe Fallgeschichte erfährt eine erste Reinterpretation in den drei Jahre später entstandenen *Klinische(n) Anmerkungen zu einem gemeinsamen Phantasma in der Phobie und in der Paranoia* (1962/66) sowie erneut in *Die weiblichen Schuldgefühle* (1964). Ein Vergleich der Deutungen macht die Anpassung an die unterschiedlichen klinischen Kontexte sichtbar.

Frustrationen ihrer präobjektalen Zeit sich langsam aus der Verschmelzung heraus entwickeln zu lassen. 1966 veröffentlichte die Revue Française de Psychanalyse drei Beiträge Chasseguet-Smirgels, darunter die bereits im November 1962 eingegangenen *Klinischen Bemerkungen über ein gemeinsames Phantasma bei der Phobie und der Paranoia* (1962/66). Dieser Beitrag knüpft unmittelbar an ihre Untersuchung über die Analität und die analen Bestandteile des Körpergefühls an. Denn bei dem zu erklärenden Phantasma handelt es sich nach Chasseguet-Smirgel um anale Bestandteile der femininen Position, die bei beiden Geschlechtern in Verbindung stünden mit der Inkorporation des väterlichen Penis. Insofern gehe es bei jenem Phantasma um die Aufdeckung seiner gemeinsamen formellen Strukturen. Inhalt dieses Phantasmas, das sie bei phobischen und paranoiden PatientInnen entdeckt, ist deren unbewußte Vorstellung, Inhalt eines gefährlichen Behältnisses zu sein. Jenes Behältnis sei der Darm bzw. Anus des Objektes, sein Inhalt das Subjekt selbst. Es handelt sich also um dieselbe Inversion von Behältnis und Inhalt, die wir aus *Die weiblichen Schuldgefühle* (1964d) als ein Merkmal kennen, das Chasseguet- Smirgel nunmehr der weiblichen Sexualität in ihrem Entwicklungsprozeß regelmäßig zugrundelegt. In den *Klinischen Bemerkungen* hingegen werden diese Schuldgefühle noch als topischer Gesichtspunkt der Phobie aufgefaßt. Sie würden in Verbindung mit der Furcht, das Objekt zu beschädigen und zu zerstören, zum Motor der Umkehrung des Einverleibungstriebes in eine Inversion. Bei der Paranoia hingegen handele es sich um ein Abwehrphantasma: um die Furcht, vom Objekt penetriert, innerlich vergiftet und zerstört, also kastriert zu werden. Die Projektion des abgewehrten Triebwunsches, das (Partial)Objekt beziehungsweise den Penis anal einzuverleiben, führe zuletzt zu der Flucht in die Inversion, indem der einverleibende Anus auf die Außenwelt projiziert werde. Nun fühle sich das Subjekt in diesem als dessen Inhalt gefangen, wobei dieses Gefühl die Tatsache widerspiegele, daß dem Paranoiden jede Möglichkeit zur Triebverwirklichung im Rahmen einer klassischen Kompromißbildung fehle.[61]

61 Dies letzte Argument ist nicht nachvollziehbar, da der abgewehrte Einverleibungswunsch in der paranoiden Vorstellung, wenn auch angstbesetzt, enthalten ist. Diesen Zusammenhang hatte Freud bereits anhand des Materials von Daniel Paul Schreber deutlich gemacht und festgestellt: »Wir würden sagen, der paranoische Charaker liegt darin, daß zur Abwehr einer homosexuellen Wunschphantasie gerade mit einem Verfolgungswahn von solcher Art reagiert wird« (Freud 1911c(1910), 183). Nicht nur die Hysterie, sondern auch die Paranoia kennt die Kompromißbildung – und die Trennung zwischen jenen fällt damit nicht so scharf aus wie von Chasseguet-Smirgel gewünscht.

Vor der Entstehung dieser beiden frühesten Aufsätze Chasseguet-Smirgels war in Frankreich eine Diskussion über die Bedeutung analer Formen der Inkorporation und der Bedeutung der homosexuellen Besetzungen geführt worden, zu der Bouvet, Pasche, Grunberger sowie Fain und Marty wichtige Beiträge geliefert hatten.[62] Die Ausführungen Chasseguet-Smirgels knüpfen hieran an, wenn sie die Frage nach den primären und sekundären Motiven der analen Introjektion des Penis und die Hindernisse derselben untersucht. Hatte Grunberger die »Notwendigkeit der analen Introjektion des Penis« unterstrichen, so sprach Bouvet über die damit verbundenen Phantasmen (vgl. CS 1962/66, 132).

Fain und Marty hatten in ihrem Beitrag über *Funktionelle und strukturelle Aspekte der homosexuellen Besetzung in der psychoanalytischen Behandlung Erwachsener* (1959) auf die positive Bedeutung hingewiesen, die einer homosexuellen Besetzung – nicht nur im therapeutischen Prozeß, sondern auch in der normalen Entwicklung des Kindes – für die Aneignung der Qualitäten des Objekts zukomme. Um diese Aneignung der Objektqualitäten – verdichtet im väterlichen Penis – geht es zunächst auch für Chasseguet-Smirgel.

Allerdings findet sich bei ihr eine bemerkenswerte Unterscheidung zwischen den Geschlechtern, die sie damit begründet, daß die Frau tatsächlich den Penis des Mannes inkorporiere. Darum sei für die Frau mit dem aggressiven Wunsch der Aneignung und Einverleibung des Partialobjektes immer schon der Wunsch verbunden, den Penis des Mannes/Vaters in sich zu behalten und daraus ein Kind zu machen. Denn der Wunsch, befruchtet zu werden, müsse als *das biologisch Grundlegendste der Frau* angesehen werden, die triebhafte Realität der Weiblichkeit (vgl. ebd., 128, FN 1; Hervorh. A.M.). Dieses hier zunächst im Zusammenhang mit der Phobie und Paranoia erklärte Phänomen der Inversion wird wenig später (1964) in ihrer Theorie zu den weiblichen Schuldgefühlen als ein universelles Phänomen der weiblichen Psychosexualtität vorgestellt. Dort hat dann die Inversion ihren engen klinischen Rahmen verlassen. Daher kann es auch nicht verwundern, daß dieselbe Vignette der Patientin Anne, die hier noch den phobischen Typus der Abwehr vorstellte, uns in den *weiblichen Schuldgefühlen* wiederbegegnet.[63]

---

62 Es handelte sich um die 1959 abgehaltene Konferenz der SPP mit dem Titel *Du Stade anal dans la formation de l'image du corp.*

63 In den klinischen Bemerkungen entschuldigt Chasseguet-Smirgel sich dafür, daß sie auf diese Fallgeschichte noch einmal Bezug nimmt (ebd., 121, FN 2). In *Die weiblichen Schuldgefühle* hingegen erwähnt sie die früheren Darstellungen dieser Fallgeschichte nicht mehr.

Tatsächlich zeigt sich die Auffassung einer inneren Verwandtschaft zwischen der weiblichen Psychosexualität und Phobie in den bei beiden auftretenden Schuldgefühlen gegenüber dem (Partial)Objekt bzw. dem Penis, von dem das Subjekt fürchte, es beziehungsweise ihn zu beschädigen oder zu verletzen. Die Inversion des zugrundeliegenden Phantasmas »ich bin das Loch, in das mein Vater/sein Penis verschwindet« zu »ich verschwinde im Loch des Vaters, ich bin sein Penis« beinhalte die mit den Schuldgefühlen verbundenen masochistischen Selbstbestrafungswünsche. Die weibliche Psychosexualität trägt demnach für Chasseguet-Smirgel grundsätzlich phobische Züge.

Die Unterscheidung zwischen dem »normalen« Verlauf des weiblichen Ödipuskomplexes und der Phobie bleibt jedoch in den *Klinischen Anmerkungen* noch erhalten: während sich die Aggression im normalen Verlauf gegen die Mutter als Rivalin richte, die vom väterlichen Penis getrennt werde, zeige sich in der Phobie eine Furcht um das väterliche (Teil)Objekt (1962/66, 128, FN 1). In *Die weiblichen Schuldgefühle* hat Chasseguet-Smirgel die klinische Einschränkung der Schuldgefühle auf die Phobie aufgegeben. Die weibliche Fähigkeit, den Penis des Vaters zu introjizieren, zerschellt nach Chasseguet-Smirgel an der damit verbundenen Notwendigkeit, sich mit der anal-phallischen Mutter zu identifizieren.

Implizit führt die nosologische Unterscheidung gleichzeitig zu einer auf die Geschlechter bezogenen Unterscheidung der Inversionsmotive. Zwar gibt es auch männliche Fallgeschichten, in welchen die Sorge um das Objekt und Schuldgefühle für die mit der Introjektion verbundene Aggressivität das Motiv der Inversion bildet. Unter der Hand wird dies aber eher zu einer weiblichen Variante, während Chasseguet-Smirgel in der männlichen Entwicklung mehr Anlaß findet, bei der Introjektion um die eigene Unverletztheit zu fürchten. Schließlich bedeute die anale Introjektion eine Form der Penetration, die aufgrund ihrer homosexuellen Anteile mit Kastration assoziiert wird und abgewehrt werden muß. Wie schon Freud im Fall Schreber feststellt – den Chasseguet-Smirgel auch schon in diesen ersten beiden Beiträgen erwähnt – , liegt der paranoischen Wahnidee eine homosexuelle Wunschphantasie zugrunde (Freud 1910/11, 183). Die Verbindung zwischen Phobie und Paranoia sieht Chasseguet-Smirgel jedoch nicht nur in dem ihnen gemeinsamen Phantasma, sondern auch in einem strukturellen Aspekt: es sei der anale Bestandteil in der femininen Position der beiden nosologischen Einheiten, aus welchem sich das Phantasma ergebe. Die »Femininität« sei die letzte Metamorphose einer weit zurückliegenden prägenitalen Wurzel (1962/66, 140), die selbst Ausdruck der Inversion ist, in welcher der ursprüngliche Wunsch, sich das Objekt einzuverleiben und es zu beherrschen, in einen passiven homosexuellen Wunsch transformiert wurde. Der Sprung von dieser Vorstellung einer weiblichen Position in der phobischen oder paranoiden Einstellung hin zur weiblichen Sexualität, die »feminin«, also passiv ist aufgrund der Unfähigkeit, sich das Objekt aktiv anzueignen, ist nur noch ein kleiner.

Es gibt für Chasseguet-Smirgel jedoch auch Differenzen in der psychischen Funktion desselben Phantasmas bei der Phobie und der Paranoia. Sie ergeben sich aus den entgegengesetzten Absichten, entweder das Objekt zu beschützen (Phobie) oder aber das Selbst (Paranoia). Somit bedeutet »sich zum Inhalt im Anus des Objekts zu machen« auch das Gegenteil. Ist es bei der Phobie eine Wendung der Aggression gegen das Selbst, eine Form der Selbstbestrafung, so dient es bei der Paranoia noch immer der Errettung des Selbst. Mit anderen Worten: der Wunsch des Phobikers sei es, Penis zu sein, um den Penis des Objekts zu bewahren; dagegen wolle der Paranoiker Penis sein, um den eigenen Penis zu bewahren. Für beide jedoch bedeute das Phantasma der Inversion: sich im Darm oder Anus des Objekts zu imaginieren, in einer Falle, die stranguliert, zerstückelt, manipuliert und vielleicht doch zerstört. Denn der eigene gefährliche Anus werde in die äußere Welt projiziert, wobei Behältnis und Inhalt invertiert würden.

Dabei überrascht nicht nur die Beschreibung des Anus mit Funktionen, die eher oralen Charakter tragen (zerkleinern, abtrennen, zerdrücken der Fäces durch den Sphinkter; 138). Chasseguet-Smirgel erwähnt später selbst den Einfluß eines möglichen oralen Objektverlusts in Verbindung mit einem Gefühl innerer Leere, die jedoch zu einem Zeitpunkt erfolgt sei, als Ich und Nicht-Ich, Behälter und Inhalt, innen und außen noch nicht voneinander unterschieden werden konnten (140). Diese Unterscheidungen würden erst im analen Stadium erworben.[64] Für sie ist vielmehr die Übertragung dieser analen Qualitäten auf das weibliche Genitale ein Indiz der Integration der Analität. Hier erhält die Analisierung der Vagina für sie jene positive Bedeutung als Ausdruck des Wachstums, die Fain und Marty für die homosexuelle Übertragung betont hatten.

Diese beiden frühesten Aufsätze Chasseguet-Smirgels sind gerade aufgrund der hier vorgenommenen Beschreibung der positiven Qualitäten des analen Stadiums

---

64 Auf diese Errungenschaften der analen Phase einschließlich der raum-zeitlichen Kategorien haben vor allem Fain und Marty (1959) hingewiesen. Auf die Bedeutung dieser Aussagen für Chasseguet- Smirgels Theorie gehe ich weiter unten noch ein.

von besonderer Bedeutung. In ihren späteren Arbeiten findet sich zunehmend eine Dichotomisierung zwischen dem väterlichen Penis als dem Träger der positiven Eigenschaften eines Objektes, das raum-zeitliche Kategorien, Bestimmungen und Objektqualitäten habe, gegenüber dem analen Penis, der diese Merkmale nur vortäusche, faktisch aber alle Kategorien zum Verschwinden bringe. In diesen frühen Aussagen zur Analität sind Phobie oder Paranoia noch dem Scheitern der Integration des Analen zugeschrieben, dieses Scheitern also mehr noch Ausnahme denn verbreitetes Phänomen. In ihrem nur wenige Jahre später entstandenen bekannten Beitrag über die weiblichen Schuldgefühle spielt das Argument, daß das Mädchen die Analität nicht integrieren könne, weil es sich dafür mit der verschlingenden Mutterimago bzw. deren analem zerstörenden Phallus identifizieren müsse, eine zentrale Rolle. Ferner werden die positiven Eigenschaften der Raum- und Zeitdimension, der Grenzen, des Gesetzes und der Logik nun erst mit der Introjektion des väterlichen Penis angeeignet.

Tatsächlich konfundieren in diesen frühen Aufsätzen Chasseguet-Smirgels zwei Aspekte, die sich in der weiteren Entwicklung ihrer Theorie immer mehr voneinander trennen: die destruktiv-vernichtende, Unterschiede aufhebende Analität und die positiven Eigenschaften des väterlichen Penis. Diejenigen Aspekte der Analität, die Chasseguet-Smirgel später als Merkmale derselben charakterisiert hat, erweisen sich hier noch als Kennzeichen einer gescheiterten, nicht-integrierten Analität. Zunehmend bedeutet eine gelungene Integration des Analen für sie, sich jenseits und außerhalb desselben zu befinden. Eine positive Bedeutung der Analität beschränkt sich für Chasseguet-Smirgel dann auf die Akzeptanz bzw. Integration der destruktiv-zerstörerischen Impulse im Ich, die sie mit dem analen Phallus der Mutter in Verbindung bringt. Wie die weiteren Arbeiten zur Perversion zeigen, ist die gelungene Aneignung der Analität nicht nur die Voraussetzung ihrer Negation, sondern sie wird selbst zu dieser Negation. Denn der Phallus trägt in der archaischen Matrix überwiegend anale Züge und wird erst in seiner Lösung aus dieser ›genital‹, was für Chasseguet-Smirgel heißt: trennend.[65] Die in diesen frühen Auf-

65 Letztlich bleibt der Phallus bei Chasseguet-Smirgel durch seine omnipotent-phantasmatischen Eigenschaften eher der der Mutter. Allerdings bleibt auch für Chasseguet-Smirgel der Phallus insofern Symbol der Vollkommenheit, als mit letzterer die primärnarzißtische Verschmelzung gemeint ist und nicht die Welt des Vaters. Da diese Vollkommenheit niemehr erreicht werden könne, bedeutet für Chasseguet-Smirgel der Versuch, sie wieder herzustellen, (psychischer) Tod oder Wahn.

sätzen als positive Errungenschaften der analen Entwicklung beschriebene Ausbildung von Objektvorstellungen und räumlich-zeitlichen Kategorien, der Trennung von innen und außen, von Logik und Gesetzmäßigkeit sind Eigenschaften, die sie in späteren Arbeiten ausschließlich dem väterlichen Penis zuschreibt.

Wie ist diese widersprüchliche Haltung zu erklären? Meines Erachtens wird sie nur dann verständlich, wenn man den im Entstehungsjahr dieses Beitrags veröffentlichten Artikel von Fain und Marty (1959) *über die funktionellen und strukturierenden Aspekte der homosexuellen Übertragung in der psychoanalytischen Behandlung Erwachsener* berücksichtigt, der auf Chasseguet-Smirgels Argumentation (und auf ihre Theorie des Ichideals) einen weit größeren Einfluß hatte, als ihre Hinweise auf diesen Text verraten. Dort begründen die Autoren, daß und warum in den meisten psychoanalytischen Behandlungen eine Übertragung homosexueller Wünsche auftreten muß unabhängig vom Geschlecht des Analytikers und des Patienten. Diese Übertragung sei Folge des Fehlens einer strukturierenden Beziehung im frühkindlichen Stadium, die nur durch eine positive Übertragung hergestellt werden könne. Aufgrund des Entwicklungsstandes des Patienten, der dem des prägenitalen Kindes entspricht, könne dies in der Regel nur eine homosexuelle Besetzung sein. In ihrer auf Bouvet, Pasche und Grunberger gestützten Argumentation betonen Fain und Marty die Bedeutung, die der Aneignung der Eigenschaften einer phallisch-allmächtigen Person zukommt, um durch diese Eigenschaften die Lücke in der Ichentwicklung zu schließen. Für diese in einer zu frühen oder zu heftigen Trennung freigewordene Libido suche das Kind oder später der Patient nach einem Ichideal, auf das es seine verlorene Allmacht projizieren könne. Der ungelöste prägenitale Konflikt erfahre bei den PatientInnen eine postödipale Reaktivierung. »Der Penis des Erwachsenen wird für den kleinen Knaben wie für das kleine Mädchen zum Objekt, das durch seine Dimension ideal ist, um der Angst zu entkommen, die durch den libidinösen Rückzug verursacht ist. Der Wunsch, sich seiner aktiv zu bemächtigen, sich mit ihm zu durchdringen, und zwar in analer Weise, wird reaktiviert. Auch hier erlaubt die homosexuelle Besetzung eines Ichideals, die eine langfristige ist, aus dieser Angst herauszutreten, weil das Kind nun begreift, daß es das alles haben wird, wenn es groß ist (Fain und Marty 1959, 615).« Letztlich erscheine der homosexuelle Trieb somit als ein Wachstumstrieb: denn »der Wunsch nach analer Inkorporation ist durch die Tatsache gekennzeichnet, daß er differenziert, lokalisiert, auswählt und die Qualitäten des Objekts, dessen Daseinsweise, erstrebt, die überdies mit magischer Allmacht besetzt wird« (ebd.). Es sind Fain und Marty, die an der Analität jene strukturierenden positiven Eigenschaften betonen, die auch Chasseguet-Smirgel hier – im Gegensatz zu späteren Arbeiten – der Analität zuschreibt: die räumliche Dimension durch die Unterscheidung von innen und außen und damit einhergehend die Erkenntnis von Grenzen, die zeitliche Dimension des vorher und nachher, die Objekthaftigkeit und Begrenztheit der Exkremente und ihre Ausstattung mit Objektqualitäten. Daneben spielt auch die Auffassung vom Ichideal als einer in die Zukunft projizierten Hoffnung, im Großsein die Erfüllung der Sehnsüchte zu finden, eine große Rolle. Und selbst die strukturierende Bedeutung der Homosexualität findet sich hier noch bei Chasseguet-Smirgel wieder, da sie der Introjektion des väterlichen Penis und seines Gesetzes dienlich sei – in Gestalt der introjizierten analytischen Deutung oder aber der Identifikation mit einem väterlich-männlichen Vorbild.[66]

Vermutlich sind für diese abweichenden Gesichtspunkte in Chasseguet-Smirgels frühesten Arbeiten, die ansonsten wesentliche Argumente ihrer späteren Theorie beinhalten, Umstände von Bedeutung, die das Zusammentreffen von theoretischen Diskussionen mit persönlichen Verbindungen betreffen. 1958 hatte sie an dem in Paris stattfindenden Kongreß der romanischsprachigen Psychoanalytiker und -analytikerinnen teilgenommen und erstmals in einer Diskussion öffentlich Stellung bezogen (CS 1958). Zur selben Zeit führte sie gemeinsam mit Pierre Marty Konsultationen im Hospital St. Anne durch (vgl. CS 1974a, 151).[67] Die unterschiedlichen theoretischen Auffassungen zwischen den beiden für die junge Analytikerin vermutlich zu jener Zeit wichtigsten Personen, Grunberger und Marty, ließen sich nicht gänzlich verbergen, aber doch mit einiger Anstrengung integrieren.

Die beiden folgenden der Revision des Falles Schreber gewidmeten Beiträge erschienen im selben Heft der RFP im Jahr 1966. Ihre Entstehung geht, wie

---

66 Vgl. z.B. die Fallgeschichte Norbert in 1988a, 82. In *Das Ichideal* heißt es hierzu: » ... können wir nunmehr feststellen, daß der Weg lang ist von dem Moment an, zu dem das Subjekt noch sein eigenes Ideal ist, bis zu dem Zeitpunkt, an dem es seinen Narzißmus seinem homosexuellen Objekt, dem Vater, anvertraut, der zu seinem Vorbild wird oder – anders ausgedrückt – zu seinem Identifikationsprojekt« (1987a, 19). Im ersten Kapitel von *Das Ichideal* wird im übrigen nur über Formulierungen wie diese deutlich, daß das in Rede stehende Subjekt ein männliches ist.

67 Ihre intensive Verbundenheit mit der Praxis der französischen Psychiatrie kommt auch in ihrem Vorschlag zum Ausdruck, mit dem sie ihre Notizen zum Fall Schreber beendet (vgl. 1966b, 61), die psychoanalytische Nosographie der nach ihrer Auffassung präziseren der französischen psychiatrischen Tradition anzupassen.

erwähnt, auf Chasseguet-Smirgels Teilnahme am 20. Kongreß der romanischsprachigen Psychoanalytiker 1958 in Brüssel zurück.[68] Daß nach dem gemeinsamen Vortrag von Nacht und Racamier zur Theorie des Wahns (vgl. Nacht; Racamier 1958) eine Autorengemeinschaft zwischen letzterem und Chasseguet-Smirgel zustande kam, muß gewissermaßen überraschen, denn die Differenzen in den Auffassungen beider waren von Anfang an deutlich. Immerhin hatten sich Nacht und Racamier der Interpretation von Macalpine und Hunter (1953) angeschlossen, die bei Schreber statt eines ödipalen Konflikts nicht etwa einen präödipalen, sondern sogar einen prä– oder nichtobjektalen Zustand annehmen und diesen aus einer sehr frühen traumatischen Frustration begründen. Zunächst schließt auch Chasseguet-Smirgel sich dieser Interpretation an, daß eine sehr frühe Traumatisierung die Unfähigkeit nach sich ziehen könne, wirkliche Objektbeziehungen zu erleben. Ihre weiteren Ausführungen machen aber deutlich, daß die verfrüht eintretende (Phantasie der) Urszene[69] für sie nicht eine, sondern *die* Form einer frühen Traumatisierung ist, die den pathogenetischen Ursprung der Psychose bilde. Das Trauma der verfrühten Urszene beschreibt sie in Anlehnung an Melanie Klein, Mallet und Pasche als Erleben einer das Kind ausschließenden und gegen dieses gerichteten elterlichen Einheit, die jedoch neben der Feindseligkeit gegen das Kind in sich den Aspekt des Todes trage. Die Unbeweglichkeit, die den Bewegungen des Geschlechtsaktes folge und eine Objektivierung der vom Subjekt erlebten Lähmung darstelle, betone dieses feindselige Empfinden. Die erregte Sinnlichkeit des Kindes, der die Möglichkeit der Triebabfuhr fehle, in Verbindung mit einem fehlenden guten Objekt, das die Triangulierung erlaube, führe zum Erleben des Elternpaares als Verfolger.[70] Die Traumatisierung durch die Urszene erscheint Chasseguet-Smirgel letzlich als katastrophaler als die orale Frustration,

68 Vgl. die Beiträge zum XXe Congès des Psychanalystes de Langues romanes in Revue Française de Psychanalyse, Vol. 22, 1958.

69 »Ich würde hier indessen gern einige Anmerkungen bezüglich eines Falles von Schizophrenie vorstellen, wobei ich den Akzent auf ein meines Erachtens spezifisches Trauma legen werde, jenes der verfrühten Urszene, und indem ich dieses in Beziehung zu den verschiedenen Stufen der Regression in der Psychose setze« (CS 1958, 37)

70 Das von Chasseguet-Smirgel vorgestellte Erleben der Eltern als Paar entspricht (entgegen ihrer Behauptung) nicht der Vereinigte-Eltern-Imago Melanie Kleins, da letztere eine Vorstellung vom im Mutterleib enthaltenen väterlichen Penis und seinen Derivaten beschreibt, während das sich gegen das Kind zusammenschließende Paar eine Einheit aus zweien darstellt, von welchen Chasseguet-Smirgel mit Pasche annimmt, daß jeder Elternteil einen der konfligierenden Triebe repräsentiere. Ein solches Erleben in die präobjektale Zeit zu verlegen beinhaltet per se eine Paradoxie.

da in letzterer eine Erfüllungshoffnung gegeben sei. Bei beiden Formen der Traumatisierung geht es Chasseguet-Smirgel letztlich, wie die Schlußfolgerung am Ende ihrer Intervention zu dem Beitrag von Nacht und Racamier deutlich macht, nicht um besondere Mangelerfahrungen in einzelnen *Mutter-Kind-Beziehungen,* sondern um generell zu bewältigende Konflikte, die nur im Einzelfall durch ungünstige Realbedingungen gesteigert würden. Daher sei es nicht überraschend festzustellen, »... daß *die Urszene am Übergang von der primitiven Verschmelzung zur Objektbeziehung liegt, jenem Übergangspunkt, dessen Symptom die Depersonalisierung ist*« (CS 1958, 548; Hervorh. i.O.).

Zwischen der bei Nacht und Racamier entwickelten Erklärung des Wahns aus einer präobjektalen schweren Traumatisierung und derjenigen Chasseguet-Smirgels scheint auf den ersten Blick kein so großer Unterschied zu bestehen, denn er betrifft zunächst die Art der Frustration, und der Hinweis auf sehr frühe Urszeneneindrücke scheint die Reihe der möglichen frühen Traumatisierungen nur zu ergänzen. Tatsächlich aber wird die Urszene nicht nur zu *dem traumatischen Erleben der Psychose* per se erklärt, sondern ein wesentlicher Unterschied besteht auch im Traumabegriff: für Nacht und Racamier bedeutet er die Abwesenheit des Normalen, die sich in tiefem, die Ichentwicklung (zer)störenden Mangel ausdrückt. Für Chasseguet-Smirgel hingegen ist das Trauma ein universeller Konflikt, dessen *Nichtbewältigung* auf Unzulänglichkeiten des Subjekts, der Eltern oder der Umstände zurückgeht. Beide, Racamier wie Chasseguet-Smirgel, scheinen diese Differenzen unterschätzt, wenn nicht gar übersehen zu haben. Denn es fragt sich, was sie veranlaßt hat, bezogen auf den Fall Schreber jene Ko-Autorenschaft einzugehen (CS; Racamier 1966a), die – wie mir scheint – vorhersehbar scheitern mußte.

In ihrem gemeinsamen Beitrag bezeichnen die beiden als Ziel ihrer ›Revision‹ eine synthetische Neuinterpretation des Falles Schreber auf der Grundlage der zahlreichen neueren Literatur zu diesem Fall, die sie neu bewerten wollen. *Ihre* Revision gilt somit nicht Freuds Text, sondern dem umfangreichen neueren Material zu Schreber in der Nachfolge Freuds.[71] Dabei führen sie das starke Interesse am Fall Schreber auch auf den unbewußten Wunsch einer ödipalen Rivalität mit Freud zurück. Diese sei aufgrund der besonderen Situation, das alle späteren Autoren sich auf dasselbe Ausgangsmaterials wie Freud beziehen können, die *Denkwürdigkeiten eines Nervenkranken* von Daniel Paul Schreber, gegeben. Denn obgleich so viele Psychoanalytiker mit dem Fall Schreber vertraut und an ihm interessiert seien, habe dieser niemals eine Begegnung mit einem Psychoanalytiker gehabt. »Diese seltene Gelegenheit der ödipalen Rivalität bildet vielleicht den unbewußten Schlüssel für die Anziehung, die vom Fall Schreber ausgeht« (1966a, 3). Bemerkenswert ist aber die Fußnote, die sie dieser Aussage unmittelbar anfügen: »Wenn diese Hypothese zutrifft, ist es pikant, daß wir als Repräsentanz des Mütterlichen einen Mann wählen, der von sich glaubte, eine Frau geworden zu sein. Diese gewagte Interpretation ist für unsere Kollegen des weiblichen Geschlechts wahrhaftig nicht annehmbar« (1966a, 3, FN 1). Zunächst erstaunt an dieser Fußnote die Verbindung zu der vorhergehenden Annahme über die ödipale Rivalität als unbewußtem Motiv der Beschäftigung mit Schreber. Denn diese angenommene Rivalität gilt zweifellos nicht Schreber, sondern bezieht sich unzweideutig auf Freud. Was also macht die Interpretation eines in der Vorstellung zur Frau gewordenen Mannes – oder besser: seiner Phantasie- und Wahnwelt – als Repräsentant des Mütterlichen so pikant und gewagt? Die hergestellte Verbindung der eigenen Interpretation Schrebers als einem Repräsentanten des Mütterlichen mit der vermuteten ödipalen Motivation anderer Autoren ergibt keinen logischen Sinn. Auch die Annahme, es handele sich dabei um eine für weibliche Psychoanalytiker unannehmbare Interpretation, muß in Erstaunen versetzen. Freuds Interpretation der passiv homosexuellen Strebungen des Mannes, die in seiner Interpretation des Schreber'schen Materials eine große Rolle spielt, beruht auf der Annahme einer femininen Identifikation in der Urszene. Was das scheinbar Unannehmbare und Gewagte ist, bleibt somit zunächst offen. Nebenbei allerdings ergibt sich aus der Annahme der Unannehmbarkeit der eigenen Interpretation für Psychoanalytikerinnen der – hier erstmals auftretende und sicherlich überraschende – Aspekt einer geschlechtlichen Desidentifikation Chasseguet-Smirgels. Denn sie als Mitau-

71 In den von Racamier allein geschriebenen Schlußbemerkungen weißt dieser darauf hin, daß nicht alle vorhandenen Beiträge berücksichtigt worden seien, gibt für die getroffene Auswahl jedoch keine Begründung. An einigen Stellen macht sich diese Unvollständigkeit als nachteilig für die Interpretation bemerkbar, z.B. in der Aussage beider Autoren, über die Schwestern Schrebers wisse man nichts, was durch die Erwähnung einer Schwester als »hysterisch« in Schrebers Krankenakte und andere Aspekte, die im Aufsatz genannt sind, widerlegt wird. Die Aussagen Baumeyers, die den Kontakt zu einem Neffen Schrebers einbeziehen, über Familienangehörige werden ebenso wenig berücksichtigt wie die nachfolgenden Recherchen Niederlands. Für eine ungenaue Rezeption spricht nicht nur der (inhaltlich unbedeutsame) Irrtum der Autoren, bei Schreber-Gärten habe es sich um Kindergärten gehandelt, sondern z.B. auch die Nichtbeachtung der Tatsache, daß die Erkenntnisse Baumeyers bereits seit 1951 bekannt waren, da er sie in jenem Jahr erstmals bei einem psychoanalytischen Kongreß in Amsterdam vorstellte.

torin bleibt somit notwendig die Ausnahme bezüglich der unterstellten Denkhemmung (die für sie immer Ausdruck einer Kastration ist).[72] Jedenfalls deuten diese beiden in der Einleitung gemachten Aussagen sowie ihre logisch nicht nachvollziehbare Verknüpfung auf einen Konflikt hin. Tatsächlich scheint die von Racamier und Chasseguet-Smirgel vorgelegte Interpretation für beide etwas zu enthalten, was sie zum einen in den Verdacht bringen könnte, ebenfalls an der ödipalen Rivalität mit Freud beteiligt zu sein. Zum anderen aber scheint sie so provozierend und gewagt, daß es zumindest für das weibliche Geschlecht unannehmbar sein könnte – selbst für die analytisch ausgebildeten Kolleginnen, wie sie andeuten. Racamier und Chasseguet-Smirgel geben zunächst einen knappen Überblick über neuere Arbeiten, die sich nach zwei Zielen hin unterscheiden: zum einen durch eine Ergänzung des biographischen und klinischen Materials zum Fall Schreber und einer darauf gestützten Neubetrachtung (Baumeyer, Niederland, Katan, Macalpine und Hunter), zum andern auf der Grundlage neuerer klinisch fundierter Ansätze zum Verständnis der Psychosen (White, Fairbairn, Szasz, Carr, Nydes, Nacht und Racamier). Daran schließt sich die beabsichtigte synthetische Neubetrachtung an, die, bezogen auf spezifische Aspekte, jeweils die Interpretation Freuds kurz in Erinnerung ruft. Daß die Zusammenfassungen der Freudschen Interpretationen sehr knapp gehalten und kleingedruckt sind, würde nicht weiter zu denken geben, stünde nicht zu Anfang des Artikels jene konfliktbetonte Fußnote in Verbindung mit der Annahme einer ödipalen Rivalität – bei anderen Autoren. An diese Zusammenfassungen Freudscher Positionen schließen sie vergleichend die neueren Interpretationen an und schlagen in einem dritten Schritt jeweils eine eigene Deutung vor. In fünf Unterkapiteln, die sich der Biographie, der Symptomatologie und Diagnostik, den aktuellen Auslösefaktoren und frühkindlichen Ursachen sowie schließlich den Mechanismen und Inhalten der Wahnbildung zuwenden, vollzieht sich nun diese ›Revision der Revision‹ – wobei die Trennung von Darstellung und eigener Interpretation nicht immer so klar gelingt wie beabsichtigt.

Ihre erste Abweichung von den zuvor dargestellten Positionen betrifft die Diagnose. Zum einen schlagen Racamier und Chasseguet-Smirgel vor, Schreber von 1893 an für durchgängig wahnsinnig zu halten. Zum anderen sind sie überzeugt,

72 Für die LeserInnen der beiden Aufsätze in der Revue Française de Psychanalyse war (ohne Kenntnis der Autorin) nicht erkennbar, daß es sich bei Chasseguet-Smirgel um eine Frau handelte, da die Vornamen nur mit Initial angegeben sind. Zwar war der Sammelband über die Psychoanalyse der weiblichen Sexualität schon 1964 bei Payot erschienen, wurde aber erst zu Beginn der siebziger Jahre in Verbindung mit der neu entstehenden feministischen Bewegung auch in Fachkreisen breiter rezipiert.

daß die von den damals behandelnden Psychiatern in den Krankenakten genannten Symptome wie Sprachstörungen, verbale und gestische Stereotypien an die Diagnose einer schizophrenen Entwicklung denken ließen, »die in den deutsch- und englischsprachigen Ländern ohne Zweifel übernommen werden würde, nicht jedoch in Frankreich ...« (1966a, 13). Dieser fiktiven Prognostizierung einer Diagnose stellen sie die Annahme einer Entwicklung von einem melancholischen Zustand zu einer paranoiden Position gegenüber, der ein langer Übergang von einer psychotischen Desorganisation zu einer schweren paraphrenischen Position gefolgt sei. Bei der Frage nach den auslösenden Faktoren und ihrer dynamischen Beziehung zu den psychotischen Durchbrüchen verfolgen sie zunächst die Gegenüberstellung von Interpretationen, die die Rolle der unterdrückten Aggression (Baumeyer), der ödipalen Rivalitäten (gescheiterte Kandidatur, Berufung zum Senatspräsidenten) und die Beziehung zur Mutter betreffen. Die synthetische Interpretation bleibt jedoch stehen bei der Feststellung, es gebe in der Literatur eine Teilung zwischen Auffassungen, die die Ödipale, und anderen, die die präödipale Sicht betonen. Aber nur Racamier ist der Auffassung, »daß der Ödipus und die homosexuelle Position für die Präpsychotischen nur Rückzugspositionen sind, die von ihnen umso mehr behauptet werden, als sie brüchig sind, da diese beiden Ströme sich weniger widersprechen als ergänzen« (ebd., 15). Von dieser uneinheitlichen Interpretation leiten Racamier und Chasseguet-Smirgel über zur Frage nach der Rolle der beiden Schreber behandelnden Psychiater. Hierbei kommen sie zu der merkwürdigen Feststellung, daß nicht jener Mediziner für den Verfolger gehalten worden sei, der dies wollte [sic!].[73]

Bezogen auf die frühe Kindheit und die Eltern besteht die synthetische Revision in der Verbindung verschiedener in der Literatur bereits existierender Interpretationen. Dies betrifft insbesondere die Usurpation der mütterlichen Rolle durch den Vater Schreber und die dadurch bewirkte Konfusion der geschlechtlichen Identifikation des Sohnes, ferner die double-bind-Botschaften des Vaters in seinen körperlichen Zurichtungen der Kinder, die die Entwicklung des Körperbildes entscheidend gestört haben, sowie seine eigene psychotische Struktur. Im letzten Abschnitt über die Mechanismen und Inhalte des Wahns finden sich Aussagen, die sich auf die eingangs angekündigte Bedeutung der mütterlichen Repräsentanz beziehen, indem sie die entscheidende Bedeutung der Beziehung zur Mutter hervorheben, die den Angelpunkt für die Entstehung der Psychose bilde, während der Vater gehalten

73 »En effet, n'est pas pris pour persécuteur le médecin qui veut« (ebd., 15; Hervorh. i.O.).

sei, diese Position zu neutralisieren (ebd.,21). In Wahrheit entwickeln Chasseguet-Smirgel und Racamier hier keine neue Interpretation, sondern schließen sich weitgehend den Auffassungen von White und Fairbairn an, die die Bedeutung der frühen Mutterbeziehung in der Entstehung von Psychosen betonen. Daneben favorisieren sie den Gedanken bei Macalpine und Hunter, daß primitive Zeugungswünsche der präobjektalen Phase Anteil am psychotischen Geschehen haben. Im Gegensatz zu diesen fassen sie diese primitiven Zeugungswünsche je- doch nicht als Ursache hypochondrischer Zustände und psychotischer Ängste auf, sondern als pseudo-triebhaftes Produkt der Abwehr von Vernichtungsängsten, aus welchen auch die Hypochondrie herrühre (ebd., 23) Hier brechen die gemeinsamen Bemühungen um eine ›synthetische Interpretation‹ ab mit der Bemerkung: »Es ist diese Vorstellung, auf die uns zu einigen wir geneigt sind…« (ebd.).

»Anstelle einer Schlußfolgerung« (23f) folgen von Paul Racamier allein verfaßte Schlußworte, die darauf verweisen, daß mit dieser Arbeit die Auseinandersetzung um den Fall Schreber nicht beendet sei. Er betont zuletzt die Überlegenheit der klinischen Erfahrung gegenüber der Auswertung von ›Memoiren‹[74] und biographischen Rekonstruktionen, um neue Erkenntnisse über den Wahn und seine Entstehungsbedingungen zu erlangen.

Auch wenn beide Autoren in der Hauptthese übereinstimmten, daß gegenüber der von Freud betonten homosexuellen Bindung in der Paranoia die Rolle der archaisch-bedrohlichen Mutterimago mehr Beachtung finden müsse, scheinen sich Differenzen ergeben zu haben. Wie sich aus dem Vergleich mit dem von Chasseguet-Smirgel allein verfaßten Beitrag, den sie mit *Randnotizen bei der Revision des Schreber-Falls* (1966b)[75] betitelt, erahnen läßt, betrafen diese sowohl die Rolle des Vaters bzw. das Verhältnis von präödipalen und ödipalen Beziehungen wie auch das Verständnis des Narzißmus in der Psychose. In ihrer an den Anfang gestellten Erklärung, sie werde auf dem heuristischen Wert der Freudschen Theorie – insbesondere hinsichtlich der Homosexualität – insistieren, den sie durch die neueren psychoanalytischen Arbeiten zum Fall Schreber infrage gestellt sehe, nimmt sie jene Haltung erstmals ein, der man in ihrem Werk häufig begegnen kann: der Reklamierung einer Übereinstimmung zwischen ihrer eigenen und der Freudschen Positition und der Verdächtigung anderer Auffassungen, Abweichun-

---

74 Für den Begriff «Denk-Würdigkeiten» findet sich im Französischen keine adäquate Entsprechung. Hier wurde die Übersetzung mit «Memoirs» gewählt.

75 *Notes de lecture en marge de la révision du cas Schreber.* RFP 30, 1966/1, 41–61.

gen zu sein.[76] Ihre sich daran anschließenden Ausführungen über die Projektion als einem Abwehr- und Bewältigungsmechanismus, der in dem Augenblick einsetze, wo das Ich sich vom Nicht-Ich trennt, sind darum hier erwähnenswert, weil sie später die hier noch gemachte Unterscheidung zwischen objektlosem primären Narzißmus und sekundärem Narzißmus, der das Objekt bereits kennt, aufgegeben hat zugunsten der Grunbergerschen Konzeption. Nach dieser ist in der Regression der Narzißmus immer bestrebt, alle Objekte einschließlich des ersten Objekts zu beseitigen, um in die Urverschmelzung zurück zu kehren. Bei der Homosexualität und der Paranoia handele es sich immer schon, so ihre Argumentation hier, um den sekundären Narzißmus, der das Ich als abgegrenztes Objekt kennt und aus diesem jene Triebimpulse in ein äußeres Objekt verlegt, die es dort besser beherrschen und zu kontrollieren meint. Dabei gehe dem homosexuell-paranoiden Bild des Penetriertwerdens der Wunsch voraus, jenes Objekt aktiv zu verfolgen und zu penetrieren. Die Homosexualität deutet sie mit Berufung auf Freud als den Zwischenschritt vom sekundären Narzißmus zur heterosexuellen Objektliebe, in der das Objekt noch dem Spiegelbild gleicht. Das hypochondrische Erleben, z.B. bei Schreber, ergebe sich aus der (Re)Introjektion des verfolgenden Objekts, wenn das äußere Objekt nicht besiegt werden konnte. Anstelle einer Sublimierung der sozialen Triebe erführen sie dabei eine Resexualisierung. Verbunden ist mit dieser Schlußfolgerung die These einer Vermengung von sexuellen und aggressiven Trieben, allerdings nicht im Sinne der neutralisierenden Triebmischung, sondern der aggressiven Aufladung der Sexualtriebe.[77]

Von diesen Überlegungen leitet Chasseguet-Smirgel über zu einer Rekonstruktion der Ichbildung und der damit einhergehenden Objektbeziehungen. Sie betont Freuds Auffassung, daß das erste Objekt des Kindes mit dem Haß entstehe, da es

76 Vgl. zu ihrem Verständnis von Dissidententum Kap. I/5.5.

77 Dies ist ein Grundgedanke – man könnte mit Recht aber auch sagen: eine Grundbefürchtung – in der Theorie Chasseguet-Smirgels. In ihrer Interpretation der Entwicklung zur reifen Ödipalität von Mädchen wie Jungen taucht dieser Aspekt bereits auf in der notwendigen Integration der destruktiven Bemächtigungskomponente des mütterlichen analen Phallus, um die Aneignung des väterlichen Penis überhaupt vollziehen zu können. Letztere sorgt aber, wenn sie gelingt, wieder für eine Neutralisierung dieser Destruktivität. Da, wie sie stets betont, die Kastration ein Aspekt der analen Mutterimago und ihres Phallus ist, handelt es sich bei der Grenzziehung von seiten des väterlichen Penis, genau genommen, um eine Kastration dieses gefährlichen Kastrationspotentials. In der hier angedeuteten Reintrojektion des verfolgenden Objekts bilden Aggressivität und Sexualität für Chasseguet-Smirgel eine gefährliche und zur Entladung drängende Mischung, die sich in den verschiedensten Formen der Perversion zeige.

die Trennung von Ich und Nicht-Ich durch die Frustration erfährt. Der primäre Narzißmus, der von Freud als ozeanisches Gefühl beschrieben wurde oder von Grunberger als eine inhärente Begeisterung über die narzißtische Fusion, könne schlecht auf jenes erste Objekt projiziert werden, daß im Haß geboren worden sei und Träger der negativen Allmacht. Das Kind suche daher nach einem »virtuellen« zweiten Objekt, das Träger dieser positiven Allmachtsgefühle werden könne. Dies entspricht nach ihrer Auffassung der von Melanie Klein vorgeschlagenen Trennung von guter und schlechter Brust. Zudem habe Klein gezeigt, daß sich aufgrund der Enttäuschung am ersten (Partial)Objekt Brust die Sehnsucht nach einem penisbesitzenden Objekt (l'object pénien) bei beiden Geschlechtern durchsetze. Die erste Triangulierung mit der guten und schlechten Brust könne mit Hilfe dieser zweiten Triangulierung abgelöst werden (vgl. 1966b, 49f).[78]

Wenn, wie klinische Beispiele von Paranoikern zeigten, die Beziehung zur Mutterimago mit Aggressivität überladen und von analsadistischer Ambivalenz geprägt sei, finde eine sehr frühe Besetzungsverschiebung auf den Vater und seinen Penis statt. Wenn aber auch in der Beziehung zum Vater die Frustrationen die narzißtische Zufuhr übertönten, erscheine dem Kind hier – ebenso wie bei der Mutter – die von ihm kommende Nahrung mit exkrementellen Eigenschaften behaftet. Mit anderen Worten: für den Paranoiker seien beide elterlichen Imagines gleichermaßen sadistisch und schlecht, insbesondere, weil sie sich in der Urszene zu verbünden scheinen.[79] Der Vater, anstatt die ihm zukommende Rolle wahrzunehmen und das Kind von der Herrschaft der primitiven Mutter zu befreien, übernimmt die Imago der schlechten, phallischen Mutter. Aber es sind die realen sadistischen

78 Für Freud war sehr wohl denkbar, daß das erste Objekt des Kindes, die Mutter, von einem gehaßten zu einem auch geliebten wird. Für ihn sind es zwar zuerst nur die Unlustgefühle und die durch sie geweckten Aggressionen, die das Kind nach außen projiziere. Ab dem Zeitpunkt jedoch, wo es auch libidinöse Besetzungen nach außen schickt, ist deren Objekt ebenfalls die Mutter aufgrund der Erfahrung des Kindes, daß von ihr die Beseitigung der Unlustgefühle kommt. Wenn Melanie Klein die Trennung des Urobjekts in eine gute und eine schlechte Brust annimmt, so geht sie davon aus, daß dem Säugling die Integration dieser gegensätzlichen Triebanteile zu einem Objekt noch nicht gelingt. Diese »Brüste« sind aber Teilobjekte des einen Objekts. Chasseguet-Smirgels Argumentation unterstellt dagegen sowohl, daß der Säugling von Beginn an die Mutter als ganzes Objekt wahrnimmt, wie auch, daß die einmal gebildete Repräsentanz des ersten Objekts als des zu hassenden unveränderlich sei. Gerade die Veränderung der Objektrepräsentanz ist es aber, die in Kleins Konzeption die Dynamik der Entwicklung des psychischen Apparats bestimmt – von den ersten sadistischen Impulsen bis hin zur depressiven Position.

79 Diese Position hatte Chasseguet-Smirgel bereits in ihrer Erwiderung auf Nacht und Racamier (CS 1958) vertreten.

Eltern, die im Kind eine hilflose, heftige Wut erzeugen, welche auf die Elternimagines projiziert wird. Zugleich stellt Chasseguet-Smirgel fest: »Es scheint allerdings, daß der zukünftige Paranoiker seinen Narzißmus nicht in dauerhafter Weise auf den väterlichen Penis und den Vater projizieren konnte. Sein Versuch scheitert. *Der väterliche Penis ist für ihn ebenso ein erotisches Objekt, wie er mit Aggressivität ausgestattet ist, aber er ist nicht der Träger seines Ichideals. Der väterliche Penis bleibt ein Penis, ohne auch zum Phallus zu werden* (in dem Sinne, wie Grunberger diese Unterscheidung verwendet) (1966b, 51f; Hervorh. i.O.). Angesichts einer nicht gelingenden narzißtischen Projektion könne die Homosexualität nicht sublimiert werden und werde dann resexualisiert. Aber es bedarf neben der mißglückten Projektion des Narzißmus auf den väterlichen Penis offenbar auch eines äußeren verursachenden Faktors, der zu Buche schlägt. Dabei erstaunt die Gleichstellung so ungleichgewichtiger Faktoren wie die zufällige rektale Be- rührung bei einer medizinischen Untersuchung (hier beruft sich Chasseguet- Smirgel auf Beobachtungen Hitschmanns und Ferenczis) neben der homosexuellen Verführung des Kindes durch einen Erwachsenen. Beiden Ereignissen wird dieselbe Wirkung zugeschrieben. Sowohl bei einer erotischen wie einer konflikthaft-aggressiven Beziehung zum väterlichen Penis scheitere das Subjekt in seinem Versuch der Errichtung eines Ichideals.[80]

Der sekundäre Narzißmus sei die Folge des Rückflusses der Objektlibido zum Ich, der sich notwendig aus dem schlechten Charakter seiner Objekte ergebe und den Größenwahn des zukünftigen Paranoikers begründe.

»Dieser sekundäre Narzißmus, weit davon entfernt, sich zu entwickeln, indem er sich durch die Zufuhr schrittweiser Identifikationen bereichert, die dabei ihre Qualität progressiv verändern, ist gewissermaßen statisch, indem er unnahbar die Grenzen des Ich auf Kosten der Objekte besetzt und die Identifikationen (die Projektion) zurückweist« (ebd., 53). Hier grenzt sich Chasseguet-Smirgel von Melanie Kleins Auffassung ab, derzufolge die Idealisierung des Objekts im wesentlichen ein krankhafter Vorgang ist. Vielmehr stelle diese Idealisierung eine Grundvoraussetzung für den Erwerb von Wirklichkeitssinn dar. Dabei beruft sie sich auf Fain und Marty (1959)[81], obgleich ein Gegensatz zwischen deren und ihrer Position besteht,

80 Daß es sich hierbei um die Entwicklung des männlichen Kindes handelt, erwähnt Chasseguet-Smirgel erst in einer Fußnote auf Seite 54, in der sie auf – noch unklare – Abweichungen in der Entwicklung der Paranoia beim weiblichen Geschlecht hinweist.

81 Vgl. CS 1966b, 53, FN 1.

da für Chasseguet-Smirgel mit der Projektion von Narzißmus und Größenwahn nicht nur die Sublimierung der Homosexualität einhergeht. Vielmehr meint sie damit zugleich deren Eliminierung. Fain und Marty hingegen hatten betont, daß unter der Oberfläche der Idealisierung des Objekts – insbesondere auch in der therapeutischen Übertragungsbeziehung – auch homosexuelle Besetzungen und Wünsche eine Rolle spielten, deren strukturierende Bedeutung für die Aneignung der (idealisierten) Objektqualitäten bisher in der analytischen Theorie und Praxis verkannt worden sei. Im Fortgang der Argumentation Chasseguet- Smirgels zeigt sich bereits hier die Auffassung, daß die gegen den Vater und seinen Penis gerichteten ambivalent-aggressiven Impulse in Wahrheit der Mutter gelten. Letztlich handele es sich bei der vermeintlichen Furcht vor Kastration durch den Vater um eine Rationalisierung der paranoiden Patienten. Denn mit der gegen die Mutter gerichteten Aggressivität nehme die Kastrationsfurcht zu, weil es letztlich gefährlich sei, »sich an dem Ort zu befinden, den man kastrieren und zerstören möchte« (ebd., 54, FN 2). Nach Auffassung Chasseguet-Smirgels liegt der Wert des sekundären Narzißmus für den Paranoiker darin, daß die Besetzung des Ichs eine mächtige Verteidigung gegen die homosexuelle Anziehung des Objekts darstelle, seine Funktion sei also primär deren Abwehr. In diesem Narzißmus entwickle der Paranoiker die Vorstellung vom Besitz eines megalomanen Penis, der die Lücke im Ich zu schließen habe. Dies erkläre den Größenwahn des Paranoikers. Dennoch sei er gezwungen, sich des Vorhandenseins und der Dimensionen dieses Penis ständig zu vergewissern, indem er unentwegt seinen allmächtigen Penis schwinge, der doch in Wahrheit nur eine hohle Rinde ohne echten Inhalt sei. Dies verleihe allen Produkten des Paranoikers den Charakter des Nicht-Authentischen (ebd., 55). Die in der Klinik bekannte narzißtische Kälte und Unnahbarkeit des paranoiden Patienten sei damit zu erklären.

Gegen Ende nimmt Chasseguet-Smirgel eine nosographische Abgrenzung der Paranoia von der Schizophrenie vor, indem sie die beim Paranoiker anzutreffende Systematisierung, Klarheit der Sprache und Ordnung der Gedanken einschließlich der Verwendung der Logik (innerhalb der Wahnvorstellungen) hervorhebt in Verbindung mit der rigiden Betonung von Körpergrenzen, während der Schizophrene über kein klar abgegrenztes Körperbild und Ich verfüge. Der Grund liegt nach ihrer Auffassung in der Abwehrfunktion der paranoiden Wahnvorstellungen gegenüber homosexuellen Regungen, die der analsadistischen Organisation der Libido entstammten. Entsprechend gelte die Abwehr des Paranoikers den auf den Penis des Objekts projizierten analsadistischen Triebregungen, die vorbewußt als Fäces repräsentiert seien. Systematisierung, Intellektualisierung und Rationalisierung dienten der Kontrolle über das verfolgende Objekt: »der Kranke legt die Hand auf den verfolgenden Penis, manipuliert, bewertet ihn und hat ihn in seiner Gewalt. Dank seiner »Erleuchtetheit«, seiner Wachsamkeit läßt er sich niemals *überrumpeln,* weder durch die anderen, noch durch seine eigenen Affekte, die die Bedeutung der Penetration des unerwünschten Objekts bekommen. Sein Mißtrauen zielt darauf, sich niemals überraschen, sich nicht düpieren zu lassen: die Welt ist voller furchtbarer Fallen (Projektion seines aggressiven Anus) oder beunruhigenden Waffen (Projektion seines Penis), die es aufzudecken und zu entschärfen gilt, bevor es zu spät ist« (ebd., 57). Der Charakter der absoluten Überzeugung, der die Ideen des Paranoikers kennzeichnet, ergebe sich aus derselben Notwendigkeit der Beherrschung um jeden Preis und mache jede Nachgiebigkeit zur Bresche für feindliche Einflüsse, die das Abwehrsystem zerstören könnten. Es scheine evident, daß das paranoische Gebäude einem rigorosen architektonischen Entwurf entspreche, in welchem die kleinste Lücke seine beschützende Wirksamkeit aufhebe und einer globalen Zerstörung gleichkomme. Die strikte Betonung der Grenzen zwischen innen und außen, Ich und Nicht-Ich in der Paranoia mache deutlich, daß diese mit der analen Phase und ihren Erwerbungen verbunden ist. Somit sei die Grundlage der Projektion hier nicht die orale Form der Exklusion, das Ausspucken, wie Freud gemeint habe, sondern die anale Exkretion, die einem begrenzteren physischen Akt entspreche, der zu einem Objekt führe. Es handele sich dabei um einen abgestimmten Prozeß, der sich an einem bestimmten Ort und zu einem bestimmten Zeitpunkt vollziehe und damit die raumzeitlichen Kategorien einschreibe [sic!]. Entsprechend setze der sekundäre Narzißmus des Paranoikers das Ich als ein abgegrenztes Objekt voraus. *»Man könnte sogar denken, daß das sadistisch-anale Stadium Beiträge zu diesem Narzißmus leistet,* die ihn verstärken, indem sie ihm eine vollständige Geschlossenheit verleihen« (ebd., 59; Hervorh. i.O.).

Auch hier vertritt Chasseguet-Smirgel noch den von Fain und Marty dargelegten Aspekt, daß Grenzen und Kategorien wie diejenigen der Zeit und des Raumes sowie der Kausalität Erwerbungen der analen Phase sind. Diesen Gedanken hat sie später aufgegeben beziehungsweise dahingehend modifiziert, daß diese Qualitäten ausschließlich mit dem väterlichen Penis verbunden seien und erst durch dessen Introjektion erworben werden könnten. Die Analität leistet dann nur noch einen Beitrag zu dieser Introjektion des väterlichen Penis, indem sie die dafür notwendigen aggressiv-destruktiven Aneignungsimpulse liefert. Die Analität ist für sie später der Gegenpol der Genitalität mit den nun dieser zugesprochenen Aspekten der Klarheit, Grenze, Rationalität und Kategorien, die sich aus dem väterlichen Gesetz ableiteten. Das Anale und die Identifikation wird sie zunehmend mit Eigenschaften gleichsetzen, die für Freud die Oralität kennzeichneten: Amalgamierung und Verschmelzung zu einem unkenntlichen Brei durch Zerstückelung, die zugleich Vernichtung und Nivellierung aller Werte bedeutet. Nach Chasseguet-Smirgels Auffassung besitzt die Analität später keinerlei positive strukturierende Eigenschaften mehr außer jener destruktiven Allmächtigkeit, deren Aneignung auf der Identifikation mit der anal-phallischen Mutter beruht. Positive Aspekte der Mutterimago verschwinden daneben zunehmend. Das Rätsel dieser Interpretationsverschiebung bei Chasseguet-Smirgel wird sich vermutlich nicht ganz auflösen lassen. Es scheint jedoch, als bestehe der Widerspruch nahezu von Anfang an, denn zwischen den beiden frühesten Beiträgen und den beiden zum Fall Schreber hatte sie 1964 ihren bekannt gewordenen Aufsatz über *Die weiblichen Schuldgefühle* veröffentlicht, in welchem jenes negativ bestimmte phallisch-anale Bild der Mutter und die unbewußte Repräsentanz des Analen als einer vorwiegend zerstörenden Potenz bereits sehr ausgeprägt ist.

Eindrücklich belegt diese zweite Schreber-Interpretation, daß wesentliche Grundgedanken, die sich in der archaischen Matrix des Ödipuskomplexes ausformuliert finden, hier bereits im Kern vorhanden sind. Allerdings verrät dieser Text in großer Deutlichkeit eine Problematik auch der späteren Auffassung. Danach hielt das Kind das erste Objekt (die Mutter bzw. »die Brust«), weil aus der Frustration und somit im Haß entstanden, von Beginn an nicht für geeignet, um seine positiven Allmachtsgefühle der primärnarzißtischen Zeit auf sie zu projizieren. Demnach hätte es von Anfang an ein zweites (virtuelles) Objekt für die guten Aspekte gesucht. Ihre späteren Überlegungen zur Übertragung der Erfahrungen mit einer guten Mutterimago auf ein zweites Objekt würden damit hinfällig. Daher formuliert sie diese Auffassung von der negativen Besetztheit des ersten Objektes später weniger prononciert. In ihrer Bezugnahme auf Melanie Klein bleibt aber deren Auffassung, daß es bei der ersten Spaltung um die des einen ersten Objekts gehe, unbeachtet oder mißverstanden. Chasseguet-Smirgel unterstellt von Anbeginn die Existenz eines zweiten, wenn auch virtuellen Objekts – oder aber die Suche nach diesem.[82] Mit der These des angeborenen unbewußten Wissens der sexuellen Wahrheit hat sie indessen nachträglich eine Begründung

82 In einem viel späteren Text bezeichnet sie dies als die »Vater-Erwartung« (vgl. 1989/92, 79).

geschaffen für die Annahme, es gebe bei beiden Geschlechtern eine Sehnsucht nach einem penisbesitzenden Objekt.

Auffällig ist die völlige Veränderung der Sichtweise Chasseguet-Smirgels gegenüber der in ihrer Intervention (1958) vorgestellten Interpretation des Schreber-Falles. 1958 war sie noch, in Anlehnung an die Ausführungen von Nacht und Racamier (1958), von einem überwältigenden Frustrationstrauma bei Schreber in der präobjektalen Zeit ausgegangen – dem von Grunberger postulierten und durch die kindliche Neotenie verstärkten Geburtstrauma[83], das zur Depersonalisierung und zu einer paranoiden Dynamik geführt habe. Hier hingegen betont sie nun das Erreichen des Objektstadiums als Voraussetzung dafür, daß Schreber die Homosexualität im negativen Ödipuskomplex sekundärnarzißtisch zu absorbieren und dadurch abzuwehren suche. Hierauf beruht für Chasseguet-Smirgel der negative Ödipuskomplex.

Genau diese Differenz zwischen ihrer früheren und dieser späteren Interpretation des Materials zu Schreber beschreibt auch eine wesentliche Grunddifferenz zwischen ihrer Auffassung und der Racamiers. Allerdings hat Chasseguet-Smirgel die Theorie der frühen narzißtischen Traumatisierung und der Neotenie bekanntlich nicht aufgegeben. Im Gegenteil: Sie erhielt gerade in der theoretischen Ausformulierung der archaischen Matrix des Ödipuskomplexes einen hohen Stellenwert. Umso mehr bildet diese zweite Schreber-Interpretation einen Bruch in diesem konstanten Begründungsmuster. Erst sehr viel später kommt sie in ihrem Beitrag über das Verhältnis von *Transsexualität, Paranoia und die Verachtung des Weiblichen* (1979b) auf Schreber zurück und scheint nun eine gewisse Integration der beiden früheren Interpretationen leisten zu können. Faktisch spielen ihre Überlegungen zum primären und sekundären Narzißmus hier jedoch keine Rolle mehr. Mit Niederland teilt sie weiterhin die Auffassung, daß Schrebers Vater die Funktionen der Mutter okkupierte. Die brutale und verfrühte Trennung von der Mutter habe in Schreber ein intensives Verlangen geweckt, mit der prägenitalen Mutter in einer undifferenzierten Einheit zu verschmelzen, in der er zu dieser Mutter werde. Zugleich sei die Weiblichkeit aber nicht besetzt worden, weil der Vater nicht zu einer Identifikation geeignet war, die mit einer Integration der

---

83 Weder bei Chasseguet-Smirgel noch Grunberger findet sich ein Hinweis auf die ursprüngliche Formulierung der Theorie des Geburtstraumas, die das Vorbild aller Kastrationen sei, durch Otto Rank, den »Dissidenten«.

männlichen und weiblichen Aspekte einher gehen konnte. Die Verbindung von Homosexualität und Paranoia ergibt sich für Chasseguet-Smirgel in diesem späteren Text aus der Verachtung des Weiblichen bei Schreber als dem Motiv der Homosexualität, die den Mann dem Vater näher bringen solle und der gleichzeitigen Begegnung der eigenen Weiblichkeit in der Homosexualität, die aufgrund der fehlenden Besetzung als narzißtische Kränkung erlebt werde (1979b, 189). Entscheidender Anhaltspunkt für diese narzißtische Deutung ist für Chasseguet-Smirgel die von Schreber gewählte Formulierung, »daß es doch eigentlich recht schön sein müsse, ein Weib zu sein, das dem Beischlaf unterliege« (Schreber 1903, 26). »Schön«, so Chasseguet-Smirgels Argumentation, sei ein ästhetisierender Begriff, der die narzißtische Bedeutung des Weiblichkeitswunsches verrate (1979b, 184). Daß Schreber jedoch nicht offensichtlich schizophren geworden sei, sondern im wesentlichen paranoid, liegt für sie darin begründet, daß er eine Identifizierung mit dem Vater versucht habe, die allerdings an der übermäßigen Strenge und der diffusen Verbindung des Vaterbildes mit der archaischen Mutterimago gescheitert sei. In ihrer ätiologischen Funktion sind diese Erklärungen allerdings unbefriedigend. Denn letztlich sind diese Begründungen nicht wesentlich unterschieden von jenen Faktoren, die Chasseguet-Smirgel zufolge die Entwicklungsbedingungen jedes Kindes charakterisieren: frühe Unreife und Hilflosigkeit, der Wunsch nach Rückkehr in den primärnarzißtischen Zustand, in dem das Kind mit sich und der Welt eins, also ›Gott‹ war[84], die Flucht vor der Weiblichkeit, deren Reintegration aus ihrer Sicht sehr regelmäßig scheitert.[85]

---

84 Grunbergers Auffassungen über die pränatale Existenz folgend charakterisiert sie diese als »eine Zeit der vollkommenen Glückseligkeit, die der Autor (Grunberger; A.M.) als »pränatale Glückseligkeit« beschreibt, in der der Fötus, dessen Bedürfnisse erfüllt wurden, bevor er sie als solche überhaupt erleben konnte, in der Lage war, sich omnipotent, einzigartig, ewig und unendlich zu fühlen. Zu dieser Zeit war der Mensch mit allen Attributen der Göttlichkeit ausgestattet (...). Der Mensch trägt die Prägung dieses Zustands in sich, trägt gewissermaßen dessen Stempel, und sein postnatales Leben besteht aus einer Reihe von Versuchen, das verlorene Paradies der vorgeburtlichen Zeit wiederzugewinnen, sei es auf normale, pathologische oder sublimatorische Weise« (1996a, 234). Die traumatischen Voraussetzungen Schrebers sind nach dieser Auffassung nur insoweit bedeutsam, als sie Einfluß haben auf die Art und Weise, in der er dem universellen Wunsch nach Wiederherstellung des primärnarzißtischen Zustandes Ausdruck verliehen habe: in Form des paranoiden Wahns.

85 Auch den Wunsch Schrebers nach der Fusion mit Gott, dem Vater, interpretiert Chasseguet-Smirgel als Wunsch nach Verschmelzung mit der archaischen Mutterimago.

4.4 Pränataler Ursprung und postnales Schicksal des Ichideals

In ihrem Vokabular der Psychoanalyse bemerken Laplanche und Pontalis (1973), daß eine einheitliche Verwendung des Begriffs «Ichideal» bei Freud nicht auszumachen sei. Mit der Abwandlung der Theorie des psychischen Apparates habe sich auch der Begiff des Ichideals modifiziert, bedingt durch seine enge Anbindung an den Begriff des Über-Ichs (ebd., 203).

Mit dieser Feststellung leitet Janine Chasseguet-Smirgel ihr Buch ›*Das Ichideal*‹ (1987a)[86] ein und begründet aus dieser Situation ihren Entschluß zur Auswahl von Texten Freuds, die ihrem eigenen Vorverständnis des Ichideals entspreche. Abweichend von der Bezogenheit aufeinander, die diese beiden Begriffe in Freuds Werk stets behalten[87], möchte sie dieselben als getrennte Entitäten behandeln und begründet diese Trennung aus der unterschiedlichen Herkunft der beiden psychischen Aspekte. Denn nach ihrer Auffassung ist »das Ichideal ... der Erbe des primären Narzißmus und das Über-Ich der des Ödipus-Komplexes« (1987a, 12).[88] Diese Interpretation ist eine erklärtermaßen subjektive, deren Plausibilität durch klinisches Material jedoch unterstützt werden soll.

In einem wesentlichen Punkt unterscheidet sich Chasseguet-Smirgels Auffassung vom Ichideal jedoch von der bei Laplanche und Pontalis entwickelten Interpretation der Freudschen Idee: hinsichtlich der Bedeutung der Identifikation. Während letztere nach den Ausführungen von Laplanche und Pontalis für Freud auch ein inhaltliches Moment des Ichideals darstellte, spielt sie bei Chasseguet-Smirgel eine ganz andere Rolle, die zugleich ein spezifisches Verständnis des psychischen Entwicklungsprozesses verrät. Denn Erbe des primären Narzißmus ist das Ichideal für sie darin, daß es der narzißtischen Besetzung des primären Ich treu bleibt. Da der eigentliche Ursprung, an den das Kind/Subjekt zurückdrängt, der Mutterleib ist, ist dies für sie auch der Ort, an dem Ich und Ichideal ursprünglich vereint waren. Dies bedeutet notwendigerweise, daß ein Ich, das alleiniges

---

86 Französische Erstausgabe: *L'Idéal du moi. Essai psychanalytique sur la maladie d'idéalité,* Paris, Tchou, 1975. Deutsche Erstauflage Frankfurt/M., Suhrkamp, 1987.

87 Zur Begriffsgeschichte vgl. Laplanche/Pontalis 1973, die die unterschiedliche Genese der beiden Begriffe wie die wechselnde Geschichte ihrer Verwendung in Freuds Werk beschreiben.

88 Die Formulierung, derzufolge das Über-Ich der Erbe des Ödipuskomplexes sei, geht ursprünglich auf einen Vortrag von Marcel Roch auf dem 27. Congrès des Psychanalystes de Langes romanes im Jahr 1966 zurück (vgl. 1987, 239f, Anm. 11, in der sich Chasseguet-Smirgel für »das kostbare Werkzeug« bedankt, dessen sie sich habe bedienen können).

Objekt des Ichideals ist, für Chasseguet-Smirgel schon intra-uterin existiert, wenn auch nur rudimentär. Schon die Geburt und die mit ihr einsetzende Hilflosigkeit des Kindes zerreiße diese primärnarzißtische Einheit. Durch halluzinatorische Wunscherfüllung und narzißtische Verschmelzung mit dem Primärobjekt könne diese Einheit jedoch noch eine zeitlang aufrecht erhalten werden.

Dies ist für Chasseguet-Smirgel der Gehalt des Ichideals. Andererseits hat das primäre Objekt Mutter kaum eine Chance, jenseits der narzißtischen Vereinnahmung durch das Kind ein Objekt der Identifikation zu sein. Denn ein wesentlicher Teil der erlebten Hilflosigkeit des Kindes besteht nach ihrer (und Grunbergers) Auffassung in der Kluft zwischen dem Wunsch nach sexueller Inbesitznahme dieses ersten Objekts, das zugleich das erste Sexualobjekt sei und der genitalen Unreife des Kindes. Zum einen kommt hier die Auffassung Chasseguet-Smirgels zum tragen, das primäre Sexualobjekt des Kindes sei schon ein Heterosexuelles[89], was zu ihrer Schlußfolgerung führt, das Mädchen habe zu Beginn des Lebens kein adäquates Objekt. Zum andern bedeutet dies – und Chasseguet-Smirgel formuliert dies ausdrücklich (ebd.,33) – anzunehmen, daß der genitale sexuelle Triebwunsch nach Vereinigung mit dem gegengeschlechtlichen Objekt von Geburt an bestehe, aber aufgrund der unreifen physischen Genitalität noch nicht erfüllt werden kann. Das Ziel des Ichideals und des ödipalen wie auch jedes anderen Triebwunsches sind letztlich immer dasselbe: die Wiedererlangung des primärnarzißtischen Urzustandes im Mutterleib durch die Fusion mit dem Ur-Objekt zu erreichen.[90]

Der Identifizierung mit Objekten kommt die Rolle zu, die Erfüllung dieses Ziels in einer spezifischen Weise zu erreichen: nämlich in Form des Verzichts auf unmittelbare Erfüllung, an deren Stelle die Identifikation mit dem Vater und seinem Gesetz tritt, welches besagt, daß die Erfüllung erst später, nach der erfolgten physischen und psychischen Reifung erfolgen könne, die einen Verzicht auf das ödipale Objekt beinhaltet. Darum kann Chasseguet-Smirgel von einem »natürlichen

89 Wie bereits dargestellt (vgl. Kap. I/2), liegt dem die Annahme eines angeborenen Wissens um die »sexuelle Wahrheit« zugrunde. Erst die Ausführungen über das Ichideal machen aber die eigentliche Bedeutung dieses Wissens nachvollziehbar, die es nach Chasseguet-Smirgels Auffassung für das Kind hat: es weiß damit um die Wege, auf welchen die Fusion von Ich und Ichideal wieder hergestellt werden kann.

Reifungscharakter« des Ichideals sprechen (ebd., 49). Dabei bleibt aber sein inhaltlicher Kern, der Wunsch nach der ursprünglichen Verschmelzung, den sie dem Todestrieb gleichsetzt, erhalten. Die Reifung besteht allein in der Akzeptanz immer neuer Aufschübe, Versprechungen, Hoffnungen, Umwege – und letztlich Objekte. Denn die Lücke, die die Trennung von Ich und Ichideal gerissen habe, müsse gefüllt werden. Auch der Perverse tue dies, aber mit den falschen Mitteln: mit Täuschung und Fälschung. Denn die Entwicklung funktioniere nur, indem auf eine direkte Wunscherfüllung verzichtet und diese kompensiert werde; jede neue Errungenschaft besteht für Chasseguet-Smirgel in der Akzeptanz einer solchen Kompensation.

Daß die Identifikation mit dem Objekt den Kern des Ichideals nach dieser Vorstellung nicht verändern kann, kommt auch in der Formulierung zum Ausdruck, das

---

90 In seiner Darstellung dieser Theorie heißt es bei Zagermann (1985): »Nach ihrer [Chasseguet-Smirgels; A.M.] Ansicht ist es das Ich-Ideal, die Sehnsucht nach der Rückkehr in die primäre Fusion, das den Motor für den ödipalen, inzestuösen Wunsch abgibt, insofern sich der Mensch im vollzogenen Inzest die Erfüllung seiner fusionären Hoffnung imaginiert« (ebd., 6). Das die hier beschriebene menschliche Psyche immer eine männliche ist, fällt Zagermann ebensowenig auf wie der noch problematischere Umstand, daß Chasseguet-Smirgel die Konflikte und Entwicklungsschritte des Ichideals bei ihren Patientinnen häufig so darstellt, als könnten sie der männlichen ohne weiteres analogisiert werden, obgleich sie theoretisch eine für die weibliche Entwicklung gesonderte Verlaufsform skizziert.

Entsprechend formuliert Chasseguet-Smirgel in einem drei Jahre nach dem Erscheinen von *L'Ideal du moi* veröffentlichten Aufsatz (1978b) die Hypothese, »daß das Verlangen nach sexueller Befriedigung ohne Frustration beim Perversen feststellbar ist, der diese von der autoerotischen Sphäre (in welcher diese Befriedigung wirklich möglich war) auf den Bereich der Objekte oder spezifischer auf die ödipale Situation überträgt« (ebd., 27; Übers. A.M.). Für Chasseguet-Smirgel liegt die autoerotische Erfahrung nicht in autoerotischen Handlungen begründet, sondern in der Verschmolzenheit mit dem Objekt, in welcher letzteres noch nicht als vom Selbst getrenntes existiert, was eine »autoerotische« Erfahrung beinhalte: denn alle Bedürfnisbefriedigungen durch das ›Objekt‹ erscheinen dem Subjekt noch als aus ihm selbst hervorgebracht. Diese Erfahrung entspreche der der intrauterinen Existenz und einer kurzen Zeit der extrauterinen Aufrechterhaltung dieser symbiotischen Illusion. Da das Objekt, wie Freud annahm, aus der Frustration erwächst, müsse jede erotische Erfahrung mit Objekten Frustrationen beinhalten. Die angenommene perverse Übertragung der autoerotischen Wunscherfüllung auf die ödipale Situation scheint die Transformation der klassischen ödipalen Beziehung in eine präödipale zu meinen. In Wahrheit ist diese Transformation konzeptioneller Bestandteil der archaischen Matrix des Ödipuskomplexes, wie sie von Chasseguet-Smirgel entwickelt wird mit der Gleichsetzung eines unterstellten regressiven Fusionswunsches mit einem »ödipalen« Inzestwunsch, während die von ihr als »reifer Ödipus« beschriebene Konstellation einem bereits überwundenen Ödipuskonflikt im Freudschen Sinne entspricht.

Ichideal werde auf das Objekt projiziert. Es gibt für Chasseguet-Smirgels Entwicklungstheorie jedoch nur *ein* Objekt, auf welches sich das Ichideal richten kann, will es den richtigen Weg gehen: auf den Vater, der das Gesetz verkörpert. Und dieses beinhalte für den immer aufrecht erhaltenen Wunsch des Ichideals nach Rückkehr zur Urverschmelzung die Notwendigkeit des Umweges über das Realitätsprinzip.

Dagegen steht die Mutterimago für die Verlockung zur sofortigen Verschmelzung, die aber eine nach dem vernichtenden Prinzip der analen Amalgamierung sei. In Wahrheit sei der Wunsch, der dem primären Narzißmus zugrunde liegt und in das Ichideal eingeht, niemals erfüllbar. Insofern handelt es sich bei diesem (Grunberger gewidmeten) Buch über *Das Ichideal* um die Beschreibung einer Utopie. Es geht dabei jedoch, wie Chasseguet-Smirgel annimmt, um eine Utopie des Unbewußten von universellem Charakter. Denn sie stelle ein unverzichtbares Element im Entwicklungsverlauf des menschlichen Lebens dar: das (trieb-)dynamische Movens des Daseins, durch welches aus dem Sein ein fortwährendes Werden hervorgehe. Es ist dieses Streben nach einem ebenso unausweichlichen wie unstillbaren Verlangen nach Wiederverschmelzung mit der Mutter und der Wiedererlangung jenes glückseligen Zustands, in dem das intra-uterine Dasein vermeintlich erlebt wurde. Abgesehen von wenigen Sekunden im sexuellen Orgasmus bleibe die Erreichung dieses unveränderlichen wie unaufgebbaren Ichideals eine Utopie oder aber, wie Chasseguet-Smirgel im Untertitel formuliert, eine unentrinnbare und ubiquitäre *Krankheit der Idealität.*

Verglichen mit dem bei Laplanche und Pontalis angeführten Verständnis des Freudschen Konzepts des Ichideals zeigt die Auffassung Chasseguet-Smirgels zwei Besonderheiten. Zum einen ist dieses Ichideal sowohl ein Universelles, allen Menschen in seinem Kerngehalt Gleiches und Unveränderliches. Es kann sich zwar auf immer neue Objekte beziehen und deren unterschiedliche Eigenschaften zum Gegenstand der Idealisierung wählen, oder aber verschiedene Tätigkeiten, die idealisiert werden, zur Annäherung des Ichs an dieses Ichideal verwenden. Eigentliches Ziel aber ist weder der hervorgehobene Wert der idealisierten Person, mit der sich das Subjekt identifiziert, noch die sublimatorische, moralische oder sonstige Qualität der ausgeübten Tätigkeit, sondern die Wiederannäherung von Ich und Ichideal (vgl. 1994). Zum zweiten entspricht diese Interpretation mehr dem Begriff des *Idealichs* in der bei Laplanche und Pontalis (1973) gegebenen Defini-

tion, wonach es sich hierbei um »ein Ideal narzißtischer Allmacht (handelt), daß nach dem Vorbild des infantilen Narzißmus geprägt ist« (ebd., 217).[91]
Das Ichideal ist für Chasseguet-Smirgel verbunden mit der *Krankheit der Idealität,* die universell verbreitet sei – und »auch wenn wir nicht daran sterben, sind wir doch alle davon befallen« (1987a, 14). Diese Konzeption des Ichideals verrät von vornherein einen melancholischen Zug: sie ist die Krankheit der Sehnsucht nach einem Zustand, der angeblich einmal erlebt und dann unwiederbringlich verloren wurde. Nicht zufällig befassen sich die Texte Grunbergers, auf die Chasseguet-Smirgel in der fünften Anmerkung zur Einleitung verweist, mit Depression, Melan-

---

91 Freud hat diesen Begriff des Idealichs eingeführt, aber nicht konsequent von dem des Ichideals abgegrenzt, wie jener von Chasseguet-Smirgel häufig, aber unvollständig zitierte Abschnitt zeigt, in welchem Freud zu Beginn vom Idealich spricht, dem nun die Selbstliebe gelte, da der Narzißmus auf es verschoben sei. Freud fährt fort mit der Feststellung, daß dieses Ichideal die neue Form sei, die narzißtische Vollkommenheit der Kindheit wiederzugewinnen. Aufschlußreich ist aber auch der von Freud festgestellte Grund dieses Verlusts: die Mahnungen während der Entwicklungszeit. Demnach fällt für Freud der Zeitpunkt der Trennung von Ich und Ichideal nicht mit der Geburt zusammen, sondern mit dem Einsetzen der Erziehung in der analen Phase (vgl. Freud 1914c, StA 3, 60f; GW 10).

Zu der Entscheidung Chasseguet-Smirgels, dennoch vom Ichideal statt vom Idealich zu sprechen, können zwei Autoren gleichermaßen beigetragen haben. Zum einen, daß auch Lacan vom Idealich als einer narzißtischen Bildung sprach. Zum zweiten und mit größerer Wahrscheinlichkeit hatte die Definition des Idealichs durch Lagache (1958) hierauf Einfluß, der die Quelle dieses narzißtischen, mit Allmacht begabten Ideals« auf die Identifikation mit der Mutter zurückführt (ebd., 217), auf jene Identifikation also, die nach Chasseguet-Smirgel, wenn sie allein auftritt, zur Perversion führen muß. Den Konflikt zwischen vorwärts- oder rückwärtsgewandter Entwicklung deutet Lagache dabei bereits an: »Das Idealich, das mit narzißtischer Allmacht ausgestattet ist, reduziert sich nicht auf «die Einheit des Ich mit dem Es», sondern umfaßt eine primäre Identifikation mit einem anderen mit Allmacht ausgestatteten Wesen, das heißt, mit der Mutter; und der «primäre Konflikt« deutet die *Alternative der Identifikation mit dem Idealich oder dem Überich* an« (Lagache 1958, 43; Übers. u. Hervorh. A.M.).

Anstelle der bei Lagache sehr klar und einsichtig vorgenommene Differenzierung zwischen dem Idealich (Moi Idéal) als einer narzißtischen, mit Allmacht besetzten Instanz und dem Ichideal als einem Bestandteil des Überichs (Surmoi-Idéal du Moi) (Lagache 1958, 43) tritt bei Chasseguet-Smirgel ein Begriff des Ichideals, dessen primärnarzißtisches Verlangen nach Fusion mit dem Ich sich im Kern niemals modifizieren wird. Durch Verbindung mit dem väterlichen Überich kann dieses Ichideal jedoch zum »Warten« veranlaßt werden, d.h. die Kategorien Raum und Zeit werden ihm als äußere Strukturen, die die Realität bilden, hinzugefügt.

Auch Zagermann (1985) kritisiert die Verwendung des Begriffs Ichideal bei Chasseguet-Smirgel im Zusammenhang mit präödipalen narzißtischen Idealisierungen und meint, daß das Fehlen von Identifikationen mit den ödipalen Eltern und von sublimativen Fähigkeiten auf den Begriff des Idealichs und dessen archaische Wurzeln verweist (vgl. ebd. 67ff).

cholie und Selbstmord.[92] Chasseguet-Smirgel gelingt es, die Todestrieb- Hypothese Freuds hier einzufügen, da Ursprung und Tod auch für Freud in eins fallen, der Tod ihm eine Regressionserscheinung des Lebens ist. Er wäre aber nach ihrer Auffassung der einzige Zeitpunkt, an dem Ich und Ichideal wieder zusammenfallen können und somit eine Erfahrung höchster Glückseligkeit.

Die Reifung ist dann mit einem Aushalten und Ertragen des Lebens gleichsetzbar und mit der Notwendigkeit, die (anale) Verachtung des Körpers zu überwinden und die Triebe zu integrieren. Wie wenig dies bei Chasseguet-Smirgel, folgt man ihren Darlegungen, positiv besetzt ist, sondern der Anstrengung und Überwindung bedarf, verrät sich in so dunklen Sätzen wie der Kritik an den Verfechtern der idealisierten Liebe, über die sie sagt, sie versuchten, »sich »der schwarzen Sonne der Melancholie« zu entziehen« (1987a, 64).

Die Perversion dagegen sei die Vorwegnahme des physischen Todes als einem »psychischen Tod«, sie bedeute den Tod des Individuums. Diese Perspektive vermag zu erklären, warum alle Inhalte des Lebens in Chasseguet-Smirgels Darstellungen nichts anderes sind als Erscheinungsformen des notwendigerweise mißlingenden Versuches, die verlorene Vollkommenheit wiederzufinden: »nur Stationen auf einem Wege ..., der nirgendwo hinführt als zum Tod« und die den Menschen dennoch zum Leben treiben (1987a, 16). Reifung ist nach ihrer Auffassung nicht ein im Subjekt erlebter Impuls zu neuen Fähigkeiten und Möglichkeiten, die entdeckt, aufgenommen und integriert werden wollen, sondern ein mühseliger Kampf gegen die verführerischen Lockungen der Regression, der vom Kind nur gewonnen werden kann, wenn Mutter und Vater es gemeinsam auf den richtigen Weg zerren, schieben und durch falsche Versprechungen locken.[93]

---

92 Béla Grunberger: *Étude sur la dépression* (1965) und *Le Suicide du mélancolique* (1966). Beide in ders., 1982, Kap. 8 u. 9. In letzterem kommt Grunberger zu dem Schluß: »In uns allen gibt es die Tendenz, die Abhängigkeit von unserer sterblichen Hülle zu überwinden« (zit. n. CS 1987a, 63).

93 Eine der Kompensationen, die für Chasseguet-Smirgel in diesem mühseligen Reifungsprozeß als bedeutsam erscheint, ist die narzißtische Gratifikation, die aus dem Selbst-Bewußtsein der Tapferkeit, Opferbereitschaft, dem Mut und der Fähigkeit zum Verzicht erwächst, die in ihrem Begriff von Reife zusammenfließen. Hier erinnern ihre Ausführungen an Mozarts Zauberflöte und andere Legenden von der Prüfung des Helden, der auch in den Mythen und Märchen immer ein zum Mann werdender Jüngling ist. Es scheint, als würde der soziale Akt der Initiation bei ihr intrapsychisch verankert.

Das Ichideal ist für Chasseguet-Smirgel jedoch auch »das eigentlich Menschliche im Menschen [...], was ihn am meisten vom Tier trennt« (ebd., 15). Denn es verhelfe ihm als das »primum movens«[94] seiner Erziehung und Tätigkeiten dazu, daß er »die einfache Suche nach Triebbefriedigung überwindet« (ebd.). Denn seine – vergebliche! – Suche habe vom Augenblick des Zerfalls der primären Fusion an das Ziel, diese Lücke zwischen Ich und Ichideal mit mehr oder weniger geeigneten Mitteln wieder zu schließen und so die ursprüngliche Vollkommenheit wieder zu erlangen. In psychischer Hinsicht ist demnach das ungeborene Kind vollkommener als das geborene. Denn die extra-uterine Existenz ist bestimmt von Ohnmacht und Hilflosigkeit, dem Trauma der Geburt, das mit dem Verlust der allmächtigen All-Einheit des Ichs mit seinem Ichideal und seiner unbegrenzten Grandiosität verbunden sei. Folglich ist die psychische Reifung lediglich ein Bemühen darum, den mit der Geburt entstandenen Mangel zu kompensieren. Dieselbe Absicht sei aber auch mit der perversen Entwicklung verbunden. Nur, daß diese den Weg zum (unerreichbaren) Ziel regressiv abzukürzen versuche. Auch dem Ödipuskomplex liegt nach Chasseguet-Smirgels Auffassung als eigentliches Motiv der Wunsch der Wiederverschmelzung zugrunde, die Sexualisierung sei nur ein neues Mittel zu demselben Zweck. Darum erscheint es ihr notwendig, »die inzestuöse Phantasie vom (sexuellen) Trieb im allgemeinen zu differenzieren« (ebd., 17).

Die Untersuchung über das Ichideal im ersten Kapitel mit dessen Verhältnis zur Perversion zu beginnen, ist also nur folgerichtig. Denn die Perversion ist für Chasseguet-Smirgel nichts anderes als die Verkehrung der Normalität in ihr seiten- und zeitenverkehrtes Spiegelbild. In der Beschreibung Chasseguet-Smirgels bekommt diese Verkehrung allerdings den Anschein, auf einer Entscheidungsmög-

---

94 Die Aufladung des Ichideals mit Allmachtsphantasien offenbart sich bei Chasseguet-Smirgel unmittelbar in der Bezeichnung desselben als »primum movens«. Denn die Bezeichnung »erster Beweger« ist ein Attribut Gottes in seiner Funktion als Weltenlenker. In der Tat beschreibt sie im folgenden das Ichideal als so sehr vom Ich getrennt, daß seine Projektion auf Vorbilder und andere Stützen als lächerlich erscheinen müsse. »... denn es handelt sich nur um ephemere, partielle und ersatzartige Vorstellungen für ein weit grandioseres und unerreichbareres Projekt als im Orgasmus, in der tiefsten Regression (der Psychose) und im Tode« (1987, 15). Nach dieser Beschreibung des Ichideals impliziert es eine Form der Grandiosität, die in der Tat auf Selbstvergötterung hinauslaufen muß. Daß deren Unerfüllbarkeit mit dem Gegenpol der Depression (und eventuell des Suizids) verbunden ist, überrascht nicht. Überraschend scheint nur, daß Chasseguet-Smirgel die »Krankheit der Idealität«, die in dieser Form eher an eine narzißtische Persönlichkeitsstörung denken läßt, als universelles menschliches Schicksal betrachtet.

lichkeit und Wahl des Subjekts für den einen oder anderen Weg zu beruhen, die von den Primärobjekten und deren Verhalten nur unterstützt oder verhindert werde, potentiell aber jedem Subjekt gegeben sei. Mehr noch: Zur Reifung muß das Kind nach Chasseguet-Smirgels Vorstellung eher gedrängt werden als daß es diesen Weg freiwillig ginge. Denn der kürzere Weg erscheint ihm nach ihrer Auffassung auch als der leichtere. »Um das tragische Gefühl zu vermeiden, zum Nachteil authentischer Objektbeziehungen von etwas angezogen worden zu sein, das zu schön ist, um wahr zu sein, *beschließt* er, die Peitsche oder den Stiefel, die Geißelung oder die Koprophagie zu verherrlichen und erklärt mit Bestimmtheit, daß es dabei mehr Lust und Schönheit gebe als im genitalen Koitus mit einer Frau« (1987a, 28f; Hervorh. A.M.). Nicht zuletzt darum bekommt die Auseinandersetzung mit der Perversion für sie den Stellenwert einer »Reflexion über die ›Normalität‹« (ebd., 14).

Betrachtet man den Verlauf, den die normale und die pathologische Entwicklung nach der Darstellung Chasseguet-Smirgels nehmen, so ergibt sich eine konsequente Dichotomisierung in allen Aspekten. Das basale Lebensziel jedes Individuums sei die Wiederherstellung des vorgeburtlichen Zustandes des primären Narzißmus und der uneingeschränkten Bedürfnis- und Schmerzfreiheit. In der »normalen«, mit psychischer Reifung und Strukturierung verbundenen Entwicklung lerne das Kind, die Erfüllung durch Identifikation mit dem Vater und seinem Gesetz, dem Inzesttabu, nach »vorn« zu verschieben, also in die Zukunft. Das damit verbundene Warten bedeute, die Generationen- und Geschlechterdifferenzen anzuerkennen. Der Knabe, auf den – nicht anders als bei Freud – diese Entwicklungsvorstellungen zugeschnitten sind, akzeptiert damit die »Wahrheit«, daß die Mutter dem Vater gehört und er auf das inzestuöse Objekt verzichten muß. Der damit verbundene Verzicht erlaube nicht nur die Integration der elterlichen Imagines, mit welchen er sich nun gleich- und gegengeschlechtlich identifizieren könne, sondern befähige zur Übernahme von Verantwortung und der Wahrnehmung des angeborenen Fortpflanzungswunsches infolge der erfolgten Integration der väterlichen Normen und Gebote. Im besten Falle gelinge auch eine Sublimierung der Triebe durch schöpferische Kreativität in wissenschaftlichen und künstlerischen Disziplinen.

Der »perverse Weg« hingegen ist nach Chasseguet-Smirgel gekennzeichnet durch die Illusion einer unmittelbaren Wunscherfüllung. Auf diesem Weg sei es notwendig, den Ödipuskomplex zu umgehen, um die väterliche Überlegenheit verleugnen zu können. Die stattdessen notwendige Täuschung über die doch nur erreichte Pseudogenitalität erfolge mittels Lug und Trug und ästhetischer Verkleidung der pseudokreativen Fabrikationen. Das Festhalten am Lustprinzip führe, weil dieses mit dem Todestrieb verbunden sei, zu Rebellion, Revolution und Chaos. Das Vorbild des daran orientierten Knaben ist nicht die genitale Zeugung, sondern die anale Produktion einer amalgamierten Kotmasse, in der die Differenzen verschwunden und die Aspekte der Realität zerstört sind. Hierbei orientiert sich Chasseguet-Smirgel an Grunbergers Beschreibung der Verdauung als einem Prozeß des sukzessiven Abbaus von differenzierten Einheiten bis hin zur homogenen Kotmasse (Grunberger 1982, Kap. 4). Daß sich die hohe Komplexität des Verdauungsvorganges, der aus Gegessenem nicht nur Kot macht, sondern es zunächst in Lebensenergie verwandelt, nicht im Unbewußten niederschlagen sollte, widerspricht Freuds Auffassung von der unbewußten Repräsentanz des Organischen ebenso wie der alltäglichen Erfahrung einer sowohl lustvollen wie vitalisierenden Wirkung der Nahrungsaufnahme und des wohltuenden Gefühls von Sättigung wie von körperlicher Entleerung. Der Knabe identifiziere sich nicht mit dem gesetzgebenden und Ordnung garantierenden Vater, sondern mit der analen Mutterimago und ihrem destruktiven analen Kot-Phallus. Die prototypische Familienkonstellation des Perversen sei dementsprechend die Verbindung von Mutter und Sohn unter Ausschluß des Vaters.[95] Francis Pasches Feststellung, es sei die verhinderte Idealisierung des Vaters, die beim Sohn zum Fetischismus führe, dehnt Chasseguet-Smirgel auf alle Perversen aus. Sie idealisierten anstelle des Vaters und seines Penis ihre prägenitalen erogenen Zonen und Pseudofähigkeiten sowie Partialobjekte.[96] Dennoch, so nimmt Chasseguet-Smirgel an, müsse auch für den Perversen in seinen falschen Produktionen die väterliche Genitalität der Maßstab bleiben, an welchem er sich orientiert. Darum wehre er sich gegen die aufkeimende Sehn-

95 Diese Konstellation ist nach ihrer Auffassung auch diejenige, der in der neutestamentarischen Christenheit mit der Vergötterung der Jungfrau-Mutter und des Sohnes gehuldigt werde und die den gesetzgebenden Vater des alten Testaments ausblende, der durch die vergebende Allmacht des Sohnes negiert werde (vgl. dazu Kap. I/5).

96 Für Chasseguet-Smirgel besteht zwischen der Formulierung Freuds, der Fetischist idealisiere seinen Trieb, und der Idealisierung von erogenen Zonen und Partialobjekten kein Unterschied (vgl. 1887a, 25).

sucht nach dem »verlorenen« guten Vater, die, wenn er sie zulasse, sein Kartenhaus zum Einsturz bringe.

Von der notwendigen »Egoisierung« der Triebe (Grunberger) unterscheide sich diese Idealisierung durch die Verleihung jenes für die Analität typischen falschen Glanzes. Dahinter verberge sich nichts anderes als die Idealisierung des eigenen Ichs. Der Glanz im Auge der Mutter, für Kohut die Voraussetzung der Integration eines primären Selbst, erweist sich bei Chasseguet-Smirgel als erster Schritt in der mütterlichen Verführung. Allerdings: die Entwicklung einer »echten« Perversion sei gekoppelt an den Vollzug eines »echten« Mutter-Sohn-Inzests (1987a, 38).[97] Pervertierend wirkt die sexuelle Beziehung zur Mutter für Chasseguet-Smirgel aber nur darum, weil sie die Realisierung der Urverschmelzung erlaubt – dies gilt nach ihrer Auffassung für den Mutter-Sohn- und Mutter-Tochter-Inzest gleichermaßen. Entsprechend behauptet sie für den Vater-Tochter-Inzest, er führe selten zu einer Psychose der Tochter, denn es handele sich dabei nicht um einen Inzest im eigentlichen Sinne.[98]

Von einem realen Vater-Sohn-Inzest ist in den Schriften Chasseguet-Smirgels nicht die Rede. Auch ihm würde sie vermutlich eine psychotisierende Wirkung absprechen – oder aber den Vater mit der archaischen Mutterimago gleichsetzen. Bei einer sexuellen Beziehung zwischen Mutter und Tochter ist Chasseguet-Smirgel hingegen der Auffassung, diese müsse zwangsläufig dieselbe Auswirkung haben wie beim Mutter-Sohn-Inzest: denn nur sie bedeute eine fusionäre Vereinigung mit der Mutter, die mit der Vorstellung einhergehe, es bedürfe keines Vaters für die Erzeugung eines Kindes. Hierin stimmen also für Chasseguet-Smirgel die »perverse Lösung« der Entwicklungsaufgaben bei der Tochter und dem Sohn

---

97 In den meisten Texten spricht Chasseguet-Smirgel hingegen nicht von einem realen Mutter-Sohn-Inzest, sondern unschärfer von mütterlicher Verführung (vgl. z.B. 1989a, 251).

98 Diese Begründung ergänzt sie später (1997) durch die Feststellung, das kleine Mädchen, das vom Vater verführt werde, könne nicht die Illusion haben, ihm ein Kind zu gebären und so dem Vater ein adäquates Sexualobjekt zu sein. Ferner verhindere die häufig wertschätzende Behandlung des kleinen Mädchens durch diese Väter eine perverse Entwicklung. Wahrscheinlicher seien hysterische oder phobische Symptome (vgl. Interview in Raymond, L.W.; Rosbrow-Reich, S., 1997, 460). Die offensichtliche Tendenz zur Verharmlosung des Vater-Tochter-Inzests bei Chasseguet-Smirgel wurde bisher nicht thematisiert.

überein.[99] Die Perversion wie die Psychose[100] interpretiert sie als eine Rückkehr zum primärprozeßhaften Lustprinzip unter Ausklammerung der Realtiät (dem Vater, seinem Gesetz und seiner zeugenden Fähigkeiten), das seine Erfüllung in der scheinbaren Rückkehr an den Ort des eigenen Ursprungs finde: in den Mutterleib.[101] Der Perverse lebt demnach in einem fast paradiesischen Zustand der scheinbaren Erfüllung, der nur getrübt werde durch den Umstand, daß der Vater und die Realität doch immer wieder in diesen eindringe und dem Perversen seine Illusion vor Augen führe. Die Verführung durch die Mutter und der Inzest mit ihr verlieren darin alle Schrecken und scheinen die Erfüllung aller tiefsten Wünsche des Knaben zu sein. Dies entspreche seinem psychischen Tod in Form der Auflösung seiner Objektbeziehungen und damit einhergehender Depersonalisierung, der ihn jedoch ängstige und dazu veranlasse, sich eine erschreckende Mutterimago zu phantasieren, die ihn vor diesen höchsten Verlockungen schützt. Sie, die archaische Mutterimago, ist es, der der real Verführte dann anheimfalle, mit der er sich identifiziere, um mit Hilfe ihrer anal-phallischen Macht den Vater auszugrenzen. Durch die Verführung auch in seiner Genitalisierung der Triebe beschleunigt, wäre der Perverse nach dieser Auffassung bereit, den Preis eines zumindest partiellen Ichverlustes für die schnellere Herbeiführung der ersehnten Fusion zu zahlen.

---

99 Die von Quint (1987) präsentierte Fallgeschichte eines 35-jährigen Perversen scheint auf den ersten Blick ganz der bei Chasseguet-Smirgel beschriebenen sexualisierten Beziehung zur Mutter und einem entsprechenden Verführungsangebot derselben mit verschiedenen Merkmalen wie Analität (Fäkalisierung des Kindes durch unflätige Beschimpfungen), kriminelle Impulse, ekstatisches Verschmelzungsgefühl, zu entsprechen. Unter dieser Beziehungsstruktur offenbart sich aber eine schwere strukturelle Störung, die sich als Entwicklungsdefizit aus einer nicht vollzogenen ödipalen Identifizierung nur unzureichend erklären läßt. Quint macht die Genese der prämorbiden Persönlichkeitsstörung, die aus dem Fehlen eines antwortenden Primärobjekts und dem emotionalen Mißbrauch durch jenes erwuchs, ebenso deutlich wie die kompensatorische Funktion der perversen Handlung zur Erhaltung eines in seiner narzißtischen Zufuhr wie seiner Vitalisierung ohne das symbiotische Objekt existentiell bedrohten Selbst. Nicht primärnarzißtische Glückseligkeit, sondern narzißtische Entleerung und die Gefahr des Selbstverlustes kennzeichnen hier die Psychodynamik.

100 Auf die teilweise synonyme Verwendung der Begriffe psychotisch und pervers bei Chasseguet-Smirgel habe ich bereits hingewiesen.

101 Siehe auch ihre gleichlautenden Ausführungen in Raymond; Rosbrow-Reich (1997, 460), wo sie nochmals betont, der wahre Inzest (hier: der Tochter) könne sich nur mit der Mutter vollziehen, die immer psychotisch sei, nicht pervers wie der inzestuöse Vater. Darum führe der Inzest mit der Mutter beim Mädchen nicht zur Perversion, sondern zur Psychose – »weil er zur Rückkehr an den Ort zwingt, an dem man vor seiner Geburt war« [sic!]. Hier begegnet man erneut dem »konkreten Denken« bei Chasseguet-Smirgel – denn kein Mensch kehrt wirklich in den Uterus seiner Mutter zurück.

Daß es Lücken im Ich gibt, die für das perverse Subjekt spürbar werden, erinnert daran, daß Chasseguet-Smirgel zugleich von einem angeborenen psychischen Entwicklungsverlauf ausgeht, der in unaufgeklärtem Widerspruch zu der vermeintlichen Notwendigkeit steht, das Kind zur progressiven Entwicklung zu verleiten. Gäbe es aber nicht diese eine Bedrohung, den Ichverlust und die damit verbundene Todesangst, so wäre nach Auffassung Chasseguet-Smirgels der Mutter-Sohn-Inzest die höchste Form der psychisch erlebbaren Glückseligkeit und damit dem intra-uterinen Zustand der Ich-Vollkommenheit am nächsten. Genau besehen ist damit der Begriff der Psychose, der ein gespaltenes Erleben nicht nur der Realität, sondern auch des Selbst meint, bei Chasseguet-Smirgel ins Gegenteil verkehrt. Bei ihr ist die Psychose in ihrer vollkommensten Ausprägung identisch mit dem – unterstellten – intra-uterinen Zustand des Fötus, der keine Realität, sondern nur die glückselige allumfassende Einheit des Ichs mit seinem Ideal als kosmischem Verschmelzungserleben kenne. Bedauerlicherweise sind echte Psychotiker in der Regel nicht in einem solchen Glückszustand.

Sowohl für Chasseguet-Smirgels Theorie wie für diejenige Grunbergers gilt zudem, daß angesichts der Annahme, das Lustprinzip sei letztlich allein mit der ursprünglichen Fusion: der primärnarzißtischen Besetzung des Ich verbunden, der Begriff der Lebenslust keinen Sinn macht. Was das Leben überhaupt an- und aus sich heraustreibt, ist nach dieser Theorie nicht erklärbar, da in ihren Konzepten als Grund des Lebens und dessen »primum movens« allein der Wunsch nach Rückkehr zum Ursprung übrig bleibt.

Der »reife«, durch Identifikation mit dem Vater, d.h. durch genitale Zeugung sich auszeichnende Mann, und der Perverse stellen in der Theorie Chasseguet-Smirgels die beiden Grundfiguren psychischer Entwicklung dar: der progressiven und der regressiven. Den Prototyp des reifen genitalen Charakters verkörpert für Chasseguet-Smirgel der aufgeklärte, säkularisierte Jude, sein Gegenpol sei der mit der analen Mutterimago identifizierte, intrapsychisch destrukturierte Nazi: er stellt für Chasseguet-Smirgel den Prototyp des Perversen dar.[102]

Jenseits der Differenzierung der Pathologien finden sich immer wieder dieselben Überlegungen und Begründungen für die pathologische Entwicklung beim Mann. Gilt für den »Perversen« (und alle psychischen Störungen aus dem Formenkreis der Psychose) das eben beschriebene Grundmuster, so für den Neurotiker, daß er sich auf den Weg nach vorn begeben habe, dort aber stehen geblieben sei. Dies Steckenbleiben auf halbem Wege sei verbunden mit der Abwehr der »perversen« Identifikation, der Angst vor der Integration des mütterlichen analen Phallus, die die notwendige Voraussetzung für die Introjektion des väterlichen Penis ist.[103] In dieser Hemmung erweist sich der Konflikt des neurotischen Mannes gleich dem der durch Schuldgefühle gehemmten Töchter.

Die von Chasseguet-Smirgel angeführte differentia spezifica der normalen und der pathologischen Entwicklung besteht damit in einer raum-zeitlichen Unterscheidung zwischen »hier und jetzt« (= Perversion) und »später an einem anderen Ort« (= Wachstum und Reifung). Mit dieser Gegenüberstellung der alternierenden Möglichkeiten von »vorwärts« und »rückwärts« gewandter Orientierung, von Progression oder Regression, Schöpfung oder Täuschung, Entwicklung oder Perversion beginnt Chasseguet-Smirgel das erste Kapitel ihres Buches über *Das Ichideal*. Die »Krankheit der Idealität« bezeichnet somit eine Aporie der menschlichen Entwicklung, die sich aus der Unerreichbarkeit des Ichideals für das Ich ergebe und die dazu führe, daß sich das Individuum für einen dieser beiden Wege entscheide.

---

102 Die Erklärung des Nazismus aus der Identifikation mit der archaischen Mutterimago findet sich besonders deutlich wieder in einem 1994 gegebenen Interview (vgl. Raymond; Rosbrow-Reich 1997), in welchem Chasseguet-Smirgel zunächst die Aufseherinnen in den Konzentrationslagern als ungewöhnlich stark mit männlichen Eigenschaften ausgestattet beschreibt, um dann dem entgegenzusetzen, sie seien nicht wirklich männlich identifiziert, sondern: »Ich denke, daß die Nazis, Männer wie Frauen, eine Identifikation mit einer sehr archaischen undifferenzierten mütterlichen Imago haben, welche nicht deutlich männlich oder weiblich, jedoch sehr primitiv, aggressiv und gefährlich ist. Ich denke, das gilt für die weiblichen Nazis wie für die Männer. /... ich glaube nicht, daß Hitler eine Vaterfigur war. Ich denke, daß er als eine viel archaischere Imago diente« – und diese habe jener archaischen Mutterimago entsprochen, die mit sehr primitiven narzißtischen Bedürfnissen verbunden war, welche er ausnützte (ebd., 449f). Was unter diesen Voraussetzungen für Chasseguet-Smirgel das »Männliche« der Nazi-Frauen ausmacht, läßt sich nur erraten.

103 Nach dieser Vorstellung dürfte das Kind auch nicht über die nötige Aggressivität verfügen, sich den mütterlichen Phallus anzueignen. Dies ist ein immanenter Widerspruch innerhalb dieser Konzeption, die eine Psychodynamik unterstellt, bei der das Kind durch die Herstellung einer bösen Mutterimago, in die es alle seine destruktiven Anteile fiktiv verlagert, sich tatsächlich aller aggressiven Impulse und Bemächtigungsfähigkeiten entledigt hätte, so daß es sie mit dem analen Phallus der Mutter erst wieder reintrojizieren müßte. Eine solche Annahme beruht einmal mehr auf der Gleichsetzung des Imaginären (der Projektion von Aggression) mit der Realität (dem Nichtverfügen über Aggression). Die tatsächliche Psychodynamik der projektiven Abwehr eigener destruktiver Impulse geht dagegen mit einer tendenziellen Unfähigkeit zu Schuldgefühlen einher, weil das mit den eigenen Aggressionen projektiv ›ausgestattete‹ Objekt für die vom Subjekt ausgehenden Angriffe verantwortlich gemacht wird

Jener zweite, von regressiven Tendenzen gezeichnete Weg, nimmt im wesentlichen das vorweg, was in ihrem späteren Konzept der archaischen Matrix des Ödipuskomplexes dessen Kern bildet. Er stellt nach ihrer Auffassung nicht nur eine universelle Gefährdung dar, vielmehr vermittelt Chasseguet-Smirgel den Eindruck, dieser sei der viel häufiger beschrittene Weg, zumindest beim männlichen Kind.

Die Möglichkeit der Frau, der primärnarzißtischen Einheit später mittels der Schwangerschaft und der in ihr vollziehbaren Identifikation näher zu kommen, bewahre sie vor der Verführung zur Perversion. Dem Mann fehle aber nicht nur diese Identifikationsmöglichkeit mit dem Ungeborenen, sondern auch die mit der Mutter. Für ihn fallen das inzestuöse Objekt und das primäre Sexualobjekt zusammen. Für seinen Weg zur Perversion bedürfe es jedoch der äußeren Verstärkung durch die reale Mutter. Paradox an dieser Erklärung Chasseguet-Smirgels ist vor allem, daß sie die Verführung des Sohnes durch die Mutter auf eine perverse Tendenz in der Mutter zurückführt. Hier geht schon logisch die Annahme nicht mehr auf, daß die Frau weniger anfällig für die Perversion sei als der Mann. Denn jeder perverse Mann hätte danach eine perverse Mutter, die seinen Irrweg durch Verführung verschuldete.

Andererseits offenbart sich auch eine widersprüchliche Interpretation des Penis. Ist er einerseits das männliche Instrumentarium, mit dem die Rückkehr an den mütterlichen Ursprungsort möglich wird und daher ein entscheidendes Motiv für das Interesse an seinem Erwerb darstellen sollte, so ist seine Introjektion als väterlicher Penis bei Chasseguet-Smirgel zugleich verbunden mit dem Verbot, diesen Weg zu beschreiten. Es ist, auch wenn Chasseguet-Smirgel diesem Gegensatz keine Aufmerksamkeit schenkt, ein Gegensatz von Introjektion und ›Extrajektion‹.[103] Es scheint, daß sie jenen Aspekt der Extrajektion nicht beachtet, denn den Penisneid des Mädchens erklärt sie nur unter dem Gesichtspunkt der Abgrenzung von der Mutter, nicht aber als Ausdruck eines weiblichen »perversen« Wunsches, den kurzen Weg der Fusion beschreiten zu können. Dabei ist es eben jenes fusionäre Verlangen nach der Mutter, welches sie für die wahre Klippe in der menschlichen Entwicklung hält, und nicht der Ödipuskomplex in seiner Bedeutung eines genita-

103 Ferenczi hat die Introjektion als den Gegenbegriff zur Projektion eingeführt (vgl. Laplanche/Pontalis 1973, 235). In dem hier thematisierten Zusammenhang geht es jedoch nicht um eine Projektion, sondern um das phantasierte Eindringen in den Mutterleib mit einem dem Kind imaginär verfügbaren Penis statt der phantasmatischen Einverleibung des Penis des Vaters.

len Verlangens des Kindes nach dem gleich- oder gegengeschlechtlichen Elternteil. Erst die ödipale Situation verschaffe dem Kind am Vater die Erfahrung der dritten Dimension, während die anale Phase allein den Erwerb der Unterscheidung innen/außen enthalte. Mit dieser Aussage hat sie nun deutlich ihre frühere, an Fain und Marty angelehnte, Position aufgegeben, nach der die Integration der Analität die Dimensionen von Raum und Zeit vermittelt (vgl. CS 1959/62).

Eine andere wichtige Quelle für ihre Überlegungen zum Ichideal bleibt, wie Gekle (1996) zurecht kritisiert, völlig ungenannt, der Einfluß Lacans. »Dieses Buch kommt – wiewohl in direkter Nachbarschaft zu Lacan geschrieben und von scharfer Ablehnung gekennzeichnet –, ohne irgendeine Nennung dieses Intimfeindes aus – und dies, obwohl Chasseguet-Smirgel nun ein autochthon Lacansches Thema behandelt. Die persönliche Engherzigkeit dieser Art Umgangs von Theoretikern untereinander ist zwar betrüblich, ärgerlich dagegen macht eine großartig wirkende Ausgrenzung, die indes implizit weit mehr an gemeinsamen Grundüberzeugungen und Interpretationslinien teilt, als der Autorin lieb sein dürfte: Das Verdrängte rächt sich bekanntlich durch Wiederkehr« (ebd., 153, FN 16).[104]

Diese Wiederkehr des Verdrängten trägt bei Chasseguet-Smirgel zwei Gesichter: zum einen die der direkten (bzw. durch Grunberger vermittelten) Übernahme von Vorstellungen, Gedanken und Begrifflichkeiten, zum andern die der negativen Abgrenzung und Bezugnahme auf Lacans Ideen durch Verkehrung derselben ins Gegenteil. Dabei spielt die Beeinflussung, die Lacan auf den nur wenige Jahre jüngeren Grunberger ausübte, eine nicht geringere Rolle als die Begegnung (oder Konfrontation) Chasseguet-Smirgels mit dieser Theorie in zahlreichen anderen Diskussionen. Denn, wie Raguse und Drews (1998) betonen, sind »Lacans Theorien meist auch integrierter Bestandteil im Denken jener französischen Analytiker …, die nicht einer von ihm direkt beeinflußten Gruppe angehörten« (ebd., 4).[105]

---

104 So sehr ich Gekle in ihrer Auffassung zustimme, daß Chasseguet-Smirgel (und dasselbe gilt für Grunberger) die Herkunft eigener theoretischer Positionen dem frühen Lacan verdanken und dies verschweigen, gilt dies doch gerade für die Differenzierung von Ichideal und Über-Ich nur begrenzt. Denn hier ist auch der Einfluß einer Arbeit von Jeanne Lampl-de Groot (1961) zu berücksichtigen, die sich derselben Fragestellung widmete und mit welcher Grunberger sich bereits früh auseinandergesetzt hatte. (Für den Hinweis auf Parallelen zwischen Chasseguet-Smirgel und Lampl-de Groot danke ich Mihri Özdogan.)

105 So war z. B. André Green, der wie Chasseguet-Smirgel und Grunberger langjähriges Mitglied der SPP ist, ein regelmäßiger Gast der 1964 von Lacan gehaltenen Vorlesungen (s. die Diskussionsbeiträge in Lacan 1978).

In einem späteren Beitrag (1987c), der im selben Jahr erschien wie die deutsche Übersetzung von *Das Ichideal*, faßt Chasseguet-Smirgel ihre Grundideen hierzu zusammen. Ich zitiere diese Passage, weil sie sehr klar den Stellenwert markiert, welchen sie dem Ichideal für die Entwicklung zur Reife oder Perversion gibt.

»Bei der Untersuchung des Ich-Ideals, das man wenigstens teilweise als Projekt des Ichs, als das was das Ich werden will, definieren kann, bot sich mir die Gelegenheit, zwei Formen desselben zu unterscheiden. Die eine neigt vollkommen dazu, alle Entwicklungsschritte in Richtung auf den Ödipuskomplex und die Genitalität hin zu integrieren. Die Absicht des Ichs wäre dann – wenn man es schematisch beschreibt – wie das Objekt der Mutter, das heißt, wie der Vater zu werden, *um in Zukunft den Inzest zu verwirklichen. Der Inzestwunsch wäre dann nicht nur von einem sexuellen Verlangen getragen, sondern wesensmäßig unterstützt durch ein fundamentales Begehren nach der Rückkehr zu den Ursprüngen.* Die zweite Form des Ich-Ideals – des Ich-Entwurfes – strebt dasselbe Ziel an unter Vermeidung der Entwicklung, der langsamen und schmerzhaften Reifung und der Identifikation mit dem Vater. So gäbe es also für das Ich-Ideal einen langen und einen kurzen Weg. Entwicklungsgeschichtlich gesehen ist der kurze Weg, der auf einem Trugschluß, auf einem Taschenspielertrick, auf der Vermeidung aufbaut, gebunden an die Illusion einer möglichen Ersparung der Entwicklung wie auch das Fehlen einer Idealisierung der Vaterfigur. Zusammen mit anderen Autoren habe ich auf der Rolle der Mutter in diesem Schicksal des Ich-Ideals bestanden, sowie auf der Täuschung, in der sie das Kind hält: daß es nämlich in seiner Kleinheit und in dem prägenitalen und nicht fruchtbaren Charakter seiner Sexualität den Vater um nichts zu beneiden brauche, da es für seine Mutter ein geeigneter Sexualpartner sein könne. *Dieses Schema führt notwendigerweise zur Perversion, ...«* (1987c, 158f; Hervorh. A.M.).[106]

Mehreres wird in dieser Zusammenfassung nochmals deutlich: es geht hauptsächlich um das Ichideal des männlichen Kindes, das werden soll wie das Objekt der Mutter; dem ödipalen Inzestwunsch liegt ein regressiver Wunsch nach »Rückkehr zu den Ursprüngen« zugrunde; und die Verfehlung des Entwicklungszieles, der Identifikation mit dem Vater, mündet unvermeidlich in der Perversion.

---

106 Fast gleichlautend sind Chasseguet-Smirgels Formulierungen in ihrem 1990 veröffentlichten Aufsatz *On Acting Out*, welcher sich aus Elementen dieses und anderer früherer Beiträge, insbes. auch Teilen aus *Die archaische Matrix des Ödipuskomplexes* zusammensetzt.

Chasseguet-Smirgel sieht in der Perversion, Paranoia und anderen Störungen mit psychotischem Kern eine defizitäre Entwicklung, die mit Schuldhaftigkeit verknüpft ist. Die Schuld des Patienten liegt in einer Art Entwicklungsfaulheit, dem Wunsch, den kurzen Weg zu gehen und die Zeit und alle Differenzen abschaffen zu wollen. Die Schuld der Mutter liegt in ihrer Verführung des Sohnes auf diesen falschen Weg, die in den einzelnen Vignetten sehr regelmäßig mit einer perversen Tendenz der Mutter begründet wird. Die Schuld des Vaters liegt in seiner Schwäche, die Mutter nicht an seiner eigenen Ausgrenzung zu hindern – oder aber an seiner Überstrenge, die sich seiner Identifikation mit der analen Mutterimago verdankt.

Fain und Marty hatten in ihrem Chasseguet-Smirgel bekannten Aufsatz über funktionelle Aspekte und die strukturierende Rolle der Homosexualität (1959) betont, daß es nach Freuds Auffassung einer im wesentlichen homosexuellen Libido bedürfe, um das Ich und seine Ideale zu verbinden. Diese homosexuelle Libido sieht Chasseguet-Smirgel einerseits als Motor der Introjektion des väterlichen Penis an (vgl. die Fallgeschichte Norbert in 1988a, Kap. 4), andererseits ist die Homosexualität für sie Ausdruck einer perversen Verleugnung des Geschlechter- und damit auch des Generationenunterschiedes.

Interessant ist aber vor allem der folgende, damit zusammenhängende Aspekt in der Argumentation von Fain und Marty: auch nach ihrer Auffassung bedarf es eines gewissen Druckes von Seiten des als Ichideal fungierenden Objekts, der das Subjekt in einem progressiven Sinne lenkt. Bis hierhin nimmt, abgesehen vom Status dieses Objekts als dem Ichideal, das für Fain und Marty auch die Mutter sein kann, diese Argumentation diejenige bei Chasseguet-Smirgel vorweg. Was aber die progressive Entwicklung nach Auffassung dieser Autoren befördert, ist die Fähigkeit des Subjekts, seine Wünsche in einer passiven, rezeptiven Weise erfüllen zu können. Darum sprechen auch sie zwar von der Notwendigkeit gewisser Frustrationen, aber auch davon, daß diese durch ein liebevolles Klima teilweise ausgeglichen werden müßten. Diese an Winnicotts »good enough mother« oder Bions »containing mother« erinnernde Formulierungen sind für Chasseguet-Smirgel bereits mit der Gefahr der Verführung des Knaben durch die Mutter verbunden, die ihn in die (homosexuelle) Perversion treibe. Nach ihrer Auffassung ist es die Aufgabe der Mutter, den Knaben wohldosiert zu frustrieren, um ihn von seinen passiv-regressiven Wünschen der Bedürfnisbefriedigung abzuhalten. Daß eine passiv-regressive Bedürfniserfüllung erst erlernt werden müsse und bei ihrer Integration entwicklungsfördernd sein könne, ist für Chasseguet-Smirgel ebenso undenkbar wie die Auffassung, daß diese regressive Haltung beim Erwachsenen nicht ein perverses oder psychotisches, sondern ein neurotisches Kennzeichen sei. Hierzu ist eine Auseinandersetzung mit Freud in ihrem Aufsatz von 1987c aufschlußreich, in welcher sie sich auf dessen Brief an die Mitglieder des Komitees vom 15. Februar 1924 bezieht. In der Wiedergabe der für sie entscheidenden Passage des Briefes läßt sie diejenigen Formulierungen Freuds aus, die darauf hinweisen, daß er wie Rank der Auffassung ist, daß es sich bei diesen regressiven Wünschen nach Rückkehr in den Mutterleib um *neurotische* Tendenzen handelt.[107]

Chasseguet-Smirgel geht hier nicht nur von einer perversen Entwicklung aus, sondern – darin wiederum Grunberger folgend – von einer mit dem Verlust des vorgeburtlichen Glückseligkeitszustandes entstehenden primären Aggressivität, die der Perverse in destruktivem Agieren einsetze, um in den Mutterleib zu gelangen – durch Zerstörung aller Hindernisse auf diesem Weg. Hierin erkennt Chasseguet-Smirgel das Grundmotiv aller destruktiven wie teilweise auch autodestruktiven Handlungen: von der Delinquenz über Drogenmißbrauch bis zum Raub und Mord, die aus ihrer Sicht Äquivalente für die Versuche des Perversen sind, die Realität zu zerstören. Warum der Mutterleib selbst dabei so häufig zerstört wird, erklärt sich für Chasseguet-Smirgel aus dem Versuch des Mörders (den sie gern mit Jack the Ripper assoziiert), alle störenden »Dinge« aus diesem Mutterleib zu

---

107 »Rank geht nun über die Neurotik hinaus in allgemein menschliches Gebiet und zeigt, wie die Menschen im Dienst dieses Triebes die Außenwelt verändern, *während der Neurotiker in seiner Phantasie auf kürzestem Wege durch Rückkehr in den Mutterleib sich diese Arbeit erspart*« (Freud 1957f; zit. n. Freud/Abraham 1980, 322; Hervorh. A.M.).

Dieser Interpretation Ranks widerspricht Freud in diesem Rundbrief vom 15. 2. 1924 nicht. Auch in seinen späten Notizen vom Juni 1938 findet sich eine eher bildhaft-poetische Beschreibung der regressiven Haltung des Neurotikers: »Beim Neurotiker ist man wie in einer prähistorischen Landschaft, z.B. im Jura. Die grossen Saurier tummeln sich noch herum, und die Schachtelhalme sind palmenhoch (?)« (GW Schriften aus d. Nachlaß, 151). Chasseguet-Smirgel hat alle Hinweise darauf, daß die von ihr der Perversion zugerechneten Regressionsneigungen von Freud mit Neurosen in Verbindung gebracht werden, in ihren Zitaten gelöscht. Daß Freud »zu wenig empfänglich für die Poesie unbewußter Primärprozesse gewesen« sei (CS 1988c, 14), wird nicht nur durch die zitierte Beschreibung der neurotischen Regression als einem Ausflug in die Prähistorie widerlegt.

Der Wortlaut von Freuds Brief (1957f) stimmt mit den bei Chasseguet-Smirgel wiedergegebenen Passagen (vgl. 1987c, 164) nicht exakt überein. Demnach ist zu vermuten, daß es sich dabei um eine Rückübersetzung aus dem Französischen handelt.

entfernen. Entsprechend habe der erwachsene Perverse, weil er an der Illusion des kurzen Weges festhalte, kein Verständnis für die therapeutische Situation und sei in ihr kein Bündnispartner.

Mit der Ausdehnung der Fragestellung auf das Schicksal des Ichideals in der Gruppe (1987a, Kap. 4) knüpft Chasseguet-Smirgel an Freuds Untersuchungen zur Massenpsychologie an. Auch für die Gruppe entwirft sie das Bild einer geöffneten Schere, in welchem sich dieselben Elemente einer regressiven oder progressiven Entwicklung wiederfinden. In regressiven Gruppen manifestiere sich das Perverse in Form der Ideologie, deren Funktion es sei, die Illusion einer vollkommenen und baldigen Erfüllbarkeit des Verschmelzungswunsches aufrecht zu erhalten. Die Gruppe werde in ihrer Vereinheitlichung nicht nur zur Brüderhorde, sondern gleichzeitig zum Primärobjekt, mit dem der Einzelne zu verschmelzen wünsche. Die Ausgrenzung und Vernichtung des Andersdenkenden hat die Bedeutung der Entleerung des Uterus und der Beseitigung aller Differenzen, die an die Realität erinnern. Die Realitätsprüfung werde an die Gruppe abgetreten, was es erlaube, an die Stelle der Realität die Illusion zu setzen. »Die Gruppe ist zugleich das Ich, das primäre Objekt und das Ichideal, die endlich miteinander verschmolzen sind« (1987a, 89). In diesen Gruppen habe der Führer dieselbe Funktion, die beim Perversen die Mutter einnehme: zur Illusion zu verführen, daß die Verschmelzung mit dem Primärobjekt (Gruppe) unmittelbar möglich sei, indem der primäre Narzißmus der Gruppenmitglieder bestätigt werde. Der Führer sei, wie sie später auch schreibt, Vorbild in der Umgehung der Reifungsprozesse (ebd., 113). Der »intrauterine Charakter« der Gruppenzusammengehörigkeit verbinde sich mit der »trunkenen« Erhebung der Gruppenregression, die zugleich eine Erhebung gegen den Vater bedeute.[108] Das Phänomen des Dogmatismus und Fanatismus autoritärer Gruppen ist Chasseguet-Smirgel zufolge ebenso aus diesen präödipalen Fixierungen und der Ablehnung der ödipalen Reife zu erklären wie der Ruf nach Freiheit aus dem Wunsch, sich den Gesetzen des Vaters und seiner Realität zu entziehen: »Es genügt, sich die Substitute der Freiheit vorzustellen – Reinheit, Glück, Größe, Gerechtigkeit, Gleichheit, Revolution etc.« (ebd., 246, FN 10).

108 In einem Artikel zur Besetzung der Sorbonne durch Studenten im Mai '68 hatte ein Autor in Le Monde die Metapher »das trunkene Boot« verwendet, in welcher Chasseguet-Smirgel eine intuitive Wahrnehmung des intra-uterinen Charakters dieser Bewegung und ihrer illusionären Trunkenheit bestätigt fand.

Es gibt für Chasseguet-Smirgel allerdings auch Gruppen, die sich nicht regressiv orientierten, sondern die »Entwicklung« zuließen und damit die ödipale Dimension bewahrten. In ihnen repräsentiere der Führer die Gestalt des Vaters. Diese Gruppen zeichneten sich nicht durch Ideologien aus, sondern durch Denksysteme und begrenzte Ziele. Denn sie hätten die Entwicklung selbst mit ihrem Ichideal besetzt, was die Integration der Triebe und ihre Sublimierung bedeute. Auffallend ist bei diesen Ausführungen Chasseguet-Smirgels ihre Parallelisierung der Gruppe-Führer-Beziehung mit der Patient(en)-Analytiker-Beziehung, in welcher ein Arbeitsbündnis entweder gelinge oder aber »aggressiv« verweigert werde (Chasseguet-Smirgel bezieht sich hier auf Ausführungen Bions über analytische Kleingruppen). Danach scheint es, als ginge die Gruppe in beiden Fällen mit ihrem Führer einen ›Vertrag‹ ein, sich von ihm zu einem Entwicklungziel leiten oder aber magisch verführen zu lassen. Aus der entgegengesetzten Ausrichtung dieser Ziele folgt zugleich eine Polarisierung von regressiver »perverser« Ideologie gegenüber dem »Gesetz des Vaters«, das die Entwicklung verlange.

In der Sublimierung – der Idealisierung des Objektes bei gleichzeitiger Desexualisierung desselben und der Ablenkung der Triebe auf ein nicht-sexuelles Ziel – kommt dieses für Chasseguet-Smirgel am vollständigsten zum Tragen.[109] Wichtig sei für die Sublimierung jedoch nicht, daß das Ich schon alle Schwierigkeiten auf dem Weg zur Reife bewältigt habe, sondern vor allem, daß es die Herausforderung von Schwierigkeiten annehme und bereit sei, Hindernisse zu überwinden. Die Tiefe wahrer Schöpfung ergebe sich aus dem Durchlaufen aller Reifungsschritte und -konflikte und den mit ihnen verbundenen affektiven Qualitäten. Der Grund ihrer Schlichtheit, Wahrhaftigkeit und ergreifenden Tiefe liege in der vom Subjekt geleisteten Integration aller Triebe und Objektidentifikationen, die sich in den »stufenförmig angeordneten Repräsentanzen entlang eines tiefen regredierenden Wegs« (ebd., 115) zeigten und in Relation zu einfachen Anspielungen die Vielfalt der Affekte und den Genuß des Kunstbetrachters hervorbrächten. Es ist für Chasseguet-Smirgel der integrierte fruchtbare, zeugende Penis des Vaters, dessen

109 Im 5. Kapitel von *Das Ichideal* (Paris 1975), das sich mit der Beziehung von Ichideal und Sublimierung im schöpferischen Prozeß befaßt, greift Chasseguet-Smirgel zahlreiche Ausführungen aus *Kunst und schöpferische Persönlichkeit* (1988c) wieder auf, das vier Jahre zuvor (Paris 1971) veröffentlicht worden war.

schöpferische Qualitäten sich im echten Kunstwerk ausdrücken, welches zugleich eine Anerkennung der Genitalität bedeute.

Dagegen sind für sie Glamour und Kitsch die Kennzeichen des Falschen und dienen dem Verbergen der analen Abkunft desselben, wobei wiederholt aus den Formulierungen Chasseguet-Smirgels der Eindruck entsteht, es handele sich dabei um eine *bewußte* Täuschung durch den Fetischisten. Für den Perversen, der in der analen Sphinkter-Falle gefangen sei, habe das »Falsche« die Funktion eines Fetischs, der den Penis des Vaters ersetze. Denn im Unbewußten, so ihre Annahme, sind Leben und Kastration ebenso fest miteinander verbunden wie Tod und Analität (135).[110]

Die Idealisierung der Triebe habe narzißtische Funktion und blähe den Narzißmus auf.[111] Gleichzeitig betont Chasseguet-Smirgel jedoch, daß es sich um die Folge mißglückter Identifikationen oder mißglückter Integrationen dieser Identifikationen handele, durch die das Ich und das Ichideal weit auseinander träten. Diese Lücke solle durch den aufgeblähten Narzißmus geschlossen werden, der aber innerlich so hohl sei wie das falsche Produkt, das ihn repräsentiere und das

---

110 Da der Tod nach Freuds Auffassung im Unbewußten nicht existiert, stellt sich hier die Frage, was für Chasseguet-Smirgel die unbewußte Bedeutung von Tod ist. Er ist für sie repräsentiert in der primären Verschmelzung, die wie bei der Produktion von Kot nach ihrer Auffassung die Nivellierung aller Unterschiede bedeutet. Das Endprodukt, der Kot, ist nach ihrer Auffassung unbewußt dem Tod gleichgesetzt, die anale Ausscheidung symbolisiere Vernichtung (vgl. 1989a, Kap. 5). Gleichzeitig entspricht die intra-uterine Verschmelzung jedoch der höchsten Vollkommenheit durch die Wiederverschmelzung von Ich und Ichideal. Damit zeigt sich hier ein höchst ambivalentes Bild vom Tod wie auch von der Lust. Denn das Lustprinzip weist Chasseguet-Smirgel dem Todestrieb zu, sich dabei auf eine hypothetische Aussage Freuds beziehend (in *Jenseits des Lustprinzips*), die all seinen anderen Überlegungen hierzu entgegensteht.

111 In ihren *Überlegungen zum Fetischismus und zum Realitätsverlust in der Perversion* (in 1989a, 251ff) stellt Chasseguet-Smirgel fest, der Begriff der Idealisierung habe bei Freud durch dessen gesamtes Werk nie seine Unschärfe verloren. Vor allem habe er die Idealisierung des Triebes nur in den *Drei Abhandlungen zur Sexualtheorie* (1905d) thematisiert. Sieht man, wie dies bei Freud geschieht, wird das Motiv für die Distanzierung Chasseguet-Smirgels, die in dieser Idealisierung den Kern der perversen Pathologie und ein wichtiges Element aus dem perversen Arsenal der Täuschungen sieht, erahnbar. Denn anstelle der ihr eigenen Schärfe in der Verwerfung alles Perversen spricht Freud davon, daß »hier ein Stück seelischer Arbeit geleistet (ist), dem man trotz seines greulichen Erfolgs den Wert einer Idealisierung des Triebes nicht absprechen kann« (1905d; zit. n. CS 1989a, 252). Diese Wertschätzung der darin enthaltenen seelischen Arbeit, die nach Freud eine Erhöhung des Triebes bewirkt, geht bei Chasseguet-Smirgel verloren bzw. verkehrt sich ins Gegenteil: mit der Idealisierung des Triebes wächst für sie die Abscheulichkeit der Perversion.

wie dieser zur Schließung der Lücke dienen solle. Kennzeichen des Falschen, das dem falschen Penis entspricht, sei, daß es nicht erschaffen, sondern »fabriziert« werde. Dabei ist Fabrizierung für sie gekennzeichnet durch einen schlechten Inhalt oder ein Imitat eines echten Werkes (das dennoch als Phallus verherrlicht werde) sowie den Versuch der äußerlichen Verschleierung dieser substantiellen Wertlosigkeit.[112] Da der anale Phallus aber nicht wirklich befriedige, werde der Fetisch in »toxikomanischen Bildungen« immer neu reproduziert – wie der anale Kotpenis, der sich immer neu wie der Phönix aus der Asche erhebe und darum die Kastration umgehe. Prototyp der Ideologie des perversen Erwachsenen ist nach ihrer Auffassung die kindliche Theorie des sexuellen phallischen Monismus, die einen Versuch zur Aussparung der Reifungsprozesse darstelle.

Der Wert des echten Produktes hingegen zeige sich durch die Modifizierung seiner Inhalte, die ein Äquivalent der Modifizierung des Ichideals darstelle. Auch er sei gekennzeichnet durch den Bezug auf Vorbilder, der jedoch keine Imitation bedeute, sondern eine Transformation auf dem Boden der Tradition, die der Einzigartigkeit jeder menschlichen Existenz Ausdruck verleihe, denn »jedes menschliche Wesen ist selten und sogar einzigartig, ganz so wie der Penis [sic!] und das ödipale Objekt« (1987a, 130f).[113]

Hier greift Chasseguet-Smirgel erneut den Beitrag von Fain und Marty (1959) und die darin thematisierte strukturierende Bedeutung der Homosexualität auf. Nach ihrer Auffassung ist die Idealisierung des homosexuellen Objekts Vater (durch den Sohn) die Form, in der die homosexuellen Triebe integriert werden könnten und die mit der Übertragung des Ichideals auf den Vater jene progressive Reifung ermögliche. Dagegen bleibt die manifeste Homosexualität für sie Ausdruck

---

112 »Die Imitation betrifft das Wesen des genitalen Phallus, wie er vom Subjekt phantasiert wird« (1987a, 113).

113 Die Einzigartigkeit des Penis widerspricht freilich der Universalität seiner Merkmale, die ihn im ödipalen Konflikt zu seiner Funktion als Grenze bestimmen. Es scheint auch, als spräche Chasseguet-Smirgel dem Perversen nicht nur weniger Ausdrucksfähigkeit seiner einzigartigen Existenz zu, sondern diese selbst in gewisser Weise ab, da ihr seine psychische Innenwelt mit einem analen Phallus identifiziert scheint, die nur die Vernichtung der Differenzen kenne zugunsten einer völligen Homogenisierung im Kot oder im Tod – welche nach ihrer Auffassung doch zugleich den kürzeren Weg zur Wiederherstellung der subjektiven Vollkommenheit bedeuten.

einer Weigerung, die Geschlechterdifferenz und damit die der Generationen anzuerkennen und verbinde sich mit der Idealisierung der prägenitalen Triebe und des Fetischs. Hier erwähnt sie allerdings Freuds Einschätzung, daß bei der Homosexualität kaum von einer Perversion gesprochen werden könne (1987a, 120).[114]

Ähnliches gilt für die von Freud und Ferenczi thematisierten Reaktionsbildungen und Gegenbesetzungen der analen Triebe: erscheinen sie bei jenen als Anteile in der normalen psychosexuellen Entwicklung (vgl. 1987a, 130f), so werden sie für Chasseguet-Smirgel zu Bestandteilen einer Verarbeitung, die der Verschleierung des idealisierten analen Triebes dient und somit Teil des perversen Prozesses wird. Reaktionsbildung und Gegenbesetzungen sind es, die nach ihrer Auffassung die Idealisierung des Triebes erst ermöglichen, sie sind die Grundlagen seiner Tarnung und Verschleierung im Fetisch, die die innere Modifizierung verhindere. So entsteht eine neue Dichotomie zwischen einer durch Triebintegration ermöglichten Sublimierung gegenüber einer durch Reaktionsbildungen und Gegenbesetzungen ermöglichten Idealisierung der Triebe. Freud habe, wie sie betont, auf dem Fehlen der Verdrängung in der Sublimierung bestanden (ebd., 253, Anm. 56). Verdrängung als psychische Funktion der Neurose steht nun den Abwehrmechanismen der Spaltung, Projektion oder Verleugnung in der Psychose und Perversion gegenüber. Die neurotische Verdrängung sieht Chasseguet-Smirgel auch noch im illusorischen Charakter des Ichideals am Werk, von dem selbst das Über-Ich noch betroffen werde, denn sein Erwerb bedeute noch keine volle Anerkennung der Realität. Vielmehr beinhalte die Identifikation mit dem väterlichen Inzestverbot eine Kompromißbildung, die das »Du darfst nicht« an die Stelle des viel schmerzliche-

---

114 Bereits in den *Drei Abhandlungen zur Sexualtheorie* (1905d) macht Freud seine Position unmißverständlich klar: »Die psychoanalytische Forschung widersetzt sich mit aller Entschiedenheit dem Versuch, die Homosexuellen als eine besonders geartete Gruppe von den anderen Menschen abzutrennen (...) (Sie) erfährt, daß alle Menchen der gleichgeschlechtlichen Objektwahl fähig sind und dieselbe auch im Unbewußten vollzogen haben« (ebd., 56, FN 1). Chasseguet-Smirgel verweist ihrerseits auf eine entsprechende Aussage in Freuds *Selbstdarstellung* (1925d), in der Freud feststellt, daß die Homosexualität »kaum als Perversion zu bezeichnen sei« (1987a, 120). Ferner findet sich bei Gay ein Brief Freuds aus dem Jahr 1935, in welchem er gegenüber einer um ihren Sohn besorgten Mutter zum Ausdruck brachte, daß Homosexualität nicht als Entartung oder Krankheit zu klassifizieren sei, sondern als eine Abwandlung der Sexualfunktion aufgrund eines Stillstandes in der Sexualentwicklung (vgl. Gay 1989, 89f). Nicht die Abweichung des Trieblebens bringt nach Freuds Auffassung die Neurose zustande, sondern der Versuch ihrer Verdrängung (vgl. Freud 1908d, zit. n. Gay a.a.O.). Von dieser somit als konstant erkennbaren Einschätzung Freuds hat sich Chasseguet-Smirgel in ihrer Haltung jedoch nicht wesentlich beeindrucken lassen.

ren und zudem narzißtisch kränkenden »Du kannst nicht« stelle.[115] Die Gefühle der Ohnmacht und Hilflosigkeit angesichts der biologischen Unreife (Chasseguet-Smirgel spricht hier, wie erwähnt, von der menschlichen »Frühreife«) ergeben sich aus dem eigentlichen Ziel des inzestuösen ödipalen Begehrens: dem der Wiederverschmelzung – zunächst, wie es scheint, von Subjekt und Primärobjekt, tatsächlich aber von Ich und Ichideal. Darum ist es für Chasseguet-Smirgel weniger die halluzinatorische Wunscherfüllung als die symbolische Aktivität, die zur Kompensation der »Frühreife« aktiviert wird (vgl. 1987a, 139). Denn der wahre Triebwunsch ist nach ihrer Auffassung kein (genital) sexueller, sondern die Wiederherstellung dieser Urverschmelzung. Somit steht nicht Triebbefriedigung an erster Stelle, sondern die Aufhebung des Triebes durch Beseitigung seiner Ursache: die Kluft von Ich und Ichideal.

Während Chasseguet-Smirgel somit einerseits die Idealisierung danach differenziert, worauf sie sich richte – auf den Vater und seine genitalen Fähigkeiten oder aber auf die eigenen prägenitalen Triebe – und sie daher im Fall der Ausrichtung »nach vorn« mit der Sublimierung in Einklang sieht, kommt sie an anderer Stelle (1987a, 208) zu einer Polarisierung von Idealisierung und Sublimierung selbst: »So könnte man die Idealisierung definieren, wie ich sie besonders beim Perversen zu zeigen versuchte, indem ich sie der Sublimierung gegenüberstellte. Eine Schicht aus Eis, aus Schönheit, aus Reinheit, die die Exkremente überdeckt; nur eine Kommunikation zwischen beiden Ebenen ermöglicht die Sublimierung« (ebd.). Die Polarität von Idealisierung und Sublimierung besteht für Chasseguet-

115 Mit der Vorstellung eines von Geburt an bestehenden genitalen Triebwunsches, dem allein die biologische Unreife als Hindernis der Verwirklichung entgegenstehe, übergeht Chasseguet-Smirgel die von Freud an den Hysterikerinnen gewonnene Erkenntnis, daß die Phantasie für das Unbewußte denselben Wirklichkeitswert habe wie die erlebte Realität. Wenn die Tatsache ödipaler Phantasien auf die Existenz genitaler Wünsche verweist, so ist andererseits für Freud die Inzestphantasie ein Äquivalent der realen Erfüllung inzestuöser Wünsche. Als solches wird sie für ihn zur Grundlage von Rache- und Verfolgungsphantasien, Schuldgefühlen und der Akzeptanz des Verzichts, um der Kastration zu entgehen. (In ihrer Gleichsetzung von Verzicht und Kastration wird diese Dynamik bei Grunberger und Chasseguet-Smirgel nicht mehr verstehbar.) Für das psychoanalytische Verständnis des Unbewußten ist Freuds Entdeckung der elementaren Bedeutung der Phantasie als einer halluzinatorischen Wunscherfüllung wegweisend. Daß zwischen Realität und Phantasie dennoch eine klare Differenz besteht, zeigt sich in der traumatischen Wirkung des real vollzogenen Inzests gegenüber der neurotisierenden Wirkung der nicht im Ödipuskomplex bewältigten Inzestphantasie (vgl. dazu Hirsch 1999, 27–42). Die biologische Realität als Hinderungsgrund inzestuösen Begehrens von seiten des Kindes wieder einzuführen, fällt dagegen hinter den Freudschen Erkenntnisschritt zurück.

Smirgel in einem Verbergen, Isolieren und Abspalten des Analen (und Prägenitalen) einerseits gegenüber seiner Einbeziehung, bewußten Verarbeitung und Integration andererseits. Als möglich erscheint ihr diese Integration und bewußte Thematisierung jedoch nur, wenn alle sexuellen Triebanteile von den prägenitalen Komponenten abgezogen sind.

Die Erkenntnis, daß das Ichideal nicht erreicht wurde, ergibt sich für Chasseguet-Smirgel aus der Spiegelung im Anderen. Exhibitionismus und Voyeurismus seien primär aus diesem Verlangen nach Selbstbeurteilung in der Spiegelung durch den Anderen zu erklären. Denn für das psychische Ich gibt es nach ihrer Auffassung keine innere Repräsentanz. Dem entspricht, daß Chasseguet-Smirgel zwar von Objektrepräsentanzen spricht, nicht aber den Begriff der Selbstrepräsentanz verwendet. Der Exhibitionismus dient dabei dem Zeigen dessen, worauf das alter ego spiegelnd antworten soll, der Voyeurismus dagegen der Beobachtung dieser Spiegelung, nachdem er ursprünglich dem eigenen Körper gegolten habe. In Anlehnung an Tausks Unterscheidung von psychischem Ich und Körperich geht sie davon aus, daß die Spiegelung durch den/die Anderen zum affektiven Erleben des psychischen Ichs führe ebenso wie zur Bewußtwerdung jener Körperregionen, die das Subjekt selbst nicht beobachten kann: das Gesicht und die Körperrückseite.[116] Aufgrund dieses Bestätigungsbedürfnisses ist der ›homosexuelle‹, also gleichgeschlechtliche Doppelgänger das gesuchte alter ego dieser Selbstbestätigung.

Daß der Exhibitionswunsch in Scham umschlägt, sei zu erklären aus der Erfahrung, die sich bei der *passiven* Entblößung des Anus ergibt; jedes Schamgefühl sei unbewußt mit dieser Assoziation verknüpft. Ein Schamgefühl stelle sich immer dann ein, wenn die Kluft zwischen Ich und Ichideal zu groß werde, denn ihr unbewußtes Äquivalent sei die anale Entblößung. Der Grund jeder Idealisierung, Ästhetisierung und Ideologisierung liegt für Chasseguet-Smirgel in der Verschleierung dieser analen Qualitäten, die »bei Menschen mit jenen Strukturen« typisch seien, die den kurzen Weg gewählt hätten, um die Leiden des langen ödipalen Weges zu vermeiden. Denn unbewußt wüßten sie, daß ihr Penis ein falscher, unfruchtbarer, analer ist. Beim Neurotiker hingegen äußerten sich die verdrängten analen Wünsche nach Entblößung des Hinterns in der Angst, das Gesicht zu verlieren oder in der Angst vor Erröten, die dem abgewehrten Wunsch nach pas-

116 Insofern ist ihre Vorstellung von Spiegelung weit mehr der Lacanschen verwandt als derjenigen Kohuts.

siv-analer Penetration entspreche. Die soziale Angst nach ausbleibender Spiegelung, die als Liebesverlust erlebt werde, sei dementsprechend eine Angst vor der Resexualisierung der homosexuellen Triebe angesichts der ausbleibenden narzißtischen Befriedigung.

Während die realitätsprüfende Funktion des Ichs für Chasseguet-Smirgel also darin besteht, die Kluft zum Ichideal nicht zu gering, aber auch nicht zu groß werden zu lassen, beruht für sie die Beziehung von Ichideal und Über-Ich insbesondere auf der Transformation des Ichideals in das Über-Ich. Danach ist für sie das Ichideal die erste Stufe der Ichentwicklung, das Über-Ich die letzte Stufe derselben. Eine vollständige Verinnerlichung des Über-Ichs werde das Ichideal auflösen, denn es sei dann selbst zum Ideal geworden. Als inhaltlichen Kern dieses Ichideals begreift sie die Auflösung der »inzestuösen« Phantasie – nach Wiederverschmelzung mit der Mutter. »Das Über-Ich müßte die große, wenn nicht die einzige narzißtische Versorgungsquelle des Ichs werden« (1987a, 179).

Die Geschlechter- und die mit ihr verbunde Generationendifferenz bleibt dabei für sie der Prüfstein der Realität. Diese nicht anzuerkennen und stattdessen die schmerzliche Grenze zur Mutter umgehen zu wollen, ist nach Chasseguet-Smirgels Auffassung der Kern aller psychischen Störungen der Gegenwart. Unterlassungen von Geboten würden jedoch vom Ichideal mit derselben Strenge geahndet, mit der das Über-Ich Überschreitungen von Verboten bestrafe. Daß das Ichideal somit als eine Instanz auftritt, die Maßstäbe beinhaltet für das, was an Reifung jeweils hätte geleistet sein sollen und darüber richtet, sprengt allerdings das Verständnis des Ichideals als dem Erben des primären Narzißmus. Von zu vollbringenden Entwicklungszielen kann das Ichideal nicht wie das Über-Ich durch eine äußere Quelle (qua Identifikation mit dem Vater) unterrichtet sein. Dies führt Chasseguet-Smirgel notwendigerweise zu der Auffassung, das Ichideal folge einem angeborenen Reifungsplan,[117] der zum Maßstab für jenes Ich werde, das vom Ichideal libidinös besetzt werden will. Unklar bleibt dann allerdings, warum trotz dieses »angeborenen Reifungsplanes« die Verführung für jedes Individuum, sich auf den kurzen Weg der schnellen Fusion von Ich und Ichideal zu begeben, so massiv wirksam sein kann. Könnte das Ichideal nur dann das Ich libidinös besetzen und

117 »Ich stelle mir also das Vorhandensein eines angeborenen Programms der psychosexuellen Entwicklung vor, das Gesetzen unterliegt, die mit denen biologischer Phänomene vergleichbar sind; ...» (1987a, 187).

sich ihm annähern, wenn dieses seine Entwicklungs-Hausaufgaben vollbracht hat, wäre die schnelle Fusion von Ich und Ichideal per se ausgeschlossen.

Alles menschliche Handeln ist, wie die Schlußfolgerungen Chasseguet-Smirgels zu *Das Ichideal* nochmals deutlich machen, für sie letztlich immer wieder zurückzuführen auf jenes eine vorrangige Bestreben: Ich und Ichideal einander näher zu bringen in dem Wunsch nach Wiedererlangung ihrer ursprünglichen Fusion. Das Leiden an deren Trennung stellt sie dementsprechend immer wieder als das Hintergrundmotiv in den verschiedensten Werken der Kunst und Literatur fest, aber auch als das basale Thema aller Psychopathologien, die sie letztlich vor allem danach klassifiziert, wie sie mit dem Verlangen nach Wiedervereinigung von Ich und Ichideal umgehen. Während in der Depression dieser Wunsch gänzlich aufgegeben sei, verfolge die Manie die Verbindung von Ich und Ichideal – wie in der Perversion auf dem kurzen Weg – durch orale Fusion mit dem Primärobjekt, in der das Über-Ich vollständig verschwinde (vgl. 1987a, 201f). Auch die Objekte werden nicht um ihrer selbst willen benötigt und libidinös besetzt, sondern gebraucht als diejenigen, auf die das Ichideal projiziert werden mußte und deren Spiegelungen, Zuwendungen und libidinösen Gefühle jene narzißtische Zufuhr gewähren, in der jenes projizierte Ichideal zum Ich in gewissem Umfang zurückkehren kann. Darum ist sogar die Liebe nach diesem Verständnis nichts anderes als »das Zusammentreffen der beiden Ränder der Wunde, die das Ich und das Ichideal trennt« (1987a, 195). Die Wunde (an der zitierten Stelle eine spezifische) ist für Chasseguet-Smirgel universeller Natur: sie ist jene Hilflosigkeit, die die Auflösung der primären Fusion bewirkt (vgl. ebd., 186). Die psychische Entwicklung ist nichts anderes als die einem angeborenen Reifungsplan entsprechende Abfolge von Versuchen, diese Wunde zu schließen. Der Entwurf des menschlichen Daseins ist in der Theorie Chasseguet-Smirgels geprägt von einer am Anfang dieses Daseins erfolgten traumatischen Kränkung des Narzißmus. Einziges Lebensziel hinter allen menschlichen Absichten und Handlungen ist die Wiederherstellung der primärnarzißtischen Vollkommenheit vor ihrer Zerstörung durch das Trauma der Geburt. Als Ursache jener traumatischen Trennung – des Ichs von seinem Ideal – werde unbewußt aber immer die Mutter erlebt, die somit am Anfang aller Hilflosigkeit und narzißtischen Verletzungen stehe. Wie könnte sie somit anders denn als Gorgo erscheinen?

4.5 Die »Anatomie« der Perversion

In den Jahren 1982/83 hatte Janine Chasseguet-Smirgel den Freud-Lehrstuhl in London inne und widmete sich in dieser Zeit verstärkt den Fragen nach der Psychogenese und -dynamik der Perversion. 1984 erschienen zunächst in englischer Ausgabe ihre Londoner Vorträge unter dem Titel *Creativity and Perversion*, die unter gleichlautendem Titel 1986 ins Deutsche übertragen wurde.[118] Im selben Jahr publizierte sie eine weitere Sammlung von Aufsätzen zu diesem Thema unter dem *Titel Ethique et Esthéthique de la Perversion,* die erst fünf Jahre später, 1989, in deutscher Sprache unter dem Titel *Anatomie der menschlichen Perversion* veröffentlicht wurde.[119] In all diesen 1982–84 entstandenen Beiträgen greift sie ihre Überlegungen aus *Das Ichideal* erneut auf und führt sie weiter aus. Zu einem nicht geringen Teil finden sich die Aufsätze aus *Kreativität und Perversion* in den Beiträgen von *Anatomie der menschlichen Perversion* wieder, wo sie in erweiterte Überlegungen einbezogen wurden.[120] In beiden Textsammlungen gewinnen die Fragen von Religion und Politik – und hier insbesondere des Nazismus – neben der Diskussion künstlerischer und ästhetischer Fragen sowie klinischer Fälle zunehmend an Bedeutung.[121] Auch in den folgenden Jahren sind zahlreiche weitere Aufsätze zu verschiedenen Aspekten der Perversionen und Psychosen entstanden. In diesem Kapitel werde ich daher, um den Umfang der Darstellung nicht zu überdehnen, versuchen, jene entscheidenden Gedankengänge herauszuarbeiten, die eine Ergänzung zu den bereits vorgestellten Überlegungen darstellen. Dieses Vorgehen macht es notwendig, die folgenden Arbeiten übergreifend zu behandeln.

---

118 London, Free Association Press. Dt. 1986 u.d.T. *Kreativität und Perversion*, Frankfurt/M., Nexus, zitiert als (1986a).

119 Seyssel, Ed. du Champ Vallon. Dt. 1989 u.d.T. *Anatomie der menschlichen Perversion*, Stuttgart, DVA, zitiert als (1989a).

120 So ist der erste Beitrag zu *Kreativität und Perversion* mit dem Titel *Perversion und das Universalgesetz* in das 5. Kapitel von *Anatomie der menschlichen Perversion* eingegangen; der 2. Beitrag in KuP über *Drei luziferische Charaktere* entspricht dem 7. Kapitel in *Anatomie*; die Betrachtungen zum Fetischismus finden sich im 8. Kapitel von Anatomie wieder; und die Beiträge zu *Ästhetizismus, das Schöpferische und Perversion* sowie zu »Rrose Sélavy« wurden im 3. Kapitel von *Anatomie* zusammengefaßt.

Die Überlegungen der Beiträge 4 und 5 in KuP, in welchen Chasseguet-Smirgel eine Reinterpretation der Freudschen Analysen des Kleinen Hans und des Wolfsmannes vorschlägt, waren bereits Gegenstand ihres 1975 beim 29. Internationalen Psychoanalytischen Kongress in London gehaltenen Vortrags über *Freud und die Weiblichkeit* (dt. in 1988a).

121 Eine teilweise Überschneidung mit dem folgenden Kap. I/5 ist hier nicht vermeidbar.

In den 1984 entstandenen Sammlungen *Kreativität und Perversion* (KuP) sowie *Anatomie der menschlichen Perversion* (Anatomie) hebt Chasseguet-Smirgel ihre Auffassung hervor, nach welcher es sich bei der Perversion nicht um eine Abnormität handele, der der »normale« Mensch fremd gegenüberstehe. Vielmehr sei sie eine Versuchung, der alle Menschen ausgesetzt sind. Damit wiederholt Chasseguet-Smirgel in Bezug auf die Perversion jenen Schritt, den Freud bereits hinsichtlich der Neurosen vollzogen hatte, indem er sie zu Elementen der allgemeinmenschlichen normalen Entwicklung machte: sie werden zu einem universellen Bestandteil der Psyche und somit aus ihrer Enklave befreit, in welche sie durch Verdrängung und Projektion aus dem »Normalpsychischen« verbannt waren. Allerdings ist ein gravierender Unterschied in der Einstellung Chasseguet-Smirgels gegenüber derjenigen Freuds erkennbar, den ich vorweg benennen will, weil diese Einstellungsdifferenz grundlegend ist für ein Verständnis der Sichtweise von Perversion bei Chasseguet-Smirgel. Hatte Freud durch die Rückführung der Neurosen (und Psychosen) auf frühe Entwicklungsstufen und die polymorph-perverse Anlage des Kindes ihnen etwas von ihrer Dämonie und Fremdheit genommen, so ist bei Chasseguet-Smirgel die entgegengesetzte Wahrnehmung in Bezug auf die Perversionen (und Psychosen)[122] erkennbar. Nicht nur seien jene universell und in jedem Menschen als Verführungspotential vorhanden, sie sind nach ihrer Beschreibung somit auch eine universelle Gefahr, der mit umso größerer Wachsamkeit – des Einzelnen wie der sozialen Gemeinschaft – begegnet werden müsse. Denn die Durchsetzung dieses perversen und psychotischen Kerns des Menschen bedeute nicht nur den psychischen Tod des Individuums, sie bewirke auch den realen Tod des Sozialen und Gesellschaftlichen: denn allein dieser psychotisch-regressive Kern ist für sie die Ursache von Vertreibung und Vernichtung, Antisemitismus und ethnischen Verfolgungen, Folter, Arbeitslagern und Massenmord. Bereits in den Klappentexten beider Bücher ist diese Sichtweise (beinahe gleichlautend) zusammengefaßt: »Aus Hybris geboren, entthront die »listige Welt« die Götter und

122 Ich erinnere an die teilweise synonyme Verwendung der Begriffe Psychose und Perversion bei Chasseguet-Smirgel. Etwa ab 1984 geht Chasseguet-Smirgel allerdings zu einer klareren Trennung über, so in *Anatomie* (1989a, 248f), wo sie von der Perversion als einem Schutz gegen die Psychose spricht sowie in ihrem 1989 gehaltenen Vortrag über Denkstörungen (1989/92), die hier nach ihrer Darstellung »bei nicht-psychotischen Subjekten auftreten – bei Perversen und Borderline-Patienten –... « (ebd., 78). Die Aneignung der diagnostischen Kategorie Borderline scheint nun diese Differenzierung zu ermöglichen, wobei die frühere enge Liierung von Psychose und Perversion sich nun in der von Perversion und Borderline fortsetzt.

schreibt sich eine neue Bibel. Ihr Ziel ist die Veränderung der Wirklichkeit, ihre Lust Unordnung und Chaos« (1986a, »Über dieses Buch«). Im Klappentext zu *Anatomie* ist vermerkt: »Es handelt sich darum, Gott den Vater von seinem Thron zu stoßen, eine Verwandlung der Welt herbeizuführen. Von Hybris beherrscht, versucht die perverse Tat im Grunde genommen, die Schöpfung umzuschreiben«.

Es gibt jedoch bei Chasseguet-Smirgel neben diesem Grauen vor der Perversion auch so etwas wie Faszination an ihr, die nicht nur den Umfang an Arbeiten erklären kann, die sich dieser Thematik zuwenden, sondern die auch in der Auseinandersetzung mit dem »perversen Universum«, der Vielzahl seiner aus gleichen Grundmustern variierten Spielarten, zum Vorschein kommt. So schreibt sie über ihr Erstgespräch mit einer Patientin, die sie Rrose Sélavy[123] nennt, nicht nur von der Sympathie für diese Frau, die ihr von innerer Leere und Wehrlosigkeit geprägt schien. Sondern sie erwähnt auch ihre Faszination über die Beziehung dieser Frau zu ihrem Liebhaber und stellt die in ihrem Unterton deutlich ambivalent klingende Frage *»War es eine echte Perversion?«* (1986a, 196). Und auch in *Anatomie* äußert sie hinsichtlich der psychischen Mechanismen der Perversion: »Es scheint, als hätten wir damit einen Schlüssel in der Hand, um die Pforten des perversen Universums zu öffnen, das aus lückenhaftem Gewebe – *lückenhaft, aber schillernd –, Magie und Grausamkeit* besteht. Die einzelnen Bestandteile dieser *Welt des Schauderns und des Entzückens* auseinanderzulegen und dann wieder zusammenzusetzen, ... – das ist das wesentliche Vorhaben unserer Arbeit« (1989a, 22; Hervorh. A.M.). Daß Chasseguet-Smirgel ebenfalls fasziniert ist von dieser Welt des Schauderns und Entzückens, dem durch die Lücken Schillernden, und in der Öffnung dieser Pforten auch ein voyeuristisches Motiv zum Tragen kommt, wird sie kaum bestreiten. Entspricht dies doch ihrer Auffassung, daß wir alle durch die perverse Lösung verlockt würden und »unser perverser Kern unter gewissen Umständen aktiviert werden kann« (1989a, 20). Es liege in den Eigenheiten des Ichideals, wenn sich das Subjekt dieser Verführung entziehen kann, in der Entscheidung zur Wahrheitsliebe, sich den schmerzlichen Konflikten zu stellen, wäh-

123 Es ist nicht erkennbar, warum Chasseguet-Smirgel dieser von ihr als sadomasochistisch beschriebenen Patientin den Namen Rrose Sélavy gab, den Marcel Duchamp für sich verwandte, wenn er sich als Transsexueller verkleidete. Bei Duchamp ist der Name mit einem phonetische Wortspiel verbunden: Eros c'est la vie (vgl. Cabanne 1997, 122). Auf jene junge Frau, über die Chasseguet-Smirgel mitteilt, daß sie die Sexualität nicht genieße, scheint Duchamps Namensgebung und die ihr inhärente Bedeutung schlecht zu passen.

rend der Perverse sich für die Illusion und Verleugnung der Wahrheit entschieden habe und es vorziehe, Konflikte verschwinden zu lassen (vgl. 1989a, 20f), wobei hier besonders deutlich zum Ausdruck kommt, wie sehr sich Chasseguet-Smirgel die Entscheidung für Reifung oder Perversion als voluntaristischen und somit bewußten Akt denkt.

Im Vorwort zur *Anatomie* umreißt sie ihr ambitioniertes Vorhaben in seinen entscheidenden Grundideen und rechtfertigt in der Einleitung darüber hinaus die Analyse gesellschaftlicher (Alltags)Phänomene aus psychoanalytischer Sicht. Hier wie auch andernorts eröffnet sie trotz der hervorgehobenen Nähe zum Werk Freuds einige wesentliche Differenzen. Hatte für Freud die Perversion das Negativ der Neurose gebildet, so stellt Chasseguet-Smirgel eine andere Polarität ins Zentrum ihrer Argumentation: den Gegensatz von Perversion und Ödipuskomplex. Denn dem Perversen komme es vor allem darauf an, die Realität zu leugnen. Er ziehe die Aufrechterhaltung der Illusion vor, die sich dem Wunsch nach dem Unmöglichen verbindet. Die von Freud (1927e; 1940a; 1940e) konstatierten Abwehrmechanismen der Ichspaltung und der Realitätsverleugnung dienten der Bewahrung der primitiven Triebe und der Erhaltung der omnipotenten narzißtischen Illusionen, die ihm das ›magische Universum der Perversion‹ eröffneten.[124] Die Perversion sei eine Rebellion gegen das universale Gesetz des Ödipuskomplexes und erscheint damit bei Chasseguet-Smirgel als eine aktiv und intentional gewählte psychische Position, die sie aus der universellen Neigung zur Regression ableitet. Einerseits widerspricht diese Universalisierung ihrer Auffassung, daß die weibliche psychosexuelle Entwicklung aufgrund der ihr inhärenten Fähigkeit zur Mutterschaft gegen die Perversion wesentlich besser geschützt sei, zum andern bekommt die Perversion den Charakter eines schuldhaften Versagens statt einer Störung, welche faktisch nicht primär mit Lust, sondern mit Leiden verbunden ist. Nach Chasseguet-Smirgel geht die zur Perversion verführende Illusion mit dem Versuch des Ausschlusses von Leiden einher, welches sich aus der Anerkennung der Realität ergebe. Allein das Ichideal sei geeignet, die perverse Neigung zu überwinden. Daß dieses Ichideal, dessen Wahrheitsliebe, Einsichts- und Verzichtsbereitschaft heroische Züge trägt, ebenso narzißtischer Natur ist, findet sich bei

124 Freud hatte diese Abwehrmechanismen jedoch auch als in Neurosen auftretende beschrieben (vergl. 1940a).

Chasseguet- Smirgel allerdings nur in der psychogenetischen Hypothese wieder, das Ichideal sei der Erbe des primären Narzißmus.

Die enge Verknüpfung, welche sie zwischen der Perversion und der Analität wie der Idealisierung betont, habe auch Freud in seinen frühen Schriften gesehen, sie dann jedoch aufgegeben. Sie wolle diese frühen Ideen Freuds wieder aufleben lassen, betont Chasseguet-Smirgel, ohne jedoch die Gründe für Freuds veränderte Einschätzung der Perversion näher zu benennen. Daß die Perversion auch als ein Phänomen im gesellschaftlichen Raum zu analysieren sei, begründet sich für Chasseguet-Smirgel daraus, daß das Psychische durch die ihm zugrundeliegenden universalen Gesetzmäßigkeiten »alle anderen Faktoren transzendierend erscheinen« lasse (1989a, 19). Dies gilt nach ihrer Auffassung auch für die Perversion, dort, wo sie vorherrschend sei. Der von ihr zugrunde gelegte psychische Antagonismus spiegelt sich für sie in einem entsprechenden philosophischen und gesellschaftlichen Antagonismus von Judentum und Christentum, (konservativ) bürgerlicher Emanzipation und nazistischem oder kommunistischem Gulag, von Klassik und Romantik, Aufklärung und Mystizismus.

Im Zentrum der hier[125] entwickelten Argumentation Chasseguet-Smirgels steht die Annahme eines Universalgesetzes des Perversen, das sich in der Zerstörung der Mutterbrust, des Mutterleibs, des Lebens, der Natur und letztlich der Schöpfung selbst realisiere. Ziel dieser Zerstörung sei die Erschaffung eines neuen, des analen anstelle des genitalen Universums und damit die Zerstörung von Gott(Vater) und Mutter(Natur), um sich als neuen Schöpfer an die Stelle Gottes zu setzen. Daher sei die sadistische Zerstörung wie die (anale) Neuschöpfung des Perversen stets mit Hybris verbunden. Auch hier finden wir den Zusammenhang, daß der Perverse die genitale Welt des Vaters nicht anerkenne, indem er die Unterschiede annuliert

125 Es handelt sich hier um den ersten Beitrag in *Kreativität und Perversion* mit dem Titel *Perversion und das Universalgesetz* (in 1986a, 7–23; Wiederabdruck in Sandler 1994, 177–190), den Chasseguet-Smirgel im 5. Kapitel von *Anatomie der menschlichen Perversion* (1989a, 135–167) in erweiterter Fassung unter dem Titel *Das analsadistische Universum und die Perversion* wieder aufgenommen hat. Ich beziehe mich im Folgenden ausschließlich auf die spätere Fassung in *Anatomie*. Der 1981 in der Psyche erschienene Beitrag *De Sade: Der Körper und der Mord an der Realität* ist wiederum eine kürzere Fassung dieser späteren Version und weist nur am Ende einige zusätzliche Überlegungen zur Funktion des Schreibens und der Verfremdung bei de Sade auf. Dagegen geht sie in *Reflexions on the Connexions between Perversion and Sadism* vor allem in der Einleitung über die inhaltlichen Aussagen des 5. Kap. in *Anatomie* hinaus.

und einschmilzt zu einer undifferenzierten Kotmasse, einem Magma, einer amorphen Materie, deren Wertlosigkeit auf Grund des Fehlens genitaler Eigenschaften durch Verkleidungen und falschen Glanz kaschiert werde. Die Vernichtung der Unterschiede sei notwendig, um die Überlegenheit des genitalen Universums verleugnen zu können, das sich aus den genitalen Fähigkeiten des Vaters ergebe. Verleugnet werde die Hilflosigkeit und Frühreife des (männlichen) Kindes. Diese wird hier nicht aus der frühkindlichen Ohnmacht des Säuglings angesichts seiner totalen, nach Chasseguet-Smirgel (und Grunberger) traumatisierenden Abhängigkeit von äußeren Objekten begründet, sondern aus der genitalen Unreife und der aus ihr erwachsenden Hilflosigkeit des ödipalen Knaben angesichts seiner für ihn unerreichbaren Mutter. Letztlich fallen aber beide Aspekte für Chasseguet-Smirgel insofern zusammen, als das angeborene unbewußte Wissen um die sexuelle Wahrheit ein Triebbegehren beinhalte, das von Beginn an existiere und sich in den von Melanie Klein beschriebenen Aggressionen gegen die mütterliche Brust in Verbindung mit dem Wunsch, diese Brust der Mutter zu entreißen und ihre Inhalte sich zerstörend anzueignen, manifestiere. Die perverse Phantasie bestehe jedoch darin, dieses Entreißen dadurch zu ›realisieren‹, daß das Kind die Vorstellung entwickelt, der Mutter die Brust, die es aus sich selbst erschaffen habe, gegeben zu haben bzw. von ihr um diese beraubt worden zu sein. Und das Kind tue nach seiner illusionären Vorstellung der Mutter einen Gefallen durch die Befreiung von ihrem Inhalt. Auf diese Weise werde die Abhängigkeit von der Mutter geleugnet und die Beziehung zwischen beiden umgekehrt, die Mutter ihrer Fähigkeiten beraubt und somit wiederum die Differenz, die in der genitalen Unterschiedenheit und den Fähigkeiten der Mutter beruhe, negiert. Den (leicht zu übersehenden) Widerspruch zwischen der hier als Motiv des Knaben angeführten Unerreichbarkeit der Mutter und der für die perverse Entwicklung angenommenen Verführung durch die Mutter löst Chasseguet-Smirgel durch den Hinweis, die Mutter erscheine dem Knaben »zweifellos desto unerreichbarer …, je mehr sie ihn in Versuchung geführt hat« (1989a, 158).

Ihre Argumentation entwickelt Chasseguet-Smirgel vor allem an der Traumtheorie von Scherner und seinem Schüler Volkelt sowie den orgiastisch-sadistischen Phantasien de Sades in *Die 120 Tage von Sodom* und in *Die neue Justine*. Ausgehend von Freuds Gedanken über die Ersetzung des Realitätsprinzips durch das Lustprinzip (1911b), welche nach Chasseguet-Smirgels Auffassung die Hauptmotivation für den Perversen ist, sein Ichideal nicht auf Wachstum und Reifung, sondern auf das analsadistische mütterliche Universum auszurichten, untersucht sie die Sade'schen Texte mit erstaunlicher Gründlichkeit auf jene bei Scherner entwickelte Körpermethaphorik der Träume, die ihr eine Gleichstellung der von Sade inszenierten schaurigen Orte des Verbrechens mit dem Verdauungstrakt und dem in ihm erfolgenden Geschehen der Zerteilung, Zersetzung und Vernichtung erlauben. Mit Scherner geht sie davon aus, daß »die Traumphantasie eine bestimmte Lieblingsdarstellung für den ganzen Organismus« hat[126] und zitiert nun die von Scherner entwickelten Vorstellungen über das Haus oder Hausreihen als Organe oder Eingeweidereize, über Teile des Hauses als Organentsprechungen, die Symbolisierung der Scheide durch einen eng umschlossenen Hof und schlüpfrigen Fußpfad, der durch diesen hindurchführe etc. »So führt z. B. der Eingeweidereiztraum durch kotige Straßen ...« (Scherner; zit. n. Chasseguet-Smirgel, 1989a, 138).

Nach Freud (1900a) gibt es eine Phantasiebeschäftigung mit dem Körper, die nicht nur dem Traum eigentümlich oder für ihn charakteristisch ist. Aber das Haus sei, wie Scherner und Volkelt zutreffend hervorgehoben haben, nicht die einzige Symbolisierung der Leiblichkeit. Den »richtigen Kern« von Scherners Theorie sieht Freud indessen vor allem darin, »daß sie auf eine Reihe von Charakteren des Trauminhalts aufmerksam machen, welche der Erklärung bedürftig sind und neue Erkenntnisse zu verdecken scheinen.« (1900a, 234). Jedoch verfehle Scherner, in ihnen eine nützliche Funktion zu erkennen (vgl. ebd., 108). Die Symbolzuschreibungen jedoch charakterisiert Freud in unmittelbarem Anschluß an die von Chasseguet-Smirgel aus Freud zitierten Passagen Scherners als phantastisch, unzweckmäßig und willkürlich und vergleicht sie mit der Ganglienzellenphantastik des viel nüchterneren und exakteren Forschers Binz, welche nach Freuds Einschätzung »an Phantastik und an Unwahrscheinlichkeit hinter den Schernerschen Deutungsversuchen nicht zurück« stehe (ebd.).

Mit einer Intensität, die dem Eindruck einer Mischung von Faszination und Abscheu am Perversen bei Chasseguet-Smirgel neue Nahrung gibt, zitiert sie die von de Sade beschriebenen Folterkammern und die verschlungenen, schluchtenartigen, düsteren und durch die Eingeweide der Erde führenden Wege dorthin. In ihnen erkennt sie die Schernersche Körpersymbolik wieder und das in ihr Repräsentierte: den Verdauungstrakt vom Mund bis zum Anus, in welchem die Zerstö-

126 Chasseguet-Smirgel zitiert Scherner nach Freud (1900a) in 1989a, 138.

rung des genitalen Universums stattfinde und alle Unterschiede beseitigt würden in einer einzigen undifferenzierten kotigen, toten Masse. Dem gehe aber die Aufhebung der Differenzen durch Aufhebung aller Regeln und Gebote im Inzest, Vertauschen der Körperöffnungen und Funktionen und im Tausch der Geschlechterrollen voraus. Die Zerstörung der Subjekte bis in die molekularen Strukturen hinein entspreche der Aufhebung der göttlichen Ordnung und Schöpfung. Der (genitale) Prozeß der Schöpfung werde umgekehrt in einen (analen) Prozeß der Fäkalisierung der Welt. Anstelle des Gesetzes des Vaters gelten nur noch die Gesetze der Eingeweidefunktionen (wobei Chasseguet-Smirgel auch diesem »sadistischen Vertrag«, der zwischen dem Perversen und seinem Opfer geschlossen werde und dieses den Gesetzen der Verdauung unterwerfe, paradoxerweise zugleich ein ödipales Überich zuordnet (vgl. 1989a, 148)).[127]

Als Aufkündigung der Anerkennung der Schöpfung/Zeugung durch Gott/Vater betrachtet sie dabei nicht nur die Blasphemie in den Schriften de Sades, sondern auch die Bekundung des Atheismus (dabei offenbar vergessend, daß auch Freud sich zu diesem bekannte).

»Die literarische Schöpfung« heißt es bei ihr weiter, »bedeutet für de Sade eine letzte Möglichkeit, seine Objekte zu schützen, und zweifelsohne einen letzten Schutzwall gegen den Wahnsinn und den psychischen Tod: ...« (ebd., 251). Auch hier hebt Chasseguet-Smirgel ihrerseits die Grenzen auf: diejenigen zwischen dem Phantasieren und dem Begehen der Tat.[128]

---

127 Angesichts der Gleichsetzung des Manuskripts von *Die 120 Tage von Sodom*, das aus aneinander geklebten und dann aufgerollten Zetteln bestand, mit einer Toilettenpapierrolle kann man nur von einer historischen Projektion sprechen (wobei Chasseguet-Smirgel in ihrer Darstellung suggeriert, dies sei Iwan Blochs Assoziation gewesen, als er das Manuskript erworben hatte und entrollte. Eine entsprechende Aussage findet sich bei ihm jedoch nicht (vgl. Bloch 1904, Kap. X, insbes. 383 u. 390 sowie Bloch 1909, 818). Denn zur Zeit de Sades gab es nicht jenes industriell gefertigte Hygieneprodukt, dessen äußere Ähnlichkeit mit dem Manuskript für Chasseguet-Smirgel ein Beleg der Entsprechung von Form und Inhalt ist. Diese Entsprechung zu unterstellen macht nur dann Sinn, wenn man von der Vorstellung angeborener feststehender Bilder und Symbole ausgeht, wie Chasseguet-Smirgel dies tut, und dabei die Toilettenpapierrolle in den Kanon der universellen symbolischen Codierungen im Unbewußten aufnimmt.

128 »Will man Sade Gerechtigkeit widerfahren lassen, so wird man diese »ruchlose Philosophie« ernst nehmen müssen. Denn so, wie sie sich in seinem unerschöpflichen Werk verströmt, setzt sie ein unheilvolles Fragezeichen hinter den Entschluß zu denken und zu schreiben, insbesondere eine Handlung zu denken oder zu beschreiben, statt sie zu begehen« (Klossowski 1988, 7).

De Sade hat tatsächlich nie einen Mord begangen, jedoch verschiedene sadomasochistische Sexualpraktiken realisiert, die teilweise mit gewaltsamen Übergriffen verbunden waren wie auch mit zahlreichen Blasphemien und Entwürdigungen des Heiligen.[129] Er schreibt seiner Frau, er gestehe, ein Libertin zu sein: »alles, was man ersinnen kann auf diesem Gebiet, habe ich ersonnen, aber ich habe nicht alles getan, was ich ersonnen habe, und werde es gewiß auch nie tun. Ich bin ein Libertin, aber *kein Verbrecher oder gar Mörder*« (zit.n. Jean 1990, 437).

Für Chasseguet-Smirgel besteht eine Kontinuität, um nicht zu sagen, Einheit zwischen dem einzelnen Perversen und dem (politisch) organisierten Verbrechen, der Nazi ist durch nichts in ihrer Beschreibung vom individuellen Perversen getrennt. Ihre intensive Beschäftigung mit de Sade dient der Absicht, diese Übereinstimmung zwischen den Inhalten seiner Werke und den Realitäten der Konzentrationslager und Gulags zu belegen. Sade jedoch sprach sich im Politischen gegen die Anwendung von Gewalt aus, auch die der Revolutionsjahre, obgleich er mit den politischen Veränderungen sympathisierte. So forderte er nach den Erfahrungen des jakobinischen Terrors die Abschaffung der Todesstrafe mit den Worten: »Von jenen obersten Grundsätzen leitet sich, man begreift es wohl, die Notwendigkeit ab, milde Gesetze zu erlassen und vor allem, die gräßliche Todesstrafe für immer abzuschaffen, denn ein Gesetz, das sich gegen das Menschenleben richtet, ist unanwendbar, ungerecht und unnannehmbar« (zit. n. Jean 1990, 435). Seine blasphemisch wirkenden Zweifel an einem Gott, der soviel Leid und Tod zulasse wie die Religionskriege sie forderten, die nicht den Tod eines einzigen Vogels gerechtfertigt hätten, entsprechen der Kernproblematik der Theodizee und wurden in sehr ähnlicher Weise von dem in keiner Weise der Perversion verdächtigen Georg Büchner in dessen *Dantons Tod* zum Ausdruck gebracht.

---

129 Zurecht bemerkte Klossowski, daß einer, der sich so viel Mühe gibt, mit einem Gott abzurechnen, in gewissem Sinne an ihn glauben müsse (vgl. Jean 1990, 63). Welches die biographischen Hintergründe und Ursachen dieser perversen und blasphemischen Neigungen waren, ist nicht ohne weiteres aufzuklären. Immerhin spielte der Katholizismus in Sades Familie eine große Rolle, mehrere Tanten und ein Onkel gehörten dem Klerus an, und er verteidigte sich gegen die Angriffe seiner Familie, indem er auf deren eigene Verfehlungen und Doppelmoral verwies. Für Chasseguet-Smirgel liegt jedoch auch hier die Ursache in der Abhängigkeit von der verführerischen Mutter, die ihr durch einen Traum de Sades belegt scheint, den er seiner Frau in einem Brief aus der Haft mitteilte und in welchem »Sehnsucht, Idealisierung und Liebe für die Mutter« ausgedrückt werden (CS 1981b, 250), hinreichende Indizien, wie es scheint, für seine Veranlagung bzw. Verführtheit zur Perversion.

Ausscheidung und Mord bilden nach Chasseguet-Smirgel unbewußte Synonyme, so wie die Verdauung die Zerstörung der Moleküle bedeute. Nach ihrer Auffassung nimmt der Perverse die Gleichung Penis = Kind = Fäces zu wörtlich, obgleich ihre eigene Darstellung keineswegs den Eindruck erweckt, als ob es sich hier um eine Gleichung handele, denn diese wird von ihr stets nur nach einer Seite hin aufgelöst, der der Fäkalisierung. Mit seinen analen wertlosen Produkten versuche der Perverse so zu tun, als ob auch er zur Zeugung eines Kindes durch den Besitz eines Penis fähig sei. »Ein Kind zu haben, einen genitalen Penis zu haben bedeutet Wachsen und Reifen, bedeutet, eine Frau oder ein Mann zu werden« (1989a, 150). Nur also jener Mann, der sich mit der zeugenden Fähigkeit des Vaters und nur jene Frau, die sich mit der gebärenden Fähigkeit der Mutter identifiziert, kann für sich beanspruchen, gewachsen und gereift zu sein.

Welche Rolle spielt aber dann jene von Freud konstatierte Gleichung von Penis, Fäces und Kind im Unbewußten? Für Chasseguet-Smirgel hat sie offenbar nur Gültigkeit beim Kind vor dem Erreichen des reifen Ödipus bzw. beim Perversen in der oben erwähnten Form. Für das Unbewußte des reifen, genitalen Menschen erkennt sie die Gültigkeit dieser Gleichung nicht an, in der unbewußt die Fäces assoziiert bleiben mit dem ersten Geschenk, welches das Kind der Mutter macht und mit dieser als gemeinsames ›Kind‹ teilt.[130] Ein Penisäquivalent sind die Fäces Freud zufolge aufgrund der Ähnlichkeit der Kotsäule mit dem Penis – und hierbei keineswegs von der amorphen Strukturlosigkeit, mit der Chasseguet-Smirgel die analen Ausscheidungen in Verbindung bringt. Die völlige Undifferenziertheit des Kotes, für Chasseguet-Smirgel das Synonym der zerstörten Realität, widerspricht jeder medizinischen Erfahrung und Behandlungspraxis, in welcher Menge, Farbe und Konsistenz des Stuhls (auch schon vor der modernen Laboranalyse) immer ein differentialdiagnostisches Kriterium waren. Zum andern thematisiert sie den Kot weitgehend als eine Masse *im* Körper, d. h. als eine imaginäre, unsichtbare, den Bauch füllende Substanz. Nur darum macht es Sinn, wenn sie die Fäces mit Besitz gleichsetzt. Aus der unbewußten Gleichung von Kot = Kind = Penis, wie Freud sie formuliert hatte, muß damit zwangsläufig eine Gleichung entstehen zwischen Kot = Kind = analer Penis, ein weiterer Schritt bei Chasseguet-Smirgel,

130 Vgl. dazu auch Hägglund u. Hägglund Pentti Ikonen 1978.

um den Zusammenhang von Kot und genitalem Penis zu eliminieren. Das Motiv der Gleichsetzung von Penis und Fäces sieht Chasseguet-Smirgel vor allem auch in der Vermeidung der Kastration, da der anale Penis beliebig häufig reproduzierbar sei. An anderer Stelle (1988a) nennt sie allerdings unter den Gründen, die nach Freud die Gleichung Kot = Penis = Kind hervorgerufen haben, jenen, daß »die tägliche Trennung von den Fäzes… ein Vorläufer der phallischen Kastration« ist (ebd., 108).[131]

Nicht zufällig fällt die erste Ablösungsphase des Kindes nach Mahler et. al. (1980) zusammen mit der Trennung von den Fäces als einem Teilobjekt, das sich vom eigenen Körper ablöst und damit die bereits in früheren Frustrationen gemachte Erfahrung der Getrenntheit vom Objekt bestätigt. Entsprechend bildet sich Freud zufolge in dieser Phase die Polarität von Aktivität und Passivität aus und damit eine weitere Differenzierung neben jenen von innen/außen und vorher/nachher.

Für Chasseguet-Smirgel hingegen geht es in der analen Amalgamierung für den Perversen darum, die Getrenntheit der Objekte mit ihrer Differenz aufzuheben und in eine undifferenzierte Einheit zu verschmelzen entsprechend dem Wunsch des Ichideals, die Reifung zu umgehen, um gleich bei dem ursprünglichen narzißtischen Ziel anzukommen, nach welchem das Ichideal stets strebe: der Wiedererlangung der intra-uterinen Verschmelzung. Dies ist die anale »Neu«-Schöpfung, jenes anale Universum, in dem der Perverse die Realität verleugne, um ihr die seinige entgegenzusetzen, die jedoch, nimmt man Chasseguet-Smirgel wörtlich, nichts als ein Haufen Kot ist. Die Hybris ist also eine doppelte: die der Entthronung des Gott-Vaters und die der Ersetzung von Wertvollem durch Wertloses. Der Atheismus entspreche dieser Verleugnung der schöpferischen Macht, wobei die Fäkalisierung Gottes, die mit der Blasphemie verbunden sei, nicht für die von Chasseguet-Smirgel behauptete Idealisierung des Analen spricht, sondern im

---

131 Vgl. auch 1989a, 237 u. 1988a, 86. Bell (1961) betont, daß diese aus dem Verlust der Fäces entstehende Kastrationsangst beim kleinen Jungen zunächst dem Skrotum gilt, das leicht mit jenen verwechselt werde und nicht so sicher in das Körperschema integriert sei wie der Penis. Die klassische Kastrationsangst des Jungen, die sich auf den Penis bezieht, ist nach ihrer Erkenntnis das Produkt einer Verschiebung vom Skrotum auf den Penis, da sich der Junge des Vorhandenseins von letzterem leichter vergewissern und sich damit beruhigen kann.

Gegenteil ausdrückt, daß dem Blasphemiker das Anale eben das Wertlose und Schmutzige ist und somit ein zur Demütigung geeignetes Mittel.[132]

Die Rückkehr zur latenten Universalität der Perversion vollzieht Chasseguet-Smirgel mit der These: »... das diese [die Perversionen; A. M.] eng verbunden sind mit dem eigentlichen Sadismus, denn die Notwendigkeit, das (genitale) Universum des Unterschiedes aufzuheben und so die Realität umzustürzen, bewirkt, daß die Perversion zwangsläufig sadistisch ist. *Dies impliziert auch*, daß der Wunsch, die Realität umzustürzen, *beim Mann* immer gegenwärtig ist, denn *jeder Mensch* will seine alte narzißtische Verwundung vernarben lassen, enstanden aus einer primären Ohnmacht und der sexuellen Unzulänglichkeit in der Beziehung zum ödipalen Objekt« (1989a, 164; Hervorh. A.M.). Weder läßt sich jedoch aus dem ›zwangsläufigen Sadismus der Perversion‹ ein universalisierter Wunsch des Mannes begründen, die Realität umzustürzen, noch verstehen, warum nur dieser einen solchen Wunsch hegen sollte angesichts der von ihr angenommenen universell menschlichen narzißtischen Wunde. Sublimiert aber sei dieser Wunsch ein Faktor des Fortschritts und der großen menschlichen Schöpfungen, die nur die eines Vater-Gottes bzw. eines Mannes sein könnten.

Luzifer hingegen, der Gott der Perversen, ist nach Chasseguet-Smirgels Interpretation die Verkörperung der analsadistischen Welt der Hölle, die das Sinnbild aller Verdauungsvorgänge (i. S. Chasseguet-Smirgels) in überdimensionierter Form sei. Luzifer entspringt für sie dem unbewußten Reich der analen Mutterimago und feiert in nächtlichen Orgien seine sodomitischen Feste mit Hexen.[133]

»Tatsächlich scheint dieser doppelte Charakter Satans (der Teufel, der mit der Analität verbunden ist, und Luzifer als Repräsentant des menschlichen Hochmuts, der sich gegen Gott auflehnt) wesentlich zu sein für das Verständnis des Gegensat-

---

132 Viel eher scheint es gerechtfertigt, bei Perversionen von einer Entidealisierung der Realität zu sprechen, die nur noch den Wert einer ›Scheißwelt‹ hat. Daß dies einer Vermischung aller Kategorien und Auflösung aller Grenzen entspreche, ist nicht nachvollziehbar. Stattdessen handelt es sich um einen Besetzungsentzug gegenüber der als solche noch erkannten, aber abgelehnten Realität wie auch gegenüber dem eigenen Ich. Mit Stoller (1979) könnte man auch von einer negativen Besetzung sprechen, die sich im Haß manifestiere.

133 Dies ist eine der Hypothesen, die sich in den beiden folgenden Kapiteln in *Anatomie der menschlichen Perversion* findet. *Hybris, Gesetz, Perversion* in *Anatomie* enthält zahlreiche Gedanken aus *Narzißmus und Gruppenpsychologie* in *Kreativität und Perversion*, während *Drei luziferische Charaktere* in *Anatomie* sich nur geringfügig unterscheidet vom zweiten Beitrag in KuP. Auf *Hybris, Gesetz, Perversion* gehe ich am Ende dieses Kapitels detailliert ein.

zes zwischen Gesetz und Perversion und der Verbindung, die die Perversion zu Hybris, Hochmut und Maßlosigkeit unterhält« (1989a, 171). Daher bestehe eine innere Verwandtschaft zwischen der Perversion und schwarzen Messen wie Teufelsreligionen, welche sie im Folgenden erneut anhand von Textauszügen aus den Schriften de Sades zu belegen sucht. Wie bei letzterem handelt es sich für sie auch bei allen Tyrannen um Verkörperungen des »luziferischen Charakters«, den sie stellvertretend in Caligula beschreibt.[134] Dasselbe aber gilt ihr für die Puppen Hans Bellmers, welche mit der Schöpfung einer neuen Realität verbunden seien, die auf der Manipulation des weiblichen Körpers zum Zweck der analen Kontrolle und sadistischen Bemächtigung beruhten und nach Chasseguet-Smirgel die Frau als »Erzeugerin der Urszene« (1989a, 248) verleugnen. Und wie für das Werk Strindbergs gilt für H.G. Wells' *Dr. Moreau*, daß die von Chasseguet-Smirgel an anderer Stelle erwähnte Funktion der Phantasie als eine dem Realitätsprinzip entzogene Enklave der Neurose keine Gültigkeit zu haben scheint. Die Antwort auf die Frage nach der – scheinbar vergessenen – Differenz liegt in dieser Definition: der Gleichsetzung des Lustprinzips mit der präödipalen, magisch-perversen Tendenz »in uns allen«, die jedoch beim Neurotiker nicht ausagiert werde (vgl. 1989a, 249).

---

134 Diese Charakterisierung geht auf Iwan Blochs Ausführungen (1904 u.1909) zurück, in welchen er auch den Bezug zwischen de Sade und Baudelaire vorwegnimmt: »Das zweite französische Kaiserreich,..., ließ auch zwei andere schon früher charakterisierte Elemente der Liebe wieder besonders stark hervortreten,...: das satanisch-diabolische Element der Erotik, das in den Schöpfungen der von den Schriften de Sades stark beeinflußten Barbey d'Aurevilly, Baudelaire und besonders des großen Félicien Rops den hervorstechendsten Ausdruck fand, und das rein artistische Element,...« (1909, 196). Die Grausamkeit und den mit ihr verbundenen Machtrausch erklärt Bloch aus dem Wunsch, sich für eigene Schwäche und Feigheit zu rächen und nennt neben den blasierten Wüstlingen in den Werken de Sades als historisch reale Gestalten neben Tiberius, Nero u.a. auch Caligula (ebd., 623f), den Chasseguet-Smirgel als einen ihrer ›drei luziferischen Charaktere‹ erwählt (vgl. 1989a, Kap. 7).

Es scheint heute eher angebracht, de Sades ›Pornosophie‹ (Zweifel 1999) in Anknüpfung an die spätere Interpretation Blochs von 1904, die in de Sade neben dem Libertin auch den Schriftsteller sieht, der die umfassendste Psychopathia sexualis verfaßte, auch als eine Form der negativen Selbstanalyse zu betrachten: die Erforschung dessen, was an Obszönem und Grausamem im Menschen möglich ist bis zum Aufgehen desselben im Wahn. Dem liegt als Motiv weniger die Suche nach Lust als der damit verbundene Wunsch nach Demaskierung und insofern eine tiefe (Selbst)Verachtung des menschlichen Daseins und die Tendenz zur (Selbst)Zerstörung zugrunde. Seine in die Details gehenden Bescheibungen des Sexuellen als physiologischem Akt sind entsprechend eher verbunden mit der Tendenz, den Genuß am Sexuellen zu vergällen – so, wie die Lust am Küssen vergällt wird, indem man ausführlich die in der Mundhöhle stattfindenden Fäulnisprozesse beschreibt. Und das ist, wie mir scheint, der eigentliche Sadismus de Sades: die schonungs- und erbarmungslose Darstellung dessen, was aus seiner Sicht den (Ab)Grund der menschlichen Seele ausmacht.

Auch in ihren *Überlegungen zum Fetischismus und zum Realitätsverlust in der Perversion*[135] kommt Chasseguet-Smirgel zu demselben Resultat, daß der Fetisch den analen Phallus vertrete und die Funktion habe, die Genitalität auszuschließen, um so auch alle trennenden Elemente in der Beziehung zur Mutter beseitigen zu können. Sie widerspricht dabei explizit der Auffassung Freuds, daß der Fetisch vor allem den mütterlichen Phallus symbolisiere, um der Kastrationsangst auszuweichen und insofern aus einer partiellen Verdrängung resultiere, die dem Fetischisten auch die Homosexualität ersparen könne. Sie hält dieser Interpretation die Auffassung entgegen, die Leugnung der Geschlechterdifferenz erfolge durch die Leugnung der genitalen Eigenschaften des Vaters. In diesem Vorgang sei der Fetisch jenes magische Mittel, mit dem der Perverse – denn nahezu alle Perversionen basierten auf einer fetischistischen Einstellung – die Realität umschreibe und die Unterschiede in analer Manier einebne, um die Kastration im Sinne der Trennungsangst zu vermeiden. Verdrängt habe der Perverse seine Motive, deren Bewußtwerdung die magische Zauber- und Feenwelt zum Einsturz bringen würde. Und er habe die Mittel (den Fetisch) idealisiert, vergoldet und verklärt, welche jedoch ihre anale Herkunft unter dem Glanz der Oberfläche nicht verbergen könnten. Dabei handelt es sich für Chasseguet-Smirgel nicht um eine Gegenbesetzung und Reaktionsbildung, aus der Freud den Antagonismus von Analität und Idealisierung erklärt hatte. Die Idealisierung sei vielmehr »an die Vorstellung gebunden, die das Subjekt von sich selbst haben muß» und »das Subjekt, das die Identifizierung mit dem genitalen Vater scheut und die Werte, Objekte und Lustquellen homogenisiert, indem es daraus exkrementelle Partikel macht, kann nur die vernichtende Ahnung vom analen Charakter seines Ichs haben« (1989a, 255).[136]

---

135 Dieses 8. Kapitel in *Anatomie* stellt eine Verbindung und Erweiterung des 8. und des 14. Beitrags in KuP dar, die dort mit *Betrachtungen über den Fetischismus* und *Eine metapsychologische Untersuchung der Perversion* überschrieben sind.

136 Chasseguet-Smirgel kann nicht auffallen, daß sie hier jene Entwertung und Analisierung des Subjekts vornimmt, die sie – bei einigen Perversionen zu Recht – als Kennzeichen perverser Objektbeziehungen beschreibt, da sie diese Entwertung in das Subjekt verlegt. Es ergibt sich hier allerdings der Widerspruch zu der Auffassung, der Perverse realisiere mit der Realitätsverleugnung das Lustprinzip und die darin enthaltenen Allmachts- und Größenphantasien. Die Antwort Chasseguet-Smirgels auf diesen Widerspruch liegt in der Annahme einer doch vorhandenen dunklen Ahnung von der verleugneten Realität und Genitalität, die zu einer (unbewußten) Erkenntnis der eigenen Minderwertigkeit führe. Dabei besteht diese Antwort jedoch in einer erneuten Verankerung des Widerspruchs in der Psyche des (perversen) Subjekts und ist damit nicht mehr als der Theorie immanenter erkennbar.

Mit beeindruckender Hartnäckigkeit und Virtuosität gelingt es Chasseguet-Smirgel, sich diese Auffassung aus einer Vielzahl von Beiträgen anderer AutorInnen zu bestätigen. Die Verleugnung der Urszene mit Hilfe des Fetischs (McDougall), der Fetisch als Symbol der analen Mutter-Sohn-Beziehung (Grunberger) oder als Schutz vor den sadistischen Trieben gegenüber dem Objekt (Paine), als Repräsentant von missing links im frühen Körperbild oder bei Kastrationsängsten (Greenacre), sein Gebrauch als Objektrepräsentanz zur Vermeidung von Trennungsängsten (Weissman) und die allmächtige Kontrolle über dieses Objekt (Sperling), die Funktion als Kindsymbol bei Schwangerschaftsphantasien (Socarides), als Symbol von Partialobjekten (Bak) und andere Interpretationen – dies alles sind Aspekte, die den überdeterminierten Charakter des Fetischs zu belegen vermögen, auf den auch andere Arbeiten hingewiesen hätten. Allerdings verschwindet dieser Gesichtspunkt der Überdeterminierung bei Chasseguet-Smirgel dadurch wieder, daß alle bei anderen AutorInnen genannten Konflikte, Wünsche, Beziehungen und Objekte für sie nur verschiedene Repräsentanten der Realität sind, die im Fetisch nicht nur vertreten, sondern zugleich auch amalgamiert und damit beseitigt würden. Denn alle Motive der Fetischisierung gehen für sie auf jenes eine zurück: die Realität zum Verschwinden zu bringen im Fetisch als dem Repräsentanten des analen Phallus, der dafür das Zaubermittel sei und eine neue Realität aus sich hervorbringe: die der Ungetrenntheit und Undifferenziertheit. »Der Fetisch ist also nicht nur der Phallus der Mutter; *er ist eine Verdichtung aller Elemente, die den Sohn von der Mutter trennen«* (1989a, 241).[137]

Die Kastrationsangst, die für Freud das entscheidende Motiv der Wahl eines Fetischs ist, hat für Chasseguet-Smirgel nicht ödipalen, sondern präödipalen Charakter. Denn was der kleine Mann als Kastration empfinde, sei die Unfähigkeit, mit seinem kleinen Glied die Mutter zu befriedigen und auf diese Weise wieder mit ihr zu verschmelzen. Demgegenüber stelle die ödipale Entwicklung, wie sie in diesem Zusammenhang darlegt, insofern einen qualitativen Sprung dar, als die Identifikation mit den genitalen Eigenschaften des Vaters und seines Penis die Unter-

137 Hier scheint es angebracht, auf der Unterscheidung von signifiant und signifié im strukturalistischen Sinn zu bestehen, die bei Chasseguet-Smirgel erkenntnistheoretisch immer wieder zusammenfließen. Denn die Überdeterminiertheit des Fetischs, die ihn zum Repräsentanten einer Vielzahl von psychischen Bedeutungen macht, wird in ihrer Beschreibung zum Beleg für die Vereinheitlichung der Vielfalt durch das Eine und damit zum Indiz der von ihr angenommenen analen Verschmelzung. Dies entspricht einem heuristischen Zirkelschluß.

schiede – auch der Geschlechter und Generationen – und somit die Realität einführt.

Diese Interpretation hat allerdings zur Folge, daß der Verzicht auf das ödipale Objekt mit dessen Auftreten zeitlich einher- oder diesem gar vorausginge, da erst die Anerkennung des Vaters und seines Penis Chasseguet-Smirgel zufolge die Objekte und die Realität gebiert. Auf diese Dichotomie zwischen dem Präödipalen (= die archaische Matrix des Ödipuskomplexes) und dem klassischen Ödipuskomplex führt sie auch die Denkstörungen bei Gesunden ebenso wie bei Neurotikern und Psychotikern zurück. Denn das Denken sei das Resultat der Trennung vom mütterlichen Bauch und darum selbst das Objekt des Hasses. Andererseits gebe es aber auch den »Zustand der ›Vater-Erwartung‹«, also die Hoffnung auf den Vater als Retter und Befreier aus der archaischen mütterlichen Welt der undifferenzierten Begriffslosigkeit (vgl. 1989/92, 79).

In der Tat ist feststellbar, daß es einen ödipalen Konflikt im Freudschen Sinne für Chasseguet-Smirgel nicht gibt, da das inzestuöse Objekt als solches erst existiert mit der Anerkennung des väterlichen Penis und seines Gesetzes, der Inzestschranke. Der Konflikt, den sie postuliert, ist der zwischen den regressiven präödipalen Strebungen einerseits und der ödipalen Welt andererseits, zwischen welchen eine Grenzlinie verläuft, deren Überschreiten für Chasseguet-Smirgel den Schritt zum Menschsein erst beinhaltet, während die ›präödipale Welt‹ mit dem analsadistischen Universum und der Perversion wesensgleich ist. Dies begreift sie als unvermeidliche conditio humana, deren Herausforderung umso größer sei, als es sich bei der regressiven Verschmelzung um eine universelle Versuchung in jedem von uns handele, deren Nichtüberwindung für sie die Menschlichkeit wie das Menschsein selbst infrage stellt: die Wahl zwischen Himmel und Hölle auf Erden. Dieser qualitative Sprung äußert sich für Chasseguet-Smirgel im Auftreten der Phantasie, die die Verschiebung der Wunscherfüllung auf später ermögliche. Daher münde »der Höhepunkt des Kastrationskomplexes ... in eine gewisse *Trennung* von der Mutter« (1989a, 239). Die präödipale Welt dagegen ist ihr von Indifferenz und Unmittelbarkeit der Wunscherfüllung geprägt, die, weil sie nicht real vollzogen werden kann, imaginiert und vorgetäuscht werden müsse. Daß auch hier Phantasie im Spiel sein könnte, schließt sich für Chasseguet-Smirgel per definitionem aus, an ihre Stelle trete die Imitation. Dem Fetischisten gelinge, so Chasseguet-Smirgel, »das Kunststück, dem universalen Gesetz des Ödipuskomplexes zu entgehen, doch er bezahlt mit einem Riß in seinem Ich dafür, daß er seinen Penis behält, ohne dessen Funktion aufzuschieben. Er entgeht so der *conditio humana«* (ebd.). Diese Aussage, die bei Chasseguet-Smirgel für alle Perversionen gilt (der Fetischismus ist für sie das Modell der Perversionen (vgl. ebd., 243)), macht ihre Vorstellung von der Perversion im allgemeinen und dem Fetischismus im besonderen explizit: mit der Leugnung der Kastration werde die Inzestschranke umgangen, denn das Anerkennen des Inzestverbots *ist* die Kastration, insofern der Knabe auf die Funktion des Penis gegenüber dem inzestuösen Objekt verzichtet. Angesichts der vorausgesetzten genitalen Unfähigkeit, aus der Chasseguet-Smirgel die Neotenie und die Entstehung der Theorie des sexuellen phallischen Monismus begründete, verblüfft diese Aussage. Die Funktion des Penis nicht aufzugeben erklärt nicht die Notwendigkeit einer Realisierung des Inzests mit anderen Mitteln, denen der Verleugnung des Unterschieds und der genitalen Unfähgkeit, die Mutter zu befriedigen, die durch halluzinatorische Wunscherfüllung und magische Gesten ersetzt werden müssen. Jene Funktion des Penis, die der Perverse nicht aufgegeben habe, hat in dieser Beziehung jedoch keinen Platz, wenn die Illusion darin bestehen soll, andere Betätigungen als der genitalen gleichwertig erscheinen zu lassen. Spricht Chasseguet-Smirgel doch gleichzeitig davon, daß die Perversion die Verleugnung der Genitalität beabsichtige (1989a, 255).

Aufschlußreich sind an dieser Stelle die von Chasseguet-Smirgel vorgenommenen Unterscheidungen zwischen Neurose, Psychose und Perversion. Letztere sei gekennzeichnet durch ein Acting-out[138], das mit der Vermeidung eines psychischen Durcharbeitens von Schmerz, Depression und Unzulänglichkeitsgefühlen einhergehe und stattdessen mit magischen Lösungen versuche, die Realität zu verändern. Dabei beruft sie sich auf eine Aussage Ferenczis, derzufolge abergläubische und magische Praktiken bei Normalen einen Rückgriff darstellen auf jene »Ent-

---

138 Vgl. auch ihren Aufsatz *On Acting Out* (1990b). Auch hier zeigt sich ihre Universalisierung der Perversion, indem sie davon ausgeht, »daß perverse Sexualität in ihren verschiedensten Graden alle Formen von Abweichung, wie z.B. den Drogenmißbrauch oder die Delinquenz, welche ebenfalls durch ausagieren gekennzeichnet sind, begleiten« (ebd., 78; Übers. A.M.). Für die angeführten Beispiele scheint der unterstellte Zusammenhang von Ausagieren und perversen sexuellen Neigungen eine besondere Plausibilität zu haben. Allerdings hängt Delinquenz nicht nur vom Stadium individueller psychischer Reife, sondern auch von gesellschaftlichen Norm(alitäts)vorstellungen und politischen Verhältnissen ab. Dagegen ließe sich bei einigen Formen des Drogenmißbrauchs ebensogut von einem ›acting in‹ sprechen, da sie mit der Unterdrückung von (häufig aggressiven) Triebanteilen, z.B. beim Medikamentenmißbrauch, einhergehen und in ihren autodestruktiven Impulsen eher auf ein archaisches strenges Über-Ich verweisen.

wicklungsperiode des Realitätssinnes, in der man sich noch mächtig genug fühlte, mit Hilfe solcher harmloser Gesten die – allerdings ungeahnte – Gesetzmäßigkeit des Weltgeschehens durchbrechen zu wollen« (Ferenczi 1913, 72). Was sie jedoch veschweigt, ist, daß Ferenczi die »Regression auf das Stadium der Gebärdenmagie« hier als Ursache der *hysterischen Konversion* beschreibt (vgl. ebd.).[139] Die Vermeidung des psychischen Durcharbeitens entspreche dem kurzen Weg des Ichideals, gepaart mit narzißtischer Allmacht, sich an die Stelle des Schöpfers zu stellen, und der Idealisierung des analen Universums. In dieser Kombination von Eigenschaften gewähre die Perversion eine Schutzfunktion gegen die Psychose, da »derjenige, dem es gelingt, die Dimension des Undifferenzierten zu erreichen, sich den Fall in die Trostlosigkeit der Depression, in die Welt des Wahnsinns erspart« (1989a, 248).[140] Zu dieser Vorstellung vom Wahn als einem Sturz in dunkle Trostlosigkeit paßt allerdings schlecht ihre Beschreibung als »Rückkehr auf die Phase

---

139 »Auch diese Periode [der Allmacht mit Hilfe magischer Gebärden; A.M.] hat einen Vertreter in der Pathologie; der merkwürdige Sprung aus der Gedankenwelt in die Körperlichkeit, als welche Freud die hysterische Konversion entlarvt hat, wird uns verständlicher, wenn wir sie als eine Regression auf das Stadium der Gebärdenmagie auffassen« (Ferenczi 1913, 72). Entsprechend handhabt Chasseguet-Smirgel die Interpretation eines weiteren Zitats von Ferenczi, in welchem er die magischen Empfindungen des Kindes beschreibt, das nach seinem Eindruck durch Zappeln und Schreien die Wunscherfüllungen selbst geschaffen und somit die Außenwelt unter Kontrolle habe. Ferenczi stellt unmißverständlich in seiner sich daran anschließenden Fußnote einen Zusammenhang zwischen diesen Erfahrungen des Kindes und der Neigung zur Epilepsie her, welche er als neurotisches Symptom interpretiert. Chasseguet-Smirgel unterschlägt diesen Hinweis und nimmt das Zitat als Beleg für den von ihr hergestellten Zusammenhang zwischen frühem Allmachtserleben und Perversion.
Gleichermaßen verfährt sie mit einer Vignette Karl Abrahams, zu der sie angibt, aufgrund fehlender Anhaltspunkte könne dessen Diagnose einer Neurose nicht bezweifelt werden. Ihre daran anschließende Bearbeitung des Falles verfolgt jedoch eben diese Infragestellung und es bedarf bei ihr nur einiger weniger Zeilen zwischen dieser ersten Aussage und der Feststellung, es handle sich bei den Phantasien des Patienten um bewußte Phantasien, »die mehr mit der Perversion zu tun haben als mit der Neurose« (1989a, 222).

140 Demnach hätte der Psychotiker, insbesondere aus Kleinianischer Perspektive, für Chasseguet-Smirgel eine differenziertere psychische Strukturierung erreicht als der Perverse: während für letzteren in der Verschmolzenheit keine Realität erhalten bleibt, setzt Trostlosigkeit bereits die Existenz einer Objektwelt voraus, die Anlaß von Trauer und Verlustgefühl wäre bzw., entsprechend der depressiven Position, ein Schuldgefühl, das zur Trostlosigkeit führt, wo Wiedergutmachung unmöglich scheint. Sehr fragwürdig ist die Beschreibung der Perversion bei Chasseguet-Smirgel bezüglich der totalen Regression und Ausblendung der Welt der Objekte (was sie lediglich einmal relativiert hat). Glover macht dagegen (in einer Stellungnahme gegen die Surrealisten) deutlich: »Wenn die Sekundärprozesse erst einmal etabliert sind, können sie selbst bei tiefsten psychischen Regressionen nicht vollständig außer Kraft gesetzt werden. Die gestörtesten Hervorbringungen schizophrener Vorstellung schließen entwickelte Beiträge des vorbewußten Systems des Geistes ein.« (Glover 1950, 13f).

der halluzinatorischen Wunscherfüllung« (ebd., 249). Die Neurose hingegen verschreibe sich dem Denken, bewahre sich aber eine der Realitätsprüfung entzogene Enklave in der Phantasie (ebd.). Die Konflikthaftigkeit der Neurose manifestiert sich für Chasseguet-Smirgel in der Unbewußtheit dieser Phantasietätigkeit. Der perverse Akt stehe neben dem magischen Akt zwischen der Neurose und der Psychose, also zwischen der wahnhaften Halluzination und der neurotischen Phantasietätigkeit. Die reife Psyche hingegen ist für Chasseguet-Smirgel in der Lage, die Realität, d.h. Trennung, Endlichkeit, Schmerz und Tod anzuerkennen und durchzuarbeiten.

Diese Definitionen werfen einige Fragen und Probleme auf. Zum einen scheint der Realitätsverlust in der Perversion von dem des psychotischen Wahns kaum unterschieden, wenn nicht gar größer, denn der Psychotiker, der an der Depression zerbricht, kann die Trennung und den Schmerz zwar nicht integrieren, hat sie jedoch immerhin nicht verleugnet und damit eine Objektrepräsentanz gebildet, die dem Perversen bei Chasseguet-Smirgel zu fehlen scheint. Entsprechend dicht liegen Psychose und Perversion für sie beieinander. Andererseits erscheint eine differentialdiagnostische Unterscheidung der Perversion von der Borderline-Persönlichkeitsstörung ebenso kaum mehr möglich wie eine Differentialdiagnose zwischen Perversion und narzißtischer Störung. Aber auch die Neurose ist kaum faßbar, hat sie doch dieselben Anliegen wie die Perversion, jedoch in der (unbewußten) Phantasie. Die Neurose manifestiert sich allein in der durch Verdrängung erzeugten Unbewußtheit desselben Konflikts. Er beruht Chasseguet-Smirgel zufolge auf der mangelhaften Identifikation mit dem Vater und seinem Penis aus Furcht, das väterliche Objekt zu beschädigen bzw. auf unzureichender Integration des mütterlichen Phallus, um sich die väterlichen Eigenschaften anzueignen. Für Freud handelte es sich bei der Neurose hingegen nicht um ein defizitäres, sondern zu rigides Über-Ich (insbes. in der Zwangsneurose), das die Befriedigung der verdrängten Wünsche nicht mehr bzw. nur in entstellter Form, als Kompromiß zwischen Triebwunsch und Norm zuläßt. Hingegen ist die reife Psyche nach dem Verständnis von Chasseguet-Smirgel dadurch gekennzeichnet, daß auch die Phantasietätigkeit nicht mehr allein dem Lustprinzip unterliegt, denn dies ist ihr ein Kennzeichen der Neurose (vgl. 1989a, 249). Diese Vorstellung kommt jedoch einer Eliminierung des Unbewußten gleich: der von Freud (für den analytischen Prozeß) idealiter formulierte Anspruch »wo Es war, soll Ich werden« ist für Chasseguet-Smirgel zur Norm psychischer Normalität geworden, einer Norm, die auch aus ihrer Sicht kaum erreichbar ist. Denn die vollständige Integration der väterlichen Welt (und über diese auch der mütterlichen) gelinge nur selten, was sie durch die in uns allen angelegte Neigung, uns von der perversen Versuchung verführen zu lassen, begründet sieht. *Wie negativ* aber ihre Einstellung gegenüber dem Unbewußten ist oder wie groß ihre Furcht vor dessen (von ihr unterstellter) destruktiver Potenz, macht die Aussage deutlich, der psychische Apparat versuche, das Denken zu zerstören (1989/92, 79).

In der Perversion geht es nach ihrer Auffassung nicht nur um die Leugnung der Kastration und der Urszene, sondern der Genitalität insgesamt. Die für Chasseguet-Smirgel ausschließlich anale Herkunft der Perversion verberge sich unter der Idealisierung, welche einer Maskierung und Verfremdung des analen Triebes gleichkomme, welche ausreiche, diese nun über die Verdrängungsschranke auftauchen zu lassen. Jener in ihrem Freud-Zitat (1989a, 224) unterschlagene Aspekt des Mehr an Verfremdung (hier: durch den Wechsel von Aktivität zu Passivität; vgl. Freud 1919e, 241) als einer Form der psychischen Umarbeitung scheint hier von Chasseguet-Smirgel auf indirekte Weise aufgegriffen worden zu sein: hat doch die Maskierung des Analen für sie dieselbe Funktion der Verfremdung – hier des Analen, mit der es den psychischen Inhalten möglich sei, die Verdrängungsbarriere zu umgehen. Jedoch werde die Analität in der Perversion nicht wirklich vom Ich akzeptiert, noch verdrängt, sondern erfahre durch die Idealisierung eine Form der Verneinung: eine Verleugnung der schlechten Abkunft des Idealisierten).[141]

Die Interpretation der Perversion trägt bei Chasseguet-Smirgel Züge einer Stigmatisierung, die sie eher als moralische Verfehlung denn als Entwicklungspathologie

---

141 Das Trauma einer von ihr vorgestellten Patientin besteht darin, von ihrer Mutter tatsächlich wie ein Stück Dreck oder Scheiße behandelt worden zu sein (1988e). Diese Erfahrung von Entwertung durch das Primärobjekt, die bekanntlich zu schweren Störungen des Körper- und Selbstwertgefühls sowie diffusen sexuellen Orientierungen (oder auch Asexualität) führt, fließt in der abschließenden Betrachtung Chasseguet-Smirgels zusammen mit jenen Kategorien der Perversion, die ihr als universelle gelten. Zwischen dem schweren narzißtischen Trauma dieser Patientin und dem universellen narzißtischen Trennungstrauma, das die Geburt nach Chasseguet-Smirgel für uns alle bedeutet und das uns alle verführbar für die perverse Lösung mache, gehen die Unterschiede verloren und damit jenes Verständnis für die Perversion als Versuch der Selbstreparation, der ihr bei Freud trotz aller Mängel die Anerkennung einer Ichleistung bewahrte. Anstelle der Erhaltung eines wie auch immer rudimentären und beschädigten Ichs tritt bei Chasseguet-Smirgel die Selbstreparation i.S. einer Wiederherstellung des omnipotenten intra-uterinen Zustands mit Hilfe der narzißtischen Regression (vgl. 1996a, 234f).

erscheinen lassen. Deutlich zeigt sich dies in der Einschätzung, die Perversion sei »eng verbunden mit der Einsetzung eines Systems zur Verfälschung der Wahrheit, in dem die Unfähigkeit des Kindes, seine Erzeugerin (sexuell) zu befriedigen, aufgehoben wird« (ebd., 258). Andererseits bestehe aufgrund der Ichspaltung eine partielle Anerkennung der Realität und des verleugneten Objekts der Identifikation sowie des analen Charakters des Ichs gewissermaßen ex negativo: in der Idealisierung, Verleugnung und Gegenschöpfung (vgl. ebd., 264). Vor allem letztere stellt für Chasseguet-Smirgel nach ihren Worten auch einen Reiz dar, mache den Perversen zu einem befruchtenden Ferment in der Zivilisation, da er neue Wege beschreite (1989a, 266) und stellt zugleich ihre Einschätzung, daß es sich dabei nur um anale Vermengungen handele, die alle Unterschiede unter einer dünnen Haut des Glanzes in einer amorphen Kotmasse zum Verschwinden brächten, in Frage. Perversion, so ihre Hauptaussage, betreffe nicht nur das Sexualleben einiger Menschen, sondern die psychische Disposition aller Menschen und alle kulturellen und gesellschaftlichen Dimensionen, in welchen Ödipales und Perverses in einem empfindlichen Gleichgewicht koexistierten. Die perverse Schöpfung als anregende Neuerung und den Perversen als kulturelles Ferment zu betrachten, steht jedoch im Gegensatz zu allen sonstigen Äußerungen Chasseguet-Smirgels, die das Pathologische, Destruktive und Subversive aller perversen Hervorbringungen betonen, angefangen von ihrem Umgang mit den Werken Leonardos, Strindbergs, Wildes, Poes und der deutschen Romantiker bis zu Hans Bellmer. Diese Widersprüche bestätigen die vermutete Ambivalenz Chasseguet-Smirgels gegenüber dem Perversen.

Ähnlich ambivalent ist ihr Bezug zu den kulturellen Schöpfungen, die ihr, wo immer sie mit Idealisierung verbunden sein könnten, im Verdacht stehen, perversen Quellen zu entstammen. Wie zum Schutz gegen jene erscheinen denn auch ihre ausführlichen Jeremias-Zitate zu Beginn des ersten und zweiten Teils ihrer *Überlegungen zum Fetischismus* (in 1989a), die auf das Bildverbot in der jüdischen Tradition verweisen und die Gleichsetzung aller Symbolisierungen des Göttlichen mit Fetischen und Götzenbildern implizieren – von der rituellen Maske bis zum Marienbild. Für den Atheisten Freud stellte das archäologische Interesse an ägyptischen Statuen kein Problem dar, für Chasseguet-Smirgel scheint das Interesse an kulturellen Schöpfungen dieser Art zumindest mit einem Dilemma verbunden. Deutlich werden diese Befürchtungen vor allem in ihrem Beitrag über *Hybris, Gesetz, Perversion* (in 1989a, Kap. 6), in welchem anstelle der klinischen Referenz die Konfrontation der Perversion mit der jüdisch-christlichen Eschatologie und der in ihr enthaltenen Tradition des Gesetzesgedankens tritt.[142] Von jenen in ihrem *Resümee* (ebd., 265ff) formulierten Einschätzungen der integrativen und Positives implizierenden Wirkung der Perversion als »dem schöpferischen Ferment der Zivilisation« (266) ist hier jedoch nichts geblieben.

Im Mittelpunkt ihrer Überlegungen steht der Gedanke, daß Hybris, die stolze Anmaßung des Menschen, ihn verleite, sich an die Seite von oder gar über Gott zu stellen und diesen zu entthronen. Dabei vollziehe sich diese Entmachtung Gottes durch die Umkehrung des Gesetzes und der aus ihm entsprungenen Schöpfung mit dem Ziel, das Chaos und die Erschaffung einer »Neo-Realität« zu erlangen und dabei letztlich alle Werte nicht nur umzukehren, sondern aufzuheben. Hybris, die Sünde an sich in der griechischen Antike, gehe einher mit Hybridität, der Vermischung, die sich, wie sie irrtümlich annimmt, aus derselben etymologischen Wurzel ergebe (1989a, 175).[143]

Das im Wort und in der Schöpfung manifeste Gesetz, der Talmud und dessen Gebote der Opferung und Reinheit, der sexuellen und anderer Tabus ist für Chasseguet-Smirgel die Gegenwelt zum perversen Universum der Analität, das sich mit Mutter-Natur identifiziere, in deren Erdenleib sich alle Dinge vermischen müßten. Die Offenbarung des Johannes mit ihrer Prophezeiung der Apokalypse wird für sie

142 In großem Umfang hatten Chasseguet-Smirgel und Grunberger unter Pseudonym bereits in *L'Univers contestationaire* von 1969 die jüdische und christliche Glaubenstradition als ›mythische‹ Emanationen ödipaler bzw. perverser psychischer Strukturen beschrieben (vgl. Kap. I/5.1). *Hybris, Gesetz, Perversion*, das im Original 1984 erschien, ist jedoch der erste Text, in welchem sie dies ausführlich unter ihrem eigenen Namen tat. In *Das Paradoxon der Freudschen Methode* (Kap. 8 in 1988a), das zuerst 1986 in englischer Sprache erschien, setzt sie diese Erörterung der kulturell-religiösen Dimension des ›Perversen‹ fort.

143 Weder der Duden (1994) noch Kluge (1999) bestätigen diese Annahme einer gemeinsamen Sprachwurzel von hybris und Hybride. Nach Kluge ist Hybride aus hybrida, hibrida entlehnt, etymologisch jedoch unbekannter Herkunft.

Hybris, die frevelhafte Vermessenheit, leitet sich aus griechisch hybris ab. Der Duden nennt als adjektivische Form für beide »hybride«. Dagegen betont das *Wörterbuch der philosophischen Begriffe*, »...das Eigenschaftswort zu H[ybris] ist nicht hybrid oder hybridisch (von Hybride ›Bastardpflanze‹), zweiartig, mischlingshaft, sondern hybrisch oder hybrishaft« (ebd., 298; Hervorh.i.Orig.).

Ferner lassen sich die von Chasseguet-Smirgel für Hybris genannten Bedeutungen von Gewalt und Exzeß nicht nachweisen (vgl. Duden u. Kluge op. cit.) Dodds (1970) bezeichnet die *hybris* als das Ur-Übel, das mit àte bestraft wird, dem Tod. Als *hybris* gilt den Göttern aber schon das Glück eines Menschen, um welches sie ihn beneiden. Dies ist wohl der Grund, warum sie für Homer und Archilochos als allgemein verbreitet galt (ebd., 19 u. 178, Anm. 13).

zum destruktiven Gegenmodell der göttlichen Schöpfung und gleichzeitig zur Beschreibung der perversen satanischen Welt mit ihren aus ihr hervorgebrachten Ungeheuern, die zum Untergang am Tag des jüngsten Gerichts verdammt seien. Diese höllischen Ungeheuer sind für Chasseguet-Smirgel eine Spiegelung der Ungeheuerlichkeiten und Blasphemien der Sadeschen Welt (vgl. 1989a, 184f). In diesen Ausführungen haben wir es nicht mehr mit einer nur analytischen Beschreibung von Analogien zu tun, in welcher die himmlischen Heerscharen und luziferischen Ungeheuer Repräsentanten innerpsychischer Konflikte und Imagines wären, sondern der Text tendiert dazu, selbst zu einer Art apokalyptischer Prophezeiung zu werden angesichts der Dimensionen eines Kulturkampfes zwischen dem Gesetz der väterlich-zivilisierten Welt und der Welt der Hybris und perversen Regression. Der Impetus, beide miteinander zu vereinen durch Integration der satanisch-analen Welt geht von der bedrohlichen Vorstellung aus, daß gerade die Trennung und Ausgrenzung die vernichtenden Kräfte bestärke. Dennoch zeigt sich gerade in diesem Text eine Tendenz zur Polarisierung von perverser Welt, die die analsadistische Vermengung anstrebt, und reiner Welt des Gesetzes, das die Trennungen vornimmt. Aber auch Trennung und Vermischung sind als Kategorien weniger getrennt, als Chasseguet-Smirgel lieb sein kann, sondern stehen in einer dialektischen Beziehung zueinander, wie die von Chasseguet-Smirgel gewählten Beispiele deutlich machen. So sind es gerade die Forderungen nach Reinheit des Blutes, der Rassentrennung und das gesetzliche Verbot der gemischten Ehen, in welchen sich die paranoide Struktur der nationalsozialistischen Ideologie ausdrückte und die Chasseguet-Smirgel an anderer Stelle (1998b, 19) zutreffend als phobische Abwehr des nicht-assimilierbaren ›Fremden‹ benennt. Wir haben es hier also nicht mit Vermischung auf seiten der ›Perversen‹ contra Trennung im ödipalen Denken zu tun, sondern mit einer Form von Dialektik, in der die Einheit hergestellt wird mittels der Trennung. Es ist wohl eben dieses Problem der Verstrikkung, das bei Chasseguet-Smirgel eine so starke Involviertheit erzeugt und ihrem Text eine gewisse Ähnlichkeit mit der von ihr so kritisch betrachteten *Apokalypse* des Johannes verleiht. So nimmt Chasseguet-Smirgel auch einen Gegensatz zwischen den von Hybris und der Neigung zum Umsturz gekennzeichneten Heroen der griechischen Antike wie der altägyptischen Religion einerseits an, und der israelitischen Religion, die auf dem ordnenden, trennenden Gesetz beruhe, auf der anderen Seite. Denn die göttergleichen griechischen Helden seien nicht bereit, die Grenzen zu respektieren, was sich auch in ihren promiskuitiven sexuellen Anmaßungen zeige.[144] So ist die Göttergleichheit der Heroen in Chasseguet-Smirgels Augen nicht die Folge eines von den Göttern zugewiesenen Schicksals, sondern das Resultat der Hybris, deren perverse Grundlage der verführenden Aussage der Schlange im Paradies entspreche: »Ihr werdet sein wie Gott«. *Hybris* geht für Chasseguet-Smirgel einher mit Anomie, das Gesetz aber verlange die Bestrafung der Hybris zur Wiederherstellung der Ordnung. Eine solche Tendenz zur Umwandlung der Realität, der Vermischung und Vereinigung der Gegensätze finde sich, wie sie mit Berufung auf den Religionswissenschaftler Mircea Eliade betont, in der Alchimie, der Gnosis und Mystik wie auch in anderen Religionen. Der alchimistische Grundgedanke, der – zumindest im okzidentalen Kulturraum – auf die aristotelische Idee der uranfänglichen Materie zurückgeht, bestehe in der Beschleunigung der im Sinne von Wachstum gedachten Transformationssprozesse der Metalle von jener Urmaterie hin zur höchsten Form des Metallischen, dem Gold. Dessen Besitz und Vereinnahmung aber mache den Menschen Gott gleich und sei somit Ausdruck seiner Hybris. Zur Vermischung und Abschaffung der Realität gehöre auch die Trunkenheit, die Orgie, das Dionysische und machten sie den Luziferischen Kulten bzw. Teufelsreligionen[145] verwandt, deren Ziel die Umkehrung der Schöpfung, die Rückkehr zum Chaos und der Einheit der Urmaterie sei. So besteht für Chasseguet-Smirgel die Perversion in einer magischen Operation, »die auf eine Rückkehr zum Undifferenzierten abzielt, eine Manifestation der Hybris, die

144 Whitebook (1985) stellt in seiner Rezension von *Creativity and Perversion* einen Widerspruch zwischen Chasseguet-Smirgels These von der realitätszerstörenden Wirkung der Perversion, zu der sie auch die Homosexualität rechnet, und der realitätsgerechten Wissenschaft und Philosophie der griechischen Antike fest, obgleich in jener die Homosexualität eine gesellschaftliche Institution darstellte. Die Idee der Ananke als dem Schicksal, das auf Zwang und Notwendigkeit beruht, steht für ihn im Widerspruch zu Chasseguet-Smirgels Thesen (vgl. ebd., 176).

145 Der von Chasseguet-Smirgel verwendete Begriff der Teufelsreligionen bleibt in ihren Schriften undefiniert. Es handelt sich dabei für sie, wie ihre Ausführungen zeigen, nicht nur um sog. satanische Kulte und Sekten, sondern vor allem um die bis zu den Essenern zurückverfolgbare Tradition, in Luzifer den Herrn des Lichts zu sehen, die in der Gnosis und im Manichäismus sowie im frühen Mittelalter von den Katharern fortgesetzt wurde. Dabei ist in diesen essenischen Schriften Luzifer der Antipode des Satan, des Herrn der Finsternis (vgl. Pagels 1996, 96). Auf diese in der theosophischen Gesellschaft und in der Anthroposophie wieder aufgegriffenen Aspekte hatte sich u.a. auch Otto Rahn in seiner ›Erforschung‹ der Gralslegende bezogen, die ihm eine vorübergehende Karriere in der SS verschaffte. Diese historischen Zusammenhänge bilden einen der Hintergrundbezüge für die bei Chasseguet-Smirgel vorfindbaren Gleichsetzungen von Christentum, Gnosis, Mystik und Nazismus. Vor allem aber ist für sie Luzifer als der wegen Hybris gefallene Engel ein Sinnbild der Rebellion gegen den Gott-Vater.

die Kräfte des Schöpfervaters ausschließen und ausgehend vom (analen) Chaos, eine neue Realität schaffen will« und: »Das Chaos wird also beim Perversen durch die analsadistische Regression wiederhergestellt, in der die Essenzen der Wesen und Dinge sich auflösen« (1989a, 190f). Der Genuß des Perversen bestehe vor allem in der Rückkehr zum Ununterschiedenen.[146]

Mehrfach deutet Chasseguet-Smirgel hier an, daß für sie in der christlichen Lehre zahlreiche Aspekte der regressiven Verschmelzung enthalten sind: in der Kommunion, der ›Introjektion‹ des Christus im Glauben (»Christus lebt in mir«), der Ersetzung des Vaters durch die Anbetung der Mutter-Sohn-Einheit und der hier von ihr nicht erwähnten Dreieinigkeit[147], schiebt aber hier jene Aspekte des christlichen Glaubens eher den Gnostikern zu, die diese Tendenzen entwickelt hätten, wie auch Auszüge des Thomas-Evangeliums bezeugen sollen. »Die gnostischen Lehren und die mystischen Erfahrungen ihrerseits stellen eine Abschaffung der Trennung zwischen Gott und Mensch dar. Die Verschmelzung mit Gott beinhaltet die Rückkehr zur Mutter und das Verschwinden des väterlichen Prinzips, d.h. der Trennung und des Gesetzes« (1989a, 192). Das Problem, das sich aus dieser Betrachtung ergibt, erkennt Chasseguet-Smirgel, ohne es wirklich aufzulösen, wenn sie beschwichtigt: »Wir werden das Paradox nicht so weit treiben, die mystischen Erfahrungen den Teufelsreligionen zuzurechnen oder die großen Mystiker mit den Perversen zu vergleichen. Dennoch ist der Übergang von einer Form (dem Mystizismus) zur anderen (der Perversion) keine Ausnahme« (ebd.). Auch wenn der Bericht über einen perversen Kleriker die Verbindungen zu subjektivieren scheint[148], bleibt die Tendenz der Pathologisierung und Pervertierung kulturell-religiöser Er-

---

146 Wenig überzeugend ist Chasseguet-Smirgels Versuch, in den Bedeutungen des englischen Verbs »to muddle« einen Beleg für die generelle Verbindung von Vermengung, Chaos und Analität sehen zu wollen. Angesichts einer ganzen Reihe anderer Verben der englischen Sprache, die den Vorgang des Vermischens bezeichnen und keine analen Konnotationen enthalten (to mix, to mingle, to blend u.a.) ist dies nur ein Beleg dafür, daß es auch Vermengungen gibt – wie die des Schmutzes oder Schlamms -, die ein sprachliches Äquivalent haben, welches im übertragenen Sinne auf Vermischungen, die negativ bewertet werden, angewandt wird.

147 Die erste Form der Kommunion ist die der Menschwerdung Gottes. Daß sie diesen Gesichtspunkt ausblendet, hat mit ihrer genuinen Tendenz zu tun, negative – das heißt hier: regressive – Tendenzen des Vaters auszublenden. Denn als eine solche müßte sie in ihrem Paradigma dieses Phänomen interpretieren.

148 Die Verwendung dieser Geschichte beinhaltet auch eine weitere Anspielung auf de Sade, dessen Onkel, ein hochrangiger Kirchenvertreter, für seine Ausschweifungen berücktigt war. De Sade lebte als Knabe längere Zeit in der Obhut dieses Onkels.

scheinungsweisen erhalten, die nicht der Diktion der Trennung durch das Gesetz zu folgen scheinen. Selbst gegenüber den jüdisch-mystischen Traditionen wie der Kabbalistik und dem Chassidismus schreckt Chasseguet-Smirgel nicht vor einer (tendentiellen) Pathologisierung und Pervertierung zurück. Es bleibt die Annahme eines gemeinsamen Wesenskerns zwischen diesen verschiedenen Traditionen, der die Kontinuität der Übergänge zwischen ihnen erkläre und sich für Chasseguet-Smirgel begründet in der universellen Verführbarkeit zur Regression. Der gemeinsame Kern ist für sie der einer perversen Struktur.

Aber es bleiben mehrere Widersprüche bestehen. Zum einen: daß durch Gegenüberstellung von jüdischer Gesetzesreligion und nicht-jüdischen Verschmelzungsreligionen letztere ihrerseits zu einer undifferenzierten Einheit verschmolzen werden. Zum zweiten: daß, wenn Trennung Schöpfung bedeutet, das Trennen eine Form wäre, sich dem Schöpfer gleichzustellen und somit ebenfalls mit Hybris in Verbindung zu bringen wäre. Zum dritten aber: daß das Trennen Freud zufolge ein Kennzeichen und eine notwendige Fähigkeit der Analität ist. Auch Chasseguet-Smirgel spricht im Zusammenhang mit der Analität von deren destruktiver, die Moleküle trennender Macht. Transformation, die bei Chasseguet-Smirgel immer gedacht wird als eine vom Lebenden zum Toten, ist das Wesen von Stoffwechselprozessen und damit zugleich die Grundvoraussetzung von Wachstum und Leben. Schließlich aber ist ihre Darstellung in zwei Punkten zu korrigieren. Zunächst darin, daß der Schöpfer in der Genesis nicht nur aus einem Urchaos schuf, sondern auch in der jüdischen Tradition wieder eine Rückkehr zum Chaos vorgesehen ist, im jüngsten Gericht, im Zorn Gottes, der zuerst zerstört, ehe er neu errichtet (vgl. z.B. Schubert 1992, Kap. VII.3). Die Offenbarung des Johannes ist eine Neuankündigung dieser Apokalypse, in welcher alles zurückgestürzt wird ins Chaos und in der die Erde untergeht, ehe das neue Reich errichtet wird. Der zweite Aspekt macht deutlich, daß die Ausklammerung des Islam für Chasseguet-Smirgels Argumentationslogik nicht so belanglos ist, wie es scheint. Denn er hat in einer der rabbinischen Tradition des Judentums entsprechenden Weise den Charakter einer Gesetzesreligion, in der die Vorstellung von Gott (Allah) jedoch eine sehr abstrahierte ist und seine Bezeichnung als Vater unüblich (vgl. van Ess 1992).

Es geht jedoch nicht primär um die Paradoxien und Verfälschungen, die durch die Dichotomisierungen in Chasseguet-Smirgels Erklärungsansatz entstehen, sondern um die Folgen dieser Sichtweise für das Verständnis psychischer Entwicklungen, Bedürfnisse und Konflikte. Angesichts der Gleichsetzung aller Verschmelzungswünsche mit regressiven Tendenzen der Perversion, die ihre Entsprechung in der Versuchung des Sündenfalls hätten, bekommt der eher unvermittelte Hinweis auf die Zwangsneurose, in welcher der Isolierungsmechanismus der Notwendigkeit der Teilung und Trennung folge (1989a, 174), die Bedeutung einer aufscheinenden Einsicht in die Konsequenzen, die sich aus den vorausgesetzten Annahmen dieser Theorie ergeben.

Nicht nur Teilung, Trennung und Isolierung in streng getrennte dichotome Welten sind ein zwangsläufiges Resultat dieses Denkens. Zwangsläufig ist nach Chasseguet-Smirgels eigener Auffassung vor allem die Anerkennung der »väterlichen Werte«. An ihre Stelle mütterliche Werte setzen zu wollen, bedeute nur, sich der Anerkennung des Vaters zu entziehen. Die mütterlichen Werte fänden vielmehr von selbst ihre Anerkennung, wenn die des Vaters bereits anerkannt seien. Denn aus der Anerkennung des Väterlichen ergebe sich erst die Differenz. Entsprechend ist für Chasseguet-Smirgel die Betonung »mütterlicher Werte« und ihres Vorzugs nur ein erneuter Ausdruck des Versuchs, den Vater auszuschließen. Die Kritik an der Autorität der Männer, der Beherrschung der Frauen und Kinder, der Verachtung der Frau, ist für sie Ausdruck einer Kombination »... aus Reaktionsbildungen gegen die Versuchung des Chaos und Elementen, die der »Rückkehr des Verdrängten« (dem analsadistischen Stadium) angehören. Eine Gesellschaft, in der die »väterlichen«, genitalen Werte voll bestätigt wären, würde«, so ihre eigene Utopie, »alle Spuren des Kampfes zwischen dem Gesetz und dem Chaos verlieren und die Gesamtheit der »mütterlichen« Werte einbeziehen« (1989a, 191). Welches diese mütterlichen Werte sein könnten, bleibt in diesem persönlichen Mythos von der Versöhnung zwischen Himmel und Hölle, dem (idealiter) vollkommenen Ödipus, der jede Spur einer regressiven Versuchung – und damit das Unbewußte selbst! – löscht, unbenannt. Dasselbe gilt für die Herkunft jener Differenz, die nach der Logik dieser Theorie vom ›Ursündenfall‹ nicht auftreten dürfte und nach Chasseguet-Smirgels eigenen Worten der einzige unfruchtbare Gegensatz ist: der zwischen Gesetz und Chaos, zwischen Trennung und Verschmelzung (ebd.). Was diese Argumentation aber verrät, ist eine logische Abstraktion auch vom psychischen Geschehen, deren Prämissen in sich zusammenfallen – denn was wäre die Aufhebung des Gegensatzes von Trennung und Verschmelzung, von Gesetz und Chaos anderes als eine Veschmelzung, die es doch um jeden Preis zu vermeiden gilt? Auf den ontogenetischen Entwicklungsprozeß des Psychischen bezogen hieße dies, die präödipale Geschichte im Ödipalen nicht nur aufzuheben, sondern erstere mit dem Ödipus zu eliminieren. Hier scheint mit dem Versuch, den menschlichen Ambivalenzen, Widersprüchen und regressiven Anteilen im Unbewußten auszuweichen, eine Anthropologie vom idealen Menschen auf, dessen Idealität sich auf die absolute Verinnerlichung von Gesetz und Moral bezieht, in der das ›luziferische‹ Lustprinzip überwunden ist durch die Anerkennung von Zeit und Raum als Dimensionen von menschlicher Endlichkeit. In dieser würde das Dasein der Pflicht und Verantwortung folgen, dem Realitätsprinzip und der Errichtung und Erhaltung jener menschlichen Grundordnungen, die die der Geschlechter, der Generationen, der Zeugung und des Gebärens sind. Daß die Theorie Chasseguet-Smirgels letztlich eine Elimination des Unbewußten impliziert, die ihr möglicherweise in dieser Konsequenz nicht deutlich ist, zeigt sich unter anderem an ihrer Forderung, der reife Mensch müsse seine Endlichkeit und seinen Tod anerkennen. Hatte Freud nicht bemerkt, daß es den Tod im Unbewußten nicht gibt?

Die Verschmelzung, gefürchteter (und verachteter) Bestandteil aller Mystiken, der Gnosis und des Christentum, zeigt sich auf individueller Ebene für Chasseguet-Smirgel in den Puppen eines Hans Bellmer ebenso wie in der phantasierten Gestalt eines *Dr. Moreau* bei H.G. Wells und stets in den Machenschaften der Tyrannen, die Chasseguet-Smirgel gleichermaßen als »luziferische Charaktere« beschreibt.[149] Die Dämonisierung, so archaisch sie anmutet, hat für Chasseguet-Smirgel den Stellenwert eines Reifungsindikators, denn es handelt sich für sie dabei um fallengelassene Idole und Götter, deren Überwindung sich durch ihre Dämonisierung anzeige (vgl. 1978b, 27f). Beim Perversen hingegen erscheint es ihr überzeugend, daß er seine prägentialen Triebe nicht der ›organischen Verdrängung‹ i.S. Freuds unterworfen habe und – vor allem – »daß er seine fallengelassenen Idole nicht in Dämonen verwandelt hat« (ebd., 27).[150] Dämonisierung

149 Vgl. das 7. Kap. in *Anatomie* bzw. den 2. Beitrag in *Kreativität und Perversion*. Die ausschließlich negative Verwendung des Begriffs »Demiurg« bei Chasseguet-Smirgel entspricht nicht dessen etymologischer Bedeutung von öffentlich wirkendem Schöpfer (vgl. Duden 1994). So heißt es auch bei Eliade und Couliano (1997): »In der Tat verkündet die Bibel, so wie auch Platon selbst, die Welt sei von einem guten Demiurgen erschaffen worden, ... »(ebd., 185).

150 Einerseits ontologisiert Chasseguet-Smirgel die von Freud als Spekulation bezeichnete Aussage über die organische Verdrängung, die sich bei ihm auf die kulturelle Entwicklung des Menstruationstabus bezieht (vgl. Freud 1930a, 229, FN 1). Zum andern ist ihre Formulierung insofern unpräzise, als sie eigentlich davon ausgeht, daß der Perverse seine prägenitalen Idole nicht nur versäumt habe zu dämonisieren, sondern nach ihrer Vorstellung auch nicht bereit ist, diese Idole aufzugeben.

meint für Chasseguet-Smirgel eine Form der Entwertung und Negativierung des zuvor Idealisierten, die eine Trennung von diesem möglich mache. Dieser Vorgang folgt dem Muster der Trennung vom Primärobjekt Mutter, wie sie sich nach ihrer Auffassung vollzieht. Sie bedient sich aber selbst des Mittels der Dämonisierung, wenn sie von »Perversen« in einem derogativen Sinne spricht oder aber fiktive wie reale Personen als luziferische Charaktere beschreibt.

Es läßt sich zudem an diesem Aufsatz über *Hybris, Gesetz, Perversion* in Verbindung mit seinem nur geringfügig veränderten Nachfolger, dem erst 1999 erschienenen Beitrag über *Devil's Religions*[151], sehr gut demonstrieren, wie selektiv Chasseguet-Smirgel Freud rezipiert, um zu einer Bestätigung ihrer Thesen zu gelangen. Hier (1999, 331f) gibt sie im Gegensatz zu jener früheren Fassung (in 1989a) einen längeren Auszug aus dem für sie in diesem Zusammenhang interessanten Brief Freuds an Fliess vom 24. Januar 1897 wieder, den sie in *Hybris, Gesetz, Perversion* mit folgender Schlußfolgerung kommentiert: »Wenn man sie als »Teufelsreligion« versteht, läßt die Perversion zwei Auffassungen vom Teufel hervortreten; die, von der in dem oben zitierten Brief vom 24. Januar 1897 die Rede ist, d.h. der Bezug zur Analität, und die »luziferische« Auffassung des Teufels, des Lichtträgers, der ein Bruchstück des göttlichen Feuers geraubt hat, des Engels, der gegen den Schöpfer revoltiert« (ebd., 170). Einiges in Freuds Brief spricht zweifellos für den Zusammenhang von Perversion und Analität. Aber Freud sieht auch andere Bezüge. Es wirft ein erhellendes Licht auf das Zustandekommen der eindimensionalen Interpretation Chasseguet-Smirgels, zu sehen, welche Aussagen Freuds in ihrer Wiedergabe (in 1999) durch Auslassungszeichen ersetzt sind (vgl. ebd., 313f). Freud, der hier Fliess seine neuesten Gedanken über den hysterischen Hintergrund des Hexenwesens mitteilt, meint hierzu: »Das »Fliegen« ist erklärt, der Besen, auf dem sie reiten, ist wahrscheinlich der große Herr Penis«. Die zweite von Chasseguet-Smirgel ausgelassene Aussage lautet: »Wenn ich nur wüßte, warum das Sperma des Teufels in den Hexenbeichten immer als »kalt« bezeichnet wird«. Schließlich spricht Freud auch von Mädchenbeschneidungen, über die er eine Szene bekommen habe (hier sind keine Angaben darüber vorhanden, um welches Material es sich handelt; vermutlich sind es ethnographische

151 *Devil's Religions* ist in dem von Nancy und Roy Ginsburg herausgegebenen Buch nicht als überarbeitete Fassung des 1984 entstandenen Aufsatzes über *Hybris, Gesetz, Perversion* (in 1989a) ausgewiesen.

Berichte), wonach ein kleines Stück vom Labium abgeschnitten worden sei, »wornach das Kind das Stückchen Haut zu essen bekommt« (Freud 1985c, 239f). Gemeinsam ist diesen drei eliminierten Aussagen Freuds, daß sie Hinweise auf *genitale* Aspekte dieser »Teufelsreligionen« geben.

Die von Chasseguet-Smirgel bereits hergestellte Verbindung von Analität und Perversion einerseits, Perversion und Christentum andererseits wird in *Devil's Religions* schließlich noch unterstrichen durch ihre hier betonte Aussage, in der ursprünglichen Hebräischen Bibel werde Luzifer nicht erwähnt, er sei Teil der verschiedenen gnostischen Häresien und mystischen Theorien und werde erst in der Vulgata in seinen megalomanen Eigenschaften benannt.[152] Luzifer, der Engel, der gegen den Schöpfer revoltiert, indem er ihm ein Bruchstück des göttlichen Feuers raubt, wie sie schon in ›Gesetz‹ ausgeführt hatte (1989a, 170) – er muß endgültig aus der Hebräischen Tradition, die für das Ödipale steht, verbannt werden. Deutlicher läßt sich kaum die Abwehr des »Bösen« durch Ausgrenzung und durch Zuschreibung an ein Gegenüber erkennen als hier (dies wird sich an den Texten der folgenden Kapitel ebenfalls zeigen). Ferner ist erkennbar, daß die Abwehr und projektive Ausgrenzung des Negativen, die Chasseguet-Smirgel zum Teil sehr treffsicher in der Perversion thematisiert und beschreibt, sich in ihren eigenen Texten graduell steigert, je später diese entstanden sind. Dabei folgt sie bis in die Wortwahl hinein, ohne ihn an dieser Stelle zu nennen, dem Autor von *Die Gesellschaften des Bösen,* Jean-Claude Frère (1972), bei welchem der Glaube an das Satanische und die Tendenz zur Personifikation desselben unverkennbar ist.[153] So bezeichnet er Hitler zum einen als den Antichrist und weiters als Medium des Satan und überschreibt das ihm gewidmete Kapitel mit: »Eine Seite der Apokalypse: Hitler«.

---

152 »Note that the original Hebrew Bible contains no mention of Lucifer. – Lucifer became henceforth part of the different Gnostic heresies or mystical theories, such as those of Jacob Boehme (...)« (1999, 315). »As regards this megalomanic aspects of the Devil, we find that the Vulgata names Lucifer in the prophecy of Isaiah (...)« (ebd.).

153 Jean-Claude Frère: *Les sociétés du mal.* Paris 1972. Eine deutsche Übersetzung dieses Buches existiert meines Wissens nicht, dafür jedoch eine Biographie Frères über Leonardo (Terrail 1994), die Chasseguet-Smirgels Interpretationen zu diesem beeinflußt hat. Ebenso wie in *Hybris, Gesetz, Perversion* (1989a, 190) erfolgt in dieser englischen Übersetzung die Nennung Frères im zweiten Unterkapitel mit dem Titel »Teufelsreligionen« (1999, 331). Auch die Interpretationen zu de Sade, zu Goethes Faust und der deutschen Romantik sowie zahlreichen Passagen zu Hitler und nicht zuletzt der immer wiederkehrende Bezug zur Johannes-Apokalypse gehen bei Chasseguet-Smirgel auf die Darstellungen dieses Autors zurück, der seinerseits zu fragwürdigen Mystifizierungen neigt.

Zu Beginn seiner Untersuchung trifft Frère folgende Unterscheidung: »Wenn Satan, gemäß der hebräische Etymologie, der Widersacher (Gottes) ist, ist Luzifer, der Träger des Lichts, derjenige, der ein Bruchstück des Feuers Gottes raubte. Aus diesem Grunde ist die satanische Vorstellung stärker mit der Idee des Bösen sowohl physisch, metaphysisch wie kosmisch verbunden, während die luziferische Tradition eher besonders Aspekten der hochmütigen Revolte der Geschöpfe gegen den Schöpfer entspricht. – Unter dem lateinischen Namen Luzifer (*lux,* Licht und *ferre,* Träger) verbirgt sich der jüdisch-christliche Ausdruck der universellen Revolte gegen das Prinzip der Einheit [sic!]. Und wenn der Mensch sich gegen Gott wendet, träumt, ihm gleich zu sein, letztlich selbst Gott zu sein, dann hat er nur einen Verbündeten, Luzifer« (ebd., 13f). Nicht nur die Revolte gegen die Einheit verschwindet aus Chasseguet-Smirgels Bezugnahme auf diesen Text, sondern auch die all diesen Details vorausgehende Bemerkung Frères: »...: *Satan, Luzifer,* zwei Namen, die letzten Endes die zwei Gesichter derselben Wirklichkeit beschreiben« (Frère 1972, 13).[154] Was Chasseguet-Smirgel an der von Frère gemachten Unterscheidung hervorhebt als das ihr wesentliche Moment, das sie mit Perversion gleichsetzt, ist die Verführung des Menschen zur Rebellion gegen den Schöpfer, ein Gedanke von so zentraler Bedeutung für die Argumentation Chasseguet-Smirgels, daß sie ihn in ihrer Textversion von 1999 nochmals explizit zum Ausdruck bringt: »Arrogance is the principal characteristic of Lucifer« (ebd., 316). Daß auch der alttestamentliche Satan dies tat, indem er Eva zum Verstoß gegen das Verbot, vom Baum der Erkenntnis zu essen, verleitete und damit zum ersten Raub vom göttlichen Feuer – denn Erkenntnis hat bekanntlich mit Erleuchtung, *Luzidität* zu tun – ist in diesem auf Dichotomien begründeten Ansatz nicht unterzubringen.

154 Im Zusammenhang lautet der Text bei Frère (1972): »Au départ, il faut s'entendre sur les mots: Satan, Lucifer, deux noms qui, en fait, désignent les deux faces d'une même réalité. Si Satan est, selon l'étymologie hébraïque, l'Adversaire (de Dieu), Lucifer est «le Porteur de lumière», celui qui ravit une parcelle du feu de Dieu. C'est pourquoi, au concept satanique est plus volontiers attachée l'idée du Mal à la fois physique, métaphysique et cosmique, tandis que la tradition luciférienne répond plus particulièrement aux aspects de la révolte orgueilleuse des créatures contre le Créateur. / Sous le nom latin de Lucifer (lux, lumière, et ferre, porter), se cache l'expression judéo-chrétienne de la révolte universelle contre le principe d'unité. Et lorsque l'homme se dresse contre Dieu, rêve de l'égaler, d'être enfin Dieu à son tour, il n'a qu'un allié, et c'est Lucifer« (ebd., 13f)

5 Narziß wider Ödipus – in Kunst, Religion und Gesellschaft

5.1 Psychoanalyse und Gesellschaft – Gegenwart einer Illusion?

Die Einleitung mit dem langen Titel *Widerstände gegen die Anwendung der Psychoanalyse im außertherapeutischen Bereich oder Die Gegenwart einer Illusion,* die Chasseguet-Smirgel für die zuerst 1971 in Frankreich veröffentlichte Monographie *Pour une Psychanalyse de l'Art et de la Créativité*[1] verfaßte, beschreibt die Beweggründe Chasseguet-Smirgels, sich den kreativen wie den pseudoschöpferischen Betätigungen und ihren Resultaten zuzuwenden. Dabei handele es sich nicht um die bloße Wahrnehmung eines persönlichen Interesses, sondern geradezu um eine Verpflichtung für jede/n, die oder der mit Hilfe der Psychoanalyse das Unbewußte zu verstehen suche. Denn alle menschlichen Schöpfungen sind für Chasseguet-Smirgel primär ein Ausdruck des individuellen und kollektiven Unbewußten und müssen daher als Auskunftsquelle für die Erschließung der menschlichen Psyche betrachtet werden.

Wie jedoch der zweite Teil des Titels *Die Gegenwart einer Illusion* verrät, beschränkt sich für Chasseguet-Smirgel der außertherapeutische Bereich nicht auf die ge- und mißlungenen schöpferischen Prozesse. Auch wenn die Beiträge des Buches, für das diese Einleitung geschrieben wurde, sich überwiegend auf die künstlerische Tätigkeit, ihre angenommene psychische Funktion und die Interpretation ihrer Resultate beziehen, zeigt sich aus der rückblickenden Perspektive, mit der die Einleitung verbunden ist, daß die Analyse der künstlerischen Produktionen für sie hier nur noch exemplarischen Charakter hat. Denn alle Erzeugnisse des menschlichen Geistes entstehen für Chasseguet-Smirgel unter denselben unbewußten Voraussetzungen und beinhalten dieselbe Entwicklungsproblematik und -dynamik: es seien die menschlichen Primärtriebe, die diesen Schöpfungen zugrunde liegen und die Bereitschaft der Individuen oder Kollektive, die universell menschlichen Gesetze der Entwicklung anzuerkennen oder sie zu leugnen, die über die Qualität ihrer Ergebnisse entscheiden.

Die Anspielung auf eine von Freuds großen kulturkritischen Schriften, auf *Die Zukunft einer Illusion* von 1927, impliziert die Übertragung der am künstlerischen und fetischistischen Gegenstand gewonnenen Erkenntnisse auf die gesellschaftlichen, dem kollektiven Unbewußten zuzurechnenden Prozesse. Ihr Hauptinteres-

---

1 deutsch: *Kunst und schöpferische Persönlichkeit*, 1988.

se gilt dabei, wie der Titel schon sagt, der Wirksamkeit des Illusionären und »Religiösen« in der Gegenwart, die durch diese irrationalen Mächte bedroht scheint. Unter »Religion« versteht Chasseguet-Smirgel, wie sie in diesem Beitrag deutlich macht, alles, was sich der wissenschaftlichen Wahrheit, der Aufklärung der irrationalen Hintergründe entzieht und widersetzt. Und die irrationalen Hintergründe, die es aufzuklären gilt, das sind die Primärtriebe und ihre Wirksamkeit hinter allen menschlichen Betätigungen und Schöpfungen sowie die Wege, die die Individuen oder Kollektive wählen, um die Triebspannungen abzuleiten in kulturellen oder pseudokulturellen Schöpfungen. Sublimierung ist somit nicht nur eine individuelle Leistung, sondern auch die von Kollektiven, die gesellschaftliche Ordnungen und deren institutionelle Sicherung hervorzubringen vermögen. Religion, Moral oder Ideologien sind dagegen unterschiedliche Versuche, diese Grundwahrheiten zu leugnen, weil sie narzißtisch kränkend seien, denn: »Alles, was im Menschen edel und erhaben ist, kann so auf wenige erotische oder aggressive Grundtriebe zurückgeführt werden. Welch eine Enttäuschung!« (ebd., 14f).

Nach Chasseguet-Smirgels Auffassung führt die narzißtisch motivierte Verleugnung dieser Wahrheit zu einer Ich-Spaltung, deren kulturelles Äquivalent die Ideologie oder Religion darstellt und die sich durch Argumente mit ethisch-moralischen Begründungen wappnet.[2] Die in dieser Gleichsetzung von religiöser oder politisch-utopischer Orientierung mit Verleugnung der menschlichen Triebhaftigkeit enthaltene Rigorosität ist nur verstehbar, wenn man zwei sich ergänzende Auffassungen Chasseguet-Smirgels zur Kenntnis nimmt, die sie beide mit Freud zu teilen behauptet: erstens die Annahme, »daß für die Psychoanalyse zwischen individueller und Massenseele kein *Wesensunterschied* besteht« (ebd., 21) und zweitens, daß *alle* gesellschaftlichen, wirtschaftlichen, sozialen Prozesse und ihre soziokulturellen und institutionellen Manifestationen letztlich nichts anderes sind als die Realisierung unbewußter psychischer Vorgänge. (vgl. ebd.)[3] Jede Erklärung soziokultureller Vorgänge, die diese nicht auf ihre Abkunft aus den elementaren menschlichen Trieben zurückführt, erfüllt damit in Chasseguet-Smirgels Augen den Tatbestand einer »religiösen« Verklärung und Verschleierung dieser

---

2 Beispielhaft bezieht sie sich auf Alfred Adler und dessen sozialistische Ethik.

3 »Alle Tätigkeiten sind für ihn [Freud; A.M.] Projektion und Exosmose der Psyche … / In dem Aufsatz *Das Interesse an der Psychoanalyse* … bestätigt Freud erneut diese Identität von kollektiven und individuellen Phänomenen. Er betrachtet die großen kulturellen Institutionen als Exosmose des Unbewußten« (1988c, 22) Diese Interpretation der Texte Freuds erscheint mir keineswegs zwingend.

Herkunft aus archaischen Instinkten. Dies sei eine Haltung, in welcher die Ich-Spaltung der Interpreten zum Ausdruck komme. Dies gilt ihr auch für soziologische oder ökonomische Analysen von gesellschaftlichen Ereignissen: »Denn kann man vernünftigerweise begreifen, daß ein Individuum die Wurzel der Schwierigkeiten eines Menschen einmal im Ödipuskonflikt sieht, ein andermal in der Herrschaft des Kapitals, je nachdem, ob er ihn auf seiner Couch oder einer Barrikade beobachtet hat?« (ebd., 17). Die Vorstellung von der Gesellschaft als einer »Exosmose« des Psychischen macht es für Chasseguet-Smirgel undenkbar, daß gesellschaftliche Verhältnisse und Konflikte zur Ursache von psychischen Spannungen, Konflikten, Ängsten und Aggressionen werden könnten. Dies ist schon impliziert im Begriff der Exosmose selbst, demzufolge es sich bei der Psyche um ein geschlossenes System handelt.

Was der psychoanalytischen Theorie ihren universellen Zugang und ihre beständige Gültigkeit bei der Interpretation sowohl individueller wie auch kultureller Phänomene verleihe, sei die Existenz der *Primärtriebe*, die für Chasseguet-Smirgel eine Art psychische Ökonomie zugrunde legen. Der menschliche und kulturgeschichtliche Entwicklungsprozeß werde wesentlich von diesen Primärtrieben und ihren psychischen Umwandlungen beherrscht, die einer festen Entwicklungsfolge unterlägen, in der neben der Ichbildung und den Verinnerlichungen und Identifikationen mit den Eltern vor allem »der absolute Determinismus des Geistes« und »die Permanenz und Unzerstörbarkeit der Instinkte« (ebd., 19f) den Gang der Entwicklung bestimmen. Die Entwicklung, um die es geht, ist gleichermaßen die des Individuums und der Gesellschaft.

Während es bezogen auf individuelle wie gesellschaftliche Phänomene und Prozesse nichts gibt, das sich für Chasseguet-Smirgel dem psychoanalytischen Verständnis entzieht[4], bildet nach ihrer Auffassung die Sublimierung, diese intra-

4 Dem scheint Chasseguet-Smirgels eigene Aussage zu widersprechen, in der sie darauf hinweist, daß »kein Pschoanalytiker, wie weit seine Gelehrsamkeit auch reichen mag, in der Lage ist, die Gesamtheit der kulturellen, politischen, ökonomischen und sozialen Tatsachen, die für die Untersuchung etwa eines Problems wie des Antisemitismus erforderlich sind, zusammenzustellen.« Er (oder sie) müsse sich dabei auf Spezialisten beziehen. Dennoch sei die psychoanalytische Deutung eines Versuchs wert und »wenigstens theoretisch nicht völlig ausgeschlossen« (1988c, 28). Und sie erwähnt an früherer Stelle, daß »die Anwendung der Psychoanalyse auf soziokulturelle Erscheinungen einer sorgfältigen methodologischen Überprüfung bedarf« (ebd., 16). So sehr ihr in beidem zuzustimmen ist, so sehr läßt sie die gebotene Zurückhaltung wie vor allem die sorgfältige methodologische Überprüfung ihrer Aussagen vermissen.

psychische ›Alchimie‹, mit der aus Kot ›Gold‹(die Kunst und die Wissenschaft) gewonnen wird, für sie eine Grenze des psychoanalytischen Verstehens. »Tatsächlich scheint mir der Anspruch der Psychoanalyse, über den besten Schlüssel zur Deutung soziokultureller Phänomene zu verfügen, am ehesten berechtigt, solange der Prozeß der Sublimierung keine – oder doch keine entscheidende – Rolle spielt« (ebd., 24).

Wie ich schon in Kapitel I/4.2 ausgeführt habe, entzieht sich der Sublimierungsprozeß der psychoanalytischen Entschlüsselung aufgrund des Wertzuwachses, den die kulturellen Schöpfungen durch ihn erfahren. Die triebökonomische wie auch die kulturelle Bedeutung der Sublimierung liegt für Chasseguet-Smirgel in der Desexualisierung des Triebes und des Triebziels, wodurch letzteres sozial akzeptabel werde. Es liegt folglich nahe anzunehmen, daß die kulturelle Wertsteigerung, die mit der Sublimierung verbunden sei, sich für Chasseguet-Smirgel eben aus der Desexualisierung ergibt (vgl. ebd., 24).

Als Prototyp einer Desexulisierung betrachtet sie den Ödipuskomplex bzw. den Weg, auf dem er erfolgreich bewältigt werde. In den *Überlegungen zum ›Konzept der Wiederherstellung‹* beschrieb Chasseguet-Smirgel die Funktion, die der Sublimierungsprozeß angesichts einer nicht vollendeten ödipalen Entwicklung (für den Knaben bzw. Mann) hat. Das Postulat einer Identität von individueller und kollektiver Psyche bekommt nun eine Schlüsselfunktion, um den unterstellten Zusammenhang zwischen Ödipuskomplex und Antisemitismus (vgl. ebd., 25) zu verstehen. Nicht nur individuell, sondern auch kollektiv muß das Ichideal sich »nach vorn«, das heißt an anerkannten gesellschaftlichen Werten, die desexualisiert sind, orientieren.

Diese Werte, die sich aus der Identifikation mit dem Vater und seinem Gesetz ergeben und desexualisierten Triebzielen entsprechen, stehen für Chasseguet-Smirgel dem Antisemitismus gegenüber, der Ausdruck einer regressiven, die Sexualisierung in der anal-sadistischen Destruktivität aufrecht erhaltenden Orientierung ist. Nur sekundär ist der Antisemitismus für Chasseguet-Smirgel ein soziologisch erklärbares Phänomen, seine wahren Wurzeln lägen in der Kindheit und seien zurückzuführen auf die Elternimagines (vgl. ebd., 26).

Bemerkenswert ist dabei nicht ihr Anliegen, die Irrationalität des Antisemitismus (und ähnlicher stereotyper Feindseligkeiten) aufzuklären, sondern die Absolutheit, mit der sie von der Möglichkeit dieser Aufklärung aus frühkindlichen

Imagines spricht.[5] Anknüpfend an eine Aussage Francis Pasches, nach dessen Auffassung nur der Prozeß der Sublimierung ein einheitliches, in authentischer Freiheit handelndes Subjekt ermögliche, äußert sie das Ziel, durch psychoanalytische Aufklärung ein Subjekt zu konstituieren, »in dem »Ich« jetzt dort ist, wo »Es« war«, und das darum *»nunmehr gänzlich dessen entbehrt*, was ich eben in nichtanalytischer Begrifflichkeit das *Irrationale* nannte.« (ebd., 27; Hervorh. A. M.) Das Wesen der Sublimierung ist, wie schon gezeigt, für Chasseguet-Smirgel die Desexualisierung der Triebwünsche und -ziele. Es scheint mir daher keine Unterstellung, sondern eine angemessene Interpretation ihrer Auffassung, daß Chasseguet-Smirgel die Bedingung für eine demokratisch-tolerante und in ihrem Sinne aufgeklärte Gesellschaft in der restlosen Bewußtmachung der unbewußt wirkenden Primärtriebe und ihrer damit gleichzeitigen Entsexualisierung sieht. Um die faktische Unerreichbarkeit dieses Ziels weiß sie sehr wohl, dennoch ist dies für sie ein verführerisches Ideal und die einzige Form menschlichen Ausdrucks, die als »jenseits des Menschlichen« begriffen werden dürfe, also als ›Utopie‹, wobei sie diesen für sie mit negativen Aspekten der Regression und Verschmelzung belegten Begriff durch ihre Umschreibung vermeidet (vgl. ebd.). Jede andere Vorstellung eines dem Menschlichen Jenseitigen sei Idealismus und Religion. Sublimierende künstlerische Tätigkeit und Religion bzw. Idealismus bilden somit Antipoden in dieser Wertorientierung.[6] Die kulturell verbreiteten und institutionalisierten Illusionen basieren Chasseguet-Smirgel zufolge auf einer narzißtisch motivierten Selbsttäuschung, die ihre Herkunft aus den menschlichen Primärtrieben und ihren Derivaten zu verschleiern versuche. Nicht anders als für das Individuum gilt auch für die Massen und für die Kultur die Entscheidung zwischen zwei Polen der Entwicklung: für die Akzeptanz von Recht, Ordnung, Gesetz und Vernunft oder für die Inszenierung von Revolte, Chaos, Ungehorsam und irrationaler Willkür.

---

5 In einem am 19.11.91 in Radio Shalom gegebenen Interview (CS 1991/93) ist es Chasseguet-Smirgel überwiegend möglich gewesen, jenseits ihrer Fixierung auf die archaische Matrix zu argumentieren (auch wenn sie im Hintergrund aufscheint) und differenzierende Aspekte zu berücksichtigen, die man in vielen anderen Beiträgen vermißt. Ihren dortigen Ausführungen kann ich, abgesehen von der pauschalen Gleichsetzung von Marxismus und Antisemitismus, weitgehend zustimmen.

6 Das idealisierende Verhältnis Chasseguet-Smirgels zur (echten) Kunst wurde bereits im 4. Kapitel dargestellt; vgl. insbes. Kap. 4.2.

Die Verleugnung der »Entzauberung«, als welche die Einsicht in die triebhafte Herkunft der kulturellen Schöpfungen empfunden werde, sei die eine Reaktion des gekränkten Narzißmus, der Neid auf die schöpferischen Kräfte und der damit verbundene Wunsch, das Gute (= das gute Objekt) zu zerstören, die zweite Form, in der das Subjekt oder aber die Kultur ihre Abwehr zeige. Hatte Melanie Klein, auf die sich Chasseguet-Smirgel hier bezieht, erkannt, daß eine tiefe Quelle des Neides die auf die kreativ-schöpferischen Potentiale des Mutterleibes und der Brust ist, so wird in Chasseguet-Smirgels Ausführungen daraus unversehens der männliche Schöpfer und Schöpfergott[7], ohne daß sie hier entsprechend ihren Überlegungen zur Theorie des sexuellen phallischen Monismus die Frage aufwirft, ob jener nicht ebenfalls ein Produkt der Abwehr dieses Neides ist. Chasseguet-Smirgel nimmt an, der Ablehnung jeglicher psychoanalytischen Interpretation des Kunstwerks und dessen Schöpfers liege die Abwehr eines Vernichtungswunsches gegen das gute Objekt und seine Erzeugnisse zugrunde; das Resultat dieser Abwehr sei die Errichtung eines diese betreffenden Berührungs- bzw. Interpretationstabus. Unter der Wirkung dieses Tabus erscheine der Interpretationsprozeß des Psychoanalytikers als orale Introjektion, in Wahrheit aber entspreche er einer Identifikation und einem Nachvollzug der künstlerischen Metamorphose des primitiven Triebs in ein sublimiertes Kunstobjekt. Die Rede vom Künstler als Schöpfer verweist Chasseguet-Smirgel zufolge auf den größeren Zusammenhang kultureller Schöpfungen und Ideen, von welchen die Religionen mit ihren manifesten Vorstellungen über die Schöpfung und ihren Erzeuger die offenkundigste Ausdrucksform seien. Also liegt hinter der Ablehnung der Interpretation des Kunstwerks, so ihre Schlußfolgerung, die Weigerung, sich mit dem Vater zu identifizieren.

---

7 In ihrer Formulierung »Man kann also annehmen, daß wir alle dem Schöpfer ambivalent gegenüberstehen« (ebd., 41) ist der Begriff Schöpfer bewußt in jener Doppeldeutigkeit gehalten, sich auf den Künstler und den Schöpfer im religiösen Sinn zu beziehen. Sie beide sind Chasseguet-Smirgel zufolge Derivate der Vaterimago und über diese inhaltlich miteinander verbunden. Daher erscheint ihr auch die männliche Konnotation von Künstler adäquat, denn es ist für Chasseguet-Smirgel die Identifikation mit der Vaterimago und deren schöpferischem Penis, die bei beiden Geschlechtern mit der Sublimierung durch Verwirklichung kreativer Potentiale verbunden ist. In den *Überlegungen zum »Konzept der Wiederherstellung«* hat sie sich jedoch explizit auf die unbewußten männlichen Konflikte und ihre Bewältigung bezogen. Sofern sie sich überhaupt mit Künstlerinnen befaßt, geht sie auf dieses Material ohne Unterschied zur Interpretation männlicher Künstler ein.

Parallel zur Ablehnung der Kunstinterpretation behauptet Chasseguet-Smirgel eine Entsprechung, die sich im Antisemitismus finde. Er sei die kollektive Ablehnung einer kollektiven Sublimierung: des jüdischen Glaubens, in dem die Vorstellung vom schöpfenden Vater ebenso repräsentiert sei wie auf individueller Ebene in der Kunstschöpfung. Die jüdische Religion ist für sie demnach eine Art kollektiven Kunstwerks oder zumindest eine Form der Sublimierung, um die Identifikation mit dem Vater und seinem schöpferischen Prinzip zum Ausdruck zu bringen. Daß eben dieser Text endet mit der Erklärung, es gehe darum, »an einen einst starken und reichen Strom der Psychoanalyse wieder anzuknüpfen – … –, um so die Treue für das Wesen der Freudschen Lehre zu bekunden« (1988c, 45), scheint seinerseits eine Verleugnung zu beinhalten. Die der Auffassung Freuds, daß alle Religionen gewiß kollektive kulturelle Schöpfungen seien und auch der Triebsublimierung dienten. Aber für Freud waren sie nicht Ausdruck der Reife, wie Chasseguet-Smirgel dies darstellt, sondern getragen von kollektiven infantilen Wünschen, die nach seiner Auffassung den Kern der Vatersehnsucht bildeten. Die jüdische Religion stellte für Freud in dieser Hinsicht keine Ausnahme dar.

Zu Beginn dieses umfangreichen Beitrags hatte Chasseguet-Smirgel Freuds Kampf gegen die religiöse »Illusion« als etwas dargestellt, das »sehr tief im Wesen der Psychoanalyse wurzelt« (ebd., 14), wobei ihr dieses Wesen im Kampf gegen das Irrationale besteht. Religion und Wissenschaft, Irrationalität und Aufklärung sind für Chasseguet-Smirgel die Antipoden in einem vorgestellten Kampf zwischen antagonistischen kulturellen Mächten, deren Beschreibung der alttestamentarischen Gegenüberstellung von himmlischen und höllischen Mächten zu entsprechen scheint, wenn sie von der »Finsternis des Irrationalen« spricht, die durch den (Licht-)Strahl der Erkenntnis erhellt werden solle.

In diesem Kampf zwischen Rationalität und Irrationalem, Wissenschaft und Religion steht für Chasseguet-Smirgel das Judentum als einzige Religion eher auf der Seite der Rationalität und der Wissenschaft denn auf der Seite des Irrationalen. Denn das Judentum sei durch seine Identifikation mit Gott-Vater eine Religion, die im Schöpfer-Gott den Vater und seine Realität, seine Objekte und das Überich anerkenne. Dies werde sichtbar in der Tatsache, daß das Judentum die einzige Gesetzesreligion[8] sei und an der Schwelle des Übergangs vom magischen Denken

8 Dies ist nicht zutreffend, denn auch der Islam ist in hohem Maße eine Gesetzesreligion, obgleich Allah in dieser Religion nicht als Vater-Gott gesehen und angerufen wird.

zur Rationalität der Gesetzeslogik stehe. Antisemitismus, so Chasseguet-Smirgels These, ist daher ebenso eine Form der Bekämpfung der Anerkennung des Vaterprinzips wie der Kampf gegen die Interpretation der künstlerischen Sublimierung.

Die Gegenwart einer Illusion, zwei Jahre nach dem Pariser Mai und ein Jahr nach *L'Univers contestationnaire* entstanden, ist ein sehr politischer Text, in welchem sie eine Analogie herstellt zwischen individuellen und kollektiven Formen der Kulturerzeugung und Sublimierung, denen ebenfalls analoge Formen der Verweigerung gegenüberstünden: die Tabuisierung des Kunstwerks und des Künstlers wird dabei zu einer Entsprechung der Tabuisierung des Judentums und der Juden. Beiden gemeinsam sei die Verweigerung, sich mit dem Vater als Schöpfer zu identifizieren. Dabei ist der politische Hintergrund dieses Beitrags der des französischen Mai 68: in dessen politischen und gesellschaftlichen Forderungen erblickt Chasseguet-Smirgel die »Gegenwart einer Illusion«. Die Illusion, die immer der Abwehr der Realität des Vaters diene, führe notwendig zur Barbarei. Und diese Barbarei manifestiert sich für sie auch in der Weigerung, den Schöpfungsprozeß nachvollziehen zu wollen. Diese letzte Auffassung wird in ihrer Genese und ihrem Sinn aber erst verstehbar, wenn man die damit verbundene persönliche Historie kennt. Das gemeinsam mit Grunberger verfaßte und unter Pseudonym veröffentlichte *L'univers contestationnaire*, in welchem Chasseguet-Smirgel und Grunberger die Interpretation kultureller Schöpfungen im weitesten Sinne vorgenommen hatten, war auf sehr heftige Kritik gestoßen. Die Abwehr, die sich in diesem Text Chasseguet-Smirgels manifestiert, ist die gegen die Wahrnehmung, daß diese Kritik sich nicht auf die Anwendung der Psychoanalyse auf außerkulturelle Phänomene im Allgemeinen bezog, sondern auf die Art und Weise, wie sie im *L'univers* erfolgt war. Diese Kritik zur Abwehr der Vateridentifikation, der Rationalität, der Erkenntnis zu erklären, heißt in der Pathologisierung und Pervertierung ihrer Gegner fortzufahren und sich von deren Kritik in ihrem Gehalt nicht weiter berühren zu lassen. Eine Abwehr erfährt dabei zugleich die Forderung, anstelle universalisierter Gesetzmäßigkeiten des Psychischen auch die Besonderheiten der Biographie, der Kultur und der sozialen Erfahrungen zu berücksichtigen. Denn hinter der Idealisierung der Gesetzeslogik als dem Ausdruck von Rationalität im väterlichen Prinzip verbirgt sich die Rechtfertigung der Annahme universell gültiger psychischer Gesetzmäßigkeiten und angeborener unbewußter Inhalte, deren Logik im hellen Licht der Ratio zu entschlüsseln sei. Diese Axiomatik macht jedoch die Psyche zu einem mehr oder weniger geschlossenen System, in welchem Aussagen wie »Denn im psychoanalytischen Verständnis gibt es *den* Menschen im allgemeinen« (ebd., 25; Hervorh. im Orig.) legitim erscheinen lassen sowie die daraus abgeleitete methodische Auffassung, nach der ein Satz eines Autors oder eine Notenzeile eines Komponisten genüge, ihn in seiner psychischen Struktur zu identifizieren, »wie ein Knochenstückchen dem Biologen gestattet, das Tier zu bestimmen, zu dem es gehört«. Denn, so die dafür gegebene Begründung: »Der Stil, die Form enthalten den ganzen Menschen« (ebd., 45). Die Kritik an diesem psychoanalytischen Determinismus erscheint Chasseguet-Smirgel als eine Ablehnung der logischen wissenschaftlichen Rationalität des Gesetzesgedankens, dem der Wunsch nach Leugnung des Vaters zugrunde liege und dem somit der Weg in die Barbarei folge. Wenn ich die These vertrat, daß dieser Text ein sehr politischer ist, so kann ich jetzt präzisieren: er ist die Reaktion auf heftige Kritik, die das nur in Frankreich bekannte Buch Chasseguet-Smirgels und Grunbergers gegen die Mai-Revolte 68 betraf. Die an diesem Buch, dem *L'univers contestationnaire*, kritisierte Diffamierung und Pathologisierung politisch Andersdenkender und ihre Gleichsetzung mit Nazis, Antisemiten, Perversen wird in dieser Antwort, die *Die Gegenwart einer Illusion* darstellt, fortgesetzt, jedoch in schwer zu erkennender, weil dem Kontext entrückter Weise. Diesen Kontext zu rekonstruieren, ist eine der Zielsetzungen der folgenden Kapitel.

5.2 Judentum, Ödipuskomplex und Psychoanalyse

Es gibt kaum eine Schrift von Janine Chasseguet-Smirgel, die nicht zumindest in Anspielungen oder sogar in weitergehenden Ausführungen eingeht auf die Religionen als jenem großen Bezugspunkt der Menschheit, der aus psychoanalytischer Sicht die kollektiven Bildungen des Unbewußten mehr und dauerhafter als alle anderen kollektiven Imaginationen enthält. Wie ein roter Faden zieht sich diese Thematik, insbesondere aber die Gegenüberstellung der kollektiven Manifestationen des »Perversen« gegenüber dem »Reifen« in der Religion, durch ihr gesamtes Werk. Die Grenzen, die sie zieht, sind nicht allein die der Magie und Zauberei gegenüber den großen monotheistischen Religionen, sondern auch die zwischen dem Judentum als der Religion des Vaters und dem Christentum, das – der universell existierenden perversen Neigung folgend – die Einheit von Mutter und Sohn dem Prinzip des Vaters vorziehe und letzteren tendenziell ausschließe und entmachte.[9]

Für Freud gab es die »reife« Religion in dem von Chasseguet-Smirgel unterstellten Sinne einer größeren Nähe zu ödipalen Strukturen nicht, für ihn sind alle Religionen gleichermaßen irrational, indem sie auf Idealisierungen, Projektionen, Abspaltungen des Bösen und kollektiven Regressionen beruhen, die der narzißtischen Selbstreparation dienen. Alle Religionen tragen nach Freud in sich den gemeinsamen phylogenetischen Kern des Schuldgefühls gegenüber dem Vater, der - real oder in unbewußten kollektiven Wünschen – von den Söhnen gemeinschaftlich vernichtet wurde.[10]

Gesetz, Hybris, Perversion (in 1989a) war der erste ins Deutsche übertragene Text, welcher die Auffassung Chasseguet-Smirgels zu dieser Frage explizierte. Jedoch handelt es sich dabei um Auffassungen, die latent schon sehr früh in ihrem Werk enthalten sind. In *L'Univers contestationnaire* (im fgd. als *Universum* abgekürzt) bilden sie einen zentralen Aspekt der Argumentation. Da dieses Werk nicht in deutscher Fassung existiert, greife ich in der Darstellung vor auf jenen in den neunziger Jahren von Chasseguet-Smirgel und Grunberger verfaßten und vorgetragenen Text über *Die durch das Evangelium gefährdete Psychoanalyse*, in welchem diese Überlegungen gewissermaßen in Reinform auftreten.[11]

In diesem erst Mitte der neunziger Jahre publizierten gemeinsamen Beitrag haben Chasseguet-Smirgel und Grunberger in verdichteter Form frühere Aussagen zusammengefaßt, in welchen sie eine Parallele zwischen dem christlichen Schisma und Schismen in der Psychoanalyse annahmen, denen ein gemeinsamer psychi-

---

9 Vereinzelt hat Chasseguet-Smirgel darauf hingewiesen, daß ihre Aussagen zum Christentum stärker den Katholizismus betreffen. Den Protestantismus bezeichnet sie dagegen als eine Rückkehr zu den jüdischen Quellen.

10 Diese Auffassung Freuds ist nach heutigem Kenntnisstand weder für den Islam gültig, in welchem zwar eine übergeordnete Gottheit existiert (Allah), der jedoch nicht als Vater gesehen wird und dem gegenüber Schuldgefühle keine Bedeutung haben. Im Buddhismus und Hinduismus fehlt eine personifizierte Gottheit völlig.

11 In seinem jüngsten, gemeinsam mit Pierre Dessuant verfaßten Buch über *Narzißmus, Christentum, Antisemitismus* (2000) greift Grunberger die frühere Argumentation im *L'Univers contestationnaire* zu großen Teilen wieder auf, in der er wie Chasseguet-Smirgel die Polarität von unreif/reif auf die von Christentum/Judentum überträgt. So vergleicht er hier z.B. den aus seiner Sicht ewig pupertierenden Jesus unmittelbar mit den Studenten des Mai 68 und sieht die Gemeinsamkeit zwischen ihnen darin, daß sie »gerade im Namen der väterlichen Autorität die Religion des Vaters an(..)greifen« (Grunberger; Dessuant 2000, 118).

scher Kern nachzuweisen sei: die Abwendung vom Vater und die regressive Rückwendung zu Verschmelzungsphantasien mit der Mutter. Beiden Strömungen sei daher grundsätzlich die Gefährdung der reifen psychischen Struktur des Ödipuskomplexes gemein mit der Folge, daß sich archaisch-destruktive Strukturen der Analität durchsetzen könnten, die notwendigerweise Destruktivität und Gewalt nach sich ziehen. Ein solches Resultat der Destruktivität ist für sie der Antisemitismus, der immer einen Haß auf den Vater und sein Gesetz beinhalte und dieses ebenso wie seine Repräsentanten zu vernichten suche. Das Judentum aber ist ihnen aufgrund seiner Achtung des Vaters und seines Gesetzes der Vertreter der ödipalen Ordnung. Daher sei der Antisemitismus nicht nur das Resultat der Abspaltung des Christentums vom Judentum, sondern finde sich ebenso in allen Abspaltungen von der Psychoanalyse und ihrem jüdischen Begründer wieder (vgl. 1994/95). Dies gelte für Jung, dem in der Tat antisemitische Äußerungen nachgewiesen werden können und der einige Zeit mit der nationalsozialistischen Ideologie und ihrer Berufung auf germanische Riten und Legenden sympathisierte. Lacan, so räumen Chasseguet-Smirgel und Grunberger ein, sei selbst nicht antisemitisch gewesen, dafür aber einige seiner Schülerinnen und Schüler. Wilhelm Reich schließlich, aus einer säkularisierten jüdischen Familie stammend, habe sich am Ende mit Christus identifiziert und sei zu einem Mystizismus christlicher Prägung konvertiert. Dies unterstreichen sie durch das von ihnen entwickelte Bild, Reich habe sich an ein Kreuz schlagen lassen, das aus dem Nationalsozialismus, der KP, der IPV und der Food and Drug Administration gebildet wurde, also jenen politischen Richtungen bzw. Institutionen, mit welchen Reich in Schwierigkeiten kam und die zu Ausschlüssen sowie zur Emigration führten. Daß nicht nur die Kreuz-Metapher ein Konstrukt der Autoren ist, sondern auch die daraus abgeleitete Vorstellung, diese Erfahrungen hätten Reich um seinen Verstand gebracht, zeigt sich darin, daß jener lange nach den erwähnten Ausschlüssen aus der KP und der IPV noch sehr produktiv und erfolgreich war. Daß er später den Kontakt zur Realität verlor, wie Leupold-Löwenthal[12] in seiner biographischen Skizze bemerkt, ohne Reich darum apodiktisch ablehnen zu müssen, läßt sich nicht so unilinear begründen, wie Chasseguet-Smirgel und Grunberger dies tun. Schließlich betonen sie die paranoiden Züge des späten Reich, verbunden mit den Gerüchten um eine Vergiftung bei seiner Beerdigung. Und auch hier geht die Formulierung der Hypo-

12 Vgl. Leupold-Löwenthal 1986, 151–155.

these vom christlich-magisch-irrationalen Reich mit einer suggestiven Beschreibung einher, die diese These mit »Fakten« belegt, die keine sind. Denn die Aussage »Elf Jahre später war er wieder genesen« (ebd., 146) spielt bewußt an auf die christliche Auferstehung und die Bedeutung des Wunders in der christlichen Glaubenslehre und soll hier den gemeinsamen Wunderglauben im Christentum wie bei den ›Jüngern‹ Reichs belegen, somit für die Übereinstimmung beider Lehren in ihrem Irrationalismus zeugen. Letzterer aber hat für die Autoren seine Wurzeln in der Verleugnung der Rationalität und der Rückkehr in das imaginäre Wunschdenken von Allmacht und Größenwahn. Die »Wiederauferstehung« Reichs: das meint die Bezugnahme der 68er Studentenbewegung auf ihn. Dabei läßt, abgesehen vom Zynismus dieser Aussage, dieser Text sehr gut erkennen, in welcher Weise Chasseguet-Smirgel wie Grunberger sich immer wieder der assoziativen Verbindung von Elementen in suggestiver Weise bedienen, um durch die Verbindung von Aussage und dem mit ihr konstruierten Bild eine Übereinstimmung jenseits der Fakten herzustellen. Dies gilt im vorliegenden Beispiel sowohl für die Metapher des Kreuzes wie für die Wiederauferstehungs-Anspielung, die die christlich-mystische Identifikation des so beschriebenen Reich belegen sollen. Wie aber würden sie die – hoffentlich sich erhaltende – ›Unsterblichkeit‹ Freuds beschreiben, wäre er nicht ein Objekt ihrer eigenen väterlichen Identifikation? Die bereits im *L'univers* entwickelte klassische Verbindungslinie von psychoanalytischen Dissidenten, Psychose/Perversion, Christentum und Revolte wird auf diese Weise in der Person Reichs verdichtet und ›bewiesen‹.

Das Judentum zeichnet sich nach Chasseguet-Smirgel aus durch den Monotheismus, in welchem dieser eine Gott transzendent und vollkommen von den Menschen getrennt sei, mit ihnen jedoch durch die ihnen gegebenen Gesetze in einem Bund steht, der bekräftigt wird durch das Ritual der Beschneidung, dem sich alle männlichen Nachfolger Israels anstelle des Opfers zu unterziehen haben. Die damit geforderte und geförderte Abstraktionsfähigkeit im jüdischen Denken verbinde sich mit der kollektiven Projektion des Narzißmus auf den *einen* Gott. Die jüdische Religion entspreche auch insofern der reifen Entwicklung des Ödipuskomplexes, als die Beschneidung die Trennung von der Mutter symbolisiere und, da es im Judaismus keinen Unsterblichkeitsglauben gebe, die Fortführung der Existenz nur durch die Nachfolge von Generationen möglich sei, welche mit der väterlichen Zeugung stets die Urszene präsent halte und damit das Prinzip der Kausalität. Das Prinzip der Trennung stehe seit der Schöpfung, wie sie in der Genesis überliefert wird, dem Chaos und der Ununterscheidbarkeit, dem Tohuwabohu des Anfangs gegenüber. In dieser Schöpfung sei kein Platz für Jungfrauengeburt und andere Wunder[13] – und diese »Entsagung vom Narzißmus und die Gesetzesergebenheit beinhalten einen unmittelbaren Zugang zur Realität und führen zum Gebrauch des wissenschaftlichen Geistes« (ebd., 147). Die zunehmende Organisation des psychischen Apparates, »die sich ohne die Diskontinuität, die eine Folge von Spaltungen hervorruft, nicht begreifen ließe« (ebd., 148), werde hier auf den Kosmos projiziert. Die erste dieser Diskontinuitäten sei der Vater, der die Einheit von Mutter und Kind störe und der narzißtischen Allmacht des Menschen Grenzen setze.[14]

Dem stellen Chasseguet-Smirgel und Grunberger das Christentum gegenüber als eine Rückkehr zum konkretistischen und bildhaften Gott der Gnade, welcher Wunder tut, die den Gesetzmäßigkeiten des Weltlaufs widersprechen und damit die Kausalität aufheben; als Rückkehr zur Verschmelzung im Abendmahl, die in Wahrheit die mit einer älteren Muttergottheit sei[15], symbolisiert in der Mutter-Kind-Einheit der Madonnenbilder, die den Vater in der Jungfernzeugung ausschlössen. Ferner habe das Christentum mit seiner Bevölkerung des Himmels durch Heilige die indirekte Tendenz, den Monotheismus wieder aufzuheben – ein Argument, das zuerst für die Idee der Trinität selbst gelten müßte, welche Chas-

---

13 Nach Görg (1998) stellt die Jungfrauengeburt mythologisch kein Wunder dar, weil sie, wie die ägyptischen Quellen dieser Mythologie belegen, die sich auf Isis und Hator beziehen, nicht die Aufhebung der biologischen Zusammenhänge meint. Vielmehr läßt die »Empfängnis und Geburt aus Gottes Geist die Gottesmutter über alle biologische Verfaßtheit hinweg als ewige Jungfrau erscheinen und hat überhaupt nichts mit einer Abwertung des Sexuellen zu tun« (ebd., 115). Görg macht ferner auf die gleichzeitige Bedeutung von Jungfrau und junger Frau des hebräischen calmá aufmerksam, das erst durch die Übersetzung parthénos in der Septuaginta die Bedeutung von Jungfrau erhalten habe (vgl. hierzu wie zur mythischen Tradition der Gottesmutter und Jungfrauengeburt in den ägyptischen Quellen Görg 1998, 108–117).

14 Im Schöpfungsmythos der Maori ist es der Sohn Tane, der den Vater Rangi (Himmel) und die Mutter Papa (Erde) aus ihrer ewigen Umschlingung löste und sie, indem er die Gestalt eines Baumes annahm, auseinander drängte (vgl. Eliade/Couliano 1997, 80; Clerk o.J., 273f). Erst durch die vom Sohn erzwungene Trennung der Eltern kann sich das Leben, die Wirklichkeit, die Realität zwischen diesen entfalten, er ist es, der in dieser mythischen Tradition die Triangulierung veranlaßt. Der universalisierenden Annahme einer struktural einheitlichen psychischen Entwicklung, in der die Rollen psychisch stets gleich verteilt sind, steht dieser in Polynesien verbreitete Schöpfungsmythos beispielhaft entgegen.

15 Obgleich es sich beim Abendmahl unzweideutig um eine orale Kommunion handelt, bleibt es für Chasseguet-Smirgel Indiz einer analsadistischen Verschmelzung mit der Mutterimago.

seguet-Smirgel und Grunberger jedoch nicht erwähnen.[16] Dies gipfelt für sie in den gnostischen Häresien, in welchen hellenistische und frühchristliche Elemente zur Irrationalität der unio mystica verschmolzen worden seien. Getragen würden diese christlichen Strebungen psychisch nicht vom Realitäts-, sondern vom Lustprinzip, welches eine regressive Orientierung des Narzißmus hin zur inzestuösen Urverschmelzung mit der Mutter impliziere.

Die Abspaltung als unterstellte Gemeinsamkeit von Christentum und psychoanalytischem ›Dissidententum‹ habe für beide Bewegungen katastrophale Folgen: »Sie entfernen sich von der ödipalen Dimension, um sich in die narzißtische Dimension zu stürzen ... Sie verlassen den Bereich der Neurosen, um den der Psychosen anzugehen« (ebd., 150). Dazwischen findet sich eine Anschuldigung der Autoren gegenüber den ›Dissidenten‹, die angesichts der Reklamierung von Abstraktionsfähigkeit für den Judaismus (die von mir nicht in Frage gestellt wird) geradezu als Fehlleistung erscheinen muß: »Sie entfernen sich von den biologischen Wurzeln der Triebe ..., um sich zu Abstraktionen emporzuschwingen: die Archetypen, die Sprache, die Orgone« (ebd.). Gemeint sind mit diesen Anspielungen Elemente in den Theorien Jungs, Lacans und Reichs. Wie unstimmig diese pauschalen Urteile sind, zeigt sich nicht zuletzt darin, daß gerade Reich sich eher in zu direkter Weise eine Verbindung zwischen den biologischen Wurzeln der Triebe und dem psychischen Geschehen vorstellte, wenn er die Libido als Materie in den Zellen nachzuweisen versuchte (vgl. Leupold-Löwenthal, a.a.O.). Was aber ist das für eine Beweisführung, die die Erforschung der Psychosen (durch Jung, Lacan, Deleuze und Guattari) dem Lustprinzip zuschreibt und darin ein Indiz für psychotische Strukturen bei den entsprechenden Autoren sieht – eine angesichts der deutlichen Dominanz der Arbeiten zur Perversion bei Chasseguet-Smirgel ohnehin frappierende Schlußfolgerung. Oder die in der Korrespondenz Jungs mit Gershom Scholem, »einem Spezialisten der Kabbalistik und der allgemeinen jüdi-

16 Die Nichterwähnung der Trinität ist wahrscheinlich dem Umstand geschuldet, daß diese in der Einheit von Vater, Sohn und Heiliger Geist auch eine Repräsentanz der Familie und somit der Urszene und ihrer Fruchtbarkeit ist. Denn die historische Wurzel des Heiligen Geistes ist die von Muttergottheiten bzw. der Gottesmutter, die ursprünglich mit dem Gottvater vereint gedacht wurde (vgl. Pagels 1981). Die Trinität ist so gesehen Ausdruck einer Ausdifferenzierung des Göttlichen, die der Triangulierung entspricht. Heinz-Mohr (1998) zufolge ist die Taube in der griechischen Tradition, die von den Evangelisten aufgegriffen wurde, auch Symbol des sublimierten Eros (vgl. ebd., 304). Chasseguet-Smirgel und Grunberger neigen zur Ausblendung all jener Gesichtspunkte, die ihren eigenen polarisierenden Entwürfen widersprechen.

schen Mystik«, wie es erläuternd heißt (ebd., 151), einen Beleg für eine regressive Wendung Jungs zu primärnarzißtischen Allmachts- und Verschmelzungsstrebungen zu erkennen meint? Wer sich mit dem Wahn oder der Mystik beschäftigt, muß ihnen in Chasseguet-Smirgels Augen offenbar verfallen – ist der Versuchung des »kurzen Weges« schon erlegen. Daß Chasseguet-Smirgel zwischen Phantasie bzw. Denken und Tun nicht unterscheidet, war schon an anderer Stelle zu erkennen.[17] Für sie ist es Ausdruck der psychischen Reife und der Orientierung an den Bedingungen des Ödipuskomplexes, daß Freud sich nur wenig mit den Psychosen beschäftigt habe – und: »*Als guter Sohn Israels* maß er das religiöse Bedürfnis der Vatersehnsucht zu« (ebd., 151; Hervorh. A.M.). In den Spaltungen der Psychoanalyse sei das zum Vorschein gekommen, was vom Schöpfer bzw. Vater der Psychoanalyse verdrängt oder unterdrückt worden sei: das Irrationale, Regressive, das Mütterliche der christlichen Welt. Und die Psychoanalyse »ab Freud«[18] ermögliche es, »mit der Erforschung jener Länder [sic!] fortzufahren, *in denen die Mutter, die Mystik, die Ideologien und die Verrücktheiten herrschen*« (ebd.; Hervorh. A.M.).

Trotz oder Dank dieser geographischen Fixierung und Ausgrenzung des Psychotisch-Regressiven, Irrationalen, Mystischen in »jene Länder«, in welchen diese herrschten, ist es ihr mit Grunberger in diesem Text erstmals möglich, die Existenz eines (insbesondere in der Kabbala sehr wirkmächtigen) mystischen Denkens auch in der jüdischen Tradition zuzugestehen, welches man in anderen Beiträgen Chasseguet-Smirgels vergeblich sucht. Dieses Zugeständnis geht einher mit der Feststellung, es sei ein Muß, diese Dinge zu studieren (also dem Psychotischen sich zuzuwenden), um die menschliche Psyche zu verstehen, die in dieser Konzeption ebenso gespalten ist wie ihre Manifestationen: entweder narzißtisch-psychotisch oder ödipal-neurotisch – ohne die Möglichkeit eines Dritten. Als das Dritte, diese Pole versöhnende, ließe sich die Aufforderung begreifen, durch die Auseinandersetzung mit dem Irrationalen es zu integrieren – und damit zu neutralisieren! Denn die Integration des Irrationalen entspricht in Chasseguet-Smirgels

17 Man vergleiche dagegen Freuds Aussage (in 1925b), er fühle sich der jüdischen Religion wie allen anderen entfremdet, »das heißt, daß sie wohl große Bedeutung als wissenschaftliches Material für mich haben, nicht aber emotionale Zugehörigkeit«. Eine solche Trennung zwischen Erkenntnisinteresse an einem Gegenstand und einer Identifizierung mit diesem scheint Chasseguet-Smirgel nicht für möglich zu halten.

18 Mit dieser Formulierung »ab Freud« spielen Chasseguet-Smirgel und Grunberger auf Francis Pasches Buchtitel *A partir de Freud* von 1969 an.

Überlegungen der des Irrational-Mütterlichen mit dem Rational-Väterlichen, dessen Logik und Gesetzmäßigkeiten sich das Irrationale unterwerfen muß, indem es ans helle Licht des Verstandes gezogen wird. In Wahrheit handelt es sich dabei nicht um eine Integration des Mütterlichen und Väterlichen als zweier gleichwertiger Aspekte der Identifikation des Subjekts. Vielmehr ist die Mütterlichkeit in ihrer präödipalen Herkunft, wie sie in den verschiedensten »Irrationalismen« repräsentiert sei, bei Chasseguet-Smirgel zu eliminieren durch die bewußte Durchdringung mit dem väterlichen Licht der Vernunft. Dieses Mütterliche, das mit dem Väterlichen integriert werden soll, hat dabei auf kultureller Ebene seine mythische, auf individueller seine präödipale Vorgeschichte aufzugeben zugunsten einer *Erkenntnis* (im Sinne des Durchschauens) des Archaischen und Mystischen als Repräsentanten des Mütterlichen, das letztlich nur noch durch den Vater und dessen Wahrheit vermittelt und begrifflich definiert wie auch begrenzt fortbestehen darf. Eine Versöhnung mit dem Mystisch-Mütterlichen ist, wie die Ausführungen der Autoren in diesem Text belegen, für sie undenkbar. Denn es ist per se das Falsche, hervorgegangen aus regressiven Wünschen, die in die Perversion führen. Entsprechend interpretieren sie auch die jüdische Mystik und Mythologie wie alle mythischen und mystischen Zeugnisse als eine Erscheinung, die allein dem regressiven Zweck diene, »den Hunger der Kinder Abrahams nach narzißtischer Befriedigung zu stillen« (ebd., 150).[19]

Daß es für Chasseguet-Smirgel und Grunberger einer geographischen Trennlinie bedarf, derzufolge es Länder gebe, in welchen »die Mutter, die Mystik, die Ideologien und die Verrücktheiten herrschen« (151), läßt erkennen, daß sie ein Verlangen danach haben, kulturelle, nationale oder andere Grenzen ziehen zu können, die es erlauben, das Barbarische aus der eigenen Nähe zu verbannen an einen anderen Ort, den man dann aus der Ferne ungefährdet erforschen kann. Damit geht die Verleugnung der als Gefahr empfundenen Tatsache einher, daß der Nazismus, wenn er auch eine spezifische, aus der deutschen Geschichte entwickelte Form des Totalitarismus war, seine Kollaborateure auch in Frankreich und ande-

---

19 Um Wiederholungen zu vermeiden, nehme ich eine ausführliche Interpretation der Aussagen über Judentum und Christentum im Anschluß an die Zusammenfassung von *L'univers contestationnaire* vor, in welchem sich zahlreiche weitere Äußerungen zum Gegensatz dieser Religionen und der ihnen nach Auffassung von Chasseguet-Smirgel und Grunberger zugrundeliegenden psychischen Strukturen finden.

ren Ländern fand und daß der Antisemitismus, der zweifellos in Deutschland die schrecklichsten Formen annahm, zugleich ein europaweites und auch Frankreich prägendes Phänomen war, wie sich z.B. an Aussagen Proudhons, Le Bons oder anhand der Dreyfus-Affäre und der durch sie ausgelösten Spaltung der damaligen französischen Öffentlichkeit unschwer belegen läßt. Das »Antimetaphorische« war ebenfalls nicht nur ein Merkmal deutscher antisemitischer Verfasser, sondern findet sich in gleicher Weise ungeschminkt z.B. bei Proudhon, wenn dieser fordert: »Der Jude ist der Feind des menschlichen Geschlechts, man muß diese Rasse nach Asien schicken oder vernichten ...« (zit. n. Roudinesco 1994, 131f). Die Annahme – oder Hoffnung –, es gebe Länder, also geographisch abgegrenzte Bereiche des Bösen, ist ein – angesichts der eigenen Verfolgungserfahrungen der beiden Autoren – verständlicher, jedoch illusorischer Wunsch.[20]

Daß der Titel *Die durch das Evangelium gefährdete Psychoanalyse* aus der Umkehrung eines Buchtitels von Françoise Dolto, welcher *Die Gefährdung des Evangeliums durch die Psychoanalyse* lautet[21], entwickelt wurde (vgl. 1994/95, 144), ändert nichts daran, daß die Auffassung, die Psychoanalyse werde durch ›das Evangelium‹ bzw. das Christentum gefährdet, der Überzeugung von Chasseguet-Smirgel und Grunberger voll entspricht. In ihren Augen ist es eine Paradoxie, Psychoanalytiker und Christ zu sein, denn die Psychoanalyse repräsentiert nach ihrer Auffassung ödipale Strukturen, während dem Christentum prinzipiell die Verleugnung derselben inhärent sei.[22]

---

20 Dies mag auch ein entscheidender Grund dafür sein, warum sich Chasseguet-Smirgel von einem Autor wie Jean-Claude Frère beeinflussen läßt. Unterstellt er doch mit seiner Beschreibung der Gesellschaften des Bösen, daß es auch deren Gegenteil und somit gewissermaßen Himmel und Hölle auf Erden gibt, aber wohl separiert.

21 Françoise Dolto; Gérard Séverin (1977) *L'Evangile au risque de la psychanalyse*. 2 Bde, Paris.

22 Diese radikale Position relativieren die Autoren durch das Zugeständnis (in der Einleitung zu *L'univers contestationnaire)*, auch Angehörige der christlichen Religion könnten als einzelne durchaus den reifen Ödipus erreichen, wie es im Judentum Individuen gebe, die auf der präödipalen Stufe verblieben. Hier (1994/95) machen sie dagegen deutlich, daß ihnen dies unmöglich scheint, wenn sie das Buch Doltos mit dem Hinweis kommentieren, sie bekenne sich darin zu ihrem katholischen Glauben, »den sie meint, mit der Psychoanalyse versöhnen zu können« (ebd., 144).

5.3 André Stéphanes rebellierendes Universum

In den Jahren von 1969 bis 1973 veröffentlichte Chasseguet-Smirgel gemeinsam mit Béla Grunberger unter dem Pseudonym André Stéphane das Buch *L'Univers contestationnaire ou les nouveaux chrétiens* (1969a) sowie sieben weitere Aufsätze in der Zeitschrift Contrepoint, den letzten davon noch im Jahr 1975.

Diese Wahl eines Pseudonyms ist umso erstaunlicher, als Chasseguet-Smirgel die Namensänderung in *Das Ichideal* mit der Leugnung der Filiation nach perversem Muster vergleicht: »da der Name das ist, was die Abstammung festlegt, scheint mir die Namensänderung einer Verleugnung der Herkunft, d.h. des Vaters und seiner Attribute gleichzukommen« (1987a, 109). Sie gehöre zum Vokabular des Hochstaplers, der den Schein an die Stelle des Seins setzt, indem er den Namen von Menschen wählt, denen er zu ähneln wünsche, die somit sein Ichideal bestimmen.[23] Im Klappentext zum *Universum* erfolgt die Mitteilung: »Unter dem Pseudonym von André Stéphane eröffnen zwei Psychoanalytiker eine Perspektive auf das Hauptproblem unserer Zeit: die Adoleszenz.« Für die Leser von *Contrepoint* ging das Pseudonym allenfalls aus den im Plural gehaltenen Autorenanmerkungen hervor, die lapidar lauten: Psychoanalytiker, Autoren von *L'Univers Contestationnaire*.[24]

---

23 Zweimal deutet Chasseguet-Smirgel eine konflikthafte Beziehung zu ihrem eigenen Namen an. Zur Einleitung von *Das Grüne Theater* (1985a) teilt sie erstmals eigene Verfolgungserfahrungen mit: 1949 hatte sie einen Mädchennamen getragen, der von einem deutsch klingenden Namen schwer zu unterscheiden war und der sie nun in der Nachkriegszeit Frankreichs ebenso Diskriminierungen und Bedrohungen aussetzte wie vorher ihre jüdische Herkunft (vgl. in 1988a, 135f; ob es sich dabei um den zweiten Teil ihres heutigen Doppelnamens handelt, ist mir nicht bekannt). In ihren Überlegungen zum Hamburger Kongreß 1985 stellt sie angesichts der in psychoanalytischen Kreisen (einschließlich der SPP) auftauchenden Diskussion des Wahlverhaltens und der Wahlniederlagen von Mitgliedern mit jüdischer oder christlicher Zugehörigkeit die Frage: »trage ich denn nicht einen guten christlichen Namen?« (vgl. 1987b, 90). Es klingt, als empfinde Chasseguet-Smirgel diesen als Pseudonym, als fremd angesichts ihrer jüdischen Identität. Der Mädchenname aber, der der Vatername war, hatte sie offenbar Schmähungen und Gefahren ausgesetzt. Beide Mitteilungen macht sie zur selben Zeit, nach dem Hamburger Kongreß von 1985 und in Verbindung mit Reflektionen über diesen.

Zufällig war es in den frühen siebziger Jahren der Schriftsteller Roger Stéphane, der die Schwulenbewegung Frankreichs organisierte, eine jener ›perversen Verfehlungen‹ des reifen Ödipus, gegen die sich die unter dem Namen André Stéphane veröffentlichten Schriften richten.

24 Im Orig.: »Stéphane, André. Psychanalystes. Auteurs de *L'Univers Contestaionnaire* (Payot, 1968). [Anm.: Das copyright in *L'Univers Contestaionnaire* lautet auf 1969, Payot, Paris]

In ihrem im November 1968 verfaßten Vorwort zum *Universum* begründen Chasseguet-Smirgel und Grunberger die Wahl des Pseudonyms mit dem Anliegen, für ihre Patienten, die sich in der erst ein halbes Jahr zurückliegenden Protestbewegung engagiert hatten, im analytischen Sinne neutral bleiben zu wollen. Innerhalb der SPP, in welcher Grunberger und Chasseguet-Smirgel zu jener Zeit einflußreiche Funktionen wahrnahmen, wurde über dieses Buch nicht diskutiert. Umso heftiger waren die Reaktionen außerhalb der SPP. Wie weit die Irritation ging, zeigt ein darauf bezogener und im *Observateur* veröffentlichter Brief von Anne-Lise Stern (einer der Lacan-Schule nahestehende Kinderanalytikerin), den sie mit ihrer Deportationsnummer unterschrieb. Ein jüdischer Ausbildungskandidat, Alain Didier-Weill, verließ das Ausbildungsinstitut (vgl. Roudinesco 1986, 596). Angesichts dieser und anderer öffentlicher Reaktionen, unter anderem derjenigen Michel de Certeaus, der das Ganze mit einem Molièreschen Stück verglich, in dem das Klistier stets bereitliege, verblüfft die Naivität, mit der Chasseguet-Smirgel und Grunberger glaubten, ihre massiv negative Einstellung gegenüber der Protestbewegung vor ihren PatientInnen verbergen und ihre Gegenübertragungsanteile ausblenden zu können. Denn gleichzeitig waren beide, wie sie erklären, bemüht, die Einstellungen und Reaktionen ihrer PatientInnen gegenüber der Mai-Revolte festzuhalten, um systematisch die psychischen strukturellen Gemeinsamkeiten der Befürworter wie der Gegner dieser Revolte zu studieren (vgl. ebd., 16).

Die im Titel von *L'univers contestationnaire* gewählte Aktivform für »contestationnaire« ist grammatikalisch ungewöhnlich.[25] Sie ist nicht nur eine Parallelbildung zu »révolutionnaire«, sondern birgt in sich auch die Absicht, auf jene mutwillige Aktivität zu verweisen, mit der der ›Perverse‹ – und um einen solchen handelt es sich den Autoren zufolge beim Rebellierenden – das anale Universum an die Stelle des genitalen setze (vgl. CS 1989a bzw. hier Kap. 4). Das ›rebellierende

25 La contestation meint im Substantiv traditionell den Einwand oder die (juristische) Anfechtung. Als »la contestation« wurden aber auch die (nicht nur studentischen) Unruhen des Pariser Mai 68 bezeichnet (vgl. Petit Robert, 1984, »Contestataire; Contestation«). Die von Grunberger und Chasseguet-Smirgel in Anlehnung an révolutionnaire aktiv gebildete Form ›contestationnaire‹ ist eher ungebräuchlich und läßt sich sowohl mit »das in Frage stellende Universum« oder »das anfechtende Universum« übersetzen. Um die von den Autoren intendierte Verbindung zwischen der Contestation vom Mai 1968 und der Infragestellung des väterlichen Universums, wie sie nach Auffassung der Autoren im Christentum, Nazismus und anderen Bewegungen zu finden ist, zum Ausdruck zu bringen, werde ich *L'univers contestationnaire* mit »das rebellische Universum« übersetzen (vgl. auch »contestataire«, »contestation«, »contester« in PONS 1999).

Universum‹, so die mit dem Begriff verbundene Botschaft, sei verbunden mit der Beseitigung des väterlichen Universums der Begriffe, Grenzen und Gesetze und seiner Substituierung durch das mütterliche Universum des Nichts, der Leere, des Chaos. Es stelle somit eine Umkehrung der biblischen Schöpfungsgeschichte dar.

In dem vermutlich von Chasseguet-Smirgel und Grunberger selbst verfaßten Klappentext zu diesem Buch beschreiben sie ihr Vorhaben folgendermaßen: »Die Autoren befassen sich mit der »Innenseite« der Ereignisse vom Mai: von der Infragestellung der Psychoanalyse zur Psychoanalyse der Infragestellung. / Das Werk bestätigt den Erkenntniswert der Freudschen Theorie … Die Autoren legen das Wesen der Mai-Unruhen bloß, welche sie der Revolution gegenüberstellen. Zugleich enthüllen sie seine tiefgründigen christlichen Wurzeln. Desweiteren stellen sie das Judentum dem Christentum gegenüber, die liberale Demokratie dem Faschismus, den Linken den Linksextremisten, die Freudianische Psychoanalyse der der Dissidenten, Ödipus der Sphinx, das Himmelreich der Konsumgesellschaft, *wobei alle diese Gegensatzpaare untereinander eine strukturale Analogie aufweisen*« (vgl. 1969a, Titelseite; Hervorh. A.M.). Damit ist die Intention und Programmatik des Werkes weitgehend umrissen, dessen Hauptaspekte in späteren Schriften immer wieder aufgegriffen wurden, insbesondere in *Zwei Bäume im Garten* (1988a) sowie in den Auseinandersetzungen mit den ›Dissidenten‹ Reich (vgl. 1979a) oder Deleuze und Guattari (1978a). Erstmals und in der massiv geballten Programmatik im *Universum* formuliert waren sie neu – und für die französischen Intellektuellen schockierend. Denn *diese* Anwendung der Psychoanalyse auf den außertherapeutischen Bereich beinhaltet zahlreiche Hypothesen, die nicht allein aus der Sicht linker oder liberaler politischer Positionen unannehmbar waren, sondern unabhängig vom jeweiligen politischen Standort und jenseits davon äußerst problematisch sind, was die Interpretation historischer, kultureller und religiöser Phänomene wie das mit diesen Interpretationen verbundene psychoanalytische Verständnis angeht. In einer kritischen Reaktion von Lucien Israel und Hervé Falcou mit dem Titel *Die Ideologie der Anfechtung und die Anfechtung der Ideologie*[26], die gemeinsam mit einem Beitrag von André Stéphane im ersten Heft der *Contrepoint* erschien, machen diese, ohne das *Universum* oder André Stéphane

26 Der Titel des Beitrags von Israel und Falcou *Ideologie de la contestation et contestation de l'ideologie* spielt auf die folgende Passage im Vortext zum »Universum« an: »Die Autoren befassen sich in dieser Studie mit der «Binnensicht» der Ereignisse des Mai: von der Anfechtung der Psychoanalyse zur Psychoanalyse der Anfechtung« (vgl. 1969a, Titelseite).

direkt zu erwähnen, die Problematik dieses Buches und des Vorgehens deutlich: »Dieses Phänomen (den Mai 68 und seine Ursachen; A.M) als eine historische Schicksalswende zu beschreiben, deren Entsprechungen bereits bekannt sind, und sie dann in gewissermaßen exorzistischer Weise »zurecht zu rücken«, heißt, sie in einer rein ideologischen Sichtweise der Geschichte zu verwenden. Sie zu erklären als (und zu reduzieren auf) die Flucht vor dem Ödipuskomplex, heißt in gewisser Weise die Spezies zur Abwesenheit einer wirklichen, sich entwickelnden Geschichte zu verdammen, indem alle Ereignisse auf Formen des Gegensatzes zwischen Eros und Thanatos zurückgeführt werden, ein Schachspiel, in welchem alle Partien im Voraus bekannt sind dank einer gut kalkulierten Berechnung. Allgemein gilt für alle kohärenten und reduzierenden Erklärungen der Maiexplosion, daß sie des Konservatismus und der Furcht vor dem Neuen verdächtig sind und folglich in dem Maße ideologisch, in welchem auf geschlossene Erklärungssysteme zurückgegriffen wird, welche das beste Hilfsmittel darstellen, das man gegen die Angst kennt« (Israel; Falcou 1970, 186).

Später haben sowohl Chasseguet-Smirgel als auch Grunberger sich wiederholt auf André Stéphane und dessen Buch berufen, ohne zu erkennen zu geben, daß es sich dabei um ihr eigenes Pseudonym handelt.[27]

---

27 Erstmals in dem 1971 verfaßten Beitrag *Der Platz des Sterns von Patrick Modiano* (in 1988c, 237). Während hier jeder Hinweis auf die Identität mit André Stéphane fehlt, findet sich ein solcher in *Die Gegenwart einer Illusion* (in 1988c, 47, Anm. 20) zumindest als Anmerkung der Übersetzer – wenn auch ungenau, da die Beteiligung Grunbergers nicht erwähnt wird. In der französischen Erstveröffentlichung dieses Beitrags von 1971 ist bei der entsprechenden Erwähnung Stéphanes (16, FN 1) ein solcher Hinweis nicht enthalten. Dort deutet nur die Pluralform, in der von André Stéphane als »ces auteurs« die Rede ist (was Uneingeweihten jedoch auch als Druckfehler erscheinen kann) an, daß sich hinter dem Namen zumindest zwei nicht genannte Personen verbergen. Auch bei Grunberger (1982, 20) fehlt jeglicher Hinweis auf seine eigene (mit Chasseguet-Smirgel geteilte) Identität mit dem zitierten André Stéphane. Geradezu komisch mutet aber an, wenn Chasseguet-Smirgel und Grunberger in einer Fußnote bemerken: »In einer seiner »charmanten« Kritiken macht André Stéphane ihm [Freud; A.M.] den Vorwurf, dem Widerspruch zu widersprechen »im Namen einer anerkannten liberalen Ideologie« (sic!) ... « (1979a, 165, Anm. 73). In Grunbergers jüngster Veröffentlichung mit Pierre Dessuant (2000) findet sich im Literaturverzeichnis hinter André Stéphane der Hinweis, »Pseudonym v. Béla Grunberger (vgl. ebd., 501), der die Teilhabe Chasseguet-Smirgels an diesem gemeinsamen Pseudonym jedoch unterschlägt.
Eine nicht weniger fragwürdige Form der Selbstreferenz findet sich ebenfalls in Freud oder Reich (1979a, 23), wo eine Auffassung als heute »von einigen Analytikern« vertretene dargestellt wird. Die auf S. 162 zu findende Anmerkung 32 hierzu verrät, daß es Grunberger selbst ist, auf den hier Bezug genommen wird, und daß der in der Aussage angewandte Plural jeder Rechtfertigung entbehrt. Offenbar ist den beiden Autoren nicht klar, daß ihre Tendenz zur ›Selbstmultiplikation‹ ihrer wissenschaftlichen Glaubwürdigkeit Abbruch tut.

Das Vorwort zu *L'Univers contestationnaire* enthält bereits die wichtigsten Thesen zu den Fragestellungen und Gegenständen dieses Buches und entspricht jenen zentralen Aussagen, die sich auch 25 Jahre später im *Evangelium* wiederfinden. In den folgenden vier Teilen des *L'Univers* über »Vermeidung des Ödipuskomplexes und Christentum«, »Die Konsumgesellschaft«, »Drei Meisterdenker der Anfechtung« und »Die Struktur der Zweifler« werden diese Thesen in 19 Unterkapiteln vertieft. Der Kern ihrer Überlegungen ist die Annahme einer gemeinsamen psychischen Struktur von Linksintellektuellen mit dem katholischen Christentum, die sich aus der Übereinstimmung der unbewußten Konflikte und der damit verbundenen archaischen Affekte ergebe.[28] Entsprechend sind alle Protestbewegungen des Okzidents in den Augen der Autoren Erscheinungsweisen einer Haltung, die seit dem christlichen Schisma im Abendland tradiert worden sei in einer unbewußten gemeinsamen Struktur. Folglich bestünden ungeachtet der intentionalen Differenzen zwischen atheistischen, christlichen, jüdischen oder marxistischen Protestlern jene strukturellen Übereinstimmungen zwischen ihnen, durch die sie auf einer unbewußten Ebene identisch seien. Gemeinsam sei ihnen das Ausweichen vor dem Ödipuskomplex in eine narzißtische und analsadistische Welt, deren verleugnende Abwehr sich in der Projektion ihrer eigenen sadistisch-destruktiven Impulse auf die kriegstreibende, ausbeutende und konsumierende Bourgeoisie manifestiere. Allen Abspaltungsbewegungen sei diese ödipale Flucht vor der Welt des Vaters gemein. Prototyp einer solchen Abspaltung aber ist für sie die des Christentums vom Judentum, die zum Vorbild aller Dissidenzbewegungen werde.

Eine weitere Gemeinsamkeit zwischen den Mai-Unruhen, dem Nazismus und dem Stalinismus entdecken sie in der Idealisierung der Jugend, wobei die Jugend wiederum sich in Asketismus und Schmucklosigkeit flüchte, Einstellungen, die von den Studenten des Mai und dem »Muttersohn« Marcuse reproduziert würden in ihrer Kritik an der Konsumgesellschaft. Jenen Asketismus in Verbindung mit dem Ideal der Schmucklosigkeit teilten die Rebellen mit dem Christentum, das sich sowohl als die Religion der Adoleszenz wie als die des moralischen Zwangs erweise. Betrachte man den Mai-Aufstand mit kühlem Blick, dann sei ersichtlich,

---

28 Auf diese Verbindung von (pro-stalinistischem) Linksintellektualismus und Christentum sind Chasseguet-Smirgel und Grunberger so sehr fixiert, daß sie sich zu der – denkt man an die Unterstützung der polnische Demokratiebewegung durch die katholische Kirche – irrigen Aussage hinreißen lassen, die Revolten in den östlichen Ländern seien nicht christlich inspiriert (ebd., 14).

daß er seine Kräfte aus dem christlichen Hintergrund beziehe, auf dem er sich einschreibe: »Die Unruhen brauchen sich nur in eine Gußform gleiten zu lassen, die seit zweitausend Jahren durch die christliche Tradition vollständig geschaffen ist« (1969a, 19). Dabei machen die Autoren wiederholt Aussagen, die der immanenten Widersprüchlichkeit des Katholizismus keineswegs Rechnung tragen, in dessen wechselvoller Geschichte Genußfreudigkeit und asketische Forderungen, wenn sie sich nicht bekämpften, nebeneinander bestehen konnten und dessen Üppigkeit und Reichtum in Ausstattung, Ornamentik, der Bilderpracht und Rituale – neben der Askese einiger Orden sowie vor allem des vom Regressionsvorwurf ausgenommenen Protestantismus – evident sind.[29] [30]

Das unbewußte Motiv des Asketismus liege im Wunsch nach der Beseitigung der Materie, um in das immaterielle Reich des Grenzenlos-Mütterlichen zurückkehren zu können. Die Flucht vor dem Ödipuskonflikt, gemeinsamer Kernbestand der Studentenbewegung, des Nazismus, Stalinismus und des Christentums, äußere sich jeweils in der Weigerung des Sohnes, sich von der Mutter zu trennen.[31] In der christlichen Religion werde dies verbunden mit der Erwartung an den Sohn, das väterliche Gesetz (die Strafe) aufzuheben, indem der Sohn die menschliche Urschuld auf sich nehme. Dieser Opferaspekt wiederhole sich auf den Schlachtfeldern der Christen, Nazis und Kommunisten, wenn die Söhne geopfert würden und sich dabei mit Mutter-Erde wiedervereinigten in einem tödlich-analen Vorgang der Zerstörung und Verschlingung.[31] Die Rückwendung zum Mütterlichen bedeute eine psychische Destrukturierung: der Sohn, der alle Sünden vergibt (und sie damit ermögliche) und die Gottesmutter, in deren vom Vater unbefleckten Schoß sich die Christenkinder zurücksehnten, sind den Autoren Indizien eines ungelösten ödipalen Konflikts, der die Anzeichen einer perversen, den Vater verleugnenden Struktur trage. Dies werde nicht zuletzt deutlich in der Gestalt des irdischen

---

29 Im *Evangelium (1994/95)* ist es gerade die Rückkehr zum Bild, die die Autoren als Indiz des regressiven Kerns des christlichen Schismas ansehen. Das Bild kann aber als Ausdruck einer nicht-asketischen Haltung gewertet werden. Dagegen sprechen Chasseguet-Smirgel und Grunberger vom Protestantismus, dessen Bildfeindlichkeit eine Form der Askese repräsentiert, als einer Rückkehr zur Bibel (ebd., 15). Die zahlreichen Widersprüchlichkeiten und gegensätzlichen Interpretationen von Aspekten des Christentums in der Beschreibung bei Chasseguet-Smirgel und Grunberger belegen meine oben bereits geäußerte Auffassung, daß es sich dabei um Konstruktionen handelt, in welchen selektiv gewählte Konfigurationen und deren willkürliche Bewertungen allein dem Zweck dienen, ein bereits feststehendes Urteil zu rechtfertigen.

30 und 31 siehe Seite 236

Christus-Vaters Josef, der als Kastrierter und Betrogener erscheine. Das Christentum sei die Religion des narzißtischen Adoleszenten, der über seinen Vater triumphiert (denn der Kampf mit dem Engel habe nie stattgefunden!), der jedoch auf wunderbare Weise das Phantasma des Familienromans verwirkliche, in welchem der wahre Vater wie der wahre Ödipus abgelehnt würden zugunsten eines narzißtischen Ichideals, das einer himmlischen Vaterimago entspreche, mit der der Sohn sich identifiziere (vgl. ebd., 62). Anstelle der fruchtbaren Familie trete die zölibatäre Brüdergemeinde, die sich in der Kommunion des Abendmahls vereinige.

Die Studentenbewegung mit ihrer »Rebellion gegen die Väter« (nicht etwa gegen bestimmte gesellschaftliche Strukturen) sei eine unmittelbare Erbin dieser vom ungelösten Ödipuskomplex geprägten christlichen Tradition mit ihren not-

---

31 (Fußn. S. 235) Chamberlain macht in ihrer Analyse nationalsozialistischer Erziehungsideale (1998) dagegen deutlich, daß diese nicht in der Nähe zwischen Mutter und Sohn (bzw. Kind) bestanden, sondern in einer körperlichen wie emotionalen Distanzierung zwischen Mutter und Kind, die zu Bindungslosigkeit mit der Folge von Bindungsunfähigkeit führte. Diese Vorstellungen stehen dabei in einer Tradition, die die Erziehung des Kindes zu einem gehorsamen, pflichterfüllten, ordentlichen Wesen nach dem Vorbild des preußischen Soldaten zum Ziel hatte.
Auf die mangelnde Berücksichtigung der Geschichte der Kindererziehung und ihrer Bedeutung für die Psychohistorie innerhalb der Psychoanalyse weist auch Sagan (1999) in ihrem Kommentar zu Chasseguet-Smirgels Beitrag über *Devil's Religions* (1999) hin. Denn die Kindererziehung des 19. Jahrhunderts bis in das 20. Jahrhundert hinein wird von ihr als eine besonders gewaltsame und regressive Periode bezeichnet (regressiv i.S. von Rückfall in frühere Formen der Mißachtung und peinigenden Erniedrigung des Kindes; A.M.). Und sie fragt weiter: »können wir demnach wirklich den Analsadistischen, den Polymorph-Perversen verstehen, ohne der Art der Kindererziehung Aufmerksamkeit zu schenken?... Es genügt z. B. nicht, den Begriff »Sphinkter-Moral« zu erwähnen, ohne wahrzunehmen, daß selbst die Kontrolle des Sphinkter von Geschichte abhängt, also von sozialer Veränderung und Entwicklung« (ebd., 349; Übers. A.M.). Demokratische politische Strukturen, so die Hypothese Sagans, sind nur in Verbindung mit nicht-autoritären Erziehungspraktiken erreichbar und stabil (vgl. ebd., 347f).
Entsprechend führt Schultz (1986) den Antisemitismus – neben anderen Ursachen – auch darauf zurück, »daß die Christen durch die Anklage der Blutschuld die Wut, die sie ihren eigenen Kindern gegenüber empfanden, auf die Juden projizierten. Die Juden erregten den Zorn der Christen in besonderem Maß, weil sie ihre Kinder besser behandelten, als es in christlichen Familien üblich war« (zit.n. Kestenberg 1995, 17). Hierfür spricht auch die spannungsvolle Dialektik von Entwertung und Vernichtung der Juden und der räuberischen Einverleibung ihrer Eigentümer während des Nationalsozialismus, die diesen oralen Neid offenbarte. Es ist dies eine Dialektik von Aneignung und Ausstoßung, die bei Chasseguet-Smirgel aufgrund der einseitigen Fixierung auf die analen Anteile unbewußter Assimilation völlig unreflektiert bleibt (interessanterweise übergeht sie in ihrer Bezugnahme auf Hilberg gerade die Enteignungen als eine der von ihm beschriebenen Stufen des Vernichtungsprozesses; vgl. ders. 1990/1)

31 (Fußn. S. 235) Mit Bedacht vermeiden Grunberger und Chasseguet-Smirgel hier die (vor allem im Deutschen gebräuchliche) Rede vom Vaterland sowie den Begriff des Patriotismus

wendig daraus hervorgehenden Schismen[32], die das Modell aller späteren Abspaltungen und Verleugnungen des Väterlichen abgeben – auch in der psychoanalytischen Bewegung. Diese Auffassung übertragen die Autoren auch auf alle sozialistischen und kommunistischen Revolutionen, begonnen bei Marx und Engels über die russische Revolution bis zu Castro und selbst Mao, dem ein christlicher Hintergrund sicher nicht nachgesagt werden kann. Gemeinsam sei ihnen allen die Doktrin, in deren abstrakten Idealen sich der himmlische Gott wiederfinde und die unabhängig von allen Fakten und Naturgesetzen Wunder verspräche. Daher, so die verallgemeinernde Folgerung, könne »der Rebell … Kommunist oder prochinesisch, Anarchist, Trotzkist, Marxist oder Katholik oder alles zugleich sein« (ebd., 78).[33]

Dagegen interpretiert André Stéphane das Judentum als eine Religion, die an der Verehrung bzw. Verinnerlichung des Gottvaters und seiner Gesetze festgehalten habe.

---

32 Wie Chasseguet-Smirgel bereits in ihren Ausführungen über Teufelsreligionen (in 1989a, Kap. 6 bzw. in 1999) andeutet, ist das Ur-Schisma und die Urrebellion nach ihrer Auffassung die des Luzifer gegen Gott, der sich nicht nur als Feind und Versucher Gottes zeige, sondern selbst an dessen Stelle treten wolle. Dabei folgt sie, was hier nicht kenntlich wird, zu großen Teilen den Auffassungen von Frère (1972), der vom Nazismus als dem » ungeheuren *Universum* der Verachtung« (ebd., 157; Hervorh. A.M.) spricht und der eine dichotome Welt des Guten und Bösen entwirft, die er auch aus dem der existentialistischen Philosophie entlehnten Antagonismus von Materialität und ihrer Rückwendung ins Nichts begründet, wie die folgende Passage zeigt: »Diese großartige Regression kann den Beobachter nur erstaunen, der sich an eine oberflächliche Analyse der Tatsachen macht. Jedesmal scheint sie sich als ein Phänomen der Balance zu präsentieren. Angesichts einer Zivilisation, die all ihre Freuden aus dem verbissenen Besitz des Materiellen bezieht, entwickelt sich eine heimliche, entmutigte und an die Wollust des Bösen preisgegebene Welt. Der Gott, der die triumphierende Materie hervorgebracht hat, kann nichts anderes als ein schlechter Demiurg sein; man muß ihn bekämpfen, und dieser Kampf muß sich im Namen des Großen Widersachers, im Namen Satans, vollziehen. Wie ein Gesetz des universellen Ausgleichs scheint also ein mysteriöses Sicherheitsventil zu existieren, welches, wenn die Zivilisation einen materiellen Paroxysmus erreicht hat, sich öffnet und die antagonistischen Kräfte befreit, die bald die große Schlacht zwischen Ohrmazd und Ahriman wieder aufnehmen« (Frère 1972, 226).
Das Schwanken zwischen historischer Darstellung und esoterischer Begründung zieht sich durch das gesamte Buch Frères und bekommt erst im Schlußwort eine ›tiefenpsychologische‹ Wendung mit der Aussage, daß die Unterwelt nicht an sich luziferisch sei, sondern die Dämonen dem Unterirdischen, dem menschlichen Unterbewußtsein entstammten (ebd., 240). Den Nationalsozialismus bezeichnet Frère als eine gewaltige (oder erstklassige) teuflische Besessenheit (ebd., 158).

33 Nicht nur diese von den Autoren vorgenommene Amalgamierung ist fragwürdig, sondern auch die Undifferenziertheit, mit der physische, den Naturgesetzen gehorchende, und soziale Tatsachen und Prozesse ununterschieden bleiben.

»Das Judentum ist die *Religion des Vaters*, mit dem der Jude einen *Vertrag geschlossen hat* und wir überlassen alles, was dieser Begriff auf der Ebene der Objektbeziehung beinhaltet, der Würdigung durch den Leser [sic!]. Außerdem – und dies hat eine zugleich vielsagende Bedeutung auf der Ebene der ödipalen Beziehung – *unterwirft sich* der Jude vollkommen unter Gott (den Vater) und drückt diese Unterwerfung durch die symbolische Kastration aus, welche die Beschneidung bedeutet« (59). Damit verbunden sei auch eine gewisse Integration des negativen Ödipus, in welchem der Vater als Liebesobjekt gewählt wird (60). Letztlich sei die jüdische Lösung des Ödipuskonflikts eine sehr strenge: die Unterwerfung unter den Vater, die teilweise bereits durch die alltäglichen Rituale garantiert sei, impliziere einen Verzicht auf die Mutter. Mit dieser Interpretation des Judentums berufen sich die Autoren insbesondere auf Freuds ›*Mann Moses*‹ (1939a), übergehen dabei jedoch vollständig die von Freud ins Zentrum gestellte Problematik der Verleugnung des Vatermords in der mosaischen Tradition, während das Christentum in der Kreuzigung des Gottes-Sohnes die ambivalente Figur der Wiedergutmachung in Verbindung mit der Wiederholung des Vatermords gewählt habe.

Demgegenüber fahren Chasseguet-Smirgel und Grunberger in der Ausformulierung *ihrer* Gegenüberstellung fort, nach der die christliche Religion die des Mysteriums sei, die jüdische Religion hingegen die der Wissenschaft – und zwar auf Grund der unterschiedlichen Ebenen, auf welchen beide den ödipalen Konflikt theoretisch integriert hätten (*L'univers*, 61). Da die Errichtung der väterlichen Gebote im Über-Ich durch Internalisierung des väterlichen Phallus die Voraussetzung einer reifen psychischen Struktur sei, erfüllt nach Chasseguet-Smirgel und Grunberger nur die jüdische Kultur die Voraussetzung dafür, das psychoanalytische Erbe – des Juden Freud – anzutreten und fortzuentwickeln. Andererseits unterstellt Chasseguet-Smirgel auch Freud, er habe des jüdischen (nicht väterlichen, sondern Vater-)Gottes und seiner strukturierenden Gesetzesmacht bedurft, um das Mütterlich-Chtonische seines deutschen Kulturerbes zu überwinden (vgl. 1988a, 170).

Es ist aufschlußreich, sich dagegen die Analyse gegenwärtiger jüdisch-religiöser Strömungen innerhalb des Judentums bei Rosenthal und Homolka (1999)[34] vor Augen zu führen, die eine große Differenziertheit und Heterogenität innerhalb der jüdischen Denktradition offenbart. Vor allem aber stimmt nach deren Darstellung

---

34 Beide sind Vertreter hoher internationaler rabbinischer Organisationen.

die Gottesvorstellung des orthodoxen Judentums weitgehend mit dem christlichen Gottesbild, wie Chasseguet-Smirgel und Grunberger es beschreiben, überein. So machen Rosenthal und Homolka deutlich: »Die Orthodoxie lehrt, daß Gott ein übernatürliches, übermenschliches Wesen ist, das Wunder wirkt, Gebete hört, unsere Gedanken und Taten kennt und allmächtig, allgütig, allgegenwärtig und allwissend ist« (ebd., 188). Daß das christliche Gottesbild diesem orthodox-jüdischen am nächsten ist, hat historische Gründe. Wenn Chasseguet-Smirgel und Grunberger diesen Zusammenhang jedoch verleugnen und stattdessen ein Bild vom christlichen Gott zeichnen, das einer häretischen Haltung entsprungen sei, so geht mit dieser Gegenüberstellung eine Eliminierung und Verleugnung dieses Bildes im Judentum einher, deren Motive ebenfalls nach einer psychoanalytischen Deutung verlangen.

Obgleich diese Gegenüberstellung in mancher Hinsicht zunächst evident erscheint, haben wir es mit Interpretationen zu tun, die bei genauerer Prüfung ihren Voluntarismus und ihre teleologische Anstrengung nicht verbergen können. So gilt einerseits den Autoren der jüdische Gott als der wesentlich Transzendentere und darum zur geistigen Abstraktion Zwingende[35], in der Frage der in den beiden Religionen repräsentierten Objektbeziehungen wird ihnen der jüdische Gott hingegen zum konkreten Vater, während der himmlische Gott des Christentums eine Abstraktion vom irdischen Vater darstelle, womit zugleich die Eliminierung dieses letzteren verbunden sei. Für Chasseguet-Smirgel und Grunberger liegt die Kerndifferenz zwischen Judentum und Christentum in der Zurückdrängung des Mütterlichen versus der Eliminierung des Väterlichen.

Auch in diesem auf die kulturelle Produktion religiöser Vorstellungen bezogenen Kontext läßt sich dasselbe Phänomen feststellen wie in Chasseguet-Smirgels Ausführungen zur psychischen Strukturierung des Individuums: es handelt sich auch auf der kollektiven Ebene um die Entwicklungsaspekte in der männlichen Psyche. Nicht anders wie beim einzelnen Subjekt richtet sich ihr Interesse auf das Verhältnis des *Sohnes* zu Mutter oder Vater. Und der kollektive Ödipus besteht gleichfalls in der Hinwendung zu letzterem, dem Gott-Vater; die kollektive Regression dagegen verweise auf die Hinwendung zur Gottes-Mutter. Dies bestätigt sich

35 In ihrem 1992 gehaltenen Vortrag *Reflections on child murder* begründete Chasseguet-Smirgel die jüdische Spiritualität gerade aus der Unsichtbarkeit des jüdischen Gottes (zit. n. Kestenberg in Bergmann; Jucovy; Kestenberg 1995, 16).

auch, wenn von der Hinwendung zum Vater ganz selbstverständlich als einer Umsetzung des negativen Ödipus gesprochen wird – denn diese Formulierung hat nur auf den Sohn bezogen Gültigkeit.[36] Die psychostrukturelle Konfrontation von Judentum und Christentum erfolgt auf Grundlage derselben Entgegensetzung von väterlicher Welt der Grenzen, Gesetze und der Logik und mütterlicher Welt der narzißtischen Verschmelzungen, in der der Mythos, die Wunder, die Neuschöpfungen und das Paradies beheimatet seien. Ist das christliche Denken, wie es scheint, Prototyp und Ausdruck einer prä-ödipalen Lösung, in der ein narzißtischer Familienroman ohne Vater entworfen werde, so entspricht die Art, in der Chasseguet-Smirgel und Grunberger das Judentum und die ödipale Welt charakterisieren, einer Welt ohne Mutter(Schoß). Denn wo kein (Gottes)Sohn ist, bedarf es auch keines Weibes und ihres Uterus, um ihn zu gebären. Dabei können sie auf den biblischen Schöpfungsmythos – in jüdischer wie christlicher Auslegungstradition – zurückgreifen, der jeweils Gott als alleinigen Erzeuger erscheinen läßt. Danach ist er aber auch nicht derjenige, der die Triangulierung einführt, es sei denn, man anerkennt in der Trennung von Erde und Himmel, von Wasser und Land die Überlieferung älterer Ursprungsmythen, in welchen die Erde, aus der der Mensch gemacht ist, die älteren Mutter-Gottheiten vorstellt – sei es Tiamat, Astarte oder Adama (die Mutter Adams) –, die mythologisch mit ihr verbunden sind (vgl. Ranke-Graves; Patai 1986, 25–40).[37] Triangulierung gelingt aber nur, wo Himmel und Erde, Vater und Mutter Söhne und Töchter gezeugt haben. Bei Grunberger und Chasseguet-Smirgel tritt dagegen an die Stelle der von ihnen behaupteten Ausgrenzung des Vaters im Christentum die Eliminierung des Weiblichen sowohl in Gestalt der Mutter wie der Tochter. Was übrigbleibt, ist eine Vater-Sohn-Dyade, in der der Sohn durch seine Unterwerfung unter das Gesetz des Vaters nicht mit diesem identifiziert erscheint, sondern ihm unterworfen, sprich: effeminiert im patriarchalen Sinne.

---

36 Dies gilt allerdings, was die Konzeption des Urvatermordes durch die Brüderhorde bei Freud angeht, auch für dessen eigene Theorie, die hier männlich zentriert ist, nämlich allein auf den Ödipuskomplex des Sohnes.

37 Nach Görg (1998) hat die hebräische Interpretation über den Ursprung des Gottessohnes die ägyptische Tradition übernommen, nach der der Sohn von Gott nicht nur gezeugt, sondern auch geboren wird. »Die hebräische Fassung wählt den Ausdruck »gebären« (yld) ... Die Verwendung des Verbums »gebären« mit dem biblischen Gott Jahwe als Subjekt läßt ebenfalls eine geschlechtsspezifische Vereinnahmung Gottes nicht zu: Jahwe steht über einer Differenzierung, auf der Menschen zu ihrem »Leidwesen« immer wieder bestehen müssen« (ebd., 121)

Auch Freud beschreibt in *Totem und Tabu* (1912–13a) das Christentum als eine Religion, in der der jugendliche Gott den Mutterinzest dem Vater zum Trotz durchsetze, jedoch durch *symbolische Befriedigung*, die in der Bearbeitung der Mutter Erde bestehe, denn das Christentum ist Freud zufolge eine Religion der Ackerbauern, während die jüdische Religion die von Viehzüchtern sei (vgl. , 435; Hervorh. A.M.). Vor allem aber betont Freud, daß in der Opferung des Sohnes die Ambivalenz bestehen bleibt. Denn zum einen ist sie Sühne nach dem Talionsprinzip, in welchem der eine Sohn stellvertretend für die andern Brüder bzw. für die Sünden der Menschheit büßt und dadurch Gnade für alle zu erlangen sucht. Hier beenden Chasseguet-Smirgel und Grunberger den Nachvollzug der Freud'schen Argumentation – denn mit der Aufhebung der Schuld sei die Identifikation mit dem Vater nicht mehr nötig und daraus folge die Eröffnung des regressiven Weges. Allerdings: was in ihrer Interpretation als Bestätigung der Regression gewertet wird, die Beseitigung des Vaters durch den Sohn, der nun selbst Gott werde, benennt Freud explizit als gleichzeitige Wiederholung der ursprünglichen Tat. Und diese Wiederholung ist die Voraussetzung, um trotz der Sühne das Schuldgefühl aufrechtzuerhalten. Die daraus sich ergebende Kontinuität einer spannungsvollen Dynamik, in welcher der Vatermord wie die Sühne des Sohnes durch dessen eigene Opferung beständig nebeneinander fortbestehen, ist für Freud die Bedingung der Aufrechterhaltung von kollektiver Überich-Bildung und Kultur (vgl. ebd., 436f). Darum kann aus Freuds Sicht das Christentum nicht als eine Form der kollektiven Regression interpretiert werden, vielmehr gelingt es diesem seines Erachtens besser als dem Judentum, die kulturelle Entwicklung in der Spannung von Schuld und Sühne aufrechzuerhalten.

Indem Chasseguet-Smirgel und Grunberger die Bedeutung der Muttergottheiten, symbolisch vor allem präsent im Schöpfungsakt, wenn Gott Adam (und Lilith!) aus Erde erschafft, aus dem Judentum gänzlich zu eliminieren versuchen, wird die von ihnen zugleich postulierte Repräsentation der Urszene zur Zeusschen Kopfgeburt: denn nur noch über den Vater, sein Gesetz, sein Begehren wird die Mutter repräsentiert.[38] Für Chasseguet-Smirgel und Grunberger ist es der Vater,

38 Vgl. hierzu den erhellenden Aufsatz von Grete Wels-Schon über Metis, die von Zeus verschlungene Mutter der Pallas Athene (1953/54), ein Beitrag, der die Kopfgeburt als Leugnung des weiblichen Anteils an der Zeugung thematisiert. Eva, die aus Adams Rippe Entnommene, ist das Geschöpf von Gott-Vater und Sohn Adam und wäre somit aus psychoanalytischer Sicht zu interpretieren als Zeugnis einer Phantasie, die dem männlichen negativen Ödipuskomplex entstammt.

der mit seinem fruchtbaren Penis und mit seiner Trennung des Sohnes von der Mutter, in der letztere völlig verschwindet, zum Alleinerzeuger des Sohnes (im Sinne der psychischen Geburt) wird.[39] Allerdings reflektieren sie nirgendwo die psychischen Hintergründe einer genuinen Zweitrangigkeit des Weiblichen und Mütterlichen in der jüdischen Glaubenstradition, über die Küster (1992) sagt, »Die nicht ebenbürtige Rolle der Frau im Judentum,..., mag daher als diesem Glauben wesensgemäß erscheinen« (ebd., 107).

Eine weitere Diskrepanz ergibt sich aus der Interpretation, die Chasseguet-Smirgel und Grunberger mit der von ihnen unterstellten totalen Unterwerfung unter den Vater-Gott im Judentum verbinden. Die in der Unterwerfung für sie zum Ausdruck kommende ödipale Reife ist eher ein Indiz für eine nicht gelungene Identifikation mit dem Vater mit der Folge, daß die Objektbeziehung zu diesem auf der Stufe eines archaisch-rigiden Überichs fixiert bleibt. Was darin am meisten bedroht und daher abgewehrt werden muß durch seine weitgehende Eliminierung, ist der Schoß der Mutter – und dies ist ein *anderer* Familienroman.

Aus dieser problematischen bipolaren Entgegensetzung von Judentum und Christentum ergibt sich zudem eine Reihe von Widersprüchen. Ist, wie erwähnt, den Autoren die Abstraktheit des jüdischen Gottes eine Grundlage für die Nähe des jüdischen Denkens zur Wissenschaft, wird die Abstraktheit des jenseitigen himmlischen Vaters im Christentum ihnen zum Beleg der Eliminierung des Vaters. Ist die Strenge des christlichen Gottes Resultat der Projektion abgespaltener anal-sadistischer Anteile vom Sohn auf den Vater[40], so ist die Unterwerfung unter das

39 Historisch wie psychodynamisch kann die Entstehung des hebräischen Monotheismus als Aufhebung des Mütterlichen im Mythos wie im Unbewußten verstanden werden. Daß die Welt und die Menschheit sich allein einem Schöpfergott, also dem Vater verdanke, weißt auf eine Eliminierung des Weiblichen hin, die durch Absorption ihrer Eigenschaften im Männlichen erfolgt. Chasseguet-Smirgels Auffassung, die Wahrheit der Mutter liege im Vater und werde durch diesen vermittelt, findet ihre Entsprechung im Bild des Gottes der Genesis. In diesem ist jedoch mit der Er-Zeugung des Menschen aus Erde die Anknüpfung an ältere religiöse Mythen noch erkennbar, welche Erdmutter-Gottheiten verehrten.

40 Danach würde der christliche Gott darum als ein so grausamer Vater erscheinen, weil die Kreuzigung des Sohnes eine projektive Abwehr der Kastrations- und Tötungsphantasien des Sohnes ist. Nun ist nach Freuds Auffassung des männlichen Ödipuskomplexes dies ein typisches Moment der Entwicklungsdynamik des Knaben: seine Rivalität mit dem Vater läßt jenen als Kastrator erscheinen und führt darum zur Aufgabe der inzestuösen Wünsche und zur Identifikation mit den Geboten des Vaters.

jüdische Gesetz Ausdruck der ödipalen Anerkennung. Ferner ist die Ableitung des wissenschaftlichen Denkens aus dem Monotheismus bei ihnen so absolut gesetzt, daß ihnen die Entstehung wissenschaftlichen Denkens und der Philosophie der griechischen Antike unerklärlich bleiben muß mit der – ans Komische grenzenden – Konsequenz, daß sie sich auf die griechische Antike nur in ihrer mythisch-religiösen Form des Polytheismus zu beziehen vermögen, als habe es einen griechischen logos und ein griechisches *nomos* sowie die attische *demokratia* nie gegeben (vgl. auch Kap. I/4.5).[41] Diese Ausblendung ist aber durch die zur notwendigen Bedingung gesteigerten Voraussetzungen bei Chasseguet-Smirgel und Grunberger erzwungen: kämen doch jene philosophisch-politisch-kulturellen Errungenschaften der Antike angesichts der von ihnen gemachten Voraussetzungen einem gelungenen Ödipuskomplex ohne Vater gleich. Eine in dieser Weise aus postulierten intrapsychischen Entwicklungen erklärte externe Welt muß sich der Palmström-schen Schlußfolgerung nähern, daß »nicht sein *kann*, was nicht sein *darf*«.[42]

Insgesamt ist das 300 Seiten umfassende *L'Univers contestationnaire* eine reichhaltige Sammlung von vermeintlichen Belegen für die postulierte Entgegensetzung von Christentum, Rebellion, narzißtisch-perverser Mutterverbundenheit, Magie und Mystik (einschließlich der jüdisch-mystischen Traditionen) einerseits und von ödipal-reifen, den Vater und das Gesetz achtenden Strukturen im rabbinischen Judentum andererseits, deren säkularisierte Ausdrucksformen sich in den Prinzipien des bürgerlichen Liberalismus wiederfänden.

Auf diese Beweisführungen im einzelnen werde ich nicht eingehen. Vielmehr macht eine Betrachtung der Methode deutlich, warum bzw. wie es Chasseguet-Smirgel und Grunberger gelingt, die gesamte Welt mit ihrer Vielfalt an Erscheinungen zu einem endlosen Arsenal der Bestätigung ihrer Auffassung zu machen. Wenn die Polarität von präödipal-narzißtisch versus ödipal-reif mit den an sie geknüpften Bedingungen als universelles Strukturprinzip gesetzt wird, kann jede

---

41 Diese Einseitigkeit stellt auch Whitebook (1985) fest, wenn er zu Chasseguet-Smirgel bemerkt, sie beziehe sich ausschließlich auf die Bibel als dem paradigmatischen Text der westlichen Kultur. Auf die griechischen Quellen beziehe sie sich nur soweit, wie sie der Bestätigung ihrer These von der ethischen Bedeutung der Differenzierung dienten, weshalb sie auf die große Übereinstimmung zwischen nomos und hybris mit den hebräischen Vorstellungen von Trennung und verbotener Vermischung verweise (vgl. ebd., 176).

42 C. Morgenstern: *Die unmögliche Tatsache.* In ders. 1990, 152. Für mit der griechischen Philosophie nicht vertraute LeserInnen könnte aus den Beschreibungen Chasseguet-Smirgels der Eindruck entstehen, es handele sich bei Platon und Aristoteles um zwei große Mystiker (vgl. z.B. in 1988a, 119).

beliebige politische, kulturelle oder geistige Erscheinung herausgegriffen und daraufhin seziert werden, ob sie mehr ödipale oder präödipale Attribute verzeichnet, wobei diese sich im Sinne des pars pro toto vertreten. Trotz dieser Vorgehensweise, die alle Phänomene einem dichotomen Grundmuster zuordnet und damit ein Zwei-Welten-System erschafft, lassen sich die oben genannten Widersprüche damit nicht vermeiden. Zudem ist die Entwicklung naturwissenschaftlicher, medizinischer, astronomischer und mathematischer Kenntnisse sowie teilweise auch ausdifferenzierter philosophisch-ethischer Systeme in einigen anderen Hochkulturen, die keine monotheistische Religion ausgebildet haben[43], auf dieser Grundlage nicht zu verstehen. Raguse (1998) zufolge »sind viele der psychoanalytischen Bibelinterpretationen von dieser Art, indem sie hinter der Textoberfläche die unbewußte Schicht der ödipalen Situation oder des Narzißmus suchen und auch finden. Der Nachteil dieses Vorgehens ist, daß es sich dabei auf die psychoanalytische Methodik der Frühzeit beschränkt, während sich mittlerweile das Verständnis des analytischen Vorgehens radikal verändert hat« (ebd., 159). Chasseguet-Smirgel und Grunberger werden darin keinen Nachteil erkennen. Hat doch Chasseguet-Smirgel immer wieder frühe Formulierungen Freuds aufgenommen und dessen spätere Sichtweisen als ein Aufgeben der *richtigen* Zugangsweise kritisiert, wie ihre Auseinandersetzung mit seiner Theorie der Perversion und des Fetischismus deutlich macht (vgl. 1989a, 251 ff und Anhang).

Im selben Beitrag verdeutlicht Raguse anhand einer Fallgeschichte, daß die übermäßige Idealisierung des Vaters in Verbindung mit ohnmächtiger Unterwerfung unter diesen kein reifes, sondern nur ein in neurotische Beziehungskonflikte verstricktes Subjekt hervorzubringen vermag. Gerade die hieraus resultierende Umkehrung der Rollen fixiert, wie Raguse hervorhebt, das Subjekt im Gestus der Großartigkeit und der Entwertung des Objekts (vgl. ebd., 161 f).

Ehe ich auf die weitere Argumentation André Stéphanes zur studentischen Protestbewegung und ihren unbewußten Strukturen eingehe, möchte ich hier in einem *Exkurs* einige der Thesen untersuchen, nach welchen sich in Aspekten des Judentums und Christentums Stadien psychischer Reifung manifestieren.

---

43 Dies gilt von der ägyptischen über die chinesische und indische bis zur aztekischen Hochkultur. Insbesondere trifft dies aber für die klassische griechische Antike zu, deren systematische Methodik und Rationalität in Philosophie und Mathematik entscheidend zur Ausbildung des Wissenschaftsverständnisses des Okzidents beigetragen haben. Zu China vgl. Needham 1979; Granet 1980; zur griech. Philosophie Schadewaldt 1978)

An erster Stelle seien etwas ausführlicher die Darstellungen des 1991 verstorbenen Judaisten Arnold M. Goldberg (1992) zitiert.[44] Goldberg bestätigt zunächst, daß die jüdische Religion keine Jenseitsreligion sei, sondern eine Geschichtsreligion, deren Geschichtsverständnis auf der gemeinsam geteilten Erfahrung Israels und Gottes beruhen. Israel habe mit Gott den Bund geschlossen und damit das Joch der Himmelskönigschaft auf sich genommen, um Gott als König und Herrn der Schöpfung anzuerkennen. Der Glaube an Gott beziehe sich nicht auf abstrakte Glaubenssätze, sondern auf geschichtliche Zusammenhänge: die Schöpfung, die Erwählung, die Errettung aus der ägyptischen Gefangenschaft. Die zukünftige Geschichte existiert in Gestalt von Verheißungen – bis hin zu jenen der letzten Dinge. Diese betreffend kann man aber eine vollständige Differenz zwischen den Ausführungen ›André Stéphanes‹ und Goldbergs feststellen. Denn zwar gibt es im Judentum kein himmlisches Paradies und kein Aufgehen in Gott sowie keine Verwerfung des Fleisches wie in der Gnosis, aber doch dessen Auferstehung. Und wozu Auferstehung, jene Gemeinsamkeit von jüdischer und christlicher Eschatologie, die Chasseguet-Smirgel und Grunberger bekannt sein müßte, wenn nicht für ein ewiges Leben?[45]

»Die kollektive Endzeiterwartung des Judentums«, so Goldberg, »liegt... auf der Projektionslinie der biblischen Eschatologie: die Erwartung eines Messias,

---

44 Goldberg ist anerkannter Judaist, jedoch zum Christentum konvertiert. Nach allen Äußerungen, die ›André Stéphane‹ bzw. Chasseguet-Smirgel und Grunberger auch später in Bezug auf die Konvertierung vom Juden- zum Christentum machen, läßt sich antizipieren, daß ihnen dies eine Einschränkung der Glaubwürdigkeit Goldbergs bedeutet. Interpretieren sie doch die Konvertierung als ein Aufgeben des ödipalen Stadiums zugunsten der Regression (s. ihre Ausführungen zu Marx, dem Sohn eines konvertierten Juden! in 1979a, 166, Anm. 76 sowie Anm. 79 zu Judentum und Christentum als die beiden Modelle der ödipalen Lösung).

45 Hierüber geben v. a. die eschatologischen Verse in Daniel 12,2–4 Auskunft, in welchen es heißt: »Von denen, die im Land des Staubes schlafen, werden viele erwachen, die einen zum ewigen Leben, die anderen zur Schmach, zu ewigem Abscheu. Die Verständigen werden strahlen, wie der Himmel strahlt; und die Männer, die viele zum rechten Tun geführt haben, werden immer und ewig, wie die Sterne leuchten« (NJB 1990, 1281).
Vgl. hierzu auch das Kap. Endzeit in *Der Talmud* (1999), zu dem Mayer in der Einleitung bemerkt: »Wie real die Vorstellung, daß im Land Israel die Auferstehung stattfinde, gefaßt wurde, zeigen Gräberstädte im Land, in denen es auch große Grabkammern ausländischer Familien und Gemeinden gab, wohin diese ihre Toten bringen ließen, wie es etwa in Bet Schearim zu sehen ist. Wenn aber dieser Wunsch der Überführung ins Land der Auferstehung nicht erfüllt werden konnte, dann blieb nur die Hoffnung auf ein Wunder, das Gott zu seiner Zeit den Seinen gewähren werde« (Talmud 1999, 608f, FN 5; hier verweist Mayer ferner auf Ketubbot 111a, in ebd., 644).

eines Gesalbten aus dem Hause Davids, der Israel befreien und in sein Land zurückführen wird und der dann den Tempel wiedererrichtet; ein Ansturm der Heidenvölker gegen Jerusalem, die Kriege Gogs und Magogs, und schließlich wird Gott selber, die Schekhinah, in offenbarer Herrlichkeit nach Jerusalem zurückkehren, Gott ist König auf Erden, so wie er es im Himmel ist, und dann wird es, wie es bei Jesaja 65,17 heißt, einen neuen Himmel und eine neue Erde geben, ja die Grenzen zwischen Himmel und Erde werden schwinden« (ebd., 103f).

Nun sei nichts so widersprüchlich wie die Vorstellungen von den *Letzten Dingen*, betont Goldberg, und insbesondere das Bild des Messias sehr unklar. Keinesfalls aber handele es sich im Judentum dabei um eine Inkarnation des Gottes im Fleische. »Das Christentum hat alles, was wir im Judentum als einzelne Züge des Messias und als Vorstellung von der Schekhinah finden, in den einen Menschen Jesus zusammengefaßt. Ins Jüdische zurückübersetzt, wäre er die inkarnierte Schekhinah – ein Gedanke, der so für das Judentum nicht nachvollziehbar ist –, der König aus dem Hause Davids, der gerechte Richter, der Mensch, der sein Leben für die Sünden Israels hingibt, ein Gott, der sich dem Leiden seiner Geschöpfe nicht entzieht« (ebd., 104).

Zwar sei die zukünftige Welt des Judentums diesseitig, aber eine gänzlich andere, »ein neuer Himmel und eine neue Erde, eine von Grund auf veränderte Welt, eine geheiligte Welt« (ebd.) Nur komme der Mensch nicht in den Himmel, sondern Gott zu den Menschen. Denn: »Die zukünftige Welt ist die Erfüllung der Schöpfungsabsicht Gottes. Der Mensch lebt nunmehr *unsterblich* in der Gemeinschaft vor Gott, vor seinem Angesicht und in vollkommener Erkenntnis Gottes« (ebd., 105; Hervorh. A.M.). Dem entspricht auch die Aussage aus dem Buch Bahir der Kabbala, in welchem es heißt: »Rabba sagte: Wenn die Gerechten wollten, könnten sie eine Welt schaffen. Und was scheidet? Ihre Sünden, denn es heißt (Jes 59,2): »Denn nur eure Sünden machen eine Scheidung zwischen euch und eurem Gott.« Wären also eure Sünden nicht, würde keine Trennung sein zwischen euch und ihm« (zit. n. Wilhelm 1998, 239). Goldberg zufolge hat der Sündenfall für die Juden nicht wie für die Christen die Bedeutung, daß alle nachfolgenden Generationen mit der Erbsünde belastet sind.[46] Aber der Mensch verlor seine Unsterb-

46 Das in der Midrasch-Literatur (Bereshit Rabbah 19,6) überlieferte Gleichnis vom zerschlagenen Glas belegt, daß auch das Judentum die Lehre von der Erbsünde kennt als die Ursache der Sterblichkeit des Menschen. Sie sei jedoch nicht, wie Thoma betont, dogmatisiert worden (Thoma 1990, 17f).

lichkeit und die Einheit mit Gott wurde dadurch verhindert und die Trennung von Himmel und Erde aufrechterhalten. Nach der jüdischen Eschatologie ist, und hier widerspricht Goldberg Eliade, das Ende nicht die Wiederherstellung des Anfangs, des Paradieses, sondern die Vollendung, die zugleich Erkenntnis und gemeinsame Erfahrung der Geschichte ist, in der aber der Mensch von Gott verschieden bleibe.

Dieser Aspekt der Geschichtlichkeit des Göttlichen ist nach Frankemölle (1998) noch im Verständnis des Jesus als Messias/Christos wirksam, dessen Tätigkeit und Verhalten als geschichtliches Wirken erst die Bedeutungen der überlieferten Heilserwartungen und Titel wie Elija, Johannes etc. freisetze. »Diesen Vorgang könnte man eine Historisierung von eschatologischen Vorstellungen, Erwartungen, Hoffnungen usw. nennen ... Aus welchem soziokulturellen Kontext sie auch immer stammen, als Deutungselemente des geschichtlichen Jesus werden sie durch die Geschichte eben dieses Jesus in ihrer neuen Bedeutungsstruktur geprägt. Das heißt: Eine Titel-Christologie ohne Rück- und Einbindung in den theologischen Anspruch des geschichtlichen Jesus steht in ständiger Gefahr der Verflüchtigung durch Mythologie und Gnosis« (ebd., 164). Und ferner heißt es hier: »Ohne den Rückgriff auf die traditionsgeschichtlichen Vorstellungen von den Aufgaben des Täufers, des Elija, des Propheten (wie Mose: vgl. Hoh 1,21), des Jeremia (Mt 16,14), des Menschensohnes (Mt 16,13; Mk 8,31) und des Messias (Mk 9,29 parr) usw. *in der von Jahwe geführten Heilsgeschichte* ist kein judenchristliches Bekenntnis zu Jesus zu verstehen« (ebd.; Hervorh. A.M.).[47]

Goldberg wiederum hebt hervor, daß das Judentum keine Dogmen kenne, sondern den in Treue und Vertrauen geführten Disput des Gottesstreiters. »Es gibt kein Glaubensbekenntnis, keinen bestimmten Glaubensinhalt, der das besondere Wohlgefallen Gottes fände ... Der Glaube an den einzigen Gott ist gefordert, aber es ist *kein abstrakter Glaube* – ... Man vertraut seiner Gerechtigkeit und Leitung. Das ist allerdings kein Sich-Ergeben in ein von Gott gefügtes Schicksal, gar nicht, denn der Jude ist alleweil bereit, mit seinem Gott zu streiten ... « (ebd., 91; Hervorh. A.M.).

Auch in Hinblick auf die Betonung des Gesetzes im Judentum macht Goldberg deutlich, daß es sich *nicht* um eine Unterwerfung unter ein Gebot und unter den Willen Gottes handelt, wie von Chasseguet-Smirgel und Grunberger betont wird.

47 Vgl. hierzu insbes. auch die Literaturangaben bei Frankemölle, S. 164, FN 11 zu messianischen Konzepten im AT.

Vielmehr: »Man hat das Judentum nur zu oft als eine Gesetzesreligion mißverstanden. Die minutiöse Regelung des Lebens durch Gebote und Verbote, die sorgfältige Beachtung auch der geringsten Vorschriften, besonders im rituellen Bereich, wo der objektive Sinn der Gebote nicht einzusehen ist, muß in der Tat diesen Eindruck erwecken. So spricht man denn gern auch von einer Orthopraxie des Judentums. Gewiß ist die Gefahr der Erstarrung, des Sich-Verlierens im gedankenlosen Tun, immer gegeben, es ist eine menschliche Gefahr. Aber die Gebotserfüllung, das Tun eines Gebotes, hat keinen anderen Sinn als den: den Menschen zu heiligen, wie es im Leviticus (11,44) heißt: Seid heilig, denn ich bin heilig. Nur der geheiligte Mensch ist der Gemeinschaft mit Gott fähig« (ebd., 98f). Daß die Heiligung alle Bereiche des menschlichen Lebens umfasse, nicht nur den sakralen, und darum das richtig gelebte Leben für den Juden das liturgische Leben sei – *hierin* besteht die Nähe des Protestantismus zum Judentum. Entsprechend geht Goldberg davon aus, daß es irreführend sei, »Die Torah als ›nomos‹, als Gesetz, aufzufassen, und zwar nicht nur, weil dies sachlich nicht zutrifft, denn die Torah ist ja auch geoffenbarte Geschichte, Weisheit und Liturgie. In der Torah begegnet der Jude vielmehr unmittelbar Gott …« (ebd., 100).[48] Gebot sei vielmehr das Studium der Torah. Und nicht die Abstraktheit des jüdischen Gottes, sondern diese Auseinandersetzung mit seinem Willen und seiner Offenbarung stellt jene intellektuelle Herausforderung dar, die das jüdische Denken schult und differenziert. Was Chasseguet-Smirgel (gemeinsam mit Grunberger) als Gesetzesorientiertheit des jüdischen Denkens vorstellt, entspricht einer Reduktion dieses Denkens auf die Halacha und die Mitzwot und auf die halakhitischen Midraschim über die Gesetzesvorschriften im Pentateuch.[49] Die Mischna gilt als die Überarbeitung der »Sprüche der Väter«, jedoch spricht die umfangreiche Auslegungsliteratur der Haggada und der Gemara gegen eine unilineare Eindeutigkeit.

---

48 In vergleichbarer Weise argumentiert Limbeck (1997), der deutlich macht, daß Vorstellungen von einem strafenden Gott oder der Forderung von Gehorsam weitgehend falschen Übersetzungen bei Luther, Zwingli u. a. entspringen. Das Hebräische kennt seiner Darlegung zufolge weder den Begriff der Strafe, noch den des Gehorsams, der mit sama': hören verwechselt wurde (vgl. ebd., 4ff). Der Grund für die Gebote, die Achtung auf ihre Einhaltung ziele nach ersttestamentlichem Verständnis auf den Schutz des Lebens, »nie auf die Erprobung von Israels Gehorsam« (ebd., 8).

49 Daß nicht Gehorsam oder Ungehorsam die Funktion des Gesetzes kennzeichnet, ist auch die Argumentation Limbecks (1997), der zudem die Fortführung des Gesetzesgedankens bis zum Matthäusevangelium untersucht und damit verdeutlicht, daß jener nicht auf das Erste Testament bzw. das Judentum beschränkt bleibt.

In Übereinstimmung mit anderen Quellen wird bei Goldberg deutlich, daß der Opferkult nicht aus einer veränderten geistigen Überzeugung aufgegeben wurde, sondern aus historischen Gründen – der Zerstörung des Salomonischen Tempels im Jahr 586 v.d.Z. und dem babylonischen Exil unter Nebukadnezar – nicht mehr praktizierbar war.[50] »Seit der Zerstörung des Heiligtums gibt es keinen Opferkult mehr und keinen sakralen Bereich innerhalb dieser Welt, in welchem der Beter und Opfernde Gott unmittelbar gegenüberstehen kann. So blieb nur noch der Gebetsgottesdienst, der zwar am Kultus des Heiligtums orientiert ist, diesen aber nicht ersetzt« (ebd., 100).[51] Daß der Verzicht auf den Opferkult nicht aus einer veränderten Bewertung hervorging – psychoanalytisch gesprochen: nicht dem Erreichen einer ›höheren‹ Ebene der Integration archaischer Triebe entspricht, wie von Grunberger und Chasseguet-Smirgel nahegelegt – geht auch aus den Ausführungen Webers (1992) hervor, der feststellt: »Im rabbinischen Judentum hat sich die Hoffnung, daß der Tempel einst wieder errichtet werde, zu einem zentralen Inhalt der Eschatologie entwickelt: der kommende Messias wird den nur vorübergehend unterbrochenen Opferkult aufs neue einführen. Gebet, Wohltätigkeit, Thorastudium sind nur ein behelfsmäßiger Ersatz des ausgefallenen Opferdienstes« (ebd., 469).

Im *L'univers contestationnaire* wird die Prophezeiung übergangen, die in der jüdischen Tradition einen kommenden Messias und die mit ihm verbundene Endzeit ankündigt, aus der eine neue Welt hervorgehen werde. Zu sehr hat auch dies für die Autoren offenbar noch den Anklang an eine Utopie, und mit einer solchen sei stets der Wunsch nach der Beseitigung des Vaters verbunden, wie Chasseguet-Smirgel in *Die archaische Matrix des Ödipuskomplexes in der Utopie* (1988a,

50 Eine Besonderheit des jüdischen Opferkultes war seine Anbindung an den Jerusalemer Tempel als der einzigen heiligen Stätte, in der der Opferbrauch auf dem Altar des «Ehernen Meeres» im Hechal genannten Hauptraum legitim war. Darum galt schon die Einrichtung eigener Opferstätten in Beth-El und Dan nach der Abtrennung des Nordreichs im 9. Jh. v.u.Z. als die »Sünde Jerobeams« (vgl. Grübel 1997, 15f). Der Grund für die Aufgabe der Opferpraxis im babylonischen Exil ist also in diesen historischen Ereignissen und nicht in einer veränderten ethischen Einstellung zum Opfer begründet.

51 Vgl. auch den Abschnitt Schriftlesung statt Opfer in Talmud 1999, 193f, der mit den folgenden Worten schließt: »Er (Gott) sprach zu ihm: ›Schon habe ich die Ordnung der Opfer vorbereitet. In der Zeit, da sie in dieser (der Opferordnung; A.M.; s. FN 535 ebd.) vor mir lesen, lasse ich es ihnen gelten, als ob sie vor mir Opfer darbrächten, und ich verzeihe ihnen alle ihre Verschuldungen‹.« Die letzte Aussage über die Erlassung der Verschuldungen weist vielmehr auf einen Zusammenhang zwischen nicht vollzogenem Opferritual und der Entstehung von Schuldgefühl gegenüber Gott im Judentum hin, der in einer psychoanalytischen Deutung des Judentums zu berücksichtigen ist.

Kap. 6) feststellt.[52] Dies führt zu der fatalen Konsequenz, alle geistigen Strömungen innerhalb des Judentums – von der Mythologie über die Kabbala bis zum Chassidismus – als Ausdruck von narzißstischer Regression, die mit Unreife und psychotischen Tendenzen verbunden ist, bewerten zu müssen, da sie nach ihrer Auffassung die Idee der Erlösung als Kern eines utopischen Denkens in sich trügen. Eine »messianische Metaphysik« [53] zu thematisieren heißt für die Autoren des *Universums* selbst-verständlich, sich dem Gesetz des Vaters zu entziehen, denn ihre Interpretation schließt aus, daß das Messianische wie das Metaphysische mit diesem Gesetz vereinbar oder gar darin enthalten sind.

Dem jüdischen Denken steht für Chasseguet-Smirgel[54] nicht nur der christliche Glaube entgegen, sondern auch die griechische Antike, deren Philosophie nach ihrer Darstellung eher irrationale Momente zu enthalten scheint wie z.B. die Lehre Platons von der ursprünglichen Einheit der zwei Geschlechter oder die aristotelische Lehre von der Urmaterie. Dabei ist, wie auch Chasseguet-Smirgel erwähnt, das jüdische Denken von einer systematischen Aneignung der griechischen Philosophie geprägt, insbesondere durch den jüdischen Philosophen Philo(n), (vgl. Weber 1992, 279ff u. 461f), der durch die Auseinandersetzung mit der platonischen Philosophie die jüdische Religion neu entdeckt bzw. interpretiert (vgl. Habermehl 1995). Zum Bestand der hebräischen Bibel zählen aber auch die Texte der »neuen« Propheten (Jesaia[55], Jeremias, Hesekiel), die sich mit Orakeln und Visionen befassen (vgl. Eliade; Couliano 19972, 184). Ferner wurden, wie Eliade und Couliano bemerken, zwischen dem 3. Jahrhundert v.C. und dem Ende des 1. Jahrhunderts n.C. apokalyptische Texte sowie Mystizismen zum Buch Genesis (ma'aseh bereshit) und die Mystik des Thronwagens und der himmlischen Paläste (hekhalot) in das jüdische religiöse Schrifttum aufgenommen (vgl. ebd., 185).

---

52 »Der Jude, der dem alten Testament treu geblieben ist, ist ein Repräsentant des Vaters. Außerdem ist er Objekt für Projektionen der Analität. Der Vater, sein Penis, die Exkremente sind die Inhalte des Mutterleibs, die es zu beseitigen gilt« (ebd., 130).

Freud hatte im Gegensatz zu Chasseguet-Smirgel und Grunberger keine Probleme damit, die messianische Tradition im Judentum anzuerkennen. »Aber erinnern wir uns«, schreibt er, »auch die Juden, deren Religion nichts von einem jenseitigen Leben weiß, haben die Ankunft des Messias auf Erden erwartet, ... » (1933a, 35. Vorl., 607)

53 So der Titel des ersten Bandes von Michael Landmanns *Jüdische Miniaturen* (1982).

54 Vgl. z.B. 1988a, Kap. 6.

55 Schreibweise in der NJB: Jesaja.

Somit ist es zwar berechtigt, von der jüdischen Religion als derjenigen zu sprechen, die den Gesetzesgedanken begründet und ins Zentrum stellt. Unzutreffend ist jedoch, sie anderen Religionen gegenüberzustellen als diejenige, die qua der Gesetzesauffassung frei sei von mystischem Denken.

Angesichts der These von ›André Stéphane‹, in der christlichen Eucharistie werde die Opferung nicht symbolisiert, sondern unmittelbar vollzogen, was sie als Indiz der Durchsetzung des primärnarzißtischen Lustprinzips werten, ist es wichtig, Goldbergs Urteil bezüglich des Symbols im Judentum zur Kenntnis zu nehmen: »... der jüdische Gottesdienst kennt keine symbolischen Handlungen. Es geschieht im Kult nichts, was einer höheren oder tieferen Wirklichkeit durch Wort, Geste oder Zeichen Ausdruck verleiht, oder was gar wiederholend bewirkt, was dem Auge nicht sichtbar ist. Man darf sagen, das Symbol ist dem Judentum fremd« (Goldberg 1992, 101). Schließlich spricht Goldberg auch von den beiden Eigenschaften oder Weisen des einen Gottes im Judentum: von der Liebe und Barmherzigkeit, der die andere Seite des strengen und gerechten Richters gegenüberstehe. Da der Mensch nach der Weise des strengen Rechtes nicht bestehen könne, trete diese nur gegenüber dem Frevler in Kraft. »Sonst aber wird die Welt nach der Weise der Barmherzigkeit geleitet und gerichtet« (ebd., 94). Die Verbindung der Gegensätze in dem einen Gott zeige sich ebenso in derjenigen der Theodizee oder der Frage nach der Herkunft des Bösen. Dieses stammt nicht aus einem anderen, aus Gott entgegenstehenden Prinzip, dem Satan, sondern geht letztlich aus Gott hervor, denn: »Der das Licht bildet und das Dunkel schafft, der Frieden macht und das Böse schafft« lauten die Worte in Jesaia (45,7) (zit. n. Goldberg, 94).[56] Die Verbindung von Strenge und Barmherzigkeit im jüdischen Gott verdankt sich *seiner* mythologischen Geschichte, der Vereinigung von Jahwe und Elohim (ebd.), auf die auch Ranke-Graves und Patai (1986) verweisen, die noch viele auch ältere

56 So erwähnt Thoma (1990) in der Interpretation des rabbinischen Schöpfungsgleichnisses vom »Palast am unwürdigen Ort« im Midrasch Bereshit Rabbah (BerR 1,5), daß die gnostische Infragestellung der Schöpfung eine rabbinische Gegentradition (ma'ase bereschit) hervorbrachte, um diese und die platonische Idee aufzufangen. Das Palast-Gleichnis aber verbietet die Spekulation über den Schöpfungsanfang, die mit dem Dilemma behaftet war, entweder ein Sein des Bösen vor dem Guten in den vier prämundanen Urelementen Öde, Leere, Finsternis und Urwasser zu erkennen oder aber diese ebenfalls als Schöpfungen des einen Gottes (2. Schöpfungstag) anzunehmen (vgl. ebd., 11ff). Die rabbinischen Verfechter der Allursächlichkeit Gottes kamen zu dem notwendigen Schluß, daß auch das Böse in der Welt auf Gott zurückzuführen sei und dieser »die ganze Schuld des Menschen und den damit gegebenen Zwiespalt in sich trägt« (ebd., 15).

Quellen dieser Gottesvorstellung nachweisen. Nach ihren Darlegungen wurzelt der hebräische Monotheismus in einer Vielzahl mythologisch-religiöser Quellen assyrischer, babylonischer, ägyptischer und anderer Herkunft, die auch weibliche Gottheiten einschlossen.[57]

Psychoanalytisch gesprochen heißt dies, die menschlichen Triebe nicht in das Reich des Dunkels verbannen, abspalten und projizieren zu müssen, sondern sie als Herausforderung in sich selbst anzuerkennen. Bemerkenswert sind die damit verbundenen Auffassungen vom christlichen Erlösungsgedanken. Denn die Versuchung, insbesondere der Gerechten, durch Satan schuf nach Goldberg jenen Prototyp versöhnenden und sühnenden Leidens, das die Sünden der Gemeinschaft zudecke. »So entstand etwa seit der Makkabäerzeit... so etwas wie eine Leidenstheologie, die das Leiden des Gerechten, aber auch das willig ertragene Leiden der Gemeinschaft zum stellvertretenden Leiden macht. Dem Christentum war es vorbehalten, diese Leidenstheologie zu einer letzten Konsequenz zu führen« (ebd., 95). Ebenso wie diese Form der Sühne durch das Opfer des einzelnen Gerechten oder der Gemeinschaft, die nicht unbedingt den Tod, aber doch ungerechtfertigtes Leiden bedeutet, gibt es auch das Gebet zu Gott im Himmel, die Zwiesprache, Fürbitte und Lobpreisung ist. »Der Beter allerdings steht vor Gott, nicht vor dem Gott, der in der Gemeinde gegenwärtig und nahe ist, sondern vor Gott im Himmel, zu dem er betet. Ja, mehr noch, sein Lobpreis, das dreifache Heilig, das die Gemeinde spricht, geht ein in den Lobpreis der himmlischen Wesen, der Engel und Seraphen« (ebd., 101). Auch wenn der christliche Himmel zusätzlich noch die Heiligen sowie Maria als MittlerInnen kennt, ist doch auch das jüdische Himmelreich nicht so einsam und leer, wie es die Ausführungen Chasseguet-Smirgels nahelegen.

Es geht, dies soll deutlich bleiben, hier nicht darum, die Differenzen von Judentum und Christentum zu leugnen, sondern zu sehen, wo sie tatsächlich liegen, bzw. deutlich zu machen, wo, in welcher Weise – und mit welcher Intention – bei

---

57 Vgl. hierzu auch die Darstellung von Weippert/Weippert (1997), nach der Jahwe ursprünglich einer von vielen Göttern im Pantheon unter dem höchsten Gott El ist und eine Gottheit des Hadad- oder Baal-Typus darstellte. Aschera, die Gemahlin des Gottes El, wird nach seinem Aufrücken in der Götterhierarchie zu seiner Gemahlin, ehe ihr Bildnis unter Joschija aus dem Tempel entfernt wird (Kön. 23,6). Zu den zerstörten Kultgegenständen gehörte auch eine von Mose gefertigte Kupferschlange, Nehuschtan genannt, welcher Rauchopfer dargebracht worden waren (Kön. 18,4; vgl. Weippert, 168f).

Chasseguet-Smirgel und Grunberger Polaritäten gezeichnet werden, die in *dieser* Weise nicht bestehen. Eine genauere Überprüfung zeigt, daß das aus ihnen abgeleitete Modell eines Schismas, das sich in allen Spaltungs- und Dissidenzbewegungen nach gleichem Muster wieder vollziehe, einer theoretischen Konstruktion von apodiktischen Gegensätzen entspringt. Diese werden ihrerseits begründet aus einer entsprechenden Polarität psychischer Strukturen, die sich qua Exosmose des Psychischen in Gesellschaft, Kultur und Religion manifestierten.

Immerhin war jedoch, was auch in der Kirchengeschichte später gern geleugnet wurde, das Christentum eine Bewegung, die sich in ihren Anfängen noch als jüdisch verstand. Die direkte Abkunft des Christentums aus dem Judentum wird auch bei Chasseguet-Smirgel und Grunberger angesprochen (1979a, 166, Anm. 79), aber ganz unproblematisch als Beleg für ihre Auffassung gewertet, »daß ein Übergang von einem Modell zum anderen möglich ist« – und damit meinen sie den Übergang von der ödipalen zur narzißtischen Lösung. Jedoch handelte es sich beim frühen Judenchristentum nicht um eine *aktive* Abspaltung vom Judentum, sondern um die Fortsetzung einer bestimmten Entwicklungslinie innerhalb des Judentums, die erst durch den sog. Synagogenbann am Ende des 1. nachchristlichen Jahrhunderts zu einer eigenen traditionsgeschichtlichen Entwicklung führte – und somit nicht um das Modell einer Rebellion, als welches es von ›André Stéphane‹ im *L'Univers* zitiert wird (vgl. Frankemölle 1998, 165; vgl. auch Öhler 1999).[58] Interessant ist dabei, daß etwa zur selben Zeit (81–96 n.C.) und im Zusammenhang mit den ersten Christenverfolgungen die von Chasseguet-Smirgel häufig zitierte Apokalypse des Visionärs Johannes entstand.

---

58 »Bei der traditionsgeschichtlichen Analyse christologischer Hoheitstitel im Judenchristentum muß die Vorstellung von zwei traditionsgeschichtlich, zeitlich nachgeordneten, unverbundenen Vorstellungskreisen – hier Judentum, dort Christentum – destruiert werden, da nicht nur die aramäisch, sondern auch die griechisch sprechenden Gemeinden des Judenchristentums Teil der jüdischen, großenteils hellenistisch beeinflußten Religionsgemeinschaft waren. Erst als die Judenchristen mit anderen jüdischen Randgruppen und Häretikern unter Rabbi Gamaliel II am Ende des 1. Jh. offiziell aus der Synagoge ausgeschlossen wurden…, ist mit einer stärkeren traditionsgeschichtlichen Eigenentwicklung der Judenchristen zu rechnen. Das heißt: Die Traditionsgeschichte der Judenchristen besteht nicht aus einer ihnen fremden, zeitlich vorgeordneten jüdischen Tradition, vielmehr muß mit der Vorstellung ernst gemacht werden, daß beide identisch sind. Die jüdische Traditionsgeschichte ist nicht nur – wie in der Regel alle Jesus-Bücher und neutestamentlichen Christologien suggerieren – eine – wenn auch besonders wichtige – Voraussetzung, sondern integrierter Bestandteil der judenchristlichen Deutung Jesu« (Frankemölle 1998, 165).

Dem Christentum spricht Chasseguet-Smirgel all jene Elemente ab, die sie der ödipalen psychischen Strukturiertheit des Judentums vorzubehalten wünscht: den Gott-Vater als die höchste Macht und als Schöpfergott, die Mosaischen zehn Gebote, die stets Grundlage der christlichen Ethik blieben, den traditonellen Bezug auf den Pentateuch (die fünf Bücher Mose), wie auf andere Texte des Ersten Testaments[59], die weitgehend zum Bestand nicht nur der christlichen Überlieferung zählen, sondern auch einer ›christlichen Identität‹ (vgl. z.B. die Rede des Stephanus in Apg. 7), die Erwartung des jüngsten Gerichts, das trotz der Gnadenlehre Jesu gerade im europäischen Mittelalter enorme Furcht erweckte bei der Vorstellung, daß Himmel und Hölle auf ewig getrennt werden würden, eine Vorstellung, die sich in zugespitzter Form in der Offenbarung des Johannes wiederfindet. Und letztlich erweist sich auch – trotz des Mysteriums der Jungfrauengeburt[60] – Jesus als ein Nachfahre in der unmittelbaren Abstammungslinie der israelitischen Patriarchen, wie die beiden verschiedenen Genealogien des Matthäus (Mt 1,2–16) und des Lukas (Lk 3,23–38) belegen, wobei ersterer ihn bis auf Abraham, letzterer darüber hinaus bis auf Adam zurückführt (vgl. Oberforcher 1999). Bei beiden ist Josef das vorletzte Glied in der Kette und insofern für die Evangelisten Vater von Jesus Christus, auch wenn seine Bedeutung gegenüber der Marias deutlich vermindert ist und insofern tatsächlich ein Bruch in der Reihung der Patriarchen auftritt. Aber Irregularitäten sind bereits im Ersten Testament eine nicht seltene Erscheinung, von der Zeugung und Geburt Isaaks durch ein greises Elternpaar über die wiederholte Bevorzugung des Zweitgeborenen bis zu den Irregularien der Dirnen-Mütter (Tamar, Rahab, Rut und Batseba), die in der Genealogie der Patriarchen eine gewichtige Weichenstellungsfunktion einnehmen und, wie Oberforcher feststellt, eine Interpretationshilfe für die Position Marias darstellen (vgl. ebd.). Allen Erzmüttern des Ersten Testaments ist neben der sagenhaften Schönheit die ursprüngliche Unfruchtbarkeit gemeinsam, die erst spät durch Jahwe aufgehoben wird, um die Besonderheit ihrer Geburt und die Auserwähltheit des von ihnen Geborenen zu betonen (vgl. Grohmann 1999, 104).

---

59 In der gegenwärtigen religionswissenschaftlichen Diskussion ist die Bezeichnung Erstes und Zweites Testament häufig anstelle der Rede vom Alten und Neuen Testament getreten, um die Chronologie nicht mit einer Wertung zu vermischen (mündliche Mitteilung von Dr. Edith Franke).

60 Laut Gerritzen (1990) ist Maria nur in den evangelischen Vorgeschichten als vom Heiligen Geist befruchtete Jungfrau dargestellt. »In d(en) synoptischen Evangelien erscheint M(aria) einfach als M(utte)r Jesu und seiner Geschwister Mt 13,55; Mk 6,3; Apg 1,14 (ebd., 280; Texterg. A.M.).

»Es ist in der Tat eine bestimmte Irregularität und die üblichen Erwartungmuster zerbrechende Unerwartbarkeit, durch welche Gott seine heilsgeschichtlichen Weichenstellungen setzt, was sich mit der Zeugung ohne Josef extrem radikalisiert. Dabei sei nochmals auf die gleichartige Formulierungsweise »aus der gezeugt wurde (ex hes egennethe)« (V 16) hingewiesen, wobei freilich die Mutterrolle die Vaterposition verdrängt bzw. selbst einnimmt« (Oberforcher 1999, 20). Neu ist also in der Beziehung von Maria und Josef die Radikalität, mit der letzterer gegenüber Maria an Bedeutung verliert (obwohl Jesus über die Zuordnung zu ihm zum Sohn Davids wird). Neu aber ist nicht diese Umkehrung der Gewichtung oder die Irregularität als solche: auch das Erste Testament folgt nicht streng dem ›Naturgesetz‹ des Ödipuskomplexes, wie es sich die Autoren des *L'Univers* wünschen. Jungfrauen- und Greisengeburt wie die Verbindung von Zeugen und Gebären in Jahwe, also im Begriff der Schöpfung (s. Görg 1998, 121), brechen aus der Konzeption der klassischen Triangulierung und der Naturgesetzlichkeit aus.[61]

Messianische Aspekte finden sich bereits bei einigen Vorfahren dieser Ahnenreihe, so insbesondere bei Isai (Jesse), dem Vater Davids (vgl. Oberforcher 1999, 20).[62] Besonderen Nachdruck legt Oberforcher auf das Königtum Davids mit Hinblick auf dessen Salbung, da »der königliche Gesalbte… im Hebräischen der maschîach, im Griechischen der christos« ist (ebd., 14). Damit wird deutlich, daß Jesus als der Gesalbte innerhalb dieser Genealogie steht und die mit ihr verbundene Tradition des Verständnisses des Messias/Christos fortsetzt.

Neben der linearen gab es jedoch immer wieder, wie Oberforcher betont, die segmentäre Genealogie, die mit der Verzweigung auf derselben Generationenebene der Geschwister die aktuellen Gruppenbeziehungen verarbeite (vgl. ebd., 6), was insbesondere für die zwölf Söhne Jakobs, die die zwölf Stämme Israels bilden, gilt. »Mit der Auswahl gerade dieses Namensbestandes [der linearen Genealogie; A.M.] wird das Ziel verfolgt, eine genealogische Brücke von Abraham über David bis zum Messias zu spannen. Wegen dieser Linienführung, die Grundlage einer bestimmten Identifikation, Integration und Legitimation Jesu von Nazaret wird, fallen segmentäre Verzweigungen innerhalb der Volksgeschichte heraus. Dieser Wille zur Konzentration zeigt sich zunächst in der Nennung Judas »und seiner

61 Vgl. auch Deut 32,18: »An den Fels, der dich gezeugt hat, dachtest du nicht mehr, du vergaßest den Gott, der dich geboren hat« (NJB 256).

62 »Aus Jesse kam die Art« lautet auch eine Verszeile in der ersten Strophe des von Michael Praetorius (1571–1621) vertonten Textes von *Es ist ein Ros entsprungen*, der auf die Genealogie Jesu verweist. Der Autor des spätmittelalterlichen Liedtextes ist nicht bekannt.

Brüder«, womit das Zwölfstämmevolk angesprochen ist. Letzteres ist dem Evangelisten [Matthäus; A.M.] durchaus wichtig, insofern er die Wahl des Zwölferkreises durch Jesus selbst als symbolische Repräsentanz Gesamtisraels begreift, das Jesus zu seinem Bundesgott zurückführen will ((Mt)10,5f; 19,28)« (ebd., 14). Was Chasseguet-Smirgel und Grunberger übergehen, wenn sie das Christentum als eine Ersetzung der Väterfolge durch die Brüderclique darstellen, ist die Tatsache, daß die Brüdergemeinschaft, wieder aufgegriffen in der Apostelgemeinschaft (der Brüder in Christi), auf den israelitischen Bund zurückgeht und somit eine ersttestamentarische Tradition fortsetzt.

Andererseits werden von Chasseguet-Smirgel und Grunberger aus der jüdischen Überlieferung alle Elemente eliminiert, die ihrem Bild der rationalen Religion und seiner Entstehung widersprechen. Nicht nur die christlichen Kulturen bewahren jedoch ältere Mythen und Gottheiten in sich, dies gilt ebenso für die jüdische Religion (s.a. Fohrer 1989; Fohrer 1992; Assmann 1998; Assmann 1999; Öhler 1999). Das Wunder wird interpretiert als eines jener Indizien für die Irrationalität des Christentums, die sich für Chasseguet-Smirgel aus den primärnarzißtischen Allmachtsphantasien und aus der halluzinatorischen Wunscherfüllung speisen.

Daß das Erste Testament den Begriff des Wunders nicht kenne, läßt sich nicht bestätigen. Nach Schubert (1992) sind »die hebräischen Ausdrücke für »Wunder« ... vielschichtig: *pele* entspricht etwa dem Wort *miraculum;* es bedeutet das Wunder als von Gott gesetztes Zeichen, an dem man sich orientieren soll; die Wörter *ot* und *mophet* bedeuten ebenfalls die Wunder als Zeichen Gottes, denen auch eine starke Beweiskraft zukommt. Im Plural werden diese Wörter gewöhnlich übersetzt mit »Zeichen und Wunder« (z.B. Ex 7,3)« (ebd., 37). So ist z.B. an die Teilung des Meers bei der Flucht aus Ägypten oder die nicht im Ersten Testament, sondern im Sefer Hajaschar, einem Midrasch zur Genesis, überlieferten Umstände der Geburt Abrahams zu denken, die im übrigen viele Aspekte der Geburt Jesu vorwegnehmen (vgl. Ranke-Graves/Patai 1986, 367;168). Wer wollte behaupten, daß dies strengen Naturgesetzen folgte?[63] Auf das Lachen der 99-jährigen Sara über die Verheißung einer Geburt antwortet Jahwe: »Ist beim Herrn etwas unmöglich?« (Gen 18,14; zit. n. NJB).

---

63 Schubert, der in Kap.III über ›Wunder und Magie‹ noch einige weitere Beispiele für Wunderberichte im Ersten Testament und im rabbinischen Schrifttum aufführt, betont auch die Notwendigkeit der weltbildimmanenten Interpretation des Wunders, die nicht als Durchbrechung von Naturgesetzmäßigkeiten verstanden werden darf, da letztere Vorstellung zu jener Zeit nicht existierte (vgl.ders.,1992, 36).

Was den Bund Gottes mit Israel angeht, so berichtet der Pentateuch von einem dreifachen Bund, dem ersten mit Noah, dessen Zeichen der Regenbogen war, dem zweiten mit Abraham, der durch die Beschneidung bestätigt wurde und dem dritten, der mit ganz Israel durch Moses am Sinai geschlossen und durch Opfer- und Blutbesprengung bekräftigt wurde (vgl. Gerritzen 1990, 82f). Daß es auch einen Neuen Bund gab, der sich in seinen Qualitäten und Ansprüchen von den ersten drei Formen sowohl unterschied, wie auch sich darauf bezog (vgl. ebd., 83), paßt nicht in die Konzeptualisierung des Christentums als dem (psycho)historischen Prototyp der Rebellion gegen den Vater bei Chasseguet-Smirgel und Grunberger.[64] Daß dieser Gott-Vater im Christentum keine Entrückung und Entmachtung durch den Sohn erfuhr, bringt Kasper (1992) mehr als deutlich zum Ausdruck, wenn er feststellt: »In der Mitte der Botschaft Jesu steht die Verkündigung der nahe herbeigekommenen Herrschaft Gottes. Damit greift Jesus die allgemein-menschliche Erwartung eines gerechten Herrschers und die besondere Hoffnung des Alten Testaments auf, wonach Gott selbst am Ende der Zeit Recht und Gerechtigkeit schaffen und einen universalen Frieden (schalom) heraufführen wird. In seinem Auftreten und Wirken sah Jesus diese heilbringende Herrschaft Gottes bereits im Anbruch. Er sprach und handelte in Vollmacht wie einer, der an Gottes Stelle steht. Das ist der Hintergrund seiner ärgerniserregenden Tischgemeinschaft mit Sündern, seiner aufsehenerregenden Wundertaten, ... *Die Herrschaft Gottes war für ihn die Herrschaft des »Vaters«* (abba), die Herrschaft der Liebe Gottes, die nicht nur die »Seele« des Menschen, sondern – was nach hebräischem Verständnis davon völlig unablösbar ist – auch den Leib des Menschen beansprucht und eine Umkehr fordert, die nicht auf die reine Innerlichkeit der Person beschränkt ist, sondern in der Forderung der Nächsten- und der Feindesliebe die sozialen Beziehungen mitumfaßt« (ebd., 112f; Hervorh. A. M.).[65]

Diese ausführlicheren Darlegungen religionswissenschaftlicher Interpretationen zu Juden- und Christentum sollen verdeutlichen, daß die von Chasseguet-

64 Erst in ihrem Aufsatz *Der heiligen Gral* (1998b) erwähnt Chasseguet-Smirgel die Existenz des Neuen Bundes, der jedoch »mit Blut besiegelt sei« (ebd., 14) und somit für konkretes Denken und d. h., wie sie in diesem Zusammenhang darlegt, wiederum für Perversion stehe.

65 Die Ansprache abba, die Jesus mehrfach für Gott (Vater) verwendet, beinhaltet eine von mehreren AutorInnen hervorgehobene Intimität, die der von Chasseguet-Smirgel und Grunberger vertretenen These der distanzierten Entrückung des Vaterbildes im Christentum deutlich konträr ist (vgl. z.B. Grossmann 1988, 78, die sich hier wiederum auf Mary Daly, Elisabeth Moltmann-Wendel u.a. bezieht).

Smirgel und Grunberger behauptete Dichotomie der beiden Religionen in der von ihnen entwickelten Form ein Konstrukt ist, das einen bestimmten Zweck verfolgt: eine Entsprechung zu schaffen zu der von ihnen vorausgesetzten psychischen Dichotomie, die sich in politischen, religiösen und kulturellen Phänomenen als deren projektive Entäußerungen mehr oder weniger ungebrochen wiederfände. Dies erlaubt ihnen dann, wie es scheint, die mühelose Anwendung des Rückschlusses von diesen Erscheinungsformen auf den einen oder anderen psychischen Entwicklungsstand – den (mehr oder weniger) gelungenen Ödipus oder dessen Vermeidung, die von den Autoren nicht als Scheitern verstanden wird, sondern als aktiv verfolgte Durchsetzung eines latenten Wunsches. Somit handelt es sich um eine teleologische Beweisführung. Zugleich begründen die Autoren damit eine Trennung, in der – dem Prinzip der Schöpfung folgend (um nicht zu sagen: es immitierend) – das Lichte vom Dunklen unwiderruflich getrennt wird, verbunden mit einem diese Dichotomie begleitenden moralischen Impetus der (geforderten) Idealisierung: alles Gott-Väterlichen und dessen, was mit ihm in Verbindung gebracht wird – oder der Verwerfung: alles Mütterlichen, da es einhergehe mit der Umgehung des Ödipus und somit identisch sei mit Unechtheit, Unreife, Irrationalismus, Perversion etc. Doch jener »Gott«, der Licht vom Dunkel und die Wasser vom Land trennte, vereinigt sie auch wieder, weil sie in ihm vereinigt sind. Eindrücklich wird dies dargestellt durch Rabbiner G.E. Gross (1995): »Im Hebräischen haben die Worte ›Schalom‹ und ›Schalem‹ – vollkommen, ganz – eine gemeinsame Wurzel. Gottes Name ›Schalom‹ liegt also die Einheit selbst, das unteilbare Vollkommene inne. So vereinen sich im Wort ›Schalom‹ das Göttliche, der Friede, *das Ganze und die Einheit*« (ebd., 9; Hervorh. A.M.).

Diese Vereinigung der Gegensätze und damit die von ihnen geforderte Integration kann Chasseguet-Smirgel und Grunberger nicht gelingen, da sie ihnen als bedrohliches Merkmal von Perversion und Psychose, von Selbstverlust und Tod erscheint und daher eine absolute Grenze verlangt, die weder in den religiösen, noch ethischen oder philosophischen Vorstellungen existiert – und auch nicht in Freuds Denken.[66]

66 Auch wenn Grunberger in dem 1997 mit Pierre Dessuant gemeinsam publizierten Werk über Narzißmus, Christentum, Antisemitismus aktuelle Publikationen in großem Umfang einbezieht, bleibt seine seit dem L'Univers erkennbare Grundauffassung, auf deren Hintergrund er diese neueren Ansätze interpretiert, erhalten.

Die Ausführungen im *Universum* zu verschiedenen sozialen Bewegungen und ihren Vertretern (les contestateures) von Marx bis Mao sind von einer Durchmischung selektiv präsentierter Tatsachen und ihrer Überlagerung mit jenem immer neu reproduzierten Deutungsschema geprägt. Dies verleiht den von Chasseguet-Smirgel und Grunberger gezogenen Schlüssen teilweise Plausibilität und führt doch zu einer Vielzahl einseitig verzerrter Resultate. So ergibt sich aus ihrem Schema z. B. eine genuine Opposition von linkem Antisemitismus und bürgerlichem Liberalismus. Beide Kombinationen gab es historisch tatsächlich, weshalb sich plausible Beispiele für sie finden lassen. Aber es gab auch den bürgerlichen Antisemitismus, den die Autoren aus der Verbindung von Bürgertum und Christentum zu erklären versuchen, während sich ein linker Liberalismus, der historisch ebenfalls existierte, aus den von Chasseguet-Smirgel und Grunberger entwickelten Voraussetzungen nicht mehr verstehen läßt, da jenen nach ihrer Auffassung entgegengesetzte psychische Strukturen zugrunde liegen.

Eine andere Herausforderung stellt die Tatsache dar, daß die Rebellen in ihren Kontestationen Zweifel und Kritik formulieren und Vertrautes zur Diskussion stellen. Dieser Zweifel kann nach Auffassung ›André Stéphanes‹ freilich nicht echt sein, denn Rebellen sind doktrinär und Doktrinäre *glauben*. Damit werden in der Interpretation von Chasseguet-Smirgel und Grunberger Zweifel, Disput und Skepsis zum Vorwand, um die väterliche Welt in Frage und an ihre Stelle das dem eigenen Narzißmus gemäße Dogma zu stellen.[67]

Es scheint mir nicht notwendig, auf die Auseinandersetzung von ›André Stéphane‹ mit Herbert Marcuse, Henri Lefebvre und Raoul Vaneigem – letzterem konstatieren sie immerhin Sensibilität und sprachlichen Stil – detailliert einzugehen. Zumal die Kritik in ihren Grundstrukturen derjenigen am psychoanalytischen Dissidenten Wilhelm Reich gleicht, der aus der Sicht von Grunberger und Chasseguet-Smirgel alle Negativismen des Dissidenten in sich vereint – von der christlichen Identifikation des Juden über präödipal-megalomanes Luststreben bis zur Paranoia (vgl. Kap. I/5.5).

In den die letzten Kapitel des *L'univers* bestimmenden Überlegungen zur psychischen Struktur des Rebellen wird dieser beschrieben als ein adoleszenter oder pseudo-erwachsener Typus, in welchem statt der normalen Ich-Liebe die primär-

67 Vgl. Kap. 3 in *L'Univers contestationnaire,* 71ff.

narzißtische Selbst-Liebe vorherrsche, verbunden mit einem gehobenen Gefühl, einigen typischen regressiven Zügen und einer Konfusion des Selbst mit der umgebenden Welt. Aufgrund der Verschmelzung des Subjekts mit dem Universum, die an die fusionelle Einheit des Fötus mit der Welt anknüpfe, bezeichnen sie diese Struktur als »kosmischen Narzißmus« (233).[68] In diesen Beschreibungen gehen die Autoren so weit, daß ihnen die relativierende Einschränkung notwendig scheint, es könnten nur einige Bereiche des Ichs von diesen regressiven Strukturen betroffen sein, da es sich ansonsten um eine vollständige pathologische Regression mit psychotischen Folgen handele (ebd.). Daß das narzißtische Universum auch eine gewisse Linkischkeit[69] der Perspektive aufweise, belegen sie am Beispiel eines kleinen Jungen, der jenen Löwen bedauert habe, welcher keinen (Christen-) Menschen zum Fressen abbekam (234). Der kosmische Narzißmus gehe mit einer Selbst-Absonderung (›auto-ségrégation‹) von der Welt der Väter einher und finde Ersatz in einer Brüderschaft, die von einem narzißtischen Bewußtsein der Überlegenheit über den Rest der Menschheit getragen werde, verbunden mit der Vorstellung, selbst die Welt zu sein. Ein weiterer Aspekt dieses Narzißmus sei (ungeachtet des zuvor erhobenen Vorwurfs des Asketismus und der Konsumfeindlichkeit) die Oralität. Die Befreiung von sexueller Repression habe exhibitionistischen Charakter gehabt, aber (nächtliche) Zusammenkünfte seien von einer Atmosphäre der Keuschheit geprägt gewesen. Hier ist allerdings naheliegend, daß Wahrnehmung und Erwartungshaltung ineinander fließen: denn für Chasseguet-Smirgel stand längst fest, daß, wer den fruchtbaren Penis des Vaters nicht anerkennt, nicht fähig sein kann, den eigenen anders als prägenital oder imitierend zu gebrauchen.[70] Nach Darstellung von Chasseguet-Smirgel und Grunberger sind es die Anhänger der Studentenbewegung, die eine absolute Teilung der Welt in zwei vollständig

68 Zum «narcissisme cosmique» vgl. die ausführliche Darst. im *L'univers*, 242ff.

69 Im Orig. »gauchissement« (ebd., 234). Die Autoren spielen hier mit der im Französischen bestehenden Doppelbedeutung von «gauch/e», das sich mit ›links‹, aber auch mit ›schief, schräg, ungeschickt, verdreht, verschroben‹ übersetzen läßt. Im Deutschen entspricht dem am ehesten die sprachliche Nähe von links und linkisch.

70 Dies legt aber auch den Schluß nahe, daß es keine Haltung gibt, die angesichts der bestehenden Prämissen sich einer pathologisierenden Beschreibung entziehen kann. Ist die Perversion nicht ›manifest‹ in sexuellen Ausschweifungen, dann latent in der primärnarzißtischen Selbstbezogenheit. Unverkennbar sind hier jedoch auch die Bemühungen, die Beschreibung der Studentenbewegung in Termini vorzunehmen, die den christlichen Idealen der Keuschheit, Brüderlichkeit und asketischen Zurückhaltung entsprechen.

gegeneinander abgegrenzte Welten entwickelten: »auf der einen Seite findet sich das Subjekt, das sich mit seinesgleichen um eine Figur der narzißtischen Identifikation gruppiert, auf der anderen findet sich der aufgrund massiven Besetzungsentzugs als nicht existent erscheinende Rest der Menschheit« (ebd., 241). Trotz des Kollektivismus und Antiindividualismus entwickle sich in solchen Bewegungen stets eine charismatische Führerfigur. Dies erkläre auch, warum die Bewegung der Gesellschaft *als ganzer* ins Gesicht schlage. Die geforderte »Umwertung aller Werte« (dt. im Orig.; A.M.) entwickle ihre Kriterien mehr aus dem ödipalen System als aus der Realität, entspreche aber stets den positiven oder negativen Besetzungen durch die Gruppe der Auserwählten (ebd.). Der Rest komme auf den »Müllhaufen der Geschichte« – und diese Operation beruhe auf einer Projektion, die eine völlige Abspaltung der sadistisch-analen Komponenten des Subjekts erlaube, deren es sich entledige, um sich in seinem Narzißmus einzurichten. Die Dichotomie zwischen dem Narzißmus und der Analität werde zum ehernen Gesetz der Anhänger dieser Bewegung. Da die Selbstliebe jedoch universell als eine assoziale Haltung erscheinen muß, verberge sie sich hinter einer Ablehnung des Individualismus und einer kollektivistischen Sozialmoral, um doch den Freiheitskult zu verspotten (vgl. ebd., 242). »Dieses übereilte Urteil erlaubt Konnotationen, die die ausschließliche Besetzung der Intelligenz, die Verwerfung des einfältigen und liberalen Bourgois (der Vater), die Wahl zwischen zwei Universen und die Überlegenheit des Geistes über die Körperlichkeit, des Imaginären über das Wirkliche erlauben« (ebd., 242). Unverkennbar ist auch hier die Angleichung der Beschreibung an die eines christlichen Kredo, oder negativ gelesen, an die Abgrenzung von jüdischen Glaubensinhalten und -praktiken, gegen die hiermit verstoßen werde. Die Konstatierung zweier Universen, vorgestellt als Abspaltungsprodukt einer narzißtisch orientierten Rebellion gegen die Väter, zieht sich zugleich als Konstrukt des basalen Gegensatzes von primärnarzißtischem gegenüber dem ödipalen Universum durch das gesamte Werk und schafft so eine merkwürdige Similarität von Beschriebenem und Beschreibung. Selbst wenn man Chasseguet-Smirgel und Grunberger in einzelnen Punkten Recht geben wollte – die in den ›Kontestationen‹ festgestellten Mechanismen sind letztlich ihre eigenen: die Selbstbestätigung in der Verwerfung des Gegenübers; die qua Identifikation mit dem idealisierten Vater erfolgende Aneignung aller positiven Werte, die auf einen an hybris erinnernden Vollkommenheitsanspruch hinausläuft; die fragwürdigen Amalgamierungen von Christentum, Romantik, Studentenbewegung, Nazismus, Kommunismus einerseits und von Judentum, Liberalismus, Konsumgesellschaft, Demokratie und Wissenschaft andererseits.[71] Hier werden zwei sich wechselseitig mit Absolutheit ausschließende Gegen-Welten konstruiert, verbunden mit dem Vorwurf an die rebellierenden Studenten, sie neigten zu einer Spaltung der Welt.

In ihren Schlußkapiteln untersuchen Chasseguet-Smirgel und Grunberger die Gemeinsamkeiten in den christlichen, sozialistischen und anderen ›Erlösungserwartungen‹ (Kap. 15), die von Entwertungen des Materiellen und Überhöhung des Ideellen gekennzeichnet seien, einer Umkehrung des Vater-Sohn-Verhältnisses, in welchem die Reife übersprungen und anal-sadistische Anteile auf den Vater projiziert würden. Aufgrund dieser Spaltung könne der unreife Sohn die Realität nur zurückweisen und das Haus des Vaters, anstatt es weiterzubauen, zerstören, um nichts Neues entstehen zu lassen. Denn sein dem narzißtischen Modus folgendes Glück könne sich nur *gegen* die Wirklichkeit herstellen: »die Erde wird zerbersten und die Himmel werden sich auftun« (Johannes-Apokalypse). Die Apokalypse ist für ›André Stéphane‹ der Inbegriff eines präödipalen Zerstörungs-Szenarios. Die Fäkalisierung der Welt (Kap. 16) und die letztendliche Identifikation mit der sadistisch-analen Mutter (Kap. 17) sind zwei zusammengehörige Aspekte in diesem Finale, das in der revolutionären Zerstörung der Welt durch die Linken oder die Faschisten (Kap. 18) seine reale Apokalypse finde – die die von Johannes für den Tag des Jüngsten Gerichts prophezeite ungeduldig vorwegzunehmen scheint.

Die abschließende Gegenüberstellung von studentischem Rebell und echtem Revolutionär (Kap. 19) ist eine zusammenfassende Gegenüberstellung zweier Psychogramme. Aus Enttäuschung an der Realität, die ihre Wurzeln in der gescheiterten Integration des Universums der Triebe habe, säge der Rebell an jenem Ast, auf dem er sitzt, d.h. er beabsichtige die Zerstörung der gesellschaftlichen Realität ohne Wissen um eine deren Sicherheiten ersetzende Zukunft, auf deren Projektierung er nur mit Achselzucken reagieren könne. Die Regression in den frühnarzißtischen Zustand der Geburt des Ichs und der frühen Objekte habe die Spaltung von innerer und äußerer Welt bewahrt. Gemeint ist jene von Freud als die des Säuglings beschriebene Welt, in der das Negative nach außen projiziert, das Gute ins Innere introjiziert wird, eine primärnarzißtische Welt ohne Objekte und ohne Wirklichkeit, deren Auftauchen sofort wieder zerstört werden müsse, denn alles solle möglich bleiben und darum nichts realisiert werden.

---

71 Der offenbar als ideologisch gewertete Begriff «Kapitalismus» wird konsequent vermieden.

Dem stellen die Autoren – *ihr Universum* abrundend – das Psychogramm des Revolutionärs gegenüber, dessen Ödipuskomplex zwar unvollendet, jedoch durch die Anerkennung des Vaters und der Realität in der Konfrontation bis zu einem gewissen Grad entwickelt sei. Dies zeige sich durch die Definiertheit klarer Ziele, die Berücksichtigung konkreter ökonomischer, politischer und sozialer Umstände, die Beachtung der Dimension der Zeit in einem schrittweisen und kontinuierlichen Vorgehen – vor allem aber in der Ersetzung der väterlichen Welt durch eine neue, in der die alte nicht vernichtet, sondern aufgehoben und weiterführend transformiert sei. Im Kampf würden die sadistisch-analen Ziele eingebunden, nicht abgespalten, und die unbewußten Konflikte ausgetragen (vgl. 293ff).

Zwar scheint die Zuschreibung einer gewissen psychischen Reife, die die Revolutionäre mit neurotischen Strukturen ausstattet, angesichts aller vorhergehenden Contra-Diktionen zwischen aufbegehrender und reifer ödipaler Welt schmeichelhaft, wäre die Zuschreibung dieser »Psychogramme«, historisch gesehen, nicht von einer undurchdringlichen Willkür begleitet, die die Frage aufwirft, wodurch Spartacus, Robbespierre und Che Guevarra die Gnade erfuhren, in ihrer Bewertung als Revollutionäre Lenin, Mao und Marx vorgezogen zu werden.

1968, also ein Jahr vor dem Erscheinen des *L'univers contestationnaire*, war bereits Gérard Mendels umfassende Studie über *Die Revolte gegen den Vater: Eine Einführung in die Soziopsychoanalyse* (dt. 1972a) erschienen. In der Problematisierung der Bedeutung von Mutter- und Vaterimago, den Überlegungen zu de Sade, zur Geburt Gottes und der Rolle Evas im Christentum finden sich zahlreiche Übereinstimmungen mit den Ausführungen Chasseguet-Smirgels und Grunbergers. Mendel argumentiert mit der Bedeutung der gespaltenen und polarisierten Mutter- und Vaterimagines für die Bewältigung des Ödipuskomplexes und die Strukturierung des Ich. Obgleich er jedoch im Gegensatz zu Chasseguet-Smirgel und Grunberger die Entstehung dieser inneren Bilder aus dem Verlauf der realen Menschheitsgeschichte herleitet, bleiben auffallende Parallelen bestehen in der Interpretation sowohl der Studentenbewegung wie des Nazismus als Bündnisse der Söhne mit den Müttern gegen die Väter, welche geprägt seien durch die Wiederbelebung von Mystik, Irrationalismus und Nihilismus gegen die väterliche Rationalität und Ordnung. Dabei mag ich der Aussage Chasseguet-Smirgels und Grunbergers, sie hätten von diesem Werk ihres Kollegen nicht rechtzeitig erfahren (1969a, 21, FN 1), kaum Glauben schenken, kannten sie doch Mendel nicht nur als einen ähnlich wie sie argumentierenden Kollegen der SPP. Vielmehr war jener zu der

Zeit auch Herausgeber der Reihe Petit Bibliotheque Payot, in welcher das *Universum* erschien sowie der ebenfalls bei Payot publizierten Reihe Collection Science de l'Homme, in welcher 1964 die von Chasseguet-Smirgel herausgegebenen (*Recherches psychanalytiques nouvelles sur*) *La sexualité feminine* veröffentlicht worden waren. 1969 veröffentlichte Mendel eine weitere umfangreiche Monographie zur ›*Generationskrise*‹ (Mendel 1972b), in welcher er ebenso wie ›André Stéphane‹ zunächst von der mütterlichen Seite des Ödipuskonflikts und der mit ihm verbundenen »Sehnsucht nach und Furcht vor einer Rückkehr zu den Ursprüngen« ausgeht (Kap. 2.1). Von der nachfolgenden Erörterung der väterlichen Seite des Ödipuskonfliktes (Kap. 2.2) schreitet er weiter zur großen Weigerung Herbert Marcuses, des ›Sohnes der Mutter‹ (Kap. 3.3), um nach einer Gegenüberstellung von (präödipalen) aufsässigen Erben und (ödipal) verantwortungsvollen Erwachsenen beim Versuch einer Synthese zu enden. Nur Mendel, Chasseguet-Smirgel und Grunberger werden wissen, ob es bei der vorgeblichen Unkenntnis der parallel entstandenen Arbeiten um den Wunsch nach Multiplizierung der eigenen Auffassungen oder auch um Konkurrenz bezüglich der originären Autorenschaft ging.[72]

Mit dem *L'univers contestationnaire* war die Zeit der Veröffentlichungen unter dem gemeinsamen Pseudonym André Stéphane für Chasseguet-Smirgel und Grunberger noch nicht beendet. Ab Januar 1970 wurde in Paris die Zeitschrift *Contrepoint: Revue trimestrielle* publiziert, die nach insgesamt 30 Ausgaben beziehungsweise 10 Jahren ihr Erscheinen wieder einstellte. Ihr thematisches Spektrum reichte von Kultur, Politik, Literatur und Gesellschaftswissenschaften über Ökonomie bis zu Philosophie und Religion. Unter den Beiträgen finden sich trotz einer sehr gemischten Autorenschaft einige, die mehr oder weniger unmittelbar mit Fragestellungen befaßt sind, die auch Chasseguet-Smirgel und Grunberger früher oder zur selben Zeit beschäftigten, was vor allem auf die Virulenz bestimmter Themen innerhalb der französischen Diskussion hinweist. So z.B. die Beiträge von Emmanuel Berl zu Patrick Modiano (CP 2, 1970) und über *Proust und die Mystik der Schöpfung* (CP 4, 1971)[73] oder Alain Besançons Überlegungen zum christlichen Modell der Lösung des Ödipuskomplexes, in welchem er sich vor allem auf

72 Es ist an dieser Stelle nicht möglich, ausführlicher auf die zahlreichen Übereinstimmungen in den Arbeiten Mendels und Chasseguet-Smirgels wie Grunbergers einzugehen.

73 Berl, E.: *Patrick Modiano et la ronde des elfes*, CP 2, 1970; ders.: *Proust ou la mystique de la création*, CP 4, 1971.

Grunbergers *Le Narcissisme* bezieht.[74] Aber auch Jacques Elluls Vergleich zwischen den 68er Studenten und den Romantikern von 1830[75] gehört hierzu – wobei Ellul die Romantik noch nicht nach Deutschland verbannen mußte, sondern sie auch im Qartier Latin fand und mit der Gegenwart von 1968 verglich.

Der erste der insgesamt sieben in dieser Zeitschrift erschienenen Beiträge von ›André Stéphane‹, der im ersten Heft derselben erschien (1970a), nahm die Änderung des Namens des Binet-Hörsaals an der neuen medizinischen Fakultät in »Hörsaal Freud – Che Guevara« zum Anlaß, den Sinn dieser Namensgebung zu hinterfragen. Der Einwand dagegen ist ein doppelter: zum einen begründet aus dem damals häufigen Vorwurf der Linken gegenüber der Psychoanalyse, sie sei ein Instrument der Anpassung von Individuen an die (kapitalistische) Gesellschaft, zum zweiten aus Freuds eigener Zurückhaltung gegenüber dem Politischen und seinem Skeptizismus gegenüber politschen Revolutionen, die mit einem Anspruch der Veränderung des Menschen einhergehen.

So zutreffend diese Einwände sind, so fragwürdig erscheint das im folgenden gezeichnete Bild von Freud als einem »jüdisch-atheistischen Kleinbürger«, wie die erste Kapitelüberschrift lautet. In – durch die mittlerweile laut gewordene Kritik – ungebrochener Fortsetzung der Argumentation des *L'Univers contestationnaire* leiten sie die Entstehung der Psychoanalyse aus den Fundamenten des Judentums ab und aus Freuds innerer Verbundenheit mit diesem, seinem offen bekannten Atheismus zum Trotz. In vielerlei Hinsicht ist die Annahme eines solchen Zusammenhangs berechtigt. Zweifelhaft ist sie jedoch zum einen in der Ausschließlichkeit, mit der die Autoren die Psychoanalyse auf das Judentum zurückführen und diesen Zusammenhang somit zu einem deterministischen ausgestalten, der den gemeinsamen Kern der gelungenen Ödipalität in beiden belegen soll. Dabei ignorieren sie jedoch die zahlreichen anderen für Freud bedeutsamen Einflußquellen wie die Archäologie, Ethnologie, Medizin, aber auch die Literatur und

74 Besançon, A.: *Du modéle chrétien de résolution du complexe d'Oedipe*, CP 6, 1971. 1967 war Chasseguet-Smirgels Aufsatz *Oedipe et religion in der RFP* erschienen. In der darauffolgenden Nummer von CP folgte eine Besprechung von Grunbergers *Le narcissisme* durch Besançon. Ein weiterer Beitrag desselben Autors in Contrepoint (12, 1973) über *Freud, Abraham et Laius* wurde in dem von Grunberger und Chasseguet-Smirgel gemeinsam herausgegebenen Band *Les chemins de l'anti-oedipe* 1974 aufgenommen (dt. s. CS 1978a).

75 Ellul, Jacques: *Le néo-romantisme moderne*, CP 4, 1970.

Philosophie *einschließlich* der deutschen Romantik.[76] Problematisch ist die Argumentation zum andern hinsichtlich dessen, *was* Chasseguet-Smirgel und Grunberger als Judentum präsentieren – bzw. von ihm übrig lassen: dessen ausschließliche Beschränkung auf das späte rabbinische Judentum, dabei alle anderen Strömungen und Richtungen und gerade die nicht-dogmatische Grundausrichtung der jüdischen Denktradition übergehend (s.o.), von den mystischen Traditionen ganz zu schweigen. Nun liebte Freud, wie bekannt ist, in seiner Freizeit nicht nur das Tarockspiel (vgl. Jones 1969, 467), sondern kannte sich in der kabbalistischen Zahlenmystik sehr gut aus und war nicht ganz frei von Spekulationen über die Bedeutung bestimmter okkulter Einflüsse auf seine Existenz, insbesondere seinen von ihm selbst relativ früh befürchteten Tod (vgl. Schur 1977).[77] Nach Schur hängt dies auch damit zusammen, daß es gerade das östliche, vom Chassidismus geprägte Judentum war, das Freud aufgrund seiner Herkunft beeinflußt hatte (vgl. ebd., 35ff). In dem Aufsatz *Der Hörsaal Freud – Che Guevara* verteidigt ›André Stéphane‹ die Auffassung von Freuds (ausschließlich!) rationalistischer Orientierung durch den Verweis auf einen Brief Freuds an Abraham, in welchem Freud die Freiheit des jüdischen Denkens vom Mystizismus betonte. Hintergrund dieser Aussage sind aber vor allem Spannungen zwischen Jung und Abraham, die Freud in seinem Brief an Abraham vom 20.7.1908 durch die Erläuterung zu mildern suchte, »Wir Juden haben es im ganzen leichter, da uns das mystische Element abgeht.« (vgl. Freud; Abraham 1980, 56f).[78] Andererseits schreibt Freud an Jung in einem Brief vom 16.4.1909, nachdem er seine Skepsis gegenüber bestimmten ›abergläubischen‹ Phänomenen betont hat, daß ihn doch bestimmte Phänomene wie wiederkehrende Zahlen immer wieder beschäftigt und verfolgt hätten und vergißt nicht zu erwähnen »Sie werden die spezifisch jüdische Natur in meiner Mystik wiederum bestätigt finden« (Schur 1977, 280). Und in *Zur Psychopathologie des Alltagslebens* (1901b) merkt Freud in der Auflage von 1907 an: »Ich bin nun weit

---

76 Vgl. dagegen die von H. u. M. Vermorel sowie Anne Clancier herausgegebene Textsammlung *Freud, judéité, lumières et romantisme* (1995), die ein sehr vielseitiges und differenziertes Bild der für Freud bedeutsamen Einflüsse zeichnet.

77 Mischo (1976) zeigt anhand einer Reihe von Briefauszügen auf, wie Freud zwischen Interesse und Skepsis gegenüber okkulten Phänomenen hin und her gerissen wurde. Ferner war Freud, wie Mischo belegt, Mitglied (ab 1911) der Londoner und Honorary Fellow (ab 1915) der American Society for Psychological Research. Beide Assoziationen sind für ihre parapsychologische Orientierung bekannt. 1921 stellte er dem Komitee seine Überlegungen zu Psychoanalyse und Telepathie vor, die im darauf folgenden Jahr unter dem Titel *Traum und Telepathie* in der Zeitschrift Imago (1922a) erschienen.

davon entfernt, diese Phänomene überall so kurzerhand aburteilen zu wollen, über welche so viele eingehende Beobachtungen selbst intellektuell hervorragender Männer vorliegen, und die am besten die Objekte weiterer Untersuchungen bilden sollen … Wenn noch andere, wie z.B. die von den Spiritisten behaupteten Phänomene, erweisbar werden sollten, so werden wir eben die von der neuen Erfahrung geforderten Modifikationen unserer »Gesetze« vornehmen, ohne an dem Zusammenhang der Dinge in der Welt irre zu werden« (zit. n. Schur 1977, 301).

Kein Zweifel: Freud wollte wissen und erkennen, nicht glauben, wie ›André Stéphane‹ hervorhebt. Aber er war neugierig genug, auch für die spirituellen und okkulten Phänomene, die ihn immer wieder beschäftigten, interessiert zu sein und weit davon entfernt, sie vorweg als irrational zu verurteilen – eine Haltung, die die Autoren trotz des explizit geforderten Liberalismus, den sie nicht nur Freud zuschreiben, sondern auch als Ausdruck reifer psychischer Strukturen reklamieren, selbst überwiegend vermissen lassen. Dies gilt auch für ihre Konfrontation von Freud mit Marx, die Zweifel gerade durch das weckt, was die Überlegenheit des »Kleinbürgers« Freud über den Utopisten und Kommunisten Marx belegen soll: den in Klammern gesetzten Hinweis darauf, daß Marxens Vater ein konvertierter Jude war (CS 1970a, 90). Freuds Liberalismus ging in der Tat weit genug, seine Zweifel am Marxschen Geschichtsverständnis und Menschenbild zu formulieren und doch den zu seiner Zeit noch nicht definitiven Entwicklungen der russischen Gesellschaft nicht den Garaus zu machen. Vor allem wird auch das von den Autoren hier gezeichnete Bild von Freud als jenem Kleinbürger, der zwar in der Wissenschaft die Grenzen der Vorstellungen über den Menschen und sein Unbewußtes gesprengt, aber aufgrund seiner Identifikation mit dem Vater und mit seinen akademischen Lehrern ein Patriarch gewesen sei, Freud kaum gerecht. Denn Patri-

78 Chasseguet-Smirgel rechtfertigt mit diesem Zitat ein Freud-Bild, nach dem dieser sich gegen jeden Irrationalismus und Mystizismus verwahrt habe. Bekanntlich ist dies jedoch nur die halbe Wahrheit. Abgesehen davon, daß Freud damit gewiß nicht die jüdische Mystik der kabbalistischen Tradition zu verleugnen suchte, zeigen verschiedene andere Briefstellen ein zumindest experimentell-psychologisches Interesse am Mystischen und Okkulten. Dabei offenbart sich eine eher zwiespältige Haltung Freuds. Schur (1977) gibt anhand von Briefauszügen Freuds ein sehr lebendiges und differenziertes Bild von dessen ambivalentem Verhältnis zu Magie und Okkultismus, wobei Schur erwähnt, daß Freuds Interesse an der Telepathie auch mit der Entdeckung der Übertragung und dem Wunsch, diese zu erklären, in Zusammenhang stand. Ohne die Existenz mystischer, magischer und telepathischer Phänomene zu verwerfen, verstand sich Freud freilich primär als Aufklärer, wie auch ein Briefauszug an Abraham belegt, in welchem er jenem anläßlich der Lektüre des Manuskripts von Traum und Mythus versichert, sie würden »miteinander die Ehre genießen, die Mythologie aufzuklären. Prosit!« (Brief v. 23. 7. 08, in Freud/Abraham 1980, 58).

arch im *kleinbürgerlichen* Sinn – also engstirnig, selbstgerecht und in seinen sozialen Wahrnehmungen egozentrisch begrenzt – war Freud keineswegs. Freuds Leben, Denken und Arbeiten trägt angesichts der inhaltlichen Weite und Grenzüberschreitungen wie der internationalen Orientierung seines Wirkens, die für ihn eine Selbstverständlichkeit darstellte, sehr viel eher die Merkmale von Weltbürgertum als kleinbürgerliche Züge.[79] Es sind die engen Voraussetzungen ihrer eigenen Theorie, die Chasseguet-Smirgel und Grunberger immer wieder zu Urteilen verleiten, die wenig von dem von ihnen postulierten Liberalismus enthalten. Ihre Vereinnahmung Freuds geht daher unvermeidlich mit dessen Reduzierung auf jene Elemente einher, die ihnen als Indiz von Rationalität und Reife erscheinen. So daß man wünschen möchte, ›André Stéphane‹ hätte stärker jenen Satz am Ende der von den Autoren zitierten 35. Vorlesung beherzigt, die Freud beendet mit dem Hinweis, die Psychoanalyse sei unfähig, eine ihr besondere Weltanschauung zu erschaffen. »Sie braucht es nicht, sie ist ein Stück Wissenschaft und kann sich der wissenschaftlichen Weltanschauung anschließen. Diese verdient aber kaum den großtönenden Namen, denn sie schaut nicht alles an, sie ist zu unvollendet, *erhebt keinen Anspruch auf Geschlossenheit und Systembildung*« (1933a, 608; Hervorh. A.M). Die systematische Geschlossenheit wird aber schnell zu einer Tendenz des Ausschlusses, die sich in einer legitimierten psychoanalytischen Tradition zu bewegen glaubt, wenn die Autoren mit Verweis darauf, daß von den »zwei großen Dissidenten der Psychoanalyse zur Zeit Freuds der eine (Jung) religiös gebunden, der andere (Adler) politisch in der sozialistischen Bewegung engagiert war, ebenso wie die Analytiker, die zur selben Zeit den Freudianismus verließen« (CS 1970a, 96). Nur: Freud hatte sich nicht von Jung getrennt, weil jener religiös, oder von Adler, weil derselbe Sozialist war.[80] Und er hatte keine Neigung, die Erfahrungen

---

79 Dies gilt auch für die von Chasseguet-Smirgel und Grunberger erwähnte Ablehnung, mit der Freud den Surrealisten begegnete – eine Tatsache, die sie auch darum betonen, weil Lacan die Surrealisten unterstützte und mit ihnen von der Möglichkeit eines unmittelbaren Zugangs zum Unbewußten ausging. Zwar hielt Freud die Surrealisten tatsächlich »für absolute (sagen wir 95% wie beim Alkohol) Narren«, wie er in einem Brief an Stefan Zweig vom 20.7.1938 schreibt (zit. n. Zweig 1989, 183). Nach einer Begegnung mit Dalí in London 1938 hat er seine Auffassung jedoch revidiert: »Der junge Spanier mit seinen treuherzig fanatischen Augen und seiner unleugbaren technischen Meisterschaft hat mir eine andere Schätzung nahe gelegt. Es wäre in der That sehr interessant, die Entstehung eines solchen Bildes [des Narziß; A.M.] analytisch zu erforschen« (ebd.).

80 Die Schlußfolgerung Glovers im Vorwort zu seinem Buch *Freud or Jung* ist überraschend, aber aufschlußreich: »…zweitens habe ich in Jungs Schriften keinerlei Wunsch nach einem religiösen Entwurf ausgemacht; …« (Glover 1950, 7).

mit Jung und Adler kurzerhand zu generalisieren, wobei es Cremerius zufolge allerdings sich wiederholende Grundmuster gab, in welchen sich die Trennungen Freuds von seinen Freunden und Schülern vollzogen (vgl. Cremerius 1997, 146ff).

Chasseguet-Smirgel und Grunberger hingegen erklären Religiosität und Sozialismus zu illusionären Haltungen, die eine nicht-ödipale Struktur verrieten und sich darum mit der Freud'schen Psychoanalyse per se nicht vertragen könnten. Was aber das Judentum angeht, so stellt dieses für sie eine Ausnahme dar, ein Übergangsstadium vom religiösen zum rationalen Denken. Dies zeigt sich, wenn sie ausschließlich diesem den Begriff der *Gesetzesreligion* vorbehalten, der ebenso für den Islam Anwendung finden könnte. Die Diesseitsorientiertheit und Rationalität erklärt sich den Autoren aus der angenommenen ödipalen Grundstruktur des Judentums, was für sie ein Herausnehmen desselben aus Freuds Religionskritik legitimiert. Dies entspricht jedoch nicht Freuds Einstellung, wie seine Benennung jener Mechanismen zeigt, die die Menschen dazu veranlassen, sich durch Projektion ihrer Kindheitserfahrungen einen Schöpfer-Gott zu kreieren, von dem sie sich beschützt, ethisch geleitet und geliebt fühlen können (vgl. 1933a, 590ff). Jene Motive hatten Freud zufolge in der »Sohnes-Religion« nicht mehr Gewicht als in der »Vaterreligion«. Vielmehr sind alle Religionen für ihn unterschiedslos Projektionen kindlicher Wünsche, Hoffnungen und Illusionen, die sich am Vaterbild bzw. der Elterninstanz orientieren, in eine transzendente Ordnung, in der auch die kindliche Magie erhalten bleibt in jenem »Und Gott sprach: es werde Licht, und es ward Licht« (ebd., 592).[81]

Ein weiterer Beitrag ›André Stéphanes‹ mit dem provokanten Titel *Inzest, warum nicht?* (1970b) erschien in der 3. Ausgabe von *Contrepoint* im selben Jahr (CP 3, 1970). Ausgangspunkt dieses Beitrags ist die verallgemeinerte Annahme, die Anhänger der Studentenbewegung träten für die Aufhebung des Inzesttabus ein, da sie es als Teil der repressiven Sexualmoral bewerteten und die genetischen Folgen des Inzests bei Einnahme der Pille für irrelevant hielten. Belegt wird diese

---

81 Man kann Freud eher eine distanzierte Haltung zum rabbinischen Judentum nachsagen, wie seine historische Erklärung desselben in Das *Unbehagen in der Kultur* (1930a) deutlich macht: »Das Volk Israel hatte sich für Gottes bevorzugtes Kind gehalten, und als der große Vater Unglück nach Unglück über dies sein Volk hereinbrechen ließ, wurde es nicht etwa irre an dieser Beziehung oder zweifelte an Gottes Macht und Gerechtigkeit, sondern erzeugte die Propheten, die ihm seine Sündhaftigkeit vorhielten, und schuf aus seinem Schuldbewußtsein die überstrengen Vorschriften seiner Priesterreligion« (ebd., 253; Hervorh. A.M. Ähnliche Aussagen finden sich auch im Mann Moses (1939a).

Einschätzung durch einen im September 1970 im *Nouvel Observateur* erschienenen Artikel Michel Cournots, der den Vater-Tochter-Inzest als Befriedigung der ödipalen Wünsche beider propagiere. Dem halten die Autoren die Theorien Freuds und Lévi-Strauss' zur psychischen und gesellschaftlichen Funktion des Inzesttabus entgegen sowie die Auffassung Grunbergers, derzufolge die Entstehung des Inzesttabus eine Schutzmaßnahme für den Narzißmus des Kindes sei (s.o.). Die Inzestbarriere, die mit der Frustration und narzißtischen Kränkung den Verzicht auf das Triebziel und das inzestuöse Triebobjekt bewirke, setze die libidinösen Energien nun für jene Transformation frei, die in der Identifikation mit dem Vater und seinen Werten das Überich mit seinem moralischen Gewissen hervorbringe. Dieses Überich und die aus ihm hervorgehenden Schuldgefühle abzuschaffen, also die Aufhebung der psychisch strukturierenden Funktionen des Inzesttabus ist nach Auffassung ›André Stéphanes‹ das Ziel der studentischen Rebellen – denn dann »wäre alles erlaubt«, wie eine Kapitelüberschrift erklärt: »Tout serait permis« (ebd. 159). So pflegten, wie Chasseguet-Smirgel und Grunberger behaupten, amerikanische Hippies in ihren Kommunen den Inzest mit Kindern zu praktizieren. Und Charles Manson habe in der psychoanalytischen Behandlung [sic!] mit Susan Atkins dieser den Geschlechtsverkehr nahegelegt mit der Begründung, sie werde sich dann vor dem Inzest mit dem Vater nicht länger fürchten (ebd., 159).[82]

»Heutzutage klären sich, wenn man darüber spricht (diese Erfahrung haben wir selbst gemacht) die Gesichter auf: ›Sehr schön, ja, das wäre sehr schön!‹ Dann wird hinzugefügt: ›Alles, sage ich Ihnen, alles: der Kannibalismus [Denken Sie an diesen Satz aus *Der Schweinestall*, den Clementi wiedergab: ›Ich habe meinen Vater getötet, ich esse rohes Menschenfleisch und ich zittere vor Lust‹], die Gewalt, der Raub, der Mord, die Zerstörung in jeder Form, Konzentrationslager, alles was! …‹« (ebd., 160). Unterstrichen wird dies mit Szenen aus Viscontis *Die Verdammten* und Roger Cormans *Bloody Mamma*. »Auch hier wieder (in *Bloody Mamma*; A.M.) sehen wir den Inzest wesensmäßig verbunden mit dem Fehlen des moralischen Gesetzes (dem Überich) oder erleben die Regression vom übergreifenden und unpersönlichen Gesetz zu den Regeln, die in Bezug auf das kriminelle Universum lachhaft sind, erlassen von jener Mutter, die ihre Söhne zwingt, Lob-

---

82 Susan Atkins gehörte zu der Gruppe um Charles Manson, die unter seiner Anführung am 8. August 1969 Sharon Tate und deren Freunde in ihrer Villa ermordete. Laut Frère, der in seinem 1972 erschienenen Buch über *Die Gesellschaften des Bösen* den Fall Manson beschreibt, hatte letzterer sich autodidaktisch die Technik der Hypnose angeeignet (vgl. Frère 1972, 219–226).

lieder zu singen und vor der amerikanischen Flagge zu salutieren. Als einer der Jungen seinen ersten Mord begeht, denkt er nur daran, was Mama sagen wird« (ebd., 160).[83]

Mit der Preisgabe der Sublimierung werde jede Symbolbildung und damit jede kulturelle Entwicklung unmöglich. Der Wunsch nach Rückkehr zur Natur ergibt sich für die Autoren dann als Konsequenz einer damit einhergehenden regressiven Entwicklung, die sich ihnen aktuell im Neo-Rousseauismus der amerikanischen Hippies wie in den Schäferumhängen der Pariser Studenten und der Verherrlichung des Guten Wilden zeige, die von den Linken in die Dritte Welt projiziert werde. Zur selben Zeit, als das Bild vom Guten Wilden entstand, seien auch die Werke des in der Bastille eingesperrten »göttlichen Marquis«[84] geschrieben worden, in welchen der Stellenwert des Inzests klar sei. Dieses Werk des Marquis de Sade, obgleich es zur Zeit seiner Entstehung kaum über die Mauern der Bastille hinausgelangte, sei dennoch kennzeichnend für die generelle »Konvulsion«[85] der gesamten revolutionären Gesellschaft seiner Zeit gewesen. Zeige doch die gegenüber Marie-Antoinette – als Repräsentantin der gehaßten Mutter – erhobene Anschuldigung, Inzest praktiziert zu haben, wie verbreitet und bewußtseinsfähig jene auf sie projizierten Phantasien gewesen seien, die sie ebenso wie den König/Vater den Kopf gekostet habe (vgl. ebd., 162).

Die Quintessenz dieses Beitrags formulieren Chasseguet-Smirgel und Grunberger in der Hypothese, »daß die Rückkehr zur Natur und die Verneinung des Inzesttabus auf einer gewissen Ebene ein und dieselbe Sache sind« (ebd., 162) und begründen dies damit: »Nicht nur, weil die Natur die Mutter symbolisiert (die Mutter Natur), sondern auch, weil die Rückkehr zur Natur die Zerstörung aller Konsequenzen der Introduktion der (triangulären) ödipalen Dimension in der

---

83 Solche Beispiele machen nebenbei immer wieder deutlich, daß die Psychose (des Sohnes wie der Tochter) für Chasseguet-Smirgel wie auch für Grunberger nicht allein aus unbewußten Aspekten der Mutterimago herrührt, sondern mit einem inzestuösen Verhalten der wirklichen Mutter erklärt wird.

84 Die Bezeichnung de Sades als »divin marquis« geht auf Albert Eulenburg zurück, der diese Titulierung in seiner Vorrede zu Iwan Blochs *Beiträge zur Aetiologie der Psychopathia sexualis* (Dresden 1902/3) erstmals gebrauchte (vgl.I. Bloch alias E. Dühren 1904, X). Sie wurde von Bloch weiterhin verwendet (vgl. ders. 1904, 275).

85 »... la convulsion générale de la socété révolutionnaire« (1970b, 162). Der Begriff Konvulsion hat im Französischen die Bedeutung von Umwälzung, Krise, ist aber zugleich aus der klinischen Beschreibung der Hysterie wohlbekannt und in dieser assoziativen Doppeldeutigkeit von den Autoren bewußt verwendet.

Psyche impliziert, die der Menschlichkeit ihre spezifische Dynamik verleiht, was uns zur Kenntnis all dessen bringt, was wir in Hinblick auf die Errichtung der Wirklichkeit, der Symbolisierung und der Sublimation benötigen (die Kunst, die Wissenschaft und ihre technischen Abkömmlinge) ebenso wie das moralische Gesetz« (ebd., 162f). Die Rückkehr zur Natur bedeute letztlich die Rückkehr zum Naturzustand, die Aufhebung aller Kultur und die Wiedererrichtung der Barbarei – und jede neue Ordnung, ob von links oder rechts, sei demnach mit dem Bruch (rupture) der ödipalen Ordnung verbunden. Daher warnen die Autoren, daß diese neue Ordnung nicht den bewußten Wünschen jener entspreche, die die »grüne Macht« (i. Orig.: green power) fordern, aber von anderen benutzt werden könne, um die alte Ordnung durch jene neue zu ersetzen.[86]

In der folgenden vierten Ausgabe von ›*Contrepoint*‹ erschien 1971 ein weiterer Beitrag ›André Stéphanes‹ mit dem Titel *Unbehagen in der Kultur: Freud und der Gebrauch, den man von ihm macht* (CS 1971b). Dieser Artikel ist vor allem eine Zurückweisung von Herbert Marcuses Interpretation der Psychoanalyse in dessen Studie über *Triebstruktur und Gesellschaft*[87], die von der Studentenbewegung intensiv rezipiert worden war. Insbesondere betonen die Autoren hier den Gegensatz von marxistischer und Freud'scher Auffassung hinsichtlich der Relation von gesellschaftlichen und innerpsychischen Phänomenen. Was sich für die Marxisten – einschließlich Marcuse – als Überbau darstelle, das Psychische, das durch ökonomische und andere externe Faktoren beeinflußt und entfremdet werde, sei für Freudianer das Primäre. »Die Vorrangigkeit der inneren Faktoren«, wie die erste Kapitelüberschrift lautet, vor den gesellschaftlichen zu begründen aus einer Sichtweise, nach der der Mensch die Außenwelt durch Projektionen – vor allem – unerwünschter Selbstanteile und -wahrnehmungen konstituiert, ist ein zentrales Anliegen dieses Aufsatzes. Aufgrund dieser exosmotischen Herstellung der Realität gehe das Lustprinzip dem Realitätsprinzip voraus. Belege für eine Übereinstim-

86 In *Das grüne Theater* (in 1988a) hat Chasseguet-Smirgel diesen Gedanken in veränderter Form und speziell bezogen auf die deutschen Grünen wieder aufgegriffen (vgl. Kap. I/5.4).

87 Diese Arbeit Marcuses wurde erstmals 1955 bei Beacon Press, Boston unter dem Titel *Eros and Civilization* veröffentlicht. Im Deutschen erschien sie zuerst 1957 unter dem Titel *Eros und Kultur*. Die bei Suhrkamp erschienene Ausgabe mit dem Titel *Triebstruktur und Gesellschaft* trägt den Untertitel *Ein philosophischer Beitrag zu Sigmund Freud*. 1964 folgte ebenfalls bei Beacon Press *The One-Dimensional Man* (dt. *Der eindimensionale Mensch. Studien zur Ideologie der fortgeschrittenen Industriegesellschaft*, Neuwied u. Berlin, Luchterhand, 1967).

mung mit Freuds Auffassung sehen die Autoren in dessen Aussage begründet, die Soziologie könne nichts anderes sein als angewandte Psychologie (vgl. ders. 1933a, 606) wie auch in seiner Annahme, Religion, Moral, Justiz und Philosophie seien kollektive Projektionen universeller menschlicher Bedürfnisse. Dem Umstand, daß Freud auch gegenteilige Aussagen formuliert hat[88], begegnen Chasseguet-Smirgel und Grunberger mit der Feststellung, daß »das Denken Freuds... manchmal unschlüssig und widersprüchlich (ist) und man einige Texte finden kann, in welchen der Ursprung der Verdrängung in die äußere Welt verlagert ist« (ebd., 36).[89]

Sie verweisen dagegen auf Freuds Begriff der »organischen Verdrängung«, die eine interne Bildung sei und die Vorrangigkeit des Psychischen vor der äußeren Realität, die aus der Exosmose dieses Innerpsychischen entstehe, belege. Die äußere Realität durch Identifikation mit dem Vater anzuerkennen bedeutet somit für ›André Stéphane‹ vor allem, die abgewehrten und nach außen projizierten Triebaspekte und ihre innerpsychischen Abkömmlinge einschließlich der mit ihnen verbundenen narzißtischen Kränkungen anzuerkennen und zu reintrojizieren. Denn die Abspaltung der Außenwelt und die dadurch bedingte Konstituierung von Realität gehe aus der frühen Hilflosigkeit und frühen sexuellen Unreife hervor; und Reifung bestehe in der Anerkennung dieser narzißtisch kränkenden Tat-

---

88 Z.B. in *Die Frage der Laienanalyse* (1926e) findet sich innerhalb einer längeren von Chasseguet-Smirgel und Grunberger zitierten Textstelle eine durch (...) markierte Auslassung (vgl. ebd., 37), in welcher Freud betont: »Später lernt das Ich, daß es noch einen anderen Weg zur Versicherung der Befriedigung gibt als die beschriebene Anpassung an die Außenwelt. Man kann auch verändernd in die Außenwelt eingreifen und in ihr absichtlich jene Bedingungen herstellen, welche die Befriedigung ermöglichen. Diese Tätigkeit wird dann zur höchsten Leistung des Ichs: die Entscheidungen, wann es zweckmäßiger ist, seine Leidenschaften zu beherrschen und sich vor der Realität zu beugen oder deren Partei zu ergreifen und sich gegen die Außenwelt zur Wehr zu setzen, sind das Um und Auf der Lebensklugheit« (Freud 1926e, 292; Hervorh. i.O.). Im selben Text findet sich wenige Seiten zuvor eine noch weitergehende Formulierung, die das Ich als eine »durch den Einfluß der Außenwelt (der Realität) modifizierte Schichte des seelischen Apparats, des Es« beschreibt (ebd., 287).

89 Dabei geben sie frühe Texte Freuds an (1898a u. 1908d), nicht jedoch jene in ihrer Zitierung übergangene Passage aus *Die Frage der Laienanalyse* (1926e). Erdély (1998) spricht eher von einem Ringen Freuds mit sich und seinem eigenen Über-Ich: »Einmal verteidigte er wie selbstverständlich den restriktiven Geist seiner Zeit, das andere Mal wehrte er sich als Opfer dieses Geistes und kämpfte gegen dessen einengende Wirkung... Schwer ringt Freud in seinen Gedanken mit Widerständen. Wir ahnen, welcher Kräfte er bedurfte, um gegen eine etablierte Weltordnung, gegen falsche Götter seiner Zeit anzugehen, aus dem Geist seiner Umwelt herauszusteigen« (ebd., 57). Offenbar war Freud doch mehr als ein atheistischer jüdischer Kleinbürger mit liberaler Einstellung.

sachen, bei welchen es sich um bisher verleugnete Selbstaspekte handele. Daher die Annahme von der Primordialität des Innerpsychischen gegenüber dem Realen, welches sich nur dem Abwehr- und Verdrängungsvorgang der individuellen wie kollektiven Psyche verdanke. Nach ihrer Auffassung besteht das Wesen der Freudschen Psychoanalyse in der Akzentsetzung auf den inneren Faktoren, der Homogenität von individuellem und kollektivem Unbewußten sowie der Übereinstimmung von individualpsychischen Manifestationen und kulturellen Institutionen.

Daß dies nur bedingt gilt, zeigt sich in den Erklärungsdefiziten, die diese Interpretation mit sich bringt. So kann sich für Chasseguet-Smirgel und Grunberger die Außenwelt nur als negierte Innenwelt zeigen, gewissermaßen als Ausscheidung des Psychischen, wie das folgende Zitat verdeutlicht: »So ist der Glaube an Dämonen, an übernatürliche Kräfte, an Teufel eine elementare Form der Projektion unerwünschter Triebregungen aus dem Ich hinaus. Zu Anfang werden alle Triebe nach außen projiziert...« und sie fügen einige Zeilen späger hinzu, allen Dissidenten der Psychoanalyse (Adler, Jung, Reich, Lacan) sei gemeinsam, daß sie sich von der Last ihrer Triebe durch Projektionen in kollektive Zusammenhänge zu befreien gesucht hätten (ebd., 36). Hier entsteht also das Religiöse allein aus der Abwehr unerträglicher Trieblast, während Freud die religiöse Illusion auch als die Folge der Projektion unerfüllbarer Wünsche, Bedürfnisse und Sehnsüchte (die der reale Vater nicht – mehr – zu erfüllen vermag) ansah. Ebenso wird der Unterschied zwischen der individuellen und der kollektiven Psyche in diesem Modell ausgeblendet. Und schließlich müssen die Rückwirkungen der gesellschaftlichen Institutionen, Zwänge und kulturellen Normen auf das Individuum vehement geleugnet werden – ein Aspekt, den Freud gerade in *Das Unbehagen in der Kultur* (1930a) thematisiert, den er aber auch schon viel früher im Zusammenhang mit der Ätiologie der Neurosen und der Hysterien zum Ausdruck brachte. Chasseguet-Smirgel und Grunberger wissen dies und zitieren eine längere Passage aus ›*Das Unbehagen in der Kultur*‹, in welcher Freud den Einfluß kultureller Normen auf die Möglichkeiten der Triebbefriedigung und die damit verbundenen psychischen Kosten beschreibt und vermuten, diese Passage habe den Pfeiler dargestellt, »auf welchen sich der Marcusesche (und linke) Anspruch zugunsten der Perversion, gegen die Monogamie und gegen den genitalen Akt stützt, welcher als wahrer Frondienst begriffen wird« (1971b, 40). Jedoch sei Freuds Argumentation bei Marcuse aus dem Kontext gerissen und nur verständlich, wenn man seine anschließende Rückkehr zu den internen psychischen Faktoren beachte – und zitieren

Freud weiter: »Manchmal glaubt man zu erkennen, es sei nicht allein der Druck der Kultur, sondern etwas am Wesen der Funktion selbst versage uns die volle Befriedigung und dränge uns auf andere Wege« (Freud 1930a, 235). Der folgende Satz bei Freud »Es mag ein Irrtum sein, es ist schwer zu entscheiden« fehlt. Stattdessen erfolgt der Hinweis auf jene lange Fußnote Freuds (ebd., 235f), in welcher er die menschliche Bisexualität als Ursache unvollständiger Befriedigung durch das Objekt und die daraus resultierende Aggressivität gegen das Objekt als einen Grund der Zurückdrängung des Sexuellen im Menschen beschreibt. Die abnehmende Bedeutung olfaktorischer Sinnesreize und daraus erfolgtem Besetzungsentzug im Verlauf der phylogenetischen Entwicklung nennt er hier als zweite Ursache dieser Zurückdrängung. Letztlich aber haben jene Aussagen Freuds wenig Beweiskraft für die von ›André Stéphane‹ behauptete Prädominanz des Innerpsychischen gegenüber den Einflüssen der äußeren Realität – zumal jene phylogenetische Entwicklung zum aufrechten Gang, der zur Entwertung des Geruchssinns beitrug, Freud zufolge durch veränderte Umweltbedingungen induziert wurde und somit eher geeignet ist, deren Einfluß auf psychische Faktoren zu belegen als diese in Frage zu stellen. Gerade angesichts vieler Aussagen Freuds, die den Einfluß der Realität auf das Psychische nicht bestreiten, ist bemerkenswert, daß Chasseguet-Smirgel und Grunberger so großes Gewicht auf die eindeutige Beantwortung dieser Frage zugunsten der inneren Faktoren legen.[90] Ersichtlich wird das Motiv erst in dem, was ihnen an Marcuse und der Linken besonders kritikwürdig und verwerflich erscheint: deren Forderung nach einer Aufhebung repressiver gesellschaftlicher Strukturen und Zwänge, die die Ursachen psychischen Leids und einer krankmachenden Sexualmoral seien, also des Zwangs zu Ehe, Monogamie, Heterosexualität. Die Reaktionen Chasseguet-Smirgels und Grunbergers hierauf sind, wie auch in anderen Beiträgen, heftig und empört. Nach ihrer Auffassung handelt es sich um eine Aufforderung zur Umgehung des Ödipus, zur Beseitigung der

90 Dies hat für beide eine so große Relevanz, daß sie über Freuds Erklärung der Entstehung des Schuldgefühls nach der Ermordung des Urvaters in *Totem und Tabu* stolpern und die Erklärung des Überichs aus diesem nachträglichen Schuldgefühl für tautologisch halten, sei doch der Vater eine schon verinnerlichte Autorität gewesen und nicht nur eine externe. Freud aber geht in seinem Mythos vom Urvatermord, wie bekannt ist, sehr wohl davon aus, daß diese erste Introjektion des Vaters sich als Totenmahl vollzieht – qua realer Einverleibung des Körpers des Toten, die sich im Totemmahl symbolisch wiederhole und das phylogenetische Urbild der Identifikation darstelle. Es ist gerade diese erste, sich nachträglich einstellende Gewissensbildung, die für Freud den menschheitsgeschichtlichen Anfang der Kulturentwicklung einleitet.

Inzestschranken und damit zur Installierung der Perversion. Zudem hat die Betonung der inneren Faktoren vor den äußeren einen zweiten Vorteil: den der Kontrollierbarkeit und Beherrschbarkeit, auf welche die Autoren großen Wert legen. Die Verdrängung oder Sublimierung von Trieben ermöglicht im Gegensatz zur Projektion eine zumindest neurotische, wenn nicht reife Beherrschung derselben. Damit gehe notwendig, wie Freud verdeutlicht habe, ein Unbehagen einher, das jedoch in Kauf genommen werden müsse und könne angesichts der dadurch gewonnenen Kultur und Zivilisation, die allein der Barbarei Einhalt gewährten. »Freud steht für den Verzicht auf jegliche Illusion und vor allem auf jene, die darin bestünde, andere Formen der Zivilisation vorzuschlagen oder den zivilisatorischen Prozeß, der mit der Humanisierung verschmilzt, zu unterdrücken, umzukehren. Wir haben nicht die Wahl: der Zivilisation steht die Barbarei und nicht irgend eine idyllische Schäferei gegenüber« (1971b, 42).[91] Die Autoren stellen schließlich die Frage, ob die westlichen Industrienationen mit ihrem Konsum und Versorgungsstaat nicht aus den Bürgerkindern Muttersöhnchen machten, die ihre Aggressionen nicht anders zu verarbeiten wüßten als in veräußerten Projektionen oder selbst-destruktiven apokalyptischen Träumen (vgl. ebd., 43). »Und letztlich können wir vielleicht sehen,« so die Schlußfolgerung von ›André Stéphane‹, »daß bei reiflicher Überlegung der Preis, den die Menschheit für die Zivilisation bezahlt (ein natürlicher, von niemandem auferlegter Vorgang), in keinem Verhältnis zu den Vorteilen steht, die uns daraus zuwachsen, wobei dieser Preis praktisch eins ist mit dem, was uns zu Menschen macht« (ebd., 43).

Die unter Pseudonym veröffentlichten Texte Chasseguet-Smirgels und Grunbergers machen mehr als die unter ihren Namen publizierten Texte ihr Hauptanliegen erkennbar. Sie möchten die psychischen Bedingungen und Mechanismen durchschauen, benennen und bekämpfen, die in verschiedenen Gesellschaften einen menschenverachtenden Totalitarismus ermöglicht haben und wieder ermöglichen könnten. So verständlich diese Absicht – nicht nur auf dem Hintergrund eigener leidvoller Erfahrungen, sondern auch als humanitäres Anliegen – ist, so problematisch und dieses Ziel konterkarierend ist die Umsetzung dieses Anliegens, die allein in der Polarisierung von ödipalen und präödipalen Struktu-

---

91 Das Freud verliehene Label »Kleinbürger« (vgl. 1970b) verdankt seine positive Konnotation dem ihm inhärenten ›Versprechen‹, eine sichere Gegenposition zur perversen Versuchung zu gewährleisten.

ren und der Beschreibung ihrer Gesetzmäßigkeiten den Schlüssel zum ›Welträtsel‹ gefunden zu haben meint. Denn jede Dichotomisierung trägt in sich die Tendenz zu einer totalisierenden Rigidität, die gerade in den Texten ›André Stéphanes‹ mit teils erschreckender Deutlichkeit spürbar wird. Provoziert wurde dies durch die französische Mai-Revolte 1968, die erklärtermaßen eine Provokation der Gesellschaft beabsichtigte und die, wie sich auch bei Chasseguet-Smirgel und Grunberger zeigt, weit mehr psychische als gesellschaftliche Destabilisierung zur Folge hatte und entsprechend nicht nur mit gesellschaftlichen Machtmitteln, sondern auch psychischen Abwehrreaktionen beantwortet wurde. Diese Zusammenhänge geben zugleich auch einen lebhaften Eindruck von der Intensität, mit der innerpsychische und politische, soziale oder kulturelle Vorgänge sich wechselseitig beeinflussen und nicht einseitig nur von der Externalisierung intrapsychischer Konflikte bestimmt sind, wie von Chasseguet-Smirgel immer wieder behauptet wurde.

Wozu sexuelle Befreiung? (1972a), der vierte Beitrag ›André Stéphanes‹ in *Contrepoint* (No. 7, 1972), spricht von einem Paradox zwischen der im historischen Vergleich bisher größten gesellschaftlichen Liberalität und Freizügigkeit im Sexuellen einerseits, die sich auch in der Legislative durch Aufhebung der Strafverfolgung von Homosexualität, Perversionen, der Erleichterung von Scheidungen und der Legalisierung der Abtreibung zeige, und der vor allem in der Linken erhobenen Forderung nach sexueller Befreiung andererseits. Der Wunsch nach Abtreibung symbolisiere am besten den dahinter liegenden Konflikt dieser Generation: es werde durch Identifikation mit der allmächtigen Mutter der frühen Kindheit, die über Leben und Tod zu entscheiden schien, der Spieß umgedreht und anstelle der eigenen Hilflosigkeit der Wunsch nach Allmacht gesetzt. Wünsche nach vorehelicher sexueller Erfahrung junger Mädchen und ihre durch die Pille ermöglichte größere Freizügigkeit in dieser Hinsicht sehen Chasseguet-Smirgel und Grunberger als Bestätigung einer verbreiteten Tendenz zur Fixierung in der analsadistischen Entwicklungsphase mit ihren polymorph-perversen Anteilen. Ins Zentrum ihrer Auseinandersetzung rücken sie Jules Celmas *Tagebuch eines Erziehkastrierers*[92], das in der Verbindung von Unterricht und Sexualaufklärung, die den Kindern auch sinnliche Erfahrungen erlauben soll, die Absicht verrate, Kinder im

92 *Journal d'un éducastreur.* Der Titel läßt sich aufgrund der Wortverschmelzung von Erzieher (éducateur) und Katrator (castreur) nicht wörtlich ins Deutsche übersetzen.

Klima der Verführung durch einen Erwachsenen zum Ausblenden der Latenz zu veranlassen. Die Manifestation des Sexuellen in der Latenzphase gehe aber stets mit Regression zur sadistisch-analen Phase einher. Dies zeige sich deutlich in der skatologischen Sprache und in entsprechenden Zielen Celmas. Die Kinder würden in diesem Fall Zärtlichkeit durch Aggression und (genitale) sexuelle Aktivität durch exkretorische Aktivität ersetzen. Das auch hier unter der Hand mit Kind nur der Junge gemeint ist, verrät allein der Nachsatz: »Sie werden versuchen, die Mädchen zu beschmutzen und zu hänseln« (ebd., 34).

Gemeinsam sprechen hier Chasseguet-Smirgel und Grunberger von einer zu erwartenden perversen Entwicklung dieser Kinder in Form der Aufhebung der Genitalität, die sie in der bei Chasseguet-Smirgel bereits bekannten Weise begründen: »Was schlimm ist, ist die Einmischung einer erwachsenen Person (häufig handelt es sich dabei um die Mutter), die die kindliche prägenitale Sexualität bestätigt und das Kind glauben läßt, dies sei *ein wirkliches Äquivalent* der genitalen Sexualität. Man kann darin den Ursprung der Perversion sehen« (ebd., 34). Dem halten sie die bekannte Funktion des Ödipuskonfliktes entgegen, der mit der Kastrationsangst die Inzestschranke etabliert. Die Latenzphase diene dieser Akzeptanz des Verzichts auf das inzestuöse Objekt und der Etablierung der Genitalität mit der Verinnerlichung der moralischen Vorstellungen und der Inzestschranke. »Die Aufhebung der Trennung von Schule und Sexualität, Konsequenz der Aufhebung der Latenzperiode, die selbst aus der fehlenden Generationendifferenz hervorgegangen ist, wird letztlich zu einem wirklichen Kulturverfall führen« (ebd., 36). Denn dies entspreche dem Herausnehmen eines Bausteins (pan) aus der Realität. Die sexuelle Freizügigkeit der westlichen Gesellschaften hat nach Auffassung der Autoren ihren Grund in der Unfähigkeit der Vernunftmenschen, sich ihren inneren Konflikten zu stellen, darum richteten sie sich gegen diese Gesellschaft, die sie anklagen – und letztlich gegen die Wirklichkeit selbst, in welcher die Abtreibung eben diesen Konflikt repräsentiere (die Verleugnung der Realität und der sie konstituierenden, zeugenden Genitalität). Die paradoxe Ansammlung sexueller Freiheiten in der heutigen Gesellschaft verdecke nur die Unfähigkeit einiger, sich ihren eigenen inneren Rissen (failles) zu stellen (ebd.).

Eine weitere Form linker Infragestellung der ödipalen Ordnung sahen Chasseguet-Smirgel und Grunberger im Erscheinen des *Anti-Ödipus* von Deleuze und Guattari (1972), auf den sie zuerst mit ihrem Beitrag *[Der Anti-Ödipus oder] Das*

Ende eines Mißverständnisses (1972b) reagierten.[93] Studentenbewegung, sexuelle Befreiungsbewegungen, Friedensbewegungen u.a. veranlaßten Chasseguet-Smirgel und Grunberger, in einem weiteren Beitrag den Prozeß der Regression in Gruppen zu thematisieren. In *Für eine psychoanalytische Definition der Ideologie* (1974b)[94] gehen sie – abweichend von Freuds Massenpsychologie und in Anlehnung an Anzieu – dem Zusammenhang von regressiver Verschmelzung in Gruppen und der Identifikation mit einem Führer, der die archaische Mutterimago verkörpere, nach. Ideologie definieren sie in diesem Kontext als Wunsch, die kollektive prometheische Illusion zu verwirklichen, die in der Wiederherstellung der Einheit mit der Mutter bestehe (z.B. repräsentiert im nationalsozialistischen Blut- und Bodenmythos). Verschmelzung mit der frühen Mutter heiße soviel wie »die-Mutter-selbst-Sein« nach dem Vorbild des objektlosen primären Narzißmus. In regressiven Gruppen gehe es um die kollektive Herstellung des psychischen Erlebens dieses fötalen Primärzustandes. Demgegenüber seien Gruppen mit bestimmten Ideen dadurch gekennzeichnet, daß ihre Ziele begrenzt sind. In ihnen habe der Führer tatsächlich die Position des Vaters. Daher schlagen die Autoren vor, Gruppen nicht mehr nach ihrem Organisationsgrad zu klassifizieren, sondern nach ihrer jeweiligen Beziehung zur Illusion. »Man könnte also eine bedeutsame Unterscheidung zwischen den ideologischen Gruppen und den anderen herbeiführen, da die letzteren in einem mehr oder weniger großen Umfang die ödipale Dimension der Psyche bewahren, während die ersteren zum primären Narzißmus und somit zur Beseitigung der Errungenschaften der Evolution tendieren. Ein System, daß Ihnen die Erhöhung der ökonomischen Wachstumsrate verspricht…, sollte nicht verwechselt werden mit jenem, das die Verwirklichung Ihres Glückes verspricht« (ebd., 191).[95]

---

93 In Contrepoint No. 8, 1972, der Titel ist nur im Inhaltsverzeichnis vollständig angegebenen (hier in eckigen Klammern ergänzt). Ein Jahr später, im Juni 1973, initiierten Chasseguet-Smirgel und Grunberger eine Studientagung mit dem Titel *Die Wege des Anti-Ödipus*, deren Beiträge in einem nahezu gleich betitelten Band veröffentlicht sind (1978a). Auf diese Diskussion komme ich in der Frage nach dem Umgang mit ›Dissidenten‹ in der Psychoanalyse zurück (vgl. Kap. I/5.5).

94 In Contrepoint No. 14, 1974. Die hier entwickelten Überlegungen zum Verhältnis von Gruppe, primärem Narzißmus und Führerschaft hat Chasseguet-Smirgel ein Jahr später im vierten Kapitel von *Das Ichideal* (dt. 1987a) wieder aufgenommen. Sie wurden erneut 1984 im 6. Kap. von *Creativity and Perversion* (1986a) vorgestellt, das gemeinsam mit dem 2. Kap. desselben Buches die Grundlage für das 6. Kap. in *Anatomie der menschlichen Perversion* (1989a) bildet (vgl. Kap. I/4.5).

95 Auch, wer das Glück hoher Dividenden kennt, wird erkennen, daß die Definition von Ideologie hier ihrerseits ideologischen Charakter hat.

Der letzte Aufsatz Chasseguet-Smirgels und Grunbergers unter dem Pseusonym ›André Stéphane‹ erschien 1975 in *Contrepoint* No. 17 und ist mit *Der Mord an der Realität* (1975c) überschrieben. Hier steht der in zahlreiche andere Beiträge eingegangene Gedanke der Vernichtung der durch den Vater und die Inzestschranke eingeführten Realität im Zentrum, die zugunsten einer narzißtischen Wiederverschmelzung mit der archaischen Mutter nach dem Modell des primären Narzißmus beseitigt werden solle. Dieser Beitrag bildet die Grundlage für die Ausführungen Chasseguet-Smirgels zur *archaischen Matrix des Ödipuskomplexes* (in 1988a). Zugleich aber wird der Haupttext, der durch eine längere Einleitung vorgestellt wird, angekündigt als Einleitung zu dem bald erscheinenden Buch *Die Rückkehr Wilhelm Reichs – der Freudsche Weg angesichts der Illusion*.[96] In der kursiven Einleitung zu *Der Mord an der Realität* beschreiben die Autoren das Anliegen ›André Stéphanes‹. Es gehe ›ihm‹ um die Wiederaufnahme der im *L'Univers contestationnaire* begonnenen Diskussion um die Dissidenzen in der Psychoanalyse, für die Reich eine Art Prolog dargestellt habe, sowie um eine Verdeutlichung der Differenz zwischen dem Wesen des psychoanalytischen Denkens bei Freud und dem der Dissidenten. Als Anlaß wird wiederum der *Anti-Ödipus* genannt, denn: »Nach einer triumphalen Periode der Beweihräucherung – der es nicht an Selbstbewunderung fehlte – sieht Freud sich gegenwärtig den heftigsten Angriffen ausgesetzt, die genau von Seiten jener alten Schmeichler kommen« (ebd., 213). Gemeint sind die Verfasser des *Anti-Ödipus,* Deleuze und Guattari. Bei ihnen verweilt ›André Stéphane‹ jedoch nicht lange, sondern wendet sich Reich, dem großen Illusionisten, zu, in welchem sich Marxismus, Kommunismus, Regression, Perversion und Wahn verbunden hätten (abgesehen von der Konvertierung seiner Eltern vom Judentum zum Christentum). Die im *L'univers* und hier begonnene Auseinandersetzung mit ihm wurde in *Freud oder Reich* vertieft, das ein Jahr später erschien (vgl. Kap.I/5.5). Die in der Distanziertheit der dritten Person gehaltene, dennoch sehr wahrscheinlich von Chasseguet-Smirgel und Grunberger verfaßte Einleitung ließt sich wie die Andeutung eines Abschieds von ihrem Pseudonym – und in der Tat war dies der letzte Beitrag, der unter diesem veröffentlicht wurde.

---

96 *Le retour de Wilhelm Reich – la demarche freudienne face à l'illusion.* Der Originaltitel des 1976 bei Tchou erschienenen Buches lautete dann *Freud ou Reich? Psychanalyse et Illusion* (dt. 1979a). Der Haupttext des in Contrepoint abgedruckten Beitrags ist nur um etwa die Hälfte länger als die diesem Aufsatz vorangestellte Einleitung, in welcher ›André Stéphane‹ in dritter Person benannt wird.

5.4 Ein gemeinsamer archaischer Kern von Christentum, Mystik, Romantik und Nazismus

Im selben Jahr, in welchem *L'univers contestationnaire* veröffentlicht wurde, nimmt Chasseguet-Smirgel den 1968 erschienenen Roman *Der Platz des Sterns* von Patrick Modiano[97] zur Grundlage für die Darstellung ihres Verständnisses der Entwicklung von Authentizität in Einheit mit ihrer Auffassung von jüdischer Identität.[98] Dies ist darum erstaunlich, weil Modianos Erzählweise ganz dem Primärprozeßhaften zu entsprechen scheint, gehen doch gerade in diesem Roman alle Grenzen zwischen Vergangenheit und Gegenwart, wechselnden Orten, Traum und Wirklichkeit, Illusion und Geschichte und die Identitäten verschiedener Protagonisten aus verschiedenen Generationen verloren zugunsten einer Verkehrung von Täter und Opfer, Verfolger und Verfolgtem, Vater und Sohn und zugunsten der Gestattung aller erdenkbaren Erniedrigungen, Betrügereien und Perversionen (vgl. die Zusammenfassungen bei Chasseguet-Smirgel). Die Identifikation mit dem Aggressor und dessen Bild des Juden geht bis zur bestätigenden Übersteigerung der negativsten antisemitischen Vorurteile in der Selbstdarstellung einer der Hauptfiguren, Schlemilovitch, der von sich sagt: »Um den gutmeinenden Willen zu entmutigen, wiederhole ich den Journalisten ständig, daß ich Jude bin. Das heißt: Nur Geld und Ausschweifungen interessieren mich … Ich biete mich als Archetyp des Juden an, den die Arier gegen 1941 in einer zoologischen Ausstellung des Palais Berlitz besichtigen konnten … Ich kaufe eine Yacht, die Sanhédrin, die ich in ein Luxusbordell unwandle … Mein Vater trug einen Anzug aus nilblauem Alpaka, ein Hemd mit grünen Streifen, eine rote Krawatte und Persianerschuhe« (zit. n. CS 1988c, 228f). Aber nicht nur dies: Der Roman gestattet dem antisemitischen Juden und Dreyfus-Gegner, der sich zwischendurch auch bei der »Jeunesse Communiste« einfindet, Kollaborateur der Nazis zu werden, der sogar eine jüdische Waffen-SS gründen will: »Ich begnüge mich nicht mit kleinen Halunken der Pariser Kollaboration. Ich duze Göring; Hess, Göbbels und Heydrich finden mich sehr sympathisch« (ebd., 234). Das Ganze aber endet in einer Psychoanalyse bei Freud, die offenbart, daß der Held zu jener Zeit noch nicht geboren war – womit

97 Patrick Modiano: *La Place de l'Étoile*, Paris 1968.

98 *Der Platz des Sterns von Patrick Modiano. Für eine psychoanalytische Definition der »Authentizität«* (1969c). Zur zeitlichen Einordnung dieses Aufsatzes vgl. die Angaben in Kap. I/4.2).

diese Analyse selbst fiktiv wird. Freud aber kniet vor ihm nieder und wälzt sich händeringend auf dem Boden, ihn bittend, er möge doch endlich begreifen, daß es den Juden überhaupt nicht gibt und es sich um »halluzinatorische Delirien« einer »judaischen Neurose« handele, um eine »jiddische Paranoia« (ebd., 212).

Warum ist diese Verkehrung möglich? Für Chasseguet-Smirgel hat die Hauptfigur des Romans, Raphael, den Wunsch, die Leiden seiner jüdischen Familie wie die seines Volkes unter dem Antisemitismus und Nationalsozialismus zu begreifen. Dazu bediene er sich der Identifikation mit den unbewußten Phantasien, Ängsten, Motiven und triebhaften Impulsen von Opfern wie Tätern und versuche diese personen- und generationenübergreifend in sich zu vereinen. Damit stellt er nicht nur eine Verschmelzung der verschiedenen Personen und ihrer Widersprüche in sich und untereinander her, sondern verschmilzt seinerseits bis zum Verlust der eigenen Identität mit ihnen. Diese vollständige Hereinnahme der Welt und der Objekte in das Subjekt, ihre völlige Assimilation ins Ich, die auch letzteres selbst negiert in einer *identification totale*, dient Chasseguet-Smirgel zufolge sowohl dem Erfassen und Verstehen des unfaßbar großen und unverständlichen Leidens wie auch dem Versuch, das Geschehene durch Vereinigung der Gegensätze zu neutralisieren. In dieser hier als sinnvoll dargestellten Form der analen Amalgamierung liege neben der Neutralisierungsabsicht aber noch eine weitere Intention verborgen: den gigantischen und zugleich von Witz gekennzeichneten Alptraum *zuende* zu träumen. Das heißt für Chasseguet-Smirgel: die Methapher von Auschwitz als dem Anus der Welt umzukehren und in einem einzigen großen Akt der Amalgamierung und analen Einschließung im Sphinkter, die ein unbewußtes Äquivalent der Tötung sei, diese Geschichte der Diaspora und Vernichtung selbst auszulöschen. Was bisher von Chasseguet-Smirgel der anal-sadistischen Welt des Präödipalen zugeschrieben wurde, bekommt in diesem Zuende-Träumen eine neue Qualität: sie werde zum Ausdruck einer vollständigen Integration mittels Identifikation, die sich am väterlichen Prinzip orientiere und der Hauptfigur – wie dem Autor – Authentizität verleihe. So interpretiert sie eine Passage, in der ein Kaleidoskop das Gesicht des hineinschauenden Protagonisten in tausende Facetten zerlegt, nicht, wie zu erwarten wäre, als Indiz der anal-sadistischen Zerstückelung und beliebigen Manipulation, sondern als »offenkundige Anspielung auf die tausend Metamorphosen des Helden, auf seine vielfachen Identifikationen« (ebd., 239) und fährt fort: »Das Kaleidoskop verdichtet drei Symbole: den Phallus des

Vaters, den Traum (oder die Phantasie) und die Identifikation. Der Traum jedoch ist das Unbewußte, in das jede Schöpfung ihre Wurzeln erstreckt. Und wir haben betont, wie sehr das ganze Werk Gesetzen gehorcht, die auch den Traumprozeß bestimmen. Die schöpferische Tätigkeit wird also direkt dem väterlichen Phallus assimiliert« (ebd.).

An der Auslegung dieses Romans wird in besonderer – um nicht zu sagen: paradoxer – Weise Chasseguet-Smirgels Verständnis der Bedeutung von Introjektion und Identifikation für den Prozeß der psychischen Reifung erkennbar. Sie manifestierten sich vor allem in den spezifischen Bedingungen und Herausforderungen der Identitätsentwicklung von Juden.[99] Die in diesem Roman erzählte Geschichte behandle das zentrale Problem der jüdischen Identität: die für den Juden bestimmende Beziehung von Verfolgtem und Verfolger. Mit diesem die jüdische Geschichte und Identitätsentwicklung real bestimmenden Verhältnis werde ein genuin menschlicher intrapsychischer Entwicklungskonflikt externalisiert. Denn der Verfolger sei eine universelle intrapsychische Instanz: beginnend mit den ersten Tendenzen des Säuglings, unlustvolle Spannungen nach außen zu projizieren bis zu ihrer zentralen Bedeutung im Ödipuskomplex, wo das durch Projektionen zum Verfolger gewordene Objekt wieder introjiziert werden müsse, um sich die eigenen nach außen verlagerten Triebanteile wieder anzueignen. Denn es ist, wie Chasseguet-Smirgel hier erinnert, die dynamische Tendenz der ausgestoßenen Triebanteile, in das sie ausstoßende Ich zurückkehren zu wollen. Und erst sie läßt das Objekt zum Verfolger werden. Aber mit dieser Re-Introjektion von eigenen Triebanteilen nehme das Kind auch die »Eigenheiten« bzw. Triebaspekte des Objektes in sich auf (vgl. 1988c, 217).[100] Die Introjektion von Objektanteilen, mit welchen das Kind sich identifiziere, verdankt sich nach ihrer Auffassung primär diesem Mechanismus, in welchem die Eigenschaften des Objekts gewissermaßen zu ›Trittbrettfahrern‹ der wiederangeeigneten eigenen Triebanteile werden, da sie durch die Projektion im Objekt verschmolzen waren und nun vom Kind nicht mehr unterschieden werden könnten. Es sei dies »eine Art man selbst zu werden, indem man der andere wird« (ebd., 217).

---

99 Dies gilt insbesondere auch für ihre Annahmen über die besonderen Beziehungen zwischen Psychoanalyse und Judentum.

100 Im französischen Originaltext verwendet Chasseguet-Smirgel nur den Begriff »pulsions« (vgl. 1971a, 224).

Störungen treten Chasseguet-Smirgel zufolge auf, wenn diese Kette der Reintegrationen ab- und durchbrochen werde, weil die abgewehrten Triebregungen zu verhaßt seien und daher ihre Projektion auf das Objekt so vollständig, daß beide, die abgespaltenen Triebregungen wie das mit ihnen behaftete Objekt, nicht introjiziert werden könnten.

Nicht hinsichtlich ihrer Triebregungen und damit verbundenen Phantasmen seien die Menschen unterschiedlich, sondern in Hinblick auf die Art und Vollständigkeit, in der diese integriert und verarbeitet seien. Der »Anus der Welt«, wie Rudolf Höß Auschwitz bezeichnete, sei nichts anderes als die Konkretisierung eines universellen unbewußten Phantasmas: der sadistischen Aufladung der menschlichen Verdauungsvorgänge, wie sie schon Melanie Klein beschrieben habe. »Gaskammern und Krematorien der Konzentrationslager stellen lediglich Objektivierungen dieser Phantasmen dar« (ebd., 218). Stelle man eine Beziehung zwischen Verfolgern und Verfolgten her, so gehe es nur um die Frage, in welch unterschiedlicher Weise sie ihre sadistisch-analen Impulse und Phantasmen bewältigen und vielleicht sogar sublimieren oder stattdessen projektiv abwehren.

Modianos Roman, der die Beziehung zwischen Juden und Nazis, zwischen Verfolgtem und Verfolger thematisiert, zeige hier an seinem Helden, wie sich aus der jahrtausendalten Verfolgung eine Identität entwickelt habe, die zur identifizierend-integrierenden Verarbeitung geradezu gezwungen sei.

Der besondere Zusammenhang zwischen Judentum und Identitätsproblematik ergibt sich für Chasseguet-Smirgel aus zwei Gesichtspunkten: erstens dem Umstand, daß der innere Verfolger in der jüdischen Geschichte stets äußere Realität war. Zum zweiten dadurch, daß den Juden die Bildung eines Unbewußten kaum ermöglicht sei, da sie in Form der »wilden Analyse« mit den abgewehrten und auf sie projizierten Triebanteilen und unbewußten Phantasien der Verfolger konfrontiert und stigmatisiert würden, die zugleich auch ihre eigenen sind – im Sinne der von Chasseguet-Smirgel angenommenen menschlichen Universalität des Unbewußten. Durch die Beschuldigungen, die der Verfolger zu seiner eigenen Entlastung ausspricht, habe der Jude nicht die Möglichkeit, diese Triebanteile, mit welchen ihn der Verfolger konfrontiert, bei sich unbewußt zu halten und projektiv abzuwehren. Aufgrund derselben Bedingungen der Verfolgung und Stigmatisierung habe er aber auch nicht die Möglichkeit, das ihm feindselig und zu seiner Demütigung Vorgeworfene zu integrieren. Der Jude, so die Schlußfolgerung, könne es daher gewissermaßen nicht zu einem eigenen Unbewußten bringen. Denn der

Verfolger treibe ihn dazu, »in sich Einsicht zu nehmen, sich selbst zu beobachten« (ebd., 249, Anm. 20).[101] Stattdessen versuche der Jude sich aus verschiedenen Motiven heraus auf andere Positionen zurückzuziehen, insbesondere auf die des antisemitischen Juden und des Kollaborateurs, die ihm eine Entidentifikation mit den zugeschriebenen Triebregungen ermöglichen sollten zugunsten einer Identifikation mit dem Verfolger und seinen ›Qualitäten‹ (vgl. ebd., 232). Dabei gehe es zum einen darum, den Juden in sich zu verleugnen – aus der Perspektive jenes Über-Ichs, als das sich der introjizierte Verfolger nun im Juden figuriere. Zum zweiten bedeute dies »Schutz gegen sich selbst und die Selbst-Objekte« (ebd., 233).

Diese *»elementare Reaktion des Überlebenswillens«*, sich auf die Seite des Stärkeren zu schlagen, kann nach Chasseguet-Smirgel die Funktion haben, den Spieß – bei Gelegenheit oder zumindest in der Vorstellung – umzudrehen und den Verfolger zu entmachten (so wie der Romanheld den deutschen Offizier entmachtet, indem er auf dessen Frage nach dem Place de l'Étoile auf den Judenstern an seiner linken Brust zeigt). Es könne damit aber auch eine absolute Unterwerfung unter ein regressives, sadistisches Über-Ich verbunden sein, die dem Subjekt jedoch das Opfer seines Lebens oder das eines seiner Objekte erspare. Über diese unmittelbar lebensrettende Bedeutung für sich und andere hinweg sieht Chasseguet-Smirgel in dieser absoluten Unterwerfung jedoch einen elementaren strukturellen Gewinn für die psychische Entwicklung, die der jüdischen Identiät aus dieser Unterwerfung zugute komme, denn: »Auf ödipaler Ebene ermöglicht die Unterwerfung unter die elterlichen Versagungen (im Fall des Jungen), d.h. ihre Introjektion in Form des Überichs, die Kastration zu vermeiden und eine enterotisierte Form der Liebesbesetzung des Objeks zu erhalten. Auf einer archaischen Ebene resultiert diese Position aus der Notwendigkeit, das Objekt gegen die aggressiven Triebregungen des Subjekts zu schützen, die dann auf den äußeren Verfolger projiziert werden« (ebd., 233).

Als Beispiel einer solchen lebensrettenden Unterwerfung erwähnt sie diejenige Abrahams unter den Willen Gottes wie die des Sohnes Isaak unter den von Tötungsabsichten getragenen Vater Abraham. Denn nur die absolute Unterwerfung habe die reale Tötung (die absolute Kastration) verhindert.

---

101 In derselben Anmerkung hebt Chasseguet-Smirgel hervor, daß es diesem Umstand zu verdanken sei, daß ein Jude die Entdeckung des dynamischen Unbewußten machen konnte. Bedeutsamer sei jedoch, daß die Möglichkeit zur Selbstanalyse bei Freud sich diesen Voraussetzungen [eines kaum verdrängten und darum dicht unter der Oberfläche liegenden Unbewußten; A.M.] verdanke.

Mit der Unterwerfung des Juden unter seinen antisemitischen Verfolger ist für Chasseguet-Smirgel jenes Element der passiven – und damit nach ihrer Vorstellung zugleich homosexuellen – Unterwerfung und Introjektion verbunden, das auch die Unterwerfung des Knaben unter den Vater und die Introjektion des väterlichen Phallus ausmache. Daß dieser Phallus zunächst anal-destruktive Elemente hat – das Schächt-Messer (chalaf) in Abrahams Hand –, deutet sie als Aspekt der ödipalen Kastrationsangst, die der Knabe überwinden müsse, um sich qua analer Introjektion die väterlichen Eigenschaften anzueignen, die diejenigen des Überlegenen sind.

Es ist für Chasseguet-Smirgel die jüdische Erfahrung des Verfolgtseins, die, weil sie dem normalen Ödipuskomplex des Jungen strukturell analoge Bedingungen enthalte, das männliche jüdische Subjekt vor der Perversion bewahre. So werde die jüdische Identität notwendig zu einer umfassend integrierenden, da sie zur Identifikation mit dem Verfolger-Vater und damit zur psychischen Reifung gezwungen werde. Denn durch die Diaspora werde der (männliche) Jude an der Möglichkeit der »Kurzschließung von Realität« bzw. der Leugnung der Inzestbarriere gehindert, die die Ursache der Perversion sei.

Dies wird Chasseguet-Smirgel zufolge deutlich erkennbar in Modianos Romanheld Rafael, der alle Aspekte des Täters wie der Opfer in sich integriere, indem er sich mit ihnen identifiziert und sich dabei dem Verfolger-Vater gänzlich ausliefert. In der Assimilation dieser Vielfalt heterogener Assoziationen und Phantasmen bediene dieser sich regressiv der Denkmuster des Primärprozesses. Dabei entziehe er sich jedoch nicht, trotz der tausend Metamorphosen und seiner vielfachen Identifikationen, der Notwendigkeit, die Identifikation mit dem Vater und die Introjektion seines Phallus zu vollziehen. Und eben hierin liegt für Chasseguet-Smirgel der Grund, warum es sich bei diesem Werk um ein authentisches handelt.

Nicht nur diese positive Bewertung des Primärprozesses als Prinzip des Schöpferischen überrascht in diesem Text von 1969. Sondern verblüffend ist insbesondere Chasseguet-Smirgels Versuch, der jüdischen Verfolgung einen psychischen Sekundärgewinn abzuringen. In der – funktionalen – Gleichsetzung des antisemitischen und insbesondere nationalsozialistischen Verfolgers mit dem intrapsychischen Vaterbild und dessen homosexuell-verfolgenden Anteilen thematisiert sie noch ein weiteres gemeinsames Moment: eine libidinöse Beziehung zum Verfolger, die gerade auch in den von ihr behaupteten homosexuellen Aspekten der Unterwerfung ihren Ausdruck findet. Dies hat eine wahrhaft absurd zu nennende Konsequenz: dem Kollaborateur wird aufgrund seiner Unterwerfung unter die ›Vaterfigur‹ des Täters/Aggressors eine höhere psychische Reife zugesprochen als demjenigen, der sich der ›väterlichen‹ Anforderung widersetzt, also dem Rebellen oder Revolutionär. Diesem Gedanken Chasseguet-Smirgels entspricht auch ihre Forderung an die deutschen Nachkriegssöhne, sie sollten sich mit ihren schuldigen Vätern identifizieren, um deren Schuld in sich neutralisieren zu können, statt gegen sie zu rebellieren und sie zu entwerten, was die Gefahr einer Wiederholung schon aufgrund der dann ausbleibenden ödipalen Strukturierung beinhalte.[102] Hirsch (1997) hingegen verdeutlicht, daß die Abhängigkeit eines Subjekts von einer anderen Person positiv korreliert mit dem Grad an Schuldgefühlen, welche letztere in diesem Individuum erzeugen kann. Die effektivste Form ist erwiesenermaßen und erschreckenderweise die Mißhandlung oder der psychische wie sexuelle Mißbrauch, der zu einer engen Bindung des Opfers an den Täter führt, mit dem das Opfer häufig sogar Mitleid emfpindet und für dessen Taten es die Schuld regelmäßig auf sich nimmt. Ob sich in der Täter-Opfer-Beziehung auch ödipale Strukturen wiederfinden, hängt indessen vom psychischen Entwicklungsstand des Opfers zum Zeitpunkt der Tat und strukturellen Momenten dieser Beziehung ab.

Mir scheint vor allem auch bemerkenswert, unter welchen Voraussetzungen sich für Chasseguet-Smirgel das Primärprozeßhafte, die Amalgamierung, der Wahn und die Träume bis hin zur Perversion in Aspekte der innerpsychischen Reifung transformieren. An einigen Stellen wird dies explizit: »Dem jungen, wehrlosen Mann«, schreibt sie, »ist es so gelungen, die Rollen umzukehren, seinen Verfolger geistig zu beherrschen, ihn aus der Fassung zu bringen, ihn mit einem Schlage lächerlich zu machen. Dieser Triumph vermittelt seinem Autor ein intensives Gefühl narzißtischen Gewinns. Und er erlaubt dem Leser, der sich mit dem Helden der Geschichte identifiziert, eine merkwürdige Erregung zu spüren, diesem einzigartigen Kampf beizuwohnen, wo der Verfolger verhöhnt und der Verfolgte in seiner Würde wiederhergestellt wird (oder – psychoanalytisch ausgedrückt – in seiner narzißtischen Integrität wiederhergestellt wird)« (ebd., 214). Die Hereinnahme all des Primärprozeßhaften, Perversen, des anal-sadistischen Universums vollzieht sich für Chasseguet-Smirgel unter einer Voraussetzung positiv: der der Beherr-

102 So z.B. in *Das Grüne Theater* und den *Überlegungen zum Hamburger Kongreß*.

schung und Kontrolle dieser Selbstanteile, deren Existenz zu akzeptieren ihr jedoch weiterhin schwer fällt, wie die folgende Aussage deutlich macht: »Wenn solche Triebe existieren, so *bin ich gezwungen*, ihre *eventuelle* Präsenz in mir selbst *zuzugeben*« (ebd., 219; Hervorh. A. M.). Und sie ergänzt: »Zahlreiche Juden haben sich von den Nazis vereinnahmen lassen, weil sie so massiv ihre eigene Aggressivität verdrängten ...« (ebd.). »Man muß hinreichend frei über seine eigenen sadistischen Phantasien verfügen können, um in der Lage zu sein, sich mit dem Henker zu identifizieren, sei es auch *nur, um ihm zu entkommen*« (ebd., 219; Hervorh. A. M.). Die Kontrolle über jene Triebanteile bleibt ihr aber gewährleistet in der Rückversicherung, der Jude habe aufgrund der ständigen Konfrontation mit den Projektionen seiner Verfolger kein eigenes Unbewußtes, da er sich ständig mit diesen Zuschreibungen konfrontiert sehe und sich mit ihnen auseinandersetzen müsse. »Dem Juden fehlt es in der Tat an manchen Abwehrmechanismen – dazu führen die ständigen Anklagen, denen er seitens der Antisemiten ausgesetzt ist. Im Grenzfall ist es ihm unmöglich, ein Unbewußtes zu haben« (1988c, 231). Es handelt sich hierbei um eine höchst subtile Form, die unerwünschten anal-sadistischen Triebe zurückzu(ver)weisen auf den Verfolger, der dem Opfer damit sein eigenes Unbewußtes erspart. Die daraus theoretisch resultierende Möglichkeit einer (latenten) Bewußtseinsfähigkeit des Unbewußten, welche von Chasseguet-Smirgel sonst unermüdlich mit dem Psychotischen gleichgesetzt wird, ist für sie hier nun ein Indiz der Integration und Reife. Das Buch von Modiano sei ein Versuch, »nichts aus der psychischen Realität auszulöschen, sich sogar bis zur Grenze des Erträglichen dem zu stellen, was der Status des Verfolgten im ausgelieferten Subjekt in Gang setzt. Dieser Wille, die Augen auf die psychische Realität zu richten, in die dunklen Winkel, in denen sich das Unbenennbare verbirgt, lebendiges und grausames Tageslicht zu werfen, drückt sich im Stil des Buches aus« (ebd.). »Die logischen Kategorien sind verschwunden und haben Raum für das grenzenlose Universum des Primärprozesses gelassen« (ebd., 220).

Der Primärprozeß und sein Universum sind für Chasseguet-Smirgel nur unter bestimmten Voraussetzungen tolerierbar: daß er ans helle und grausame Tageslicht kommt und in einer Weise assimiliert (oder sublimiert) wird, die das Unbewußte qua Integration und Identifikation selbst mehr oder weniger eliminiert oder – in einem anderen hier von ihr angesprochenen Bild – indem der Primärprozeß auf sich selbst angewandt und seine Inhalte vernichtet werden, eingeschlossen im Sphinkter. Die »wilde Psychoanalyse« oder permanente Selbstanalyse der Juden, ihnen aufgezwungen durch den Status der Verfolgten, der sie mit dem Unbewußten des Verfolgers unmittelbar konfrontiert, ist für Chasseguet-Smirgel ein weiteres Argument dafür, daß die Entdeckung des Unbewußten durch einen Juden erfolgen mußte.[103] Hatte sie bisher vor allem von der Gesetzesorientiertheit des jüdischen Denkens gesprochen, das eine unbewußte ödipale Struktur repräsentiere und darin dem psychoanalytischen Denken verwandt sei, so spricht sie hier von dem Verlangen nach der Erkenntnis der Motive des Verfolgers, das zu einem tiefen Verständnis der menschlichen Seele führe und die Verwandtschaft des talmudischen Denkens und der Psychoanalyse begründe (ebd., 249, Anm. 20).[104]

Die Hinweise auf die Gründe für die Furcht vor und Ablehnung des Unbewußten, die mit partieller Verachtung gegen dasselbe einhergeht, finden sich im gesamten Werk Chasseguet-Smirgels. Besonders deutlich und verständlich werden sie jedoch in den Schriften, die sich auf den Nationalsozialismus beziehen.

Die letzten drei Kapitel von *Zwei Bäume im Garten* (1988a, Kap. 6,7 u. 8) sind der Frage nach den unbewußten Determinanten des Totalitarismus gewidmet. Nach Chasseguet-Smirgel ist es die Übertragung der Merkmale der archaischen Matrix des Ödipuskomplexes auf die soziale Welt, die jene Totalität hervorbringt. Zentral ist in dieser, daran sei erinnert, der Wunsch nach dem Zugang in den entleerten, glatten Mutterleib, der eine vollkommene orale Versorgung und ein vollendetes Lustprinzip ohne Spannung gewähren soll. Alle Hindernisse auf diesem Weg, die Repräsentanten des Vaters und der Realität sind, müßten beseitigt werden. Und da das letzte Ziel der regressiven Utopie, der alleinige Besitz des Mutterleibs, nicht erreicht werden kann, arrangierten sich die Gesellschaftsmitglieder zu einer homogenen, unterschiedslosen Masse der Gleichen, in welcher keiner Vorrechte habe. Jene Brüderhorde eigne sich nun gemeinsam den Mutterleib an (was mit den Schwestern geschieht oder diese tun, erfahren wir auch hier nicht). Jeder, der sich unterscheide, werde bestraft oder gar eliminiert. Der Jude als Repräsentant des Vaters gehöre in diesen Wunschwelten immer zu den störenden Elementen, die beseitigt werden müßten, darum sei in allen Utopien das antisemitische Element

103 Ohne Freud in irgend einer Weise seine große Leistung absprechen zu wollen, die m.E. vor allem in der systematischen Erforschung der Arbeitsweise des Unbewußten liegt, darf dabei nicht übersehen werden, daß sich der Begriff des Unbewußten in der Philosophie – gerade der deutschen Romantik (Schopenhauer, Nietzsche) – ebenso vorbereitet hat wie in der französischen Psychiatrie (vgl. Ellenberger 1996; Zentner 1995; Nietzsche 1976).

104 Im Orig.: »D'où aussi l'esprit talmudique et la psychanalyse« (CS 1971a, 239, FN 1).

zu finden. Als ein weiteres gemeinsames Kennzeichen betrachtet Chasseguet-Smirgel auch die Hinwendung zur Natur, die den Mutterleib repräsentiere, die Idealisierung der Agrikultur, des Bäuerlichen – bei Mao und Pol Pot ebenso wie in der Blut- und Boden-Ideologie der Nazis und den ökologischen Bestrebungen der Grünen. Nach ihrer Auffassung gehört auch der Vegetarismus hierher – als der Exklusion und Projektion sadistischer Selbstanteile auf andere.[105]

Diese Zusammenhänge behauptet und untersucht Chasseguet-Smirgel zunächst anhand von Utopien, wobei alle historischen Realisierungsversuche derselben die den Utopien inhärenten gewaltsamen Seiten offenbart hätten, die ihnen aufgrund dieser unbewußten Grundlagen eigen seien. Als Kennzeichen utopischer Phantasien benennt Chasseguet-Smirgel deren exklusiven Ort, umgeben von Schutzmauern oder natürlich gegeben durch ihre Insellage (Topographie), die geometrische, symmetrische, einheitliche und vollkommen durchschaubare Anlage der utopischen Städte (Transparenz) sowie schließlich das Verlangen nach einer maximalen und abstrakten Rationalität, die alles Unvollkommene und Störende gewaltsam auslöschen müsse und nur eine kleine Handvoll Auserlesener am Glück des utopischen Staates teilhaben lasse (tabula rasa).

Der analsadistische Charakter dieser Utopien werde erkennbar daran, daß der zunächst behütende Mutterleib mit seinem ihn umgebenden Schutzwall, der Sicherheit gewähren solle, schnell umschlagen könne in eine anale Sphinkter-Falle der Vernichtung, der der in sie Eingeschlossene nicht mehr zu entrinnen vermag, so daß er sich den Gesetzen und Regeln dieser Zwangsordnung (den Gesetzen der Verdauung) unterwerfen müsse.

Auf den ersten Blick wirkt diese Argumentation fast genial – und doch wimmelt es gerade hier von Widersprüchen, deren Offenlegung deutlich macht, wie groß das Bemühen um eine konsistente Theorie ist, die die Perversion des Politischen und die gesellschaftliche Destruktivität erklären und damit bannen könnte. Dies mißlingt jedoch zwangsläufig infolge der Rückführung all dieser Bedrohungen auf ein psychisches Phänomen, das für die Ursache alles Bedrohlichen und aller Destruktivität gehalten wird: die Sehnsucht nach mütterlicher Versorgung und Geborgenheit, die uns lebenslang begleitet, jedoch bei Chasseguet-Smirgel nur assoziierbar ist in Verbindung mit dem Bild der anal-sadistischen Falle.

---

105 Mehrfach unterlegt Chasseguet-Smirgel diese These mit ihrem Hinweis darauf, daß Hitler Vegetarier war.

Die Widersprüche sind offensichtlich. So ist der *topographische* Aspekt – die hier als Indikator des Utopischen, also Primärprozeßhaften und Regressiven, gedeutete Schutzmauer – in anderen Kontexten Indiz einer Begrenzung, eines Rahmens und damit ein Aspekt der Realität des Vaters. In *Schöpfertum und Rahmen* (1986b) ebenso wie in Zusammenhang mit dem analytischen Setting, das unter anderem ja auch ein Schutz ist für die in der Analyse erforderliche Regression, hat sie dies stets betont.

Ähnliches gilt für den zweiten Gesichtspunkt: die *Transparenz* der utopischen Stadt. Sie ist, wie Samjatins Roman *Wir*[106] plastisch vor Augen führt, auf den sich Chasseguet-Smirgel exemplarisch bezieht, mit Geometrisierung, Symmetrie, Berechnung und Abstraktion verbunden – all dies sind Bestandteile, deren Hervorgehen aus der Welt des Vaters, die die des logos, des Gesetzes, der Kausalität ist, Chasseguet-Smirgel immer wieder betont hat. In keinster Weise symbolisiert das von Samjatin oder anderen Autoren entworfene Modell der utopischen Stadt mit seiner gläsernen und geometrischen Transparenz ein Zurück zur Natur, das Chasseguet-Smirgel zufolge die elementare Sehnsucht und den Kern der utopischen Phantasie bildet.

Im Gegenteil: Die utopische Stadt ist bei Samjatin dem Natürlichen völlig enthoben und entfremdet. Und Chasseguet-Smirgel spricht von der utopischen als dem Entwurf der »idealen Stadt«, die ihr Vorbild habe im himmlischen Jerusalem, das strengen Regeln und einem architektonischen Plan folge (s. 1989/90, 171). Jede andere Stadt werde als die Hure Babylon empfunden – also als jene Ansammlung von Schmutz, Kot, Chaos, die das perverse Universum bestimmen und doch, wie es scheint, nach außen projiziert und paranoid vernichtet werden müßten. Dies behauptet Chasseguet-Smirgel auch für die 54 gleichartigen Städte bei Thomas Morus so wie für die Beschreibung der *Nova Atlantis* Francis Bacons, obgleich es sich bei beiden Schriften nicht wirklich um utopische Entwürfe handelt, sondern um verdeckt vorgetragene politische Reformwünsche, die zugleich eine Kritik der gegebenen politischen, rechtlichen und sozialen Verhältnisse beinhalteten, welche jedoch unter den gegebenen Machtverhältnissen ihrer Zeit nicht anders denn verfremdet geäußert werden konnten. Aufschlußreich sind bei Morus, einem *liberalen* Humanisten und Freund Erasmus von Rotterdams, die Ausführungen

106 Jewgeni I. Samjatin: *Wir.* frz. 1924. Dt. Übers. von Gisela Drohla, Köln, Kiepenheuer & Witsch, 1958.

zum religiösen Deismus und zur religiösen Toleranz (Abs. 30; in Heinisch 1960, 96ff).[107] Der einzige in Morus' *Utopia* Gemaßregelte unter allen Religiösen ist ein fanatischer christlicher Eiferer, der »nicht nur unseren Glauben den anderen voranstellte, sondern die übrigen Lehren samt und sonders in Grund und Boden verdammte«. Er wird wegen Erregung öffentlicher Unruhe verurteilt (vgl. ebd., 97). Und etwas später heißt es nochmals: »Denn auf nichts achtet man peinlicher als darauf, nichts Unbedachtes über irgendeine religiöse Überzeugung verlauten zu lassen« (ebd., 101), denn in Utopia besteht das Gebot der religiösen Toleranz. Freilich meint Morus mit der Religion, »die die anderen an Vernünftigkeit zu übertreffen scheint«, die christliche (ebd., 96). Was jedoch mit der These der Beseitigung aller Repräsentanzen des Vaters in der Utopie wie im Christentum gewiß nicht übereinstimmt, ist die darin ausgedrückte Vorstellung, daß der Glaube an ein göttliches Wesen dem an einen alles bewirkenden Vater entspreche (»sie nennen es Vater«; Morus in Heinisch 1960, 96). Das *Utopia* des Sir Thomas More ist in Wahrheit eine Schrift gegen die von der Kirche gestützte politische Tyrannei, deren Opfer er schließlich selbst wurde.[108] Wie es Chasseguet-Smirgel gelingt, aus Morus, einem der wenigen Vertreter religiöser Toleranz und politischer Gewaltlosigkeit der Frühaufklärung, einen Antisemiten und Befürworter der Gewalt zu machen, bleibt ihr Geheimnis.[109]

Auch Francis Bacon war bekanntlich kein Träumer, sondern einer der modernsten Vertreter der Wissenschaften seiner Zeit und somit eines »väterlichen Aspekts« im Sinne Chasseguet-Smirgels. Er ist es sogar so sehr, daß seine auf die Gesetze der Naturwissenschaften und Naturbeherrschung aufgebaute Utopie Ernst Bloch zufolge zur kalten Technokratie gerinnt und sich gerade mit dieser Zweckrationalität eher einem Modell des modernen Totalitarismus annähert (vgl. Bloch 1977, 242ff). Andererseits warnt gerade Bacon in seinen 1597 veröffentlichten und bis

107 Die von Chasseguet-Smirgel angeführte »Stichelei« von Morus gegen die Juden, nach der die mosaischen Gesetze für Knechtsnaturen bestimmt seien, konnte ich bei Durchsicht des Textes nicht finden, dagegen einige Kritik an christlicher Heuchelei, Hoffart und an asketischer Lebensfeindlichkeit, die als Narrheit bezeichnet wird.

108 Aufgrund seiner Weigerung, die Suprematsakte Heinrichs VIII anzuerkennen, mit der dieser seinen totalitären Machtanspruch durchsetzte, wurde Morus am 6. Juli 1535 enthauptet.

109 »Alle Religionen haben in großartiger unierender Toleranz Platz, auch Sonne-, Mond- und Planetenanbetung. Utopia ist das Eldorado der Glaubensfreiheit, um nicht zu sagen: das Pantheon aller guten Götter« (Ernst Bloch über Utopia; zit. n. Klappentext von E.v.Rotterdam: *Das Lob der Narrheit*, Zürich, Diogenes, 1987, [213])

1625 erweiterten Essays (1993) vor jeder Durchsetzung religiösen Glaubens durch Kriege und Verfolgungen und einem damit einhergehenden Gewissenszwang und fügt dem die weise Erkenntnis hinzu, »daß diejenigen, die Gewissenszwang ausübten und dazu rieten, in der Regel ihre eigenen eigensüchtigen Zwecke verfolgten« (ebd., 69f).[110]

Am ehesten ließe sich ein Zusammenhang von Utopie und Totalitarismus in Campanellas *Sonnenstaat* finden, den Chasseguet-Smirgel jedoch nicht erwähnt – vielleicht, weil diese Staatsutopie zu deutlich auf einer bis ins Letzte durchorganisierten Ordnung beruht, die jedes Chaos ausschließt.[111]

In deutlichem Widerspruch zu ihren eigenen bisherigen Ausführungen ist auch Chasseguet-Smirgels Interpretation des Widerstandes gegen die Gesetze und Regeln, wenn sie in Hinblick auf die Verwandlung der Masse der Brüder in eine einzige Entität folgenden Kommentar zu Morus abgibt: »So daß jeder Bürger, der diesem – von unendlich vielen Reglementierungen aller Aspekte des Lebens gestützten – Gesetze zu entgehen sucht, dem Prinzip der Identität zuwiderhandelt, einen Unterschied schafft und damit zu einem Repräsentanten des Vaters wird« (1988a, 132). Abgesehen davon, daß Morus für *Utopia* gerade die gegenteilige Organsiation entwirft, nämlich eine nur geringe Zahl von Gesetzen, die jeder Mensch kennen und verstehen und darum auch beachten könne (vgl. 26. Abs., Heinisch 1960, 85) – war die Zuwiderhandlung gegen das Gesetz nicht an anderer Stelle für Chasseguet-Smirgel ein Versuch, sich dem Vater und seiner Realität zu entziehen und den Ödipuskomplex umgehen zu wollen? Ist nicht die Unterwerfung unter die Gesetze und Gebote ein Ausdruck der Anerkennung der Kastration? Wie aber kann für sie hier eine Vielzahl von Reglementierungen der Stein des

110 Daß im Register zu Poliakovs *Geschichte des Antisemitismus* keine Hinweise auf Morus oder Bacon zu finden sind, kann in Anbetracht der überaus gründlichen Recherchen Poliakovs auch als Indiz dafür gewertet werden, daß Chasseguet-Smirgel diese beiden Autoren zu Unrecht unter die antisemitischen Verfasser einreiht. Im übrigen kontrastiert diese Behauptung mit einer anderen von ihr in einem Interview mit Radio Shalom geäußerten: »daß die Engländer nie judenfeindlich waren« (1991/93, 190). Poliakov zeigt hier ein anderes Bild, wobei allerdings der Antisemitismus in England im Vergleich zum Kontinent insgesamt eher blande verlief und Großbritannien ab 1840 den Status einer Schutzmacht gegenüber den Juden einnahm; vgl. ders. *Geschichte des Antisemitismus* Bd. 6, 121; ferner Bd.2, III.3; Bd. 5, I.4 u. IV; Bd. 6, VI) Aber auch in Großbritannien nahm ab der Jahrhundertwende der Antisemitismus zu, vgl. ders., Bd. 8, III).

111 »Das Pathos der Ordnung, geschärft durch das Leiden, durch den Haß gegen das Nichts, das Durcheinander, die Störung, macht das Einheitliche bei Campanella« (Bloch 1977, 217).

Anstoßes sein? Immerhin kennt der Talmud 613 verschiedene Mizwot (Ge- und Verbote).

Und was hat es mit Samjatins im französischen Exil geschriebenen symbolistisch-surrealistischen Roman ›*Wir*‹ von 1924 auf sich, den Chasseguet-Smirgel als »Gegenutopie« bezeichnet, der doch vom Autor als Karikatur des totalitären Regimes gemeint war? Samjatins Held gelingt es, die gläserne Mauer der utopischen Stadt zu überwinden und er gelangt in eine »wilde Freiheit«, deren Beschreibung Chasseguet-Smirgel zitiert: »Die Sonne schien … doch es war nicht unsere gleichmäßig über die spiegelnde Fläche der Straße verteilte Sonne, es waren lebendige Splitter, tanzende Flecke, die die Augen blendeten und mich schwindlig machten … Unter meinen Füßen war keine glatte, ebene Fläche, sondern etwas widerlich Weiches, Lebendiges, Grünes« (Samjatin, zit. n. CS 1988a, 128). Ihr Kommentar: »Der Leib der Mutter ist nicht mehr glatt und nur für die zu einer Einheit verschmolzenen Stadtbewohner zugänglich, er wimmelt von unkontrollierbaren Leben« (ebd.). So wird entgegen ihrer sonstigen Argumentation das »Zurück-zur-Natur« nun unversehens zu einem Repräsentanten des Vaters und die Rebellion gegen das Gesetz zum emanzipativen Akt des Individuums – damit aber auch die Willkür der Argumentation bei Chasseguet-Smirgel offensichtlich! In diesen Ausführungen tritt anstelle des analytischen Verständnisses der im Totalitären erkennbaren Abspaltungs- und Kontrollwünsche gegenüber allem Lebendigen und Triebhaften, die zur Abtötung derselben im Selbst wie im Anderen veranlaßt, eine diese Spaltungstendenz reproduzierende Abwehr, die sich mit einer Diffamierung aller regressiven, auf das Mütterliche bezogenen Wünsche verbindet.[112] Dem liegt die unbedingte Ineinssetzung von Utopie, Gewalt und Antisemitismus bei Chasseguet-Smirgel zugrunde, welchen sie dieselben vermeintlich bekannten psychischen Strukturen und Mechanismen unterstellt. Es handele sich dabei um die regressive Variante des Narzißmus, die auf dem Weg zurück in den Mutterleib alle Hindernisse der Realität, die den Vater repräsentieren, zu vernichten bestrebt sei.

112 Vgl. hierzu auch die Kritik von Metzger (1991) an der Ideologisierung des Utopie-Begriffs bei Chasseguet-Smirgel. Entsprechendes gilt für die (kindliche) Illusion, die Chasseguet-Smirgel als Kern der archaischen Matrix betrachtet und die der Bildung von Utopien zugrundeliege. Dagegen verweist Sagan (1999) auf die Lebensnotwendigkeit der Illusion, die auch Freud konstatiert habe. »Freud sagte, wir müssen uns entweder verlieben oder krank werden. Entspechend gilt, die »Illusion« des freien Willens, der Möglichkeit von Mut oder des Sinns des Lebens aufzugeben, unvermeidlich der Pathologie ins Auge zu schauen. Es gibt Grenzen für unsere wissenschaftliche Rationalität« (ebd., 350; Übers. A.M.).

Das Ideologische dieser Voraussetzung zeigt sich in der Umgangsweise mit konkreten Materialien, welche der Beweisführung dienen sollen. Sie erfahren Fehlinterpretationen und Verzerrungen als unvermeidliche Folge eines Vorgehens, das anstelle der Falsifikation als heuristischem Prinzip die (Selbst)Bestätigung setzt.[113]

---

113 Vgl. hierzu auch die Ausführungen Gottschalchs (1991) zu Chasseguet-Smirgels Interpretationen von Hegel und Marx (in CS 1985b), die er mit dem Begriff der »wilden Hermeneutik« charakterisiert. Von einer solchen zu sprechen ist noch gnädig angesichts der Tatsache, daß in Hegels Ausführungen zu Herrschaft und Knechtschaft keinerlei Bezug zu den von Chasseguet-Smirgel unterstellten konkret historischen Zusammenhängen weder des Ersten Testaments noch der Griechen zu finden ist, sondern hier ausschließlich die Frage der Entwicklung des Selbstbewußtseins in der Beziehung der beiden Bewußtseine von Herr und Knecht aufeinander thematisiert wird (vgl. Hegel 1973, 113–120).

Hier wie an anderen Stellen interpretiert Chasseguet-Smirgel die griechische Antike als Antipoden des alttestamentlich-jüdischen Denkens und kommt zu der in ihrer undifferenzierten Generalisierung den Affekt verratenden Behauptung, die Rückkehr zur »schönen Ganzheit« der Griechen enthalte im Kern alle Totalitarismen von rechts wie von links (1988a, 179; so ist auch die Berufung der Alchimisten auf die aristotelische Idee einer uranfänglichen Materie für sie zugleich Indiz für den analen und mystischen Hintergrund dieses Denkens, vgl. 1989a, 187). Hier wird nicht nur die deutsche Romantik, sondern bereits die griechische Antike für den deutschen Nazismus wie für das Christentum und den Kommunismus in die Verantwortung genommen. Auffallend ist aber auch die Zuschreibung der Idealisierung der Antike an die deutsche Romantik, die in Wahrheit den geistigen Kern des deutschen Idealismus von Herder über Goethe und Schiller bis zu Humboldt ausmachte. Dabei werden nicht nur Texte falsch interpretiert im Sinne einer »wilden Hermeneutik«, sondern historische und geistesgeschichtliche Zusammenhänge völlig beliebig und falsch aufeinander bezogen. Den Interpretationen Chasseguet-Smirgels widerspricht Kojèves Urteil über die Hegelsche Philosophie, die sich an erster Stelle Schelling und damit einem Hauptvertreter der Romantik entgegenstellt. Mehr noch: »Hegel setzt also seine eigene Philosophie allen vorangegangenen entgegen (mit der einzigen Ausnahme der Philosophien von Kant und Fichte und in gewissem Maße derjenigen Descartes)« (Kojève 1975, 217). In diesem Zusammenhang stellt Kojève auch die Differenz Hegels zur griechischen Tradition und ihrem Substanz-Begriff dar.

Es scheint aufgrund der Übereinstimmungen in den Argumentationslinien möglich, daß Chasseguet-Smirgel in ihren befremdenden Stellungnahmen zu Hegel auch durch Simone de Beauvoirs *Das andere Geschlecht* (1968) beeinflußt wurde. Beauvoir hatte in ihrem Kapitel *Mythos* die Herr-Knecht-Dialektik in ihrer Bedeutung für die Beziehung der Geschlechter untersucht und diese historisch von der biblischen Genesis ausgehend über die griechische Mythologie und verschiedene europäische Epochen und geistesgeschichtliche Traditionen bis zu ihrer Wirksamkeit in den faschistischen Diktaturen verfolgt (vgl. ebd., 152ff). Dieses Werk scheint auch Einfluß auf Chasseguet-Smirgels Vorstellungen über die Verbindung von Mütterlichem, Natur, Tod etc. gehabt zu haben, mit dem entscheidenden Unterschied, daß de Beauvoir die kulturellen Vorstellungen darüber als männliche Phantasien erkennt und beschreibt (s. ebd., z.B. 156f). Die Urteile Chasseguet-Smirgels über Hegel und Marx wie auch über andere Autoren sind zudem entscheidend durch Poliakov (1983–88) bestimmt. Dessen verdienstvolles Werk wird nicht durch die Feststellung geschmälert, daß er dem Denken Hegels m.E. nicht voll gerecht wird.

Die Kehrseite der Utopie ist für Chasseguet-Smirgel der Totalitarismus mit seiner Mißachtung des einzelnen Menschen wie des Lebens als solchem. Diese innere Bezogenheit der sich scheinbar ausschließenden Welten der Utopie und des totalitären Machtanspruchs erklärt Chasseguet-Smirgel mit der Wiederkehr des Verdrängten: der Manifestation von Grausamkeit und Gewalt in jenen kollektiven Zusammenhängen, die diese destruktiven Aspekte zunächst auf andere projiziert hätten, während sie für sich friedfertige Utopien entwarfen, die dem Modell des ungestörten intrauterinen Lebens ohne feindliche Objekte nachgebildet seien. Jene anderen werden damit zum Feind, dem gegenüber sich die analsadistischen Anteile realisierten, während sie an ihm angeblich bekämpft werden – nach dem klassischen Muster der projektiven Verarbeitung. Diese angenommene Verbindung von Utopie und verdrängter Gewalt ist Gegenstand ihrer beiden 1985 entstandenen Beiträge über *Das Grüne Theater* und *Das Paradoxon der Freudschen Methode* (Kap. 7 u. 8 in 1988a). Beide Beiträge widmen sich dem kollektiven Unbewußten der Deutschen hinsichtlich der unbewußten Entstehungsmotive und Verarbeitungsmechanismen des Nazismus. In *Das grüne Theater* vertritt Chasseguet- Smirgel die Auffassung, daß das besondere Engagement der deutschen Nachkriegsgenerationen für Frieden und die Erhaltung der Natur im wesentlichen einer unbewußten Verarbeitung der kollektiven Schuld des Holocaust entspringe, auch wenn sie eine gewisse Berechtigung für die Sorge um den Erhalt der Umwelt und des Friedens zugesteht. In der Empfindlichkeit gegen Luftverschmutzung komme die Furcht, an den Brandgeruch von Menschenfleisch erinnert zu werden, zum Vorschein; im Verlangen nach gesunden Wäldern ein Wiederanknüpfen an die Idealisierung des deutschen Waldes seit der Romantik, die sich in der Blut-und-Boden-Mythologie der Nazis fortgesetzt habe; in der Forderung nach einer sauberen und geschützten Umwelt werde unbewußt an die Reinheitsideologie des Nazismus, der die Juden mit Ungeziefer gleichsetzte, um sie dann ›guten Gewissens‹ vernichten zu können, wieder aufgegriffen. Vor allem aber führe die unbewußte kollektive Schuld nicht zu einer Anerkennung der grausamen (historischen) Realität, sondern zu einer Entidentifizierung von den Eltern und Identifikation mit den Opfern. Darum fühle sich diese Generation nun selbst als Opfer, bedroht von jenen zerstörerischen Mächten, mit denen sie sich nicht identifizieren wolle, weshalb sie ihre anal-sadistisch destruktiven Triebanteile auf andere, die Industrie, die Kapitalisten, die Atommächte etc. projiziere. Unterhalb der Entidentifikation von der Elterngeneration entdeckt Chasseguet-Smirgel jedoch die Fortsetzung der romantisch-nazistischen Ideale eben in den Forderungen nach Reinheit, der Projektion der eigenen Analität in die Welt und der Nichtanerkennung der väterlichen Prinzipien in Form der Kritik an Staat, Gesellschaft, Industrie. Der zu diesen Verleugnungen und Abwehrstrukturen veranlassende Wunsch ist für sie auch hier der archaische Wunsch nach Beseitigung der hinderlichen und gehaßten Realität, um einen reinen, glatten, sauberen Mutterleib (Erde, Umwelt) wiederzufinden, mit welchen eine primäre Verschmelzung herbeigesehnt werde, die sich in der neo-romantischen Idealisierung der Natur und dem Traum vom wiedergefundenen Paradies der guten, versorgenden Natur verrate. Die apokalyptischen ›Phantasien‹ einer atomaren Zerstörung[114] aber seien Ausdruck persekutorischer Ängste vor einer deutschen ›Endlösung‹, hinter der sich die ersehnte »apokalyptische Verlockung« verberge und wiederhole, »sich ein weiteres Mal in die Arme des Erlkönigs gleiten zu lassen« (vgl. 1988a, 151, FN 6).[115]

Hier wie in anderen Texten liegt die Schwierigkeit darin, daß sich Zutreffendes vermengt mit Aussagen, die abgeleitet sind aus den uns bereits bekannten Voraussetzungen, denen zufolge jedes Engagement für Natur bei Chasseguet- Smirgel im Verdacht steht, einem regressiven Interesse zu entspringen und einer Sehnsucht nach Verschmelzung mit der Mutter. Nebenbei bemerkt hat Chasseguet-Smirgel dabei offenbar vergessen, daß unter den von ihr gemachten Voraussetzungen diese Natur nicht ausschließlich das Mütterliche repräsentieren kann, wenn sie doch – gemäß der Schöpfungsgeschichte – Teil der Hervorbrin-

---

114 Der Supergau von Tchernobyl ereignete sich ein Jahr nach der Entstehung dieses Beitrags.

115 Diese Erlkönig-Metapher steht bei Chasseguet-Smirgel für die Tendenz zur Regression überhaupt, für Unvernunft wie für Destruktion und ist für sie ein Sinnbild für das Aufkommen des Nationalsozialismus, der für sie vorwiegend aus einer regressiven Verschmelzungssehnsucht zu erklären ist, die ihre tödliche Realisierung durch das Fehlen eines Vaters erfahre, »der stark genug ist, um uns vor der Anziehung des Erlkönigs zu beschützen, ehe wir am Ende unter seine Herrschaft geraten« (1998a, 69). Handelt es sich in dem Zitat zunächst um zwei unbewußte Vaterbilder mit verschiedenen Strukturen, so verläßt Chasseguet-Smirgel mit der Identifizierung Hitlers mit dem Erlkönig den Raum der Imaginationen und überträgt damit unbewußte Vorstellungen in den realen politischen Raum – entsprechend ihres Postulats der psychischen Exosmose. Aus dem unbewußten Strukturmodell und seinen Derivaten ist damit ein politisches Modell mit äußerst fragwürdigen Derivaten geworden: nämlich die Forderung, dem Diktator einen noch »mächtigeren Bezwinger« entgegenzustellen. Die naive Übertragung des intrapsychischer Konstellationen in die Realität führt damit zum Gegenteil des angestrebten Ziels der Reife: zur Legitimierung einer Unterwerfung unter einen starken »Vater«, der der Utopie des guten autokratischen Herrschers entspricht.

gung der Wirklichkeit durch den Vater ist; notwendig muß sie dann auch ödipale Repräsentanzen beinhalten.

Chasseguet-Smirgel sieht berechtigterweise eine mangelnde Bereitschaft zur Anerkennung von Schuld und Verantwortung für die Verbrechen des Nazismus in der Tätergeneration der Deutschen wie auch bei den nachfolgenden Generationen. Die Realität der ökologischen Problematik verleiht nach Chasseguet-Smirgels Auffassung der unbewußten Inszenierung nur den notwendigen Anschein an Glaubwürdigkeit und Legitimität. Daß es sich dennoch nur um eine Inszenierung handelt, zeige sich an der Heftigkeit, Maßlosigkeit und Gewaltsamkeit, mit der sich ökologische in Verbindung mit pazifistischen Forderungen äußerten.

Ob und wie sich beide angesichts der Realität ökologischer Gefährdungen verquikken, läßt sich jedoch nicht so pauschal beantworten, wie Chasseguet-Smirgel dies tut, obgleich der Eindruck von Evidenz entsteht bei jenen Assoziationen, die sich ihr zwischen der Angst vor Luftverschmutzung und der der Vergasung und Verbrennung von Millionen jüdischer Menschen einstellen.

Und doch wäre zu prüfen – was nur in Analysen mit einzelnen Patienten oder in therapeutischen Gruppenanalysen gelingen kann – wie die verleugnete Schuld der Vergangenheit, aber auch die Scham sich im Unbewußten der nachfolgenden Generationen wiederfindet und welchem Verarbeitungs- oder Abwehrprozeß sie dort jeweils unterliegen.[116] So ist nicht auszuschließen, daß das ökologische Engagement in Verbindung mit unbewußten Schuldgefühlen auch Wiedergutmachungs- und Reparationswünsche beinhaltet sowohl an den beschädigten und für Identifikationsprozesse untauglich gewordenen Primärobjekten wie auch den Opfern.[117] Hinter der Furcht vor der Apokalypse sieht Chasseguet-Smirgel die Sehnsucht nach dieser: in der Offenbarung des Johannes wie in Goebbels' Schlachtruf nach dem totalen Krieg und der atomaren Vernichtungsangst sieht sie dieselbe archaische Sehnsucht nach Wiederverschmelzung mit der Mutter im Todes-(Nirwana)Prinzip

---

116 Hierzu gibt es inzwischen eine Reihe hervorragender Untersuchungen, u.a. von Buchholz (1990), sowie die von Bergmann, Jucovy, Kestenberg (1995), Rosenthal (1997) und von Opher-Cohn u.a. (2000) herausgegebenen Sammlungen von Beiträgen.

117 Die Abwehr von Verantwortung und Schuld kommt m.E. mehr in einem Autoaufkleber mit der Aufschrift »Ich brauche keinen Wald zum Fahren« zum Ausdruck, der mit omnipotenter Grandiosität nicht nur die Abhängigkeit von äußeren Objekten, sondern auch die (selbst)zerstörerischen Konsequenzen einer ungebremst narzißtisch lustorientierten Selbstentäußerung verleugnet.

am Werk. Insofern ist die bewußte Ablehnung der Ideale und Werte der nationalsozialistischen Elterngeneration durch pazifistische, ökologische und ›linke‹ Orientierungen für sie die nur verleugnete Anknüpfung an dieselben Wünsche und Ziele. Denn, das haben ihre Ausführungen in den Texten ›André Stéphanes‹ hinreichend belegt, nach ihrer Auffassung haben die bewußten Ziele der Rechten, der Linken wie auch der Christen denselben unbewußten Kern, der durch präödipale Strukturen mit dem Ziel der Realitätsverleugnung und -vernichtung gekennzeichnet sei. Daher gelte für sie ausnahmslos, daß es aufgrund der abgewehrten, nicht anerkannten Schuldgefühle zu einer Umkehrung der Täter-Opfer- Relation komme: die Kinder der Täter fühlten sich von den Kindern der Opfer persekutorisch verfolgt durch die letzteren unterstellten Rachewünsche, mit welchen die abgewehrte Aggressivität auf jene projiziert werde. Was aber bei Chasseguet- Smirgel zum Vorwurf gegenüber einer die Identifikation mit dem Vater/der Autorität verweigernden Generation wird, zeigt sich in der Trauma- und Holocaust- Forschung als ein verbreitetes Phänomen. Dabei ist die Umwandlung abgewehrter in depressive Schuld vielfach unterblieben. Ob sie überhaupt kollektiv vollzogen werden kann, ist dabei eine für die psychoanalytische Sozialpsychologie herausfordernde Frage.

Was Chasseguet-Smirgel allerdings ihrerseits wie ein Tabu behandelt, ist die ebenso häufig bei schwerer Traumatisierung anzutreffende Identifikation des Opfers mit dem Aggressor, ein Mechanismus, der aus den Psychopathologien von Sexual- und Gewaltstraftätern ebenso bekannt ist wie bei Holocaust-Opfern, wobei letztere im Gegensatz zu ersteren diese Identifikation nicht selbst agieren, sondern zum Beispiel an nahe Angehörige oder die eigenen Kinder delegieren (vgl. den Abschnitt *Kleiner Hitler* in Bergmann 1995, 341ff). Diese Form der Identifikation darf nicht wie ein unsäglicher Vorwurf behandelt werden, wollen wir menschliche unbewußte Dynamiken, Überlebens- und Bewältigungsstrategien begreifen. Die unbewußte psychische Verflechtung von Tätern und Opfern ist, auch in den nachfolgenden Generationen, sehr viel enger als es jemandem lieb sein kann, der das Gute vom Bösen sauber getrennt halten möchte oder muß.

Der ebenfalls 1985 verfaßte und inhaltlich in enger Verbindung zum *Grünen Theater* stehende Text über *Das Paradoxon der Freudschen Methode*[118] ist zugleich

118 *Das Paradoxon der Freudschen Methode. Von der Aufhebung der Andersheit zur Einführung des Gesetzes* (in 1988a, Kap. 8).

einer der aufschlußreichsten Beiträge Chasseguet-Smirgels. Dabei sind ihre Ausführungen zum Verhältnis von Judentum und Psychoanalyse sowie zum Mystischen als dem Reich der (perversen) Vermischung nicht mehr so neu und überraschend, kennt man die Texte ›André Stéphanes‹. Jedoch gibt dieser Text in besonderer Deutlichkeit die Einstellung Chasseguet-Smirgels zum Unbewußten als dem Orkus – ›dem Schoß, aus dem dies alles quoll‹ – zu erkennen und ihre Auffassung von der Funktion der Psychoanalyse, deren Aufklärung des Unbewußten nicht der sachlich-neugierigen Liebe eines Wissenschaftlers an seinem Gegenstand gleicht, sondern dem heiligen Zorn des Erzengels Michael, der das Tor des Paradieses vor dem Eindringen der Dämonen bewacht.

Denn in ähnlichen Worten, wie wir ihnen bereits in der Interpretation von Modianos Roman begegneten, in welchem davon die Rede war, daß die psychische Realität ins Auge gefaßt werden müsse, indem »in die dunklen Winkel, in denen sich das Unbenennbare verbirgt, lebendiges und grausames Tageslicht zu werfen« sei (1988c, 219), finden wir jetzt das psychoanalytische Projekt beschrieben: »Es geht darum, über die dunklen Urgründe des Dionysischen das apollinische Licht der Erkenntnis zu werfen« (1988a, 162).[119] Die Kernaussage dreht sich um die beiden für Chasseguet-Smirgel von unbedingter Gegensätzlichkeit gekennzeichneten Einflüsse auf das Denken Freuds: die deutsche Romantik und das Judentum. Die in der Romantik entwickelte »Sehnsucht nach Verschmelzung mit der Natur und mit dem Grenzenlosen und die Aufhebung von Zeit und Raum« (163f) seien Ausdruck des Wunsches nach regressiver Verschmelzung mit dem Archaisch-Mütterlichen. Dies manifestiere sich auch in den Rückbezügen auf das Christentum und auf mystische Quellen und in einer gewissermaßen gnostischen Einstellung. Die Vorstellung der kosmischen Einheit und zyklischen Rekreation verleugne das Sterben und den Tod.[120] In dieser mystischen Ekstase und pantheistischen Einheit von Mutter und Kind – z.B. bei Novalis oder Hölderlin – gehe der Vater als der Dritte verloren. Eine andere Variante, den Vater zum Verschwinden zu bringen, ist für Chasseguet-Smirgel die unio mystica, die Verschmelzung mit Gott (Vater)[121], die in der romantischen Mystik ihre Wiederbelebung erfahre. Diese wird von ihr jedoch

119 Mit der auf Schelling zurückgehenden Gegenüberstellung von Apollinischem und Dionysischem bedient sich Chasseguet-Smirgel einer in der Frühromantik gebildeten und (auch von Hegel und Nietzsche) verwendeten Begriffsopposition, die sie zugleich der Romantik entgegenhält.

nicht als eine Form der Identifikation mit dem Vater interpretiert, sondern als eine Aufhebung der Unabhängigkeit Gottes, eine Vernichtung qua Assimilation, ein Aspekt, der – wie bereits erwähnt – jeder Identifikation immanent ist. Die Folgen, das Verschwinden des Vaters und die Zurückdrängung der Vernunft, sind für Chas-

---

120 Hier verweist Chasseguet-Smirgel nochmals auf ihre Analysen entsprechender Annahmen in de Sades Werk. Daß der ihr dort so verwerfliche Gedanke der zyklischen Beziehung von Werden und Vergehen z.B. auch im Werk Thomas Manns eine Rolle spielt, bringt Vermeil (1938) schon in der Bezeichnung seines Kapitels über Mann zum Ausdruck: *Thomas Mann: Zivilisation und Kultur oder Untergang und Neubildung* [civilisation et culture ou décadence et régénération] (vgl. ebd., 383). Thomas Mann wird von Vermeil – neben Walter Rathenau und Graf Keyserling – als einer der geistigen Anführer der deutschen Revolution vorgestellt mit romantisch-nationalen Idealen, wie sie im Erscheinungsjahr von Vermeils Buch durchaus bei Mann noch zu finden waren.
Die Vorstellung vom Tod als einem Transformationsprozeß ist jenseits alter Vorstellungen, die sich im Buddhismus und Hinduismus wie in der Kabbala und im Tarot finden, auch Gegenstand der naturphilosophischen Diskussionen, die in der zweiten Hälfte des 18. Jahrhundert aus den Naturwissenschaften in die Gesellschaftsvorstellungen übertragen wurden. So spricht auch Schiller von einer »losgebundenen Gesellschaft«, die »anstatt aufwärts in das organische Leben zu eilen, (...) in das Elementarreich zurück(fällt)« (zit. n. Frank 1989, 386). Eben dies demonstriert de Sade in der losgebundenen Gesellschaft der Schlösser und Klöster, die ihre gesellschaftliche Funktion eingebüßt haben. Die literarische Verarbeitung derselben in Überspitzungen, Komödien und Satiren findet sich jedoch nicht nur bei de Sade, sondern ebenso bei Molière, Diderot oder Racine. Und Montesquieu hat, mehrere Jahrzehnte vor de Sade, in seinen *Persischen Briefen* nicht nur die üppige Erotik des Rokoko suffisant ausgebreitet, sondern in seiner *Histoire véritable* auch die Idee der Transformation im Tode qua Wiedergeburt karikiert. Was bei Chasseguet-Smirgel als bloßer Ausdruck einer perversen Phantasie des Individuums Sade erscheint, ist in Wahrheit eine für die Zeit nicht untypische und bei ihm wie anderen nur zynisch zugespitzte Form der Teilnahme an einem gesellschaftlichen Diskurs.
In seinem Portrait des Marquis macht Raymond Jean deutlich, daß de Sade in seiner Libertinage und Lebenshaltung ganz dem standesgemäßen Verhalten seiner Zeit entsprach. Insofern de Sade die »unzersetzbaren Totalitäten«, die nach Frank (1989) in Kants Philosophie in den Rang von Grundsätzen gehoben werden und den Zusammenhalt der Welt wie die Synthesis des Selbstbewußtseins begründen, infrage stellt, entwickelt er eine Gegenwelt zu jener der Aufklärung, in der »das Sittengesetz, Manifestation der Freiheit, (...) auf einem »synthetischen Satz a priori« beruht (Frank, 378).

Daß auch Lacan in einem Beitrag von 1963 (in Lacan 1975, 133–163) eine Beziehung zwischen Kant und Sade herstellt, war sehr wahrscheinlich nicht ohne Einfluß auf die Auseinandersetzung Chasseguet-Smirgels mit der »Glückseligkeit im Bösen« (Lacan 1975, 135).

121 Daß die erste Anregung zur unio mystica vom (christlichen) Gott (Vater) selbst ausgeht, welcher Mensch bzw. Avatar wird, läßt Antes in seinem Buchtitel »Mach's wie Gott, werde Mensch« (1999) anklingen. Auf diesen Aspekt, der insofern eine Parallele mit dem Ödipusmythos aufweist, als auch dort die Inzest- und Kastrationsphantasie zuerst die des Vaters ist, gehen Chasseguet-Smirgel und Grunberger nirgendwo ein. Die aus dem Sanskrit stammende Bezeichnung Avatar für den inkarnierten Gott zeigt im übrigen, daß diese Vorstellung sich keineswegs auf die christliche Tradition beschränkt.

seguet-Smirgel die Quellen der deutschen Barbarei, eine Interpretation, in der sie sich wiederholt auf Heinrich Heine und Thomas Mann beruft.[122]

Gegen all dies habe die Psychoanalyse ein Bollwerk zu sein. Und dies vermag sie Chasseguet-Smirgel zufolge vor allem Dank der zweiten Wurzel des Freudschen Denkens: dem Judentum in Freud. Denn es ist, wie schon an anderer Stelle dargestellt, für sie durch die Präsenz des Vaters und seines Gesetzes eine Religion und Denktradition, die das Dritte, die Realität, den Ödipuskomplex repräsentiere und damit die väterliche Vernunft der chtonisch-irrationalen Mutterwelt entgegensetze. Freud ist für Chasseguet-Smirgel also derjenige, der Licht ins Dunkel des Unbewußten bringt, das Unbewußte ent-deckt im Sinne einer Aufdeckung und Aufklärung, die es seinen dunklen Winkeln entreiße und damit unschädlich mache. Wie sehr für Chasseguet-Smirgel das Unbewußte mit etwas Dunkel-Bedrohlichem assoziiert ist, macht vor allem die folgende Passage deutlich: »Unbestreitbar hat die deutsche Romantik ein neues Licht auf die *Abgründe* der Seele geworfen. Sie ist eine Bewegung der Befreiung des Unbewußten... In der Romantik haben die Primärvorgänge die Sekundärvorgänge *besiegt*« (ebd., 169; Hervorh. A.M.).

Freud aber sei kein Romantiker oder habe zumindest keiner sein wollen, denn er habe sich nicht in das Unbewußte versenkt, keinen Kult daraus gemacht. »Der Sinn des Freudschen Unternehmens besteht nicht darin, das Unbewußte zu feiern; die dunklen und unterirdischen Kräfte, welche die deutsche Kultur so stark prägen, hat er zu zähmen und nicht zu genießen gesucht« (ebd., 170; Hervorh. A.M.).

---

122 Vgl. CS 1995/96, 174. Man kann viel weitergehend sagen, daß die Vorstellungen Chasseguet-Smirgels über das Verhältnis von Unbewußtem und wissenschaftlicher Rationalität bei Freud entscheidend (bis in die Wortwahl hinein) beeinflußt sind von den Gedanken Thomas Manns, die dieser in *Die Stellung Freuds in der modernen Geistesgeschichte* (1929) und in *Freud und die Zukunft* (1936) formuliert hat. Dies belegt auch ein Zitat an etwas späterer Stelle des Textes von Chasseguet-Smirgel (ebd., 179), in dem Thomas Mann vom »Seelendunkel« und »Mütterlich-Chtonische(n)« spricht, Bildern bzw. Formulierungen, derer Chasseguet-Smirgel sich wiederholt bedient. Wenn Thomas Mann jedoch in *Deutsche Ansprache* (1930; zit. n. CS 1988a, 180) von »romantisierender Philosophie« spricht, erlaubt dies keine Gleichsetzung mit der Romantik als ganzer, vielmehr nennt Thomas Mann konkrete Namen wie Arndt, Görres, Grimm oder Caruso und Bachofen, wenn er das Chtonische der Nacht, das Dämonische und die Mutterherrschaft in deren antirationalistischen Theorien kritisiert. Chasseguet-Smirgel scheint jene Differenzierung zu überlesen, wenn sie Thomas Manns Bezugnahme auf Hölderlins Hyperion zitiert, die in die Feststellung mündet: »Das dionysische Erlebnis, von dem diese Worte künden, finden wir *erniedrigt* wieder im kollektiven Rausch...« (zit. n. CS 1988a, 180; Hervorh. A.M.). Für Thomas Mann gab es somit noch einen qualitativen Unterschied zwischen dem Dionysischen bei Hölderlin und jenem kollektiven Rausch einiger Spätromantiker.

Die Vorstellung vom Unbewußten gleicht, wie hier erkennbar wird, bei Chasseguet-Smirgel der eines wilden Tieres, das bezwungen, gezähmt und in Schach gehalten werden muß durch die väterlichen Mächte des Gesetzes, der Grenze, der Vernunft: der Kastrationsdrohung. Im Judentum seien diese präsent durch die Gebote der Trennung – insbesondere der des Kindes von der Mutter, wie es die kaschrut- Vorschrift, welche das Zubereiten des Böckleins in der Milch der Mutter verbietet, verlange (nach der Interpretation von Woolf; vgl. ebd., 173). Trennung und Gesetz, so betont sie, sind ein und dasselbe und Repräsentanten des Vaters. Diese im Judentum verankerten Aspekte ermöglichten es Freud, sich dem Unbewußten zu nähern, das ihm von der deutschen Romantik nahegelegt werde, ohne der Verführung durch jene zu erliegen. »Wir finden also bei Freud eine Verbindung zweier Kulturen, die es ihm ermöglichte, das Unbewußte – den Mutterleib – zu erforschen, ohne sich darin zu verirren, sondern im Gegenteil Licht in seine dunklen Tiefen zu werfen« (ebd., 176).[123] Nun hatte Freud, zumal nach den Erfahrungen des ersten Weltkrieges, in der Tat kein »romantisierendes« Verhältnis zu den Trieben und sah die Entstehung des Über-Ichs als ein Resultat der Triebabwehr an. Jedoch bleibt für ihn, wie Bohleber schreibt, stets eine »dialektische Balance von Vernunft und Trieben« erhalten aufgrund des Wissens um die elementare Macht der Triebe und die unumgängliche Abhängigkeit der Vernunft von ihnen. Für Freud bestand das Ziel der Vernunft darin, sich »der Mitwirkung der Triebe zu versichern« (Bohleber 1995, 161). [123]

Was unter anderem *Das Paradoxon der Freudschen Methode* so aufschlußreich macht, ist die implizite Gleichsetzung der Romantik mit dem Unbewußten, oder anders gesagt: was Chasseguet-Smirgel über die Romantik aussagt, entspricht ihrer Einstellung zum Unbewußten, aus dessen primärprozeßhaftem und dem Lustprinzip folgenden Chaos für sie die Anomie, die Vernichtung, der Wahn und die Barbarei hervorgehen. Diese mit dem Chtonisch-Mütterlichen verbundene

---

123 Die Gemeinsamkeit, die Chasseguet-Smirgel zwischen dem Unbewußten und dem Mutterleib sieht, besteht somit vor allem in dem Verschlingenden, das Ich auflösenden, die Differenzen beseitigenden; anders gesagt: das Unbewußte ist für sie repräsentiert in der archaischen Mutter(leibs)Imago. Ich habe an anderer Stelle (Harten/Moré 1999) ebenfalls von assoziativen Übereinstimmungen zwischen Phantasien vom Unbewußten und vom Mutterleib gesprochen, die sich m.E. jedoch aus Gemeinsamkeiten in der Topik, des Sexuell-Triebhaften und des Geheimnisvoll-Verborgenen und Tabuisierten ergeben.

destruktive Macht des Dionysischen kann für sie nur gebändigt werden durch die Welt des Vaters mit ihren Attributen. Sie seien am stärksten ausgeprägt in der jüdischen monotheistischen Gesetzesreligion, die den Gott-Vater als den Trennenden der Welt des Chaos, der Verschmelzung, der Barbarei entgegenstelle.

Daß die deutsche Romantik von Chasseguet-Smirgel in einseitig-inadäquater Weise interpretiert wird, haben sowohl Döpp (1987) wie Vogt (1990) bereits sehr überzeugend belegt und ich will dem nur wenig hinzufügen. Döpp problematisiert die Gegenüberstellung von jüdisch geprägter Psychoanalyse als väterlichem Prinzip gegenüber dem chtonisch-archaisch mütterlichen Prinzip der Romantik, von dem Chasseguet-Smirgel den Bogen unmittelbar zur nationalsozialistischen Ideologie schlägt.[124] Döpp, der auf wenigen Seiten umso brillianter auch die methodische Inadäquatheit der Übertragung psychischer Strukturierungsbegriffe auf komplexe historisch-politische und kulturelle Zusammenhänge kritisiert, verweist auf den keineswegs konservativen Ursprung der deutschen Romantik, sondern ihr Anknüpfen an die französische Revolution. Allerdings: daß auch die Revolution tendenziell für Chasseguet-Smirgel die Merkmale des Chtonisch-Verschmelzenden in sich trägt, macht sie nur im *L'univers contestationnaire* deutlich. Dies aber erklärt, warum sie aus Heine, um ihn als Referenz verwerten zu können, einen »Filzpantoffelhelden« (s. Döpp 1987, 449) machen muß, den sie gänzlich, wie Döpp ferner belegt, gegen seine eigenen revolutionären Intentionen interpretiert. Auch ein anderer, der als Referenz gegen die romantische Unvernunft angeführt wird, Goethe, teilt mit den dafür angeprangerten Romantikern gerade den Pan-

124 Erst viel später (1995/96) teilt Chasseguet-Smirgel mit, daß sie die Idee der Herleitung des Nazismus aus der deutschen Romantik ›einer Arbeit‹ von Edmond Vermeil von 1938 verdanke: »Er entdeckte, wie man weiß, eine Abstammung des Nazismus von der Romantik« (ebd., 174). Deren Titel Les doctrinaires de la Révolution allemande, 1918–1938 nennt sie jedoch nicht hier, sondern in *A short essay on the apocalypse* (1988h, wo sie auf Vermeils Ausführungen zur Bedeutung des Blutes im Nationalsozialismus Bezug nimmt). Allerdings argumentiert Vermeil anders: er spricht von einem religiösen Pan-Germanismus und romantischen Nationalismus und zeigt die verschiedenen historischen Facetten ihrer Entstehung auf. Die Romantik greife die enttäuschten Freiheitsbestrebungen angesichts der gescheiterten Reformen und Revolutionen und der Restaurationspolitik auf und entwickle an ihrer Stelle die Idee des nationalen Genies, aus der die des organischen Staates im Gegensatz zur Idee des Contrat social entwickelt worden sei. Der romantische Nationalismus aber existierte, wie Vermeil betont, bereits vor der kulturellen Strömung der Romantik und schließt daher die von Chasseguet-Smirgel behauptete Abstammung des Nationaismus von der Romantik aus (vgl. Vermeil 1938, 25ff, insbes. 27).

theismus.[125] Döpp zeigt aber auch auf, was ausgeklammert bleibt: vor allem die große Bedeutung des Mütterlichen in der jüdischen Kultur, die sich nicht zuletzt in der auf die Mutter bezogenen Filiation zeigt, denn das erste Kriterium der Zugehörigkeit zum Judentum ist die Geburt durch eine jüdische Mutter, nicht die Abstammung von einem jüdischen Vater (vgl. Kolatch 1997, 21). Der Grund für solche Ausblendungen liegt in Chasseguet-Smirgels dualistischer Denkweise , die alles Weibliche ins Dunkle, Unbewußte, in den Wahnsinn verweist. Hier tun sich direkte Parallelen zu Weininger auf, von denen Döpp bemerkt, daß sie sich nicht nur aus der jüdischen Kultur, sondern ebenso aus der abendländischen Tradition ergeben (vgl. ebd., 454). Letztere ist aufgrund von kirchlichen Dogmen und Glaubenskämpfen, durch autokratische Herrschaftssysteme und zahlreiche soziale Konflikte historisch geprägt von Abspaltungen, Unterdrückungen und Ausgrenzungen und kann infolge dessen weit eher als Vorgeschichte nationalistischer und autoritärer sowie antisemitischer Positionen verstanden werden, die in Deutschland in den Nationalsozialismus mündeten, als die Epoche der Romantik. In letzterer finden sich zwar auch die Folgen jener historischen Entwicklungen, aber auch unverkennbar Gegenströmungen gegen verkrustete autoritäre Strukturen (vgl. ebd.).

Dies bestätigt auch ein Beitrag des Literaturwissenschaftlers Silvio Vietta (1996): »Mit der Romantik also begann eine Phase des freien Experimentierens mit Formen und Inhalten in der europäischen Ästhetik, die vor allem vor und nach 1900 zu sich überschlagenden Avantgardbewegungen führte und in der Phase der Postmoderne noch einmal zu einer großen Zitatmontage aller Stil- und Ausdrucksformen führte. Aber auch zum Ende der Autonomie der Kunst, die immer auch ein Stück Illusion war?«.[126] Zum »Ende der Autonomie« im wörtlichsten Sinne: denn es war diese aus der deutschen Romantik hervorgegangene Moderne, die die Nazis als »entartete Kunst« diffamierten, verboten und vernichteten. Vietta betont, daß die Frühromantiker radikaler als ihre aufklärerischen Vorgänger dachten, »aber an das weltbürgerliche, liberale und tolerante Denken der Aufklärung an(knüpf-

125 Chasseguet-Smirgels Verhältnis zu Goethe ist zwiespältig. Einerseits setzt sie ihn als Aufklärer der deutschen Romantik entgegen, andererseits ist mit ihm das »Faustische« verbunden, die dunkle Seite des Deutschen. Dieser Konflikt löst sich aber in ihrer Feststellung, daß die Aufklärung in Deutschland nicht wirklich angekommen sei. Als echten Vertreter des Vaterprinzips und damit wahren Aufklärer sieht Chasseguet-Smirgel Friedrich Schiller an. Kant und Herder werden von ihr dagegen vollständig ignoriert.

126 Vgl. Vietta in HAZ vom 31.8.1996.

ten)« und er erwähnt, ganz nebenbei, Thomas Manns Anbindung an die deutsche Romantik (ebd.; eine Auffassung, die auch Vermeil 1938, 50ff belegt – zumindest für den Thomas Mann bis zur Mitte der dreißiger Jahre). Und noch ein weiterer Aspekt findet sich bei Vietta: gerade die deutsche Frühromantik war eine Epoche, die wie keine andere von gebildeten jüdischen Frauen mitgeprägt wurde, zum Beispiel in den Berliner Salons der Rahel Varnhagen[127] oder der Henriette Herz, und ihnen jene »Integration des Männlichen« in ihre Identität erlaubte, die Chasseguet-Smirgel immer wieder als Inbegriff weiblicher Emanzipation beschrieb. Daß die Mehrheit dieser Frauen, um dies zu erreichen, sich von der jüdischen Tradition trennen und konvertieren mußte, lag nicht an der Romantik, sondern einerseits am jüdischen Frauenbild (vgl. auch Hertz 1991, 13ff), zum anderen an dem mit der deutschen Restauration und preußischen Zensur früh wieder einsetzenden Antisemitismus. Und daß dies wie auch die revolutionäre Offenheit einer konservativ-nationalen Einstellung wich, lag nicht an der Naturverbundenheit und Irrationalität der Romantiker, sondern am Zusammenbruch der liberalen deutschen Bewegung unter der napoleonischen Besetzung und der dadurch evozierten politischen Restauration. Die Beziehung von deutscher Romantik und Restauration ist vor allem dadurch geprägt, daß letztere auch den aufkeimenden Drang nach Freiheit und politischen Rechten der Romantiker im Keim erstickte.[128] Bis zum Scheitern der deutschen Revolution 1848 und zum Teil noch danach wurde trotz der dann zunehmenden antisemitischen Tendenzen der deutsch-jüdische Dialog, der nun in Kunst, Kultur und Philosophie von der Romantik geprägt war, aufrecht erhalten. Dies kommt z.B. in dem Versuch des Rabbiner und Gelehrten Salomon Formstecher zum Ausdruck, der in seiner Schrift *Die Religion des Geistes* (1841) die Absicht verfolgte, die »jüdische Religion im Licht der Philosophie Schellings zu deuten« (vgl. Simon u. Simon 1999, 297). Die wiederholte Polarisierung Heinrich Heines

---

127 In ihrem Salon verkehrte der junge Heine und begegnete dort Hegel, Schleiermacher, Alexander von Humboldt u.a. (s. Varnhagen von Ense, o.J.)

128 Anhand der Malerei der deutschen Romantik zeichnet Dittmar (1987) ein sehr viel differenzierteres Bild, aus dem das Ringen zwischen konservativ-nationalen und demokratisch-liberalen Kräften in der Romantik deutlich wird, wobei erstere in der späteren Epoche die Oberhand bekamen, aber die Gegenbewegung nie ganz verdrängen konnten. Chasseguet-Smirgel belegt ihre These, daß romantische Sehnsucht nach Einheit mit der Natur zur Katastrophe der Vernichtung führen müsse, indem sie sich einseitig auf jene Quellen (z.B. Jean Paul, Richard Wagner) beruft, in welchen ein ausgeprägter Antisemitismus vorherrschte. Aber Antisemitismus, den es auch in der deutschen Romantik gab und der durch die politische Restauration starke Unterstützung erfuhr, ist kein ausschließliches Kennzeichen der Romantik, sondern war ebenso in der Aufklärung gegenwärtig.

gegenüber der deutschen Romantik in Chasseguet-Smirgels Texten zeugt von wenig Kenntnis der Entwicklung Heines, der selbst als »romantiksüchtiger Jüngling« begann und dessen Ermahnungen in seinem kurzen Aufsatz *Die Romantik* von 1821, es bedürfe keiner Einmischung von christlichen und ritterlichen Elementen in die Dichtungen, um ihnen den Stempel der Romantik aufzudrücken, zumindest im zweiten Punkt an die eigene Adresse gerichtet war, dabei aber doch die Romantik verteidigte (vgl. in Heine 1990, 5–8). Und Heine meinte auch nicht die Romantiker, die ihrerseits von der preußischen Zensur betroffen waren, als er voraussehend schrieb: »Obschon ich in England ein Radikaler und in Italien ein Carbonari bin, so gehöre ich doch nicht zu den Demagogen in Deutschland; aus dem ganz zufälligen und geringfügigen Grund, daß bei einem Siege dieser letztern einige tausend jüdische Hälse, und just die besten, abgeschnitten werden« (zit. n. Wolf 1980, 291). Wenn Heine ahnte, was an Antisemitismus in Deutschland möglich war, so schrieb er die Wurzeln nicht so sehr den Romantikern zu, sondern vor allem jenen restaurativen Kräften in Staat, Kirche, Aristokratie und konservativem Bürgertum, die um ihre angestammten Privilegien fürchteten. Dabei blieb Heine stets sehr widersprüchlich, und Adorno hat die Ursachen hierfür benannt, als er in *Die Wunde Heine* schrieb: »Sein Vorwitz entsprang der Regung dessen, der für sein Leben gern aufgenommen sein möchte und damit doppelt die Bodenständigen reizt, die, indem sie ihm die Hilflosigkeit seiner Anpassung vorhalten, die eigene Schuld übertäuben, daß sie ihn ausgeschlossen haben« (Adorno 1958, zit. n. Wolf 1990, 295). Diese Widersprüchlichkeit ließ ihn auch zu einer Zeit, als er bereits Parodien auf die Romantik verfaßte, seinen *Atta Troll*, den er Varnhagen von Ense widmet, als »das letzte freie Waldlied der Romantik« bezeichnen (vgl. Wolf 1990, 298). Von Heine stammt im übrigen auch die folgende Glosse: »In der Literatur wie im Leben hat jeder Sohn einen Vater, den er aber freilich nicht immer kennt oder den er gar verleugnen möchte« (in Heine 1997, 28).[129]

129 Das 1995 durchgeführte Symposion über Heine und die Romantik (Pennsylvania State Univ., 21. bis 23.9.) hatte unter anderem zum Ziel, die tradierte Opposition von »progressiver Heine – reaktionäre Romantik« zu überprüfen (vgl. Winkler 1997, VII). Wenn Holub (1997) bei diesem Symposium zu der interessanten Erkenntnis kam, daß Heines Wendung gegen die Romantik tatsächlich mit seiner Hinwendung zum Judentum in Verbindung stand, so blieb er andererseits der Frühromantik in seiner Schreibweise verbunden, was Winkler zu dem Resumée veranlaßt, es werde in dieser neueren Forschung stärker der Akzent »auf Heines skeptische Verbundenheit mit der Romantik gelegt, auf die Problematik seiner Abgrenzungsversuche und auf deren Uneindeutigkeit« (ebd., XIIf).

Aber nicht nur Chasseguet-Smirgels Thesen zur deutschen Romantik, sondern auch ihre Interpretationen des Judentums bedürfen hier nochmals einer Revision. Das von ihr wiederholt angeführte Trennungsgebot von Fleisch und Milch ist nur eines von vielen Speisegesetzen, die auch von Rabbiner Kolatch (1997) mit der Intention der Trennung in Zusammenhang gebracht werden, aber der der jüdischen Tischgemeinschaft von der der Nicht-Juden, denn die ersten Rabbiner waren nach seiner Darstellung der Auffassung, »das Geheimnis jüdischen Überlebens läge im Trennen. Heiligung bedeutet Getrennt-sein. Ein heiliges Volk zu sein, hieß für sie, ein abgesondertes Volk zu sein. – Wenn der Jude die Speisegesetze befolgt, hält er sich abseits von denen auf, die diese Gesetze ablehnen. Er kann keinen freien Umgang mit ihnen pflegen, weil Geselligkeit häufig bedeutet, daß man gemeinsam ißt. Die Rabbinen haben diesen Gesichtspunkt bis zum äußersten durchdacht und haben geschrieben: »Wenn wir nicht mit ihnen zusammen essen dürfen, werden sich unsere Söhne nicht mit ihren Töchtern verheiraten, und das Judentum wird erhalten bleiben« (ebd., 98).

Was aber jenes Gebot in Mose V 14,21 und II 23,19 betrifft, daß das Kochen des Böckleins in der Milch der Mutter verbietet, so steht nicht Woolfs Interpretation infrage, daß dies eine Formulierung des Inzesttabus in talmudischer Tradition sei, sondern Chasseguet-Smirgels Umgang damit, als sei eine solche Tradition in der jüdischen Kultur einmalig. Hatte Freud nicht in ›*Totem und Tabu*‹ (1912–13a) den Zusammenhang von totemistischen Speiseverboten und Inzesttabu bereits als Ursprung der Kultur beschrieben? Und hat nicht Lévi-Strauss (1976; 1981) die Häufigkeit dieses Zusammenhanges bestätigt? Chasseguet-Smirgel, die sich auf die strukturalistischen Hypothesen Lévi-Strauss' verschiedentlich beruft, mußte dies 1985 bereits bekannt sein. Und darum ist auch ihrer Auffassung zu widersprechen, daß Freud nur darum das Zwanghafte des Religiösen universalisiert habe, welches doch seine höchste Ausprägung im Judentum finde, weil er trotz seines Atheismus »so sehr vom Judentum durchdrungen« war (1988a, 174). Auch wenn für Freud das Judentum eine bedeutsame Quelle seines Wissens und Denkens darstellte, war er eben nicht so davon durchdrungen, daß er die Entsprechungen von Speise- und anderen Tabus, von Ritualen und Vorschriften in anderen Religionen nicht zur Kenntnis genommen und ihren auch dort existierenden Zusammenhang mit der Aufrechterhaltung der kulturellen Normen nicht gesehen hätte. Für Freud war der Ödipuskomplex eben *kein* jüdisches, sondern ein universell menschliches Erbe. Und es handelt sich dabei nicht, wie Chasseguet-Smirgel meint, um die Übertragung jüdischen Gedankenguts durch Freud auf andere Kulturen, sondern um ihr (Wieder)Entdecken in anderen Kulturen. Immerhin ist Ödipus ein griechischer, kein biblischer Held, und der Begriff *tapu* der polynesischen, nicht der hebräischen Sprache entnommen.

Beide 1985 entstandenen Texte Chasseguet-Smirgels sind aber auch auf dem Hintergrund des im Juli 1985 in Hamburg veranstalteten 34. Kongresses der IPA zu sehen, der der erste internationale psychoanalytische Kongreß in Deutschland seit 1932 war. Bei seinem Zustandekommen wie der Thematik *Identifikation und ihre Schicksale,* die für einen Tag der Auseinandersetzung mit dem »Nazi-Phänomen« gewidmet wurde, war Chasseguet-Smirgel als damalige Vizepräsidentin der IPV und Präsidentin des Programm-Komitees maßgeblich beteiligt. Dabei war es auch für sie persönlich eine Herausforderung, diese Begegnung zwischen deutschen und emigrierten jüdischen PsychoanalytikerInnen auf deutschem Boden zu verwirklichen, wie eine Äußerung von ihr in den Anmerkungen zu diesem Kongreß verrät: »besonders wenn ich an 1942 zurückdenke…« (1986d, 871). Was es ihr dennoch ermöglichte und sogar wünschenswert erscheinen ließ, die Durchführung dieses IPA-Kongresses in Deutschland zu realisieren, machen ebenfalls ihre nachträglichen Überlegungen und die darin mitschwingenden Enttäuschungen über das mangelnde Interesse (z.B. französischer AnalytikerInnen) deutlich: »Dabei hätten die Analytiker gleich dreimal ein Motiv, neugierig zu werden. Sind sie nicht auf gewisse Weise, auf Grund ihrer Identifizierungen mit Freud und mit den Pionieren der Psychoanalyse, *jüdischer Abstammung?* Sollten sie nicht die Kräfte, die die Psychoanalyse (und sie selbst) mit dem Judaismus verbindet, überdenken? (In diesem Zusammenhang wäre es höchste Zeit, die *vermuteten Gemeinsamkeiten* zwischen dem Talmud, der jüdischen Mystik und der Psychoanalyse *aufzugeben,* um sich vielmehr an das zu halten, was die Grundlage der jüdischen Religion, des jüdischen Geistes und der jüdischen Kultur ist: das Verbot des Götzendienstes und die Verehrung eines einzigen Gottes…)« (1987b, 91; Hervorh. A.M.). Nicht unmittelbar, aber zwischen den Zeilen wird deutlich: einen internationalen psychoanalytischen Kongreß in Deutschland abzuhalten hatte für Chasseguet-Smirgel die Bedeutung, endlich mit den Mitteln der Psychoanalyse die deutsche Mystik und Romantik zu besiegen, also mit der ödipalen Struktur die präödipale, mit dem VaterGott die Götzen der Mutterimago. Allerdings muß vorher das – aus ihrer Sicht – Falsche aus dem Judentum eliminiert werden: die Mystik. Daß sie diese nicht zu den *Grundlagen* jüdischen Denkens und der jüdischen Kultur zählt, steht in Zusammenhang mit ihrer Einschätzung des Mystischen als dem Irrationalen, das logisch nicht begründbar ist. Wo die Be-Gründung fehlt, da gibt es für sie auch keinen Halt gebenden Untergrund und Boden. Entsprechend sind Chasseguet-Smirgels Vorstellungen von der Mutter-Erde die von einem Untergrund, der nicht verläßlich, sondern anal-schlickig, sumpfig, haltlos ist. Einen festen Boden und Halt unter den Füßen kann ihr zufolge nur der Vater geben. Wo er fehlt, sind nur Bedrohung, Vernichtung und Nazismus denkbar. Aber hier wird für Chasseguet-Smirgel die Psychoanalyse selbst mittels des Ödipuskomplexes, der »der eigentliche Kern unserer Lehre ist« (ebd., 92), zum väterlichen Bollwerk und bannenden Gesetz gegen den Nazismus, und die psychoanalytische Gemeinschaft zu einer Art himmlischer Heerscharen, die diesen zu vertreiben vermöge.

Dies ist, wie mir scheint, der wahre Fokus, um welchen sich die *Überlegungen zum Hamburger Kongreß* (1987b) drehen.[130] Und diese Sichtweise Chasseguet-Smirgels liegt nicht nur ihrer Deutung des Judentums in Opposition zu christlichen, nazistischen, kommunistischen u. a. Bewegungen zugrunde, sondern hat seine intrapsychische Entsprechung in der Bedeutung, die sie dem Ödipuskomplex als dem Bezwinger der irrationalen, verschlingenden und zerstörenden (narzißtischen) Triebe und des Wahns verleiht, welche in der archaischen Matrix vorherrschen. Es gibt in den Augen Chasseguet-Smirgels nur *ein* probates Mittel, um Wahn, Verbrechen, Nazismus und Gulags zu verhindern bzw. zu bekämpfen: die Herstellung ödipaler psychischer Strukturen bei einer möglichst großen Anzahl von Individuen, und diese erfolge durch die Unterwerfung unter den Vater und sein Gesetz qua Introjektion seines Penis, ein Vorgang, der für Chasseguet-Smirgel der Identifikation entspricht. Die größte Gefahr sind folglich die perversen Verlokkungen des »kurzen Weges«. Sie sind für Chasseguet-Smirgel in den Versprechungen der Utopien und Ideologien wie in der Mystik enthalten, die alle die Verschmelzung mit der Urmutter bezweckten, wie sie in *Das Ichideal* zum Ausdruck bringt: »Die Mystik hat im Gegensatz zur Religion nichts mit dem Ödipus und mit

130 Dafür spricht auch ihre in einem Interview (1994a) geäußerte Auffassung, ein Mensch im vollen Sinne des Wortes könne nur werden, wer Hitler in sich selbst entdecke und sich damit konfrontiere. Andernfalls werde das Unterdrückte wiederkehren und das Verleugnete werde in zahlreichen Masken wieder erscheinen (ebd., 453; Übers. A.M.). Erkennbar ist eine fast paranoid zu nennende Furcht vor den dunklen Seiten des Unbewußten. Was Chasseguet-Smirgel nicht erkennt, ist die damit verbundene dunkle Seite ihres eigenen Unbewußten: die mit einer solchen Forderung verbundene latente Dehumanisierung all jener, die ihren Ansprüchen nicht voll gerecht werden. Und dies gilt tendenziell für alle, die weder Bezug zum Judentum, noch zur Psychoanalyse haben.

dem Über-Ich zu tun... Sie entspricht dem Bedürfnis nach Vereinigung von Ich und Ideal auf dem kürzesten Wege. Sie bildet eine Fusion im Primärobjekt, und selbst wenn diese bewußt durch Gott repräsentiert wird, bleibt es im Grunde dennoch ein Äquivalent der Mutter aus der Zeit vor der Entmischung. Viele Beschreibungen von mystischen Ekstasen beweisen es uns« (1987a, 211). Mystische und utopische Vorstellungen führen für Chasseguet-Smirgel nicht nur zur Vernichtung des Individuums und *seiner* Realität (im Wahn), sondern sind die Ursache für *alle* Vernichtungen in dieser Welt, die in eben jenen Apokalypsen kulminierten, die von den Anhängern des Christentums, des Nazismus, der Ökologie- und Anti-Atombewegung etc. prophezeit würden.[131] Und selbst der jüdische Gott-Vater

131 Aus zwei Äußerungen in ihren *Überlegungen* (1987b) läßt sich zwischen den Zeilen entsprechend erkennen, daß in ihren Augen die Mitgliedschaft in der IPV für sie den Stellenwert einer ödipalen Weihe hat, also eine Gratifikation für die Identifikation mit der Psychoanalyse darstellt, die die Anerkennung und Integration des Ödipus bezeuge. So äußert sie: »Mir schien..., daß man ab dem Zeitpunkt, wo sie (die deutschen Kollegen; A.M.) Mitglieder der IPV waren, kein Scherbengericht über sie halten dürfe« (ebd., 92).
Zum andern bezeichnet sie die Züricher Gruppe *Das Seminar* als »... eine »marxistischen« Gruppe um Parin und Morgenthaler (den Autoren von »Die Weißen denken zuviel«...). Diese Gruppe ist der Meinung, daß die Kur das revolutionäre Potential der Analysanden entwickeln sollte« (ebd., 104f, FN 20). Nur ein modus vivendi habe diesen Analytikern ihre Mitgliedschaft in der IPV erhalten, ihnen aber die Anerkennung, Analytiker auszubilden, entzogen. Die Attribute »marxistisch«, »revolutionär« und »Zerstörung des väterlichen Denkens« (letzteres kommt für Chasseguet-Smirgel in dem von ihr hervorgehobenen Titel *Die Weißen denken zuviel* zum Ausdruck, wobei sie hier erneut eine Gleichsetzung von Untersuchungsgegenstand und Einstellung der Autoren vornimmt) bedeuten für Chasseguet-Smirgel soviel wie anti-ödipal. Daß »die analytische Identität zerbrechlich ist«, wie sie zuvor mit Bedauern feststellt (ebd., 98), heißt für sie, daß diese sich der errungenen ödipalen Struktur wieder entledige aufgrund der unentwegten Wirksamkeit des psychotischen Kerns in jedem von uns. Die Konsequenz für Analytiker muß für sie daher wie bei Lacan, an dessen Séminair Chasseguet-Smirgel hier die Bezeichnung des Psychoanalytischen Seminars Zürich nicht ohne Absicht angleicht, der Entzug der Mitliedschaft in der IPV und der lehranalytischen Befugnis sein.

Die Frankfurter Schule, gegen welche sie hier in einen äußerst polemischen Ton verfällt – schließlich handelt es sich um Marxisten und war Marcuse einer von ihnen – erscheint ihr hingegen darum nicht als Bedrohung, weil sich ihre Mitglieder nie als Psychoanalytiker ausgegeben hätten. Anders dagegen die Orientierung deutscher Analytiker an der Zeitschrift *Psyche* und ihren »Soziologen-Analytikern« (ebd., 107f; vgl. dazu auch den Offenen Brief von Dahmer, 1987). To be oedipal or not to be ist auch hier ihre für Psychoanalytiker geltende Richtschnur, die ihr (unbemerkt?) zum Richtbeil wird.
Um Mißverständnisse auszuschließen: es geht nicht um die Bestreitung der Relevanz, die der Ödipuskomplex für die psychische Organisation und Stukturierung hat, sondern um eine bestimmte Interpretation desselben, die ihn im Kampf gegen das »Ideologische« und »Perverse« instrumentalisiert in einer Weise, die ihrerseits unverkennbar ideologische Züge trägt.

scheint trotz seiner bewußten Präsenz nicht mächtig genug, dem ekstatischen Verschmelzungswunsch in der jüdischen Mystik Einhalt zu gewähren. Die vom psychotischen Kern des Menschen ausgehende Gefahr wird in ihrer lauernden Präsenz für Chasseguet-Smirgel universell und allgegenwärtig und erfaßt letztlich sogar die Wissenschaft, die mit ihren neuen Möglichkeiten »paradoxerweise selbst wie eine mächtige Aktivierung der Illusion zu wirken« vermöge (1987a, 213) – als Wunschmaschine, die geeignet sei zur Herstellung der Einheit von Ich und Ichideal. Aber: »Der Anti-Ödipus kann ... nur zum Tode führen« (ebd., 214). Wenn in dieser Interpretation ebenfalls die Prophezeiung einer Apokalypse enthalten ist, so ergibt sich dieses Paradox aus der inneren Verwandtschaft von Negation und Negiertem, wie sie Freud so plastisch und einfach am Begiff des Un-Heimlichen sichtbar gemacht hat.

Wie sehr der – vor dem biographischen Hintergrund Chasseguet-Smirgels verständliche – Wunsch nach Kontrolle des ›Bösen‹ als Motiv für die Abhaltung des IPA-Kongresses in Deutschland eine Rolle gespielt hat, daß er das Motiv abgibt für die Bereitschaft, auch die Schuld des Täters zu integrieren[132], machen auch Chasseguet-Smirgels Schlußgedanken zum Hamburger Kongreß (1987b) deutlich. Dort bringt sie ihre Sorge über die Folgen der Zurückhaltung und Gleichgültigkeit der Analytiker »der ganzen Welt« zum Ausdruck: »Sie [die Zurückhaltung und Gleichgültigkeit; A.M.] verstärkt doch nur den verfolgenden Charakter der deutschen Schuld und macht die Deutschen für sie selbst wie für andere *noch gefährlicher*» (ebd., 112; Hervorh. A.M).

Es geht Chasseguet-Smirgel vor allem um die Bändigung des Bösen, des wiederauftauchenden Molochs aus den Urquellen des Chaos und der Finsternis, um das Zerschlagen der Häupter von Gog und Magog. Für die Bewältigung der damit verbundenen Befürchtungen und Ängste scheint die Ausgrenzung der »gefährlichen Fremden« (Dahmer 1987, 1151) ebenso nützlich wie die Integration des ›Bösen‹ zu sein, soweit es der Eliminierung und Kontrolle desselben dient. Es ist eine aus Erfahrungen, die Chasseguet-Smirgel nur diskret andeutet, erwachsene panische Angst vor dem Wiederauftauchen des Nazismus, die den Hintergrund abgibt für die massiven Spaltungen, die ihre Theorie durchziehen und sie zur Richterin über Gut und Böse werden lassen. Dies ist aber auch eine äußerst problematische Seite

132 Ein Motiv, das in der Interpretation von Modianos *Der Platz des Sterns* eine herausragende Rolle einnimmt.

ihrer Theorie, weil zwischen dem Postulat der Integration des Bösen und dem tatsächlichen Gelingen dieser (äußerst hohen) Anforderung an sich und andere eine große Lücke klafft, die sich offenbart in der virulenten Furcht, das Böse nicht unter Kontrolle bekommen zu können – mit der fatalen Konsequenz einer pathologisierenden Zuschreibung des Bösen an alle als regressiv wahrgenommenen Individuen, Gruppen, Glaubensformen und Bewegungen, deren diffamierende Ausgrenzung jene Kontrolle ermöglichen soll, die qua Integration nicht gelingen kann.

Dieselbe These eines gemeinsamen psychischen Kerns zwischen christlichen, nazistischen und paranoid-perversen Strukturen bildet auch den Hauptgesichtspunkt ihres *Short Essay on the Apocalypse* (1988h), in welchem sie die Furcht vor einem apokalyptischen Szenario – sei es in Form des Atomkriegs, der ökologischen oder einer kosmischen Katastrophe – als das Resultat eines nach außen projizierten Wunsches nach der Apokalypse interpretiert. Dabei verschwimmen jedoch in ihrer Analyse die Differenzen zwischen neurotischer Abwehr und psychotisch-paranoider (Wahn)Phantasie, denn schon die Furcht allein ohne jegliche Tendenz zu destruktivem Handeln wird von ihr als Ausdruck einer Borderline- oder primitiven perversen Organisation gewertet. Die Phantasie von der verwüsteten Erde erscheint ihr als das symbolische Äquivalent des entleerten glatten, vom Penis des Vaters und seinen Kindern befreiten Mutterleibs. Dieser sei jedoch nicht, wie Melanie Klein annahm, ein Stück der Außenwelt und Realität, sondern etwas, das das Kind unmittelbar nach der Geburt zurückerobern wolle, um seinen Platz darin wiederzuerlangen: die glatte Welt der frei fließenden psychischen Energie ohne Hindernisse, die die absolute Erfüllung des Lustprinzips sei. Die apokalyptische Phantasie, wie sie sich bei einigen präpsychotischen Patienten finde, hat für Chasseguet-Smirgel denselben Hintergrund wie die apokalyptischen Texte des Ersten und Zweiten Testaments, wobei sie eine Unterscheidung zwischen der (nun immerhin zur Kenntnis genommenen) jüdischen und der christlichen Entwicklung vornimmt, denn die Offenbarung des Johannes übertreffe an Mystischem und an dramatischer Intensität alle früheren Texte der Propheten Daniel, Ezekiel und Zachariah.[133] Dies trifft zu, insofern die angedrohten Strafen nicht mehr allein das

133 Bei Zachariah scheint es sich um eine Verwechslung mit Jeremia zu handeln. Das Buch Hosea, in welchem sich eine Reihe von Motiven findet, die in der Johannes-Apokalypse wieder auftauchen, wird von ihr indessen nicht genannt (vgl. insbes. in Hosea 2,5–15).

jüdische Volk oder Babylon, »die große Hure«, betreffen, sondern das Gericht Gottes ein über die ganze Menschheit herniederkommendes ist. In mancher Hinsicht sind die von Chasseguet-Smirgel ausführlich zitierten Bilder der Johannes-Apokalypse wirklich drastischer als die bei den ersttestamentlichen Phropheten. An vielen Stellen ist jedoch der Bezug auf die alten Quellen unverkennbar, wie im Untergang Babels (bei Jeremia 51), dem sich der Untergang Jerusalems (in Jeremia 52) unmittelbar anschließt. »Da bebt und zittert die Erde, wenn sich an Babel der Plan des Herrn erfüllt, das Land von Babel zur Wüste zu machen, die niemand bewohnt« (51,29) und »Babel wird dein Trümmerhaufen, eine Behausung der Schakale, ein Ort des Entsetzens und des Spottes, wo niemand wohnt« (51,37).

Besonderes Indiz für die These von der Entleerung des Mutterleibs ist für Chasseguet-Smirgel die von ihr zitierte Passage des Johannes: »Auch die Früchte, nach denen dein Herz begehrte, sind dir genommen. Und alles, was prächtig und glänzend war, hast du verloren; nie mehr wird man es finden« (vgl. CS 1988h, 75, hier zit. n. NJB 1990, Offenbarung 18,14). In Hosea finden wir beide Bilder wieder, wenn die ›untreue Gattin‹ bzw. ›Braut‹[134] der Wüste gleich, zu verdorrtem Land gemacht wird (Hosea 2, 5+6) oder der Text lautet: »Ich verwüste ihre Reben und Feigenbäume, von denen sie sagte: Das ist mein Lohn, den mir meine Liebhaber gaben. Ich mache ihre Weingärten zur Wildnis; die wilden Tiere fressen sie kahl« (Hosea 2,14). Belegen läßt sich damit auch hier, daß Chasseguet-Smirgel mit großer Intensität das Ziel verfolgt, in das Christentum etwas hineinzuverlegen, das sie aus dem Judentum auszuschließen sucht.[135]

In ihrer Interpretation der Johannes-Apokalypse betont Chasseguet- Smirgel die darin festgemachte Tendenz des Christentums zu einer regressiven Verschmelzung, der die Vernichtung vorausgehen müsse – und dieses destruktive Vorspiel der himmlischen Erlösung habe der deutsche Nationalsozialismus in Erwartung des neuen Zeitalters und der Einlösung der Prophezeiungen vom tausendjährigen Reich realisiert. Diese Deutung der Offenbarung des Johannes als eine den Nazismus vorbereitende und ermöglichende Prophetie geht einher mit dem unverkennbaren Wunsch, diese Aspekte aus der jüdischen Tradition und somit auch aus der

134 Israel wird häufig als die Braut Gottes bezeichnet und ist hier als untreue Ehefrau beschrieben; vgl. dazu die entsprechende Anmerkung zu *Das Buch Hosea* 1,2–3,5 in NJB 1990, 1286.

135 An dieser Stelle soll dies nur festgestellt werden. Im abschließenden III. Kap. werde ich die möglichen Gründe dieser Haltung untersuchen.

eigenen Identität zu eliminieren und zu verbannen. Dabei scheint weniger der Wunsch nach Verleugnung eigener Anteile, als das Verlangen nach Distanzierung, Benennung und Kontrolle des Bedrohlichen bestimmend. Denn eine Identifikation mit diesen Aspekten erscheint, wie die Überlegungen in der Interpretation von Patrick Modianos *Der Platz des Sterns* zeigten, für Chasseguet-Smirgel nur dann möglich oder gar nötig, wenn diese Identifikation die Kontrolle – letztlich bis zur Nihilierung – dieser Aspekte ermöglicht. Derselbe Mechanismus war erkennbar in der Art und Weise, in der Chasseguet-Smirgel sich die Vermittlung der Wahrheit des Mütterlichen und Weiblichen durch den Vater denkt beziehungsweise wünscht, die man als eine Art der absorbierenden Identifikation beschreiben könnte, in welcher das Medusenhaupt nur noch im Schild des Perseus (Vaters) gespiegelt und dadurch entmachtet erscheint.

Der Essay wendet sich nun den apokalyptischen Phantasien im deutschen Nationalsozialismus zu, wobei hier erneut die Auffassung dargestellt wird, die Vernichtungswünsche und ihre Realisierung seien Ausdruck eines Wunsches, den Mutterleib von den väterlichen Aspekten der Realität zu befreien und für das kollektive Ego der arischen Brüderhorde frei zugänglich und glatt zu machen. Den Nazismus hält Chasseguet-Smirgel für die Umsetzung der archaischen Matrix des Ödipuskomplexes in Reinform. Die rassistischen Lehren mit ihrem explizierten Ziel, den kollektiven Körper »rein«, das heißt homogen zu halten, dienten dem Zweck zu verhindern, daß einer aus der Brüderhorde bevorzugt werden könnte. Der Antisemitismus richte sich gegen die Juden als die Repräsentanten des Vaters und der Trennung. Dagegen setzt Chasseguet-Smirgel nicht nur alles Nicht-Jüdische mit Amalgamierung gleich, es wird in sprachlich fragwürdiger Weise auch tatsächlich von ihr amalgamiert, wenn sie – im Glauben daran, die essentielle Identität von Christentum und Nazismus hinreichend begründet zu haben – von »Hitlers Evangelium«, das sie als Umsetzung der Offenbarung des Johannes versteht, oder von heidnischen Kulten als der Realisierung der deutschen Romantik und Naturphilosophie (sich hier wieder auf Heine berufend)[136] spricht

136 Eine Berufung auf Heine scheint gerade in diesem Punkt völlig unberechtigt, wie Holubs Analyse von *Die Romantik* verdeutlicht: »Selbstverständlich macht Heine in *Die Romantik* klar, daß er das christliche Element nicht als wesentlich für die Romantik betrachtet – wobei er sich von den gängigen Auffassungen, wie sie in den ästhetischen Theorien seiner Zeit vertreten wurden, distanziert. In der Tat kritisiert er die Gleichsetzung von Romantik mit Christentum und Rittertum als eine falsche Auffassung der Bewegung« (Holub 1997, 48; Übers. A.M.).

(1988h, 78).[137] Nicht nur für die »Blut-und-Boden«-Ideologen, sondern für Utopisten generell sei die Stadt der Antipode ihrer Verschmelzungsphantasien, weshalb in der Offenbarung des Johannes die große Hure Babylon zerstört werden müsse, ehe die himmlische (utopische) Stadt Jerusalem wieder aufgebaut werden könne.[138] Ausführlich zitiert sie Passagen aus den Schriften Walter Darrés – einem der führenden Ideologen der Nazis und zeitweiligen Landwirtschaftsminister unter Hitler, der entscheidend zur Blut- und Bodenideologie beigetragen hatte – um den Zusammenhang zwischen Verehrung des Mutter-Bodens, Rassismus als dem Ausdruck des Wunsches, die Fremden aus dem Mutterleib zu vertreiben und unbewußten regressiven Wünschen zu belegen. Die Behauptung Darrés, die Soldaten des ersten Weltkrieges seien nicht erkrankt, solange sie die Schützengräben nicht verließen (zit. b. CS 1988h, 80), erkennt sie nicht in ihrer ideologisch-manipulativen Bedeutung, die Soldaten des zweiten Weltkriegs zum Durchhalten zu motivieren, sondern interpretiert diese Aussage als ein Anknüpfen an jene archaischen Wünsche. Dabei bedenkt Chasseguet-Smirgel nicht, daß die Existenz einer solchen unbewußten Erfüllung des Regressionswunsches durch den Aufenthalt in Schützengräben, wäre sie tatsächlich gegeben, dazu führen müßte, daß Soldaten kaum zum Verlassen derselben zu bewegen wären. Indirekte Drohungen wie die Darrés, durch das Verlassen des Schützengrabens würden die Soldaten sofort allen möglichen Krankheiten anheimfallen, wären dann kaum nötig. Im übrigen diente

---

137 Die Funktion rassistischer Lehren im Zusammenhang mit der Rechtfertigung von Fremdherrschaft und Sklaverei – zuletzt bei den kolonialistischen Inbesitznahmen der außereuropäischen Welt durch die europäischen Nationen –, läßt sich schwerlich nur aus der Beseitigung von geschwisterlichen Rivalen und Vaterrepräsentanzen auf dem Weg in den Mutterleib erklären. Und es wäre eine zweifelhafte Konsequenz, die Repräsentanz der Realität dem Judentum vorzubehalten, weil dann auch die Frage gestellt werden muß, was nach dieser Voraussetzung die gleichfalls rassistisch diskriminierten und verfolgten schwarzafrikanischen und indianischen Völker mit ihren ›heidnischen‹ magischen Riten und Stammesstrukturen repräsentieren. Hier gilt es eine Art sekundären Rassismus zu vermeiden. Erst seit der Aufklärung erfährt der traditonelle Antijudaismus eine Überlagerung durch die historisch ebenso alten rassistischen Vorurteile aufgrund ihrer nun pseudo-wissenschaftlichen Begründung in der Anthropologie, die in der nazistischen Rassentheorie ihre Zuspitzung erfuhr (vgl. Poliakov u. a. 1984; Gould 1988).

138 Daß sich das göttliche Strafgericht auch bei Jesaja (47) und Jeremia (51) gegen die Hure Babylon richtet, hatte ich bereits erwähnt. Bei Jeremia (52) folgt dann die auch bei Ezechiel (9;11;33) beschriebene Zerstörung Jerusalems – und bei all diesen Propheten steht am Ende die Aussöhnung mit dem Gott Israels und der Wiederaufbau des heiligen Jerusalem und seines Tempels. Hier steht Johannes deutlich in der Tradition der Überlieferung; und was die mystischen Gestalten und Tiere der Johannes-Apokalypse angeht, so finden wir ähnliches bereits im Buch Daniel vor.

diese Erklärung des Nazi-Ideologen kaum übersehbar einem ganz anderen Grund: die Ursache des Todes zu verschleiern und zu mystifizieren, der weit häufiger durch bleigefüllte und im 1. Weltkrieg durch gasvergiftete Luft herbeigeführt wurde als durch Bakterien und Keime.

Der von der nazistischen Ideologie zu diesem Zweck postulierte einheitliche Volkskörper entspricht nach Chasseguet-Smirgels Auffassung dem christlichen Bild der Kirche als der mystischen Verbindung mit dem Corpus Christi. Die Gemeinsamkeit beider mit dem Mutterkörper sieht sie in dem Aspekt der Verschmelzung. Vergleicht man diese Interpretation mit der aus einem frühen Text Cyprians (gest. 258) abgeleiteten Erklärung des Verständnisses von Corpus Christi bei Weber (1992), dann ergibt sich ein völlig anderes Verständnis: demzufolge die Kirche als Gemeinschaft der Gläubigen »«das von der Einheit des Vaters und des Sohnes und des Heiligen Geistes her geeinigte Volk», welches in «hierarchischer Ordnung» im Dienst des «Reiches Gottes»» lebt (ebd., 302). Zwar bleibt als übereinstimmendes Merkmal die Einigung des Volkes zu einem Körper, jedoch ist es in der christlichen Gemeinde die zu einem immateriellen Körper: dem des *Glaubens* in Corpus Christi. In diesem Verständnis ist die Beziehung auf den Gott-Vater eindeutig gegeben und nicht zuletzt in der hierarchischen Ordnung repräsentiert, die Chasseguet-Smirgel als einen Signifikanten des Vaters versteht.

Als klinisches Äquivalent gibt Chasseguet-Smirgel an, daß Patientinnen mit entsprechenden Phantasien, in den Mutterleib zurückzukehren, häufig Fehlgeburten hätten. Denn der Fötus repräsentiere das Leben, das Denken und die Realität als Entwicklung und Wachstum und müsse daher der Vernichtung zum Opfer fallen. Dasselbe Motiv liegt nach Chasseguet-Smirgel dem Haß Hitlers (wie Stalins) auf den Intellekt zugrunde, denn Denken sei ein Hindernis auf dem Weg zur Verschmelzung mit der Mutter. Aus diesen unbewußten Motiven ergibt sich für sie, daß die Zerstörung der Erde durchaus real werden könne, wie auch der Genozid zur Realität wurde und wird. Die Argumentation schließt sich damit zu einem eigentümlichen Kreis, denn der Furcht vor einer Apokalypse spricht Chasseguet-Smirgel nun eine gewisse reale Berechtigung zu, sie ist für sie aber zugleich, wie eingangs deutlich wurde, ihrerseits potentielle Ursache der zur Apokalypse führenden Destruktionen. Denn die Furcht geht einher mit der Projektion eigener destruktiver Wünsche nach außen. Ohne es letztlich auszusprechen, deutet Chasseguet-Smirgel damit an, daß das Aufgeben der Furcht vor der Apokalypse, auch wenn diese Furcht berechtigt ist, ihr als die einzige Möglichkeit erscheint, aus diesem von ihr unterstellten Zyklus von Projektion, Furcht und Destruktion auszubrechen. Jedoch nicht nur dieser spezifische Zyklus erscheint ihr als bedrohlich und muß daher durchbrochen werden, vielmehr stellt Zyklizität im Denken für Chasseguet-Smirgel grundsätzlich eine Gefahr dar, apokalyptische Träume zu unterstützen. Die größte Gefahr geht nach ihrer Auffassung von religiösen wie naturwissenschaftlichen Vorstellungen über den zyklischen Kreislauf von Vergänglichkeit und Neubeginn aus. Das Gefahrvolle sieht Chasseguet-Smirgel darin, daß solche Theorien den Tod leugneten und darum im Einzelfall wie auch massenhaft leichtfertig herbeiführen könnten, wie es ihr auch die Spekulationen über die durch den Tod herbeigeführten Transformationen bei de Sade belegen. Das Bedrohliche liegt für Chasseguet-Smirgel insbesondere in der Phantasie von einem wieder erblühenden Paradies nach der Katastrophe, weil ihr diese Phantasie mit der Bereitschaft der Zerstörung gekoppelt scheint und sie zur Entfaltung zu bringen droht. Dies gelte insbesondere, wie sie betont, für extremistische und vor nichts zurückschreckende Gruppen, die von fanatischen Ideologien getrieben würden.

Nun ist es zum einen nicht ein Akt der Willkür, sondern naturwissenschaftlicher Forschung, wenn in er Biologie zyklische Zusammenhänge konstatierbar sind.[139] Die Feststellung von Transformationen im mikrobiologischen Bereich muß jedoch nicht mit der Leugnung des Endes einer individuellen Existenz einhergehen. Zum andern spricht gegen diese generalisierte Verdächtigung zyklischen Denkens als eines regressiven Begehrens, das die Apokalypse freisetze, der Umstand, daß die beiden großen Weltreligionen Buddhismus und Hinduismus diese zy-

139 Für Charles Brenner, einen zweifellos der Freudschen Lehre verpflichteten Psychoanalytiker, ist das Kontinuum von Organischem und Anorganischem dagegen eine Selbstverständlichkeit: »Leben und Tod, Lebendiges und Lebloses, Organisches und Anorganisches sind weder chemisch unterscheidbar noch exakt voneinander trennbar. Im Gegenteil, die über viele Jahrzehnte angesammelten Erkenntnisse, angefangen bei der Synthese von Harnstoff durch Wöhler im Jahr 1828 bis zu den jüngsten Entdeckungen der Molekularbiologen, haben stetig zur Absicherung der mittlerweile unumgänglichen Ansicht beigetragen, daß es keine Diskontinuität zwischen dem Lebenden und dem Leblosen gibt. Es liegt auf der Hand, daß sich die physikalisch-chemischen Systeme, die wir als primitiv und anorganisch ansehen, und jene, die wir als lebende Pflanzen oder Tiere bezeichnen, auf einem Kontinuum bewegen. Es gibt keinen spezifischen Punkt auf diesem Kontinuum, an dem Leben in ein physikalisch-chemisches System eintritt. Es treten schlicht graduelle Veränderungen physikalisch- chemischer Eigenschaften von einem System zum anderen auf, innerhalb einer Reihe, die mit dem beginnt, was wir als anorganisch bezeichnen, und die mit dem endet, was wir lebende Materie nennen. In der Biologie als Gesamtbereich besitzen Leben und Tod keine solche Bedeutung oder Wichtigkeit, wie sie ihnen jeder von uns aus sehr persönlichen Gründen zuschreibt und wie Freud in seinen allgemeinen Aussagen über einen Todestrieb und, nebenbei bemerkt, auch über einen Lebenstrieb angenommen hat« (ders., 1994, 27f).

klischen Vorstellungen über Tod und Wiedergeburt als festen Bestandteil ihrer ›kollektiven Projektionen‹ kennen. Die Anhänger dieser Religionsgemeinschaften treten jedoch nicht verstärkt durch gewaltsame Akte gegen Individuen oder Gruppen hervor, eher ist das Gegenteil feststellbar.

Augenscheinlich ist aber mit der Annahme, die Furcht vor der Apokalypse (bei Grünen, Pazifisten etc.) erzeuge erst die Apokalypse, ebenfalls eine Furcht vor dem Eintreffen der apokalyptischen Katastrophe verbunden. Und es scheint erst dieser eigenen Befürchtung zu bedürfen, damit sich bei Grunberger und Chasseguet-Smirgel die Vorstellung Bahn brechen kann, der Mensch müsse zum Leben nicht erst verführt, nicht zur Entwicklung hin gedrängt und manipuliert werden, weil es »glücklicherweise« eine ihr entgegen wirkende Kraft gebe, »der Wunsch, sich zu entwickeln, zu wachsen, autonom zu werden, die Wirklichkeit zu akzeptieren und sie, innerhalb von Grenzen [sic!], zu verändern« (1988h, 86). Es ist allerdings die Annahme berechtigt, daß Chasseguet-Smirgel auch hier implizit davon ausgeht, daß sich diese Kräfte nicht von Anbeginn an als menschlicher Lebensantrieb zeigen, sondern daß sie erst mit dem Ödipus, also der Integration väterlicher Dimensionen, zur Entfaltung kommen können. Erst dann also können sich nach ihrer Auffassung die progressiven Lebensimpulse entfalten, wenn die Sogwirkung des Mütterlichen hinab in den Orkus des Uterus durch den väterlichen Penis gebannt ist. Damit spricht sie aber dem väterlichen Penis jene Qualität eines magischen Zauberstabs zu, die sie dem analen Phallus der Mutter zugewiesen hatte.

Besonders anschaulich wird die Vorstellung Chasseguet-Smirgel vom Zusammenhang zwischen Extremismus und Perversion in ihren folgenden Ausführungen zu *Denkstörungen bei nicht-psychotischen Patienten und in Gruppen* (1989/92): »Das Ziel jeder extremistischen Ideologie ist es offensichtlich, eine Vereinigung mit der Mutter zu erreichen und die väterliche Dimension der Psyche zu vernichten. Ideologie ist das Versprechen der Rückkehr ins Paradies, in die Gebärmutter, aus der wir bei der Geburt vertrieben wurden. Seit diesem Augenblick leben wir in dem Wissen, daß der Körper der Mutter dem Penis des Vaters, seinen Kindern, übergeben wurde und daß es in der Seele der Mutter Gedanken gibt, die nicht ausschließlich um uns kreisen« (ebd., 78).

Auffällig darin ist die Rede über den Körper der Mutter als einem Gegenstand, der vom Sohn an den Vater übergeben oder zurückgegeben wird. Ist die Mutter in ihren eigenen Gedanken nach dieser Darlegung noch Subjekt, so ist sie körperlich zum Objekt eines (zumindest imaginären) Frauentauschs zwischen Vater und

Sohn, geworden. Dieser Tauschakt scheint darüber zu bestimmen, wer letztlich in den Uterus der Mutter und zum primären Narzißmus zurückkehren darf: der Sohn oder der Vater mit seinem Penis und seinen Kindern. Nicht sexuelles, sondern narzißtisches Verlangen ist dabei das eigentliche Motiv. Die väterliche Dimension des Psychischen besteht für Chasseguet-Smirgel jedoch in der Anerkennung der Tatsache, daß sich diese Verschmelzung nur noch sexuell, also durch Zeugung vollziehen könne, und das heißt: um den Preis des Teilens dieses Uterus mit den eigenen Kindern. Auf diesem theoretischen Hintergrund erklärt sich schließlich, wie Grunberger und Chasseguet-Smirgel zu dem Schluß kommen, der Trieb und der eigene Körper seien für das Subjekt letztlich narzißtische Kränkungen (vgl. ihre entspr. Ausführungen in 1996, 235ff). Denn für den unterstellten Wunsch nach primärer Verschmelzung bedeuten sie bereits Begrenzungen. Nicht nur die Geburt ist damit eine Vertreibung aus dem Paradies, sondern – wie die Formulierung vom Übergeben des Mutterkörpers an den väterlichen Penis verdeutlicht – schon die eigene Zeugung und das damit verbundene Körperwerden/Begrenztwerden stellt eine solche Kränkung dar. Damit wird das Erleben eines prä-existentiellen Nirwanaprinzips zur (psychischen) Realität erhoben, die die theoretische Grundlage für die Annahme einer Sehnsucht nach diesem einmal erlebten Zustand bildet. Es handelt sich hier zweifellos um eine nicht explizierte metaphysische Voraussetzung dieses psychoanalytischen Ansatzes. In letzter Konsequenz führt diese Theorie dazu, daß das größte Glück des Menschen darin bestehen müßte, nicht in seiner kosmischen Existenz durch Zeugung und Geburt gestört zu werden. Die pränatale Narzißmustheorie und eine dem buddhistischen Denken verwandte Auffassung fließen, dem säkularen Anspruch der Autoren zum Trotz, hier in einer Art psychoanalytischer Metaphysik zusammen.

Eine Fortsetzung der Thematik des Verhältnisses von Extremismus, Fremdenhaß und Regression findet sich in Chasseguet-Smirgels *Reflections of a Psychoanalyst upon the Nazi Biocracy and Genocide* (1989/90), welche sie beim 36. Psychoanalytischen Kongress 1989 in Rom vorstellte.[140] Es könne, so betont sie eingangs, für einen Psychoanalytiker nicht wagemutiger sein als für andere Vertreter der Humanwissenschaften, seine Hypothesen außerhalb des therapeutischen Feldes anzuwenden. Als ein entsprechendes Beispiel aus dem Bereich der Geschichtswissenschaft nennt sie Raul Hilbergs dreibändiges *Werk Destruction of the European Jews*, in welchem dieser die historische Wiederholung der drei Stufen des Zerstörungsprozesses vorstellt: Definition, Konzentration und Vernichtung.[141]

Ihre Kritik an Hilberg lautet, er beschreibe die Nazi-Verwaltung wie eine Ameisengesellschaft, in welcher alle Mitglieder blind kooperierend zu einer gemeinsamen Aufgabe beitragen. Darin sieht sie aber zugleich die Einführung der Kategorie des Unbewußten, allerdings ohne Erklärung und »vielleicht, ohne dies zu erkennen, nicht nur die Idee des Unbewußten, sondern ebenso die Arbeit des Unbewußten auf der Ebene der Gruppe« (ebd., 167). Folglich könne das Risiko des Psychoanalytikers, sich mit solchen Hypothesen zu befassen, nicht größer sein als das eines Historikers, der dafür die Bewunderung seiner Fachkollegen geerntet habe und all jener, die sein Werk lasen.[140] Die tastende Rechtfertigung dieses einzugehenden Risikos verwandelt sich dann allerdings unversehens in eine Forderung mit unmißverständlicher Konsequenz. Denn nicht nur wirft Chasseguet-Smirgel allen, die es nicht wagen, zumindest Hypothesen für das Verständnis des kollektiven Unbewußten der Nazis zu entwickeln, vor, selbst wie Ameisen zu arbeiten, die den übergreifenden Plan nicht verstünden. Mehr noch, das Versäumnis, nach einer Erklärung zu suchen, bedeute eine Unterwerfung unter diese Ideologie [der Nazis; A.M.] und in letzter Konsequenz gar eine Kollaboration (ebd., 167). Mit dieser Aussage ist es Chasseguet-Smirgel innerhalb weniger Zeilen gelungen, von der

140 Der Begriff der Biokratie (engl. Biocracy) wird von Lifton in seiner Untersuchung über *The Nazi Doctors 1986* (dt. 1988) eingeführt. Er verwendet ihn allerdings nicht beiläufig (›incidentally‹), wie Chasseguet-Smirgel meint (1989/90, 170), sondern in Analogie zum Begriff der Theokratie ganz gezielt, um die Beanspruchung göttlicher Vorrechte zu bezeichnen, welche sich in der Entscheidung über Leben und Tod durch die NS-Ärzte manifestiert habe, die nach seiner Erkenntnis die Tötungsabläufe in den Konzentrationslagern von Anfang bis Ende unter ihrer Regie hatten. Allerdings räumt er ein, daß die »biokratischen Priester« im Unterschied zu theokratischen keine tatsächliche Herrschaft ausübten, sondern machtvolle Erfüllungsgehilfen bei der Umsetzung der biomedizinisch begründeten rassistischen Ideologie waren, die zu einer Rechtfertigung der Tötung als ›Heilung‹ führte (vgl. Lifton 1988, 38ff).

141 Hilberg nennt vier Stufen: als zweite, von Chasseguet-Smirgel nicht erwähnte, die der Enteignung, welcher er das V. Kap. des 1. Bandes widmet (vgl. ders., Bd. 1, 1990, 56f). Dabei erwähnt er, daß die im Nationalsozialismus feststellbaren Phasen der Vernichtung nicht neu sind, sondern »jahrhundertealten Stufen« entsprechen (ebd., 57).

140 Diese Auffassung verneint Eli Sagan (1999) in ihrem Kommentar zu *Devil's Religions* von Chasseguet-Smirgel (1999), indem sie anhand einiger weniger historischer Beispiele die Unterstellung eines Zusammenhangs von analsadistischen Perversionen und Revolutionen widerlegt und feststellt, daß dieses Konzept zu global für Schlußfolgerungen sei (ebd., 346). Wie die Überprüfung der Hypothese Chasseguet-Smirgels an historischem Material zeigt, ist sie in vielen Fällen nicht haltbar, was Sagan zu dem nach ihrer eigenen Befürchtung »harten Schluß» veranlaßt, »wenn wir nicht bereit sind, die Arbeit des Historikers auf uns zu nehmen, können wir zur Historiographie keinen großen Beitrag leisten« (ebd., 347).

Selbstrechtfertigung ihres Unterfangens wegzukommen zu einer Position, in welcher andere sich zu rechtfertigen haben, die vielleicht Zweifel an *dieser* Form der Interpretation haben. Diese besteht in der Anwendung der Theorie der archaischen Matrix des Ödipuskomplexes auf den Nazismus, indem sie diese in einem 1. Schritt darstellt und im 2. Schritt auf die Maßnahme des Völkermords (»... the genocidal undertaking« (ebd., 168) überträgt und in einem 3. Schritt durch einige Thesen über Denkstörungen[142] ergänzt, die den Rassenhaß und Völkermord der Nazis ermöglicht hätten (vgl. ebd., 168). Dabei betont sie, daß die historischen Zusammenhänge wie der späte Übertritt der Deutschen zum Christentum, geographische oder politische Ereignisse für ihre Ausführungen eher marginal seien, da es sich bei dem Grundphänomen um eine universale unbewußte Phantasie handele, eben die »archaische Matrix des Ödipuskomplexes«. Wir begegnen in diesen Ausführungen wieder dem »apokalyptischen« Traum einer hier als Borderline-Patientin vorgestellten jungen Frau, die uns in der Theorie zur archaischen Matrix als homosexuelle Frau mit Depressionen vorgestellt wurde (vgl. 1988a, 96f)[143]. Ihr Traum vom Untergang der Welt, bei dem 34000 »Auserwählte« (kein Begriff der Patientin!) übrigbleiben, repräsentiere die zur Einheit verschmolzene Brüderhorde, die den Leib der Mutter-Erde in Besitz nehme.[144] Von diesen 34000 im Traum der Patientin Übriggebliebenen macht Chasseguet-Smirgel den Sprung zum

142 Im Februar desselben Jahres (1989) hatte Chasseguet-Smirgel in Tübingen einen Vortrag zu *Denkstörungen bei nicht-psychotischen Patienten und in Gruppen* gehalten (vgl. 1989/92), auf dessen Überlegungen sie sich in diesem dritten Schritt bezieht.

143 In *Überlegungen zu einigen Denkstörungen bei nicht-psychotischen Patienten und in Gruppen* (1989/92) werden schließlich die verschiedenen früheren Angaben zu dieser Patientin (France) ›integriert‹, wenn sie als Borderline-Patientin und an Depressionen leidende junge Frau vorgestellt wird, die vor der Analyse eine homosexuelle Affäre hatte (ebd., 68).

144 Einmal mehr wird dabei deutlich, daß sich für Chasseguet-Smirgel alle Differenzen zwischen der weiblichen und der männlichen Psychosexualität verwischen, wenn für sie die Frau ebenso wie der Mann zum amalgamierten Bestandteil der Brüderhorde wird – schließlich habe sie ja auch dasselbe Ziel wie die männlichen Brüder: in den Mutterleib zurück zu gelangen. In *Die archaischen Matrix des Ödipuskomplexes* (1984a) dient nach ihrer Auffassung die Homosexualität eben diesem Zweck bzw. dem weitergehenden »einer Rückkehr zu diesem pränatalen Zustand« (in 1988a, 97).

Darüber hinaus integriert Chasseguet-Smirgel mit Leichtigkeit jene ihr wohl als Kritik gegenüber der früheren Interpretation entgegengebrachten Einwände. So vermerkt sie in einer Fußnote (1989/90, 169,1), selbstverständlich repräsentierten die 34 000 Menschen auch die Fragmentierung des Selbst der Patientin. Die Wiedervereinigung dieses Selbst vollziehe sich jedoch durch Fusion mit der Mutter-Analytikerin. »Das Selbst repräsentiert die mit der Analytikerin verschmelzende Patientin zum selben Zeitpunkt, zu dem die von der Vernichtung verschonte Gruppe verschmilzt« (ebd.).

kollektiv-christlichen Unbewußten des Propheten Johannes und seiner Offenbarung, in welcher die von Gottes Strafgericht Verschonten (hier mit 144000 angegeben) in das himmlische Reich einziehen und sich damit denselben archaischen Wunsch erfüllen dürfen wie die homosexuelle Borderline-Patientin im etwa 1900 Jahre späteren Paris.[145] Der gedankliche Weg führt uns weiter über die vertrauten Stationen von den die Mutter repräsentierenden Utopien, die hier exemplarisch wieder durch die frühere Interpretation von Samjatins Roman ›Wir‹ dargestellt werden, und schließlich zur Nazistischen Doktrin und dem rassistischen Staat mit dem daraus resultierenden Genozid.

Die Anwendung ihrer Theorie der archaischen Matrix des Ödipuskomplexes auf den Nazismus und seine Folgen beginnt Chasseguet-Smirgel mit der Einleitung: »So weit ich weiß, hat es noch niemand unternommen, die rassistische Doktrin und die ihr zugrundeliegenden Phantasien zu interpretieren. Im Gegenteil glaube ich, daß trotz ihrer tragischen Konsequenzen, *niemand sie jemals ernst genommen hat*« (ebd., 170). Diese Aussage trifft allerdings nur zu, sofern die Rassentheorie im engeren Sinne gemeint ist. Zur Psychoanalyse der Fremdenfeindlichkeit und des Antisemitismus gab es bereits zahlreiche Arbeiten, die Chasseguet-Smirgel bekannt sein mußten.[146] Ihre eigene Hypothese lautet: »Rassistische Ideologie basiert auf der Idee einer Symbiose zwischen dem Subjekt und der Mutter Natur« (ebd., 171). Sie sieht dies in der Blut-und-Boden-Ideologie ebenso bestätigt wie in Vorstellungen über den Staat als lebendem Organismus und einheitlichem Körper sowie in Äußerungen gegen das Stadtleben. Die biologische Dimension führe das konkrete Denken ein – ohne Transposition, ohne Substitu-

145 Chasseguet-Smirgel gibt in den Literaturangaben für St. John die Jahre ca. 70–100 an. Weber (1992) faßt den Zeitraum etwas enger und führt dazu aus: »Der Visionär Johannes hat die Apokalypse höchstwahrscheinlich gegen Ende der Regierungszeit des römischen Kaisers Diokletian (81–96) verfaßt, als die Christen zum erstenmal aus religiösen Gründen von den Behörden verfolgt wurden und Märtyrerblut floß« (ebd., 46). Der historische Hintergrund vermag zum Teil die Intensität und Gewaltsamkeit der Bilder in der Johannes-Offenbarung zu erklären, die eine Wiederbelebung der ersttestamentarischen Eschatologie in Verbindung mit dem christlich-messianischen (Christos ist die griechische Übersetzung für das aramäische Messias = der Gesalbte; vgl. Weber 1992, 123) Erlösungsgedanken darstellen.

146 Dies gilt insbes. für die in Simmel (1946) enthaltenen Beiträge von Horkheimer, Adorno, Fenichel, Berliner u.a., ferner für Loewenstein (1941) u.a. (vgl. hierzu Beland 1992). In dem von Chasseguet- Smirgel zitierten Band von Poliakov u.a. (1984) *Über den Rassismus* wird auch das 1975 in Cerisy vorgetragene Referat von Jacques Hassoun *Approches psychanalytiques du problème du racisme* angegeben (ebd., 176, FN 1).

tion, »als wäre die menschliche Rasse zu einer Form des seelischen Funktionierens ohne Symbole zurückgekehrt, zu einer Zeit, als noch kein Widder den Platz Isaaks als dem versprochenen Opfer einnahm« (ebd., 172). Dabei hatte Chasseguet-Smirgel in Zusammenhang mit der weiblichen Bewältigung der archaischen Matrix die biologische Gesetzmäßigkeit als Garanten des Realitätsprinzips hervorgehoben, so in ihrer These, »daß das Leben der jungen Frau stärker biologisch reguliert wird als das ihres männlichen Gegenstücks; dies stattet sie mit einer sehr wichtigen Verbindung zur Wirklichkeit und zum Realitätsprinzip aus. Sie ist weniger großartig« (s. Interview in Raymond; Rosbrow-Reich 1997, 459).

Das Biologische – gemeint ist der Körper, die Physis, das ›Natürliche‹ – ist, wie diese vergleichende Interpretation deutlich macht, jedoch nicht nur für die rassistischen Ideologen das ›Konkrete‹, ›Unmittelbare‹, ›Unverfälscht-Reine‹, es nimmt diesen Platz auch im Denken und der Argumentation Chasseguet-Smirgels ein. Alles Biologische, Leibliche, ›Natürliche‹ ist für sie von jener asymbolischen Konkretheit, die nach ihrer Auffassung einer Denkstörung entspricht, welche in der Verleugnung der Realität bestehe.[147]

Den Weg zu diesen Denkstörungen beschreibt sie am Beginn ihres dritten Schrittes: am Anfang stehe das Versprechen extremistischer Ideologien, in das »Himmlische Jerusalem« (den Mutterleib) zu führen, dem Ort der absoluten Seligkeit. Durch dieses Versprechen würden die Individuen aufgehetzt, alle Hindernisse auf diesem Weg zu beseitigen, was die potentielle Blutrünstigkeit dieser

---

147 Dagegen betonen Pohlen und Bautz-Holtzherr als zentralen anthropologischen Befund, daß sich Wahrnehmungs- und Handlungsschemata und die Strukturen der subjektiven Wahrnehmung nach dem Maßstab körperlicher Erfahrung ausrichten (vgl. in Heim 1996, 56f).

Eine negative Bewertung des Körperlichen hat sich in der psychoanalytischen Diskussion lange Zeit als Grundtendenz durchgesetzt. Dies wird auch noch spürbar bei der Gegenüberstellung von Desomatisierung als zivilisatorischer Leistung und Resomatisierung als Ausdruck der Biopolitik bei Heim (1996). In ihr spiegelt sich eine Tendenz zur pathogenen Stigmatisierung des Körperlichen wider – der Reflexion des Autors auf die Dialektik der Aufklärung und der von ihr thematisierten zivilisatorischen Ambivalenz gegenüber dem Körper zum Trotz. Diese Ambivalenz liegt auch einer Terminologie zugrunde, in der die Rede von Resomatisierung die Rückkehr zu einem Soma beschreibt, das in Wahrheit nie zu einem integrierten Körperbild entwickelt werden konnte, während umgekehrt der Begriff der Desomatisierung suggeriert, der Eliminierung des Körperlichen entspreche ein psychischer Reifungsschritt. Daß sich psychische Reife und die mit ihr ermöglichten formal-abstrakten Denkoperationen einem sicher integrierten Körper-Selbst-Bild verdanken, geht in all diesen Konzeptionen einschließlich derjenigen Chasseguet-Smirgels unter. Aber nicht das Es, sondern das Ich war für Freud »vor allem ein körperliches«.

Ideologien erkläre. Das erste Hindernis, das beseitigt würde, sei das Über-Ich. »Es wird ersetzt durch einen Aspekt des Ichideals, welcher es darauf anlegt, die Grenzen zwischen den psychischen Instanzen niederzureißen und sie zu vernichten, um dann zu jener Zeit zurückzukehren, als das Ich und das Ideal eins waren, zu der Zeit, in der das Kind mit der Mutter verschmolzen war« (ebd., 173).[148] Der Idealismus der Nationalsozialisten hat nach ihrer Auffassung eben diesen kurzen Weg durch die archaische Matrix des Ödipuskomplexes hindurch genommen und anstelle der Identifikation mit dem Vater die mit den Mächten der Zerstörung gewählt. Der Weg zur Mutter ist für Chasseguet-Smirgel gepflastert von Idealismus, Romantizismus mit seiner Liebe zur Natur und mit Mystizismus als den fundamentalen Merkmalen, die die Mehrheit der NS-Ärzte ausgezeichnet habe. Deren Interesse für alternative Medizin und Heilkräuter gehört für sie ebenso zu diesem Zusammenhang wie die Berufung auf biologische und Naturgesetze.[149] Auf klinischer Ebene finde sich dies wieder bei Borderline-Patienten, die unfähig seien zum Ertragen jeglicher Frustration, und zu verschiedenen Zeiten ihrer Analyse so regredierten, daß sie nicht mehr in der Lage seien, die väterliche Dimension des Psychischen, die Fantasie, zu repräsentieren und stattdessen sich des Acting out bedienen müßten (in Form einer Fehlgeburt oder eines Streits mit anderen Park-

148 Bei anderen Gelegenheiten hatte Chasseguet-Smirgel hier die einschränkende Ergänzung hinzugefügt, daß dies nur partiell geschehen könne, da es sich ansonsten um eine vollständige Psychose handele. In Wahrheit regrediert kein Psychotiker so weit, wie Chasseguet-Smirgel es hier als Folge ideologischer Verführung zu Denkstörungen beschreibt. Da der von ihr bzw. Grunberger (auf dessen Theorie diese Annahmen zurückgehen) vermutete psychische Status der Glückseligkeit beim Fötus nicht mit Bewußtheit verbunden sein kann, stellt sich die Frage, ob ein Mensch mit einer solchen psychischen Minimalausstattung überhaupt außerhalb der intrauterinen Welt lebensfähig wäre.

149 Daß die Berufung auf Naturgesetze in und außerhalb der Biologie zum Wissenschaftsverständnis jener Zeit in Europa gehörten und jenes bis heute weitgehend prägt, berührt Chasseguet-Smirgels Auffassung ebenso wenig wie die Existenz und das Interesse an alternativer Medizin jenseits totalitärer Ideologien. Für sie beziehen sich beide auf einen Idealismus, der das Potential des Idealismus in sich trägt. Verschiedentlich hat sie jedoch die Berufung auf Naturgesetze als Teil der Identifikation mit der väterlichen Welt aufgefaßt. Suspekt werden ihr die Naturgesetze somit erst, wenn sie sich auf Biologie oder Agrikultur, sprich auf organismische Prozesse und Zusammenhänge (einschließlich der Ökologie) beziehen.
In dem wenige Monate zuvor (im Februar in Tübingen) gehaltenen Vortrag über Denkstörungen (1989/92) ist die Relation jedoch wiederum in ihr Gegenteil verkehrt, wenn Chasseguet-Smirgel hier die Ignoranz gegenüber den Gesetzen der Anatomie und Biologie als Ausdruck des Wunsches, Gott zu sein und dabei alle Differenzen zu zerstören, beschreibt (ebd., 75).

platz-Suchenden, einem Suizid-Versuch etc.). Gelegentlich seien solche Patienten Mystiker oder Idealisten (vgl. ebd., 174).

Dies alles kulminiert in Chasseguet-Smirgels Hypothese, vor dem Eintreten des Nazismus hätten historische Ereignisse dazu geführt, daß die Deutschen in einen Zustand tiefer Verlassenheit versetzt wurden, wie ihn das von der Mutter abhängige Neugeborene erlebe.[150] Mit dieser Situation sei die deutsche Romantik und die Wiederbelebung des Heidentums im 19. Jahrhundert zusammen getroffen, die ein Verlangen nach Mutter Natur in größerem Umfang als bei jeder anderen Nation gefördert hätten. Zur selben Zeit habe die deutsche Philosophie mit ihrem Verlangen nach Einheit und Transzendenz ihre Angriffe gegen den Gott der Juden gerichtet (insbesondere Hegel führt Chasseguet-Smirgel hier neben Feuerbach an; dieselben Vorwürfe einer Verbindung von Antisemitismus und Verschmelzungsideen in der Philosophie des 19. Jahrhunderts, explizit Hegel und Feuerbach nennend, wiederholt sie in ihrem Essay von 1995/96). Der griechische Polytheismus sei zum Himmel gelobt worden wie auch – bis zu einem gewissen Grade – das Christentum, denn in der Fleischwerdung des Wortes fühle sich der Mensch weniger von Gott getrennt als im Judaismus. Bei konsequenter Einkleidung des Menschen in den vormals auf Gott projizierten Narzißmus hätten diese Autoren den Größenwahn als ein die Entfremdung aufhebendes (disalienating) Prinzip eingeführt bei gleichzeitiger Aufwiegelung des Hasses gegen den Juden als den Repräsentanten des Prinzips der Trennung, das im Judaismus und im Gesetz begründet sei. Die Aufklärung mit ihrem Glauben an die Rationalität habe hingegen niemals richtig Wurzeln in Deutschland gefaßt (ebd., 174).[151] Die archaische Matrix

150 Nicht an dieser Stelle, sondern in ihrem *Essai sur la perte de l'activité symbolique dans la pensée nazie* (1995/96) nennt sie vor allem die Demütigung durch den Versailler Vertrag wie die enormen Reparationsleistungen, die Deutschland zu erbringen hatte, die Wirtschaftskrise und die Ohnmacht der Weimarer Republik sowie die Haltung der KPD gegenüber der SPD als jene entscheidenden historischen Faktoren, die dem Nationalsozialismus vorausgingen (ebd., 174). Zweifellos haben diese neben der Spaltung der SPD und der Haltung der deutschen Industrie und des Militärs zur Demokratie eine wichtige Rolle für die politische Entwicklung in Deutschland gespielt. Daß dies zu einem kollektiven Verlassenheitstrauma geführt hätte, läßt sich historisch und sozialpsychologisch nicht belegen.

151 Dabei hat gerade die deutsche Aufklärung mit dem sich an Leibniz orientierenden Christian Wolff einen Begriff der Psychologie entwickelt, in welchem bereits früh der von Chasseguet-Smirgel postulierte Gesetzesgedanke des Psychischen vorweggenommen ist, wenn Wolff als Ziel der empirischen Psychologie formuliert, dieses bestünde in der »Feststellung der Gesetze, denen die Vermögen der Seele folgen« (ders. (1738) Psychologia empirica; zit. n. Ritter/Gründer 1989, 1602).

sei in Deutschland somit zu einem offenen Ausdruck gekommen. Die Spezifizierung des Besonderen im Deutschen geht bei Chasseguet-Smirgel soweit, daß sie hier, ungeachtet all ihrer generalisierenden Ausführungen über Idealismus und Totalitarismus sowie ihrer These von der Prädominanz des Psychischen zu der Schlußfolgerung kommt, zur Erklärung des (italienischen) Faschismus bedürfe es keiner psychoanalytischen Interpretation.[152]

Diese Hypothese (mit ihren abschließenden Schlußfolgerungen) wurde von mir so ausführlich zitiert, weil sie – man kann es nicht anders sagen – ein Sammelsurium aus historischen Halbwahrheiten, Klischees (wie dem vom Faustischen Deutschen)[153] und willkürlich-falschen Interpretationen darstellt, das keines Kommentars mehr bedürfen sollte. Dies läßt sich auch nicht durch die am Ende gemachte Einschränkung Chasseguet-Smirgels aufwiegen, sie wisse um das Ausmaß des Spekulativen und Unvollständigen ihrer Hypothese (ebd., 175).[154] Auf dem Hamburger Kongreß der IPA 1985 hatte Chasseguet-Smirgel mit den Versen des Mephistopheles, mit welchen dieser sich dem Faust als »der Geist, der stets verneint« vorstellt, ihre einleitende Ansprache beschlossen in der Absicht, den Pakt zwischen Faust und dem Teufel als »eine deutliche Anspielung auf den Pakt zwischen dem deutschen Volk und den dunklen Mächten des Nationalsozialismus« zu zitieren

152 Es geht hier nicht darum, die Differenzen zwischen dem deutschen Nationalsozialismus und dem italienischen Faschismus in Frage zu stellen, sondern darum, das affektiv-irrationale Element in Chasseguet-Smirgels Argumentation erkennbar werden zu lassen. Daß zur Einschränkung der Macht des italienischen Faschismus unter anderen Kräften auch die dort sehr viel stärker etablierten Linken (Sozialisten, Kommunisten und Anarchisten) ihren Teil beigetragen haben, wird von ihr aus erkennbaren Gründen nicht erwähnt.

153 Lifton, dessen Begriff der »Biocracy« Chasseguet-Smirgel im Titel eines ihrer Beiträge übernimmt (1989/90), hat daran erinnert, daß das Faust-Thema kein spezifisch deutsches ist und zuerst von Christopher Marlowe aufgegriffen wurde, als Doppelgänger-Thema aber sowohl in der deutschen Romantik wie auch in der Literatur anderer Länder von Bedeutung ist – explizit in Dostojewskis *Der Doppelgänger* (vgl. Lifton 1989, 27). Auch Vermeil (1938), auf den sie sich v. a. als Autorität zum Nazismus beruft, spricht nicht vom faustischen Deutschland, sondern mit Anspielung auf Spengler, dessen Einfluß auf den Nationalsozialismus er ausführlich untersucht, vom europäischen oder faustischen Abendland (98ff) bzw. vom faustischen Europa (106ff).

154 Auf verschiedene Einzelaspekte dieser Argumentation bin ich bereits eingegangen. Verweisen möchte ich ferner auf die kritischen Ausführungen Belands (1992, 108f), der die doppelte Problematik der klinisch bisher nicht mit anderen Perversionskonzepten korrelierbaren Theorie Chasseguet-Smirgels anspricht, die zudem mit dem Anspruch, eine umfassende (Kultur)Theorie des Unbewußten zu sein, in methodisch nicht mehr überprüfbarer Weise auf den nicht-klinischen Bereich übertragen wird.

(vgl. 1987b, 110). Der Wunsch Chasseguet-Smirgels, das Mystische zu verbannen und an seiner Stelle die Gesetze des Denkens (des Vaters) zu etablieren, schlägt in ihrer Auseinandersetzung mit dem Nazismus, wie sich hier belegen läßt, um in eine Mystifizierung, in welcher aus dem »Bruder Hitler« Thomas Manns im Handumdrehen (wie bei Frère 1972) der Satan selbst wird und aus gesellschaftlichen Kräften dunkle Mächte werden[155], denen im Psychischen nach ihrer Auffassung eine andere stets dunkle Macht entspricht: die archaische Mutterimago. Denn, so ihre polemische und doch zugleich ernst gemeinte Frage: »Hitler, die SS, – sollen das Väter sein? Wir wissen, daß sie für das Unbewußte archaische, bedrohliche Mutterimagines darstellen« (1987b, 109; Hervorh. A. M.). Aber, so kann man gegenfragen: sollen das mütterliche Züge sein? Dieses von Chasseguet-Smirgel zur universell geteilten Selbstverständlichkeit erhobene »Wissen« – es wird Zeit, sich dies einzugestehen – beruht auf der endlosen Wiederholung einer Behauptung, deren Geltung klinisch nur zum Teil Bestätigung fand, nämlich vor allem bei Patienten mit sogenannten Frühstörungen und bei Psychotikern, bei welchen sich eine starke Ausprägung eines verfolgenden Mutterbildes zeigt. Daß dieses im Erwachsenen allein aufgrund von Regression und Fixierung wiederbelebt, beim Kleinkind aber normal wäre, ist inzwischen fraglich (vgl. Peterfreund 1978). Somit führt das Konzept der archaischen Mutterimago in der Theorie Chasseguet-Smirgels zu einer Projektion des Dämonischen in ein archaisches Unbewußtes und damit zur Dämonisierung des Unbewußten selbst. Moralisch wird eine kritische Stellungnahme dadurch indessen erschwert, daß die Ausführungen Chasseguet-Smirgels beanspruchen, eine Erklärung der Hintergründe und ursächlichen Faktoren jener historischen Vorgänge zu ermöglichen, die die Zuspitzung des europäischen Antisemitismus in Deutschland bewirkten, welche zur Verfolgung und fast vollständigen Vernichtung der europäischen Juden und ihres kulturellen Lebens führte – die in Wahrheit nicht wieder gut gemacht, sondern nur betrauert werden kann.

Aufschlußreich sind die abschließenden Ausführungen über das konkrete Denken, das Chasseguet-Smirgel mit Bezug auf Hanna Segal als den Verlust der Diffe-

---

155 Auch für Lifton (1988) scheint – auf den ersten Blick – dieser Vorwurf zuzutreffen, da auch er von einem »faustischen Pakt« spricht (vgl. ebd., Kap. 19). Allerdings löst sich die Mystifizierung bei Lifton wieder auf, indem der von ihm beschriebene psychische Mechanismus der »Dopplung« (den er als Ausdehnung der Spaltung auf die gesamte psychische Persönlichkeit versteht) zur Aufklärung jener Abwehrmechanismen führt, die es relativ gewöhnlichen Menschen gestattet, unvorstellbare Grausamkeiten zu begehen.

renzierung von Subjekt und Objekt bezeichnet. Denn der Inhalt dieses konkreten Denkens, das an die Stelle des artikulierten Denkens trete, sind nach ihrer Auffassung der Körper, Blut und Mord.

Macht man sich die Konsequenzen einer solchen Auffassung klar, dann folgt daraus unvermeidlich: ein menschliches Wesen, das, sobald es das artikulierte Denken verläßt, der (Auto-) Destruktion verfällt, bedarf eines sehr strengen und wachsamen Über-Ichs, um dieser Versuchung des regressiven Herausgleitens aus dem begrenzenden, ordnenden und kontrollierenden Denken zu widerstehen. Folglich kann *dieser* Mensch weder sich noch anderen trauen, ist die gefahrvolle Versuchung doch beständig und universell. Dieses strenge, durch Unterwerfung unter den Vater und sein Gesetz gekennzeichnete Über-Ich aber hält jene destruktiv-triebhaften Mächte, die bei Chasseguet-Smirgel einem auf analen Sadismus und primärnarzißtisches Verlangen reduzierten Es entsprechen, mit dem Gesetz des Vaters (der Kastrationsdrohung) in Schach. Ein Ich hat zwischen diesen beiden archaischen Mächten, wie die Theorie Chasseguet-Smirgels sie entwirft, keinen Platz mehr, sondern geht auf in einem narzißtisch dominierten Ichideal, das sich vollständig mit der einen oder der anderen Seite liiert – qua Identifikation mit dem Über-Ich oder qua primärnarzißtischer regressiver Verschmelzung.

Am 25. März 1995 führte die Universität Lille, an welcher Chasseguet-Smirgel einen Lehrstuhl inne hat, ein Kolloquium mit dem Titel *Versuche der psychopathologischen Annäherung an einige Aspekte des Nazismus* durch.[156] Ihr aus dem dort gehaltenen Vortrag hervorgegangener *Essay über den Verlust der symbolischen Aktivität im Denken der Nazis* (1995/96)[157] greift zu einem großen Teil bereits vorgestellte Überlegungen über die Blut- und Boden-Mythologie als Wunsch, mit der Mutter zu verschmelzen, und über den Juden als den die Einheit Störenden und darum aus dem Gemeinschaftskörper als Parasit auszuschließenden wieder auf. Wir finden aber hier auch weitere Überlegungen über die zuletzt nur angedeuteten Formen und Folgen des konkreten Denkens und ihren Zusammenhang mit der Destruktion. Letztere vollende sich in der Verwüstung der Erde, um den Mutterleib frei von Hindernissen zu haben und durch den vereinheitlichten Volkskörper in Besitz nehmen zu können. Was Chasseguet-Smirgel als konkretes Denken bezeichnet, bewegt sich indessen auf einer unscharfen Grenze zwischen Symbolisierung und Handlung, welche sie wiederum mit einem Ausagieren

---

156 Colloque *Essais d'approches psychopathologiques de certains aspects du nazisme*, 25. März 1995.
157 *Essai sur la perte de l'activité dans la pensée nazie*.

gleichsetzt[158], verbunden mit der Unterstellung, daß dem Dargestellten eine nicht bewußtseinsfähige Phantasie zugrunde liege. Andererseits bedeutet für sie ›konkretes Handeln‹ jedoch, daß zwischen dem Phantasma und seiner Umsetzung in der Realität keine symbolische Vermittlung mehr bestehe, das Unbewußte also gewissermaßen unverformt an die Oberfläche komme – eine Möglichkeit, die sie in Anlehnung an Kritiken des Surrealismus von anderer Seite (z.B. Glover) und insbesondere zur Betonung von Lacans ›Unverständnis‹ der Psychoanalyse verneint hatte. Auch hier ist, wie die Beispiele zeigen – die von verschiedenen Formen der body art über das Filmen des realen statt imitierten Mordes oder Koitus bis zur Vergnügungsjagd auf Indianer im brasilianischen Urwald reichen –, das Unbewußte ausschließlich durchdrungen von archaisch-destruktiver Triebhaftigkeit. Eine klinische Parallele zu dieser generellen Entwicklung zur Desymbolisierung sieht Chasseguet-Smirgel darin, daß sich Neurosen [sic!] in der Gegenwart immer seltener auf eine psychische Manifestation beschränkten, sondern von Drogenkonsum, Diebstahl, Suizidversuchen etc. begleitet würden. Nach Melanie Klein habe das Symbol die Funktion, zwischen sich und dem Symbolisierten eine Differenz zu etablieren, durch die das geliebte Objekt vor den Angriffen des Kindes geschützt werden könne. Das Symbol sei also in der Subjekt-Objekt-Beziehung das trennende Dritte (ebd., 165).[159] Das Verständnis dieses konkreten Denkens erkläre, warum ein für längere Zeit auf der Ebene des Phantasmas gebliebener Antisemitismus sich plötzlich in die Tat umgesetzt habe. Deutlichster Ausdruck des konkreten Denkens ist für Chasseguet-Smirgel die unmittelbare Beziehung auf den Körper und das Blut; beide seien Bestandteil des Phantasmas, das sich hinter der rassistischen Ideologie der Nazis verberge und das Ernstnehmen der biologischen Dimension der nazistischen Doktrin verlange. Die Fähigkeit zur Symbolisierung habe im nazistischen Denken nicht bestanden, wie die Verwendung von Totenköpfen u.a. Emblemen zeige, denn es bestehe keine Differenz zwischen diesen Bildern und ihrer direkten Bedeutung – m.a.W.: das konkrete Denken ist für Chasseguet-Smirgel die Unfähigkeit zur Verdrängung, die ungehemmte Entäußerung der archaischsten Triebe mangels der Fähigkeit, sie zu symbolisieren.

---

158 Vgl. dazu ihren Aufsatz *On acting out* (1990).

159 Nach Hinshelwood (1993) hat die Symbolbildung für Klein mehrfache Bedeutung: neben der der unmittelbaren Kreativität v.a. die der Angstabwehr, jedoch nicht die um das Objekt, sondern als bereits paranoid bedingte sowie als Versuch der Verschiebung von Konflikten und der Ersatzbildung (vgl. ebd. Stichwort Symbolbildung, 632ff).

Zwei zentrale Thesen versucht Chasseguet-Smirgel nun aus verschiedenen Schriften und Reden der Nazis und insbesondere aus Hitlers *Mein Kampf* zu belegen: 1. Die Nation (oder der Boden) ist der lebende Körper der Mutter (165) und 2. das deutsche Volk ist der Körper des Kindes oder der durch die mütterliche Substanz versorgte Fötus (vgl. die beiden Zwischenüberschriften ebd., 167). Greift die erste These die Annahme wieder auf, es gehe in der Vereinheitlichung des Volkskörpers, der Blut- und Bodenideologie[160], dem Antisemitismus und den Vorstellungen vom verwüsteten Land um die Realisierung der Wünsche der archaischen Matrix, so entsteht eine neue Variante mit der zweiten These: die Auffassung, es gehe um den Wunsch einer Verschmelzung mit dem Blut der Mutter, von dem der Fötus sich durch den mit der Mutter geteilten Kreislauf im Uterus genährt habe und dessen grenzenlose Wonnen der Sättigung er wiedererlangen wolle. Die daraus zu erklärende Omnipräsenz des Blutes in den Schriften und Reden der Nazis stehe in krassem Gegensatz zu der Seltenheit, mit der dieses – jenseits gesundheitlich-medizinischer Anlässe oder realer Unfälle und Verletzungen – thematisiert werde (das Menstruationsblut nimmt sie von diesen Zusammenhängen aus). Ferner werde Blut nicht symbolisiert und nur Psychotiker träumten oder phantasierten von Blut. Die christliche Gleichsetzung von Wein und Blut aber sei keine Symbolisierung im psychoanalytischen Sinne, denn ihre Bedeutung sei dem Glaubenden vollständig bewußt (ebd., 167). Mit anderen Worten: die Zentrierung auf Blut und den Körper im nazistischen Denken sei Ausdruck von konkretem, »eindimensionalem« Denken. Und dieses Fehlen der Symbolisierung belege die psychotische Destrukturiertheit, weil Unvermitteltheit, in diesem Denken. Denn der Körper und das Blut repräsentierten unter diesen Umständen nichts anderes als sich selbst.[161] Somit

160 Hier von Chasseguet-Smirgel mit Blubo abgekürzt, ein Begriff, der an Blubbern erinnert und in direketem Bezug zu ihrer These steht, daß mit dieser Ideologie die Sehnsucht nach der Rückkehr in den Mutterleib und in den Zustand der Versorgung mit dem mütterlichen Blut verbunden sei.

161 Kolatch (1997) spricht im Zusammenhang mit den jüdischen Speisegeboten vom Tabu des Blutverzehrs, »weil Blut den »Sitz des Lebens« *symbolisch* darstellt (3. Buch Mose 3,17 und 5. Buch Mose 12,23–25)« (ebd., 102; Hervorh. A.M.). Klinisch kann man hier einwenden, daß PatientInnen mit selbstverletzendem Verhalten das durch Hautverletzungen austretende Blut einerseits als Symbolisierung psychischer Verletzungen als auch als Sinnbild von Lebendigkeit, Im-Fluß-sein erleben können (vgl. Sachsse 1996). Daß hier häufig schwere Persönlichkeitsstörungen (v.a. Borderline) infolge von Traumatisierungen vorliegen, wird Chasseguet-Smirgel als Bestätigung ihrer Auffassung von der Psychosenähe auffassen. Aus der Behandlung einer schizophrenen Patientin (Pankow 1984, 158ff) ergibt sich indessen nicht nur, daß Blut sehr wohl symbolisiert wird – hier mittels einer aus rotem Plastilin geformten Kette –, sondern auch, daß dies selbst bei Psychosen erfolgt.

sieht Chasseguet-Smirgel die von ihr angenommene Koinzidenz zwischen dem Nazismus, dem von ihm verfolgten Phantasma der Einheit und dem auf dieses Ziel hinsteuernden seelischen Funktionieren bestätigt (vgl. ebd., 167). Der Körper des Volkes werde von den Nazis beschrieben wie ein lebender Organismus mit einem Blutkreislauf – und somit wie der Körper der *Mutter* [sic!]. Das Blut des Volkskörpers müsse gereinigt werden, damit sich die Einheit zwischen dem Volk und der Nation – oder der Mutter-Erde (›la terre-mère‹) gänzlich vollziehen könne (ebd., 168).[162] »Letztlich«, so Chasseguet-Smirgel, »ist das zugrundeliegende Phantasma das der Verschmelzung eines einzigen Kindes und seiner Mutter« (ebd.). Aus Überlegungen Claude Leforts über den Wunsch der Nazis nach einem integrierten sozialen Körper, der als natürlicher Körper vorgestellt werde, in dem sich alle Mitglieder der Gesellschaft in ihrer physischen Realität solidarisieren könnten, leitet sie das in ihren Worten noch komplexere Phantasma ab, die Reinheit des Gesamtorganismuses sei der Garant für die Fusion mit dem Körper der Mutter (ebd., 168f). Dies entspreche – auch dieser Gedanke geht, wie sie an dieser Stelle mitteilt, auf Vermeil zurück – dem christlichen Mythos von der Herde der Gläubigen, die den Leib Christi bildeten.[163] Zwar seien, wie sie relativierend einräumt, die Gründe für den Antisemitismus »wahrscheinlich sehr überdeterminiert« und der Antisemitismus eine Fortsetzung des älteren Antijudaismus. Sie aber werde jene Gründe in Betracht ziehen, »die mit jenem Schema zu tun haben, das ich vorschlage: dem Verlangen nach der Einheit mit der Mutter, der Reduktion des Volkskörpers auf eine homogene Einheit« (ebd., 171), in der der Jude als

162 Auch die Tatsache, daß Hitler in *Mein Kampf* wiederholt vom Mutterland spricht, bestätigt für Chasseguet-Smirgel die Richtigkeit ihrer These. Er spricht dort jedoch ebenso von Vaterland. Dies schließt zwar eine Bezugnahme auf Mutterbilder nicht aus. Ob diese aber wirklich der psychischen Struktur von Nazis und anderen Diktatoren geschuldet ist oder nicht eher der Tatsache, daß Demagogie generell mit der Okkupation emotional bedeutsamer Bezüge und ihrer Sentimentalisierung einhergeht, ist eine Frage, deren Klärung für das (psychoanalytische) Verständnis massenpsychologischer Verführungsstrategien von Bedeutung ist.

163 In der infrage kommenden Passage bei Vermeil (1938) legt dieser die Bedeutung der Idee des Corpus Christi und der Abendmahlgemeinschaft in der Reformationszeit unter Luther dar und ihre Konsequenz für eine Anbindung der Mitglieder an den Staat und die Kirche, die seit dem westphälischen Frieden unter Preussen auch von den katholischen Regionen übernommen wurde (vgl. ebd., 26). Die Interpretation Vermeils unterscheidet sich von der Chasseguet-Smirgels darin, daß er untersucht, auf welche historischen Strömungen und Entwicklungen die Nazis zurückgriffen, während Chasseguet-Smirgel eine deterministische Interpretation vornimmt – als hätte historisch nichts anderes aus diesen Strömungen hervorgehen können als der Nazismus.

Repräsentant des Vaters und der Differenzen keinen Platz haben könne. Die Regression zur Verschmelzung mit der Mutter stehe am Beginn des Verlustes der symbolischen Tätigkeit im Denken der Nazis und sei zugleich aufs engste verbunden mit der rassistischen Doktrin, die den Nationalsozialismus vom Faschismus unterscheide. Für diese Regression müsse es spezifische historische Gründe geben, die Chasseguet- Smirgel nicht nur in den aufgezählten politisch-ökonomischen Bedingungen des 19. und frühen 20. Jahrhunderts sucht, sondern erneut bei Hegel und mit Berufung auf Vermeil (1938) in der deutschen Romantik.[164]

Besonders in diesem späten Beitrag Chasseguet-Smirgels *über den Verlust der symbolischen Aktivität im nationalsozialistischen Denken* wird erkennbar, wie sehr die Fixierung auf die Verschmelzungswünsche mit der Mutter zu einer Einschränkung der Wahrnehmung anderer Deutungsmöglichkeiten führt. So ist der Abwehrcharakter des mit dem reinen Blut verbundenen Phantasmas des einheitlichen Volkskörpers für sie nur auf die Geschwisterrivalität in der Horde bezogen, berücksichtigt aber nicht, daß diese Abwehr sich – gerade in ihrer unbewußten Beziehung zur Nahrung (der mit der Mutter geteilte Blutkreislauf des Fötus) – ebenso auf letztere selbst richten kann, d.h. auf die Angst vor ›falscher‹ oder zu wenig Nahrung durch eine als unzulänglich versorgend erlebte Mutter, auf die Angst vor Verletzbarkeit, Vergänglichkeit und Tod, auf die Angst vor Autonomieverlust. Dabei kann auch Geschwisterneid eine Rolle spielen, aber letztlich geht es um unbefriedigte Triebe und verletzte narzißtische wie soziale Bedürfnisse des Kindes, die dessen Objektbeziehungen den Charakter von Unvollkommenheit oder gar Scheitern verleihen.

---

164 Auch hier wird ein entscheidender Gesichtspunkt Vermeils von Chasseguet-Smirgel übergangen. In *seiner* Kontrastierung von Klassik und Romantik kennzeichnet ersteren der Kosmopolitismus und ein zugleich konkreter wie universeller Humanismus der Klassiker, »die fähig waren, gleichzeitig die Unterschiede der nationalen Kulturen zu respektieren sowie die Einheit, die diese in einem allen Völkern gemeinsamen Ideal erreichen können.« Dagegen stellt er für die Romantiker einschränkend fest: »Anstatt sich wie die Klassiker mit der Einheit der kontinentalen Vielfalt zu tragen, sind die Romantiker im Gegesatz zu dieser Vielfältigkeit, *worin sie eine Gefahr der Auflösung und Anarchie sahen*, zu einer früheren Einheit gelangt, aber bereichert um alle *Differenzierungen* und um alle der Entwicklung in Europa seit der Reformation verdankten Beiträge.« (Vermeil 1938, 356f; Übers. u. Hervorh. A.M.). Erst im 20. Jahrhundert sieht Vermeil die aus dem Bismackismus und Pan-Germanismus erwachsende Gefahr, daß Deutschland, um die verlorene kontinentale Einheit wieder herzustellen, geneigt sei, diesen Traum durch Zerstörung der aktuellen europäischen Kultur zu verwirklichen – und dies gilt nach Vermeil für die gesamte deutsche Kulturtradition einschließlich der Romantik (s. ebd.).

Dagegen vermag Chasseguet-Smirgel die von ihr beschriebenen Phantasmen und Rituale allein aus einem Erleben zu beschreiben, welches sie aus Zuschreibungen der unbegrenzten Omnipotenz und Autarkie an das Unbewußte des Fötus und dem traumatischen Verlust dieser *fötalen Illusionen* ableitet – wobei sie hier wiederum Grunberger folgt (vgl. ders. 1982, Kap. 1). Ihre Theorie ist zu weiten Teilen auf diesem einen Postulat aufgebaut, ohne zu bedenken, daß sich die menschliche Sehnsucht nach dem Paradies ebenso gut aus der Reaktion auf die Frustration elementarer Bedürfnisse nach Geborgenheit und inniger emotionaler Nähe mit Verschmelzungsgefühlen bilden kann, die nicht Erbschaft pränataler, sondern notwendige Bestandteile der postnatalen menschlichen Existenz sind. Sie würden dann im Sinne der Nachträglichkeit in den fötalen Zustand projiziert, was diesem den illusionären Charakter des Paradiesischen bzw. des verlorenen Paradieses gäbe. Hierfür sprechen klinische Erfahrungen, die zeigen, daß bei einigen Persönlichkeitsstörungen (insbes. Borderline) das Verschmelzungsverlangen positiv korreliert mit frühen Deprivationserfahrungen. Bei narzißtischen Störungen überwiegt dagegen die Betonung der Autarkie und die Furcht vor mit Enttäuschung assoziierten Abhängigkeiten (vgl. auch Kernberg 1983). Balint (1988) hat diese gegensätzlichen Verarbeitungsweisen unbewältigter Objektenttäuschungen, die immer zugleich die Enttäuschung von Triebbedürfnissen bedeuten, in den Typologien des Philobaten und des Oknophilen vorweggenommen. Dabei unterscheidet sich Chasseguet-Smirgels Auffassung von der frühen (auch Freudschen) Psychoanalyse gerade darin, daß sie für die psychische Reife nicht vom weitgehenden Verschwinden dieser Wünsche nach Einheit ausgeht. Vielmehr versteht sie diese Reife als die Bewältigung jener immerwährenden Wünsche mittels der Identifikation mit dem Gesetz des Vaters, welches Begrenzung, Verzicht, Pflicht und Sublimierung bedeute. Jenseits davon drohen nach ihrer Auffassung die Psychose, der Wahn, Zerstörung und Tod – wofür ihr der Nazismus als Bestätigung gilt. Für Chasseguet-Smirgel wäre es nicht nur undenkbar, sondern, wie es scheint, beängstigend, wie Hannah Arendt davon auszugehen, daß »das Böse« in der Banalität durchschnittlicher Normalbiographien enthalten ist und sich unter bestimmten Umständen realisiert, ohne daß Monströsität im Spiel ist.[165]

Die Überlegungen zum konkreten Denken bilden das Fundament für die Ausführungen über den Zusammenhang zwischen Blut und Antisemtismus. Dabei greift Chasseguet-Smirgel in ihrem 1998 veröffentlichten Beitrag *Der heilig Gral: Das*

Thema des Blutes im Antisemitismus die von ihr angenommenen Parallelen zwischen Christentum und Nazismus nochmals auf. Sie verweist zunächst auf die Zweideutigkeit, in welcher deutsche Autoren wie Fichte, Marx oder Wagner sich über Vernichtung, Untergang und Ausrottung der Juden geäußert haben[164] – auf der Grenze zwischen Metapher und Aufforderung zur Tat. Die gefährliche Problematik aller Körpersymbolik liege darin, daß sie, wie sie hier nun betont, einen potentiellen Ersatz für inzestuöse Wünsche darstelle und daher in sich die Tendenz trage, die symbolische Ebene zu verlassen.[165] Darum habe sie darzulegen versucht, »daß Ideologien, in denen Konzepte eine zentrale Rolle spielen, die sich auf den Leib und das Blut beziehen, notwendigerweise in Verbrechen und Massaker enden« (ebd., 11). Ausgehend von ihrer früheren These, daß Blut nicht im psychoanalytischen Sinne symbolisierbar sei, interpretiert sie die eucharistische Gleichsetzung von Wein mit dem Blut Christi als einen Akt der *Entsymbolisierung*: im Transsubstantiationsglauben des (katholischen) Christentums symbolisieren Hostie und Wein nicht den Leib Christi, sondern sind derselbe. Von den Christen gegen die Juden ausgesprochene Beschuldigungen bezüglich des Christusmords und angeblicher Ritualmorde (wie auch die berühmt-berüchtigten »Protokolle

---

165 Hannah Arendt (1986) hat sich gegen die (Politik der) Dämonisierung der Nazi-Täter gesträubt und steht mit ihrem Urteil über Adolf Eichmann diametral der Haltung Chasseguet-Smirgels gegenüber, wenn sie feststellt: »Das Beunruhigende an der Person Eichmanns war doch gerade, daß er war wie viele und daß diese vielen weder pervers noch sadistisch, sondern schrecklich und erschreckend normal waren und sind. Vom Standpunkt unserer Rechtsinstitutionen und an unseren moralischen Urteilsmaßstäben gemessen, war diese Normalität viel erschreckender als all die Greuel zusammengenommen, denn sie implizierte – wie man zur Genüge aus den Aussagen der Nürnberger Angeklagten und ihrer Verteidiger wußte –, daß dieser neue Verbrechertypus, der nun wirklich *hostis generis humani* ist, unter Bedingungen handelt, die es ihm beinahe unmöglich machen, sich seiner Untaten bewußt zu werden« (ebd., 425). und »Es war gewissermaßen schiere Gedankenlosigkeit – etwas, was mit Dummheit keineswegs identisch ist –, die ihn [Adolf Eichmann; A.M.] dafür prädisponierte, zu einem der größten Verbrecher jener Zeit zu werden. Und wenn dies »banal« ist und sogar komisch, wenn man ihm nämlich beim besten Willen ***keine teuflisch-dämonische Tiefe*** abgewinnen kann, so ist es darum doch noch lange nicht alltäglich« (ebd., 57; Hervorh. A.M.). Für diese Interpretation spricht auch, daß es dem Gesandten der schwedischen Botschaft im besetzten Ungarn, Raoul Wallenberg, gelang, allein durch sein entschlossenes persönliches Auftreten selbst einen Adolf Eichmann einzuschüchtern, auch wenn dieser mit Morddrohungen reagierte.

164 Die Zitate folgen weitgehend den Darstellungen Poliakovs (im 5. Bd. der *Geschichte des Antisemitismus*).

165 Vgl. dazu die in Kap.I/5.2 zitierte Äußerung Proudhons, die den angeführten Beispielen vergleichbar ist. In all diesen Fällen bedarf es einiger Phantasie, sie überhaupt für metaphorisch zu halten angesichts ihres deutlichen Aufforderungscharakters zur Vertreibung oder Vernichtung der Juden.

der Weisen von Zion«) sind nach Chasseguet-Smirgel das Resultat der Projektion der im Abendmahl erhalten gebliebenen kannibalistischen Impulse der Christen auf die Juden, die aufgrund der Form des konkreten Denkens den Christus-Mord beständig wiederholten. Die Provokation des Judentums bestehe für die Christen in deren Vermeidung des Verzehrs von Blut und dem Aufgeben des Tieropfers seit der Zerstörung des zweiten Tempels in Jerusalem (70 n.C.)[166], somit letztlich in der »schiere(n) Existenz der Juden und der Thora« (ebd., 14–16), die eine permanente Anklage bedeuteten angesichts der fortgesetzt notwendigen Erneuerung der Kommunion der Christen, die sie ständig an die Opferung Christi erinnere. Für die Juden habe die einmalige [sic!] Schließung des Bundes mit Gott genügt[167] und die einzige Opferung, die noch mit Blut verbunden ist, sei die Beschneidung der Knaben am achten Lebenstag. Daß der Begriff von Religion – und damit auch Freuds Religionskritik – nach Chasseguet-Smirgels Auffassung nicht mehr auf das Judentum anwendbar ist, leitet sie aus der – etymologisch nicht bestätigten – These ab, Religion heiße »Vereinigung der Gläubigen«[168] und stellt für das Christentum die Anwendbarkeit dieses Begriffes fest in der Aussage »Die *Gemeinschaft* der Christen hat einen einzigen Körper zu bilden, den Körper von Christus« (ebd., 15). Das Bindeglied zwischen christlicher Tradition und nationalsozialistischer Ideolo-

---

166 Goldberg (1992) hatte darauf hingewiesen, daß bereits die Zerstörung des ersten Tempels 586 v.u.Z. zu einer vorübergehenden Aufgabe des Opferkults geführt hatte (vgl. Kap. 5.3). Für die Konfrontation mit dem Christentum ist zweifellos erst die erneute Aufgabe desselben nach der zweiten Zerstörung des Tempels von Bedeutung. Die von Goldberg u.a. vertretene Auffassung, daß der Opferverzicht nicht aus einer veränderten Einstellung zum Opfer hervorgeht, wie dies Thomas Mann in *Das bunte Kleid des Josef* dargestellt hat (in *Josef und seine Brüder*), sondern Folge der Zerstörung der einzig legitimen Opferstätte und der Diaspora ist, wird dadurch nicht prinzipiell berührt.

167 Zum im Pentateuch dokumentierten dreifachen Bund Israels mit Gott vgl. die Ausführungen in Kap. I/5.3.

168 Die im Duden (1989) gegebene Definition läßt sich noch teilweise mit dieser Interpretation in Einklang bringen in der Ableitung aus lat. re-ligare: zurückbinden mit der Bedeutung [Zurück]bindung (an Gott). Jedoch wird hier für die im 16. Jh. gebräuchliche Verwendung von lat. religio v.a. die Bedeutung von religiöser Scheu und Gottesfurcht betont, ein Aspekt, der dem von Chasseguet-Smirgel für das Judentum postulierten der Unterwerfung unter den Vater entspricht.

Bei Kluge (1999) hingegen findet sich für religio die Übersetzung mit »gewissenhafte Berücksichtigung«, »Sorgfalt« mit der Herleitung aus lat. relegere = bedenken, achtgeben. »Gemeint ist«, so Kluge, »ursprünglich die gewissenhafte Sorgfalt in der Beachtung von Vorzeichen und Vorschriften«, eine Interpretation, die deutlich macht, daß sich Gesetzmäßigkeiten nicht nur, wie Chasseguet-Smirgel unterstellt, in der jüdischen Glaubenstradition finden, sondern ein Merkmal von Religion überhaupt sind.

gie sieht Chasseguet-Smirgel in der rituellen Verehrung des Blutes[169], der mythologischen Bewahrung von Christi Blut als Relique im Gral (sowohl in der Kirche wie im Parzival), sowie in der von ihr fälschlich behaupteten Organisation der SS nach dem Modell des Jesuiten-Ordens.[170] Die Verbindung von Christentum und Nazismus löst sich jedoch unversehens auf in der Feststellung Chasseguet-Smirgels, daß das Christentum in Deutschland nicht tief verwurzelt (gewesen) sei und daher die ihm (historisch) unterliegenden germanischen Religionen schnell freigelegt worden seien. Letzteres ist im Sinne einer kollektiven religiösen Regression gemeint, die sich für Chasseguet-Smirgel in der Wiederverschmelzung mit der älteren Erd-Mutter-Gottheit anstelle jener mit dem Gottessohn bestätigt. Die dauernde Präsenz des Blutes im Christentum, so die Quintessenz, war »in sich selbst ein unheilvoller Vorbote des Verlusts der symbolischen Dimension« (ebd., 20) und wurde, so ihre implizite Schlußfolgerung, durch die Verbindung dieser christlichen Form des konkreten Denkens mit den Verschmelzungsphantasien wiederbelebter heidnischer Naturkulte zum Auslöser für die Freisetzung der in der archaischen Matrix virulenten Destruktionstriebe, die – wie Heine schon prophezeit habe – den latenten Antisemitismus in den Holocaust überführten.[171] Nun ist bekannt, daß die Nationalsozialisten Eklektiker in Hinblick auf die gesamte abendländische mystische Tradition und den Okkultismus wie auch bezüglich des Christentums waren, das sie umzudeuten und, wie Hüser (1987) bemerkt, von seinen jüdischen Wurzeln abzulösen versuchten (vgl. ebd., 30ff) Die pseudowissenschaftliche wie pseudoreligöse Einstellung und Selbstinszenierung der Nazis, in der sich »gro-

---

169 Dabei beschränkte sich diese Verehrung allerdings auf die des Blutes Christi in der bewußten Symbolisierung oder Repräsentation durch Wein. Dagegen hat die im Mittelalter herrschende Doktrin Ecclesia abhorret a sanguine lange Zeit jede Form der ärztlichen Chirurgie verhindert und diese den Badern überlassen (vgl. Starobinski 1964, 38).

170 Es waren v. a. der Deutschritter-Orden und die Legenden über den Templer-Orden, an welchen sich die SS orientierte. Allerdings wurde gleichzeitig der zum Bettelorden reformierte österreichische Ableger des Deutschen Ordens, der nicht in das legendäre Bild vom strahlenden Ritter passen wollte, von den Nationalsozialisten ab 1939 unterdrückt (vgl.dtv-Brockhaus Lex.(1989), Bd. 4: Deutscher Orden, 136f).

171 Bekanntlich identifizierte Hitler sich mit Parzival als dem Gralshüter, während Himmler (v.a. in der nach 1945 erschienenen Trivialliteratur zum Dritten Reich) als der Hüter des Longinus-Speers dargestellt und die von ihm als SS-Schulungsstätte umfunktionierte Wewelsburg mit Schloß Camelot gleichgesetzt wurde (vgl. Hüser 1987, 5ff). Die Gralslegende wurde vor allem durch das von Himmler glorifizierte Buch *Kreuzzug gegen den Gral* Otto Rahns (Freiburg i.Br. 1933), der sich zu einem Vertreter des Luzifer-Kultes entwickelte (vgl. Hüser, 38 u. 206), bei den Nazis aktualisiert.

tesk-naive Geschichtsbetrachtung von geradezu unwirklicher Phantastik« (ebd., 13) mit Anleihen aus verschiedensten religiösen, kulturellen und mythologischen Traditionen willkürlich vermischen, auf – all diesen eklektizistisch mißdeuteten Traditionen – gemeinsame unbewußte Strukturen zurückzuführen, heißt diesen Eklektizismus der Nazis nachträglich aufzuwerten durch die Verleihung eines gemeinsamen inneren Wahrheitskerns und die darin enthaltenen Widersprüche einzuglätten (man denke nur an den Gegensatz von Weltablehnung der Gnostiker und Idealisierung der Natur bei den Romantikern).

So sehr die Annahme einer Schuldprojektion als einem wichtigen Element des Antisemitismus zutrifft – Chasseguet-Smirgel bezieht sie mit Berufung auf Heinsohn explizit auf das Verschwinden des Opfers in der jüdischen Religion –, so problematisch ist die Argumentation, die hier wie an früheren Stellen eine Assoziationskette konstruiert von (perverser) Verschmelzung, Christentum und Nazismus, der das Judentum als das Andere: als Gesetz, Welt des Vaters und des Geistes diametral entgegenstellt wird. Dazu bedarf es einiger Konstruktionen bei Chasseguet-Smirgel wie jener bereits erwähnten in der Deutung des Begriffs der Religion.

Daß der Nationalsozialismus in vielen Aspekten einer religiösen Inszenierung gleicht, ist von zahlreichen anderen AutorInnen ebenfalls belegt worden (vgl. die Arbeiten in Ley; Schoeps 1997 oder die Untersuchung von Karow 1997).[172] Auch steht außer Frage, daß die christliche Tradition in mancher Hinsicht Parallelen in der nazistischen Ideologie, Inszenierung und Realisierung derselben gefunden hat, wie es z.B. Hilberg in der Gegenüberstellung von kanonischem Recht und Maßnahmen der Nazis belegt (Hilberg 1990/1, 18). Es bedarf jedoch einer differenzierteren Unterscheidung danach, wo und inwieweit das Christentum zu jenem

172 Die aus religionswissenschaftlicher Perspektive unternommene sehr gründliche Untersuchung Karows (1997) könnte man zunächst als direkte Bestätigung der Annahmen Chasseguet-Smirgels lesen, wenn dort bereits im Vorwort der Nationalsozialismus als quasi-religiöse Inszenierung interpretiert wird, in welcher »Mythisierung im Verein mit Subjektlosigkeit« und der »Anbindung an eine unendlich mächtige ›Ursprungsmacht‹ bis hin zum völligen Verlöschen« eine zentrale Rolle spiele und in der dieses Verlöschen des Subjekts einer Opferung gleichkomme (ebd., 11). Karow, die sich hier auf Paul Tillichs Konzept der »ursprungsmythischen Bewußtseinslage« bezieht, macht aber zugleich deutlich, daß darin »Ursprungsbindung *kontra* prophetische Erwartung« steht (s. ebd., 14, FN 12; Hervorh. A.M.), während für Chasseguet-Smirgels die prophetische Erwartung (insbes. in der Offenbarung des Johannes) Ausdruck des Wunsches nach Rückkehr zum Ursprung, zur Urverschmelzung, ist.

Gesamt des mythischen und rituellen Fundus gehört, aus dem sich die Nazis in ihrer bekannten eklektizistischen Manier bedient und ebenso wie andere kulturelle, politische und oder geistesgeschichtliche Entwicklungen und Muster angeeignet haben zum Zweck der eigenen Legitimation und im Sinne der Imitation von beneideten Inszenierungen der Macht, auf die sich gerade die christliche Kirche als Institution bestens verstand. Zu dieser Auffassung kommt auch Vermeil (1938) mit der Schlußfolgerung, der Nazismus sei eine *simplifizierte* Theologie und eine *grobe Karikatur* der deutschen intellektuellen Tradition gewesen, nicht ihr Erbe (ebd., 387).[173] Und es ist unbestritten, daß der Antisemitismus mit Projektionen wie der der Schuldfrage am Tod Christi und den archaischen Resten des Totemismus im Christentum zu tun hat, wie Freud bereits feststellte und spätere Autoren (Schultz, Heinsohn) betonten, auf die Chasseguet-Smirgel sich stützt. Daneben wird auch die konkurrierende Beanspruchung der Auserwähltheit als ein Grund gegenseitiger Ablehnung und Ausgrenzung gesehen, die aus psychoanalytischer Sicht einer Konkurrenz von Geschwistern um die Liebe der Eltern entspricht.

Nach Weber (1992) hängt »der Haß der Christen auf die Juden ... offensichtlich mit der Verwandtschaft von Judentum und Christentum zusammen: Das Urchristentum war eine jüdische messianische Bewegung... Das Zweite Testament stellt Jesus Christus als die Erfüllung der ersttestamentlichen Verheißung, d.h. der Hoffnung der Juden, dar... In dieser Deutung der Person Jesu und der eigenwilligen Übernahme der jüdischen Tradition liegt wohl der Keim des christlichen Antisemitismus beschlossen« (ebd., 41). Noch deutlicher wird der von

173 In den Ausführungen zu dieser Schlußfolgerung (vgl. Vermeil 1938, 362ff) macht der Autor zudem deutlich, daß der Nationalsozialismus ideologisch von einer intellektuellen Elite vorbereitet wurde, faktisch aber die Bewegung vor allem der deutschen Mittelschicht war sowie eines Teils der Arbeiterschaft und aus deren Ängsten und Verzweiflungen erwuchs. Dieser sozialen Differenzierung steht die Universalisierung des faustischen Deutschen und seiner Herleitung aus einer germanischen Ge- schichte bei Chasseguet-Smirgel entgegen, wobei letztere sich auch hier durch die Gleichsetzung der ideologischen Inhalte und Postulate des Nazismus mit der historischen Realität ergibt, als hätte die nationalsozialistische Ideologie und Geschichtsdeutung der historisch-sozialen und kulturellen Realität entsprochen. Daß sich dieser ›organisierte Romantizismus‹, als welchen Vermeil den Nazismus bezeichnet (ebd., 18), faktisch mittels der brutalen Verfolgung aller Andersdenkenden und -handelnden durchsetzte (vgl. ebd., 362), ist für Chasseguet-Smirgel eine Bestätigung ihrer Auffassung, daß sich romantische Träumerei in der Zerstörung der störenden Elemente äußere. Nach Vermeil besteht aber ein prinzipieller Konflikt zwischen dem deutschen Nationalgefühl und dem Christentum in Deutschland, der zugleich Teil des Konflikts zwischen Deutschland und Europa sei (ebd., 356).

Chasseguet-Smirgel vollständig ignorierte Rudolph Löwenstein (1952)[174], der noch weiter geht in seiner Annahme, es bestehe eine Art kulturelle Partnerschaft (›couple culturel‹) zwischen Israel und dem Christentum, die ursächlich sei für den Antisemitismus (ebd., Kap. V).

Ebenso bedarf es einer differenzierten Untersuchung der Frage, inwiefern hier kollektive Wiederholungszwänge, Reinszenierungen und unbewußte Schuldgefühle und deren Abwehr am Werk sind, eine Frage, die nicht so leicht, wie es bei Chasseguet-Smirgel erscheint, zu beantworten sein dürfte, da hier nicht die von ihr unterstellte Linearität und ungebrochene Kausalität zugrunde liegt, wie die inzwischen zahlreich vorhandenen klinischen Fallgeschichten mit Kindern von Tätern belegen. In ihnen erweisen sich die unbewußten Mechanismen der Identifikation mit und der Abwehr von übertragenen unbewußten Schuldgefühlen als komplex und vielfältig und sind mit sehr unterschiedlichen psychischen Strukturierungen verbunden. Um den hier bedeutsamen Prozess der Freisetzung destruktiv-zerstörerischer Aggression in Individuen und Gruppen zu verstehen, genügt es nicht, sich auf die vorgeblich universelle Neigung des Menschen zu einer regressiven Sehnsucht nach Rückkehr in den Mutterleib zu berufen, die mit der Beseitigung aller Hindernisse auf diesem Weg einhergehe. Eine solche Erklärung scheint zu vergessen, daß sie nicht die Psyche des symbiotischen Säuglings erklärt, sondern diejenige von Menschen, die bereits libidinöse Bindungen gegenüber Objekten entwickelt haben oder sublimierte wie narzißtische Bindungen gegenüber Dingen und Werten der Realität.

Chasseguet-Smirgels Theorie eines gemeinsamen pervers- psychotischen Kerns in Christentum imd Nazismus verläßt die Ebene der analytischen Erklärung und Beweisführung zugunsten der Anwendung eines universalisierten Schemas[175] mit wenigen als absolut und universell gültig vorgegebenen Parametern, welches in seiner Apodiktik ideologische Qualität hat.

---

174 Frz. Rodolphe Loewenstein. In seiner *Psychanalyse de l'Antisémitisme* von 1952 unternimmt er es auch, eine Psychoanalyse des Judentums zu formulieren, die sich deutlich von der Chasseguet-Smirgels unterscheidet. Seine Nichterwähnung verdankt sich u.a. aber sicher auch seiner Betonung der Tatsache, daß der Antisemitismus kein isoliertes, mit Hitlerdeutschland verbundenes, sondern ein historisch vielfältiges und universelles Phänomen ist (ebd., 2).

175 Ein Begriff, den sie übrigens im *Essay* (1995/96, 171) selbst für ihre Theorie verwendet.

5.5 Die »Dissidenten« und die psychoanalytische Ethik

»Das geringste Hindernis – ich wage nicht zu sagen: die geringste Dissidenz – bedroht das ganze System, …« (Chasseguet-Smirgel 1988a, 125).

Als Synonym aller perversen Bestrebungen, das Lebendige zu vernichten und sich der apokalyptischen Versuchung zu ergeben, zitiert Chasseguet-Smirgel die Verse, mit denen sich Mephistopheles erstmals dem Faust im Studierzimmer vorstellt:

> »Ich bin der Geist, der stets verneint!
> Und das mit Recht; denn alles, was entsteht,
> Ist wert, daß es zugrunde geht;
> Drum besser wär's, wenn nichts entstünde,
> So ist denn alles, was ihr Sünde,
> Zerstörung, kurz das Böse nennt,
> Mein eigentliches Element.«
> (in: CS 1989/92, 70)[176]

Die in der christlichen Dissidenz vom Judentum und im Nazismus (der zweifellos eine Dissidenz aus der Humanität darstellt) angenommenen Motive bestehen für Chasseguet-Smirgel auch in allen Abspaltungen von der Freud'schen Schule der Psychoanalyse. Mir geht es, um Mißverständnissen vorzubeugen, in keinem Fall um die Verteidigung der einen oder anderen dieser Richtungen (von Adler, Jung und Reich bis zu Lacan und Deleuze/Guattari), sondern um die Beschreibung des gemeinsamen Schemas, das auch hier den Interpretationen bei Chasseguet-Smirgel zugrunde liegt. Ein zentrales Element ist hierbei die Idee, den Dissidenten gehe es um die Zerstörung der klassischen Psychoanalyse und damit des Denkens und des Über-Ichs. Insbesondere an Reich wird diese Tendenz einer Dämonisierung und Verteufelung erkennbar, die seiner Entmenschlichung gleichkommt. Dieselbe Haltung zeigt sie, wenn auch nicht mit derselben Gnadenlosigkeit, für andere Dissidenten wie den Mystiker Jung, der sich mit dunklen Mächten verbündete, für den Sozialisten Adler, für Ferenczi, den sie ebenfalls zu den ›Linken‹ rechnet und der später verrückt geworden sei, dessen Schrift *Thalassa* ihr aber eine wichtige Bezugsquelle für ihre eigenen Auffassungen ist.

176 Freud zitiert denselben Vers in *Das Unbehagen in der Kultur* (1930a, 248, FN 2) als Ausdruck der »Identifizierung des bösen Prinzips mit dem Destruktionstrieb«.

Die Dissidenz als Phänomen behandelt Chasseguet-Smirgel (und mit ihr Grunberger in den von beiden gemeinsam verfaßten Texten) analog dem ersten und größten Sündenfall: der Abtrünnigkeit Luzifers von Gott. Denn als eine Projektion der menschlichen Ambivalenz in die über- und unterirdischen Sphären ist ihnen Luzifer Sinnbild der Abwendung vom Vater und der Hinwendung zur zerstörenden Welt der archaischen Mutter und ihrer destruktiven Aspekte, aus welchen Abtreibungen, Morde, Vernichtungslager etc. zu erklären seien.[177]

Relevanz bekam das Thema der »Dissidenz« für Chasseguet-Smirgel erst in Verbindung mit dem Mai 68. Vorher findet sich in ihrem Werk kaum irgend eine Bemerkung hierzu. Im *L'univers contestationnaire* sowie in den nachfolgenden Beiträgen André Stéphanes wurden vor allem Wilhelm Reich und Herbert Marcuse neben C.G. Jung und Jaques Lacan zu den Objekten heftigster Angriffe durch Chasseguet-Smirgel und Grunberger. Sehr wahrscheinlich ist Chasseguet-Smirgel Lacan oder zumindest seinen SchülerInnen häufiger begegnet, denn sie hospitierte zu jener Zeit an der Klinik St. Anne (zumindest 1958; vgl. CS 1974a, 151), als Lacan dort tätig war und wöchentlich seine Séminairs abhielt. Sie befand sich damals vermutlich noch in Ausbildung (1955, also im Alter von 25 Jahren, hatte sie ihre Lehranalyse begonnen, wie sie im Interview mit Raymond und Rosbrow-Reich (CS 1994a, 457) mitteilt. Im Interview mit Hoffman Baruch/Serrano (CS 1985/88, 110) nennt sie bereits 1953 als Beginn der Analyse). Für direkte oder indirekte Kontakte mit dem Kreis um Lacan spricht auch, daß die Veröffentlichung von *La sexualité féminine* im selben Jahr erfolgte wie die im Januar 1964 erschienenen Beiträge zur weiblichen Sexulaität in der Zeitschrift *La Psychanalyse* (No 7/1964, 1–218), dem Publikationsorgan der von Lacan begründeten Société Française de Psychanalyse, unter anderem mit Beiträgen über den Phallus und die weibliche Sexualität (*Phallus et sexualité féminine*, 15ff) von C. Laurin oder über das Problem der Perversion bei der Frau und die weiblichen Ideale (*Le problème de la perversion chez la femme et les idéaux féminins*, 141ff) von Granoff und Perrier). In seinen schon

177 Die Gestalt des Luzifer ist in Wahrheit ein synkretistisches Gebilde aus altpersischer Religion (Zoroastrismus, der mit dem Mithras-Kult nach Italien gelangte; vgl. Ulansey 1998), der heidnisch-römischen Gottheit Luzifer und dem Satan des Ersten Testaments und insofern eine sehr komplexe Konfiguration. Viel interessanter scheint mir die These Elaine Pagels (1996), nach der Satan in der römischen Kirche nicht nur ein Instrument der Ketzer-Verfolgungen war, sondern auch einen wesentlichen Bestandteil in der Legitimation des christlichen Antisemitismus darstellte.

1958 verfaßten *Leitsätze(n) für einen Kongress über weibliche Sexualität*[178] thematisiert Lacan ebenso die Rolle der mütterlichen Frustrationen wie die Differenzen der weiblichen Homosexualität zur männlichen, aber auch die Abwehrfunktion, die die Leugnung der Vagina und die These von der weiblichen Minderwertigkeit hat, sowie die Rolle der Imagines.[179] Es ist möglich, daß auch die Auseinandersetzungen zwischen Lacan und der SPP wie der IPA 1962/63, die zu seinem Ausschluß führten, Chasseguet-Smirgel beunruhigten. Sie fanden jedoch zu einer Zeit statt, als sie noch mit der Etablierung einer eigenen Position innerhalb der französischen Psychoanalyse befaßt war. 1969, also fünf Jahre nach der Affaire Lacan, erscheinen die Schriften gegen die Studentenbewegung, die ›Linke‹ und die ›Dissidenten‹ zumindest noch unter Pseudonym. Dies gilt auch für den fünften Beitrag ›André Stéphanes‹ in *Contrepoint, [L'Anti-Oedipe ou] la fin d'un malentendu*.[180] Auslöser dieses in denunzierender Schärfe gehaltenen Artikels[181] war das Erscheinen des *Anti-Ödipus* von Deleuze und Guattari 1972 bei Ed. Minuit in Paris (dt. 1977). Auf die starke Provokation, die das Erscheinen des *›Anti-OEdipe‹* offenbar für beide hatte, reagieren sie jedoch auch mit einer scheinbaren Beruhigung, wie

---

178 In La Psychanalyse 7/1964, 3–14, dt. in Lacan 1980, 221–235.

179 Nicht daß, weil Lacan dies thematisierte, andere nicht mehr hätten auf ihre Weise darüber nachdenken und schreiben dürfen. Aber die Anregungen sind ersichtlich genug, um Roudinescos Vorwurf (1986, 520f) gegenüber Chasseguet-Smirgel berechtigt erscheinen zu lassen, daß diese die zuvor publizierten Beiträge, die bereits im September 1960 bei einem internationalen psychoanalytischen Kolloquium in Amsterdam referiert wurden, in dem von ihr herausgegebenen Buch nicht einmal erwähnt. Möglicherweise waren sie immerhin der Auslöser dafür, daß Chasseguet-Smirgel bei der Herausgabe von *La sexualité féminine* auf den ursprünglich geplanten Titel *Recherches psychanalytiques nouvelles sur la sexualité féminine* verzichtet hat, unter welchem das Buch noch 1965 in der RFP (4, 407–416) von M. Bénassy rezensiert wurde.

180 CP 8 (1972b). Im Inhaltsverzeichnis von *Contrepoint* wird der Titel vollständig benannt, am Beginn des Beitrags (239) nur der nicht von mir in Klammern gesetzte Teil des Titels.

181 Dies wird z.B. deutlich in der folgenden Passage, die den ›universellen‹ Linken in pathologisierender Weise beschreibt: »Der ›Linke‹ … schwimmt im Narzißmus. Seine Identifikationen sind vielfältig, labil, nicht wirklich integriert: sie münden in die Konstituierung eines Ichs im Überwurf eines Harlekins. Seine Vorstellungen und seine Kreationen entsprechen dem Bild seines Ich: ein Durcheinander an Ideen, Idealen, Bezügen, Zitierungen, eine kulturelle Minestrone, in welcher man alle »die hohen Tiere« (»les grosses légumes«) finden kann: Marx und Fourier, Nietzsche und Lenin, Freud und Che Guevara, Levi-Strauss, Kropotkin und Lacan… Umso besser, wenn Nietzsche Freud bekämpft, Marx Fourier, Freud Reich, Lenin Kropotkin… wesentlich ist, sie alle im eigenen Topf zu haben, denn sie sind groß (oder scheinen es) und dies umso mehr, als sie die aus ihrer Zeit empfangenen Ideen erschüttert haben (oder dafür gelten es getan zu haben), vor allem jene des Vaters« (1972b, 241; Hervorh. i.O.).

sie der zweite Teil des Titels suggeriert: *»das Ende eines Mißverständnisses«*. Dieses habe, wie sie im einleitenden Teil zu diesem Artikel darstellen, in der ›Illusion‹ bestanden, zwischen Psychoanalyse und Marxismus könne eine Synthese hergestellt werden. »Zwischen der Psychoanalyse, die der *Evolution* und der Organisation der Persönlichkeit Rechnung trägt und in das Zentrum ihrer Theorie die Beziehungen des Kindes zu seinen Erzeugern, also den Unterschied der Geschlechter und Generationen, stellt – und der Linken – die danach strebt, die Unterschiede in Zweifel zu ziehen, die den Stoff der Realität selbst bilden – könnten die – Flitterwochen – nur flüchtig sein« (ebd., 242; Spiegelstriche u. Hervorh. im Orig.).[182] Schon in ihrem Beitrag *Der Hörsaal Freud – Che Guevara* (1970a), an den sie hier eingangs erinnern, sollte deutlich machen, daß Freuds Revolution nichts mit der politischen Revolution der Linken gemeinsam habe. Dies sei schon darum unmöglich, weil die Beziehung von Basis und Überbau bei diesen beiden Ansätzen entgegengesetzt gedacht werde. Was damit gemeint ist, ergibt sich aus den weiteren Beispielen: gehe die Psychoanalyse vom Primat des Unbewußten aus, das sich in den gesellschaftlichen Realitäten durch Projektion des Psychischen in die Außenwelt wiederfinde, so stelle der Marxismus die Ökonomie an den Anfang des Seins und betrachte die psychischen Verhältnisse als die Folge derselben. Entsprechend vergleichen die Autoren die Tendenz, für subjektives Leid die Ursache in gesellschaftlichen Bedingungen zu suchen, mit der infantilen Projektion und subsumieren diesen Gesichtspunkt dem der »Wunschmaschinen«[183] im *Anti-Ödipus*, welche sie mit den von Tausk beschriebenen »Beeinflussungsmaschinen« paranoider Schizophrener gleichsetzen.

---

182 Beinahe erscheint es, als ob die »Wunschmaschine« ansteckend wirke, wenn die Autoren zentrale Satzelemente wie »die Flitterwochen« durch Spiegelstriche wie Einschübe behandeln und dadurch eine gedankliche Exklusion dieser Aspekte nahelegen, die dem Satz einen Gegensinn zum Intendierten verleihen würde.

183 Bei den sog. »Wunsch- oder Junggesellenmaschinen« handelt es sich um Versuche von Marcel Duchamp u. a., durch Persiflage die Fetischisierung von Maschinen und Technik seit dem aufkommenden Industriezeitalter und die mit ihnen verbundenen unbewußten Phantasien sichtbar zu machen (vgl. *Junggesellenmaschinen* 1975). Deleuze/Guattari untersuchen in Teil I des *Anti-Ödipus* u. a. die spezifische »Erotik« wie Realität der Maschinen und ihrer phantasmatischen Ausgestaltungen in der Literatur und Kunst. Die Wunschmaschinen sind zudem auch als Anti-Aufklärung gegenüber jenem seit der Mitte des 18. Jahrhunderts geltenden mechanisierten Menschenbild zu lesen, wie es sich im 1746 publizierten *L'homme machine* Julien Offray de La Mettries manifestiert. Zugleich parodieren die Junggesellenmaschinen den anthropologischen Materialismus, der in der von La Mettrie angenommenen vollkommenen Abhängigkeit des geistig-psychischen vom physiologischen Dasein zum Ausdruck kommt und stellen damit ein Element von Dialektik der Aufklärung vor.

Es klingt in der Tat wie ein Aufatmen, wenn dem die Feststellung folgt: »Mit der Veröffentlichung des *Anti-Ödipus* ist die Sache klar. Man legt die Karten auf den Tisch. Die Scheidung zwischen der Psychoanalyse und der Linken ist perfekt« (ebd., 243). Es ist an dieser Stelle nicht notwendig, die aus dem *Anti-Ödipus* zitierten Passagen zu benennen, welchen ›André Stéphane‹ die hier bereits dargestellten Auffassungen von der Funktion des Ödipuskomplexes, der Identifikation mit dem Vater etc. entgegenhält.

Bei aller berechtigten Kritik an der Arbeit von Deleuze und Guattari ist es heute leichter, mit einer gewissen Gelassenheit auf deren Thesen über das Verhältnis von Kapitalismus und Schizophrenie zurückzublicken – dies mag auch ein Effekt des zeitlichen Abstands sein, aber auch neuer Entwicklungen in der psychoanalytischen Diskussion. So sprechen Deleuze und Guattari in ihrer kulturkritischen Betrachtung der Psychoanalyse, deren Prämissen und Schlüsse man keineswegs alle teilen muß, auch Aspekte an, die heute kein Tabu mehr darstellen, wie die Idealisierung der Familie und die für psychische Orientierungen und Reifungsprozesse nicht unbedeutsamen realen Beziehungen und Schicksale in Familien (vgl. Deleuze/Guattari 1977, 126f). In der Tat hat es für die Entwicklung des Kindes *auch* eine Bedeutung, wenn einzelne Familienmitglieder ausgegrenzt, beneidet, verschwiegen werden, in der Tat kann es ein Schutz und muß nicht der Beginn einer Psychose sein, wenn sich ein Kind nicht mit einem emotional gleichgültigen, gewalttätigen oder alkoholabhängigen Vater identifiziert. Und wirklich wurden Geschwisterbindungen und andere relevante Beziehungen in der psychoanalytischen Theorie und Praxis lange Zeit vernachlässigt.[184] Zutreffend und in der neueren psychoanalytischen Forschung von Bedeutung ist ferner, was die Autoren des *Anti-Ödipus* mit der Erinnerung an die Phantasien des Laios (ebd., 353) ansprechen: daß das Kind auch ein phantasmatisches Produkt seiner Eltern ist und sich der Entwicklungsprozeß in einem »Trialog« unbewußter Phantasien vollzieht.[185] Es handelt sich dabei nicht immer nur um paranoid erfahrene Projektionen der ›unverdauten‹ eigenen Aggressionen, wenn Menschen angesichts schlechter Wohn- und Arbeitsbedingungen, hygienischer, sozialer oder anderer manife-

184 Vgl. z.B. Bank/ Kahn 1994; Wellendorf 1995.

185 Siehe insbes. Buchholz 1990. Solche Zusammenhänge wurden in Frankreich bereits sehr früh von René Diatkine, Serge Lebovici u.a. verfolgt (z.B. Diatkine; Simon 1972), ferner von Bertrand Cramer, Terry B. Brazelton u.a. die von »imaginärer Interaktion« sprechen (vgl. Brazelton/Cramer 1991, Teil IV).

ster gesellschaftlicher Mängel und Konflikte sich gegen diese wenden und sie zu verändern suchen – von globalen Konflikten ganz abgesehen[186], die zwar das Produkt von Menschen und ihrer Imaginationen sind, für andere Menschen aber eine reale Bedrohung darstellen.[187] Daß es in diesem unkonventionell-philosophischen Ansatz von Deleuze und Guattari, der durchaus auch seine problematischen Seiten hat und dem man in vielem kritisch oder ablehnend gegenüber stehen kann, auch darum geht, nach den erkenntnistheoretischen Voraussetzungen der Psychoanalyse innerhalb einer Gesellschaft zu fragen, von der sie selbst ein Teil (und damit auch Produkt) ist, entgeht Chasseguet-Smirgel und Grunberger in ihrem heftigen Affekt gegen diese Schrift. Dabei impliziert eben ihre Auffassung von der Gesellschaft als einem aus unbewußten Prozessen hervorgehenden Gefüge von Bezügen, Institutionen und Ideen, auch die Psychoanalyse als eine solche Hervorbringung aus dem kollektiven Unbewußten anzusehen und sie mit ihren eigenen Möglichkeiten zu untersuchen, aber auch auf die Abwehr, blinden Flecken und dunklen Kontinente einzugehen, die unvermeidlicher Bestandteil der Psychoanalyse als einem historisch-gesellschaftlichen und daher auch veränderlichen Phänomen sein müssen.[188] Für ›André Stéphane‹ scheint aber die Psychoanalyse jenseits all dessen zu stehen, einem locus ex mundi gleich, was ihr jenen quasi-religiösen Charakter verleiht, den die Autoren anderen Schulen (teilweise sicher zurecht) ankreiden.[189] Für sie steht fest, daß der »Anti-Ödipus« großen Erfolg haben werde,

---

186 Chasseguet-Smirgels *A short essay on the Apocalypse* erschien interessanterweise in einer Textsammlung zur Frage des Verhältnisses zwischen *Psychoanalysis and the Nuclear Threat* (vgl. CS 1988h).

187 Ungewollt entspricht die Haltung von Chasseguet-Smirgel und Grunberger in diesem Punkt eben derjenigen der modernen linken Philosophen, die in ihrer nach 68 (und in der Folge von Foucault u. a.) entwickelten Theorie des Dekonstruktivismus ebenfalls von einer ›exosmotisch‹ erzeugten Realität ausgehen – wobei sich diese für die Dekonstruktivisten aus der diskursiven Praxis ergibt.

188 Vgl. die Ausführungen von Buchholz (1999), der von der sozialen Unbewußtheit spricht, die z.B. die Bedeutungen des Vaters und der Mutter im psychoanalytischen Diskurs haben, und der zu deren Aufarbeitung mittels einer »Psychoanalyse der Psychoanalyse« auffordert: »Das ist eine Aufklärung dunkler Kontinente – im Heimatland« (ebd., 17, FN 1).

189 In einem von ihm allein verfaßten Beitrag nimmt Grunberger eine zunächst offener scheinende Haltung ein, wenn er feststellt: »Jeder von uns ist *außerhalb* seiner psychosexuellen Entwicklung kulturellen Einflüssen, ständigen Schwankungen ausgesetzt, von denen Haltung und Standpunkt geprägt werden« (1982b, 519; Hervorh. A.M.). Es ist das »außerhalb«, das verrät, das für ihn die Psychosexualität von jeder sozio-kulturellen Beeinflussung frei bleibt. Und daraus ergibt sich bei ihm die gleiche exosmotische Eindimensionalität, mit der er notiert: daß »dann die Art und Weise, wie der Einzelne versucht, diesen Komplex zu bewältigen, ihn »umsetzt«, die Funktion bestimmter kultureller Faktoren sein (wird)« (ebd., 518).

weil er sich vorgenommen habe, die Realität bis zur letzten Konsequenz zu verneinen: »Dieses Universum ohne Ich, unbegrenzt, ohne Vorstellungen, ohne Konflikte, ohne Ödipus, ohne Über-Ich, ohne Kastration ist das der primären Ununterschiedenheit, der Verschmelzung von Ich und Nicht-Ich, des Narzißmus der aller frühesten Lebenszeit, die der Schizophrene auf regressive Weise wiederfindet« (ebd., 249). Der *Anti-Ödipus* gleiche, so die Schlußbemerkung, einem unartikulierten Schrei nach Zerstörung einer Realität, die ein zu fäkalisierendes Haßobjekt sei und sie enden mit einer erneuten Anspielung auf die Johannes-Apokalypse mit dem Urteil: »Der Anti-Ödipus ist kein Buch, sondern eines jener Feuer, die geduldig zur Auslösung einer allgemeinen Explosion angezündet werden« (ebd., 250).

Chasseguet-Smirgel und Grunberger reagieren auf den *Anti-Ödipus* – wie auf die Studentenbewegung und die ›Linke‹ insgesamt – in einer Weise, die mit der Amalgamierung verschiedener Orientierungen, der Verteufelung und der Erwartung einer apokalyptischen Katastrophe eine Reihe von Gemeinsamkeiten aufweist, die sie als typische Kennzeichen jener beschreiben.[190] Zum andern wird auch hier unterstellt, daß die Beschreibung eines Phänomens – die gesellschaftliche Produktion des ›Schizo‹ – identisch sei mit den Absichten derjenigen, die dieses Phänomen beschreiben. Diese Gleichsetzung der Untersuchung eines Gegenstandes mit seiner intendierten Hervorbringung – eine Gleichsetzung, die mit magischem Denken einhergeht gemäß dem Sprichwort, »wer den Teufel beim Namen nennt, ruft ihn herbei« – zeigt sich in der wiederholten Interpretation von Darstellungen und Analysen als Intentionen. So wird auch aus der *Beschreibung* der »Wunschmaschinen« durch Deleuze und Guattari in der Darstellung durch Chasseguet-Smirgel und Grunberger unversehens eine *Erzeugung* von »Wunschmaschinen«.

Für Deleuze und Guattari ist der ›Schizo‹ jedoch zunächst nur ein von ihnen beschriebenes Produkt der kapitalistischen Gesellschaft, dessen Herstellungsbedin-

190 Siehe die am Anfang des Kapitels zitierte Passage, die Chasseguet-Smirgel in ihrer Interpretation von Samjatins Roman *Wir* als typisches Phänomen einer narzißtischen Abwehr beschreibt, die sich mit Megalomanie und utopischer Träumerei von Einheit – von Verschmelzung im Mutterleib – paare. In ihrer Theorie treten die megalomanen Züge in der Präsentation eines allumfassenden Erklärungsansatzes auf, dessen Hintergrund von zwei Kräften gebildet zu sein scheint, die in einem gefährdeten Gleichgewicht gehalten werden müssen: der universellen Bedrohung durch den ›Perversen‹ und der ihn verkleinernden ›Verachtung‹. Eben diese Dynamik hat Chasseguet-Smirgel sehr deutlich in Modianos Der *Platz des Sterns* erkannt, und sie macht deutlich, daß dies der Grund ihrer Begeisterung für den Protagonisten Raphael ist.

gungen bzw. Produktionsmechanismen, dessen gesellschaftliche Nützlichkeit und Verwertbarkeiten sie aufzudecken beabsichtigen. Ob ihnen das angemessen gelingt und ob ihr Verständnis von Psychoanalyse derselben adäquat ist, das ist eine andere Frage. Aber die Erfinder der »Wunschmaschinen«, das sind nicht sie.

Eine Wendung gegen Lacan eröffnen Chasseguet-Smirgel und Grunberger mit dem Hinweis, es werde von Deleuze und Guattari einiges der Freudschen Theorie subsumiert, daß doch Lacanianischer Herkunft sei (der »Name des Vaters« u.a.) – die angegriffenen Konzepte würden jedoch nie Jacques-*Marie* Lacan (dem *Katholiken*, wie die Nennung der Vornamen indiziert) zugeschrieben. In ihren *Überlegungen zum Hamburger Kongreß* (1987b) spricht Chasseguet-Smirgel davon, nach der Spaltung der SPP[191] hätten einige Analytiker geäußert, sie hätten »die jüdische Vereinigung (unsere) zugunsten der christlichen Vereinigung (jener von Lacan) verlassen« (vgl. 1987b, 90). Dabei muß man beachten, daß die Attribuierungen jüdisch/christlich durch Chasseguet-Smirgel erfolgten. Diese Zuschreibungen machen deutlich, daß der Institutswechsel mehrerer Ausbildungskandidaten, der sich aus den erwähnten Konflikten in der SPP ergab, in den Augen Chasseguet-Smirgels einer Konvertierung vom Judentum zum Christentum gleichkommt. Für sie entspricht dies einem Wechsel von der ödipalen zur perversen Position. In ›André Stéphanes‹ *Anti-Ödipus*-Artikel findet man dazu eine bemerkenswerte Fußnote: »Einer von uns hat an anderer Stelle gleichfalls auf den religiösen Charakter des Lacanianischen *Befehls, die Kastration akzeptieren zu müssen*, hingewiesen, die ihn der *christlichen Moral des Gehorsams* und der Demut sowie der Wertschätzung des Leidens in der Identifikation mit Christus auf dem Kalvarienberg assimiliert hat« (ebd., 246, FN 28; Hervorh. A.M.).[192] Bemerkenswert an dieser Anmerkung ist, daß sie (sieht man vom Aspekt des Leidens und der Demut ab) mit der Interpretation des Judentums bei Chasseguet-Smirgel und

191 Diese Spaltung hatte nicht zuletzt mit der anonymen Veröffentlichtung des L'univers contestationnaire zu tun. Daneben spielte die durch Grunberger ausgelöste Affäre um Nicolas Abraham, einen ebenfalls emigrierten ungarischen Juden, eine wichtige Rolle, wie Roudinesco (1986) darlegt (vgl. ebd., 600–610).

192 Mir liegt eine Bevorzugung des Lacanschen Ansatzes fern. Fragwürdig erscheint mir jedoch das Mißverhältnis zwischen Ablehnung der Lacan'schen Theorie durch Chasseguet-Smirgel und dem Ausmaß, in welchem sie (ebenso wie Grunberger) in ihrer eigenen Theorie bei Lacan zuerst entwickelte Fragestellungen und Zusammenhänge wieder aufgreift und diese fortsetzt, auch wenn diese Fortsetzung teilweise in Form der Negation erfolgt.

Grunberger als der Religion übereinstimmt, in der die Unterwerfung unter das Gesetz des Vaters und die damit einhergehende Akzeptanz der Kastration Ausdruck der ödipalen Identifizierung sei (vgl. in 1969a und 1994/95).

Didier Anzieu (1978) hingegen, der einer der Teilnehmer an dem von Chasseguet-Smirgel veranstalteten Kolloquium *Wege des Anti-Ödipus* am 3. Juni 1973 war, hat das Verhältnis der Anti-Ödipianer zu Lacan anders interpretiert: »Allerdings haben diese Autoren dieses Buch geschrieben, um sich – recht spät – von einem paralinguistischen Strukturalismus freizumachen, der in Frankreich seit zwanzig Jahren die psychoanalytische Forschung mehr oder minder zum Erstarren gebracht hat und die Kenntnis der neueren und beträchtlichen Fortschritte vernebelt, die durch diese Forschung dort erzielt worden sind, wo sie sich lebendig hat erhalten können, im Ausland« (in CS 1978a, 135). Nicht nur dieser Beitrag, sondern das ganze Kolloquium muß für Chasseguet-Smirgel eher ernüchternd gewesen sein, wie schon ihre Bezugnahme auf eine Passage in Freuds *Zur Geschichte der psychoanalytischen Bewegung* (1914d) erkennen läßt, in der Freud seine Enttäuschung über den Abfall einiger Anhänger aus der psychoanalytischen Bewegung (hier vor allem Jungs) zum Ausdruck bringt. Daß es Analytiker gebe, die – nach ihrer Auffassung – den Ödipus wieder aufgeben, hat für Chasseguet-Smirgel etwas Enttäuschendes. Daß einige ihrer Kandidaten sich von ihr abwandten, nachdem die Identität von ›André Stéphane‹ aufgedeckt worden war (vgl. Roudinesco 1986, 583–618), hat sie mit Sicherheit ebenso interpretiert. Zu dieser allgemeinen Unzufriedenheit kommt hinzu, daß bei dieser Tagung die den AutorInnen gewährte Freiheit in der Themenwahl bewirkte, daß sich »niemand gefunden (hat), über Lacan oder Reich zu sprechen, wie auch Jung, ...» (1978a, 10). Stattdessen verteidigt Françoise Paramelle in ihrem Beitrag sogar den *Anti-Ödipus* mit Verweis auf frühe anti-ödipale Aspekte bei Freud[193] – und hat diesen Beitrag entsprechend mit dem Titelzusatz *Für den Anti-Ödipus* versehen (vgl. Paramelle in CS 1978a, 48ff). Eben diesen Text nimmt Chasseguet-Smirgel partiell aus von ihrer Schlußfolgerung, die Beiträge nötigten (erneut) zur »Anerkennung... einer anti-ödipalen Bestrebung in uns allen« (ebd., 10). Ödipus sei, wie Chasseguet-Smirgel in Anlehnung an die Interpretation Ferenczis und letztlich auch Schopenhauers bemerkt, derjenige, der unerbittlich nach der Wahrheit seines Ursprungs fragt – und

193 In Freud *Die kulturelle Sexualmoral und die moderne Nervosität* (1908d).

sei diese Wahrheit noch so schmerzlich. Das Lustprinzip hingegen verbinde sich mit der Haltung Jokastes, nicht wissen, sondern verleugnen zu wollen. Aus diesen entgegengesetzten Haltungen entwickelt Chasseguet-Smirgel eine allgemeine Formel für *den* Dissidenten als solchen:[194] sie alle legten ein Rousseausches Modell des Menschen zugrunde, nach welchem er »wie ein leerer Schlauch« zur Welt komme, wobei die Welt dann als eine Unzulängliche und von außen als Bedrohung in negativer Weise einschränkende und den Menschen zu seinem Nachteil modifizierende dargestellt werde. In solchen Modellen werde die Welt folglich behandelt, als ob sie nicht die Manifestation des menschlichen Wirkens sei, dem triebhafte Wurzeln zugrunde liegen. Alle Dissidenten gingen, so Chasseguet-Smirgel, aus von einem Ich im Stadium des ›purifizierten Lustichs‹[195], welches zugleich ein paranoisches Ich sei. »Die Dissidenten scheinen mir so zumindest einen Punkt der Gemeinsamkeit zu haben: sie gehorchen dem Lustprinzip, indem sie alle Primärvorgänge und damit den inneren Konflikt zu evakuieren versuchen« (ebd., 14). Sie neigten folglich dazu, die äußere Realität auf Kosten der psychischen Realität zu überschätzen.

Diese Auffassungen, die auch die Grundlage für das von Grunberger und Chasseguet-Smirgel gemeinsam verfaßte Werk *Freud oder Reich* (1979a) bilden, enthalten einige eklatante Widersprüche, auf die hier zumindest kurz hingewiesen werden muß. So ist erstens festzuhalten, daß es für ein purifiziertes Lustich keinen inneren Widerspruch geben kann, da die Primärvorgänge den Widerspruch nicht kennen. Es ist entsprechend auch nicht nachvollziehbar, warum und wie das Lust-

---

194 Wie sehr die Abweichung und Trennung für Chasseguet-Smirgel ein »ödipaler« Konflikt ist, wird daran deutlich, daß sie nur männliche Personen als Dissidenten benennt. Daß für Freud die ›abtrünnigen‹ Frauen (z.B. Karen Horney) nicht so relevant waren, hat seinen Grund vermutlich auch darin, daß die vermeintliche Infragestellung des ›Vaters‹ Freud in Wahrheit auch Aspekte der Bruderrivalität in sich tragen konnte. Dies hatte offenbar Jung, wie Wellendorf (1995) zeigt, sensibel erspürt und in seinen Provokationen gegen Freud ausgenützt, wenn er diesen mit »Bruder Freud« ansprach (vgl. ebd., 299f).

195 Es liegt eine kuriose Parallelität darin, daß gerade Reich, für den diese Beschreibung nach Chasseguet-Smirgels Auffassung absolut zutrifft, selbst die Intention hatte, seine PatientInnen möglichst schnell von prägenitalen Anteilen ihrer Sexualität zu befreien, um sie einem reifen genitalen Ich zuzuführen: »Die von »prägenitalen Beimischungen« gereinigte Gentialität erschien ihm als eine wahre Panazee zur Heilung von Individuum und Gesellschaft, ... « (Dahmer 1997, 122). So fragwürdig dieses Ziel gerade auch in seinem manipulatorisch-allmächtigen Bestreben war, so sehr ähnelt Reichs Grundüberzeugung von der Bedeutung der Genitalität für die psychische Reife derjenigen Chasseguet-Smirgels.

prinzip sich der Primärvorgänge entledigen, sie »evakuieren« sollte, auf welchen es doch beruht – hier geht die Annahme der tabula rasa bei Chasseguet-Smirgel offenbar so weit, daß sie das Bild vom entleerten Uterus auf den intrapsychischen Zustand insgesamt überträgt. Dann aber bliebe auch nichts vom Gefühl der Verschmolzenheit mit dem Universum, der Allmacht, dem primären Narzißmus. Eben darum kann das Neugeborene auch nicht voller primärnarzißtischer triebhafter Strebungen und gleichzeitig als »leerer Schlauch« gedacht werden. Aber die Vorstellung trifft auch auf die von ihr kritisierten Ansätze nicht zu, denn das ihnen zugeschriebene bzw. unterstellte Konzept impliziert, daß für Reich die Triebe etwas darstellten, das dem Kind erst nach der Geburt ›von außen‹ hinzukäme. Und entsprechend für Jung, daß das kollektive Unbewußte und seine universellen Symbole dem Kind erst nach der Geburt übertragen würden. Das Gegenteil ist der Fall, was die Annahmen *dieser* ›Dissidenten‹ angeht.[196]

Zum anderen liegt ein immanenter Widerspruch darin, einerseits die Anerkennung der Realtität als Merkmal psychischer Reife aufzufassen, dieselbe Realität jedoch nur als Entäußerung intrapsychischer Konflikte gelten zu lassen, also als eine Projektion, die der Abwehr störender innerer Triebaspekte und Repräsentanzen diene.

Auch Grunberger äußert in seinen *Einleitende(n) Überlegungen* zu *Wege des Anti-Ödipus* (1978) die Auffassung, daß die Dissidenz immer verbunden sei mit Attacken gegen den Ödipuskomplex, da dessen Anerkennung notwendig immer einher gehe mit dem Verzicht auf narzißtische Illusionen und Befriedigungen. Die Begründung dieses Konflikts aus der menschlichen Neotenie entspricht jenen Ausführungen, in welchen Chasseguet-Smirgel diese Auffassung Grunbergers immer wieder aufgegriffen und in verschiedenen Zusammenhängen dargestellt hat. In

196 Es geht hier nicht um die Verteidigung einer dieser Theorien, sondern um die angemessene Berücksichtigung ihrer Implikationen, zu denen das Angeborene des kollektiven Unbewußten für Jung ebenso gehört wie die Ausstattung des Kindes mit sexuellen Trieben bei Reich. Bei Lacan sind es die – seinem strukturalistischen Ansatz entsprechenden – universalen Grundstrukturen der Sprache, die das Kind als angeborenes Potential mitbringt, und es sind diese Überlegungen Lacans, die sich in Chasseguet-Smirgels Theorie angeborener unbewußter Strukturen wiederfinden. Das Bild vom Neugeborenen als »leerem Schlauch« trifft auf keinen dieser Ansätze zu. Vielmehr interpretiert Chasseguet-Smirgel die Identifikation mit Objekten ihrerseits gelegentlich als einen Konstitutionsmechanismus, durch den das Subjekt qua Introjektion von Anteilen seiner Identifikationsobjekte erst allmählich zu einer Persönlichkeit werde und somit als zuvor psychisch leere Hülle erscheint trotz des von ihr unterstellten angeborenen unbewußten Wissens um die sexuelle Wahrheit.

einem zuerst 1980 in *Psychoanalytic Quarterly* veröffentlichten Beitrag geht Grunberger erneut, hier jedoch in sehr sachlicher Weise, auf diesen Konflikt und seine Konsequenzen für die psychoanalytische Ausbildung ein (vgl. 1982b). Von Interesse für sein Verständnis von Dissidenz sind jedoch vor allem seine Ausführungen *Zu Ferenczis Abweichung* (1973), wo er das Ausweichen vor dem inneren Konflikt und die Leugnung der Triebdimension, d.h. vor allem der infantilen Sexualität und der analen Komponente, als die Hauptmerkmale seiner Abweichung nennt. Hier geht Grunberger soweit, die von Ferenczi thematisierten Folgen einer realen sexuellen Handlung zwischen Kind und Erwachsenem damit als ad absurdum und Indiz einer hysterischen Verarbeitung zu betrachten, daß am Ende ein »gelehrter Säugling« dabei herauskomme. Der von ihm behaupteten Verleugnung der triebhaften und vor allem analen Komponente durch Projektion auf die Außenwelt steht damit auf seiner Seite die prinzipielle Verleugnung eines potentiell realen Traumas gegenüber – das eine vorzeitige Sexualisierung zum Zweck der Abwehr sehr wohl zur Folge haben kann (vgl. z.B. Rohde-Dachser zum »strategischen Ödipuskomplex« in dies.: 1994, Kap. 4). Grunberger stellt hier sexuelle Übergriffe vom Erwachsenen auf das Kind als eine Verführung und Triebbefriedigung durch das Kind dar, die von diesem auf den Erwachsenen projiziert werde. Einer solchen Interpretation liegt i.d.R. die Abwehr entsprechender Übertragungs- und Gegenübertragungsanteile zugrunde. Ganz anders dagegen, man erinnere sich, die Auseinandersetzung ›André Stéphanes‹ mit Julien Celma, dem ›Contestationnaire‹ (in CS 1972a u. 1979a), bei welchem die Verführung des Kindes durch den Erwachsenen als real erfolgte angenommen wurde, obgleich Celma zwar die Notwendigkeit der Unterdrückung der Erotik mit Kindern als repressiv beklagt, die Grenze aber nicht überschritten hat. Hier plötzlich ist die Frage möglich, welches Schicksal die Verdrängung haben werde, mehr noch: eine perverse Entwicklung dieser Kinder gilt den Autoren beinahe als gesichert (vgl. 1979a,111ff). Keine Spur mehr von der Zuschreibung der Verführung an das Kind, das sich zum Opfer mache, um seine analsadistischen Regungen auf den Erwachsenen zu projizieren. Vergleicht man diese Texte von Grunberger zu Ferenczi und von Grunberger und Chasseguet-Smirgel zum *Anti-Ödipus* und zu Reich, dann wird sichtbar: Täter und Opfer teilen nicht nur gemeinsame Aspekte, sondern werden für sie beliebig austauschbar. Und was die ›Dissidenten‹ angeht, so sind sie in jedem Falle unreif, präödipal, regressiv und pervers, auch wenn ihre Aussagen, Einstellungen oder Handlungen einander diametral entgegen stehen.

In dem von ihr herausgegebenen und in Frankreich 1974 erschienenen Buch über die *Wege des Anti-Ödipus* kündigt Chasseguet-Smirgel für das selbe Jahr die Durchführung eines Kolloquiums der SPP zum Werk Wilhelm Reichs an. Dieses scheint allerdings nicht stattgefunden zu haben, denn im Vorwort zu *Freud oder Reich? Psychoanalyse und Illusion* (1979a), das zuerst 1976 bei Tchou erschien und die erste gemeinsame Publikation von Chasseguet-Smirgel und Grunberger darstellt, die nicht unter Pseudonym erfolgte, erwähnen sie ein solches Kolloquium nicht. Ihren letzten in *Contrepoint* erschienenen Beitrag *Der Mord an der Realität*[197] bezeichnen sie als Epilog eines Werkes von ›André Stéphane‹, das bald erscheinen werde. Demnach war auch die Veröffentlichung von *Freud oder Reich* ursprünglich noch unter jenem Pseudonym geplant.[198] Zahlreiche Passagen aus den in *Contrepoint* erschienenen Aufsätzen sind indessen in dieses Buch mit eingearbeitet, auch der eben genannte (1975c) in Form eines Epilogs (vgl. 1979a, 149ff). Im Vorwort greifen sie bei der definitorischen Bestimmung des Begriffs der Ideologie Passagen aus dem vorletzten Beitrag in *Contrepoint, Für eine psychoanalytische Definition der Ideologie*[199] wieder auf. Als Grundmerkmale der Ideologie werden genannt: die Illusion der Vereinigung von Ich und Ideal, die Idealisierung des Ichs in Verbindung mit der Projektion des Destruktiven auf äußere Feindbilder, die Faszination vom Unbewußten und die regressive Überlassung gegenüber den prägenitalen Triebregungen, was letztlich immer in einem Blutbad enden müsse. Sie berufen sich dabei auf eine Aussage Freuds, welche jedoch sehr eigenwillig von den Autoren in ihre eigene Theorie einbezogen wird. Denn wenn Freud davon spricht, der Mensch habe sich als unfähig erwiesen, »auf die einmal genossene Befriedigung zu verzichten« (1914c) und er projiziere nun sein *ihm von außen aufgenötigtes Ichideal* vor sich her, um seine Befriedigung durch die Erfüllung dieses Ideals zu erlangen, so beschreibt Freud hier offensichtlich eine conditio humana, die die Verbindung von libidinösen und narzißtischen Triebkräften des menschlichen Strebens und Handelns erklärt. Chasseguet-Smirgel und Grunberger aber fügen an diese von Freud zitierten Textpassagen unmittelbar die folgende

197 *Le meurtre de la réalité* (1975c) in Contrepoint 17.

198 Da es sich bei diesem Artikel um eine zusammenfassende Vorwegnahme des im folgenden Jahr erschienenen Buchen *Freud oder Reich* handelt, gehe ich auf diesen hier nicht weiter ein.

199 *Pour une définition psychanalytique de l'idéologie* (1974b) in Contrepoint 14.

Aussage an: »Stets wird der Mensch auf verschiedensten Wegen versuchen, die Kluft, die zwischen seinem Ich und seinem Ideal besteht, zu schließen, um auf diese Weise in den Genuß der verlorenen Glückseligkeit zu gelangen« (ebd., 8). So bekommt die Freud'sche Aussage einen neuen Sinn: den von Chasseguet-Smirgel und Grunberger stets vertretenen, daß der Mensch auf der Suche nach jenem ursprünglich erfahrenen Glück sei. Das Ideal, nach Freud von außen aufgenötigt und insofern ein kulturell und individuell variables, ist hier immer ein und dasselbe, nämlich der supponierte pränatale Glückszustand.

Übertragen auf die ›Dissidenten‹ der Psychoanalyse heißt dies: sie erhofften und versprächen ein Wiederfinden des ursprünglichen Glücks und erwarteten von der Psychoanalyse, daß sie ihnen hierbei behilflich sei. Schließlich darüber enttäuscht, daß die Psychoanalyse den Menschen auf seine Grenzen stoße und ihm die durch das Realitätsprinzip begrenzten Glücksmöglichkeiten zumute, wendeten sie sich enttäuscht von ihr ab und bezeichneten die Freud'schen Analytiker als Verräter. Der Wunsch, die Realität in den Dienst der eigenen illusionären Absichten zu stellen, beinhalte den notwendigen Schritt von der Psychoanalyse zur Politik. Und so sei auch das politische Engagement Reichs nicht der Grund der Differenz mit Freud gewesen, sondern »die Entscheidung Reichs für die Politik (ist) aus diesem Gegensatz abzuleiten« (vgl. ebd., 11; andere Gründe benennt dagegen Cremerius, 1997).

Schon in anderen Schriften von Chasseguet-Smirgel und in den von ihr mit Grunberger gemeinsam verfaßten war erkennbar, was in *diesem* Text besonders deutlich vorliegt: die Paradoxie, daß alle von ihnen erhobenen Vorwürfe auf ihre eigene Theorie angewandt werden können. Denn zweifellos waren die Texte ›André Stéphanes‹ politisch ausgerichtet, auch wenn sie für sich reklamieren, das Politische nur mit psychoanalytischen Mitteln auf ihre unbewußten Hintergründe untersuchen zu wollen. Vor allem aber verbindet sich – nicht nur hier – das Vorgehen der Autoren mit dem, was sie den »Dissidenten« vorwerfen: Projektionen und persekutorische Vernichtungsängste, die in den Wunsch, zumindest auf theoretischer Ebene zu vernichten, umkippen. So hatte Freud – insbesondere bei Jung, vielleicht auch bei Reich, den er anfangs durchaus schätzte – sicher das Gefühl, verraten worden zu sein , er wurde aber weder von Reich oder Jung je als Verräter bezeichnet (entsprechendes gilt für andere aus dem psychoanalytischen mainstream Herausgetretene wie etwa Adler, Rank, Stekel oder Horney und Fromm). Daß Reich selbst in gewisser Weise verraten wurde durch seinen 1933 vollzogenen Ausschluß aus der DPG, dem der aus der IPA im Jahr 1934 folgte, läßt sich angesichts heute zugänglicher Unterlagen nicht mehr leugnen.[200]

Vor allem aber ist der Begriff des »Dissidenten« in dem Gebrauch, den Chasseguet-Smirgel und Grunberger von ihm machen, nichts anderes als ein vornehmerer Ausdruck für Verräter.[201] Ein dritter bereits im Vorwort sich aufdrängender Einwand, den die Autoren gewissermaßen gegen sich selbst anführen, ist ihre Definition von »Ideologie«, bei der es sich immer um »ein umfassendes Denksystem« handele (ebd., 9). Chasseguet-Smirgels Ansatz kann ohne weiteres ebenfalls als ein solches umfassendes Denksystem bezeichnet werden. Zumindest hat ihre Theorie den Anspruch, alle Phänomene in politischen, sozialen, kulturellen wie individualpsychologischen Entwicklungsprozessen gleichermaßen erklären zu können. Zu ihrer Definition der Ideologie setzen die Autoren allerdings hinzu, daß diese durch die Zielsetzung bestimmt sei, die Illusion der Vereinigung von Ich und Ichideal zu verfolgen und damit die Realisierung des Lustprinzips auf kürzestem Wege. Hier scheint zumindest die Frage berechtigt, ob nicht die Kurzschließung aller Phänomene des subjektiven wie gesellschaftlichen Daseins mit einem einzigen universalen Erklärungsansatz nicht auch ein hohes Maß an narzißtischer Gratifikation enthält sowie die Umsetzung aggressiver Impulse gegen diejenigen ermöglicht, die identifiziert werden als jene, die mit ihrem vermeintlichen Streben nach dem Lustprinzip die Kultur, das reife Ich, die Gesellschaft und die Menschheit bedrohten. Auch hier erweist sich als zutreffend, daß die Identifikationen mit

---

200 Vgl. die Beiträge von Fallend, Nitschke u. Dahmer in Fallend/Nitschke 1997 sowie die darum geführte Kontroverse in den Zeitschriften *Psyche und Werkblatt* 1998. Der Ausschluß Reichs aus der IPV wird übrigens von Chasseguet-Smirgel und Grunberger im Gegensatz zu vielen anderen ohne Umschweife benannt, wenn sie vom zweifachen Ausschluß Reichs aus der KPD und der IPV sprechen, was in ihm, wie sie annehmen, eine Art Verfolgungswahn ausgelöst habe (vgl. 1979a, 70f u. die detaillierte Beschreibung der Ausschlüsse aus der DPG u. IPV, ebd., 69).

201 In seinem Beitrag *Ferenczi – Dissident?* stellt Haynal (1995) zu Beginn fest: »›Dissidence‹ wird im *Oxford Dictionary* als ›Nicht-Übereinstimmung, vor allem mit einer etablierten Regierung oder einem System etc.‹ definiert… Offensichtlich stammt der Ausdruck aus dem Vokabular totalitärer Bewegungen, seien sie politischer oder religiöser Natur, die es für ihr Funktionieren für nötig halten, von ihren Anhängern gegenüber allen Details ihres politischen Programms Loyalität und Gehorsam zu verlangen« (ebd., 94). Daß Freud Reich, Jung oder andere als Dissidenten bezeichnet habe, läßt sich nicht nachweisen. In der Freud-Konkordanz Guttmans findet sich der Begriff der Dissidenz nicht, dagegen die Begriffe ›dissent‹ (anderer Ansicht; abweichender Meinung) und ›dissensions‹ (Meinungsverschiedenheiten, Zwist, Streitigkeiten).

Opfern stets aus der Zuschreibung der Täterposition an ›andere‹ hervorgehen und damit zu einer schwerlich auflösbaren Verflechtungen beider führen.

Die bisher geäußerten Einwände gegenüber der Theorie Chasseguet-Smirgels bestätigen sich bei einer detaillierteren Verfolgung der in *Freud oder Reich* vorgenommenen Kontra-Positionierung. Das gleichnamige Buch beginnt mit drei Kapiteln, deren Überschriften jeweils mit der Aufforderung »Rückkehr zu Freud« beginnen. Stillschweigend übergehen sie dabei, daß die Rückkehr zu Freud eine von Lacan in dessen frühen Arbeiten erhobene Forderung ist (vgl. Gekle 1996, 12). Ihre Absicht, die Position Lacans zugleich zu konterkarieren und dessen – aus ihrer Sicht – mißglückter Rückkehr zu Freud ihre eigene, wahrhaftigere entgegenzusetzen, muß somit denjenigen, die entsprechende Überlegungen bei Lacan nicht kennen, verborgen bleiben.[202]

Ihre Rückkehr zu Freud vollziehen sie in drei Schritten. Im ersten schließen sie sich der Verteidigung der Laienanalyse durch Freud an, was nicht nur bedeute, daß Psychoanalyse nicht allein von Medizinern praktiziert werden dürfe, sondern zugleich, daß sie auch im außerklinischen Zusammenhang Anwendung finden könne und solle. Der erste Gesichtspunkt hatte sich für Freud aus Anfeindungen gegen Theodor Reik ergeben, der als Nicht-Mediziner juristisch an der Ausübung der Psychoanalyse gehindert werden sollte; sie betraf auch die Situation der amerikanischen Psychoanalyse insgesamt, die von medizinischen Verbänden dominiert war (und bis heute ist). Die Anwendung der Psychoanalyse auf kulturelle, religiöse und gesellschaftliche Fragen stellt einen wichtigen und umfassenden Teil von Freuds eigenem Werk dar. Eine Rückkehr dorthin zu fordern legte sich für Chasseguet-Smirgel und Grunberger auf dem Hintergrund des Verhältnisses von Psychoanalyse und Medizin in Frankreich dar. Andererseits war dort die Haltung gegenüber einer psychoanalytischen Kulturtheorie teilweise skeptisch. Die

---

202 Eine Rückkehr zu Freud war in den sechziger Jahren ein die französische psychoanalytische Diskussion allgemein beherrschendes Thema, wie Lebovici und Widlöcher in ihre Einleitung ihrer *Geschichte der französischen Psychoanalyse* (1980, viiiff) mitteilen. Sie war bedingt durch die bis in die Gegenwart fortbestehende Problematik, daß nur einige Schriften Freuds ins Französische übersetzt waren und diese Übersetzungen mit sehr uneinheitlichen Terminologien arbeiteten, denen auch unterschiedliche Interpretationen Freuds korrespondierten (vgl. Hock 1996). In den 60er Jahren machten sich Lacan und Althusser das Verdienst darum streitig, wer von beiden zuerst diese Rückkehr vollzogen habe (vgl. Roudinesco 1999, 448). Lacan behauptete dies für sich bereits seit 1951, wobei er sich auf die Vorarbeiten zu seinem 1953 in Rom gehaltenen Vortrag bezog (vgl. ebd., 322f). Auch Foucault griff diese Forderung in einem Vortrag 1969 auf (ebd., 503 f).

Kritik an einer solchen, auf welche die beiden Autoren hier reagieren, betraf aber in Wahrheit nicht nur die Anwendung der Psychoanalyse auf Kultur und Gesellschaft im allgemeinen, sondern auch die Art und Weise, wie sie von ›André Stéphane‹ praktiziert worden war, denn in Frankreich gab es ein zunehmendes Interesse an einer psychoanalytisch orientierten Sozialpsychologie und Kulturtheorie. Dieses entstand gerade auch mit der Studentenbewegung 1968 und der sich daran anschließenden Rezeption der Schriften von Herbert Marcuse und der Auseinandersetzung mit Wilhelm Reichs *Massenpsychologie des Faschismus*, also jenen Schriften zum Verhältnis von Kultur und Unbewußtem, die Chasseguet-Smirgel und Grunberger aufs Intensivste bekämpften.[203]

Der *zweite* Anlaß für eine Rückkehr zu Freud ist die Absicht, eine theoretische Begründung von unbewußten Universalien in der menschlichen Entwicklung aus Freuds Theorie abzuleiten, d.h. von Gesetzmäßigkeiten, die raumzeitlich unabhängig und somit horizontal (in allen Kulturen) und vertikal (zu allen historischen Zeiten) zu finden seien. Dazu gehöre zunächst der Ödipuskomplex sowie die Existenz von Urphantasien, aber auch die menschliche Frühgeburt und ihre Folgen.[204] Was Freud allerdings entgangen sei – hier erhält er Nach-Hilfe – sei der Zusammenhang zwischen der Tatsache der menschlichen Frühgeburt und Neotenie, verstanden auch als früher sexueller Unreife, und dem Ödipuskomplex, da letzterer, d.h. das Inzestverbot, der Abwehr der narzißtischen Kränkung diene, die aus der Unfähigkeit des Knaben, die Vagina der Mutter zu füllen oder der des Mädchens, ein Kind vom Vater zu bekommen, resultiere.[205] Daß der Ödipuskomplex

203 Auch die 1970 entstandene Einleitung zu *Kunst und schöpferische Persönlichkeit* mit dem Titel *Widerstände gegen die Anwendung der Psychoanalyse im außertherapeutischen Bereich* ..., die in dieses erste Kapitel zu *Freud oder Reich* partiell wieder mit einfließt, ist auf diesem Hintergrund der massiven Kritik am *L'Univers contestationnaire* (1969a) zu lesen, die von Chasseguet-Smirgel und Grunberger als Widerstand nicht gegen ihre Form der Anwendung von Psychoanalyse auf Kultur und Gesellschaft, sondern gegen diese Anwendung überhaupt verallgemeinert und damit zugleich relativiert wurde. Dies wird auch deutlich aus der einzigen Stelle, in welcher sich Chasseguet-Smirgel in positiver Weise auf Marcuse beruft, wenn sie in *Anatomie* erwähnt, »dieser äußert sich übrigens eindeutig zugunsten einer psychoanalytischen Deutung der Kultur« (1989a, 14f).

204 In einer Arbeit Grunbergers über das Verhältnis von *Über-Ich und Narzißmus in der analytischen Situation* von 1958/59 stellt er in seiner zweiten Fußnote die kulturell unterschiedliche Ausprägung von Neurosen fest, was auch zu unterschiedlichen Ergebnissen in den Analysen führe. Dies muß nicht im Widerspruch zu seiner Annahme von unbewußten Universalien stehen, zeigt aber eine größere Offenheit in den frühen Arbeiten Grunbergers für die Wahrnehmung kultureller Einflüsse.

205 Dies wurde ausführlich im Zusammenhang mit der archaischen Matrix dargestellt; vgl. Kap. I/2.3.

eine universale Struktur vorgebe und damit eine conditio humana darstelle, sei zum einen von Ethnologen bestätigt worden, zum andern ergebe sich die starke menschliche Bindung gerade dadurch, daß – im Gegensatz zum Tierreich – der Inzestwunsch dem Menschenkind gewöhnlich nicht erfüllt werde.[206]

Der *dritte* Schritt, in welchem die Autoren eine Rückkehr zu Freud anstreben und fordern, bezieht sich auf die Anerkennung des Vorrangs, den intrapsychische Faktoren gegenüber externen für ihn hätten. Die Ausführungen hierzu entsprechen jenen, die bereits dargestellt wurden (vgl. Kap.I/5.2).

Die Rückkehr zu Freud scheint leichter als sie für die Autoren tatsächlich ist. War doch für diesen die universelle Gültigkeit des Ödipuskomplexes eine (hypothetische) Annahme, um die Tatsache zu erklären, daß Menschen überall und zu allen historisch überlieferten Zeiten Kulturmenschen waren in dem Sinne, daß sie sich an Regeln des Gemeinschaftslebens orientierten, die der (mehr oder weniger ausgeprägten) Existenz eines Überichs bedurften. Den Begriff *Gesetz* findet man im Index des Gesamtregisters (GW 14) nur einmal (am Ende von *Die Zukunft einer Illusion* (1927c), einen Hinweis auf Universal/ie überhaupt nicht, was m.E. gegen eine Fixierung Freuds auf die Vorstellung von unbewußten Gesetzmäßigkeiten spricht. Zum einen hat Freud die Bedeutung kultureller Einflüsse nie geleugnet, ihre Bedeutung in verschiedenen Phasen seines Schaffens aber unterschiedlich bewertet.[207] Zum andern implizierte der Gedanke der Phylogenese eine langfristige Veränderbarkeit der fester gefügten unbewußten Strukturen und Prozesse durch veränderte menschheitsgeschichtliche Erfahrungen. Indem Chasseguet-Smirgel den hierauf bezogenen Begriff der Heredität aufgibt und ersetzt durch die Begriffe *Struktur* und *Gesetz*, verliert das Unbewußte in ihrer Konzeption diesen dynamischen Aspekt zugunsten einer quasi-naturgesetzlichen Starre. Für den Menschen gehört der inzestuöse Wunsch nach Freuds Auffassung zu seiner elementaren Austattung, die eben darum sozialer Verbote und Strafen bedarf, um verhindert zu werden (vgl. Freud 1912–13a). Vor allem aber macht Freud hier

206 Hier sprechen Ethologie wie Ethnologie gegen die Aussagen von Chasseguet-Smirgel und Grunberger. Zum einen ist und war schon 1976 bekannt, daß unter den meisten Tierarten Inzest vermieden wird, wobei Abweichungen hiervon sich durch Haustierhaltungen u.a. Formen der Isolierung von Tierpaaren ergeben haben (vgl. Bischof 1991). Zum anderen sprechen Studien wie *Oedipe african* von M.u.E. Ortique (Paris 1966) oder diejenigen von Parin, Morgenthaler und Parin-Matthèy über die Agni und Dogon gegen eine universell einheitliche Entwicklung des Ödipuskomplexes.

207 Siehe die editor. Vorbemerkung zu Das Unbehagen in der Kultur, 1930a in StA, 193–196.

deutlich, »daß solche verdrängten Regungen als Triebkräfte der späteren *Neurosen* eine kaum zu überschätzende Rolle spielen. / Die Auffassung der Inzestscheu als eines *angeborenen Instinkts* muß also fallengelassen werden« (ebd., 409; Hervorh. A.M.). Ein weiterer schon von Freud erkannter Umstand, daß die Definition der Inzestgruppe kulturell unterschiedlich ausfällt, haben die späteren Forschungen von Lévi-Strauss, dessen Werk Chasseguet-Smirgel seit 1971 kennt (vgl. 1988c, 80, Anm. 1), bestätigt.

Die Auseinandersetzung Chasseguet-Smirgels und Grunbergers mit Reich hat den Charakter einer Spurensuche: es geht ihnen darum, so früh als möglich und in vielerlei Anzeichen Indizien für seine Paranoia zu finden. So heißt es über die Tatsache, daß der 13-Jährige dem Vater die Liebesbeziehung seiner Mutter zu einem Hauslehrer entdeckte, worauf die Mutter sich das Leben nahm: »Die Tatsache, daß ein Kind Verrat an der Mutter beim Vater übt, ist in jedem Fall *schon symptomatisch*« (1979a, 64; Hervorh. A.M.). Diese Argumentation erfolgt immerhin auf dem Hintergrund einer Theorie, die den (unbewußten) Verrat an der Mutter in Form ihrer völligen Negativierung und der Projektion ihrer positiven Eigenschaften auf den Vater für die Grundvoraussetzung einer Triangulierung und eines gelingenden Ödipus hält. Als ein weiteres Indiz gelten ihnen Reichs Phantasien, von einem anderen als dem eigenen Vater gezeugt worden zu sein, und sie fühlen sich erinnert »an den bei Paranoikern so häufig auftretenden *Familienroman*, dessen Inhalt im wesentlichen aus einem *Bruch* mit dem wirlichen Vater besteht« (ebd., 63f). Während Freud am 20.6.1898 an Fliess schrieb: »Alle Neurotiker bilden den sogenannten Familienroman (der in der Paranoia bewußt wird), der einerseits dem Größenbedürfnis dient, andererseits der Abwehr des Inzestes« (Freud 1985c, 347). Könnte die Paranthese noch für die von Chasseguet-Smirgel und Grunberger gegebene Interpretation sprechen, so wird sie hinfällig mit einer Fußnote des Herausgebers zu Freuds Brief vom 24.1.1897 an Fliess (Nr. 119): »Der Familienroman, der zu dieser Zeit noch als ein Kennzeichen der Paranoia angesehen wird, ist von Freud wenig später als Teil des normalen Phantasielebens erkannt worden, das sich unter dem Druck des Ödipuskomplexes entwickelt (siehe Brief 142 u. dann 170)« (Freud 1985c, 241, FN 8). Für Freud hatte der Familienroman nicht nur die Funktion, einen Bruch mit dem Vater zu markieren.

Es ist bekannt, daß Reich in seinen amerikanischen Jahren zunehmend paranoische Züge entwickelte. Für Chasseguet-Smirgel und Grunberger ist dies nicht *nur* die Folge seiner vielfachen Ausgrenzungen, Mißerfolge, Konflikte und Emigrationen. Sondern in Reich versammeln sich, wie sie zu belegen suchen, bereits alle für sie signifikanten ›Merkmale‹ eines gescheiterten Ödipus: Verleugnung des Vaters, Paranoia, Konvertierung zum Christentum, Katholizismus, Kommunismus, Interesse an Biologie und am Körper, Größenwahn, Eifersucht. Keines der uns inzwischen bekannten negativen Attribute fehlt – und in detaillierter Kleinarbeit werden die Fakten zusammengetragen, die ihn als den Prototyp des Dissidenten ausweisen sollen.

Reichs 1932 erschienenes Buch, das Chasseguet-Smirgel und Grunberger mit dem Titel *Der Einbruch der sexuellen Zwangsmoral* [sic!] angeben[208], und in welchem Reich sich an Malinowskis Studien über das Geschlechtsleben der Trobriander[209] orientiert habe, ist ihnen ein Beleg dafür, »daß er im Grunde ein »Dissident« ist und dies nicht wegen seiner politischen Vorstellungen, sondern wegen seiner Auffassung des Ödipuskomplexes. Beide Ebenen durchdringen einander, denn seine politischen Theorien beherrschen seinen Ödipuskomplex-Begriff, und umgekehrt« (1979a, 67). Ein Beispiel, welches die Autoren hierfür geben, ist die Antwort, die Reich in seiner Darstellung des masochistischen Charakters auf die Frage gab, woher das Leiden komme: »von der Außenwelt, aus der Gesellschaft« (1979a, 69). Damit steht er im Gegensatz zu dem dritten der drei genannten Gründe für die Rückkehr der Autoren zu Freud, dem »Vorrang innerer Faktoren«. Gewiß hat Reich Leidensursachen auch in der äußeren Welt festgemacht, zurecht, denn die Welt ist nicht nur eine Erfindung des Subjekts – es sei denn, jenes lebte in einer Wahnwelt. Aber unabhängig von der Einstellung – zu welcher Person auch immer – darf man deren Position nicht beliebig verfälschen. In der Beschreibung des masochistischen Charakters schreibt Reich ausdrücklich: »Das Leidensgefühl entspricht somit dem realen Tatbestand der ständig hochgespannten *inneren* Erregung und Angstbereitschaft« (Reich 1989, 303). Und sieht man sich seine Definition der Charakterpanzerung im II. Teil zu *Der genitale und der neurotische Charakter* an, dann wird deutlich, daß er die Charakterbildung als eine Ichfunk-

---

208 Der Titel des Buches lautet richtig: *Der Einbruch der Sexualmoral. Zur Geschichte der sexuellen Ökonomie*, Berlin 1932. In ihrer Bibliographie der Texte Reichs geben Chasseguet-Smirgel und Grunberger das Erscheinungsjahr dieses Buches mit 1931 an.

209 Bronislaw Malinowski: *Das Geschlechtsleben der Wilden in Nordwest-Melanesien.* Engl. Orig.-Ausg. u. 1. dt. Übers. 1929, Neuausg. Frankfurt/M., Syndikat, 1979.

tion beschreibt und sich dabei auf Freud beruft, der »das Ich als Puffer zwischen Es und Außenwelt (bzw. Es und Über-Ich)« verstehe (ebd., 218). Die Definition des Charakters als einer Erscheinungsform des Ichs und als Summe aller für die Persönlichkeit spezifischen Reaktionsweisen, durch die der Charakter zu einem dynamisch bestimmten Faktor werde, leitet Reich aus diesem Verständnis des Ichs als einer Strukturinstanz ab und folgert: »Dieser Charakter des Ichs baut sich aus Elementen der Außenwelt, aus Verboten, Triebeinschränkungen und Identifizierungen verschiedenster Art auf. Die inhaltlichen Elemente des charakterlichen Panzers sind also äußerer, gesellschaftlicher Herkunft« (ebd., 220). Im übrigen war es nicht zuletzt gerade Reichs Auseinandersetzung mit masochistischen Störungen, die ihn die negative Übertragung entdecken und bearbeiten ließ. So bemerkt Rosenfeld (1990) kurz und bündig: »Er (Reich; A.M.) leistete jedoch grundlegende Beiträge zur Analyse des Narzißmus und der latenten negativen Übertragung« (ebd., 303). Was war es denn, so muß man sich letztlich fragen, das Freud zumindest für einige Zeit für Leute wie Jung, Adler, Reich, Rank und andere einnehmen konnte, ihn veranlaßte, ihnen wichtige Aufgaben zu übertragen? Es scheint, folgt man den Ausführungen Chasseguet-Smirgels und Grunbergers, als hätte Freud sich mit Psychotikern umgeben, deren in ihnen angelegte Neigung zur Dissidenz er hätte erahnen können und müssen, hätte er die Signale ernst genommen: Hang zum Mystischen und christliche Prägung oder Konvertierung zum Christentum (Jung, Reich), politische Interessen, die Utopien entsprechen (Adler, Reich)[210], Verlegung von Ursachen nach außen (Reich, Ferenczi), Interesse an biologisch-medizinischen und körperlichen Zusammenhängen (Reich).

Das Motiv der leidenschaftlichen Bekämpfung des ›Paranoikers‹ Wilhelm Reich eröffnet sich in einer kleinen Anmerkung, die auf die Zitierung einer Bemerkung Freuds folgt, wer anstelle der bestehenden Welt eine neue aufbauen wolle, der werde »ein Wahnsinniger, der in der Durchsetzung seines Wahns meist keine Helfer findet« (Freud 1930a, 439). Dem entgegnen Chasseguet-Smirgel und Grunberger: »Freud irrt. Die Paranoiker haben oft Führerqualitäten« (1979a, 169, Anm. 39). Und sie fahren fort mit Aussagen Ilse Ollendorf-Reichs, der zufolge die Mitarbeiter des 1936 von Reich gegründeten Instituts für Sexualökonomische Lebensforschung

---

210 So konstatieren Chasseguet-Smirgel und Grunberger: »Es hat übrigens immer sozialistische Aktivisten und linke Extremisten unter den Psychoanalytikern, selbst zu Freuds Zeiten, gegeben (Fenichel, Bernfeld, Ferenczi, Rado usw.)« (1979a, 73).

diesen einen »Diktator« genannt hätten (ebd., 73).[211] Dabei habe er sich mit der Art identifiziert, wie sein Vater mit seinen Untergebenen umging (ebd., 169, Anm. 41). Es ist also nicht ausgeschlossen, daß sich ein Paranoiker mit dem Vater identifiziert, wenn die Identifikationsanteile wiederum die der archaischen Mutterimago – Grausamkeit, Gewalttätigkeit, Unterwerfungs- und Vernichtungswille – sind.

Daß es für Chasseguet-Smirgel und Grunberger nicht um einen aus verschiedenen Gründen psychotisch erkrankten früheren Anhänger Freuds geht, sondern um mehr, verrät sich darin, wie sie die von Ollendorf-Reich geschilderte Beerdigungsszene noch einmal aufgreifen: es habe sich dabei um eine Art Massenhysterie gehandelt. Und sie folgern: »So begann die posthume Karriere von Wilhelm Reich. Sie ist noch nicht zu Ende« (ebd., 81). Ich erinnere: im *L'Univers contestationnaire* hatten sie angesichts der Bezugnahme der Studentenbewegung auf Reich metaphorisch von einer Wiederauferstehung Reichs gesprochen: »Elf Jahre später [nach seiner Beerdigung!; A.M.] war er wieder genesen« (1969a, 146). Am Ende ihres Kapitels über *Reich und der Freudomarxismus* räumen Chasseguet-Smirgel und Grunberger ein, daß nicht jede Idee darum falsch sein müsse, weil sie von einem Geisteskranken stammt – und teilen zugleich mit, wie groß ihnen die Bedrohung erscheint, die von *diesem* Paranoiker nach ihrer Auffassung ausgeht. »Bei Reich haben wir nun aber, ganz unabhängig davon, ob seine Theorien wahr oder falsch sind, gesehen, daß die Differenz zwischen ihm und dem Freudismus als ein Werk seiner Psychose zu verstehen ist. Dieser Punkt wäre vielleicht belanglos, *wenn nicht die Paranoia* von Reich – wie bei Rousseau – *sich auf unsere eigene Paranoia übertragen wollte*, denn jeder von uns verfügt über einen mehr oder weniger aktiven paranoischen Kern, und wir übernehmen nur allzu bereitwillig und mit großer Erleichterung Systeme, welche die typischen Abwehrmechanismen dieser Krankheit begründen« (1979a, 82). Hier ist in der Tat sehr bewußtseinsnah ausgedrückt, was die Autoren beunruhigt und wogegen sie ihr ganzes Werk wie ein großes Bollwerk der Abwehr einsetzen: die Furcht, einer Welt ausgeliefert zu sein, die der Verführung, der Paranoia, dem Wahn erliegt – und letztlich nicht nur zu

211 Auf die gewiß auch informativen Aussagen Ilse Ollendorf-Reichs beziehen sich Chasseguet-Smirgel und Grunberger mit einer für Psychoanalytiker doch erstaunlichen Naivität. Liegt es doch nahe, daß sich die Wünsche nach einer historisch-biographischen Darstellung des Lebens von Wilhelm Reich bei seiner geschiedenen Frau auch mit Motiven der Rechtfertigung für das Scheitern dieser Ehe und der Bewältigung von Schuldgefühlen (angesichts des wenige Jahre nach der Scheidung tragisch zuende gehenden Lebens von Reich) vermischten.

Opfern von Paranoikern und deren apokalyptischen Träumen zu werden, sondern selbst zu von regressiven Verlockungen Verführten, die dem Wahn anheimfallen müssen. Aus dieser Furcht, regressiven Sehnsüchten zu erliegen und der viel größeren Furcht vor einem daraus erwachsenden psychotischen Realitätsverlust erklärt sich der Widerwille, mit dem Chasseguet-Smirgel wiederholt feststellte, daß wir alle »jene Tendenzen zur Rückkehr in den Mutterleib« in uns trügen und anerkennen müßten. Denn dies ist für sie die Hauptursache allen Übels.

Reich verstoße, wie die Auseinandersetzungen mit seiner Person und seinem Werk belegen sollen, gegen jene drei eingangs hervorgehobene Gesichtspunkte, in welchen die Autoren eine Rückkehr zu Freud verlangt hatten und die sie zu Axiomen des »Freudismus« erklären. Nur gelingt die Konfrontation bei weitem nicht so überzeugend, wie zu erwarten wäre. Plausibel erscheint sie für den dritten Punkt, das Verhältnis intrapsychischer zu externen Faktoren. Denn Reich sah gesellschaftliche und kulturelle Phänomene als äußere Einflußfaktoren für die menschliche Psyche an. Was jedoch die Darstellung des Freudomarxismus angeht, so ist in ihr weder die Opposition zum Aspekt der Laienanalyse noch zu dem der angenommenen Geltung von unbewußten Universalien nachvollziehbar. Zudem hat Reich in seiner *Massenpsychologie des Faschismus* die Anwendung der Psychoanalyse auf gesellschaftliche Zusammenhänge schon sehr frühzeitig realisiert. Andererseits geht Reich in seiner Sexualtheorie nicht nur, wie behauptet, von gesellschaftlichen, sondern auch psychischen Universalien aus – insbesondere von der die Abwehr und Verdrängung aufhebenden Funktion des Orgasmus. Daß *seine* Universalien denjenigen Freuds so wenig entsprechen wie denen Chasseguet-Smirgels und Grunbergers, ist ein davon zunächst unabhängiger Gesichtspunkt. Bleibt somit die Behauptung zu hinterfragen, Reich leugne die infantile Sexualität. Mit seiner Fixierung auf den Orgasmus und die mit ihm verbundenen Sexualfunktionen hat sich Reich tatsächlich weitgehend auf die Sexualität bei Erwachsenen konzentriert. Er ging allerdings nicht davon aus, daß das Kind schon in der Lage sei, die orgastische Erfahrung des Erwachsenen zu teilen. Gerade dies unterstellen Chasseguet-Smirgel und Grunberger mit ihrem Theorem der Neotenie und es fragt sich, ob sie nicht tendenziell jeden der »Leugnung der kindlichen Sexualität« verdächtigen, der sich dieser Auffassung nicht anschließt. Für die Erziehung des Kindes nahm Reich an, daß der Abbau repressiver Erziehungspraktiken und einer freieren Entfaltung von Kindern zu einem geringeren Maß an körperlicher Abwehrpanzerung führe. Im übrigen war er sich offenbar nicht im Klaren darüber, daß seine dogmatische Fixierung auf die heterosexuelle Genitalität als Indiz des bewältigten Ödipus – eine Auffassung, die er mit Chasseguet-Smirgel und Grunberger teilt – und seine Postulierung möglichst vieler und vollständiger Orgasmen ebenfalls massive Zwänge auszuüben vermögen (vgl. dazu auch Bergmann 1997).

Auf dem Umweg über Julien Celma (den »Éducastreur«, vgl. 1972a)[212], den Chasseguet-Smirgel und Grunberger als Reichs »kleinen Schüler« bezeichnen (1979a, 116), versuchen sie ihm jene Verfehlungen nachzuweisen, die in seinem eigenen Werk nicht zu belegen sind: »Auch wenn diese Vorstellungen (Julien Celmas; A.M.) nicht zum integralen Bestandteil des Werkes von Reich gehören, so glauben wir doch, sagen zu können, daß es sich bei ihnen um eine Fortschreibung seiner Ideen handelt und daß sie, in gewisser Weise, ihren latenten Sinn aufdekken« (1979a, 118). Die Leugnung der infantilen Sexualität sehen sie – abgesehen von ihrer aus heutiger Sicht orthodoxen Reaktion auf die seit 1968 diskutierte sexuelle Aufklärung und ›Befreiung‹ von Kindern – vor allem bestätigt in der These Celmas, auch in der Latenzperiode gebe es sexuelle Neigungen und Interessen bei Kindern (vgl. ebd.).

Demgegenüber geht nicht nur die neuere psychoanalytische Diskussion davon aus, daß Latenz nicht ein völliges Verschwinden des sexuellen Interesses in diesem Lebensabschnitt bedeutet, das aus der Zertrümmerung des Ödipuskonfliktes zu erklären wäre.[213] Auch Freud hat bereits in den *Drei Abhandlungen zur Sexualtheorie* (1905d), nachdem er das Wesen der Latenz charakterisierte, hinzugefügt: »Ohne uns über die hypothetische Natur und die mangelhafte Klarheit unserer Einsichten in die Vorgänge der kindlichen Latenz- oder Aufschubperiode zu täuschen, wollen wir zur Wirklichkeit zurückkehren, um anzugeben, daß solche Verwendung der infantilen Sexualität ein Erziehungsideal darstellt, von dem die Entwicklung der einzelnen meist an irgendeiner Stelle und oft in erheblichem Maße abweicht. Es bricht zeitweise ein Stück Sexualäußerung durch, das sich der Sublimierung entzogen hat, oder es erhält sich eine sexuelle Betätigung durch die

212 Die Auseinandersetzung mit Celma erfolgt in *Freud oder Reich* auf den Seiten 111–118 und entspricht weitgehend den Ausführungen in *La liberté sexuelle pour quoi faire?* in CP 7 (1972a).

213 Vgl. hierzu den Panel Report *Psychology of Women 2*, chaired by E. Buxbaum in JAPA 24, 1976, 150–160 sowie Mertens 1994, Bd. 2, Kap. 6.

ganze Dauer der Latenzperiode bis zum verstärkten Hervorbrechen des Sexualtriebes in der Pubertät« (ebd., 86). Jene von Freud festgestellten Abweichungen vom Ideal der Latenz gelten heute eher als ihre Normalität und sie scheint daher mehr dadurch charakterisiert, daß in ihr zum einen keine qualitativ neuen Entwicklungen erfolgen und daß zum andern die Intensität der Triebkonflikte nachläßt, wobei dem Kind die Möglichkeiten der Verschiebung auf neue Liebesobjekte (Lehrer u. a. Erwachsene oder Jugendliche und Idole) sowie die reiferen kognitiven Fähigkeiten bei der Bewältigung und Integration zu Hilfe kommen.

Läßt man das Gesamtwerk Chasseguet-Smirgels Revue passieren, dann wird deutlich, daß sich ein roter Faden durch dieses hindurch zieht von ihren frühesten Arbeiten über den Paranoiker Daniel Paul Schreber in den späten fünfziger und frühen sechziger Jahren über die umfangreiche Studie zu August Strindberg, über die zahlreichen Arbeiten zur Perversion und die zwei Wege des Ichideals bis hin zu ihren Arbeiten, in welchen die Dissidenz – der Christen vom Judentum, der Freudschüler von Freud, der linken Studenten von ihren (klein)bürgerlichen Vätern – eine herausragende Rolle spielt. Die Wahrnehmung und der Ausdruck einer Bedrohtheit nimmt, das wird in den Texten spürbar, nicht kontinuierlich zu, sondern erfährt mit dem Aufkommen der Studentenbewegung einen qualitativen Sprung. Schreber war interessant, aber noch nicht wirklich bedrohlich, denn für ihn durfte wohl noch die Feststellung Freuds gelten, der Wahnsinnige fände bei der Durchsetzung seiner Ziele keine Helfer. Strindberg war da schon ein ganz anderes Kaliber, denn Strindberg hat bis heute Leser und wird auf den Bühnen der europäischen Schauspielhäuser aufgeführt. Reich aber bekommt in Chasseguet-Smirgels und Grunbergers Schriften dämonisch-monströse Züge, wohl darum, weil es ihm als ›Paranoiker‹ gelungen war, sich Freud und der Psychoanalyse zeitweise anzunähern. In den Augen Chasseguet-Smirgels und Grunbergers ist er offenbar der »luziferische Charakter« im Reich der Psychoanalyse, der in den heiligen Tempelbezirk der ödipalen Welt vordrang.

Dabei wäre eine Kritik seiner Theorien ohne Zweifel auch dann möglich, wenn diese nicht von vornherein als Wahngebilde behandelt werden. Entsprechend kommentieren Geuter und Schrauth (1997) im Hinblick auf die Auseinandersetzung Chasseguet-Smirgels und Grunbergers mit Reichs Theorie des Muskelpanzers, daß jene »erst gar nicht (fragen), ob diese Theorie eine klinisch anzutreffende Wirklichkeit beschreibt, sondern (sie) deuten sie allein als Ausdruck einer Paranoia, als »wahnhafte(s) Bild«, das Reich »von seinem Körper hat«, als Symptom eines »Verfolgungswahns«, bei dem jemand Angst davor hat, im Rektum seines Verfolgers gefangen und gelähmt zu werden« (ebd., 201, FN 16). Die Pathologisierung und Pervertierung von Andersdenkenden – Christen, Kommunisten, Dissidenten – fällt darum im Falle Wilhelm Reichs so leicht, weil seine späteren Theorien für viele evident fragwürdig sind und er in späteren Jahren tatsächlich deutlich paranoide Züge entwickelte.[214]

Haynal stellt in seinem Aufsatz *Ferenczi – Dissident?* (1995), ohne Grunbergers Aufsatz von 1973 über Ferenczi (in 1988b/1) zu erwähnen, am Ende fest: »Im individuellen Bereich hat der Freudismus, im sozialen haben der Marxismus und der Zionismus unser Jahrhundert *geprägt*. Als Dissidenz wurde alles angesehen, was die gemeinsamen Ziele dieser Bewegungen gefährdete – für Freud das Unbewußte, das Sexuelle, das Infantile, die Übertragung (...)« (ebd., 104). Und zuvor stellt er fest: »Schließlich ist der Begriff der Dissidenz, wie viele andere Begriffe in den Humanwissenschaften, ein *interpersoneller* oder interaktiver und hängt nicht nur vom Verhalten des »dissidenten« Subjektes, sondern ebenfalls von der Deutung des Beobachters ab: »It is in the eye of the beholder« (ebd.).

Aus der Position, die Chasseguet-Smirgel den Dissidenten gegenüber einnimmt, ist jedoch diese Relativität des Standpunktes nicht erkennbar. Denn sie geht in ihrer an Freud orientierten und von der Konzeption her zunächst sehr klaren Beschreibung der analytischen Haltung, die vor allem die Entwicklung des Patienten zu sich selbst in Freiheit von Indoktrinationen zum Ziel hat, letztlich davon aus, »daß zwischen Moral und Logik Verbindungen bestehen«, die die psychoanalytischen Tugenden beherrschen (vgl. 1988f, 71). Damit meint sie moralische Haltungen, die sich aus der Realität und ihren Bedingungen ableiten – und dies sind für sie die Gesetze des Vaters. Dabei reflektiert Chasseguet-Smirgel jedoch nicht darauf, daß Gesetze im sozialen Kontext nicht Naturgesetzen entsprechen, sondern normative Setzungen sind. Auch wenn bestimmte Normen in allen menschlichen Kulturen zu gelten scheinen und daher den Charakter von Universalien haben wie z. B. das Tötungsverbot. Denn immerhin kennen fast alle Kulturen auch Ausnahmen von diesem Verbot, die der immanenten Logik ihrer jeweiligen Glaubenssätze und Begründungszusammenhänge folgen. Axiomatische

---

214 Immerhin, wieviel Originalität und Überzeugungskraft muß er 1941 noch besessen haben, um Einstein zu veranlassen, seine (Reichs) Theorien an einem Orgon-Akkumulator zu überprüfen, was dann allerdings zu ihrer Widerlegung führte (vgl. in Fallend; Nitschke 1997, 350)

Setzungen sind basale Bestandteile aller Konzeptionierungen von Wirklichkeit und die universellen Prinzipien der Logik haben in ihnen die Funktion, Kausalitäten, Deduktionen und Induktionen auf der Grundlage dieser Axiome herzustellen. In sich ist das Ptolemäische Weltbild nicht weniger logisch begründet als das Kopernikanische.

Auch wenn Chasseguet-Smirgel in ihrem Beitrag über *Die Haltung des Psychoanalytikers zur Ethik* (1988f) sehr klar und überzeugend die Freudschen Entdekkungen nochmal vorstellt, die die analytische Kur als subjektiven Entwicklungsprozess charakterisieren und vom Analytiker bzw. der Analytikerin sowohl die Einhaltung von Standards verlangen wie einen Respekt vor der Person des Patienten und seinen unbewußten Produktionen. Die Frage, ob die Standards eingehalten werden können oder nicht, hängt nicht allein vom guten Willen und der (idealiter angestrebten) Neutralität des Analytikers/der Analytikerin ab. Denn die Wertungen, die die Entfaltung des Patienten und seiner Persönlichkeit behindern können, die aus der Hilfestellung unversehen einen Erziehungsprozess werden lassen, sind nicht mehr erkennbar in den als gesichert geltenden Vorstellungen von ›pervers‹ oder ›normal‹ und von ›Regression‹ oder ›Fortschritt‹, die bei Chasseguet-Smirgel sehr ausgeprägt sind. Wie würde sie auf den Wunsch eines Patienten reagieren, sich zukünftig in der Ökologiebewegung engagieren und so zur Entwicklung einer besseren Welt beitragen zu wollen? Erschiene ihr nicht eine Patientin von regressiv-verschmelzenden Wünschen bedroht, weil sie für die Literatur oder Musik der Romantik schwärmt, etwa gar die deutsche? Die Verkettung von universeller Logik und subjektiver Wahrheit, ödipaler Reife und zwingender Identifikation mit jenen Werten, die diejenigen des Vaters oder die der etablierten Gesellschaft sind, machen die impliziten Bewertungen ihrer Theorie für sie unsichtbar, da diese ihr als objektive Maßstäbe und Notwendigkeiten erscheinen. Entsprechend eindimensional und eindeutig fallen die Urteile bei Chasseguet-Smirgel aus, für die das Vorhandensein eines Kriteriums der Ödipalität oder Präödipalität ihr schon genügt. So beinhaltet das Abstoßende des Antisemitismus z.B. eines Richard Wagner noch nicht selbstverständlich ein Urteil über die Qualität seiner Musik, die dadurch nicht automatisch zu einer perversen Produktion des Falschen wird, wie es für Chasseguet-Smirgel erscheint. Immerhin hat ein jüdischer und zweifellos bedeutenderer Komponist den ›Ring‹ für Wert gehalten, ihn vollständig aufzuführen – Gustav Mahler.

Moral und Logik, Kunst, Ästhetik und Wahrheit sind nicht sich aufeinander beziehende Aspekte eines widerspruchsfreien Ganzen. Der Wunsch nach einer solchen Einheitlichkeit und Klarheit ist vielmehr selbst Wunschtraum und Illusion und birgt in sich die Gefahr des Dogmatismus mit der Konsequenz der Ächtung und Verfolgung der ›perversen Abweichungen‹, wie sie sich in den Urteilen Chasseguet-Smirgels über Strindberg oder in ihrer pauschalen Etikettierung von land- und body-art als perverse Verschmelzungsinszenierungen offenbaren.

Wenn es Standards der psychoanalytischen Haltung und Ethik gibt, so beruhen sie auf Einsicht, Erfahrung, Zielsetzung, Respekt, Nutzen, Wissen – und auf Übereinkünften zwischen Subjekten, nicht jedoch auf einer sich selbst schreibenden Ordnung, die logisch aus einem Entwicklungsgesetz des Unbewußten und dem zum Teil sehr spezifischen Verständnis der menschlichen Entwicklung bei Chasseguet-Smirgel abzuleiten wäre.

6 Zusammenfassende Bemerkungen zu Grundannahmen und Methode

Die Theorie Chasseguet-Smirgels basiert auf einer Gegenüberstellung von präödipaler Regression und ödipaler Reife, deren unterschiedliche Voraussetzungen und Entwicklungen sie vor allem in *Das Ichideal* und in ihrem Aufsatz über *die archaische Matrix des Ödipuskomplexes* dargelegt hat. Ansatzweise findet sich diese Gegenüberstellung schon in ihren früheren Texten, erfuhr aber erst in diesen beiden Schlüsseltexten sowie zahlreichen anderen Arbeiten derselben Periode ihre theoretische Ausarbeitung. Dabei kann sich diese Vorstellung auf Erkenntnisse Freuds wie der weiteren psychoanalytischen Erfahrung und ihrer theoretischen Verarbeitung stützen, denn die Psychose hat in der Regel ihre Wurzeln in der frühen Kindheit. Neu an diesem Ansatz sind aber nicht nur einige axiomatische Bestandteile wie die der kindlichen Neotenie und der aus ihr abgeleiteten Entwicklung der Mutterimago und des Übergangs zum Vater, die These vom angeborenen unbewußten Wissen um die sexuelle Wahrheit u. a., sondern neu und andersartig ist die Ersetzung der bisherigen Annahme eines stufenartigen Entwicklungsprozesses durch eine Schwellentheorie, in der das Erreichen des Ödipus einen psychischen Zustand herstellt, der sich dem präödipalen als Negation und Aufhebung entgegenstellt. Dabei übernimmt in Chasseguet-Smirgels Theorie, die auch hier Grunberger folgt, die Entwicklung des Narzißmus jene Rolle, die Freud primär der Triebentwicklung zugedacht hatte: die psychische Strukturierung. Das Triebhafte, fast gänzlich reduziert auf die Oppostion von Analität versus Ödipalität, wird zum Inhalt der rückwärts oder vorwärts gewannten narzißtischen Wünsche: zu verschmelzen oder aber sich zu identifizieren mit dem Vater und seinen Werten. Ödipale Reife bedeutet im Werk Chasseguet-Smirgels die Überwindung der Gefahr, psychotisch oder pervers zu werden durch die regressiven Sehnsüchte nach Verschmelzung mit der Mutter. Daß der Wunsch nach Entwicklung, Reifung, Großwerden weit schwächer ausgeprägt sei als der regressive Wunsch, in den Mutterleib zurückzukehren, und daher ein massives Aufgebot an elterlichen Kräften und geschlechterstereotypen Verhaltensweisen nötig scheint, um das Kind zu seiner Entwicklung zu veranlassen, ist eine ebenfalls in der psychoanalytischen Theorie und Klinik unübliche Sichtweise. Sie ergibt sich aus der Gleichsetzung von Regression, Perversion und Psychose mit dem Lustprinzip, wodurch ödipale Reife und psychisches Wachstum in Opposition zum Lustprinzip gesetzt werden. Das Realitätsprinzip ist dann nicht mehr die Errungenschaft des Ich, dem Lustprinzip zu einer angemessenen und gefahrlosen Realisierung zu verhelfen, sondern der Gegenspieler des Lustprinzips.

Der Polarisierung von präödipal und ödipal entspricht eine weitere und unmittelbar mit ihr verbundene: die der archaisch-mütterlichen Welt der Perversion und Regression gegenüber der väterlichen Welt des Denkens, der Wirklichkeit und Gesetzmäßigkeiten. Dabei kommt der Theorie Chasseguet-Smirgels hier in gewisser Weise die Annahme Melanie Kleins zu Hilfe, daß der Ödipuskomplex schon sehr frühe Vorstadien habe. Jedoch: ganz so früh wie bei Klein entscheidet sich die Entwicklung für Chasseguet-Smirgel nicht. Zentral ist für sie die sadistisch-anale Phase, die ihr gänzlich mit der nun destruktiven Mutterimago verknüpft erscheint. Oralität, Phallizität und polymorph-perverse Lüste haben demgegenüber kaum Bedeutung und werden dem analen Universum der Amalgamierungen fast völlig subsumiert – womit sie ihrerseits das Schicksal erleiden, mit der analen Phase fast unterschiedslos amalgamiert zu werden. Dies heißt aber auch, daß die Welt des Denkens, der Sprache und der Realität bei Chasseguet-Smirgel erst vergleichsweise spät auftritt und das Kind bis dahin in Illusionen und Verschmelzungswünschen und -phantasien befangen bleibt. Denn erst mit dem Erreichen des reifen Ödipus kann die mütterliche Welt der Symbiose Chasseguet-Smirgel zufolge verlassen werden. Diese und viele weitere Annahmen, die ich dargestellt habe und hier nur kurz zusammengefaßt in Erinnerung bringe, sind elementare Bausteine im psychoanalytischen Verständnis Chasseguet-Smirgels, die sich in allen von ihr thematisierten Zusammenhängen, den klinischen wie außerklinischen wiederfinden, diese prägen und gleichzeitig immer neu innerhalb dieser begründet und ›belegt‹ werden. Die Beweisführung folgt dabei zwei konvergenten Linien: der von klinischer Seite gemachten Voraussetzung, daß die fehlende Identifikation mit dem genitalen Vater und seinen Werten zu einer Prädominanz des Präödipalen führe, in welcher das vorherrschende Ziel des Subjekts die Verschmelzung mit der Mutter sei, um zu dem in der Theorie vorausgesetzten pränatalen Glückszustand zurückzukehren. Dem entspricht in zweiter Linie die ›konsequente‹ bis rigorose Deutung aller kulturellen, sozialen, politischen oder ideellen Phänomene, die nicht bestimmten Wertvorstellungen angepaßt sind, als Ausdruck von Unvollkommenheit, die ihre Ursache in der Nichtintegration des väterlichen Penis habe. Ihre Rückführung auf präödipal-regressive Strukturen und die ›Diagnostizierung‹ ihrer Erzeuger als psychotisch oder pervers ist in dieser Theorie zwingend.

Die Erklärungen kommen allerdings darum immer zu demselben, in sich schlüssig erscheinenden Resultat, *weil* die Voraussetzungen implizit im jeweiligen Resultat schon enthalten sind durch die Annahme kausaler Entwicklungsgesetzmäßigkeiten, die sich letztlich auf zwei bipolare Möglichkeiten reduzieren. Anstelle der Überprüfung von als vielfältig vorauszusetzenden Möglichkeiten der Entwicklung, Bewältigung und Verarbeitung subjektiver wie kollektiver Erfahrungen und Schicksale tritt die schematische Anwendung theoretisch vorkonzipierter linearer Entwicklungswege, die wie Vektoren nur in jeweils eine Richtung weisen können – nach vorn oder zurück. »Vorn« und »hinten« bezeichnen aber auch die körperlichen Lokalitäten, das Genitale und das Anale, mit welchen Chasseguet-Smirgel die progressive Entwicklung der genitalen Ödipalität und die regressive der Analität verbindet. Die Verbindung der Entwicklungsdimensionen *nach vorn* und *nach hinten* mit ihnen entsprechenden Körperzonen wird von Chasseguet-Smirgel nirgendwo thematisiert und läßt erkennen, daß der Einfluß des Körperbildes auf ihre eigene Theorie unbeleuchtet bleibt. Damit geht auch ein verborgener Konkretismus einher, in dem Psychisches und Körperliches bzw. Phantasie und Realität von ihr nicht mehr unterschieden werden können. Unter diesen impliziten Voraussetzungen wird die Anwendung dieses Schemas methodisch zu einem System, das die fortwährende Bestätigung seiner selbst zur Folge haben muß.

II. Kontrapunkte

In der Darstellung der Theorie Chasseguet-Smirgels wurden die verschiedenen Gesichtspunkte, die einer Diskussion bedurften, kontextbezogen diskutiert.

In diesem Teil geht es dagegen um eine kurze und konzentrierte Zusammenfassung und Kritik einiger zentraler Annahmen dieses psychoanalytischen Ansatzes in Bezug zu Freuds Auffassungen und der einiger anderer AutorInnen. Es geht dabei um jene Annahmen in Chasseguet-Smirgels Theorie, deren Übernahme weitreichende Folgen hätte für das Verständnis normaler und pathologischer Entwicklungen im Rahmen der psychoanalytischen Entwicklungspsychologie und der Pathogenese. Ebenso haben diese Annahmen Konsequenzen für das Verständnis weiblicher und männlicher Identifikationsprozesse und für die damit verbundene psychosexuelle Entwicklung der Geschlechter.

1 Primärer Narzißmus und Primärphantasien

Axiomatische Bedeutung hat für Chasseguet-Smirgels Theorie die von Grunberger übernommene Vorstellung, das Kind sehne sich ab dem Zeitpunkt seiner Geburt zurück in den Mutterleib als dem Ort der Glückseligkeit, denn dort habe es in der Einheit von Ich und Ichideal (Lustprinzip) grenzenlose Allmacht und Alleinheit mit der Welt erfahren. In einem ihrer spätesten Beiträge (1996), in welchem sie sich direkt mit der Theorie des Narzißmus bei Grunberger als Grundlage ihrer eigenen Überlegungen zum Ichideal, zur Perversion etc. auseinandersetzt, spricht sie sogar von einem »pränatale(n) goldene(n) Zeitalter«, in welchem »der Mensch mit allen Attributen des Göttlichen ausgestattet« war (ebd., 234). Entsprechend bestehe das postnatale Leben »aus einer Reihe von Versuchen, das verlorene Paradies der vorgeburtlichen Zeit wiederzufinden« (ebd.).

Es ist der biblische Mythos von den Anfängen des menschlichen Daseins im Paradies und der Vertreibung aus diesem, der uns die Vorstellung von einem ursprünglichen paradiesischen Glückszustand so geläufig macht. Seine Wirklichkeit in den Anfängen des menschlichen Dasein zu suchen, ist nicht neu. Üblicher war es in früheren Zeiten jedoch, diese Anfänge außerhalb des Mutterleibs zu vermuten in den ersten »glücklichen« Kindertagen, solange die physische Geburt als der Zeitpunkt der Beseelung des Körpers betrachtet wurde. Das paradiesische Glück mit dem intra-uterinen Dasein zu verbinden – mit Vorstellungen von All-Einheit, kosmischer Verschmolzenheit und Bedürfnislosigkeit – leitet sich aus der Verbindung medizinischen Wissens mit Phantasien über das intra-uterine Erleben ab. Vor allem erscheint darin der Fötus als geborgen, sicher, grenzenlos versorgt. Wenig berücksichtigt wird in dieser Perspektive, daß die schützende Einbettung positiv korreliert mit der Empfindlichkeit und Verletzlichkeit des sich erst bildenden Organismus. Was Stöße, hormonelle oder psychische Schwankungen im Befinden der Mutter, schwere körperliche Arbeit, Unterernährung oder Drogenkonsum (im weitesten Sinne), Umweltbelastungen, Krisen etc. im psychophysischen Erleben des Fötus bewirken – mit solchen Fragen stehen wir erst am Beginn einer komplexen Forschung, die immerhin nachweisen kann, daß schon der Fötus Außenwelteindrücke aufnimmt und verarbeitet bzw. daß diese vom Neugeborenen später wiedererkannt werden können (s. z.B. Piontelli 1996).[1] Es besteht somit zumindest ebenso die Möglichkeit, daß die mythische wie individuelle Sehnsucht nach dem Paradies einem Wunsch entspricht, der sich in der Nachträglichkeit der Verarbeitung von Frustrationen bildet und dann projiziert wird auf einen früheren Zustand des Daseins, der faktisch diesem Wunsch nicht entsprach. Mit anderen Worten: die Wahrscheinlichkeit, daß es sich bei der Vorstellung vom Mutterleib als Paradies selbst um einen kollektiven Mythos handelt, der sich aus den Imaginationen und Wunschphantasien des zeitweise befriedigten und häufiger frustrierten Kindes entwickelt, ist weit größer als dessen Realität.

Freuds Annahme eines primären Narzißmus hatte triebökonomische Gründe, deren Wurzeln im Konzept der Libido zu suchen sind. Wenn Libido ein energetisches Potential ist, das sich vom Ich ausgehend auf Objekte, Dinge, Ideale verteilen und wieder ins Ich zurückkehren kann, so muß dieses energetische Potential

---

1 Erstaunlicherweise bemerkt Kaminer (1999) nicht den Widerspruch, wenn sie Grunbergers Auffassung eines primärnarzißtischen Vollkommenheitszustandes, der mit einem Gefühl von Körperlosigkeit verbunden sei, zu bestätigen sucht durch die in der Pränatalforschung festgestellte Empfindungsfähigkeit des Fötus ab dem 4. Lebensmonat, die mit einem zunehmend sich intra-uterin entwickelnden und funktionsfähig werdenden Wahrnehmungsapparat verbunden ist (vgl. ebd., 111f). Was, so die Frage, wäre der Inhalt einer pränatalen Koenästhesie angesichts des von ihr mit Grunberger angenommenen »körperlosen Existenzgefühls«?

Teil der Ausstattung sein, die dem Individuum von Geburt an mitgegeben ist. Dies ist nicht Resultat einer klinischen Beobachtung, sondern die notwendige hypothetische Voraussetzung des Triebkonzepts, die ebenso für die andere Seite der Triebausstattung, den Aggressions- oder später sog. Todestrieb gelten muß. Dabei hat Freud aber den metatheoretischen Stellenwert des Triebbegriffs, der den Grenzbereich im Übergang vom Physischen zum Psychischen zu erfassen sucht, nie aus dem Auge verloren. Geht man indessen so weit wie Grunberger und Chasseguet-Smirgel, den intra-uterinen Zustand als vollkommenstes Lustprinzip im Sinne eines realen psychischen Entwicklungsstadiums zu beschreiben, in welchem die Verschmelzung von Ich und Ichideal zu einer klinisch relevanten Bezugsgröße wird, dann wird die Ebene der Metatheorie verlassen. An ihre Stelle tritt die metaphysische Spekulation über das intra-uterine Erleben des Fötus und dessen intrapsychischen Niederschlag in einem vorgeburtlich postulierten ›Ich‹, das lebenslang seine Wiederherstellung in diesem frühesten Glückszustand fordere und so den menschlichen Entwicklungsverlauf dominant präge. Es handelt sich bei diesem Theorem des pränatalen Ursprungs des primären Narzißmus, der einer Einheit von Ich und Ichideal entspreche, um eine unhinterfragbare Setzung. Dies gilt gleichermaßen für die damit einhergehenden Vorstellungen von der Existenz angeborener unbewußter Phantasien und eines unbewußten Wissens über die sexuelle Wahrheit, daß die Kenntnis von den Geschlechterdifferenzen und -funktionen ebenso umfasse wie den unbewußten Wunsch nach Zeugung und Fortpflanzung. Es scheint mir berechtigt, bei dieser spekulativen Theorieentwicklung, wie Grunberger sie vornimmt – und in seiner Nachfolge Chasseguet-Smirgel –, von der Entwicklung eines neuen wissenschaftlichen Mythos zu sprechen oder aber von einer psychoanalytischen Metaphysik. Wahls (1985) Auffassung, daß sich mit Grunbergers Narzißmus-Konzept pseudo-religiöse Implikationen verbinden, die zur Konstruktion einer Psycho-Mythologie führe, bestätigt sich bei Grunberger und Chasseguet-Smirgel in deren Ableitung religiöser Sehnsüchte und aller mythisch-mystischen Erscheinungen aus der Regression zum primärnarzißtischen Erleben, dem diese mystisch-religiösen Erlebnisweisen entstammten bzw. entsprächen (vgl. ebd., 53ff).

Wenn Freud von phylogenetischem Erbe spricht, dann nicht mit der Vorstellung, daß das Kind in seinem Unbewußten die ödipale Phantasie schon von Geburt an in sich trägt, sondern in dem Wissen darum, daß das Kind eine Folge von physiologischen Reifungsstadien durchläuft, die notwendige psychophysische Äquivalente haben. Ist das Kind in jener Entwicklungsphase angekommen, in der es verstärkt Sensationen am Genitale erlebt, dann wird es beginnen, diese in Verbindung zu bringen mit dem von ihm am meisten geliebten Objekt und wird rivalisierende Objekte fort- bzw. ›tot‹wünschen. Es ist die notwendige Entwicklungsdynamik, die jene unbewußten Konflikte und Phantasien entstehen läßt, die von allen vorhergehenden Generationen bereits durchlaufen wurden und darum ihr Äquivalent in Mythen und anderen kollektiven 'Bildern' finden, deren unbewußter Gehalt latent und virulent bleibt. Auch Chasseguet-Smirgel spricht davon, daß nicht Heredität, sondern für die psychische Strukturierung bestimmende Gesetzmäßigkeiten die unbewußte Entwicklung steuerten. Obgleich die Verneinung der Heredität eine genetische Anlage ausschließt, geht sie von einer den physiologischen Entwicklungsabläufen analogen und von ersteren damit unabhängigen Organisation der psychischen Entwicklungsgesetze aus. Infolge dessen können für sie psychische Konflikte nur bedingt sein durch ungünstige Beeinflussung des einer bestimmten Struktur folgenden normalen Entwicklungsverlaufs. Und jene negativen Einflüsse hat sie immer wieder benannt als die Verfehlungen der Eltern, die in unvollständigen oder mißglückten Identifikationen jener mit ihren eigenen Eltern wurzelten. Auf Seiten der Eltern stellt sie konstant immer dieselben Verfehlungen fest: Ablehnung des Vaters durch die Mutter und mit dem Kind geschlossenes, verführendes Bündnis gegen jenen; zu große Schwäche oder Strenge des Vaters, die ihn für Identifikationen ungeeignet macht und das Kind daher nicht vor der verfolgenden Mutter rettet. Dadurch sind die realen Eltern nicht weniger schemenhaft und gleichförmig wie die von ihr vorausgesetzten unbewußten Imagines der Eltern. Zugleich greift Chasseguet-Smirgel dabei Freuds Verführungstheorie wieder auf und schreibt sie zugleich um zu einem nicht mehr vom Kind, sondern von der Mutter ausgehenden Verführungsgeschehen.[2]

Ebenso wie die strukturalistische Interpretation des Unbewußten ist die damit verbundene Annahme, der Mensch sei bei der Geburt bereits mit einem universellen Bestand unbewußter Bilder (»Imagines«) ausgestattet, eine schon beim frühen Lacan auftauchende Idee, die Grunberger und von diesem Chasseguet-Smirgel übernommen haben. Auch die Vorstellung einer frühen Reife verdankt sich diesem Einfluß. Sprach Lacan von Prämaturation, so erläutert Chasseguet-Smirgel den von ihr stattdessen verwendeten Begriff der Neotenie regelmäßig gerade da-

---

2 Vgl. dazu die Darstellung in Laplanche/Pontalis 1992, 18–29.

mit, daß es sich dabei um eine Frühreife handele, ein psychisch bereits angeborenes und voll ausgebildetes sexuelles Verlangen bei gleichzeitiger physischer Unreife. Lacan seinerseits war dabei sowohl von Melanie Klein – insbesondere in seiner Theorie der frühen Körperfragmentierung[3] – wie in mancher Hinsicht von Jung beeinflußt. Für Chasseguet-Smirgel ist die Präödipalität als solche eine durch den Primärprozeß und das Lustprinzip gekennzeichnete Entwicklungsphase, die die Grenze und damit den Begriff und das Objekt noch nicht (wirklich) kenne und daher psychotische Züge trage. Insbesondere die Analität mit ihren gefährlichen Vermischungen wird ihr dabei zum Synonym der Perversion.

Im Narzißmus sieht Chasseguet-Smirgel nicht nur die primäre bewegende Kraft des Menschen, sondern auch den eigentlichen und wie es scheint einzigen Ansatzpunkt der Verletzung und Kränkung des Subjekts. Anlaß der Kränkung aber sind nicht enttäuschte Erwartungen in den Beziehungen zu Objekten, sondern ist ausschließlich das Erkennen der Wahrheit des (kindlichen) Subjekts über sich selbst: seine Kleinheit, Ohnmacht, Abhängigkeit und sexuelle Insuffizienz. Die Vermeidung der Kränkung erfolge durch die Verleugnung dieser Wahrheiten – auch derjenigen, daß hinter den kostbarsten Kulturerscheinungen die primitiven menschlichen Triebe stehen, wie schon Freud bemerkte. »Diese ›Entzauberung‹, …, ist dem Narzißmus unerträglich, *der so wieder einmal der Erkenntnis im Wege steht*« (1988c, 40; Hervorh. A.M.). So erweitert sich für Chasseguet-Smirgel die Bedrohung des Narzißmus zur Bedrohung des Subjekts durch den Narzißmus, welcher dessen Entwicklung hemmt, es sei denn, er kann mit der Vaterimago durch die Idealisierung des Vaters verbunden werden, welche selbst für Wahrheit, Entwicklung, Erkenntnis stehe.

Entwicklung hat in dieser Theorie aber letztlich dasselbe Ziel wie die Regression: die primäre Verschmelzung wieder zu erlangen. »Was uns vorantreibt, wäre also der Wunsch, die glückselige Zeit wiederzufinden, in der wir selbst unser eigenes Ideal waren. Wir sind immer auf der Suche nach der verlorenen Zeit – verloren in der Tat in dem Moment, wo die primäre Fusion aufgelöst wurde. Zwischen diesem Moment und dem voraus projizierten, in dem sich vermeintlich der Inzest vollziehen soll, findet die ganze menschliche psychosexuelle *Entwicklung* statt« (1987a, 187). Es fragt sich bei dieser Auffassung, was den Menschen überhaupt dazu bringt, die primäre Fusion aufzugeben, wenn nicht allein die biologische

3 Vgl. Grosskurth 1993, 474–492; Roudinesco 1999.

Notwendigkeit, den zu eng werdenden Mutterleib zu verlassen. Wie auch bei Grunberger gilt für Chasseguet-Smirgel, daß der einzige Lebenswunsch und das einzige Ziel nach deren Verständnis in der Wiederherstellung des als absolute Erfüllung des Lustprinzips angenommenen Zustands der Primärfusion besteht. Die Entwicklung, die das Leben ausmacht, ist nur ein Umweg zu jenem das Unbewußte beherrschenden Ziel. Damit wäre genau besehen der Todestrieb und die von ihm ausgehende Dynamik an die erste Stelle gerückt, denn um nichts anderes als den psychischen Tod handelt es sich bei der Wiedervereinigung von Ich und Ichideal nach Chasseguet-Smirgels eigenen Worten. Daß der Ausschluß des guten Objekts (bei Chasseguet-Smirgel des Vaters) eine logisch notwendige Bedingung ist für dieses unterstellte Ziel der letztlich autistischen Verschmelzung des Ichs mit seinem eigenen, von Objektbeziehungen unberührt bleibenden, Ideal, wird deutlich aus der Beschreibung der entgegengesetzten Entwicklung bei Laplanche und Pontalis (1992): »Letztlich ermöglicht die beständige Introjektion des guten Objekts (das nicht weniger imaginär ist als das böse) eine Verschmelzung der Triebe in einem Gleichgewicht, das auf der Vorherrschaft der Libido gegenüber dem Todestrieb beruht« (ebd., 11). Die Bedeutung des Eros verkürzt sich auf eine instrumentelle Funktion, indem er in den Dienst dieses Todestriebes tritt, um auf dem »kurzen Weg« (durch Inzest, Perversion) oder auf dem »langen Weg« (durch genitale Vereinigung und Fortpflanzung) jenes lebensbeherrschende narzißtische Ziel mehr oder weniger unvollständig zu erreichen. Auch die Verliebtheit ist nach Chasseguet-Smirgel letztlich eine Form, in der Ich und Ichideal verschmelzen (1987a, 188), was nach den beschriebenen Voraussetzungen dieser Verschmelzung bedeuten muß, daß das Objekt darin nicht mehr als Spiegel des Selbst fungiert, in den noch Lacan mit Dalí seinen Narziß blicken ließ, sondern mit dem Subjekt verschmilzt und dadurch potentiell verschwindet; denn die Einheit von Ich und Ichideal ist eine, in der für Objekte kein Platz ist. Alles Leben, das zwischen Geburt und Tod stattfindet, hätte damit die Bedeutung einer unvollkommenen Ersatzhandlung für die verlorengegangene Vollkommenheit der pränatalen Existenz. Im Wechsel der Perspektive von der Metatheorie zur Klinik taucht hier die Frage auf, ob sich hinter dieser Narzißmustheorie eines »Lebens zum Tode« nicht eine depressive Haltung verbirgt.[4]

---

4 Vgl. dagegen die aufschlußreiche Studie Symingtons (1999) zur Pathogenese der narzißtischen Störung in schweren Traumata, die keineswegs einem universalen 'Trauma' der Geburt entsprechen.

Der Narzißmus bzw. der Wunsch, ihn in seiner ursprünglichsten, intra-uterin ›erlebten‹ Form wiederzufinden, bleibt Chasseguet-Smirgel zufolge das bestimmende Lebensmotiv. Anstelle von Eros ist damit das Verlangen nach jener Urverschmelzung – des Ichs mit seinem Ideal – getreten[5] und nimmt damit den Stellenwert eines Triebes ein, ohne selbst Trieb zu sein. Von Grunberger werden der Narzißmus ebenso wie die primitive Aggression als biologische Instinkte bezeichnet. Für Freud hingegen war der Narzißmus eine Erscheinungsform der Libido, wenn diese im Ich (hier nicht als psychische Instanz verstanden) verbleibt oder auf dieses zurück gewendet wird. Zwar bedient sich der Eros der Libido, die ursprünglich eine narzißtische ist. Aber der Ort der Libido ist für Freud so beweglich wie das Mischungsverhältnis von Libido mit seinem Gegenspieler, dem Aggressionstrieb. Die Wirkung der Ausstreuung der Libido vom Ich auf die Objekte hat aber insbesondere eine Verwandlung der Qualität des Narzißmus zur Folge: es ist mehr als nur die Beschreibung einer Abfolge, wenn Freud von der ins Ich zurück geholten Libido als sekundärem Narzißmus spricht. Denn dieser Narzißmus ist ein anderer als der primäre, er hat das Objekt bereits erfahren und wird die Erinnerung an dieses behalten, sei es, daß er dieses bald wieder oder ein anderes statt seiner sucht oder aus Enttäuschung sich gegen ein solches zukünftig verschließt.[6]

Die Modifikation des Narzißmus hat bei Grunberger und in dessen Folge bei Chasseguet-Smirgel einen geradezu entgegengesetzten Charakter zu den Wandlungen des Narzißmus bei Freud. Besteht für sie das paradiesische Glück des primären Narzißmus in einer autistischen Selbstgenügsamkeit ohne störende Objekte – der metaphysischen Phantasie von einem Nirwana oder entleerten Universum entsprechend, in welchem einzig ein glückseliges Dasein möglich sei – so kommt die Geburt und damit die erfahrene Hilflosigkeit und Abhängigkeit von Objekten für Chasseguet-Smirgel und Grunberger einer narzißtischen Katastrophe gleich.

---

5 Diese Auffassung führt bei Chasseguet-Smirgel letztlich sogar zu der paradoxen Gleichsetzung von Kastrationsdrohung und Eros: »So wie alles, was die Existenz des Ich, des psychischen Lebens fördert, auf die Seite des Lebens gehört, wird die Kastrationsdrohung, die die Fusion verhindert, zu einem Ausdruck des Eros« (1988b, XIV). Mit anderen Worten: Eros ist nach ihrer Vorstellung die verhinderte Vereinigung, Thanatos die vollzogene.

6 Vgl. hierzu Chasseguet-Smirgels Kritik an Freuds Narzißmus-Theorie und insbes. an dessen Beschreibung des sekundären Narzißmus, welcher Chasseguet-Smirgel eine Definition von Denise Braunschweig entgegen hält (in 1966b, FN 1, 44–46).

Deren nachhaltige Wirkung zeige sich in einer baldigen Entwertung jenes ersten Objekts, von dem das Kind geboren wurde und abhängig war. Das entspricht einer Rache an diesem Objekt, das durch das geeignetere und weniger allmächtige des Vaters und seines die Erschaffung der Welt symbolisierenden Penis ersetzt werde. So wenig wie die – als Objekt kaum wahrgenommene, als Imago jedoch beherrschende – Mutter ist der Vater Objekt der Libido, sondern ›der Andere‹, zu dem das Kind sich aus Selbsterhaltungsgründen flüchte. Da es aber Eros ist, der gemeinsam mit dem Ichideal die inzestuöse, perverse Form der Verschmelzung auf dem ›kurzen Weg‹ sucht, kann man den Ödipuskomplex bei Chasseguet-Smirgel auch als eine Flucht vor dem Eros hin zur narzißtischen Selbsterhaltung begreifen. Diese gilt zunächst gleichermaßen für Freuds Verständnis des ödipalen Konflikts und seiner Lösung: denn auch hier ist die Furcht von dem Verlust des narzißtisch besetzten Gliedes für den Knaben Anlaß, auf das inzestuöse Objekt zu verzichten und sich mit dem Vater zu identifizieren. Erkennen wir aber bei Freud hier eine Umwandlung der Libido durch Verzicht auf unmittelbare Erfüllung, so geht es bei Chasseguet-Smirgel um eine Umwandlung des Narzißmus selbst, der aus Furcht vor Kastration (durch die anal-phallische Mutter) sein Ichideal mit den Werten und Geboten des Vaters auffüllt.

Vergleicht man diese Auffassung von Narzißmus mit derjenigen Freuds und mit der Weiterentwicklung bei Kohut, so wird deutlich, daß hier eine Form des Narzißmus generalisiert wird, die dort als narzißtische Störung erscheint. Denn nach Auffassung Freuds wie Kohuts oder der Objektbeziehungstheorie ist der Narzißmus den Objektbeziehungen nicht entgegengesetzt, vielmehr bedarf es auch der libidinös besetzten Objekte und ihrer ›spiegelnden Antwort‹ zur normalen Entfaltung des Narzißmus. Demgegenüber manifestiert sich in der Benützung von Objekten zur Erreichung narzißtischer Ziele, die die Unabhängigkeit vom Objekt bestätigen sollen – ein bei Chasseguet-Smirgel als normal erscheinender Objektbezug –, die Störung der normalen narzißtischen Entwicklung. Denn der von Beginn an auf ein Gegenüber bzw. Objekt bezogene Mensch erfährt seine narzißtische Vollkommenheit in der Annahme seiner Triebe, Bedürfnisse und seines Daseins, die ihn diese nicht in Hilflosigkeit und ohnmächtiger Wut erfahren läßt, sondern ihm die Illusion einer – wenn auch durch Verzögerungen der Befriedigung immerhin verminderten – Allmacht erhält. Erst die ausbleibende oder beständig inadäquate Antwort auf die physischen und psychischen Bedürfnisse, die das Verlangen nach dem Objekt beinhalten, erzeugt die narzißtische Katastrophe, in deren Folge das Objekt als Bedrohung des Selbst gemieden und entwertet werden muß. Aus einer Perspektive auf den Säugling, die bei Grunberger und Chasseguet-Smirgel die des um dessen Hilflosigkeit *wissenden* Erwachsenen ist, entwickeln sie eine Narzißmusvorstellung, die die narzißtische Traumatisierung als unumgängliche ›Normalerfahrung‹ an den Anfang des Daseins stellt. Dem entspricht die Generalisierung der Erfahrung eines primären Objekts, dessen Antwort nicht als bestätigend auf das Dasein und die Bedürfnisse des Kindes wahrgenommen werde (mit dem »Glanz im Auge der Mutter«), sondern das im Erleben des Kindes mit dem vernichtenden Blick einer Gorgo reagiere.[7] Daraus leiten sie die theoretische Legitimation für die Universalisierung des regressiven Verlangens nach Rückkehr in den Mutterleib ab, die einer Bestätigung der Todestriebhypothese entspricht, jedoch mit der Unterstellung, daß dieser ›Todestrieb‹ nicht primär biologisch wirkt und im Psychischen sein Echo findet, sondern ein psychisches Elementarverlangen nach Dasein in Körperlosigkeit darstelle, das sich am liebsten unmittelbar erfüllen wolle.

Wenn auch Freud immer wieder die Hilflosigkeit des Säuglings und Kleinkindes betont hat, so konstatierte er doch die Differenz zwischen dieser für den Erwachsenen unübersehbaren Realität und den Möglichkeiten der psychischen Verleugnung dieser Tatsache durch das Kind – mittels halluzinatorischer Wunscherfüllung und symbiotischer Partizipation an der Allmacht der Mutter – für die eine »good enough mother« i.S. Winnicotts genügt.[8] Dagegen erzeugt das von Chas-

---

7 ›Nur-böse‹ Objekte finden sich Rohde-Dachser zufolge ausschließlich bei Borderline-PatientInnen, die von sexuellem Mißbrauch in der Kindheit berichten (vgl. Rohde-Dachser 1994, 89).

8 Diese Überlegungen hat Gaddini (1998) weiterverfolgt und vertieft. Nach seiner Auffassung entspricht »einer extremen Verwundbarkeit des Organismus in dieser Periode (der ersten Lebenswochen; A.M.), seiner völligen Abhängigkeit von der Umgebung und einem massiven Überwiegen der körperlichen Funktionsweise im Innern des Organismus... eine magische und omnipotente Funktionsweise der Psyche, die die Notwendigkeit einer objektiven Anerkennung der Wirklichkeit praktisch nicht aufkommen läßt, deren die Psyche noch nicht fähig ist, und die danach strebt, eine psychische Basisorganisation zu »schaffen«, die magisch selbstgenügsam und von der Vorherrschaft der körperlichen Funktionsweise befreit ist« (ebd., 35). Mit Winnicott und Bion betont Gaddini die psychisch schützende Funktion der sozialen Umwelt des Kindes im »holding«. Gaddini zufolge ist es nicht das Gefühl der grenzenlosen All-Einheit, die den intra-uterinen Zustand charakterisiert, sondern das Erleben einer Begrenzung, das die Wurzeln für die nachgeburtliche Differenzierung von Körper und Psyche legt. Der Verlust dieser Grenze und der Wunsch nach ihrer Reinstallierung gibt nach seiner Auffassung der psychischen Entwicklung des Neugeborenen den entscheidenden Anstoß.

seguet-Smirgel mit Grunberger angenommene Erleben einer elementaren Hilflosikeit und Erschütterung des Narzißmus im Kind Abhängigkeits- und Ambivalenzkonflikte, für die als einziger Ausweg die (demonstrative) Entwertung der Mutter als der Kastrierten und die ambivalenzfreie Idealisierung des Vaters gedacht werden kann. Diese von den Autoren angenommene Bewältigungsstrategie des Kindes bewirkt aber zahlreiche weitere Konflikte, für die keine adäquate Lösung erkennbar ist, wie die als ubiquitär angenommene Verstrickung der Töchter in ihre weiblichen Schuldgefühle oder die der Söhne in ihre Rivalitätsängste gegenüber den Vätern zeigt. Das Objekt ist bei Chasseguet-Smirgel in Wahrheit kein libidinöses Objekt, sondern Vehikel: sowohl auf dem kurzen wie dem langen Weg. Ziel aller Objektbesetzungen bleibt, über das Objekt den ursprünglichen Narzißmus wiederzuerlangen. Der Weg dorthin ist immer eine Verschmelzung: entweder die schnelle und ›totale‹ mit der analen Mutter oder aber die in Identifikation mit dem Vater und seinem Penis vollzogene (gemäßigte) Verschmelzung in der Fortpflanzung. Dabei haben die realen Eltern-Objekte keinen Einfluß auf die archaischen Objektimagines, sondern nur darauf, welche der Imagines bestimmend werden für die Erfüllung des narzißtischen Wunsches nach Verschmelzung von Ich und Ichideal: die archaische anale Mutterimago oder die genitale Vaterimago. Die Metamorphosen der Imagines sind selbst Teil des strukturalistisch gedachten Entwicklungsverlaufs, der entweder mit der Spaltung der Mutterimago und dem radikalen Objektwechsel zum Vater vollständig durchschritten wird, oder aber in der Regression verharrt mit der Folge der Idealisierung der analen Mutterimago und der Entwertung (Analisierung) des Vaterbildes. Bei dieser Prädominanz des Narzißmus innerhalb dieses Theorieansatzes kann es nicht verwundern, daß es gerade Grunberger ist, der die narzißtisch positive Bedeutung der Objektbesetzung entdeckt. Die Liebe zum Objekt, so betont er, führe nicht zu einer Minderung des Selbstgefühls, sondern seiner Erhöhung und Steigerung. Aber auch die von Freud in den *Drei Abhandlungen zur Sexualtheorie* (1905d) festgestellte Beziehung zwischen Objektliebe und narzißtischer Verarmung ist zutreffend.

Aus heutiger Sicht ist die Differenz der beiden Positionen nicht aus der Annahme eines statischen oder dynamischen Libidoquantums zu verstehen, sondern auf dem Hintergrund der für das narzißtische Gleichgewicht bedeutsamen Objektabhängigkeit des Subjekts und der empathischen Erwiderungsfägigkeit des Objekts. Führt die Annahme und Erwiderung der libidinösen Besetzung durch das Objekt zu einer enormen Steigerung des Selbstgefühls, so kommt die geringste Ablehnung durch das Objekt einer narzißtischen Irritation oder Verletzung gleich, ein Gesichtspunkt, den Kohut in der Frage nach der Bedeutung der Idealisierung des Objekts und den Folgen der Ablehnung dieser Idealisierung für das Kind wieder aufgriff und vertiefte (vgl. Kohut 1973).[9] Diese narzißtische Abhängigkeit vom Objekt wird im Falle der mißglückten Objektbeziehung als Hilflosigkeit und kränkende Ohnmacht empfunden, oft verbunden mit einem hohen Maß narzißtischer Wut, in der Selbsthaß und Selbstzerstörung neben dem Wunsch, das Objekt durch Zerstörung anzueignen, gleichermaßen präsent sind (vgl. auch Kernberg 1983; 1997). Der Ausfall des empathischen Objekts hat jene Isolierung und innere Einsamkeit zur Folge (vgl. Rohde-Dachser 1994, 15ff), deren Schmerzlichkeit und existentielles Scheitern Chasseguet-Smirgel und Grunberger in ihrer Idealisierung des primärnarzißtischen Autismus verleugnen. Daher sucht man bei ihnen vergeblich nach einem Zusammenhang zwischen Narzißmus und Objektbeziehung, in welchem diese sich wechselseitig modifizierten. Die Veränderung, welche das Ichideal bei der Idealisierung des Vaters erfährt, besteht für sie nicht im Aufgeben des ursprünglichen Ziels, sondern allein in der Wahl des dahin führenden Weges. Aber die unterschwellig wirksame Kraft – sei es auf dem Weg der Progression wie der Regression – kennt für sie nur das immer gleiche Ziel: die Wiedererlangung des primärnarzißtischen Glückszustandes des objektlosen Ichs mit sich selbst. Die von Freud vorgenommene Differenzierung von Triebziel und Triebobjekt hat nicht selten das Mißverständnis evoziert, auch er sehe im Objekt des Triebes nur ein Hilfsinstrumentarium zur Befriedigung des Triebes. Freud verband mit dieser Differenzierung jedoch eine ganz andere Absicht: die Flexibilität der Libido hinsichtlich der Beweglichkeit zwischen Ich und verschiedenen Objekten einerseits, in der Art der Triebbefriedigung andererseits zu verdeutlichen. Dabei ist aber das Triebobjekt normalerweise nicht marginal oder nur Instrument der Befriedigung. Zu diesem mißachteten, (sadistisch) benutzten Objekt wird es jedoch bei schweren narzißtischen Störungen und Perversionen.

Die präödipale Phase trägt in der Beschreibung bei Chasseguet-Smirgel zudem den Widerspruch in sich, daß sie von ihr als tendenziell objektlos beschrieben wird, da der die Kategorien und Objekte (er)zeugende Penis des Vaters noch nicht

9 Hieran anknüpfend betont Rohde-Dachser die »ungleich traumatisierendere« Erfahrung des Nicht-Lieben-Dürfens für ein heranwachsendes Kind (s. Rohde-Dachser 1980, 40).

verinnerlicht ist. Dennoch wird die Abhängigkeit von einem äußeren Objekt als vom ersten Tag der Geburt an massiv empfundene narzißtische Kränkung charakterisiert. Entsprechend schwanken dann die Begründungen für die Tendenz zu einer regressiven Amalgamierung zwischen zwei Aussagen: zum einen diene die Verleugnung der Objekte der Abwehr der narzißtischen Kränkung, dies setzt aber die Fähigkeit zur Objektwahrnehmung voraus. Andererseits wird die Fähigkeit zur Differenzierung (auch der Objekte) in Frage gestellt, da diese erst ermöglicht werde durch die Introjektion des väterlichen Penis, der erst die Grenze, den Unterschied, die Realität konstituiere. Die Lösung dieses Chasseguet-Smirgel nicht entgehenden Widerspruchs besteht in ihrer Berufung auf die angeborenen unbewußten Imagines, die eine Wahrheit enthalten, die nicht gewußt werde, nämlich auch die von der Generationen- und Geschlechterdifferenz. Andererseits werde diese Wahrheit erst akzeptiert mit der Introjektion der väterlichen Verbote, die die (unbewußt vohandenen) Trennungen bewußt werden ließen.

Problematisch ist aber diese – in der psychoanalytischen Literatur inzwischen zu einer gewissen Beliebtheit gelangte – identitätslogische Verknüpfung von Generationen- und Geschlechterdifferenz allemal. Zunächst, empirisch betrachtet, insofern, als Kinder lange vor Erreichen des Ödipuskomplexes die Unterschiede der Geschlechter erkannt, wenn auch noch nicht fest etabliert haben.[10] Das Postulat einer Verinnerlichung des Inzesttabus, das sich an der inhaltlich gekoppelten Anerkennung der Geschlechter- *und* Generationendifferenz festmacht, impliziert für Chasseguet-Smirgel eine gleichzeitige Durchsetzung der Heterosexualität (gemäß dem von ihr unterstellten angeborenen Wissen von der Urszene und ihren Folgen). Die Verkettung von Generationen- und Geschlechterdifferenz, die Chasseguet-Smirgel als den ödipalen Fels in der Brandung der analen Vermischungen feststellen möchte, existiert in dieser Form nicht. Dies wird schon daran deutlich, daß die von ihr der analen Verschmelzung, in der alle Grenzen eingerissen würden, zugeschriebene Homo- und Transsexualität trotz der von ihr unterstellten inzestuösen Verschmelzungsphantasie faktisch in keiner Weise inzestuös sind. Ferner haben beide nichts mit einer Leugnung der Geschlechterdifferenz zu tun, werden doch in beiden Fällen eindeutige geschlechtliche Präferenzen vorge-

---

10 Hierzu gibt es in der neueren psychoanalytischen Literatur eine Reihe bedeutender Arbeiten, insbes. von Kleeman sowie Mendell. Zusammenfassende Übersichten finden sich in Mertens (1994/1) und Moré (1997).

nommen, die nur möglich sind auf der Grundlage der Kenntnis und Anerkennung der Geschlechterdifferenz. Bezieht sich diese Präferenz bei Homosexuellen auf das gleiche Geschlecht des Partners/der Partnerin, so wählen Transsexuelle das andere Geschlecht als das Präferierte für sich selbst.[11]

Jede Präferierung eines Geschlechts setzt die Erkenntnis der Geschlechterdifferenzen voraus – und auch Homosexuelle wie Transsexuelle haben eine eindeutige Präferenz hinsichtlich des eigenen Geschlechts und des ihres Objektes, ein Faktum, das bei Chasseguet-Smirgel stillschweigend negiert wird in der Unterstellung einer perversen Amalgamierung und Aufhebung *aller* Grenzen. Die wesentliche Grenze, um die es bei der ödipalen Reife gehen muß, ist die der Generationen, sofern sie für die Vermeidung von Inzest oder von sexuellem Mißbrauch steht. Deren manifeste Verletzung – die stets in der Verantwortung des Erwachsenen liegt – aus dem Wunsch nach perverser Verschmelzung des Kindes qua Identifikation mit der anal-phallischen Mutterimago zu erklären, entspricht derselben Schuldverschiebung, die mißbrauchende Erwachsene regelmäßig vornehmen, indem sie das Kind als sie verführendes Subjekt und sich selbst als Opfer dieser Verführung deklarieren. Daß die Täter häufig selbst Mißbrauchserfahrung aufweisen und die Tat in Identifikation mit dem Aggressor wie mit dem Opfer in einer Art Rollenumkehr vollziehen, offenbart etwas von der Komplexität der inneren Dynamik – ohne sie für ihre Tat dadurch zu entschuldigen. Demgegenüber stellt die einförmige Erklärung aus der nicht erfolgten Introjektion des väterlichen Penis und seiner strukturierenden Aspekte eine abstrakte Reduktion dar, die über eine schematische Beschreibung von Defiziten und Zuschreibung von Schuld (i.d.R. an die verführerische Mutter) nicht hinaus gelangt.[12] Dies wird auch deutlich in Chasseguet-Smirgels Erklärung, das einzige Motive des Sexualmörders bestehe darin, im gewaltsam geöffneten Frauenkörper den Penis des Vaters zu finden und dieses Objekt zu zerstören, um ungehindert mit der Mutter in einem grenzenlosen primärnarzißtischen Universum verschmelzen zu können (vgl. in 1988a, Kap. 3).

Die Auffassung, erst mit dem Ödipuskomplex, d.h. mit der Introjektion des väterlichen Penis, bildeten sich Grenzen, Begriffe und Differenzierungen mittels

---

11 Dabei ist für die Transsexualität nicht eindeutig geklärt, inwieweit sie auch physiologisch, d.h. hormonell oder durch spezifische genetische Kombinationen bedingt ist, ein Faktor, der beim Transvestismus eindeutig erstursächlich ist.

12 Vgl. dagegen Schorsch/Becker 1977; Wurmser 1993b; Hirsch 1999.

der Kategorien von Raum, Zeit und Kausalität, sind aus Sicht der psychoanalytischen Entwicklungspsychologie in keiner Weise haltbar. Dabei durchbricht Chasseguet- Smirgel gelegentlich die eigene Position, wenn sie z.B. in *Das Ichideal* ihre Auffassung zur analen Phase in der Aussage zu differenzieren scheint: »Die anale Phase erlaubt dem Kind, die primäre Unterschiedslosigkeit zu verlassen, wodurch es ein Innen und Außen erwirbt, das es in Zeit und Raum festlegt. Und die ödipale Situation mit dem Inzestverbot konsolidiert den Erwerb der *dritten Dimension*» (1987a, 40). Hier handelt es sich allerdings offensichtlich mehr um ein Zugeständnis als um eine veränderte Auffassung der Strukturlosigkeit, durch die sie die anale Phase gekennzeichnet wähnt. Denn die zeitliche Trennung des Erwerbs der dritten Dimension vom Erwerb der Raum-Zeit-Struktur macht letztere in Wahrheit unmöglich. Eine Raumerfahrung ohne die dritte Dimension ist die einer Fläche, in der ein Subjekt sich nicht bewegen, sondern nur verlieren kann – eine Tatsache, die Chasseguet-Smirgel sehr wohl bewußt ist, hat sie doch diesen Verlust der dritten Dimension, das Bild der Fläche ohne Begrenzung selbst als Charakterisierung der Psychose gewählt. Und ohne die Dreidimensionalität des Vorher—Jetzt—Nach- her ist der Raum nicht erfahrbar als Bewegung zwischen verlassenem, gegenwärtigem und ersehntem Ort. Dies ist ihr in Wahrheit selbst klar, wie ihre Aussage »Raum und Zeit sind Kategorien, die sich entsprechen« (1988c, 72) dokumentiert. In ihrer Interpretation des Films *Letztes Jahr in Marienbad* (in 1988c), dem diese Aussage entstammt und der die Verflachung und Entgrenzung beschreibe, wird die *Psychose* nach ihrer Interpretation durch das ständige Fehlen einer Dimension charakterisiert: »Es geht um einen Mann, dessen ödipales Begehren an seiner mangelnden Triebreife scheitert, die ihn zur Regression in die *narzißtische Phase* zwingt, in der alle Realitätskategorien außer Kraft gesetzt sind. Dies drängt ihn zu aufeinanderfolgenden Versuchen, seine Objektbesetzungen wiederaufzubauen. / Diese Versuche, denen immer *eine Dimension fehlt*, sind zum Scheitern verurteilt, da die sadistische Komponente [also die Analität; A.M.] nicht adäquat integriert ist - ... » (ebd., 76f; Hervorh. A.M.).

Vom analen Stadium sagt Chasseguet-Smirgel hier wiederum, es sei gekennzeichnet durch das Auftauchen der Kategorien des Realen, der Beherrschung und des Sadismus (ebd., 80, Anm. 7). Die Beherrschung der Realität ohne die dritte Dimension ist jedoch ein Ding der Unmöglichkeit, da Realität sich in der Dreidimensionalität von Raum und Zeit herstellt. Wie inkonsequent Chasseguet-Smirgel in der Deutung unbewußter Symbolik bleibt, wird aber am deutlichsten in ihrer Gleichsetzung des Mutterobjekts mit dem Meer, welche aufgrund der frühen Passivität des Kindes einer unstrukturierten, also zweidimensionalen Vorstellung entspreche (vgl. zur Begründung 1988a, 62). Wäre dieses Meer nur zweidimensional, dann bewegte sich das Subjekt auf einer undurchdringlichen Oberfläche, mit der eine Verschmelzung nicht möglich ist. Gerade um diese geht es aber, wie auch Chasseguet-Smirgel weiß und betont, bei der Gleichsetzung des Meers mit der Mutter. Da die dritte Dimension nach ihrer Auffassung erst mit dem Penis des Vaters introjiziert werden kann, schließen Dreidimensionalität und Verschmelzung sich für Chasseguet-Smirgel grundsätzlich aus. Sie aber ist es, die dem Meer erst jene Tiefe verleiht, die es ermöglicht, in ihm zu ertrinken und die es so anziehend oder bedrohlich macht, sich in die Arme seiner dunklen Fluten werfen zu wollen.

Eine der großen Entdeckungen Freuds besteht gerade darin, daß die phasenspezifisch wechselnden erogenen Zonen des Körpers aufgrund des mit ihnen verbundenen Lusterlebens Vor-Bild-Funktion für psychodynamische Abläufe bekommen: von der Introjektion und Projektion in der oralen Phase über die Hergabe oder das Festhalten eines körpereigenen Produkts bis zur sublimierten Verarbeitung polymorph-perversen Lusterlebens und den ihm zugehörigen Phantasien. Dies alles findet nach Freuds Erkenntnis *vor* der ödipalen Grenzziehung zum inzestuösen Objekt statt und umfaßt eine Zeitspanne, in der die symbiotische Vermischung, soweit sie tatsächlich (aus heutiger Sicht eher partielle) Erfahrung und Sehnsucht darstellt, nur einen Bruchteil umfaßt. Triangulierungen haben auf den verschiedenen Stufen in je phasentypischer Form längst stattgefunden und werden im Ödipuskomplex nunmehr neu modifiziert (vgl. insbes. Schon 1995). Daß gerade die anale Phase strukturierende Funktionen hat hinsichtlich einer Erfassung von ›innen – außen‹, ›mein und dein‹, ›nein und ja‹ und Dank der motorischen Entwicklungen Erfahrungen von Raum, Zeit und Kausalität impliziert, hatte Chasseguet-Smirgel mit Fain und Marty (1959) einst selbst bejaht (s. JCS 1959/62), dann aber in Zugeständnissen an die Theorie Béla Grunbergers aufgegeben. Aber dies alles sind bereits auf Freud zurückgehende Einsichten, der in der Analität keineswegs die große Vermischungs- und Vernichtungsmaschinerie sah, sondern jene psychophysischen Erfahrungen und Entwicklungen, die mit Ichbildung und Objektablösung, Ausbildung von charakterlichen Eigenschaften wie Stolz, Geiz oder Großzügigkeit einhergingen und aus deren primärer Produktivität ein Anteil an der schöpferischen Erfahrung in der Sublimation erhalten blieb, die aber zweifelsohne auch in Verbindung mit sadistischen Triebanteilen destruktive Potentiale enthielt, nicht weniger als die oralsadistische Ausprägung der vorhergehenden Phase.

Die theoretische Negierung des in der analen Phase bereits verselbständigten Objekts hat u. a. auch – gerade in der Beziehung Chasseguet-Smirgels auf Melanie Klein – den Widerspruch zur Folge, daß sie von einer *Verhinderung* der Objektbeziehungen durch Schuldgefühle sprechen kann.[13] Worauf aber mögen die Schuldgefühle sich beziehen, wenn eine Objektbeziehung sich nicht bilden konnte? Wem sollen sie gelten, wenn nicht einem Objekt, das aber gerade aufgrund dieser Schuldgefühle vermeintlich nicht als solches besetzt werden konnte? Hier kommt ein bereits erwähntes Manko der Auffassung von Objektbeziehung bei Chasseguet-Smirgel in anderer Weise wieder zur Geltung: die Furcht, das Objekt zu beschädigen, hat hier wie auch bei Melanie Klein mit dem Wunsch der einverleibenden Introjektion zu tun, die das Objekt zu beschädigen oder zu vernichten droht. Während aber bei Klein aus der Verbindung von Subjektentwicklung und weiter fort bestehender Objekterfahrung sich ein integriertes Objekt ergibt, an dem das Kind die vorher aufgespaltenen Objektanteile zusammenführt und das Objekt nun – parallel zum Selbst – als unabhängig von sich erleben kann, findet bei Chasseguet-Smirgel eine Aufspaltung von mütterlichem und väterlichem Objekt statt, in der ersteres durch letzteres begrenzt werden soll. Daraus folgt ein (intrapsychischer) Kampf zwischen den Imagines mit ungewissem Ausgang. Es scheint, als existierten die Objekte in Chasseguet-Smirgels Theorie nur als zu introjizierende oder als Objekte der Identifikation[14], also stets als Objekte der Aneignung, nicht der libidinösen Besetzung und des sexuellen Begehrens. Die Mutterimago aber nimmt dabei unvermeidlich 'Schaden' aufgrund ihrer Entwertung, in der sie projektiv mit allen negativ-destruktiven Eindrücken befrachtet wird. Da diese Imago für Chasseguet-Smirgel jedoch nie ihre symbiotische Verbundenheit mit dem präödipalen Kind verliert, wird sie zum Objekt erst durch Identifikation mit dem Vater, also als schon entwertetes oder entmachtetes. Eine libidinöse Besetzung der Objekte spielt in dieser Theorie, in der das Ich nach einem Weg sucht, sein Ideal – frü-

13 So in der Beziehung der Tochter zum Vater; vgl. 1964d; eine ähnliche Argumentation findet sich auch in 1961/67).

14 Bei der Identifikation konstatierte Freud den damit unterschwellig verbundenen Vernichtungswunsch gegenüber dem Objekt, wenn das Subjekt sich an dessen Stelle zu plazieren wünscht.

her oder später – wiederzufinden, letztlich keine Rolle. Die Libido bleibt narzißtisch gebunden und benötigt das Objekt in erster Linie als Träger seines eigenen Ichideals. Daß Chasseguet-Smirgel das Mütterliche mit Sexualität und die Vaterimago mit dem Geistigen identifiziert (wie nicht nur der engliche Titel *Sexuality and Mind* der *Zwei Bäume im Garten* verrät, sondern auch ihre selektive Übernahme der mythologischen Beschreibung dieser zwei Bäume, des Feigen- und des Ölbaums), macht deutlich, daß das Sexuelle und das Lustprinzip nach ihrer Auffassung verbunden sind mit jener Imago, die der Verwerfung unterliegen muß. Als Wertvolles bleibt nur das Geistige übrig, dem sich das Lustprinzip zu unterwerfen hat, indem das Mütterlich-Mystische dem Gesetz des Vaters unterworfen wird. Durch die Gleichsetzung des Gesetzes mit dem *logos* erfährt es eine Universalisierung, die die kulturelle Vermitteltheit und damit Willkürlichkeit seiner normativen Setzungen verschleiert. Diese Willkürlichkeit gilt nicht zuletzt für die von Chasseguet-Smirgel vorgenommenen Zuschreibungen selbst: die der negativ bewerteten Aspekte des Archaischen, Sexuellen, Verschlingenden und Tödlichen an die Mutter/Frau und der Abgrenzung und Vereinnahmung aller positiven Werte durch den Vater/Mann. In ihrer Gleichsetzung spezifischer Normen mit Normalität erklärt Chasseguet- Smirgel unter der Hand gesellschaftlich-historisch bedingte Vorstellungen über elterliche Rollen und geschlechtliche Beziehungen zu universellen Maßstäben psychischer Strukturierung und Reifung. Mit der Aufspaltung von Eros und Logos geht eine Dichotomisierung der libidinösen Objekte und aller ihnen zugewiesenen Attribute sowie der Triebstrebungen und der mit den Entwicklungsverläufen verschränkten Polarisierung von normal und pathologisch einher. Der männliche Ölbaum und der weibliche Feigenbaum werden so zu symbolischen Verdichtungen der auf die Frau verschobenen ängstigenden sexuellen und aggressiven Triebvermischungen gegenüber den mit dem Männlichen assoziierten und idealisierten Abwehr- und Kontrollmechanismen.[15] Daß diese Polarisierung einer tief verwurzelten und verankerten kulturellen Tradition des jüdisch-christlich geprägten Orients und Okzidents entspricht (und sich auch in anderen Hochreligionen wie dem Hinduismus und dem Islam teilweise wiederfindet), hat zur Folge,

15 Ohne die inhaltliche Seite dieser Vermittlung genauer aufzuschlüsseln, kommt auch Zeul (1999) zu dem Resultat, daß sich das Weibliche – trotz des ursprünglichen Anliegens, »die Bedeutung der Frau in der weiblichen Subjektwerdung hervor(zu)heben«, bei Chasseguet-Smirgel ebenso wie bei Olivier der Männlichkeit verdanke (vgl. ebd., 489f).

daß wir ihnen in einer großen Vielfalt kultureller Zeugnisse immer wieder begegnen. Der Anschein von Evidenz, den die Behauptung ihrer Universalität mit dem Zitieren einer Vielzahl von Beispielen erlangt, verdankt sich in Wahrheit der großen Verbreitung dieser Religionen und den in ihnen tradierten kulturellen Denkmustern und normativen Vorstellungen.

3 Oralität, Analität und phallisch-genitale Phase

Die bei Chasseguet-Smirgel im Vordergrund stehende Polarisierung von archaischer Matrix des Ödipuskomplexes, welche die präödipalen Entwicklungen umfaßt, und reifem Ödipuskomplex, in dem der Vater als Dritter erst die Trennung von der Mutter und den symbiotischen Strebungen ermögliche, hat ihrerseits eine Amalgamierung zur Folge: die der drei von Freud unterschiedenen frühen Phasen der erogenen Entwicklung, an welche sich die Subjektentwicklung anlehnt durch die innerpsychische Verarbeitung der mit diesen physischen Entwicklungen und ihren Triebrepräsentanzen verbundenen Erfahrungen. Dominant ist in Chasseguet-Smirgels Beschreibungen der ›archaischen Matrix‹ die Analität, Sinnbild der zerstörenden, amalgamierenden Vermischungen. Sie eliminiere alle Aspekte der Realität, um so in psychischer Analogie zum Verdauuungsprozeß die Vernichtung der Objekte und der Unterschiede zwischen diesen zu bewirken als der absolutistischen Bedingung für die Wiederherstellung eines leeren, glatten Mutterleibes, in welchem das Subjekt seine kosmische Alleinheit der pränatalen Vorzeit wiederfinde, in der das Ich und sein Ideal noch eins waren.

Entsprechend findet sich im Werk Chasseguet-Smirgels eine (von wenigen Relativierungen abgesehen) durchgehende Polarisierung von pathologischer Analität und reifer, gesunder Genitalität. Störungen der Genitalität verweisen entweder auf eine regressive Fixierung in der Analität – im Fall der Perversion – oder auf eine unvollständige Integration der analen Komponente, sprich der Aggression, die zur Aneignung des väterlichen Penis notwendig sei – im Fall der Neurose. Die Aneignung des analen Phallus und damit der aggressiven Bemächtigungsfähigkeit und die Idealisierung der Vaterimago ergeben zusammen genommen für Chasseguet-Smirgel die Bedingungen der Integration des väterlichen Penis und damit des Erwerbs einer »reifen Genitalität«.

Die Oralität scheint nahezu ganz verschwunden, sieht man davon ab, daß sie im Zusammenhang mit der Psychose gelegentlich als Erklärungsansatz aufscheint. Denn weitgehend trägt die anale Phase in Chasseguet-Smirgels Theorie jene symbiotischen Züge der Verschmelzung, die gewöhnlich der Regression zur und Fixierung in der oralen Phase zugeschrieben werden; letztere ist ihr nur eine Art gradueller Steigerung der Regression ohne wirkliche qualitative Differenz zur Analität. Ist somit schon die Analität mit der Bedrohung des Subjekts (und seiner Objekte) verbunden, so wird die Oralität – zumindest in klinischen Beschreibungen – assoziiert mit vollkommener Fusion und totaler Regression bis zum (psychischen oder realen) Tode. Aber auch die Mystik, die Ideologie und die Utopie werden aufgrund dieser Überlagerung von Oralität und Analität in den Begriffen und Bildern der einen wie der anderen beschrieben. So vergleicht Chasseguet-Smirgel die Mystik, die sie im *L'univers contestationnaire* als ein Produkt analer Vermischungsbestrebungen charakterisiert, an anderer Stelle (in Berufung auf Franz von Sales) mit dem Zustand eines an der Brust der Mutter liegenden Kindes, das nicht einmal die Lippen zu betätigen brauche, um genährt zu werden (1987a, 211f). Die Unterschiede zwischen oraler und analer Phase treten bei Chasseguet-Smirgel gegenüber den von ihr angenommenen Gemeinsamkeiten der Verwischung bzw. Aufhebung aller Unterschiede und der (absoluten) Herrschaft von Primärprozeß und Lustprinzip, völlig in den Hintergrund. Dominierend ist in ihrem Werk die Analität und läßt die Oralität eher als marginal erscheinen.

Dies gilt insbesondere auch für den Vorgang der Introjektion, die sich für Chasseguet-Smirgel – im Gegensatz zu Freud – nicht nach dem Modell der oralen Einverleibung vollzieht, sondern in Form der analen Introjektion. Denn erst die gelungene Akzeptanz und Integration der phallisch-analen Aggressivität bildet für sie die Voraussetzung der Aneignung des väterlichen Penis, die sich entsprechend eher nach dem Muster einer analen als oralen Verschlingung vollzieht. Daß hier eine theoretisch-konzeptionelle Verschiebung von der oralen zur analen Aneignung vorliegt, macht z.B. die Aussage »der Phallus des Vaters bildet für beide Geschlechter das bevorzugte Objekt, dessen Einverleibung notwendig für den Aufbau des *körperlichen* und psychischen Ichs ist« (1988c, 142; Hervorh. A.M.) deutlich. Ungewöhnlich ist hier die konkretistische Gleichsetzung der Introjektion des väterlichen Phallus mit der Einverleibung von »Materialien«, die dem körperlichen Aufbau dienten und eher an eine oral-kannibalistische Phantasie denn an einen analen Vorgang, den wir mit Recht eher mit Ausscheidung als Introjektion verbinden, denken läßt. Eine Vermeidung oraler Aspekte der Einverleibung und Verdauung kommt auch in der Vorstellung zur Geltung, die Zerlegung in Moleküle diene vor allem der Amalgamierung zu einer indifferenten Masse. Die psychische Repräsentanz des Zerlegens, die sich in der Fähigkeit zur (psycho)*analysis* zeigt, bleibt ausgespart. Diese Zerlegung beginnt aber in der Mundhöhle und setzt sich bis in die Tiefen der Eingeweide fort. Man kann in der Theorie Chasseguet-Smirgels somit nicht nur eine überwiegend negative Auffassung der Analität und der aus ihr abgeleiteten psychischen Funktionen und Repräsentanzen erkennen, sondern zugleich eine weitgehende Ausklammerung der Oralität und Verschiebung ihrer Eigenschaften und psychischen Derivate auf die negativ bewertete Analität. Dabei verwendet Chasseguet-Smirgel zur Beschreibung der analen Zerstörungsprozesse nicht selten Bilder, die den Erfahrungen des oberen Verdauungstraktes entlehnt sind und die von ihr vorgenommene Verschiebung signalisieren.

Völlig abhanden gekommen ist in Chasseguet-Smirgels und in Grunbergers Bild von der Verdauung die Erfahrung von Genuß und Assimilation von Nahrung, es bleibt nur Zerstörung und Zerkleinerung, aus der eine wertlose Kotmasse wird, übrig. Aus klinischen Zusammenhängen (insbes. frühen Objektbeziehungsstörungen) ist die Verleugnung des Aufnehmens von Nahrung bekannt als Versuch, die Abhängigkeit von der Mutter zu leugnen und geht nicht selten einher mit Vergiftungsängsten, die Vernichtungsängste anzeigen. Bei Entwicklungsstörungen in späteren Phasen entstehen sie aus der Reaktionsbildung gegen Regressionswünsche, die mit der Gefahr der Enttäuschung assoziiert werden. Was bei Chasseguet-Smirgel nicht möglich scheint, ist die mit angenehmen Empfindungen verbundene Erforschung und libidinöse Besetzung von Innenräumen, die Benz (1984) zufolge erst durch die Identifikation mit der Mutter erfolgen kann. Nach seiner Auffassung ist das Mißlingen dieser gemeinsamen Besetzung der Innenräume des mütterlichen und kindlichen Körpers Ursache eines Gefühls der Ausgeschlossenheit beim Kind, welches sich dann in eine *phallische Abwehr* flüchtet. Der völlig leere und glatte Uterus, in welchen sich Chasseguet-Smirgel zufolge der Perverse zurück sehnt, ist kein libidinös besetzter, sondern ein vollständig entleerter und somit nicht als solcher erfahrener Innenraum. Darum muß er auch als grenzenloser gedacht werden, als leerer kosmischer Raum.

Beide psychische Repräsentanzen des Verdauungsprozesses, die der Analyse (Zerkleinerung) wie die der Synthese (Amalgamierung), werden bei Chasseguet-Smirgel negiert und als für die psychische Strukturbildung wertlos bzw. als Indiz ihres Scheiterns begriffen. In ihrer positiven Eigenschaft als strukturbildende Merkmale gelten sie erst, wenn sie als Resultat der trennenden Funktion des väterlichen Penis und der integrierenden Funktion der Identifikation mit dem

Vater und der durch ihn eingeführten Wirklichkeit zugesprochen werden können. Dabei sind weder die Zerkleinerung, noch die Amalgamierung Aspekte, die mit phallischen Funktionen verbunden sind und können somit in der Repräsentanz des Phallus nur als verschobene oder von der Oralität und Analität entliehene Komponenten auftreten.

Dem gegenüber ist von der phallischen Phase mit ihrer polymorph-perversen Vielfalt der kindlichen Sexualphantasien und -spiele und ihrer Derivate im Erwachsenendasein bei Chasseguet-Smirgel kaum die Rede: denn das in ihr angelegte ›Perverse‹ ist für sie ebenfalls Ausdruck des Wunsches nach Vernichtung der Unterschiede und symbiotischer Vermischung, welche aus ihrer Sicht dem Reich der Verdauung angehören und somit ausschließlich dem dunklen Reich der Analität zugerechnet werden. Daher funktionieren für Chasseguet-Smirgel Fetischismus, Homo- und Transsexualität, Kriminalität, Terrorismus, Antisemitismus, Sexualdelikte und Auschwitz alle nach demselben Prinzip: sie alle sind der »Anus der Welt«, in dem die Unterschiede amalgamiert werden, der Sphinkter zur Falle alles Störenden wird, in der es festgehalten und vernichtet werden soll, um die Unterschiede der Geschlechter und Generationen und mit ihnen die Realität zu beseitigen.

Wird einerseits die präödipale Entwicklung in Chasseguet-Smirgels Theorie von der Prädominanz des Analen bestimmt, so ist dieses seinerseits nochmals reduziert auf die bloß negativen Aspekte von Analität. Chasseguet-Smirgels Beschreibungen des Verdauungsprozesses grenzen an eine Leugnung seiner lebenserhaltenden und biologisch wichtigen Funktion, in der die »Zerstörung der Moleküle« selbstverständlich mit Um- und Neubildungen einhergeht, die aus der Nahrung verwertbare Stoffe macht und sie nicht alle gleich in Kot verwandelt, bevor sie nicht teilweise genutzt wurden. Und zweifellos ist die Analität ein elementarer und sinnvoller Bestandteil der »Schöpfung« und nicht die Zerstörung derselben. In unbewußten anal-sadistischen Phantasien zeigt sich dies in deren ambivalenter Struktur, in welcher Vernichtung und Aneignung, Töten und Selbstbelebung durch Einverleibung eben aufgrund dieses Doppelcharakters des Analen eng miteinander verwoben sind. Das Anale ist für Chasseguet-Smirgel der Inbegriff des Negativen, das sich durch Falschheit, Lüge, Amoralität, Unreife, Verbrechen, Perversion und Mord äußert. Diese negative Einschätzung, in der die – von Freud stets mitberücksichtigte – Kehrseite der Analität, die Produktivität, das freigebige Schenken, die Selbstkontrolle und -beherrschung und der Stolz, untergeht, zeigt sich in den zahlreichen Vergleichen der Verdauung mit zerstörenden Apparaten, mit einem gigantischen Mahlwerk oder mit einer diabolischen Chirurgie, die das *Durchbrechen natürlicher Grenzen* vollziehe (vgl. 1989a, 152f). Es besteht bei ihr eine deutliche Tendenz zur Verteufelung des Analen und zur Ausgrenzung der Verdauung aus dem natürlichen Lebensprozeß, als folge sie nicht Naturgesetzen, sondern denen einer teuflischen Macht. So stellt Chasseguet-Smirgel die »Gesetze der Eingeweidefunktionen«, nach welchen der Vertrag zwischen Sadist und Masochist geschlossen werde, dem »genitalen Schöpfungsgesetz« gegenüber (vgl. 1989a, 148). Entsprechend habe der Perverse eine »*vernichtende* Ahnung vom analen Charakter seines Ichs« (1989a, 255; Hervorh. A.M.), die er durch Täuschungen zu verbergen suche. Darum sieht Chasseguet-Smirgel in der Schamreaktion immer die Abwehr analer Anteile wirksam. Dem entspricht ihre Auffassung, daß nicht Demütigungen oder Mißerfolge an sich die Ursache beschämender Gefühle seien, sondern diesen stets eine unbewußte Assoziierung mit einer passiven analen Entblößung zugrunde liege (vgl. 1987a, 198).

In seinem Brief an Fliess vom 14.11.1897 beschreibt Freud die Reaktionsbildungen gegenüber dem Analen als Teil der menschlichen Entwicklungsgeschichte und die Verbindung der sexuellen Affektionen prägentialer Zonen mit der Perversion. Was in Freuds Brief allerdings nicht zu finden ist, ist eine negative Affektion seinerseits, vielmehr die sachliche Beobachtung und Konstatierung von Zusammenhängen, gelegentlich sogar vermengt mit einem kleinen Schuß Ironie, wenn er das Hochtragen der Nase und sich etwas Besseres dünken der Menschen aus ihrer Reaktionsbildung gegen anale Bestrebungen ableitet. Anstelle der Beschreibung der Idealisierung als einer Reaktionsbildung und ihres phylogenetischen Hintergrunds bei Freud tritt bei Chasseguet-Smirgel ein Postulat, das diese Reaktionsbildung mit ödipaler Reife und dem Erwerb des Über-Ichs nicht nur verbindet, sondern es zugleich zur Norm erhebt – im doppelten Sinn der Normalität und moralischen Kategorie.[16]

16 In allen vorindustriellen Agrikulturen waren Mist und Gülle und der in ihnen enthaltene tierische und menschliche Kot unverzichtbar als Dünger und in dieser Funktion fester Bestandteil von Nahrungsproduktion und -verwertung, welche sich auch auf dieser Grundlage mit zyklischen Vorstellungen von Vergehen und Werden verbanden; außerdem diente getrockneter Tierkot als Brennstoff, menschlicher Kot nicht selten als Grenzmarkierung des eigenen Territoriums. Von einer universell negativen Einstellung gegenüber den Ausscheidungsprodukten als einem Indiz psychischer Reife und Integrität auszugehen scheint angesichts dieser kulturgeschichtlichen Verwertungserfahrungen sehr fragwürdig.

Wenn Chasseguet-Smirgel von gelungener Integration der Analität spricht, so ist damit nichts anderes gemeint, als sich die mit der Analität verkoppelte destruktive Aggressivität anzueignen und unter Kontrolle zu bekommen. Ihre positive Bedeutung erhält die anale Aggressivität dadurch, daß sie zur Aneignung und Integration des väterlichen Penis befähige. Dies ist das einzige positive Entwicklungsresultat der analen Phase, die nach Chasseguet-Smirgel häufig jedoch an der Notwendigkeit scheitere, sich dafür mit der anal-phallischen Mutterimago identifizieren zu müssen. Die gelungene Aneignung des väterlichen Penis ist darum zugleich der – nachträgliche – Beleg für die gelungene Integration der analsadistischen Bemächtigungsfähigkeit. Die Destruktivität hingegen ist nach Chasseguet-Smirgel ein Zeichen für die mißglückte Aneignung und Bemächtigung nicht nur des genitalen Penis, sondern schon des analen Phallus. Bemächtigung hat für sie demnach die Funktion, das Angeeignete zu neutralisieren und damit unschädlich zu machen. Schädlich bleibt der anale Phallus, wenn sich das Individuum, statt sich seiner zu bemächtigen, sich desselben nur bedient zur Verwirklichung seiner regressiven Verschmelzungswünsche. Der Preis für dieses Verlangen ist nach ihrer Auffassung der Verlust des Subjektstatus, was bedeutet, daß nach Chasseguet-Smirgels Auffassung das regressive Verlangen einem Beherrschtwerden durch den analen Phallus bzw. durch die destruktiven und perversen Triebe entspricht. Triebbeherrschung versus Beherrschtsein durch die Triebe – das sind für sie die Alternativen der Entwicklung. Aber auch nach der Aneignung des analen Phallus und vollzogener Integration des väterlichen Penis bleibt das Dunkel-Bedrohliche, das das Anale für Chasseguet-Smirgel verkörpert, präsent in der Vorstellung des »schwarzen Eros«, der hierbei entstehe und der vor allem von Frauen – zugunsten eines »pausbäckigen Amor« – abgewehrt werde durch die Vermeidung der Triebmischung (vgl. 1974a, 185).

Für Freud gehen Introjektion wie Projektion auf orale Erfahrungen zurück und somit stehen oraler und analer Sadismus bei ihm nicht nur für unterschiedliche Entwicklungsphasen und Strukturbildungen, sondern auch für verschiedene Qualitäten. In der Bewertung ihrer destruktiven Potentiale macht Freud keinen Unterschied. Vor allem aber können sich alle phasenspezifischen Komponenten des Aggressionstriebes in vielfältigster Weise mit Libido vermischen – und das Mischungsverhältnis entscheidet darüber, ob die aggressiven Anteile eher zugunsten oder zum Schaden von Selbst oder Objekt verwendet werden. Nicht die Triebmischung, sondern die väterliche Norm hat bei Chasseguet-Smirgel die Funktion, die Destruktivität in Schach zu halten – denn abzumildern vermag das ›Gesetz‹ die zerstörerischen Potentiale im Gegensatz zur neutralisierenden Triebmischung nicht. Daher bleibt die virulente Bedrohlichkeit der (analen) Destruktivität in all ihren Texten stets spürbar.

Geht man wie Freud von einer psychischen Repräsentanz aller Körpervorgänge im Unbewußten aus, dann gilt dies notwendig auch für die Verdauung in allen ihren positiven und negativen Aspekten sowohl der Oralität wie der Analität. Und jene sind nicht nur destruktiver Natur, sondern nach dem Vorbild der unbewußten Körperwahrnehmungen und -phantasien auch Zersetzung im Sinne von Differenzierung und Aufnahme von Gutem in das Innere: Ein-Ver-Leibung (vgl. Schilder; Wechsler (1934)). Bei Chasseguet-Smirgel geht diese positive Bedeutung der Verdauung unter. Bei der konstanten Unterbelichtung der Oralität in Chasseguet-Smirgels Theorie liegt die Annahme nahe, daß alle – überwiegend die Nähe zur Mutter herstellenden – oralen Wünsche bei ihr darum abgewehrt und abgewertet werden, weil sie jene befriedigenden Erfahrungen mit dem guten Mutterobjekt beinhalten, die im Kind die Sehnsucht nach ihrer Nähe und nach *zeitweiliger* Verschmelzung wecken können. Geht man mit Stern (1992) davon aus, daß Symbiose nicht ein die nachgeburtliche Zeit von Anfang an bestimmendes Erleben ist, sondern eine Interaktionsform darstellt, die erst erlernt werden muß, dann wird denkbar, daß symbiotische Erfahrungen mit Gefühlen von Panik und Selbstverlust verbunden sein können, wenn das Objekt als ein verschlingendes erlebt wird. So scheint es berechtigt, in der Theorie Chasseguet-Smirgels nicht nur eine ausgeprägte Analphobie zu konstatieren, deren abwehrender Charakter durch die rationalisierende Begründung strukturaler Entwicklungsnotwendigkeiten universalisiert und externalisiert wird. Vielmehr ist darunterliegend eine ebenso massive Abwehr der Oralität erkennbar, deren positive Erfahrungen vollständig negiert werden. Was von ihr übrig bleibt, ist in die Negativität des Analen ›eingeschmolzen‹.

4 Die Beziehung der Präödipalität zum reifen Ödipuskomplex

Anstelle der Abfolge psychosexueller Reifungsstufen ist damit bei Chasseguet-Smirgel die Polarität zweier psychischer Entwicklungsstadien und -zustände getreten, auf welche sich das psychische Entwicklungsgeschehen reduziert: auf die mit der Mutter verbundene präödipale Phase, die durch den Objektwechsel und die Identifikation mit dem väterlichen Objekt verlassen wird und damit den qualitativen Sprung ermögliche zum reifen Ödipuskomplex. Charakterisiert ist die präödipale Entwicklung durch die dargestellte Prädominanz des Analen, denn alle von Freud für diese Zeit festgestellten Entwicklungsvorgänge tragen für Chasseguet-Smirgel das Stigma der (polymorph)-perversen Amalgamierung. Präödipal: das ist die Vorherrschaft des Lustprinzips und die Leugnung der Generationen- und Geschlechterdifferenz, von der das Kind jedoch unbewußt wisse. Der Widerspruch dieser Idee liegt darin, daß das Kind in der präödipalen Phase nach Chasseguet-Smirgels Auffassung noch nicht über die Voraussetzung für getrennte Kategorien verfügt, denn erst mit der Introjektion des Penis verinnerliche es die Grenze, die ihm auch die Anerkennung der Geschlechter- und Generationendifferenz ermögliche. Und dennoch spricht Chasseguet-Smirgel stets davon, daß das Kind der präödipalen Phase diese Differenz zu verleugnen suche. Es müßte somit eine Differenz verleugnen, die es aufgrund des Fehlens von Begriffen und Kausalitäten noch nicht kennen kann.

Ein zweiter gravierender Widerspruch ist darin zu sehen, daß sich das Kind, solange die Introjektion des Penis nicht erfolgt sei, nach der Verschmelzung mit der Mutterimago sehne, dieselbe Sehnsucht jedoch so sehr fürchte, daß es die omnipotent-guten Eigenschaften der Mutter bald in anal-verfolgende transformiere. Jene Transformation des Mutterbildes soll dem Schutz vor der Verführung zur Symbiose dienen, diese Funktion wird aber durch jenes negative Mutterbild kaum erfüllt. Denn selbst die anale Mutterimago scheint häufig verlockender als der zur Trennung von ihr veranlassende Vater. So vermitteln die Beschreibungen Chasseguet-Smirgels ein Bild von den Strebungen des Kindes, die zwischen Sehnsucht und Abwendung, Idealisierung und Kränkung, Hilflosigkeit und Allmacht oszillieren. Während für Freud oder Klein diese widersprüchlichen Triebimpulse und die aus ihnen resultierenden ambivalenten Tendenzen Teil ihrer entwicklungstheoretischen Erklärungen sind, bleiben diese gegenläufigen Aspekte in Chasseguet-Smirgels Theorie weitgehend unverbunden und führen dadurch zu widersprüchlichen Erklärungen.

In ähnlicher Weise gehen die differentiellen Aspekte und Phasen der präödipalen Sexualentwicklung des Kindes in einer nahezu konstanten präödipalen Verschmelzung unter – und verschmelzen letztlich im großen Amalgam einer anal determinierten Präödipalität, in welcher die Oralität und die polymorph-perverse frühe Genitalität verschwunden sind in einer anal-sadistisch getönten Verschmelzung mit der allmächtigen analen Mutterimago.

Nicht weniger problematisch sind die theoretischen Erklärungen des Objektwechsels, der gleichzeitig den Wechsel von der Verschmelzung zum Subjektstatus, vom Lust- zum Realitätsprinzip und von der präödipalen archaischen Matrix zum vollendeten Ödipus einschließt – auch dies ein großes Amalgam. Der Wechsel zum Vater vollzieht sich als Flucht vor der gefürchteten archaischen Mutterimago und scheint doch die ödipale Struktur häufig nicht zuzulassen, beim Mädchen aufgrund von Schuldgefühlen, beim Knaben aufgrund der attraktiv bleibenden regressiven Tendenzen, in das anale Universum zurückzukehren. Dabei beruht die Hauptbegründung für diese regressive Wendung auf einer Wiederbelebung der von Freud aufgegebenen Verführungstheorie, die jetzt nicht mehr die Verführung durch den Vater, sondern durch eine perverse Mutter zugrunde legt. Aber auch die Psychodynamik der Verführung bleibt ungereimt. Denn die Mutter, die den Knaben in Illusionen wiegt, dem Vater schon ebenbürtig zu sein, hat damit noch nicht die traumatische Kluft der Neotenie geschlossen, wenn diese ihre Ursache in der physischen Unmöglichkeit hat, den schon voll entwickelten Sexualtrieb des Kindes zu befriedigen.[17] Die prospektive Illusion, wie der Vater zu werden, hat gegenüber der regressiven Illusion, bereits so wie er zu sein, in Hinblick auf die unterstellten Bedingungen der Neotenie weder Vorzüge noch Nachteile. Denn die angenommene Kluft wird durch keine der beiden Illusionen geschlossen.

Aus Freudscher Sicht ist die Hyposthese der Neotenie jedoch unsinnig. Denn die Quelle des Triebes ist für Freud physischen Ursprungs und der Trieb insofern die unbewußte psychische Repräsentanz von körperlichen Reizquellen. Von Neotenie zu sprechen heißt, die psychische Repräsentanz eines physischen Reizes zu unterstellen, der noch nicht existiert.[18] Geht man andererseits mit Chasseguet-Smirgel und Grunberger von einem elementaren narzißtischen Verlangen aus, ›über kurz oder lang‹ die vollkommene Verschmelzung von Ich und Ichideal im Mutterleib wiederzuerlangen, dann wird die menschliche Existenz eine ›zum Tode‹ (Heidegger), in welcher Begriffe wie Lebenslust und Lebensfreude letztlich ihren Sinn ver-

---

17 Von Hägglund und Hägglund (1978) wird die Auffassung eines voll entwickelten genitalen Interesses und Triebbedürfnisses vor der Pubertät in plausibler Weise in Frage gestellt.

18 Diesen Zusammenhang übersieht auch Kaminer (1999), wenn sie die von Grunberger angenommenen Kerne des Narzißmus als »in einer primitiven, noch nicht an Körperzonen gebundenen Triebmatrix« wurzelnd beschreibt (ebd., 108).

lieren, deren Entstehung aus der emotionalen Resonanz der Mutter von Spitz (1965) und anderen belegt wurde (vgl. Quint 1987, 416).[19]

Diese Gegenüberstellung von Präödipalität und ›reifem Ödipus‹ als Welt der Psychose und Perversion gegenüber der Welt der Realität ist das Produkt einer tendenziellen Gleichsetzung jeder Regression mit Wahn, Psychose und Destruktion, wie sie sich in Chasseguet-Smirgels Ablehnung der Romantik, der Naturbezogenheit oder der Bekämpfung von Utopien und Abweichungen von gesellschaftlichen Normen jeder Art deutlich zeigt.

Einerseits sind Regressionen jedoch für jedes Individuum normal und alltäglich, und treten im Schlaf und Traum, in Tagträumen und in kreativen Prozessen regelmäßig auf, wenn sie nicht durch eine rigid-zwanghafte psychische Organisation abgewehrt werden. Regressionen, die dagegen dauerhaft die psychische Strukturierung aufheben, sind regelmäßig die Folge gravierender Entwicklungsstörungen. Und diese Entwicklungsdefizite verleihen der Regression jenes (selbst-)destruktive affektive Potential, auf das Sagan (1999) hingewiesen hat.[20]

In der zentralen Bedeutung, die Chasseguet-Smirgel dem Ödipuskomplex bzw. der Integration des väterlichen Penis als einem Bollwerk gegen die anal-mütterliche Welt des Wahns zugeschreibt, wird in ihrer Theorie das Verlangen nach einer rigiden Grenzziehung erkennbar.[21] Mit Hägglund (1976) läßt sich dies als eine phallische Abwehr bezeichnen. In der unbewußten männlichen Psychodynamik ist sie für ihn auch im Neid auf den weiblichen Innenraum und dessen schöpferische Potentiale begründet (vgl. ebd., 59ff).

---

19 In dieser Konsequenz des Neoteniepostulats und seiner regressiven oder progressiv-regressiven Folgen (direkte oder verschobene Verschmelzungssuche) sind die Spuren des Lacanschen Denkens bei Grunberger und Chasseguet-Smirgel deutlich erkennbar, denn die Interpretation Freuds in Heideggerschen Begriffen geht auf Lacan zurück. So spricht auch Bechem (1988) in seiner Studie über Lacan von dessen Konzept »eines vom Narzißmus diktierten ›Todesstrebens‹« (ebd., 11). Noch deutlicher werden die Parallelen des Neoteniegedankens zu den Grundideen Heideggers in deren Darstellung bei Vietta: »Das ›Sein‹ des ›Daseins‹ zeigt sich als ein permanentes »Noch-Nicht«, als Bezug auf eine Zukunft, die letztlich der Tod ist« (Vietta 1995, 363).

20 Sagan (1999) kritisiert zu Recht, daß Regression nicht die einfache Rückkehr zu einer früheren Stufe bedeute, sondern stets mit der Freisetzung eines großen destruktiven Aggressionspotentials verbunden ist, einer Amputation oder Zerstückelung des Überichs (ebd., 352).

21 Die Angst vor dem Verlust der Ichgrenzen ist Rohde-Dachser (1994) zufolge »immer ein Zeichen eines mangelhaften Individuationsprozesses« (ebd., 23).

In der weiblichen Psychosexualität läßt sich die Übertragung aller zeugend-schöpferischen und nährenden Fähigkeiten der Mutter auf die Vaterimago und die Reduktion der weiblichen Identifikation mit der Mutter auf das Wartenkönnen allenfalls mit der komplementärnarzißtischen Position der Frau gegenüber dem Mann (vgl. Rohde-Dachser 1991, 83–93) erklären. Was aber Hägglund als einen Abwehr- und Bewältigungsmechanismus beschreibt, dem in der männlichen psychosexuellen Entwicklung einige Bedeutung zukomme[22], wird bei Chasseguet-Smirgel zur universellen Norm und Bedingung der psychischen Strukturierung erklärt und damit in seinem Abwehrcharakter verkannt. Dabei ist von einigen indigenen Kulturen jene mythische Version und ihre ritualisierte In-Szene-Setzung bekannt, in der der Mann nicht von einer Frau, sondern vom Mann allein hervorgebracht und genährt werde, wobei die Inszenierung dieser Vorstellungen in männlichen Initiationsritualen nach Bosse (1994) zu einer Integration der Neidgefühle gegenüber der Mutter wie zur Bewältigung homosexueller und aggressiver Strebungen dem Vater gegenüber beiträgt (s.a. Godelier 1987). In ihrer Rezension zu Bosse vertritt Flaake (1997) die These, daß es offenbar gerade die Vermeidung von sinnlichen und aggressiven Gefühlen des Sohnes gegenüber dem Vater ist, die in unseren Kulturen die verbreiteten Tendenzen zur Entwertung des Weiblichen, zu Gewalt und zur Pathologie (infolge der Pervertierung dieser Formen der Vater-Sohn-Begegnung) führt. Die damit erzeugte good-boy-Orientierung gehe mit einer Verinnerlichung der väterlichen Herrschaft und damit einem Akzeptieren der für den Knaben neuen männlichen Ordnung einher. Diese Entsinnlichung und Pervertierung ist nach Flaakes Auffassung die »Einbruchstelle für Herrschaft«: »Die Studie (von Bosse; A.M.) gibt wichtige neue Aufschlüsse über die innerpsychischen Mechanismen, über die sich Männlichkeit mit Herrschafts- bzw. Unterwerfungsbereitschaft, mit Destruktivität, einer Entwertung des Weiblichen, mit Machtausübung und Gewalt gegenüber Frauen verbindet« (Flaake 1997, 79). Danach ist eher die bedingungslose Verinnerlichung der väterlichen Herrschaft, die Chasseguet-Smirgel als Voraussetzung der Reife begreift, die Ursache eben jener Tendenzen zu Gewalt und Perversionen, die Chasseguet-Smirgel der Identifikation mit der Mutterimago und dem Fehlen der Introjektion des Vaters zuschreibt. Zu einem ähnlichen Ergebnis kommt Gast (1998), obgleich sie, von Melanie Klein ausgehend, in vielen Aspekten mit Chasseguet-Smirgel übereinstimmt. Nach ihrer

22 May (1979) hat solche Abwehrmechanismen in Freuds eigenem Werk untersucht.

Auffassung ist die ödipale Situation wesentlich durch die Herausforderung des Luststrebens mitbestimmt. Denn gerade aus der Existenz der frühen Triebansprüche und dem Oszillieren zwischen deren Subversivität und dem Anerkennen des ödipalen Gesetzes entstehe die Fähigkeit zu Schuld(gefühlen), die von der Fähigkeit zur Lust nicht zu trennen sei. »Das Moment der Schuld bildet neben dem Lustanspruch den Kern des Subjekts und zwar im Sinne des ontogenetischen/ontologischen Niederschlags dieser unhintergehbaren Konflikthaftigkeit der conditio humana; sie ist der Gordische Knoten im Verhältnis von Triebanspruch und Kulturforderung – eine Dialektik, die die Subjekte in all ihrer Widersprüchlichkeit, aber auch, und das ist wesentlich, in all ihrer Widerständigkeit hervorbringt und ihnen einen gesellschaftlich nicht zu vereinnahmenden Kern beläßt... Es (das Freudsche Subjekt; A.M.) verdankt seine Konstitution eben jenen strukturellen Konflikten, in denen die *Endlichkeit* der Lust auf Anerkenntnis pocht« (ebd., 81).

Geht für Chasseguet-Smirgel mit der Erfüllung des Lustverlangens die regressive Vernichtung der Realität und damit die völlige Amorphisierung der Psyche einher, so sieht Gast in der Lust den motivationalen Kern des Subjekts sowie dessen Strukturant, dem sein Gegenteil allerdings immer innewohne (ebd., 64). Jedoch, und hier liegt ein entscheidender Unterschied, sieht Gast in den regressiven, primärnarzißtischen Formen der Lust »ein progressives Moment enthalten, insofern auf diese Weise eine gewisse Autonomie oder zumindest doch die Fiktion, ..., einer Unabhängigkeit vom äußeren Objekt durch dessen Verinnerlichung hergestellt wird« (ebd., 68). Der Gewinn des Triebaufschubs oder -verzichts liegt für sie nicht in der Wahrung der Überich-Ansprüche oder der Rettung vor dem vernichtenden Begehren[23], sondern in der Einführung des Konflikts in das Subjekt, der uns erst zu Begehrenden werden lasse (vgl. ebd., 70). In diesem Kontext erwägt Gast ferner die auf Freud bezogene Hypothese, daß es sich bei der »heftig umstrittenen Konzeption eines primären Narzißmus« (ebd., 65) möglicherweise um »eine retrograde erwachsene und vielleicht auch nur männliche Phantasie« handelt (82, Anm. 3).

Auch Zagermann (1985), dessen theoretische Nähe zu Chasseguet-Smirgels Theorie schon durch ihr Vorwort in dessen *Eros und Thanatos* dokumentiert wird, geht davon aus, daß zwischen den frühen, einfachen, nach Lust suchenden Ide-

23 Eine in Chasseguet-Smirgels Theorie nicht zu übersehende Haltung, die sich auch in Spangenbergs (1998) Darstellung der archaischen Matrix niederschlägt, wenn er als eine Qualität der Rückkehr in den glatten Uterus die »Freiheit von der Last des Trieblebens« nennt (ebd., 299).

alisierungen und dem Ichideal ein Unterschied besteht. Ebenso wie Gast nimmt er an, daß erst der durchlebte ödipale Konflikt und die unumstößliche Etablierung der Inzestschranke die Freiheit und damit das »unabhängige Individuum« hervorbringe (vgl. ebd., 54) Daher äußert er Zweifel, daß ein Ichideal bereits vor dem Untergang des Ödipuskomplexes oder die Existenz eines primärnarzißtischen Fusionswunsches überhaupt möglich ist (vgl. ebd., 47 u. 53).

5 Psychose und Perversion

In der Interpretation Chasseguet-Smirgels basiert die Perversion auf einer unbewußten Identifikation mit der anal-phallischen Mutter. Als Folge dieser dem Wunsch einer schnellen regressiven Verschmelzung folgenden Identifikation seien die Objektbeziehungen durch Kontrolle und Beherrschung oder durch Vernichtung geprägt, die Produktionen durch Falschheit und das Denken durch Illusionen.

Die nicht integrierte und damit nach ihrem Verständnis nicht neutralisierte Analität ist für sie das Kernelement des Perversen. Daß sie ein fester Bestandteil von Chasseguet-Smirgels Definition der Perversion ist, hat zur Folge, daß sie in allen Analysen des Perversen als gegeben vorausgesetzt wird mit der weiteren Konsequenz, ihrem Nachweis besondere Aufmerksamkeit zu schenken, während andere Faktoren der Psychogenese und -dynamik an den Rand gedrängt bzw. übersehen werden. Dabei kann sich dieses Vorgehen auf psychoanalytische Grundannahmen über die Bedeutung der Regression in Perversion und Psychose einerseits, auf Freuds Ausführungen über den Zusammenhang von Perversion und Analität andererseits berufen. Ein wesentlicher Unterschied zwischen dem Vorgehen Freuds und dem Chasseguet-Smirgels besteht jedoch darin, daß Freud einen Zusammenhang zu verstehen sucht in der unbewußten Entwicklungsdynamik, deren Resultat jene »abscheulichen« Handlungen seien, die wir als Perversion kennen. Bei Chasseguet-Smirgel geht es nicht um das Ergründen einer Entwicklungsdynamik, weil es für sie längst nichts Neues mehr auf diesem Gebiet zu entdecken und zu erforschen gibt. Wenn Chasseguet-Smirgel dennoch nicht müde wird, die von ihr vorausgesetzten Ursachen und Zusammenhänge der Perversion immer wieder neu aufzuzeigen, so scheint darin ein anderes Motiv zu liegen, das sich in ihrem Sprechen über die Perversion als einer Verfehlung zeigt, die für sie sowohl die des Perversen als auch seiner Mutter und eventuell seines Vaters ist. Es scheint, als hoffe sie, damit warnen zu können vor den Urachen der verwerflichen und schädlichen Entwicklung, die nicht nur einige Sonderlinge betreffe, sondern von der wir im Kern alle bedroht seien. Die Schriften Chasseguet-Smirgels sind letztlich moralische Appelle gegen die Verführbarkeit, also gegen das Sich-Einlassen aufs Dunkel-Mystische, Idyllische, Irreale, Romantische etc., welche für sie Aspekte des universell-perversen Verführungsgeschehens sind. Ihre Absicht besteht darin, deren zerstörerische Folgen für Individuen und Kollektive mahnend aufzuzeigen, denn das Sich-Einlassen auf diese Verführungen ende notwendig immer in Gewalt, Blutvergießen und apokalyptischen Katastrophen.

Handelt es sich für Chasseguet-Smirgel bei der Perversion um eine überall lauernde Gefahr, deren Ursache sie in der Tendenz sieht, sich dem Über-Ich zu entziehen und dem Lustprinzip hinzugeben, so erkennt im Gegensatz hierzu Wurmser (1993) in der sadistischen Strenge des Überichs ein entscheidendes Merkmal der Perversion. Ihre Genese ist für ihn nicht aus dem Festhalten am Lustprinzip zu erklären, sondern aus schweren chronischen Traumatisierungen, die mit der Dehumanisierung und Verdinglichung des Subjekts verbunden sind. Die Perversion ist Wurmser zufolge ein Versuch, sich diesem sadistischen Überich zu entziehen, zugleich aber stellt sie auch eine Reinszenierung des Erfahrenen dar, in der Wiederholungszwang und Identifikationen mit den traumatisierenden Objekten ineinandergreifen (vgl. ebd., 424–428).

Die bei Chasseguet-Smirgel vom klinischen analytischen Vorgehen abgelöste Verquickung von Nosologie, generalisierter Ätiologie und individueller wie universeller Phänomenologie hat eine deterministische Klassifizierung und Prognostizierung zur Folge: der Sohn, der seine Mutter (zu sehr) liebt – wie z.B. de Sade – *muß* zum Perversen werden. Umgekehrt werden zum Beispiel alle Personen und Gruppen, die sich der Beteiligung an Erschießungen, Folter, Verfolgung etc. schuldig machen, einheitlich mit der Diagnose der Perversion versehen. Prognose wie Rückschluß werden in diesem System zwingend, in dem das Diktum die individuelle Pathogenese ersetzt. Das Vorgehen Chasseguet-Smirgels gleicht dabei einem magischen Ritual: das Böse durch das Aussprechen seines Namens zu bannen.

Die Analität in ihrer Stellvertretungsfunktion des Präödipalen innerhalb der archaischen Matrix wird dabei zur Schnittstelle der psychischen Entwicklung, als garantiere ihre vollständige Integration ihre Subsumtion unter die Genitalität und damit die Kontrolle aller als regressiv bewerteten Verschmelzungswünsche, denn die ›progressiven‹ Verschmelzungswünsche können und dürfen sich nur in der Zeugung äußern, in der sich für Chasseguet-Smirgel die Herrschaft des Realitätsprinzips verwirklicht.

Die Gefahr der Perversion sieht sie darin, daß das Anale nicht gezielt ins Bewußtsein geholt werde, sondern durch Reaktionsbildungen, Gegenbesetzungen etc. im Verborgenen bleibe. Gefahren kommen aber stets aus dem Dunkel – den unergründlichen Tiefen des Körpers und des Unbewußten. Chasseguet-Smirgels Kampf gegen diese dunklen, gefährlichen Mächte besteht in dem Versuch, die menschlichen Tiefen und Abgründe noch bis in die letzten Winkel auszuleuchten und durch das Ans-Licht-bringen unschädlich zu machen (vgl. ihre Interpretation von *Der Platz des Sterns*). Und so verwundert es nicht, daß bei Chasseguet-Smirgel Freuds topisch formuliertes Anliegen »wo Es war, soll Ich werden« mit dem alttestamentlichen Schöpfungsgedanken »wo Dunkel war, werde Licht« unausweichlich verschmilzt. Die Abwehr dieses bedrohlichen Dunkels ist ein in ihren Schriften erkennbares Anliegen, daß sich von ihren frühesten Ansätzen in *Die Analität und die analen Bestandteile des Körpergefühls* (vgl. 1959/62) bis in die Gegenwart durchhält. Neben der Abwehr hat die Zuschreibung von Perversion als diagnostischem Verdikt aber auch eine beruhigende Funktion: kann dem bösen Treiben nicht Einhalt geboten werden, so »weiß« doch, wer sich dieser Interpretationen bedient, zumindest, das Primitives und Verachtenswertes am Werk war. Die Theorie der Perversion, wie Chasseguet-Smirgel sie formuliert, ist ihrerseits somit vor allem ein Instrument gegen Hilflosigkeit und Ohnmacht angesichts von menschenverachtenden Grausamkeiten und sinnloser Vernichtung – sei es im Holocaust, in Gulags oder in anderen Gefängnissen, Folterkammern und Kriegen dieser Welt.[24] Zwar wünschen wir uns alle, sinnlose Zerstörungswut gegen andere wie gegen das eigene Selbst, Grausamkeiten und Sadismen ausschalten und ihr unkontrolliertes Auftreten verhindern zu können. Die angebotene Lösung, nach welcher der väterliche Penis und seine Introjektion den destruktiven Kräften und einer damit einhergehenden Entgrenzung des Subjekts eine Grenze setze, erscheint jedoch wie ein Schattenboxen. Erfaßt doch die Wahrnehmung des destruktiv Handelnden als eines Subjekts, daß sich über alle Grenzen hinwegsetzt, dieses nur oberflächlich in seinen Erscheinungsweisen und Verhaltensformen.

Aufdeckende Analysen zeigen jedoch, daß der Entgrenzung regelmäßig eine übermäßige Begrenzung und Einschränkung in den tieferen Schichten des sub-

24 Ich halte es für naheliegend, daß hierin auch die Attraktivität und Verführungskraft dieser Theorie innerhalb wie außerhalb psychoanalytischer Kreise liegt.

jektiven Erlebens entspricht. Und dies gilt gerade hinsichtlich der narzißtischen Dimension, deren nach außen gekehrten Größenphantasien massive Minderwertigkeitsgefühle bis zum Zweifel an der eigenen Existenzberechtigung zugrunde liegen, deren selbstzerstörerisches Potential nach außen gekehrt und durch einen aufgeblähten Narzißmus über der inneren Leere abgewehrt wird. Die Einschränkungen betreffen aber ebenso ein intolerant-archaisches Über-Ich, das keine Orientierungen gibt, weil nichts im Sein und Tun des Subjekts gut genug und zureichend, alles vielmehr wert- und bedeutungslos erscheint. Dem entspricht, wie Erdély (1998) weiter feststellt, daß mit dem Über-Ich nicht die Wahrheit, sondern die Ideologie Einzug in das Ich hält und dieses seiner Spontaneität, Sinnlichkeit und seinem Selbstempfinden entfremdet, weshalb der Autor das Über-Ich mit einem kollektiv verbreiteten und daher kaum erkennbaren Zwangssystem vergleicht, welches selbst Symptomcharakter habe (vgl. ebd., 3. Kap.)[25] Diesen Beschränkungen in der Selbstentwicklung und -entfaltung geht, wie Erdély verdeutlicht, häufig eine enge Begrenztheit der Objektbeziehungen einher, was deren affektive und empathische Qualitäten wie deren Zuverlässigkeiten angeht.

Individuen, die die Anerkennung ihres Daseins und ihrer Bedürfnisse und den liebevoll-interessierten Umgang mit sich sowie hinreichend stabile emotionale Beziehungen erfahren haben, entwickeln nicht jene Mißachtung des anderen, die bei schweren Persönlichkeitsstörungen die Regel ist. Es geht bei dieser Darlegung der pathogenetischen Faktoren nicht darum, die Täter als Opfer zu entschuldigen, sondern der tatsächlichen Kausalität auf die Spur zu kommen, anstatt die Angst vor Gewalt durch ein Arsenal von scheinbar analytisch gesicherten Kausalitäten zu bewältigen. Letzteres hat zur Folge, das klinische Begriffe zu moralisierenden Bewertungen und diskriminierenden Zuschreibungen umfunktioniert werden und damit gegenüber Patienten mit perversen Abwehrkonfigurationen eine Distanz der Verkleinerung und Verachtung aufgebaut wird, die ihren bereits verinnerlichten

---

25 In *Pour une définition psychanalytique de l'idéologie* (1974b) sprechen Chasseguet-Smirgel und Grunberger davon, daß das Über-Ich nicht jenen zwanghaften Charakter habe, der in der Literatur häufig betont werde. Was sie dagegen jedoch anführen, sind Aussagen Freuds über die Schwäche oder gar Tendenz dieser Instanz, zu verschwinden. Diese Aussagen Freuds betonen Defizite in der Ausbildung und Stabilität des Über-Ichs, widerlegen jedoch nicht deren grundsätzlich kontrollierenden und strafenden Charakter, der bei einer gelungenen Etablierung des Über-Ichs die externen strafenden Instanzen ins Innere des Subjekts verlegt. Freuds Ausführungen gehen dahin, daß diese spät erworbene psychische Instanz bei regressiven Anlässen (z.B. im Traum oder in der Massenpsychologie) leicht ihren Einfluß einbüße.

Objektbeziehungserfahrungen entspricht und sie in einer unreflektierten Gegenübertragung wiederholt. Daß wir Verachtung und Abscheu im Zusammenhang mit Folter, Mißhandlung und Vernichtung empfinden, ist menschlich verstehbar, analytisch aber nicht hilfreich. Denn der tatsächlichen Komplexität der Entwicklung destruktiven, perversen, menschenverachtenden Verhaltens und den kollektiven Mechanismen ihrer Realisierung können universalisierend-schablonenhafte Erklärungen nicht gerecht werden.

Und doch: wie zur Bestätigung der Gültigkeit des Verführungspotentials der Perversion, bleibt ein Moment von Faszination erkennbar, von der Frage nach der Echtheit der Perversion bei Rrose Sélavy bis zur detaillierten Nachzeichnung der von de Sade beschriebenen dunklen Wege, die für Chasseguet-Smirgel direkt durch die Gedärme des Mutter-Körpers und dessen Inhalte hindurch führen. Eigentlich, so könnte man am Rande bemerken, finden sich doch erstaunlich viele Kammern, Wege und Details in diesen Beschreibungen für jemanden, der – wie de Sade – die Differenzen und Objekte im Mutterleib angeblich vernichten möchte. Die Vermischung, für Chasseguet-Smirgel Hauptmerkmal der Perversion, tritt in ihrer eigenen Theorie auf der Ebene der Kategorien, Definitionen und Interpretationen in Erscheinung, so z.B. in der Auffassung, für den Perversen fielen Zerstörung und Neuschöpfung zusammen, indem er das genitale Universum durch das anale zu ersetzen suche und sich damit an die Stelle des Schöpfers selbst stelle. Denn die Neuschöpfung sei das unter dem Schmuck und Glanz verborgene Tote, der analen Ausscheidung gleich. Als Beleg dienen ihr hier die Dialoge in den *120 Tagen von Sodom*, in welchen die Protagonisten über den Tod als ein Durchgangstadium der Natur spekulieren, in welcher keine Materie verlorengehe und alles Tote zum Bestandteil neuen Lebens werde. Rechtfertigungen der Zerstörung als gute Tat sind aber nur notwendig, wo Schuldgefühle abgewehrt werden müssen. Deutlich belegen die Dialoge bei de Sade (vgl. in 1989a, Kap. 5), daß es um eine solche Neutralisierung von Schuld geht, um ihre Umdefinition in ein gutes Werk. Schuldgefühle spricht Chasseguet-Smirgel perversen und psychotischen Patienten jedoch weitgehend ab.[26]

---

26 Zum anderen liegt ein massiver Reduktionismus vor, wo diese Dialoge nur als Spiegelungen (perverser) innerpsychischer Manifestationen gelesen werden. Sie spiegeln und karikieren auch gesellschaftliche und naturwissenschaftlich-philosophische Diskussionen der vorrevolutionären Aufklärung, die de Sade sehr wohl kannte und die sich in der Egalisierung der Stände, in Atheismus und Frühmaterialismus wie Individualismus und in moralisch-sittlichen Vorstellungen niederschlugen.

Vergleicht man die Fallbeschreibungen und -interpretationen sowohl männlicher wie weiblicher Patienten bei Chasseguet-Smirgel, so ist ihnen allen – jenseits der biographischen Details, die von Mißachtung und früher Deprivation über verschiedene traumatische Erfahrungen bis hin zu derjenigen von Deportation, Verfolgung und Vernichtung reichen – gemeinsam, daß die Interpretation der Konflikte aus der Nichtüberwindung eines archaisch destruktiven oder (qua Verführung) verschlingenden Mutterbildes und der nicht oder ungenügend gelungenen Aneignung des väterlichen Penis aufgrund der Unerreichbarkeit oder Unattraktivität des Vaters erfolgt. Dieses allen Fallgeschichten zugrundeliegende Interpretationsmuster wird verdeckt durch die das Bild bereichernden Aspekte der Biographie und der Analyse und wird in Verbindung mit diesen belebenden Details zum durchgehaltenen Grundthema con variatione. Dieser elementaren Schematik scheint die Auffassung Chasseguet-Smirgels von universellen angeborenen und sich im Entwicklungsprozeß gleichartig entfaltenden Strukturen des Unbewußten zu entsprechen und sie zu bestätigen. Zuerst und vor allem aber ist es *ihr* Interpretationsschema, das die Fallgeschichten nach dem Schweregrad der ›Störung‹ in perverse oder neurotische unterteilt, je nachdem, ob eine teilweise Idealisierung des Vaters und Identifikation mit seinen Werten erkennbar scheint oder nicht. Dasselbe Interpretationsmuster wird dann auf außerklinisches Material sowohl einzelner wie Gruppen und Kollektive angewandt. Durch die darin enthaltene Orientierung an einem feststehenden Entwicklungsziel und -ergebnis droht der psychoanalytische Ansatz Chasseguet-Smirgels das Individuelle und Subjektive aus dem Auge zu verlieren oder jenes nur noch als spezifische Bedingung des Scheiterns zu betrachten und bekommt damit dogmatische, das heißt aber zugleich, auch inhumane Züge. Andererseits verklärt Chasseguet-Smirgel die Perversion, indem sie sie als *die* Möglichkeit einer schnellen Rückkehr zu einem pränatalen Glückszustand darstellt, welcher zwar nur in der Psychose wirklich erreicht werde um den Preis der völligen Ausblendung der Realität, der aber – angesichts der Verführungen der Mutter – doch attraktiv genug sei, um auf die Reife und ihre Früchte zu verzichten. Perversion ist somit für sie zwar eine strukturelle Störung, jedoch infolge einer moralischen Verfehlung, für welche die Schuldzuschreibung bei Chasseguet-Smirgel vom Perversen auf die Mutter verschoben wird. Dies geht bis zu einer Verklärung und Romantisierung des Mutter-Sohn-Inzests – bei gleichzeitig scharfer moralischer Verurteilung desselben – und einer Verharmlosung des Vater-Tochter-Inzests als einer nicht traumatisierenden und im Gegensatz zum

Mutter-Sohn-Inzest selten psychotisierenden Erfahrung. Tritt letztere dennoch ein, so nach Chasseguet-Smirgels Auffassung aufgrund der starken Identifikation des inzestuösen Vaters mit der archaischen Mutterimago. Verklärung des Mutter-Sohn-Inzests bei gleichzeitiger moralischer Verdammung desselben und daraus folgender Verweigerung von Empathie gehen bei Chasseguet-Smirgel Hand in Hand und machen es ihr unmöglich, hinter ihrer im Abscheu verfestigten Abwehr die Überlebensanstrengungen des in seinem fragmentierten Selbst existierenden Patienten[27] wahrzunehmen und anzuerkennen. Tatsächlichen Schicksalen von Perversen, deren Grausamkeiten, auch wenn sie uns abstoßen und empören, häufig Inszenierungen eigener Leiden in gleichzeitiger Identifikation mit dem Täter und dem Opfer sind, wird dies nicht gerecht (vgl. Schorsch/Becker 1977; Schorsch u.a. 1985). Die Erkenntnisse bei perversen Straftätern können allerdings nicht erklären, warum in kollektiven Situationen der Rechtlosigkeit und politischen Willkür eine Vielzahl bis dahin ›normaler‹ Menschen zu barbarischen Mißhandlungen und Tötungen in der Lage sind. Für eine überzeugende Antwort besteht großer Bedarf. Allein: Die von Chasseguet-Smirgel beschriebene *Anatomie der Perversion* wird diesem Anspruch nicht gerecht, da sie, wie Whitebook (1985) deutlich macht, dem Gegenstand gegenüber nicht neutral, sondern höchst ambivalent und unentschieden ist. Obgleich, wie er bemerkt, Chasseguet-Smirgel Einsicht in die Universalität der pervers-utopischen Antriebe habe, sei sie präokkupiert durch die damit verbundene Kehrseite, daß diese Antriebe auch Quelle von Desintegration und Chaos werden könnten (vgl. ebd., 175).

Auch in der Interpretation der Paranoia ist bei Chasseguet-Smirgel die Betrachtung derselben als Versuch einer Traumabewältigung völlig ausgeblendet, deren Hintergründe im Falle Schrebers vor allem Baumeyer und Niederland wie auch Katan in zahlreichen Beiträgen rekonstruiert hatten. Die Paranoia wird von Chasseguet-Smirgel als Abwehrsystem begriffen, jedoch nicht als das der traumatischen Eindrücke – des Körper- und Trieberlebens wie der Objektbeziehungen –, sondern ausschließlich der eigenen, auf das Objekt projizierten Triebe, die zwar von den Eltern (z.B. Schrebers oder Strindbergs) durch deren sadistisches und perverses Fehlverhalten deformierend beeinflußt worden seien, aber nun eine defizitäre Ich-

27 Vgl. dazu inbes. Hirsch 1999; Symington 1999; Hurni/Stoll 1999 – drei neue Studien, die klinisch fundiert die Psychodynamik von Inzest, narzißtischer Störung und Perversion aufzeigen.

und Charakterstruktur darstellten.[28] In der Anonymität der berühmten Fälle (Strindberg, Schreber) mehr noch als in der Darlegung persönlich vertrauter PatientInnenschicksale ist die Haltung des »to blame the victim« in Chasseguet-Smirgels Einstellung unübersehbar. Letztlich entwickelt sie ein feindseliges Bild von Psychotikern, Perversen und Fetischisten – sowie vor allem von deren Müttern. Dieses ist mit einer Angst vor Ansteckung und Verführung verbunden wie auch mit Vernichtungsangst. Aus analytischer Sicht kann man eine Übertragungsabwehr mit den Mitteln der moralischen Empörung vermuten. Ihr entspricht eine unkontrollierte Gegenübertragung in Form von generalisierten Attribuierungen, die projektiven Charakter haben.[29] Was ihr als vernichtend erscheint, sind die Primärprozesse aufgrund ihrer a-Logik und ihrer vielfältigen Spielarten, in welchen Zeit und Raum oder Kausalität ohne Bedeutung sind. Somit hat für Chasseguet-Smirgel der Primärprozeß dieselben Merkmale wie die Analität. Primärprozeß bedeutet aber auch Herrschaft des Lustprinzips, und diese wirke zerstörerisch, weil es die Realität ausklammert. Denn das Lustprinzip erfüllt sich nach Chasseguet-Smirgel nur im objektentleerten Uterus, erfordert also die Vernichtung aller Objekte. Wenn Freud die Destruktivität aus der Entmischung von Sexual- und Aggressionstrieb erklärte, so kann man bei Chasseguet-Smirgel die entgegengesetzte Auffassung bemerken: im Lustprinzip werden ihr Sexual- und Destruktionstriebe identisch, denn das Lustprinzip *ist* für sie zugleich Zerstörungsprinzip, weil es sich nach ihrer Vorstellung nur als narzißtische Lust der Ur-Verschmelzung realisiert. Eros geht in diesem Amalgam völlig auf oder, besser gesagt, unter. Denn die einzig wahrhaftige Verschmelzung ist nicht die sexuelle mit einem Objekt, sondern die primärnarzißtische von Ich und Ichideal, und sie ist ihr wie Grunberger auch das

---

28 So argumentiert Chasseguet-Smirgel im Zusammenhang der homosexuellen ›Perversion‹: »Das Fehlen einer stabilen Introjektion seines [des Vaters; A.M.] Penis führt zum Fehlen einer integrierten Inzestschranke, deren Repräsentant der Penis des Vaters ist, und infolgedessen zu starken *Verzerrungen der moralischen Instanz*« (1988a, 106; Hervorh. A.M.). Abgesehen von der zweifelhaften generalisierten Annahme einer moralischen Insuffizienz bei Homosexuellen (bei wievielen Heterosexuellen läßt sich eine solche ebenfalls feststellen) sei hier an Freuds Einstellung gegenüber der Homosexualität als einer nicht perversen Abweichung von der heterosexuellen Orientierung erinnert, wobei ihm die Einstellung zur Heterosexualität mindestens ebenso erklärungsbedürftig erschien wie die zur Homosexualität (vgl. Kap. I/4.4).

29 Zur aktuellen Diskussion von Übertragung und Gegenübertragung vgl. v.a. Bettighofer (1998). An anderer Stelle (Harten/Moré 1999) habe ich mein Verständnis derselben dargelegt.

wahre und letzte Ziel des Koitus. Auch *diese Amalgamierung* ist wohlgemerkt nicht die des Perversen, sondern erfolgt im Denken Chasseguet-Smirgels.[30]

Die in den Gedankengängen Chasseguet-Smirgels durchgängige Tendenz zur Dichotomisierung, die sich wiederholt auch auf den Gegensatz von Judentum und Christentum erstreckt, ist verbunden mit der Spaltung des Psychischen in zwei Sphären: die psychotisch-pervers-regressive Seite des Unbewußten und Primärprozeßhaften, das unter der Bedingung der Desymbolisierung mit seinen destruktiven Impulsen unreguliert an die Oberfläche zu kommen drohe, und die Seite der mit dem Vater und seinem Gesetz identifizierten und darum dem Realitätsprinzip verpflichteten reifen Ödipalität.[31] Dabei ist diese Konzeption in sich widersprüchlich. Einerseits sei im konkreten Denken die Verdrängung und Symbolisierung unbewußter Triebinhalte nicht möglich und das Unbewußte liege somit an der Oberfläche und könne sich darum beim Perversen und Psychotiker in einer Entsprechung von Inhalt und Verhalten unmittelbar realisieren. Andererseits bedürfe es der Anstrengung des reifen ödipalen Ich, alle unbewußten Impulse zu integrieren und dabei aufzudecken, ans Licht zu zerren im Sinne des »wo Es war, soll Ich werden«, das, wie Wahl (1985) verdeutlicht, einem »wo Narziß war, soll Ödipus werden« entspricht. Dadurch solle das Unbewußte unter Kontrolle gebracht werden mit der letzten Konsequenz seiner Eliminierung, worin für Chasseguet-Smirgel die höchste sublimatorische Leistung der Kreativität liegt. Der Widerspruch besteht in der Rede von einem Unbewußten, das nach Chasseguet-Smirgels Ausführungen in keiner der beiden Entwicklungsstufen existiert. Liegt es in der Präödipalität bzw. beim Perversen und Psychotiker für sie an der Oberfläche und ist damit bewußtseinsnah, so wird es in der Ödipalität qua Integration und Sublimierung des Analen (auf das sich das Unbewußte bei Chasseguet-Smirgel letztlich reduziert) eliminiert.

30 Zu demselben Resultat kommt Whitebook (1985) in seiner Besprechung zu *Kreativität und Perversion*: »Ich möchte nicht die Existenz einer perversen Dimension sowohl im Nazismus wie im linken Terrorismus leugnen; nur scheint es mir, daß Chasseguet-Smirgels Tendenz, diese Gruppen mit Perversion zu identifizieren, zu undifferenziert ist (ebd., 178).

31 Es handelt sich dabei um in der Psychoanalyse durchaus gebräuchliche Gegenüberstellungen, die jedoch in der unhinterfragten Verknüpfung der pathologischen gegenüber den reifen Aspekten eine problematische Verdichtung erfahren, da zum einen, wie Quint (1987) betont, diese Paarungen weder in sich ausreichend geklärt, noch ihre Übereinstimmungen oder Differenzen hinreichend geprüft sind (ebd., 412f).

Angelehnt ist der Gegensatz von »präödipal-präobjektal-primärprozeßhaft-illusionär« und »ödipal-objektal-sekundärprozeßhaft-realitätsbezogen« an Grunbergers Narzißmustheorie[32], in welcher die physische Existenz und die Triebe selbst zur größten narzißtischen Kränkung jedes Menschen werden. Die von ihm für die präödipale menschliche Existenz unterstellte narzißtische Selbstbezogenheit, die von einem anubischen Wutschnauben angesichts jeglicher Störung derselben begleitet werde, findet sich bei Chasseguet-Smirgel bildhaft am Ende von *Das helle Antlitz des Narzißmus* (1996) dargestellt und gipfelt in ihre Feststellung: »Um sein sprudelndes Ferment (den Narzißmus; A.M.) genießen zu können, muß der Mensch – glaube ich – zunächst die väterliche Dimension integrieren. Andernfalls würde das dunkle, letale Gesicht des Narzißmus siegen, jene Seite, die nur danach trachtet, sich noch einmal mit der Mutter zu vereinigen und die bereit ist, zu diesem Zweck das Universum in den Untergang zu führen« (ebd., 245f). Daß die so gefürchtete apokalyptische Komponente sich hier zu einer anthropologischen Konstante verdichtet und somit zum zwangsläufig mit jeder Regression erwachenden universellen Gefahr (gemacht) wird, ist offensichtlich.

Die Art und Weise, in der die Trennung von präödipaler und ödipaler Welt bei Chasseguet-Smirgel begründet wird, basiert auf einer Eliminierung des Dunklen und Unheimlichen, des Unbewußten und seiner primärprozeßhaften Inhalte, des Lustprinzips, des Bösen und Kriminellen aus der Welt des Vaters, die somit nicht nur in der idealisierenden Phantasie des Kindes eine reine Welt ist, sondern als ödipale Welt ihr tendenziell davon gereinigt und befreit scheint – sofern es gelingt, die Grenze zu den eigenen dunklen Seiten mit Hilfe des väterlichen Gesetzes hermetisch zu schließen. So kehrt hier abermals das in die perverse Welt Verschobene und Projizierte gemäß dem Gesetz des Wiederholungszwangs wieder: die Reinheit – des Blutes, des Volkskörpers, der Rasse – reinkarniert sich hier in der Reinheit der väterlichen Welt von den analen, toten, destruktiven Anteilen des Unbewußten und von den Bedrängungen durch die Triebe, also auch in der ersehnten Befreiung vom Lustprinzip. Was ursprünglich als Beschreibung eines frühkindlichen Abwehrmechnismuses erschien – Spaltung und Projektion – erweist sich als genuines Muster und Erklärungsprinzip der Theorie Chasseguet-Smirgels. Im

32 Unbestritten ist, daß auch Freud, wie Violette (1998) bemerkt, »immer synchrone Gegensatzpaare postuliert hat«, jedoch hat er sie nie zu in sich fest geschlossenen dichotomen Einheiten verknüpft, die sich in vollkommener antagonistischer Ausschließung gegenüberstehen

übertragenen Sinne läßt sich Sandlers Kritik (1998) an den konservativen Strukturen der IPA auch auf ihre Theorie beziehen: »...andere errichten schützende Mauern, weil sie ›Verunreinigung‹ fürchten, wenn das pure Gold der Psychoanalyse mit etwas vermischt wird, das weniger ›rein‹ ist«.

III. Psychoanalyse als Jüngstes Gericht? Urteil und Verstehen in der Psychoanalyse

Die Theorie Chasseguet-Smirgels ist sehr verführerisch, denn sie hält ein umfassendes System von Erklärungen bereit, die gleichermaßen für normale und pathologische Entwicklungsprozesse Geltung beanspruchen und die auf individuelle klinische wie außerklinische Prozesse in Gruppen, in der Gesellschaft, sogar für kulturelle, historische, religiöse und andere Zusammenhänge Anwendbarkeit beanspruchen. Diese Verbindung vielfältiger Fragestellungen in einem umfassenden psychoanalytischen Ansatz hat ihr und ihrem Werk zu großer Anerkennung verholfen. So hebt auch Whitebook (1985) die Anregung hervor, die z.B. in der Entdeckung eines Zusammenhangs zwischen perversen und messianischen Formen des Denkens bestehe. Aber, so stellt er fest, »nachdem Chasseguet-Smirgel diese wirklich erhellende Einsicht hatte, weiß sie nicht, was sie damit anfangen soll« (ebd., 174).[1]

Trotz der ihr eigenen theoretischen Komplexität ist diese schematische Konzeption von unbewußten Gesetzmäßigkeiten und ihren Derivaten jedoch nicht in der Lage, die innerpsychische Komplexität menschlicher Entwicklungen und Konflikte wirklich voll zu erfassen und ihnen gerecht zu werden.

In ihrer Übertragung individualpsychologischer Nosologien auf kulturelle und gesellschaftliche Phänomene ist sie zudem nicht mehr methodisch überprüfbar. Der darin zum Ausdruck kommende Versuch der Aufrechterhaltung von Ordnung gegen das Chaos hat die Pervertierung und Psychiatrisierung aller individuellen und kulturell-gesellschaftlichen Phänomene zur Folge, die sich (scheinbar) nicht

---

1 Ohne Mühe läßt sich das Erklärungsschema Chasseguet-Smirgels auf viele Fallgeschichten und biographische Schicksale übertragen und scheint darin eine große Erklärungsplausibilität zu haben. Ein gut geeignetes Beispiel ist die Biographie des Psychoanalytikers und »philobatischen Luftschiffers« Herbert Silberer, der sein Leben durch Selbstmord beendete (Nitzschke 1988). Wie eine Folie ließe sich das Erklärungskonzept Chasseguet-Smirgels über solche Schicksale ziehen, was jedoch nicht heißt, daß es ihnen auch gerecht wird.

dem Gesetz und der Ordnung unterwerfen. In ihrer Grundstruktur ist diese Theorie dichotom angelegt, wobei die ›Zwei-Welten-Strategie‹ zur Illusion einer möglichen Trennung von Pathologie und Normalität führt. In diesem Bild des Pathologischen oder Perversen verschwimmen Präödipalität, Primärprozeß, Lustprinzip, Analität und die moralische Kategorie des Bösen zu einer diffusen Einheit, von der die reife ödipale Welt der Realität in einer Striktheit abgegrenzt wird, die den Ansprüchen eines zwanghaften Überichs entspricht. Daß die Trennung nicht so vollkommen gelingt und das Unbewußte immer wieder in die Welt der bewußten Kontrolle einzudringen vermag, wird als universelle Bedrohung erfahren. Sie einzubinden und unschädlich zu machen ist das Ziel von Anstrengungen wie identifikatorischer Assimilation, Integration und – als sicherste Form der Diskreation des Unheimlichen – der Sublimierung. Letztere ist eine Form, die bedrohlichen triebhaften Impulse auf Leinwände, Buchseiten oder in Skulpturen zu bannen und sie zugleich vor Augen zu haben. Gelungene Kreativität ist für Chasseguet-Smirgel, wenn es keine Oberflächen mehr gibt, unter denen, wenn man daran kratzt, die anale Substanz des Triebhaft-Unbewußten wieder hervorzuquellen droht. Sehr plastisch wird dies z.B. in ihrem Kommentar zu Melanie Kleins Aussage, das Symbol sei »die Grundlage jeder Phantasie und jeder Sublimierung« (zit. n. CS 1987a, 140). Nach Chasseguet-Smirgel haben wir hier »ein Beispiel für die Art, in der das Über-Ich und die *enge Pforte* [sic! – in der Beschreibung des analen Sphinkters ein Indiz seiner Destruktivität; A.M.], durch die künftig die schöpferischen Prozesse laufen werden, auf das Werk einwirken. Anstatt sich in einem Bereich von unbegrenzter Ausdehnung anzusiedeln [dem grenzenlos-leeren Mutterleib; A.M.], wird die Schöpfung *gezwungen*, ihre Stoffe einem winzigen Terrain abzugewinnen, *an dessen Rand Abgründe liegen*» (ebd.; Hervorh. A.M.).

Chasseguet-Smirgel formuliert und rechtfertigt in ihrer Theorie eine vehemente Abwehr gegen jegliche Regression, gegen die Sehnsucht nach dem Mütterlichen, die für sie mit Verschlingung, Verschmelzung, Vernichtung, analem Sadismus und Perversion assoziiert ist. Alle Wege zur gesunden psychischen Reifung müssen von der Mutter weg zum Vater führen, der dann zum indirekten Vermittler der Wahrheit – auch des Weiblichen und Mütterlichen – wird. Jenseits und unabhängig vom Vater kann sich das Weibliche in ihrer Theorie nur als Unwahres bzw. Pervertiertes behaupten. Die extreme Abwehr des Mütterlichen erfolgt aus dem Phantasma, daß jede Annäherung an die Mutter (Erde, Natur, Wasser…) den

Vollzug des Inzests bedeute, wobei Chasseguet-Smirgels Argumentation erkennen läßt, daß sie zwischen imaginärem und realem Inzest keinen qualitativen Unterschied sieht. Ihren Interpretationen liegt ferner die Annahme zugrunde, daß Regressionen dem Lustprinzip folgen, und diese Hingabe an die (narzißtisch motivierten) Triebe eine psychische Destrukturierung zur Folge habe. Damit wird die elementare Bedeutung von primären Objektbeziehungen für die Strukturierung und Ausbildung von integrierten Objekt- und Selbstrepräsentanzen negiert, deren Interdependenz Stern (1992) aufgezeigt hat.

Die lebenslange Beschäftigung Chasseguet-Smirgels mit der Perversion in einer Weise, die in der unerschöpflichen Bestätigung und Erhärtung zum Teil bereits sehr früh formulierter Überzeugungen besteht, kann als eine Art thematische Präokkupation gesehen werden, die auch kontraphobische Züge trägt (vgl. Fenichel 1939; Peters 1999, 306f). Dabei ist die Verführbarkeit durch die Perversion, welche sie für ubiquitär hält, zugleich ihr erklärtes Motiv der intensiven Beschäftigung mit dieser im menschlichen Dasein enthaltenen Gefahr. Gewissermaßen ist ihr Gesamtwerk eine Kampfschrift gegen die perverse Versuchung und gegen deren ›bewußte Verfechter‹ von Marx über Reich bis zu Mao. Denn nicht nur die perverse Phantasie hält sie für bewußtseinsfähig, auch die Perversion selbst scheint für Chasseguet-Smirgel die bewußte und intentionale Angelegenheit ›luziferischer Charaktere‹ zu sein.

Wenn die reife, gesunde Psyche apriori definiert ist durch bestimmte kulturell-gesellschaftliche Verhaltensweisen, die mit den bestehenden geschlechtlichen Rollenbildern in einer westlichen Industriegesellschaft weitgehend konform gehen, wenn dagegen die Formulierung von gesellschaftlichen Veränderungen[2], ja, das politische Engagement selbst (wie im Fall Wilhelm Reichs) als Ausdruck psychischer Unreife und Regressionsneigung interpretiert werden, dann wird aus Psycho-Analyse eine gesellschaftskonforme Psycho-Dogmatik mit der Tendenz der Verfolgung des ›Anderen‹ qua Pathologisierung. Das Verlassen der klinischen Ebene ist dann nicht darum problematisch, weil auch außerklinische Phänomene auf ihre unbewußten psychischen Inhalte und dynamischen Aspekte untersucht werden, sondern weil nur im klinischen Zusammenhang sinnvoll verwendbare nosologische Begriffe auf komplexe kulturelle, historische und gesellschaftliche Ent-

2 Deren Bezeichnung als Rebellion, Reform oder Utopie ist auch von den Interessen, Ängsten und Machtverteilungen in einer Gesellschaft mitbestimmt.

wicklungen übertragen werden. Dabei dienen sie nicht mehr dem Verständnis der Zusammenhänge im Sinne des neugierigen Verstehenwollens, sondern einem *labeling*, das mit den Etikettierungen in einer Weise Werturteile über alle Phänomene austeilt, die an das Märchen vom Aschenputtel erinnert: die guten ins Töpfchen, die schlechten ins Kröpfchen. Dieses Vorgehen erfüllt verschiedene Funktionen und Bedürfnisse. Vor allem in den auf politische und kulturelle Zusammenhänge bezogenen Texten wird das Interesse erkennbar, als bedrohlich erscheinende Phänomene aus- und abzugrenzen. Eine solche Bedrohung geht für Chasseguet-Smirgel offenbar von allen Veränderungen aus, die unkontrollierbar erscheinen und darum mit Verunsicherung oder Gefühlen von Hilflosigkeit assoziiert werden.

Eine weitere Funktion der klinischen Etikettierung einer in zwei Hälften gespaltenen Welt, der ›reifen‹ und der ›perversen‹, ist die Sicherheit, die stets aus der Selbstverortung in der Normalität entspringt. Zudem ist die Selbstverortung auf der Seite des Guten immer mit narzißtischer Gratifikation verbunden, die über die vom Realitätsprinzip angeblich geforderten Verzichtsleistungen hinwegzutrösten vermögen. Aber die Etikettierung des aus dem Ich Ausgegrenzten als pervers oder psychotisch befriedigt auch aggressive Impulse, da das Ausgegrenzte projektiv anderen, den Rebellen, Christen, Utopisten etc., zugeschrieben wird, die dadurch zugleich eine Entwertung erfahren. Und dies, obgleich Chasseguet-Smirgel die projektive Abwehr so häufig in ihren Texten thematisiert hat und ihren Mechanismus, wie sie dort beweist, bestens kennt.

Die Auffassung vom psychischen Apparat und seinen Instanzen entspricht bei Chasseguet-Smirgel einem Antagonismus von Es und Überich, wobei letzteres die Aufgabe hat, das Erstere in Schach zu halten und mit Hilfe der Bewußtmachung, die bei Chasseguet-Smirgel eine Analogie zum historischen Aufklärungsprozeß bildet, unschädlich zu machen und in gewisser Weise sogar zu vernichten. Die Täuschung besteht darin, daß Chasseguet-Smirgel hierbei zwar von »Integration« spricht, stattdessen aber das Es stets ein mißtrauisch Beäugtes bleibt, dem die Akzeptanz und libidinöse Besetzung als einem Teil des Ichs vorenthalten wird. Daher fehlt auch die Vermittlung zwischen Es und Überich sowie die Mitte, von der aus dies geschehen könnte: das Ich. Das Über-Ich bleibt ein sadistisch verfolgendes gegenüber dem Es und seinen chaotischen Inhalten, welche mit Zerstörung gleichgesetzt werden. Die Dichotomisierung von präödipalem Lustprinzip und ödipalem Realitätsprinzip hat ihre Entsprechung in derjenigen der Instanzen Es und Überich. Das Ich kann in dieser Konzeption nicht als eigenständiges existieren, sondern nur unter dem Schutz des rigiden Überichs, da es sich vor seinen unbewußten Phantasien, Sehnsüchten und infolge der Abspaltung von unkontrollierbar gewordenen Affekten und Gefühlen ständig in Acht nehmen muß und in seiner Existenzfähigkeit gefährdet fühlt. Hingegen betont Döpp (1987) mit Verweis auf Theweleits umfassende Untersuchung der *Männerphantasien* (1977), daß es eben die Abspaltung der Affekte, der Verschmelzungssehnsüchte sowie des Körperlichen ist, die zur destruktiven Haltung (z. B. des faschistischen Mannes) führt.[3]

Verstehbar werden die Ängste im Werk Chasseguet-Smirgels und die vor allem auf Dichotomisierung und Spaltung beruhrende Abwehr[4] nur zum Teil durch die eigenen, in der Jugend gemachten, Erfahrungen von Diskriminierung, Bedrohung und Verfolgung in der Nazizeit, deren traumatisierender Charakter eher verleugnet zu werden scheint und sich doch unterschwellig erahnen läßt. Immerhin lebte sie zu einer Zeit als Schülerin in Paris (vgl. 1988a, 135), als ein fanatischer und bis heute vom Antisemitismus durchdrungener Alois Brunner mit seinen Nazi-Truppen nachts durch Paris streifte, um dort noch versteckt lebende Juden ausfindig zu machen und zu ermorden (vgl. Hafner; Schapira 1999/2000). In einer Fußnote zu ihren »*Überlegungen zum Hamburger Kongress* (1987b) spricht Chasseguet-Smirgel von der Erinnerung an ihr nahestehende Menschen und

3 Die unverkennbare Ablehnung des Unbewußten als dem Ort des Analen, Schmutzigen und des destruktiven Chaos bei Chasseguet-Smirgel verlangt hier unvermeidlich, auch die Frage danach zu stellen, inwieweit eine junge Analytikerin, die mit kaum 25 (oder gar 23?) Jahren ihre Lehranalyse begann (vgl. die Interviews in Raymond u. a. 1997, 457 sowie mit Hoffmann-Baruch u. Serano 1988, 110) und wenige Jahre später eine Ehe mit ihrem 26 Jahre älteren Lehranalytiker Béla Grunberger einging (vgl. Roudinesco 1986, 520), überhaupt Gelegenheit bekam, ihr Unbewußtes erforschen und integrieren zu können. Dabei möchte ich nicht das von Bettighofer zurecht kritisierte, weil kaum erreichbare Ideal vom »konfliktentstörte(n) Analytiker mit einem sogenannten gentialen Charakter und reifer Liebes- und Konfliktfähigkeit« (Bettighofer 1998, 58) beschwören – ein Ideal, das jedoch gerade bei Chasseguet-Smirgel vor allem von Psychoanalytikern und -analytikerinnen gefordert wird (vgl. auch Dahmer 1987). Die Notwendigkeit, diesem privaten Aspekt hier Aufmerksamkeit zu schenken, ergibt sich vielmehr aus dem Eindruck, daß er einen nicht unbedeutenden Einfluß auf die Entwicklung der Theorie Chasseguet-Smirgels genommen hat – insbesondere auch in der von ihr vertretenen Auffassung, der wahre Inzest sei nur mit der Mutter möglich. Nicht nur die weitgehende Übereinstimmung vieler Grundannahmen beider Ansätze, sondern auch die Verwendung eines gemeinsamen Pseudonyms legt ferner den Eindruck nahe, daß die so vehement verurteilten Verschmelzungswünsche in der geistigen Symbiose dieser Autoren ihren befriedigenden Ersatz gefunden haben.

4 Döpp (1987) hat als erster auf starke Spaltungstendenzen in der Theorie Chasseguet-Smirgels hingewiesen.

Angehörige, von welchen sie sich nicht verabschieden konnte, darunter auch die ihr liebste Person, die in einem Konzentrationslager durch Gas ermordet wurde (ebd., 112, FN 25).[5]

Die Betroffenheit von diesem Schicksal macht die Beunruhigung und Heftigkeit der Abwehr gegenüber dem Mai '68 und darauf folgende Entwicklungen wie auch den Versuch, all dies deutend unter Kontrolle zu bekommen, nachvollziehbar.

Hiermit läßt sich aber nur ein Teil der in dieser Theorie erkennbaren Ängste und Konflikte verstehen: die vor dem Wiederauferstehen des Nazismus oder eines ihm ähnlichen menschenverachtenden Systems aus unterschätzten sozialen Bewegungen und deren destruktivem Potential. Nicht erklärbar ist die zweite Grundtendenz dieser Theorie: die Identifikation des Bösen mit der Welt der frühen Mutterimago, die anal-phallisch, verschlingend, destruktiv-verschmelzend und unkontrolliert triebhaft vermeintlich durch unser aller Unbewußtes spukt. Hinter der explizit ausgesprochenen Gefährdung des Subjekts, die mit dem Aufkeimen von Verschmelzungswünschen mit der Mutter verbunden wird, kann eine massive Abwehr von regressiven Wünschen und dem Verlangen ihrer Kontrolle mit Hilfe der »Gesetze des Vaters« vermutet werden. Über die Ursachen dieser Regressionsphobie wissen wir nichts. Von Bedeutung ist hier nur, diesen bereits in Grunbergers Theorie verwurzelten Abwehrcharakter in beiden Ansätzen zu erkennen. Mit Hilfe der Hypothese von der universellen strukturellen Bedeutung der archaischen destruktiven Mutterimago wird das darin enthaltene paranoide Moment nicht nur generalisiert, sondern auch rationalisiert und dadurch in seiner angenommenen Bedrohlichkeit entschärft.[6] Die geforderte Identifikation mit dem Vater und seinen Normen wie die Betonung der damit vollzogenen Grenzziehung macht aus dem Ödipuskomplex – jenseits seiner tatsächlichen Bedeutung für psychische Reifung – ein Bollwerk gegen die Welt der irrationalen Versuchungen und die aus ihr auf-

---

5 Vermutlich gilt auch für Grunberger, daß er den Verlust von in Ungarn lebenden Familienangehörigen im Holocaust zu beklagen hat. Er selbst hatte in Jena und Kiel, dann in Genf studiert, bevor er nach Frankreich ging, wo er während des Krieges in der Résistance kämpfte (vgl. Harmat 1988, 278).

6 Ein direkterer Hinweis auf solche paranoiden Züge findet sich in dem Raymond und Rosbrow-Reich (1997) gegebenen Interview vom Mai 1994, in welchem Chasseguet-Smirgel einige kognitive Psychologen der Universität Lille, die – wie an vielen Universitäten auch in Deutschland – der Psychoanalyse ablehnend gegenüber stehen, wörtlich als »Killer« bezeichnet und dies mit der Behauptung unterstreicht, sie habe gehört, daß diese früher Stalinisten gewesen seien. Die kognitive Psychologie werde von jenen Kollegen wie eine Kriegsmaschine gehandhabt (vgl. ebd., 449).

tauchenden ›Gespenster‹.[7] Anstelle der theoretischen und klinischen Bedeutung, die der Ödipuskomplex innerhalb der Freud'schen Psychoanalyse hat, tritt somit seine rationalisierte und funktionalisierende Einbettung in ein Theoriegebäude, daß mehr der Abwehr von eigenen Ängsten mittels Spaltung dient als der Erkenntnisgewinnung im Bereich klinischer und außerklinischer unbewußter Prozesse und ihrer Bedingungen.

Dabei kann sich Chasseguet-Smirgel auf die bereits bei Freud wie in späteren psychoanalytischen Ansätzen begründete Annahme stützen, daß den Psychosen, aber auch schweren Persönlichkeitsstörungen häufig eine mißglückte früheste Beziehung zwischen dem Kind und der Mutter (bzw. den Eltern) zugrundeliegt. Kennzeichen dieser Störungen ist allerdings nicht das Verharren des Kindes in einem symbiotischen Glückszustand mit der Mutter, den es nicht verlassen will, sondern, wie zahlreiche klinische Arbeiten belegen, das Fehlen einer den Bedürfnissen des Kindes angemessenen Interaktion. Extreme Verschmelzungswünsche in Einheit mit einer gleichzeitig sehr gefürchteten Mutter sind eher die Folge eines konstanten Sich-Verfehlens in der Mutter(Eltern)-Kind-Beziehung. Erst dieses weckt in dem auf das Verstehen seiner affektiven und körperlichen Signale angewiesenen Säugling tatsächlich ein Gefühl von hilfloser Ausgeliefertheit. Chasseguet-Smirgels entwicklungspsychologische Annahmen basieren wesentlich auf der Generalisierung einer Mutter-Kind-Beziehung, die in ihren Grundzügen die Merkmale einer massiv frühgestörten Beziehung aufweist.

Das Bedürfnis, die Psyche des individuellen Massenmörders oder Sexualstraftäters ebenso zu verstehen wie die der Eichmanns und Hitlers oder Stalins, ist sehr

---

7 Unter den zahlreichen Äußerungen Chasseguet-Smirgels, die diese Interpretation nahelegen, können als Beleg die folgenden beiden genügen: »Vielleicht ist es die Ambiguität der meisten von uns, wenn uns der Mut fehlt, bis zum Äußersten den Schwindeln der Unvernunft zu widerstehen, und wenn uns gerade ein Vater fehlt, der stark genug ist, um uns vor der Anziehung des Erlkönigs zu beschützen, ehe wir am Ende unter seine Herrschaft geraten?« (1998a, 69). In ihrem Vorwort zu Zagermanns *Eros und Thanatos* (1988b), das drei Jahre nach dem Hamburger Kongreß entstand, wird die ängstigende Beunruhigung von Chasseguet-Smirgel geradewegs ausgesprochen: »Daß deutsche Psychoanalytiker in Hitler und in den SS-Leuten weiterhin Väter sehen, ist ein *mich bestürzendes* Thema. Dies zu glauben bedeutet in Wirklichkeit, *bereits der Verwirrung anheimgefallen zu sein,* die im Reich der primitiven Mutterimago herrscht. Es bedeutet, die fetischistische Ausstattung der phallischen Mutter für das Symbol der zeugenden Männlichkeit des Vaters zu halten« (1988b, XVIII; Hervorh. A.M.). Wehe, wenn die schützende Welt des Vaters durch die des Erlkönigs bedroht scheint, der für Chasseguet-Smirgel ein Lakai der phallischen Mutter ist.

gut verstehbar. In der Rückführung all dieser uns abstoßenden Erscheinungsformen des Menschseins auf den Wunsch nach Verschmelzung mit der Mutter liegt aber der Schein einer Antwort, die sich aus a-priorischen Annahmen ableitet, deren Bestätigung in Fallgeschichten a posteriori, d.h. in der Suche nach diesen Bestätigungen, erfolgte – und die eine falsche Selbstzufriedenheit erzeugt in dem illusionären Trost, auf alle uns erschreckenden oder widerlichen Formen menschlicher Haltungen und Verhaltensweisen eine Antwort parat zu haben. In *dieser* Form der Anwendung wird psychoanalytische Interpretation zu einem Instrument der Verleugnung von Ohnmacht, nicht zu einem wirklichen Instrumentarium des Erkennens und Verstehens der dunklen Seiten menschlicher Existenzen und ihrer psychodynamischen Zusammenhänge.

Es erhebt sich die Frage, wie angesichts der aufgezeigten Widersprüche und problematischen Annahmen in der Theorie Chasseguet-Smirgels diese dennoch zu großer internationaler Anerkennung finden konnte. Zum einen bot sie Lösungen an für schwierige und unbefriedigend gelöste Fragen in der psychoanalytischen Theorie, sowohl bezüglich der Freud'schen Annahmen über die weibliche psychosexuelle Entwicklung wie hinsichtlich der Psychosen und Perversionen. Und insbesondere bot sie Erklärungen für kollektive Ausbrüche von Aggression und Zerstörungsbereitschaft in Diktaturen und kriegerischen Auseinandersetzungen an. Zum andern erscheint das Werk Chasseguet-Smirgels sehr vielfältig und integriert eine Vielfalt von Fragestellungen, Aspekten und Antworten. Erst die Kenntnis ihres Gesamtwerkes macht deutlich, daß der Breite der Themen und Aspekte ein enges Muster von Erklärungen und Begründungszusammenhängen zugrunde liegt, die die Vielfalt der angesprochenen sozialen, religiösen, kulturellen und politischen Phänomene wie die individuellen Fallanalysen auf stets gleiche Voraussetzungen zurückführt. Zudem fordert Chasseguet-Smirgel Zustimmung für die von ihr gemachten Voraus-Setzungen aufgrund eines ihnen beigelegten Imperativs der Werte, für welche sie eintritt. Denn wer wollte die Bedeutung und den Wert von Reifung, Entwicklung, Wachstum und Kultur bestreiten? Zudem läßt sie erkennen, daß sie jede Kritik an den von ihr hergestellten Zusammenhängen als Ausdruck der Sympathie mit der Regression, der Perversion und dem Nazismus betrachtet. Auf geäußerte Kritik an ihren Aussagen hat sie mehrfach in heftigster und teils diffamierender Weise reagiert.[8]

Eine Reihe von Widersprüchen in der Argumentation Chasseguet-Smirgels entstehen jedoch gerade aus der Absicht, eine vollständige und allumfassende Erklärung sowohl der normalen psychischen Entwicklung wie der Neurose und der Perversion zu geben. Die kontinuierlich duchgehaltene Intensität, mit der Chasseguet-Smirgel ihre Theorie immer wieder neu formuliert und angewendet hat und in der sie in den unterschiedlichsten Manifestationen immer wieder dieselben Ursachen und Motive entdeckt, ist freilich auch bewundernswert. Dies macht ihre Interpretationen jedoch nicht weniger problematisch für ein differenziertes psychoanalytisches Verständnis von neurotischen und psychotischen Entwicklungen, die – nicht nur in den Manifestationen – sehr viel mehr Unterschiede aufweisen, als Chasseguet-Smirgel ihnen zuspricht. Die Reduktion der Vielfalt auf sich weitgehend wiederholende Urformen – in der selbst die Differenzierung der männlichen und weiblichen Psychosexualität weitgehend verschwindet – führt zu einer Art »Inversion« in dieser Theorie: einer Vereinheitlichung der Unterschiede, und dies, obgleich Chasseguet-Smirgel die Vermengung stets als Ausdruck einer regressiv-perversen Tendenz auffaßte.

Daß aber die moralisierende Verurteilung der Perversion als schuldhafter sittlicher Verfehlung innerhalb der Psychoanalyse so wenig Widerspruch erfuhr, auch wenn die Schuld häufig im zweiten Schritt der Mutter des Perversen zugeschrieben, also in einer durchaus vertrauten, weil in der Psychoanalyse wiederholt praktizierten Weise behandelt wird (vgl. Rohde-Dachser 1991), zeigt, wie schwer diese Herausforderung auch für die Psychoanalyse und die sie Praktizierenden zu bewältigen ist, weil die Akzeptanz der Perversion als Bestandteil des eigenen psychischen Potentials die erworbenen psychischen Strukturen zu gefährden scheint. Dies gilt auch für Chasseguet-Smirgel, deren Auffassung, die Perversion sei ein Teil von uns allen, nicht wie bei Freud der Perversion ein wenig mehr an Normalität und damit Menschlichkeit verleiht, sondern die Perversion zu einer universellen und zum Teil dämonisierten Gefährdung des Normalen macht, die von ihr entsprechend universell und »an allen Fronten« bekämpft wird.

Daß die Abwehr des Subversiv-Psychotischen oder -Perversen zu einer Ersetzung der analytischen Haltung der Empathie und des jenseits davon erfolgenden

---

8 So z.B. gegenüber der Zeitschrift *Psyche* angesichts kritischer Kommentierungen (vgl. Dahmer 1987). Einem Journalisten der Frankfurter Rundschau, der den Verdacht geäußert hatte, der von Chasseguet-Smirgel 1985 mitorganisierte Kongress der IPA in Hamburg habe der Distanzierung von der deutschen Judenverfolgung und -vernichtung gedient, schrieb sie, er solle seine blutigen Lady Macbeth-Hände aus ihrem Gesicht nehmen (vgl. Raymond/Rosbrow-Reich 1997, 454).

Verstehensprozesses[9] durch ein Urteilen führt, ist eine notwendige Folge des nicht eingelösten Anspruchs, das Perverse als Teil der menschlichen Psyche nicht nur zu erkennen, sondern als universelle menschliche Tatsache auch tatsächlich zu akzeptieren (was nicht als Einverständnis mit dem Tun psychotischer, perverser oder sadistischer Personen mißverstanden werden darf). Die das Werk Chasseguet-Smirgels durchziehende Dichotomisierung läßt aber das Urteilen als zwangsläufig erscheinen, beruht das Ur-Teilen doch auf Teilung und Trennung.[10] Nicht zufällig sind die mythologischen Gestalten, denen das Urteilen zufällt, mit dem richtenden Schwert ausgestattet: Justitia, welcher zum Schwert bereits die Waage hinzukam; aber lange vor ihr der Erzengel Michael, der nicht nur Adam und Eva mit seinem flammenden Schwert aus dem Paradies vertrieb, sondern auch beim Jüngsten Gericht mit demselben zwischen den Erlösten und den Verdammten scheidet. Die Intensität, mit der Chasseguet-Smirgel immer wieder die Apokalypse des Johannes als Ausdruck zerstörerisch-perverser Kräfte zitiert, verbindet sich nicht nur mit der Furcht vor apokalyptischen Mächten, die in der archaischen Welt des menschlichen Unbewußten lauern und sich in der Perversion entfalten (zumal, wenn es diese tatsächlich als kollektiv-gesellschaftliche gäbe). Sie hat auch eine Haltung der Verdammung zur Folge, wie sie gegenüber dem politisch (selbst)ermächtigten Massenmörder und seinen Schergen zwingend ist, nicht aber gerechtfertigt gegenüber dem Patienten. Tatsächlich nimmt Chasseguet-Smirgel hier eine Differenzierung vor, die ihren Grund aber vor allem in ihrem Verständnis der Psychoanalyse als der Garantin des Ödipuskomplexes hat. Denn nach diesem Verständnis hat der sich in Analyse begebende Patient schon den ersten Schritt getan, um sich aus der analen Verschmelzung zu lösen und auf die Welt des Vaters zuzugehen.

Die Theorie Chasseguet-Smirgels wird jedoch eingeholt von dem, was sie verdammt. Mit der Verwerfung der Welt der Perversion als dem analen Reich demiurgischer und satanischer Gestalten, als dem in seiner psychischen Struktur klar bestimmbaren Ort des Bösen, in dem die Hölle von Auschwitz und des Gulag möglich werden – und mit der behaupteten Trennbarkeit dieser Höllen vom (Himmel)Reich des Vaters und seiner Welt der Wahrheit, Gesetzmäßigkeit und trennen-

9 Zur funktionellen Unterscheidung dieser Aspekte im analytischen Prozeß vgl. Wellendorf (1999).

10 Laplanche (1998) spricht vom Mythos der Binarität, der allerdings das Unbewußte nicht aufklären könne, sondern es verdunkle.

den Ordnung ersteht die apokalyptische Prophezeiung von neuem. Wie sehr aber dieses Bild des Vaters, der die Weltordnung *(kósmos)* gegen das vor seiner Schöpfung existierende Reich von Gog und Magog *(cháos)* verteidigt, eine Gestalt des archaischen Überichs ist, zeigt sich daran, daß von diesem Vater als einem Gütigen nirgendwo in dem umfangreichen Werk Chasseguet-Smirgels die Rede ist. Dieselbe Spaltung zeigt sich ebenso in der Offenbarung des Johannes, derzufolge sich am Tag des jüngsten Gerichts das Reich der Finsternis für immer vom Reich des Lichts trennen werde – womit sich der Beginn des Schöpfungsaktes noch einmal wiederholt.

Mir ist bewußt, daß das Resultat dieser Untersuchung Widerspruch provozieren muß. Kritisiert es doch nicht nur eine sehr anerkannte psychoanalytische Autorin und deren Theorie, sondern implizit auch all diejenigen, die dieser Theorie soviel Vertrauen und Zuspruch geschenkt haben. Interessant ist aber, die Frage danach zu stellen, was die positive Rezeption dieser Theorie sowohl innerhalb der Psychoanalyse wie in feministischen und gesellschaftstheoretischen Auseinandersetzungen ermöglicht und gefördert hat. Die Beantwortung ist allerdings keine ganz einfache. Für die Untersuchungen zur weiblichen Sexualität gilt, daß sie – zumal im Anschluß an ihre Übersetzung in die englische und deutsche Sprache – zu jener Zeit auf eine aktuelle Diskussion in der sich wiederbelebenden feministischen Bewegung stießen, in welcher die Freud'sche Auffassung kritisch reflektiert und die in den dreißiger Jahren geführte Diskussion wiederentdeckt wurde. Auch ihre Thesen über Freuds Fehlleistungen sowie über die weiblichen Schuldgefühle, die dafür verantwortlich seien, daß Frauen eine Durchsetzung in männlich besetzten Domänen nicht wagten und sich stattdessen unterordneten, trafen ›den Nerv der Zeit‹. Hinzu kommt, was auch in der psychoanalytischen Rezeption von Bedeutung war und bis heute zu sein scheint: die Vielfalt von thematischen Bezügen, von klinischem, literarischem oder kulturgeschichtlichem und politischem Material, das einzubinden und in einer stilistisch beeindruckenden Weise zu präsentieren Chasseguet-Smirgel immer wieder gelang und ihr Anerkennung oder gar Bewunderung eintrug. In der psychoanalytischen Diskussion spielte zudem auch immer eine Rolle, daß sich Chasseguet-Smirgel zu einem klinischen Komplex äußerte, der für den überwiegenden Teil der Theoretiker wie Praktiker das Betreten von unwegsamem und in der Praxis gefahrvollem Neuland bedeutete: ihre Theorie der Perversionen, zu der sie auch Fallmaterial beisteuerte, das in der präsentierten Weise ihre Auffassungen immer zu bestätigen vermochte. Und ihre scheinbar sicheren und Sicherheit gebenden Antworten gelten den herausfordernden klinischen wie universell menschlichen Fragen nach den Gründen der Perversion, der Kaltblütigkeit, der Destruktivität oder des bürokratisch organisierten Genozids. Dabei wirken die Beschreibungen Chasseguet-Smirgels anregend, mutig und innovativ und geben andererseits in der ausführlichen Rückbeziehung auf Freud denjenigen, die sich der Freudschen Schule verbunden fühlen, die nötige Sicherheit, diesen Boden nicht verlassen zu haben. Daß dieser Rückbezug auf Freud nicht immer der Freudschen Auffassung entsprach oder daß er geeignet war, verleugnete andere Ursprünge der eigenen Auffassungen – insbesondere in der Theorie Lacans – zu verbergen, wer sollte Gelegenheit haben, dies zu überprüfen?

Will man verstehen, was die Überzeugungskraft und eine gewisse Faszination der Theorie Chasseguet-Smirgels ausmacht, so scheint mir das am besten in einer gewissen Abwandlung ihrer eigenen Worte ausdrückbar: wir alle sind in gewissem Maße anfällig für die Versuchung, die von einer einfachen, aber alle – vor allem die dunklen, unfaßbaren – Phänomene (scheinbar) erklärenden Theorie ausgeht, die wie eine Weltformel funktioniert und uns das Gefühl des Verständnisses und der Kontrolle über das Unwägbare gibt. Ein solches vereinfachendes Prinzip ist das der Dichotomisierung, das den meisten umfassenden ›Welterklärungen‹ zugrunde liegt. Die Verführung dieser Modelle liegt auch in der Beruhigung des Gewissens und dem narzißtischen Gewinn, den sie verleihen, wenn sie uns bestätigen, daß wir uns auf der Seite der Normalität, die diejenige des »Guten, Schönen, Wahren« ist, einschreiben dürfen. Es fragt sich, ob nicht auch gerade diese psychoanalytisch rationalisierte Trennung der guten von der bösen Welt beiträgt zu der Zustimmung, die diese Theorie bislang erfuhr. Denn auch die psychoanalytische Kenntnis über die der Spaltung und Projektion zugrunde liegenden Mechanismen und ihre un-heimliche Wirkung in paranoiden Ängsten und im Wiederholungszwang ändert nichts daran, daß es sich bei Spaltung und Projektion um Abwehrmechanismen handelt, die aus dem menschlichen Bedürfnis nach Schutz, Sicherheit und der narzißtisch notwendigen Bewahrung der (mehr oder weniger vollständigen) Integrität des Selbst entstehen.

Literatur- und Quellenverzeichnis

Veröffentlichungen von Janine Chasseguet-Smirgel

Das Verzeichnis der Veröffentlichungen Chasseguet-Smirgels ist nicht mit dem Anspruch der Vollständigkeit verbunden. Es gibt jedoch einen umfassenden Überblick über das Gesamtwerk der Autorin und seine Entwicklung.

Die erstgenannte Jahreszahl vor den Einzelbeiträgen nennt das Jahr der Entstehung oder der Erstveröffentlichung. Jahreszahlen hinter dem Schrägstrich beziehen sich auf ermittelte Überarbeitungen der Erstfassung oder die nachträgliche Veröffentlichung zum Beispiel von Vorträgen. Fett gedruckte Zahlen nennen das Erscheinungsjahr der für die Zitierung verwendeten Ausgabe.

1958 Intervention sur le rapport de S. Nacht et P.-C. Racamier »La théorie psychanalytique du délire«. XXe Congrès des Psychanalystes de Langues romanes, Brüssel 1958. RFP 22, 536–550

1959 Intervention sur l'article de C.-J. Luquet, »La place du mouvement masochique dans l'évolution féminine«. RFP 25,3, 341–345

1959/62 L'analité et les composantes anales du vécu corporel. Canadian Psychiatric Assoc J 7:1962,1, 16–24

1961/67 Letztes Jahr in Marienbad. Für eine psychoanalytische Forschungsmethode im Bereich der Kunst. In dies.: **1988c**

1962/66 Notes cliniques sur un fantasme commun à la phobie et à la paranoïa. RFP 30:1966, 121–144

1963/65 Überlegungen zum Konzept der »Wiederherstellung« und die Hierarchie der schöpferischen Akte. In dies.: **1988c** [Réflexions sur le concept de «réparation» et la hiérarchie des actes créateurs. RFP 29:1965, 17–28 + Intervention de M.C. Boons-Grafé, ebd., 29.]

1964a Einleitung In dies.: **1974a** (Hg)

1964b Die Freud verwandten psychoanalytischen Ansichten über die weibliche Sexualität. In dies.: **1974a** (Hg)

1964c Freud widersprechende psychoanalytische Ansichten über die weibliche Sexualität. In dies.: **1974a** (Hg)

1964d Die weiblichen Schuldgefühle. In dies.: **1974a** (Hg). [Reprint in: Zanardi, C. (Ed) Essential Papers on the Psychology of Women. New York, New York Univ. Press, 1990, 88–131. Reprint aus CS: Female Sexuality. New Psychoanalytic Views. London, Karnac, 1988]

1965 Réponses aux Interventions à »De certains aspects spécifiques de l'OEdipe féminin«: Discussion. RFP 29, 396–406. [Discussion ebd., 377–396]
(Veröffentl. von De certains aspects spécifiques de l'OEdipe féminin (Manuskript) in: CS (Hg) [Recherches psychanalytiques nouvelles sur]* La sexualité féminine, Paris 1964 u.d.T. La culpabilité féminine (= dt. 1964d). *[Titelangabe in RFP 29, 1965/4, 407)

1965/70 Über August Strindberg. Ein Beitrag zum Studium der Paranoia. In dies.: **1988c**

1966a mit P.-C. Racamier: La révision du cas Schreber: revue. In. RFP 30, 3–26

1966b Notes de lecture en marge de la révision du cas Schreber. RFP 30, 41–61.

1967a OEdipe et religion. RFP 31, 875–882

1967b Einige klinische Anmerkungen über Prüfungsträume. In dies.: **1988c**

1967c Zur »aktiven Technik« Ferenczis. Beitrag zur Erforschung des Sublimierungsprozesses in der Arbeit des Analytikers. In dies.: **1988c**

1968/69 Die Nachtigall des Kaisers von China. Psychoanalytischer Versuch über das »Falsche«. In dies.: **1988c**

1969a Stéphane, André [= Pseud. gem. mit Béla Grunberger] L'Univers contestationnaire ou Les nouveaux chrétiens. Etude psychanalytique. Paris, Payot.

1969b Unterhaltung über das Kino. In dies.: **1988c**

1969c Der Platz des Sterns von Patrick Modiano. Für eine psychoanalytische Definition der »Authentizität«. In dies.: **1988c**

1970a Stéphane, André [= Pseud. gem. mit Béla Grunberger] L'amphithéâtre Freud – Che Guevara. Contrepoint 1, 89–99

1970b Stéphane, André [= Pseud. gem. mit Béla Grunberger] L'inceste, pourquoi pas? Contrepoint 3, 157–163

1970c Widerstände gegen die Anwendung der Psychoanalyse im außertherapeutischen Bereich oder Die Gegenwart einer Illusion. (zugl. Einleitung) In dies.: **1988c**

1971a Pour une psychanalyse de l'art et de la créativité. Paris, Payot

1971b Stéphane, André [= Pseud. gem. mit Béla Grunberger] »Malaise dans la civilisation«. Sigmund Freud et l'usage qu'on en fait. Contrepoint 4, 33–45

1972a Stéphane, André [= Pseud. gem. mit Béla Grunberger] La liberté sexuelle pour quoi faire? Contrepoint 7, 27–36

1972b Stéphane, André [= Pseud. gem. mit Béla Grunberger] L'anti-oedipe ou La fin d'un malentendu. Contrepoint 8, 239–250

1973b Einleitung in dies.(Hg). Wege des Anti-Ödipus **1978**

1974a (Hg) Psychoanalyse der weiblichen Sexualität. Frankfurt/M., Suhrkamp. [La sexualité féminine. Paris, Payot, 1964; engl.: Female sexuality. New psychoanalytic views. 1. ed. 1970]

1974b Stéphane, André [= Pseud. gem. mit Béla Grunberger] Pour une définition psychanalytique de l'idéologie. Contrepoint 14, 179–191

1975a Freud und die Weiblichkeit. Einige blinde Flecken auf dem dunklen Kontinent. London, Juli 1975. In dies.: **1988a** [engl. 1976 in Intern Psycho-Anal 57]

1975b Bemerkungen zu Mutterkonflikt, Weiblichkeit und Realitätszerstörung. Psyche 29, 805–811. [Vortrag London 27. 9. 1974]

1975c Stéphane, André [= Pseud. gem. mit Béla Grunberger] Le meurtre de la réalité. Contrepoint 17, 213–223

1975d A propos du déliere transsexuel du président Schreber. RFP 39, 1013–1025

1978a (Hg) Wege des Anti-Ödipus. Frankfurt/M. u. a., Ullstein. [Les Chemins de l'Anti-OEdipe. Paris, Privat, 1974]

1978b Reflexions on the Connexions between Perversion and Sadism. Intern J Psychoanal 59, 27–35

1979a mit Béla Grunberger: Freud oder Reich? Psychoanalyse und Illusion Frankfurt/M. u. a., Ullstein. [Freud ou Reich. Psychanalyse et Illusion. (Paris), Tchou, 1976]

1979b Transsexuality, Paranoia, and the Repudiation of Femininity. In: Coleman Nelson, M.; Ikenberry, J. (Eds) Psychosexual Imperatives. Their Role in Identity Formation. New York, London, Human Sciences Press, 182–201

1981a Loss of Reality in Perversions – with Special Reference to Fetishism. JAPA 29, 511–534. [dt. Überlegungen zum Fetischismus und zum Realitätsverlust in der Perversion. **1989a**, Kap. 8]

1981b De Sade: Der Körper und der Mord an der Realität. Psyche 35, 237–252

1983a Die Weiblichkeit des Psychoanalytikers bei der Ausübung seines Berufes. Madrid, Juli 1983. In dies.: **1988a**

1983b Perversion and the Universal Law. Inaugural Freud Chair, Univ. of London. Intern Rev Psychoanal 10,3, 293–301 [dt. Perversion und das Universalgesetz. In: **1986a**] Wiederabdruck in: Sandler, J. (Hg) (1994) Dimensionen der Psychoanalyse. Stuttgart, Klett-Cotta

1984a Die archaische Matrix des Ödipuskomplexes. New York, Dezember 1984. In dies.: (1988a)

1984b Ein »besonderer« Fall. Zur Übertragungsliebe beim Mann. München 1984. In dies.: **1988a**

1984c Gefügige Töchter. Montreal, Mai 1984. In dies.: **1988a**

1985a Das Grüne Theater. Ein Versuch zur Interpretation kollektiver Äußerungen einer unbewußten Schuld. Paris, September 1985, veränd. Fsg. In dies.: **1988a**

1985b Das Paradoxon der Freudschen Methode. Frankfurt, Dezember 1985. In dies.: **1988a** [sowie in: ZPTP, 1, 1986, 131–151]

1985c [Interview m.] Honey, M.; Broughton, J.: Feminine Sexuality: an Interview with Janine Chasseguet-Smirgel. Psychoanal Rev 72,4, 527–548

1985/88 [Interview m.] Hoffmann Baruch, E.; Serrano, L.J.: Janine Chasseguet-Smirgel, Paris, Summer 1985. In: Hoffmann Baruch, E.; Serrano, L.J.(1988) Women analyze women. In France, England, and the United States. New York, London, NY Univ Press, 107–126

1986a Kreativität und Perversion. Frankfurt/M., Nexus. [Creativity and Perversion. London, Free Association Books, 1984]

1986b Schöpfertum und Rahmen. [Cadre et création. 1986] In dies.: **1988c**

1986c Die Bedeutung der Introjektion des väterlichen Penis – Grundlage der Identifizierung mit dem Vater und des Erwerbs der männlichen Identität. In: Stork, J. (Hg) Das Vaterbild in Kontinuität und Wandlung. Zur Rolle und Bedeutung des Vaters aus psychopathologischer Betrachtung und in psychoanalytischer Reflexion. 4. Sympos. d. Poliklinik f. Kinder- u. Jugendpsychotherapie d. Techn. Univ. München. Stuttgart-Bad Cannstatt, fromann-holzboog, 93–110 [entspricht: Ein »besonderer« Fall. Die Übertragungsliebe beim Mann. = 4. Kap. in 1988a]

1986d Anmerkungen zum Hamburger Kongreß. Psyche 40, 871–872

1987a Das Ichideal. Psychoanalytischer Essay über die »Krankheit der Idealität«. Frankfurt/M., Suhrkamp.[L'Ideal du moi. Paris, Tchou, 1975]

1987b Überlegungen zum Hamburger Kongreß. Jahrb Psychoanal 20, 89–113

1987c Die archaische Matrix des Ödipuskomplexes – Am Beispiel des Agierens und des Ausbleibens der psychischen Bearbeitung. In: Stork, J.(Hg) (1997), 157–182. [überarb. u. erw. Fassung von Kap. 5 in CS 1988a]

1987/88 A Woman's Attempt at a Perverse Solution and its Failure. Intern J Psychoanal 69, 149–161 [Une tentative de solution perverse et son échec chez une femme. Vortrag beim IPA-Kongreß 1987 in Montreal]

1988a Zwei Bäume im Garten. Zur psychischen Bedeutung der Vater- und Mutterbilder. Psychoanalytische Studien. München, Wien, VIP. [Sexuality and Mind. The role of the father and the mother in the psyche. New York, N.Y. Univ. Press, 1986. Erste dt. Ausg. u.d.Titel: Zwei Bäume im Garten Eden. München, PVU Urban u. Schwarzenberg, 1987]

1988b Vorwort zu Zagermann, P.: Eros und Thanatos. Psychoanalytische Untersuchungen zu einer Objektbeziehungstheorie der Triebe. Darmstadt, WBG

1988c Kunst und schöpferische Persönlichkeit. Anwendungen der Psychoanalyse auf den außertherapeutischen Bereich. München, Wien, VIP. [Pour une Psychanalyse de l'Art et de la Créativité. Paris, Payot, 1971]

1988d [Interview] Questions de Cléopâtre Athanassiou, Commentaires de J. Chasseguet-Smirgel. RFP 5, 1167–1179

1988e From the Archaic Matrix of the Oedipus Complex to the Fully Developed Oedipus Complex. Theoretical perspective in relation to clinical experience and technique. Psychoanal Q 57, 505–527

1988f Die Haltung des Psychoanalytikers zur Ehtik. In: Kutter, P. (Hg) Die psychoanalytische Haltung. München, Wien, VIP, 43–72

1988g The Triumph of Humor. In: Blum, H.P. u. a.(Eds) Fantasy, Myth, and Reality. Essays in Honor of Jacob A. Arlow. Madison, Conn., Intern. Univ. Press, 197–213

1988h A Short Essay on the Apocalypse. In: Levine, H.B.; Jacobs, D.; Rubin, L.J. (Eds) Psychoanalysis and the Nuclear Threat. Clinical and Theoretical Studies. Hillsdale, N.J., Hove, London, The Analytic Press, 71–88

1989a Anatomie der menschlichen Perversion. Stuttgart, DVA. [Ethique et Esthéthique de la Perversion. Vallon, Ed. du Champ Vallon, 1984]

1989b Thinking and the Superego: Some Interrelations. In: Blum, H.P.; Weinshel, E.M.; Rodman, F.R. (Eds) The Psychoanalytic Core. Essays in Honor of Leo Rangell, M.D. Madison, Conn., Intern. Univ. Press, 207–223

1989/90 Reflections of a Psychoanalyst upon the Nazi Biocracy and Genocide. Intern Rev Psycho-Analysis 17, 167–176

1989/92 Überlegungen zu einigen Denkstörungen bei nicht-psychotischen Patienten und in Gruppen. ZPTP 7, 66–80. [engl. u.d.T. Some reflections on thought disorders in non-psychotic patients. Scand Rev Psychiatry 1989]

1990 On Acting out. Intern. J. Psychoanal. 71, 77–86

1991 Sadomasochism in the Perversions: Some Thoughts on the Destruction of Reality. JAPA 39, 399–415

1991/93 Überlegungen über die Rückkehr eines bestimmten Antisemitismus in Europa. Interview in Radio Shalom, Sendung »Wort und Geist« am 19. 11. 1991. Jahrb Psychoanal 30, 1993, 185–197

1991/95 Einleitung. In: Freud, Sigmund (1995) Eine Kindheitserinnerung des Leonardo da Vinci. Frankfurt/M., Fischer

1994a [Interview m.] L.W. Raymond u. S. Rosbrow-Reich: J. Chasseguet-Smirgel. In: Raymond, L.W.; Rosbrow-Reich, S. (Eds) The Inward Eye. Psychoanalysts reflect on their Lives and Work. Hillsdale, N.J., London, The Analytic Press, 1997, 447–464

1994b Perversion und das universelle Gesetz. In: Sandler, J. (Hg) Dimensionen der Psychoanalyse. Stuttgart, Klett-Cotta, 177–190 [entspricht Kap. 1 in 1986a]

1994/95 mit Béla Grunberger: Die durch das Evangelium gefährdete Psychoanalyse. In: Hermanns, L. M. (Hg): Spaltungen in der Geschichte der Psychoanalyse. Tübingen, ed diskord, 1995, 144–152

1995 Vorwort zu Kogan, I.: The Cry of Mute Children. A Psychoanalytic Perspective of the Second Generation of the Holocaust. New York, Univ Press [=dt. 1998: Der stumme Schrei der Kinder. Die zweite Generation der Holocaust-Opfer. Frankfurt/M., Fischer]

1995a Autosadism, Eating Disorders and Femininity. Reflections Based on Case Studies of Adult Women Who Experienced Eating Disorders in Adolescence. In: Hanly, M.A.F. (Hg) Essential Papers on Masochism. New York, London, London Univ. Press

1995/96 Essai sur la perte de l'activité symbolique dans la pensée nazie. In: Gravier, B.; Elchardus, J.-M. (Eds) Le crime contre l'humanité. Ramonville Saint-Agne, Ed. Erès, 163–174

1996 Das helle Antlitz des Narzißmus und seine schattigen Tiefen – einige Reflexionen. In: Kernberg, O.F. (Hg) Narzißtische Persönlichkeitsstörungen. Stuttgart, New York, Schattauer, 233–247

1997a Die verschwenderische Fülle der Hysterie. ZPTP 12, 121–127

1997b Vorwort zu de Simone, G.: Ending analysis. Theory and Technique. London, Karnac, vii-x

1998a M – Eine Stadt sucht einen Mörder (M le Maudit) – 1931. Kinderanalyse 6,1, 61–69

1998b Der heilige Gral: Das Thema des Blutes im Antisemitismus. ZPTP 13, 11–21

1999 Devil's Religions. Some Reflections on the Historical and Social Meaning of the Perversions. In: Ginsburg, N.; Ginsburg R. (Eds) Psychoanalysis and Culture at the Millennium. New Haven; London, Yale Univ. Press, 313–336 [= geringfügig überarb. Fsg. von 1989a, Kap. 6: Hybris, Gesetz, Perversion]

Sekundärliteratur

Texte von Sigmund Freud sind nach der Freud-Bibliographie mit Werkkonkordanz von I. Meyer-Palmedo u. G. Fichtner, Frankfurt/M., Fischer, 1989 angegeben. Die in der Studienausgabe enthaltenen Werke werden nach dieser zitiert.

Antes, P.(1999) Mach's wie Gott, werde Mensch. Das Christentum. Düsseldorf, Patmos

Anzieu, D.(1974) Inwiefern die Psychoanalyse von ihren Ursprüngen geprägt ist. In: CS 1978a, 127–135

Appelt, R.(1987) Suche nach Selbstkritik. Die Psychoanalyse und ihre Vergangenheit: Ein Kongreß. FAZ v. 7.7. 1987

Arendt, H.(1986) Eichmann in Jerusalem. Ein Bericht von der Banalität des Bösen. Leipzig, Reclam

Assmann, J.(1998) Moses der Ägypter. Entzifferung einer Gedächtnisspur. München, Hanser

Assmann, J.(1999) Das kulturelle Gedächtnis. Schrift, Erinnerung und politische Identität in frühen Hochkulturen. München, Beck

Bacon, F.(1993) Essays. Frankfurt/M., Leipzig, Insel

Balint, M.(1988) Angstlust und Regression. Stuttgart, Klett-Cotta, 2. Aufl.

Bank, S.P.; Kahn, M.D.(1994) Geschwister-Bindung. München, dtv

Beauvoir, S. de (1968) Das andere Geschlecht. Sitte und Sexus der Frau. Reinbek, Rowohlt

Bechem, M.(1988) Vom »anderen« zum »Anderen«. Die Psychoanalyse Jacques Lacans zwischen Phänomenologie und Strukturalismus. Frankfurt/M. u. a., Lang

Becker-Schmidt, R.(1995) Von Jungen, die keine Mädchen und von Mädchen, die gerne Jungen sein wollten. Geschlechtsspezifische Umwege auf der Suche nach Identität. In: dies.; Knapp, G.A.(Hg) Das Geschlechterverhältnis als Gegenstand der Sozialwissenschaften. Frankfurt/M., New York, Campus, 220–246

Beiderwieden, J.; Windaus, E.; Wolff, R.(1986) Jenseits der Gewalt – Hilfen für mißhandelte Kinder. Basel; Frankfurt/M., Stroemfeld/Roter Stern

Beland, H.(1989) Buchbesprechung: Janine Chasseguet-Smirgel: Zwei Bäume im Garten. ZPTP 4, 94–10

Beland, H.(1992) Psychoanalytische Antisemitismustheorien im Vergleich. In: Bohleber, W.; Kafka, J.S.(Hg) Antisemitismus. Bielefeld, Aisthesis, 93–121

Bell, A.I.(1961) Some observations on the role of the scrotal sac and testicles. JAPA 9, 261–286

Benz, A.E.(1984) Der Gebärneid der Männer. Psyche 38, 307–328

Bergmann, A.(1997) Sexualhygiene, Rassenhygiene und der rationalisierte Tod. Wilhelm Reichs »sexuelle Massenhygiene« und seine Vision von einer »freien Sexualität«. In: Fallend, K.; Nitzschke, B.(Hg)(1997), 270–296

Bergmann, M.V.(1995) Überlegungen zur Über-Ich-Pathologie Überlebender und ihrer Kinder. In: Bergmann, M.S. u.a.(Hg)(1995), 322–356

Bergmann, M.S.; Jucovy, M.E.; Kestenberg, J.S.(Hg)(1995) Kinder der Opfer – Kinder der Täter. Psychoanalyse und Holocaust. Frankfurt/M., Fischer

Berna-Simons, L.(1983) Narziß zwischen Uterus und Phallus. In: Psychoanalytisches Seminar Zürich (Hg): Die neuen Narzißmustheorien: zurück ins Paradies? Frankfurt/M., Syndikat, 1983

Bettighofer, S.(1998) Übertragung und Gegenübertragung im therapeutischen Prozeß. Stuttgart, Berlin, Köln, Kohlhammer

bin Gorion, E. u.a.(Hg)(1992) Philo-Lexikon. Handbuch des jüdischen Wissens. Frankfurt/M., Jüdischer Verl., Suhrkamp, unveränd. Nachdr. d. 3. Aufl. 1936

Bischof, N.(1991) Das Rätsel Ödipus. Die biologischen Wurzeln des Urkonfliktes von Intimität und Autonomie. München, Zürich, Piper, 3., überarb. Aufl.

Bloch, E.(1977) Zwischenwelten in der Philosophiegeschichte. Aus Leipziger Vorlesungen. Frankfurt/M., Suhrkamp

Bloch, I.(1901) Der Marquis de Sade und seine Zeit. Ein Beitrag zur Kultur- und Sittengeschichte des 18. Jahrhunderts. Mit bes. Beziehung auf die Lehre von der Psychopathia sexualis. Berlin, Barsdorf, 3. Aufl.

Bloch, I.(1904) [alias Eugen Dühren] Neue Forschungen über den Marquis de Sade und seine Zeit. Berlin Harrwitz

Bloch, I.(1909) Das Sexualleben unserer Zeit in seinen Beziehungen zur modernen Kultur. 7.-9., um e. Anh. verm. Aufl., Berlin, Marcus

Blum, H.P.(1981) Masochismus, Ichideal und Psychologie der Frau. In: Grunert, J.(Hg) Leiden am Selbst. Zum Phänomen des Masochismus. München, Kindler, 112–146

Bohleber, W.(1995) Zur romantisch-idealistischen Freudrevision deutscher Psychoanalytiker nach 1933. In: Hermanns, L.M.(Hg)(1995), 153–167

Bolch, E.(1998) Laudatio für Janine Chasseguet-Smirgel. ZPTP 13, 7–10

Bosse, H.(1994) Der fremde Mann. Frankfurt/M., Fischer

Bowie, M.(1994) Lacan. Göttingen, Steidl

Brazelton, T.B.; Cramer, B.G.(1991) Die frühe Bindung. Die erste Beziehung zwischen dem Baby und seinen Eltern. Stuttgart, Klett-Cotta

Brenner, C.(1994) Elemente des seelischen Konflikts. Theorie und Praxis der modernen Psychoanalyse. Frankfurt/M., Fischer

Brockhaus, U.; Kolshorn, M.(1993) Sexuelle Gewalt gegen Mädchen und Jungen. Mythen, Fakten, Theorien. Frankfurt/M.; New York, Campus

Brunner-Traut, E.(Hg)(1992) Die fünf großen Weltreligionen. Freiburg i.Br. u.a., Herder, 4. Aufl.

Buchholz, M.B.(1990) Die unbewußte Familie. Psychoanalytische Studien zur Familie in der Moderne. Berlin u.a., Springer

Buchholz, M.B.(1999) »Anders sehen« und »Herstellung des Dreiecks«. In: Brech, E.; Bell, K.; Marahrens-Schürg, C.(Hg) Weiblicher und männlicher Ödipuskomplex. Göttingen, Vandenhoeck & Ruprecht, 17–47

Cabanne, P.(1997) Duchamp & Co. Paris, Terrail

Chamberlain, S.(1998) Adolf Hitler, die deutsche Mutter und ihr erstes Kind. Über zwei NS-Erziehungsbücher. Giessen, Psychosozial-Verl., 2. Aufl.

Clerk, C.(o.J.) Polynesien und Mikronesien. In: Cavendish, R.; Ling T.O. (Hg) Mythologie. Eine illustrierte Weltgeschichte des mythisch-religiösen Denkens. Frechen, Komet, 272–277

Cremerius, J.(1997) Der ›Fall‹ Reich als Exempel für Freuds Umgang mit abweichenden Standpunkten eines besonderen Schülertypus. In: Fallend, K.; Nitzschke, B.(Hg) (1997), 131–166

Dahmer, H.(1987) Offener Brief an Frau Dr. Janine Chasseguet-Smirgel (Paris). Psyche 41, 1149–1151

Dahmer, H.(1997) Wilhelm Reich in der Geschichte der Psychoanalyse. Werkblatt Nr. 38, 122–126

Deleuze, G.; Guattari, F.(1977) Anti-Ödipus. Kapitalismus und Schizophrenie I. Frankfurt/M., Suhrkamp

Diatkine, R.; Simon, J.(1972) La psychanalyse précoce. Paris, Presses Univ France

Dittmar, P.(1987) Christliche Restauration und Antijudaismus. Aspekte der Kunst der deutschen Romantik. In: Erb, R.; Schmidt, M.(Hg) Antisemitismus und jüdische Geschichte. Studien zu Ehren von Herbert A. Strauss. Berlin, WAV, 329–364

Döpp, H.-J.(1987) Psychoanalyse zwischen Gesetz und Methode. Eine Entgegnung. Psyche 41, 448–456

DTV-Brockhaus Lexikon in 20 Bdn.(1989) Mannheim, München, Brockhaus u. dtv

Duden (1989) Etymologie. Herkunftswörterbuch der deutschen Sprache. Bearb. von G. Drosdowski. Mannheim u. a., Dudenverl, 2. neu bearb. u. erw. Aufl.

Duden (1994) Das große Fremdwörterbuch. Herkunft und Bedeutung der Fremdwörter. Mannheim u. a., Dudenverlag

Eliade, M.; Couliano, I.P.(1997) Handbuch der Religionen. Düsseldorf, Zürich, Artemis & Winkler, 2. Ausg.

Ellenberger, H.F.(1996) Die Entdeckung des Unbewußten. Geschichte und Entwicklung der dynamischen Psychiatrie von den Anfängen bis zu Janet, Freud, Adler und Jung. [Zürich], Diogenes, 2., verb. Aufl.

Erdély, Z.E.(1998) Und die Wirklichkeit – es gibt sie doch. Gießen, Psychosozial

Erdheim, M.(1995) Totem und Spaltung. In: Hermanns, L.M. (Hg)(1995), 224–230

Ess, J. van (1992) Islam. In: Brunner-Traut (1992), 67–84

Fain, M.; Marty, P.(1959) Aspects fonctionnels et rôle structurant de l'investissement homosexuel au cours de traitements psychanalytiques d'adultes. RFP 23,5, 607–617

Fallend, K.; Nitzschke, B.(Hg)(1997) Der »Fall« Wilhelm Reich. Beiträge zum Verhältnis von Psychoanalyse und Politik. Frankfurt/M., Suhrkamp

Fast, I.(1991) Von der Einheit zur Differenz. Psychoanalyse der Geschlechtsidentität. Berlin u. a., Springer

Federn, P.(1926) Einige Variationen des Ichgefühls. In ders.: Ichpsychologie und die Psychosen. Frankfurt/M., Suhrkamp, 1978, 29–39

Fenichel, O.(1939) Die kontraphobische Einstellung. In: ders.(1985) Aufsätze. Bd. II. Frankfurt/M. u. a., Ullstein, 183–195

Ferenczi, S.(1913) Entwicklungsstufen des Wirklichkeitssinnes. In ders. (1984) Bausteine zur Psychoanalyse, I: Theorie, Frankfurt/M., Berlin, Ullstein, 62–83

Ferenczi, S.(1924) Versuch einer Genitaltheorie. In ders. (1972) Schriften zur Psychoanalyse II, Frankfurt/M., Fischer

Flaake, K.; King, V.(Hg)(1992) Weibliche Adoleszenz. Zur Sozialisation junger Frauen. Frankfurt/M., New York, Campus

Flaake, K.(1997) Rezension zu Hans Bosse: Der fremde Mann (1994). Psyche 51, 76–80

Fohrer, G.(1989) Erzähler und Propheten im Alten Testament. Heidelberg, Wiesbaden, Quelle & Meyer

Fohrer, G.(1992) Geschichte der israelitischen Religion. Freiburg i.Br., Herder

Frank, M.(1989) Aufklärung als analytische und synthetische Vernunft. Vom französischen Materialismus über Kant zur Frühromantik. In: Schmidt, J.(Hg) Aufklärung und Gegenaufklärung in der europäischen Literatur, Philosophie und Politik von der Antike bis zur Gegenwart. Darmstadt, WBG, 377–403

Frankemölle, H.(1998) Jüdische Wurzeln christlicher Theologie. Bodenheim, Philo

Frère, J.-C.(1972) Les sociétés du mal ou le Diable hier et aujourd'hui. Paris, Grasset

Freud, A.(1973) Das Ich und die Abwehrmechanismen. München, Kindler, 8. Aufl.

Freud, S.(1898a) Die Sexualität in der Ätiologie der Neurosen. GW 1, 491–516; StA 5, 11–35

Freud, S.(1900a) Die Traumdeutung. GW 2/3; StA. 2

Freud, S.(1905d) Drei Abhandlungen zur Sexualtheorie. GW 5, 33–145; StA 5, 37–145

Freud, S.(1908d) Die »kulturelle« Sexualmoral und die moderne Nervosität. GW 7, 143–167; StA 9, 9–32

Freud, S.(1911b) Formulierungen über die zwei Prinzipien des psychischen Geschehens. GW 8, 230–238

Freud, S.(1911c[1910]) Psychoanalytische Bemerkungen über einen autobiographisch beschriebenen Fall von Paranoia (Dementia paranoides). GW 8, 239–316; StA 7, 133–200

Freud, S.(1912a[1911]) Nachtrag zu einem autobiographisch beschriebenen Fall von Paranoia (Dementia paranoides). GW 8, 317–320; StA. 7, 201–203

Freud, S.(1912–13a) Totem und Tabu. GW 9; StA 9, 287–444

Freud, S.(1913i) Die Disposition zur Zwangsneurose. Ein Beitrag zum Problem der Neurosenwahl. GW 8, 442–452; StA 7, 105–117

Freud, S.(1914c) Zur Einführung des Narzißmus. GW 10, 137–170; StA 3, 37–68

Freud, S.(1915c) Triebe und Triebschicksale. GW 10, 210–232; StA 3, 75–102

Freud, S.(1915e) Das Unbewußte. GW 10, 264–303; StA 3, 119–173

Freud, S.(1916–17a) Vorlesungen zur Einführung in die Psychoanalyse. GW 11; StA 1, 34–445

Freud, S.(1918b) Aus der Geschichte einer infantilen Neurose (Der »Wolfsmann«). GW 12, 27–157; StA 8, 125–231

Freud, S.(1920g) Jenseits des Lustprinzips. GW 13, 1–69; StA 3, 213–272

Freud, S.(1923d[1922]) Eine Teufelsneurose im siebzehnten Jahrhundert. GW 13, 317–353; StA 7, 283–319

Freud, S.(1925b) Brief an den Herausgeber der Jüdischen Presszentrale Zürich v. 26.2.1925. GW 14, 556

Freud, S.(1925d) Selbstdarstellung. GW 14, 31–96

Freud, S.(1926e) Die Frage der Laienanalyse. GW 14, 207–286; StA Erg.bd. 271–349

Freud, S.(1926j) Ansprache an die Mitglieder des Vereins B'Nai B'Rith. GW 17, 49–53

Freud, S.(1927e) Fetischismus. GW 14, 311–317; StA 3, 379–388

Freud, S.(1930a) Das Unbehagen in der Kultur. GW 14, 419–506; StA 9, 191–270

Freud, S.(1933a) Neue Folge der Vorlesungen zur Einführung in die Psychoanalyse. GW 15; StA 1, 448–608

Freud, S.(1933b) Warum Krieg? GW 16, 13–27; StA 9, 271–286

Freud, S.(1938) Ergebnisse, Ideen, Probleme. GW Schriften aus dem Nachlaß 1892–1938, 151f

Freud, S.(1939a) Der Mann Moses und die monotheistische Religon. GW 16, 103–246; StA 9, 455–581

Freud, S.(1940a) Abriß der Psychoanalyse. GW 17, 63–138

Freud, S.(1940e) Die Ichspaltung im Abwehrvorgang. GW 17, 57, 59–62; StA 3, 389–394

Freud, S.(1950c) Entwurf einer Psychologie (1895). GW Nachtragsband , 387–477

Freud, S.(1957f) Rundbrief an das Komitee vom 15. 2. 1924; zit. n. Freud, S.; Abraham, K. (1980), 320–324

Freud, S.(1985c) Briefe an Wilhelm Fliess 1887–1904. Ungek. Ausg. Hrsg. von J.M. Masson. Frankfurt/M., Fischer, 1986

Freud, S.; Abraham, K. (1980) Briefe 1907–1926. Hrsg. von Hilda C. Abraham u. Ernst L. Freud. Frankfurt/M., Fischer, 2. korrig. Aufl.

Gaddini, E.(1998) Bemerkungen zum Psyche-Soma-Problem. In ders.: »Das Ich ist vor allem ein körperliches«. Beiträge zur Psychoanalyse der ersten Strukturen. Hg. von G. Jappe u. B. Strehlow. Tübingen, ed. diskord, 21–51

Gast, L.(1998) Lust und Schuld. Zur Gegenstandsbildung in der Psychoanalyse. Werkblatt 41, 61–83

Gay, P.(1989) Freud, Juden und andere Deutsche. Herren und Opfer in der modernen Kultur. München, dtv

Gekle, H.(1995) Jacques Lacans Theorie des Imaginären. Psyche 49, 705–726

Gekle, H. (1996) Tod im Spiegel. Zu Lacans Theorie des Imaginären. Frankfurt/M., Suhrkamp

Gerritzen, C. (Hg) (1990) Lexikon der Bibel. Orts- und Personennamen, Daten, biblische Bücher und Autoren. Wiesbaden, Fourier

Geuter, U.; Schrauth, N. (1997) Wilhelm Reich, der Körper und die Psychoanalyse. In: Fallend, K.; Nitzschke, B. (Hg) (1997), 190–222

Glover, E. (1950) Freud or Jung. London, Allen & Unwin

Godelier, M. (1987) Die Produktion der Großen Männer. Macht und männliche Vorherrschaft bei den Baruya in Neuguinea. Frankfurt/M., New York, Campus; Paris, Ed de la Maison des Sciences de l'Homme

Görg, M. (1998) Mythos, Glaube und Geschichte. Die Bilder des christlichen Credo und ihre Wurzeln im alten Ägypten. Düsseldorf, Patmos, 3. Aufl.

Goldberg, A.M. (1992) Judentum. In: Brunner-Traut (1992), 88–106.

Gondek, H.-D. (1998) Das Zepter. Jacques Lacans Seminar über die «Bildungen des Unbewussten». In: NZZ Intern. Ausg. Nr. 241, 17./18.10.98, 52

Gottschalch, W. (1991) Die Realität setzt sich aus Unterschieden zusammen. Diskussionsbeitrag zu J. Chasseguet-Smirgel bei Gelegenheit der Lektüre des Aufsatzes von Rolf Vogt: Zur »archaischen Matrix des Ödipuskomplexes« (Psyche 10/1990, 915–952). Psyche 45, 1091–1100

Gould, S.J. (1988) Der falsch vermessene Mensch. Frankfurt/M., Suhrkamp

Granet, M. (1980) Das chinesische Denken. Inhalt, Form, Charakter, München, dtv

Greenacre, P. (1968) Perversions. General Considerations Regarding Their Genetic and Dynamic Background. Psychoanal Study Child 23, 47–62

Greenacre, P. (1973) The Primal Scene and the Sense of Reality. Psychoanal Q 42, 10–41

Grohmann, M. (1999) Die Erzmütter: Sara und Hagar, Rebekka, Rahel. In: Öhler, M. (Hg) (1999), 97–116

Gross, G.E. (1995) Schalom. Im Jahreskreis des jüdischen Denkens. Seele und Dynamik. Bad Sauerbrunn, Tau & Tau

Grosskurth, P. (1993) Melanie Klein. Ihre Welt und ihr Werk. Stuttgart, Klett-Cotta

Grossmann, S. (1988) Gottesbilder. In: Kassel, M. (Hg) Feministische Theologie. Perspektiven zur Orientierung. Stuttgart, Kreuz Verl., 2. Aufl., 75–103

Grosz-Ganzoni, I. (1998) Auf den Spuren der Verführung in der Psychoanalyse. Werkblatt 40, 51–81

Grübel, M. (1997) Judentum. Köln, DuMont, 2. Aufl.

Grunberger, B. (1954) Esquisse d'une théorie psychodynamique du masochisme. RFP 18, 193–214

Grunberger, B. (1956/57) Analytische Situation und Heilungsprozeß. (Die Dynamik). RFP 23, 1957; in Grunberger 1982a, 48–108

Grunberger, B. (1958/59) Über-Ich und Narzißmus in der analytischen Situation. Psyche 12, 270–290

Grunberger, B. (1959) Intervention à Luquet, C. (1959). RFP 25,3, 337–339

Grunberger, B.(1964) Über das Phallische. Psyche 10, 604–620

Grunberger, B.(1964/65) Invervention à Chasseguet-Smirgel, J.: De certains aspects spécifiques de l'OEdipe féminin [= La culpabilite féminin, 1964]. RFP 29, 4, 390–392

Grunberger, B.(1973) Von der »aktiven Technik« zur »Sprachverwirrung«. Zu Ferenczis Abweichung. In: ders.: 1988b/1, 93–122

Grunberger, B.(1974a) Beitrag zur Untersuchung des Narzißmus in der weiblichen Sexualität. In: CS 1974a, 97–119

Grunberger, B.(1974b) Einleitende Überlegungen. In: CS 1978a, 15f

Grunberger, B./Chasseguet-Smirgel, J.(1979) Freud oder Reich? Psychoanalyse und Illusion. Frankfurt/M. u. a., Ullstein

Grunberger, B.(1982a) Vom Narzißmus zum Objekt. Frankfurt/M., Suhrkamp

Grunberger, B.(1982b) Von der Analyse des Ödipus zum Ödipus des Analytikers. Psyche 36, 515–540

Grunberger, B.(1985) Narziß und Anubis. Oder: die doppelte Ur-Imago. Forum Psychoanal 1, 48–59

Grunberger, B.(1987) Von der Monade zur Perversion: Eine Modalität der Vermeidung des Ödipuskomplexes. In: Stork, J.(Hg)(1987), 121–141

Grunberger, B.(1988a) Einleitung. In: Harmat, P. (1988)

Grunberger, B.(1988b/1) Narziß und Anubis. Die Psychoanalyse jenseits der Triebtheorie. München; Wien, VIP, Bd. 1

Grunberger, B.(1988b/2) Narziß und Anubis. Die Psychoanalyse jenseits der Triebtheorie. München; Wien, VIP, Bd. 2

Grunberger, B.; Dessuant, P.(2000) Narzißmus, Christentum, Antisemitismus. Eine psychoanalytische Untersuchung. Stuttgart, Klett-Cotta [frz. Narcissisme, Christianisme, Antisémitisme. Études psychanalytiques. Arles, Actes Sud, 1997]

Habermehl, P.(1995) Philon. In: Lutz, B.(Hg) Metzler Philosophen Lexikon. Von den Vorsokratikern bis zu den Neuen Philosophen. Stuttgart, Weimar, Metzler, 2. Aufl., 672–674

Hägglund, T.-B.(1976) Dying. A Psychoanalytic Study with Special Reference to Individual Creativity and Defensive Organization. Helsinki, Psychiatric Clinic of the Helsinki Univ. Central Hospital

Hägglund, T.-B.; Hägglund Pentti Ikonen, V.(1978) Some viewpoints on woman's inner space. Scand Psychoanal Rev 1, 65–77

Hafner, G.M.; Schapira, E.(1999) Die Akte B. Alois Brunner – Die Geschichte eines Massenmörders. Dokumentation. HR 1998

Hafner, G.M.; Schapira, E.(2000) Die Akte Alois Brunner. Frankfurt/M., Campus

Halkes, C.J.M.(1985) Suchen, was verlorenging. Beiträge zur feministischen Theologie. Gütersloh, Mohn

Harmat, P.(1988) Freud, Ferenczi und die ungarische Psychoanalyse. Tübingen, Ed. Diskord

Harten, G.; Moré, A.(1999) Vor allen Worten und zwischen den Zeilen. Körperphantasien und Körpererleben im Gegen-/Übertragungsprozeß zwischen Patientin und Analytikerin. Werkblatt 43, 63–97

Haynal, A.(1995) Ferenczi – Dissident? In: Hermanns, L.M.(1995), 94–105

Hegel, G.W.F.(1973) Phänomenologie des Geistes. Frankfurt/M. u. a., Ullstein, 2., erw. Aufl.

Heim, R.(1996) »Das Ich ist vor allem ein körperliches«. Jugendliche Gewalt und fragmentiertes Körper-Ich. psychosozial 19, H. 11, Nr. 64, 43–66

Heine, H.(1821) Die Romantik. In: Wolf, G.(Hg)(1990) Und grüß mich nicht unter den Linden. Heine in Berlin. Gedichte und Prosa. Berlin, Der Morgen, 4. Aufl.

Heine, H.(1997) Mit scharfer Zunge. 999 Aperçus und Bonmots. Ausgew. von J.-C. Hauschild. München, DTV/Büchergilde Gutenberg

Heinisch, K. J.(1960) Der utopische Staat. Morus: Utopia; Campanella: Sonnenstaat; Bacon: Neu-Atlantis. Reinbek, Rowohlt

Heinz-Mohr, G.(1998) Lexikon der Symbole. Bilder und Zeichen der christlichen Kunst. München, Diederichs

Hermans, L.M.(Hg)(1995) Spaltungen in der Geschichte der Psychoanalyse. Tübingen, ed diskord

Hertz, D.(1991) Die jüdischen Salons im alten Berlin. Frankfurt/M., Hain

Hilberg, R.(1990) Die Vernichtung der europäischen Juden. 3 Bde. Frankfurt/M., Fischer

Hilgers, M.(1996) Scham. Gesichter eines Affekts. Göttingen, Zürich, Vandenhoeck & Ruprecht

Hinshelwood, R.D.(1993) Wörterbuch der kleinianischen Psychoanalyse. Stuttgart, VIP

Hirsch, M.(1997) Schuld und Schuldgefühle. Zur Psychoanalyse von Trauma und Introjekt. Göttingen, Vandenhoeck & Ruprecht

Hirsch, M.(1999) Realer Inzest. Psychodynamik des sexuellen Mißbrauchs in der Familie. Giessen, Psychosozial

Hock, U.(1996) Freud in Frankreich. Psyche 50, 149–165

Hoffman Baruch, E.; Serrano, L.J.(1988) Women Analyze Women. In France, England, and the United States. New York, London, New York Univ. Press, Kap. 6: Janine Chasseguet-Smirgel, 107–126

Holub, R.C.(1997) Personal roots and German traditions. The Jewish element in Heine's turn against romanticism. In: Winkler, M.(Hg)(1997), 40–56

Hüser, K.(1987) Wewelsburg 1933 bis 1945. Kult- und Terrorstätte der SS. Eine Dokumentation. Paderborn, Bonifatius, 2., überarb. Aufl.

Hurni, M.; Stoll, G.(1999) Der Haß auf die Liebe. Die Logik der perversen Paarbeziehung. Giessen, Psychosozial

Israel, L; Falcou, H.(1970) Idéologie de la contestation et contestation de l'idéologie. Contrepoint 1, 183–187

Jean, R.(1990) Ein Portrait des Marquis de Sade. München, Schneekluth

Jones, E.(1969) Sigmund Freud. Leben und Werk. Hrsg. u. gek. von L. Trilling u. S. Marcus. Frankfurt/M., Fischer

Junggesellenmaschinen (1975) Les Machines Célibataires. Ausstellungskatalog Kunsthalle Bern u. a. Mit Texten von Marc Le Bot u. a.. Venedig, Alfieri

Kaminer, I.(1999) Die intrauterine Dimension in der menschlichen Existenz und in der Psychoanalyse – Hommage an Béla Grunberger. Psyche 53, 101–136

Karow, Y.(1997) Deutsches Opfer. Kultische Selbstauslöschung auf den Reichsparteitagen der NSDAP. Berlin, Akademie Verl.

Kasper, W.(1992) Christentum. In: Brunner-Traut (1992), 109–126

Kernberg, O.(1983) Borderline-Störungen und pathologischer Narzißmus. Frankfurt/M., Suhrkamp

Kernberg, O.(1997) Wut und Haß. Über die Bedeutung von Aggression bei Persönlichkeitsstörungen und sexuellen Perversionen. Stuttgart, Klett-Cotta

Kestenberg, J.(1995) Vorwort zur dt. Ausg. in Bergmann, M.S. u. a.(Hg)(1995), 9–22

Khan, M.M.(1989) Entfremdung bei Perversionen. Frankfurt/M., Suhrkamp

Klein, M.(1927) Frühstadien des Ödipuskonfliktes. In: dies.: Frühstadien des Ödipuskomplexes. Frühe Schriften 1928–1945. Frankfurt/M., Fischer, 1985, 7–21

Klein, M.(1932) Die Psychoanalyse des Kindes. Frankfurt/M., Fischer, 1987

Klossowski, P.(1988) Der ruchlose Philosoph. In: Barthes, R. u. a.: Das Denken des Marquis de Sade. Frankfurt/M., Fischer, 7–38

Kluge, F.(1999) Etymologisches Wörterbuch der deutschen Sprache. 23., erw. Aufl., Berlin, New York, de Gruyter

Kohut, H.(1973) Narzißmus. Eine Theorie der psychoanalytischen Behandlung narzißtischer Persönlichkeitsstörungen. Frankfurt/M., Suhrkamp

Kojève, A.(1975) Hegel. Eine Vergegenwärtigung seines Denkens. Kommentar zur Phänomenologie des Geistes. Frankfurt/M., Suhrkamp

Kolatch, A.J.(1997) Jüdische Welt verstehen. Sechshundert Fragen und Antworten. Wiesbaden, Fourier, 3. Aufl.

Küster, O.(1992) Diskussionsnotizen. In: Brunner-Traut (1992)

Lacan, J.(1964) Propos directifs pour un congrès sur la sexualité féminine. La Psychanalyse 7, 3–14

Lacan, J.(1975) Schriften II. Olten, Freiburg i.Br., Walter

Lacan, J.(1980) Schriften III. Olten, Walter

Lacan, J.(1996) Das Seminar VII: Die Ethik der Psychoanalyse. Weinheim, Berlin, Quadriga

Lacan, J.(1997) Das Seminar VIII: Die Psychosen. Weinheim, Berlin, Quadriga

Lachmann, F.M.(1982) Narcissism and Female Gender Identity: A Reformulation. Psychoanal Rev 69, 1982, 43–61. [in überarb.Fsg. u.d.T.: »Narcissistic Development« in: Mendell,D.(Hg)(1982), 227–248]

Landmann, M.(1982) Jüdische Miniaturen. Bd. 1: Messianische Metaphysik. Bonn, Bouvier

Lagache, D.(1958) La psychanalyse et la structure de la personnalité. La Psychanalyse 6, 5–54

Lampl-de Groot, J.(1933) Zu den Problemen der Weiblichkeit. Internat Z Psychoanal 19, 385–415

Lampl-de Groot, J.(1961) Ich-Ideal und Über-Ich. Psyche 17, 1963/64, 321–332

Laplanche, J./Pontalis, J.-B.(1973) Das Vokabular der Psychoanalyse. 2 Bde. Frankfurt/M., Suhrkamp

Laplanche, J./Pontalis, J.-B.(1992) Urphantasie. Phantasien über den Ursprung, Ursprünge der Phantasie. Frankfurt/M., Fischer

Laplanche, J.(1998) Die Psychoanalyse als Anti-Hermeneutik. Psyche 52, 605–618

Lebovici, S.; Widlöcher, D.(1980) Psychoanalysis in France. New York, Intern Univ Press

Leupold-Löwenthal, H.(1986) Handbuch der Psychoanalyse. Wien, Orac

Lévi-Strauss, C.(1976) Mythologica I. Das Rohe und das Gekochte. Frankfurt/M., Suhrkamp

Lévi-Strauss, C.(1981) Die elementaren Strukturen der Verwandtschaft. Frankfurt/M., Suhrkamp

Ley, M.; Schoeps, J.H.(Hg)(1997) Der Nationalsozialismus als politische Religion. Bodenheim, Philo

Lifton, R.J.(1988) Ärzte im Dritten Reich. Berlin, Ullstein, 1998

Lifton, R.J.(1989) Ärzte im Dritten Reich. Vortrag am 18. 10. 1988 in Frankfurt/M. In: Materialien aus dem Sigmund-Freud-Institut 8, 13–29

Limbeck, M.(1997) Das Gesetz im Alten und Neuen Testament. Darmstadt, WBG

Loewenstein, R.(1952) Psychanalyse de l'Antisémitisme. Paris, Presses Univ. de France

Luft, H.; Maass, G.(Hg)(1985) Narzißmus und Aggression. Arbeitstagung der DPV in Wiesbaden 1984. Hofheim/Wiesbaden. (n. veröff.)

Luquet, C.-J.(1959) La place du mouvement masochique dans l'évolution féminine (avec des interventions de Grunberger, Chasseguet-Smirgel, Fain et Lebovici et réponse de C.-J. Luquet). RFP 25,3, 305–352

Luquet-Parat, C.(1974) Der Objektwechsel. In: Chasseguet-Smirgel 1974, 120–133 [frz. 1964]

Lussier, A.(1974) A Discussion of the Paper by J. Chasseguet-Smirgel on 'Perversion, Idealization and Sublimation'. Int J Psycho-Anal, 55, 359–363

Macalpine, I.; Hunter, R.A.(1953) The Schreber case. Psychoanal Q 22, 328–371

Mahler, M.; Pine, F.; Bergman, A.(1980) Die psychische Geburt des Menschen. Symbiose und Individuation. Frankfurt/M., Fischer

Malinowski, B.(1979) Schriften in vier Bänden. Bd. 2: Das Geschlechtsleben der Wilden in Nordwest-Melanesien. Frankfurt/M., Syndikat

Mann, T.(1929) Die Stellung Freuds in der modernen Geistesgeschichte. In: ders. GW 10, Frankfurt/M., Fischer, 256–280

Mann, T.(1930) Die Bäume im Garten. Rede für Pan-Europa. In: ders.: GW, 11: Reden und Aufsätze. Frankfurt/M., Fischer, 1974, 861–869

Mann, T.(1936) Freud und die Zukunft. In: GW 9, Frankfurt/M., Fischer

Marty, P.(1958) La relation objectale allergique (et Discussion). RFP 22,1, 5–35

May, R.(1979) Freud and the Phallic Defense. Psychiatry 42, 147–156

Mendel, G.(1972a) Die Revolte gegen den Vater. Eine Einführung in die Soziopsychoanalyse. Frankfurt/M., Fischer (frz. La révolte contre le père. Une introduction à la sociopsychanalyse. Paris, Payot, 1968)

Mendel, G.(1972b) Die Generationskrise. Eine soziopsychoanalytische Studie. Frankfurt/M., Suhrkamp (frz. La crise de générations. Paris, Payot, 1969)

Mendell, D.(1982)(Hg) Early Female Development. Current Psychoanalytic Views. New York, London, SP Medical & Scientific Books.

Mentzos, S.(1984) Neurotische Konfliktverarbeitung. Einführung in die psychoanalytische Neurosenlehre unter Berücksichtigung neuer Perspektiven. Frankfurt/M., Fischer

Mertens, W.(1994/1) Entwicklung der Psychosexualität und der Geschlechtsidentität. Bd. 1: Geburt bis 4. Lebensjahr. Stuttgart, Kohlhammer, 2. überarb. Aufl.

Mertens, W.(1994/2) Entwicklung der Psychosexualität und der Geschlechtsidentität. Bd. 2: Kindheit und Adoleszenz. Stuttgart, Kohlhammer

Metzger, H.-G.(1991) Die Pervertierung der Utopie. Klinisches und Ideologisches bei J. Chasseguet-Smirgel. Psyche 45, 1080–1090

Mischo, J.(1976) Der andere Freud. In: Bender, H.(Hg) Parapsychologie. Entwicklung, Ergebnisse, Probleme. Darmstadt, WBG, 405–412

Moré, A.(1994) Zur Bedeutung der Mutterimago in der frühkindlichen Entwicklung. Eine Kritik der Theorie Janine Chasseguet-Smirgels. Hannover, Diss.

Moré, A.(1997) Die Bedeutung der Genitalien in der Entwicklung von (Körper)Selbstbild und Wirklichkeitssinn. Forum Psychanal 13, 312–337

Moré, A.(2000) Die Verschränkung von Imagination und Realität. Überlegungen zur Theorie des Unbewußten bei Chasseguet-Smirgel. Psyche 54, 599–618

Morgenstern, C.(1990) Alle Galgenlieder. Leipzig, Weimar, Kiepenheuer

Muller, C.(1958) Les thérapeutiques analytiques des psychoses. 2me Rapport au XX. Congres des Psychanalystes de Langues romanes. RFP 22, 575–647

Nacht, S.; Racamier, P.C.(1958) La théorie psychanalytique du délire. 1re Rapport au XX. Congres des Psychanalystes de Langues romanes. RFP 22, 417–532

Needham, J.(1979) Wissenschaftlicher Universalismus. Über Bedeutung und Besonderheit der chinesischen Wissenschaft. Frankfurt/M., Suhrkamp

Neue Jerusalemer Bibel (1990). Einheitsübers. mit d. Kommentar d. Jerusalemer Bibel. Hrsg. von A. Deissler u. A. Vögtle in Verb. m. J.M. Nützel. Freiburg i.Br., Herder

Nielsen, E.(1989) Janine Chasseguet-Smirgel. Psykisk Hälsa 30, 110–117

Nietzsche, F.(1976). Du sollst der werden, der du bist. Psychologische Schriften. Hrsg. von G. Wehr. München, Kindler

Nitzschke, B.(Hg)(1988) Zu Fuss durch den Kopf. Wanderungen im Gedankengebirge. Ausgewählte Schriften Herbert Silberers. Miszellen zu seinem Leben und Werk. Tübingen, ed diskord

Oberforcher, R.(1999) Die jüdische Wurzel des Messias Jesus von Nazaret. Die Genealogien Jesu im biblischen Horizont. In: Öhler 1999, 5–26

Öhler, M.(Hg)(1999) Alttestamentliche Gestalten im Neuen Testament. Beiträge zur Biblischen Theologie. Darmstadt, WBG

Opher-Cohn, L. u. a.(Hg) (2000) Das Ende der Sprachlosigkeit? Auswirkungen traumatischer Holocaust-Erfahrungen über mehrere Generationen. Gießen, Psychosozial-Verl.

Pagels, E.(1981) Versuchung durch Erkenntnis. Die gnostischen Evangelien. Frankfurt/M.

Pagels, E.(1996) Satans Ursprung. Berlin, Berlin Verl.

Pankow, G.(1984) Familienstruktur und Psychose. Frankfurt/M., Berlin, Wien, Ullstein

Paramelle, F.(1974) Die Autoren des Anti-Ödipus – Freudianer wider Willen. In: CS 1978a, 48–67.

Peterfreund, E.(1978) Some Critical Comments on Psychoanalytic Conceptualizations of Infancy. Intern J Psychoanal 59, 427–441

Peters, U.H.(1999) Wörterbuch der Psychiatrie und medizinischen Psychologie. München u. a., Urban & Schwarzenberg, 5. Aufl.

Petit Robert (1984) Dictionnaire alphabétique et analogique de la Langue Française. Ed. par Paul Robert. Montreal, Paris, Dict Robert, nouv. ed.

Pickerodt, G.(1987) Aufklärung und Exotismus. In: Institut für Auslandsbeziehungen (Hg) Exotische Welten – Europäische Phantasien. Stuttgart, Ed. Cantz, 60–65

Piontelli, A.(1996) Vom Fetus zum Kind: Die Ursprünge des psychischen Lebens. Eine psychoanalytische Beobachtungsstudie. Stuttgart, Klett-Cotta

Poliakov, L.(1983) Geschichte des Antisemitismus V: Die Aufklärung und ihre judenfeindliche Tendenz. Worms, Heintz

Poliakov, L.(1987) Geschichte des Antisemitismus VI: Emanzipation und Rassenwahn. Worms, Heintz

Poliakov, L.(1988) Geschichte des Antisemitismus VIII: Am Vorabend des Holocaust. Frankfurt/M., Athenäum, Jüdischer Verl.

Poliakov, L.(1989a) Geschichte des Antisemitismus II: Das Zeitalter der Verteufelung und des Ghettos. Frankfurt/M., Athenäum, Jüdischer Verl.

Poliakov, L.(1989b) Geschichte des Antisemitismus VII: Zwischen Assimilation und »Jüdischer Weltverschwörung«. Frankfurt/M., Athenäum, Jüdischer Verl

Poliakov, L.; Delacampagne, C.; Girard, P.(1984) Über den Rassismus. 16 Kapitel zur Anatomie, Geschichte und Deutung des Rassenwahns. Frankfurt/M. u. a., Ullstein, Klett-Cotta

Pons (1999) Großwörterbuch für Experten und Universität Französich-Deutsch/ Deutsch-Französisch. Stuttgart, Klett-Cotta

Quint, H.(1987) Die Perversion im Dienste der Selbstregulierung. Psyche 41, 411–431

Raguse, B.; Drews, S.(1998) Redaktionelles Vorwort zu ZPTP 13,1, 3–6

Raguse, H.(1998) Die Bibel zwischen Literaturinterpretation und analytischem Prozeß. In: Rohde-Dachser, C.(Hg) Verknüpfungen. Psychoanalyse im interdisziplinären Gespräch. Göttingen, Vandenhoeck & Ruprecht, 157–180.

Ranke-Graves, R. von; Patai, R.(1986) Hebräische Mythologie. Über die Schöpfungsgeschichte und andere Mythen aus dem Alten Testament. Reinbek, Rowohlt

Raymond, L.W.; Rosbrow-Reich, S.(Eds)(1997) The Inward Eye. Psychoanalysts reflect on their lives and work. Hillsdale N.J., London, Analytic Press

Rendtorff, B.(1996) Geschlecht und symbolische Kastration: über Körper, Matrix, Tod und Wissen. Königstein/Ts, Helmer

Ritter, G.; Gründer, K.(Hg)(1989) Historisches Wörterbuch der Philosophie, Bd. 7. Basel, Schwabe

Rohde-Dachser, C.(1980) Frühkindliche Traumatisierung durch Ausfall des empathischen Objekts. In: Naske, R.(Hg) Aufbau und Störung frühkindlicher Beziehungen zu Mutter und Vater. 2. Arbeitstagung d. Wiener Child Guidance Clinic 12.-14.6.1980. Wien, Hollinek, 31–48

Rohde-Dachser, C.(1989a) Abschied von der Schuld der Mütter. Prax Psychother Pychosom 34, 250–260

Rohde-Dachser, C.(1989b) Das Borderline-Syndrom. Bern u. a., Huber, 4. Aufl.

Rohde-Dachser, C.(1991) Expedition in den dunklen Kontinent. Weiblichkeit im Diskurs der Psychoanalyse. Berlin u. a., Springer

Rohde-Dachser, C.(1994) Im Schatten des Kirschbaums. Psychoanalytische Dialoge. Bern u. a., Huber

Rosenfeld, H.(1985) Narzißmus und Aggression – Klinische und theoretische Beobachtungen. In: Luft, H.; Maass, G.(Hg)(1995), 65–81

Rosenfeld, H.(1990) Beitrag zur psychoanalytischen Theorie des Lebens- und Todestriebes aus klinischer Sicht: Eine Untersuchung der aggressiven Aspekte des Narzißmus. In: Spillius, E.B.(Hg) Melanie Klein heute. Entwicklungen in Theorie und Praxis. Bd. 1: Beiträge zur Theorie. München, Wien, VIP, 299–319

Rosenthal, G.(Hg)(1997) Der Holocaust im Leben von drei Generationen. Familien von Überlebenden der Shoah und von Nazi-Tätern. Giessen, psychosozial

Rosenthal, G.S.; Homolka, W.(1999) Das Judentum hat viele Gesichter. Die religiösen Strömungen der Gegenwart. Darmstadt, WBG

Roudinesco, E.(1986) La bataille de cent ans. Histoire de la psychanalyse en France, Vol. 2: 1925–1985. Paris, Seuil

Roudinesco, E.(1994) Wien – Paris. Die Geschichte der Psychoanalyse in Frankreich. Weinheim, Berlin, Beltz Quadriga. Bd. 1: 1885 – 1939

Roudinesco, E.(1999) Jacques Lacan. Bericht über ein Leben, Geschichte eines Denksystems. Frankfurt/M., Fischer

Sachsse, U.(1996) Selbstverletzendes Verhalten. Psychodynamik – Psychotherapie. Das Trauma, die Dissoziation und ihre Behandlung. Göttingen, Vandenhoeck & Ruprecht, 3. Aufl.

Sagan, E.(1999) Some Reflections on the Failure to Develop an Adequate Psychoanalytic Sociology. Comment on Hanly and Chasseguet-Smirgel. In: Ginsburg, N.; Ginsburg R.(Eds) Psychoanalysis and Culture at the Millennium. New Haven; London, Yale Univ. Press, 337–352

Sandler, J.(1998) How Best to Ensure the Future? http://www.ipa.org.uk/sandler.htm; Stand: 11/8/98

Schadewaldt, W.(1978) Die Anfänge der Philosophie bei den Griechen. Die Vorsokratiker und ihre Voraussetzungen. Tübinger Vorlesungen Bd. 1, Frankfurt/M., Suhrkamp

Schilder, P.; Wechsler, D.(1934) Was weiß das Kind vom Körperinneren? Intern Z Psychoanal 20, 93–97.

Schlesier, R.(1981) Konstruktionen der Weiblichkeit bei Sigmund Freud. Zum Problem von Entmythologisierung und Remythologisierung in der psychoanalytischen Theorie. Frankfurt/M., Syndikat

Schorsch, E.; Becker, N.(1977) Angst, Lust, Zerstörung. Sadismus als soziales und kriminelles Handeln. Zur Psychodynamik sexueller Tötungen. Reinbek, Rowohlt

Schorsch, E; Galedary, G.; Haag, A.; Hauch, M.; Lohse, H.(1985) Perversion als Straftat. Berlin u. a., Springer

Schotte, J.(1995) Erinnerungen an Jacques Lacan. In: Hermans, L.M.(Hg) Spaltungen in der Geschichte der Psychoanalyse. Tübingen, ed diskord, 192–204

Schreber, D.P.(1903) Denkwürdigkeiten eines Nervenkranken. Berlin, Kadmos, 1995

Schubert, K.(1992) Die Religion des Judentums. Leipzig, Benno

Schulte, C.(1989) An Infidel Jew – Bemerkungen zu Freuds Psychoanalyse der Religion. In: Bodenheimer, A.R. (Hg) Freuds Gegenwärtigkeit. Zwölf Essays. Stuttgart, Reclam, 311–344

Schur, M.(1977) Sigmund Freud. Leben und Sterben. Frankfurt/M., Suhrkamp, Sonderausg.

Seifert, E.(Hg)(1992) Perversion der Philosophie. Lacan und das unmögliche Erbe des Vaters. Berlin, Tiamat

Simmel, E.(Hg)(1993) Antisemitismus. Mit Beitr. von T.W. Adorno u.a. Frankfurt/M., Fischer

Simon, H.; Simon, M.(1999) Geschichte der jüdischen Philosophie. Leipzig, Reclam

Spangenberg, N.(1998) Die Seelen der Toten drängen sich in Scharen wie ein Schwarm von Fliegen. Nationalsozialistische Massenbildungen im heutigen Deutschland. In: Modena, E.(Hg) Das Faschismus-Syndrom. Zur Psychoanalyse der Neuen Rechten in Europa. Giessen, Psychosozial, 280–310

Starobinski, J.(1964) Geschichte der Medizin. Lausanne, Ed. Rencontre u. Nitsche Intern.

Stemann-Acheampong, S.(1996) Der phantastische Unterschied. Zur psychoanalytischen Theorie der Geschlechtsidentität. Göttingen, Zürich, Vandenhoeck & Ruprecht

Stéphane, A. – s.u. Chasseguet-Smirgel (Lit.verz. Teil A)

Stern, D.(1992) Die Lebenserfahrung des Säuglings. Stuttgart, Klett-Cotta, 2. Aufl.

Stoller, R.J.(1979) Perversion. Die erotische Form von Haß. Reinbek, Rowohlt

Stork, J. (Hg) (1987) Über die Ursprünge des Ödipuskomplexes. Versuch einer Bestandsaufnahme. 6. Symposion der Poliklinik für Kinder- und Jugendpsychotherapie der TU München. Stuttgart-Bad Cannstatt, frommann-holzboog

Symington, N. (1999) Narzissmus. Giessen, Psychosozial

Talmud, Der (1999) Ausgew., übers. u. erklärt von R. Mayer. München, Orbis

Theweleit, K. (1977) Männerphantasien. 2 Bde. Frankfurt/M., Verl. Roter Stern

Thoma, C. (1990) Schöpfer und Schöpfung in jüdisch-christlicher Sicht. In: Akademie Völker und Kulturen St. Augustin. B. Mensen (Hg): Die Schöpfung in den Religionen. Nettetal, Steyler, 9–20

Torok, M. (1974) Die Bedeutung des »Penisneides« bei der Frau. In: CS (Hg) (1974), 192–232.

Ulansey, D. (1998) Die Ursprünge des Mithraskults. Kosmologie und Erlösung in der Antike. Darmstadt, WBG

Varnhagen von Ense, K.A. (o.J.) Rahel von Varnhagens Freundeskreis. Galerie von Bildnissen aus Rahels Umgang und Briefwechsel. Berlin

Vermeil, E. (1938) Doctrinaires de la révolution allemande (1918–1938). Paris, Sorlot

Vermorel, H.; Clancier, A.; Vermorel, M. (Eds) (1995) Freud – judéité, lumières et romantisme. Lausanne, Paris, Delachaux et Niestlé

Vietta, S. (1995) Heidegger. In: Lutz, B. (Hg) Metzler Philosophen Lexikon. Von den Vorsokratikern bis zu den Neuen Philosophen. 2. Aufl., Stuttgart, Weimar, Metzler

Vietta, S. (1996) Aufbruch im »China Europas«. Die Herkunft der Romantik aus dem norddeutschen Raum. HAZ, 31. 8. 1996, 8

Violette, J. (1998) Rezension zu Jean Bergeret: Freud, la violence et la dépression. Paris, PUF 1995; dt. in ZPTP 13, 92–94

Vogt, R. (1990) Zur »archaischen Matrix des Ödipuskomplexes«. Psyche 44, 915–952

Vollmer, W. (1874) Wörterbuch der Mythologie aller Völker. Neu bear. von W. Binder. Leipzig, Zentralantiquar. d. DDR, 1990. Nachdr. d. Orig.ausg. Stuttgart 1874

Wahl, H. (1985) Narzißmus? Von Freuds Narzißmustheorie zur Selbstpsychologie. Stuttgart u. a., Kohlhammer

Weber, H. (1992) Religion. Lexikon der Grundbegriffe in Christentum und anderen Religionen. Reinbek, Rowohlt

Weininger, O. (1903) Geschlecht und Charakter. Eine prinzipielle Untersuchung. München, Matthes & Seitz, 1980

Weippert, H.; Weippert, M. (1997) Der Einzige und die anderen. Jahwes unaufhaltsamer Aufstieg. In: Völger, G. (Hg) Sie und Er. Frauenmacht und Männerherrschaft im Kulturvergleich. Köln, Rautenstrauch-Joest-Museum, Bd. 1, 167–172

Wellendorf, F. (1995) Zur Psychoanalyse der Geschwisterbeziehung. Forum Psychoanal 11, 295–310

Wellendorf, F. (1999) Jenseits der Empathie. Forum Psychoanal 15, 9–24

Wels-Schon, G. (1953/54) Von der Mutter der Pallas Athene. Psyche 7, 627–632

Whitebook, J. (1985) Instincts and Their Aesthetic Vicissitudes. Psych Critique 1, 171–179

Whitebook, J.(1991) Perversion: Destruction and Reparation: On the Contributions of Janine Chasseguet-Smirgel and Joyce McDougall. Amer Imago 48,3, 329–350

Wilhelm K.(Hg)(1998) Jüdischer Glaube. Eine Auswahl aus zwei Jahrtausenden. Köln, Parkland

Winkler, M.(1997) Einleitung. In ders.(Hg)(1997), VII-XIII

Winkler, M.(Hg)(1997) Heinrich Heine und die Romantik / and Romanticism. Erträge eines Symposiums an d. Pennsylvania State Univ. (21.-23. Sept. 1995). Tübingen, Niemeyer

Wörterbuch der philosophischen Begriffe (1998) [Kirchner, F.; Michaelis, C; Hoffmeister, J.] Vollst. neu hrsg. von A. Regenbogen u. Uwe Meyer. Darmstadt, WBG

Wolf, G.(Hg)(1990) Heine in Berlin. (Nachwort) In: ders.(Hg) Und grüß mich nicht unter den Linden. Heine in Berlin. Gedichte u. Prosa. Berlin, Der Morgen, 275–299

Wurmser, L.(1993a) Die Maske der Scham. Berlin u. a., Springer, 2. Aufl.

Wurmser, L.(1993b) Das Rätsel des Masochismus. Psychoanalytische Untersuchungen von Über-Ich-Konflikten und Masochismus. Berlin u. a., Springer

Zagermann, P.(1985) Ich-Ideal, Sublimierung, Narzißmus. Die Theorie des Schöpferischen in der Psychoanalyse, diskutiert an Janine Chasseguet-Smirgels Arbeit »Das Ich-Ideal. Psychoanalytischer Essay über die ›Krankheit der Idealität‹«. Darmstadt, WBG

Zagermann, P.(1988) Eros und Thanatos. Psychoanalytische Untersuchungen zu einer Objektbeziehungstheorie der Triebe. Darmstadt, WBG

Zentner, M.(1995) Die Flucht ins Vergessen. Die Anfänge der Psychoanalyse Freuds bei Schopenhauer. Darmstadt, WBG

Zeul, M.(1999) Ferenczis Theorie über Weiblichkeit – einige Anmerkungen. Psyche 53, 477–493

Zweifel, S.(1999) Interview in: arte-Themenabend »Marquis de Sade – Poet des Lasters« am 5. 10. 1999

Zweig, S.(1989) Über Sigmund Freud. Porträt, Briefwechsel, Gedenkworte. Frankfurt/M., Fischer

Oktober 2001
ca. 470 Seiten · gebunden
DM 69,– · EUR 35,28
ISBN 3-89806-113-2

Generell kann heute festgestellt werden, dass sich das klinische Bild psychoanalytischer Patienten in den letzten Jahren auffällig verändert hat. Im Gegensatz zu früher haben sich sowohl die Krankheitssymptome als auch der Entwicklungszeitpunkt, aus dem die Störung stammt, bedeutsam gewandelt. Die Autorin hält ein Plädoyer für die Freiheit des Subjekts, das nur dann Individualität entwickeln kann, wenn es sich von den anderen unterscheidet und gesellschaftliche Normen ein wenig verletzt. Es geht der Autorin nicht nur um die Toleranz gegenüber der Anormalität der anderen, sondern vor allem darum, mit den eigenen unreifen, infantilen, irrationalen und unbewußten Anteilen im eigenen Ich toleranter umzugehen.

Oktober 2001
ca. 340 Seiten · Broschur
DM 78,– · EUR 39,88
ISBN 3-89806-092-6

Trotz allen bemerkenswertem Fortschritts hat sich auch die Psychoanalyse in ihrer Geschichte bis heute immer wieder in Geschlechterklischees und künstlichen Konzeptualisierungen von »dem Mann« und »der Frau« verstrickt. Christa Rohde-Dachsers Buch bietet keine Auflösung des »Rätsels Weib« (Freud), sondern will vielmehr die patriarchalischen Wurzeln der Psychoanalyse nachvollziehen, die Konzeption von Weiblichkeit für diese Wissenschaft aufzeigen und damit Raum für einen neuen Dialog zwischen den Geschlechtern schaffen.

PSV
Psychosozial-Verlag

September 2001
ca. 280 Seiten · gebunden
DM 69,– · öS 504,–
SFr 62,50 · EUR 35,28
ISBN 3-89806-058-6

Einer der international renommiertesten Psychoanalytiker der Gegenwart schlägt in diesem Werk einen weiten Bogen von der zeitgenössischen Interpretation klassischer psychoanalytischer Phänomene über Abhandlungen zur Technik hin zu aktuellen und kritischen Fragen, die sich der Psychoanalyse als wissenschaftlicher und klinischer Disziplin heute stellen.

Kernberg, der insbesondere den Begriff der Borderline-Persönlichkeitsstörung populär gemacht hat, legt in diesem Buch einen Schwerpunkt auf die gesellschaftlichen Erscheinungen von Aggression, Hass und sozialer Gewalt, wobei er auch den Aspekt der Prävention beleuchtet.

In seiner Vielfalt bietet das Werk einen guten Überblick über diese neuesten Entwicklungen in der psychoanalytischen Theorie und Technik.

PSV
Psychosozial-Verlag

2001 · ca. 350 Seiten
Broschur
DM 69,– · öS 504,–
SFr 62,50 · EUR 35,28
ISBN 3-89806-057-8

Grunbergers Theorie des Narzissmus gehört zu den einflussreichsten Konzeptionen der neueren Psychoanalyse. Seine Interpretation narzisstischer Phänomene als Wunsch nach Wiederherstellung des pränatalen Zustandes, der durch Bedürfnislosigkeit, Allmacht, Zeitlosigkeit und Unverletzbarkeit gekennzeichnet ist, hob die Widersprüche der klassischen Konzeption auf und ermöglichte eine konsistente Interpretation sowohl klinischer Fakten als auch gesellschaftlicher und geschichtlicher Phänomene.

»Zusammenfassend muß man feststellen, daß Grunbergers Beitrag zum Narzissmus die gegenwärtige Diskussion bereichert und deshalb seinen Platz in der Ausbildung der zukünftigen Analytiker (...) finden wird.«
Hermann Argelander in der Psyche

September 2001
ca. 230 Seiten · Broschur
DM 69,– · EUR 35,28
ISBN 3-89806-108-6

Am 3. Juli 1919 beging Victor Tausk, einer der bedeutendsten Schüler Sigmund Freuds, Selbstmord. Die dramatischen Zusammenhänge, die zu dieser Tat führten, werfen ein neues Licht auf die Person Sigmund Freuds. Zugleich beweist Paul Roazen in seinem Buch die Bedeutung des Wissenschaftlers Victor Tausk für die Weiterentwicklung der Psychoanalyse.

www.ingramcontent.com/pod-product-compliance
Ingram Content Group UK Ltd.
Pitfield, Milton Keynes, MK11 3LW, UK
UKHW040023200726
13854UKWH00001B/318

9 783898 060608